BARRON'S FINANCIAL TABLES FOR BETTER MONEY MANAGEMENT

Stocks and Bonds

Stephen S. Solomon
M.S., Applied Mathematics

Clifford W. Marshall
Ph.D., Applied Mathematics
Professor of Mathematics
Polytechnic Institute of New York

Martin Pepper
Principal, Coopers & Lybrand
Fellow, Society of Actuaries

BARRON'S
Barron's Educational Series, Inc.
Woodbury, New York • London • Toronto • Sydney

Great effort has been made to develop accurate tables;
however, no warranty of absolute accuracy is given.

2727

R
332.8
9047s

All inquiries should be addressed to:
Barron's Educational Series, Inc.
113 Crossways Park Drive
Woodbury, New York 11797

Library of Congress Catalog Card No. 83-15862

International Standard Book No. 0-8120-2727-2

Library of Congress Cataloging in Publication Data

Solomon, Stephen S.
  Barron's financial tables for better money manage-
ment. Stocks and Bonds.

  Includes index.
  1. Interest—Tables. 2. Bonds—Tables. 3. Stocks—
Tables. 4. Investments—Tables. I. Marshall,
Clifford W., 1928-   . II. Pepper, Martin.
III. Title. IV. Title: Financial tables for better
money management.
HG1628.S752 1983   332.8'0212   83-15862
ISBN 0-8120-2727-2

PRINTED IN THE UNITED STATES OF AMERICA

678 ROS 9876543

Contents

Introduction

The idea behind *Barron's Financial Tables for Better Money Management* is to provide assistance to anyone who invests, makes purchases, or borrows money. Since these guides require no financial or mathematical expertise, they can be used easily by the average investor or mortgage seeker. The tables are easy to read and are preceded by sample situations that show the nature and scope of the tables. Following each sample situation a short explanation tells how to use a particular table to find the desired answer and how to locate data on the table. After reading the situation and explanation you should be able to apply the same procedure to answer questions regarding your particular situation. If you spend time "walking through" all the situations given, you will better understand how to use the tables.

Because these tables are designed for the non-professional, no formulas or mathematical derivations are shown. Such derivations are not required for proper use of the tables.

Bond Yield Table

A bond is an interest-bearing investment that provides for payment of a specified amount of money at a future date. Bonds are usually issued by governmental organizations or corporations.

Of the various types of bonds available, one common type pays interest semiannually and pays the face value at some future date. These interest payments are calculated by multiplying the face value of the bond by the *coupon rate,* which is one-half the annual interest rate. Profitable buying and selling of such bonds requires the understanding of the relative worth of the bond. Bonds may be bought or sold either at a discount or at a premium. If the bond is sold for a price lower than the face value it is considered sold at a discount; if the selling price is higher than the face value, the bond is sold at a premium.

The bond yield to maturity is one measure of a bond's worth as an investment. For bonds with the same coupon rate the bond yield to maturity will be higher for a bond that is sold at a discount and will be lower for a bond sold at a premium. The following table shows the bond yield to maturity for several prices of bonds, both lower and higher than the face value of the bond. The relative merit of purchasing or selling a bond at a price that is different than the face value can be measured by the yield to maturity and the rating of the bond.

The bond yield table covers various annual interest rates between 5% and 20% and includes current yield. Periods to maturity range from 3 months to 30 years. The price of a bond varies between $70 and $110 per $110 of face value. Here is an illustrative situation to help you understand and use the table:

Bond Yield Table

5%

YEARS TO MATURITY

PRICE	5	6	7	8	9	10	11	12
70.00	13.43	12.19	11.32	10.67	10.17	9.77	9.44	9.18
71.00	13.08	11.90	11.06	10.43	9.95	9.57	9.26	9.00
72.00	12.74	11.61	10.80	10.20	9.74	9.38	9.08	8.83
73.00	12.41	11.32	10.55	9.98	9.54	9.18	8.90	8.66
74.00	12.08	11.04	10.30	9.76	9.33	9.00	8.72	8.50
75.00	11.75	10.76	10.06	9.54	9.13	8.81	8.55	8.34
76.00	11.43	10.49	9.82	9.32	8.94	8.63	8.38	8.18
77.00	11.12	10.22	9.59	9.11	8.74	8.45	8.22	8.02
78.00	10.81	9.96	9.35	8.90	8.55	8.28	8.05	7.87
79.00	10.51	9.70	9.13	8.70	8.37	8.10	7.89	7.71
80.00	10.21	9.44	8.90	8.50	8.18	7.93	7.73	7.57
81.00	9.91	9.19	8.68	8.30	8.00	7.77	7.58	7.42
82.00	9.62	8.94	8.46	8.10	7.82	7.60	7.42	7.27
82.50	9.48	8.82	8.35	8.00	7.74	7.52	7.35	7.20
83.00	9.33	8.70	8.24	7.91	7.65	7.44	7.27	7.13
83.50	9.19	8.58	8.14	7.81	7.56	7.36	7.20	7.06
84.00	9.05	8.45	8.03	7.72	7.47	7.28	7.12	6.99
84.50	8.91	8.34	7.93	7.62	7.39	7.20	7.05	6.92
85.00	8.77	8.22	7.82	7.53	7.30	7.12	6.98	6.85
85.50	8.63	8.10	7.72	7.44	7.22	7.04	6.90	6.79
86.00	8.49	7.98	7.62	7.35	7.13	6.97	6.83	6.72
86.50	8.36	7.87	7.52	7.25	7.05	6.89	6.76	6.65
87.00	8.22	7.75	7.41	7.16	6.97	6.81	6.69	6.58
87.50	8.09	7.64	7.31	7.07	6.89	6.74	6.62	6.52
88.00	7.96	7.52	7.21	6.98	6.80	6.66	6.55	6.45
88.50	7.82	7.41	7.11	6.89	6.72	6.59	6.48	6.39
89.00	7.69	7.30	7.02	6.81	6.64	6.51	6.41	6.32
89.50	7.56	7.19	6.92	6.72	6.56	6.44	6.34	6.26
90.00	7.43	7.07	6.82	6.63	6.48	6.37	6.27	6.19
90.50	7.30	6.96	6.72	6.54	6.41	6.29	6.20	6.13
91.00	7.17	6.85	6.63	6.46	6.33	6.22	6.14	6.07
91.50	7.05	6.75	6.53	6.37	6.25	6.15	6.07	6.00
92.00	6.92	6.64	6.44	6.29	6.17	6.08	6.00	5.94
92.50	6.79	6.53	6.34	6.20	6.10	6.01	5.94	5.88
93.00	6.67	6.42	6.25	6.12	6.02	5.94	5.87	5.82
93.50	6.55	6.32	6.16	6.04	5.94	5.87	5.81	5.76
94.00	6.42	6.21	6.06	5.95	5.87	5.80	5.74	5.70
94.50	6.30	6.11	5.97	5.87	5.79	5.73	5.68	5.64
95.00	6.18	6.00	5.88	5.79	5.72	5.66	5.62	5.58
95.50	6.06	5.90	5.79	5.71	5.64	5.59	5.55	5.52
96.00	5.94	5.80	5.70	5.63	5.57	5.53	5.49	5.46
96.50	5.82	5.70	5.61	5.55	5.50	5.46	5.43	5.40
97.00	5.70	5.60	5.52	5.47	5.43	5.39	5.36	5.34
97.50	5.58	5.49	5.43	5.39	5.35	5.33	5.30	5.28
98.00	5.46	5.39	5.35	5.31	5.28	5.26	5.24	5.23
98.50	5.35	5.30	5.26	5.23	5.21	5.19	5.18	5.17
99.00	5.23	5.20	5.17	5.15	5.14	5.13	5.12	5.11
99.50	5.11	5.10	5.09	5.08	5.07	5.06	5.06	5.06
100.00	5.00	5.00	5.00	5.00	5.00	5.00	5.00	5.00
100.50	4.89	4.90	4.91	4.92	4.93	4.94	4.94	4.94
101.00	4.77	4.81	4.83	4.85	4.86	4.87	4.88	4.89
102.00	4.55	4.61	4.66	4.70	4.72	4.75	4.76	4.78
103.00	4.33	4.43	4.50	4.55	4.59	4.62	4.65	4.67
104.00	4.11	4.24	4.33	4.40	4.46	4.50	4.53	4.56
105.00	3.89	4.05	4.17	4.26	4.32	4.38	4.42	4.46
106.00	3.68	3.87	4.01	4.11	4.19	4.26	4.31	4.35
107.00	3.46	3.69	3.85	3.97	4.06	4.14	4.20	4.25
108.00	3.25	3.51	3.69	3.83	3.94	4.02	4.09	4.15
109.00	3.05	3.33	3.54	3.69	3.81	3.90	3.98	4.05
110.00	2.84	3.16	3.38	3.55	3.68	3.79	3.87	3.95

            Bond Yield Table

PRICE	YEARS TO MATURITY							
	13	14	15	16	17	18	19	20
70.00	8.95	8.76	8.60	8.45	8.33	8.22	8.13	8.04
71.00	8.79	8.60	8.45	8.31	8.19	8.09	7.99	7.91
72.00	8.62	8.45	8.30	8.17	8.05	7.95	7.86	7.78
73.00	8.46	8.30	8.15	8.03	7.92	7.82	7.74	7.66
74.00	8.31	8.15	8.01	7.89	7.78	7.69	7.61	7.54
75.00	8.15	8.00	7.87	7.75	7.65	7.57	7.49	7.42
76.00	8.00	7.86	7.73	7.62	7.53	7.44	7.37	7.30
77.00	7.86	7.72	7.60	7.49	7.40	7.32	7.25	7.19
78.00	7.71	7.58	7.46	7.36	7.28	7.20	7.13	7.07
79.00	7.57	7.44	7.33	7.24	7.15	7.08	7.02	6.96
80.00	7.42	7.31	7.20	7.11	7.04	6.97	6.91	6.85
81.00	7.29	7.17	7.08	6.99	6.92	6.85	6.80	6.74
82.00	7.15	7.04	6.95	6.87	6.80	6.74	6.69	6.64
82.50	7.08	6.98	6.89	6.81	6.75	6.69	6.63	6.59
83.00	7.01	6.91	6.83	6.75	6.69	6.63	6.58	6.54
83.50	6.95	6.85	6.77	6.70	6.63	6.58	6.53	6.48
84.00	6.88	6.79	6.71	6.64	6.58	6.52	6.48	6.43
84.50	6.82	6.73	6.65	6.58	6.52	6.47	6.42	6.38
85.00	6.75	6.66	6.59	6.52	6.47	6.42	6.37	6.33
85.50	6.69	6.60	6.53	6.47	6.41	6.36	6.32	6.28
86.00	6.62	6.54	6.47	6.41	6.36	6.31	6.27	6.23
86.50	6.56	6.48	6.41	6.36	6.31	6.26	6.22	6.19
87.00	6.50	6.42	6.36	6.30	6.25	6.21	6.17	6.14
87.50	6.43	6.36	6.30	6.25	6.20	6.16	6.12	6.09
88.00	6.37	6.30	6.24	6.19	6.15	6.11	6.07	6.04
88.50	6.31	6.24	6.19	6.14	6.10	6.06	6.02	5.99
89.00	6.25	6.19	6.13	6.09	6.04	6.01	5.98	5.95
89.50	6.19	6.13	6.08	6.03	5.99	5.96	5.93	5.90
90.00	6.13	6.07	6.02	5.98	5.94	5.91	5.88	5.86
90.50	6.07	6.01	5.97	5.93	5.89	5.86	5.83	5.81
91.00	6.01	5.96	5.91	5.88	5.84	5.81	5.79	5.76
91.50	5.95	5.90	5.86	5.82	5.79	5.77	5.74	5.72
92.00	5.89	5.84	5.81	5.77	5.74	5.72	5.69	5.67
92.50	5.83	5.79	5.75	5.72	5.69	5.67	5.65	5.63
93.00	5.77	5.73	5.70	5.67	5.65	5.62	5.60	5.59
93.50	5.72	5.68	5.65	5.62	5.60	5.58	5.56	5.54
94.00	5.66	5.62	5.60	5.57	5.55	5.53	5.51	5.50
94.50	5.60	5.57	5.54	5.52	5.50	5.48	5.47	5.46
95.00	5.54	5.52	5.49	5.47	5.45	5.44	5.42	5.41
95.50	5.49	5.46	5.44	5.42	5.41	5.39	5.38	5.37
96.00	5.43	5.41	5.39	5.38	5.36	5.35	5.34	5.33
96.50	5.38	5.36	5.34	5.33	5.32	5.30	5.29	5.29
97.00	5.32	5.31	5.29	5.28	5.27	5.26	5.25	5.24
97.50	5.27	5.25	5.24	5.23	5.22	5.22	5.21	5.20
98.00	5.21	5.20	5.19	5.19	5.18	5.17	5.17	5.16
98.50	5.16	5.15	5.14	5.14	5.13	5.13	5.12	5.12
99.00	5.11	5.10	5.10	5.09	5.09	5.09	5.08	5.08
99.50	5.05	5.05	5.05	5.05	5.04	5.04	5.04	5.04
100.00	5.00	5.00	5.00	5.00	5.00	5.00	5.00	5.00
100.50	4.95	4.95	4.95	4.95	4.96	4.96	4.96	4.96
101.00	4.90	4.90	4.91	4.91	4.91	4.92	4.92	4.92
102.00	4.79	4.80	4.81	4.82	4.83	4.83	4.84	4.84
103.00	4.69	4.71	4.72	4.73	4.74	4.75	4.76	4.77
104.00	4.59	4.61	4.63	4.64	4.66	4.67	4.68	4.69
105.00	4.49	4.51	4.54	4.56	4.57	4.59	4.60	4.61
106.00	4.39	4.42	4.45	4.47	4.49	4.51	4.53	4.54
107.00	4.29	4.33	4.36	4.39	4.41	4.43	4.45	4.47
108.00	4.20	4.24	4.27	4.30	4.33	4.35	4.38	4.39
109.00	4.10	4.15	4.19	4.22	4.25	4.28	4.30	4.32
110.00	4.01	4.06	4.10	4.14	4.17	4.20	4.23	4.25

Bond Yield Table   5%

PRICE	21	22	23	24	25	29	30	CUR
				YEARS TO MATURITY				
70.00	7.96	7.90	7.83	7.78	7.73	7.57	7.54	7.14
71.00	7.84	7.77	7.71	7.66	7.61	7.46	7.43	7.04
72.00	7.71	7.65	7.59	7.54	7.50	7.35	7.32	6.94
73.00	7.59	7.53	7.48	7.43	7.38	7.24	7.21	6.85
74.00	7.47	7.41	7.36	7.31	7.27	7.13	7.11	6.76
75.00	7.36	7.30	7.25	7.20	7.16	7.03	7.01	6.67
76.00	7.24	7.19	7.14	7.10	7.06	6.93	6.91	6.58
77.00	7.13	7.08	7.03	6.99	6.95	6.83	6.81	6.49
78.00	7.02	6.97	6.93	6.89	6.85	6.74	6.71	6.41
79.00	6.91	6.86	6.82	6.78	6.75	6.64	6.62	6.33
80.00	6.80	6.76	6.72	6.68	6.65	6.55	6.53	6.25
81.00	6.70	6.66	6.62	6.59	6.56	6.46	6.44	6.17
82.00	6.60	6.56	6.52	6.49	6.46	6.37	6.35	6.10
82.50	6.54	6.51	6.47	6.44	6.41	6.32	6.31	6.06
83.00	6.49	6.46	6.43	6.40	6.37	6.28	6.26	6.02
83.50	6.44	6.41	6.38	6.35	6.32	6.24	6.22	5.99
84.00	6.40	6.36	6.33	6.30	6.28	6.19	6.18	5.95
84.50	6.35	6.31	6.28	6.26	6.23	6.15	6.14	5.92
85.00	6.30	6.27	6.24	6.21	6.19	6.11	6.10	5.88
85.50	6.25	6.22	6.19	6.17	6.14	6.07	6.05	5.85
86.00	6.20	6.17	6.14	6.12	6.10	6.03	6.01	5.81
86.50	6.15	6.13	6.10	6.08	6.05	5.99	5.97	5.78
87.00	6.11	6.08	6.05	6.03	6.01	5.95	5.93	5.75
87.50	6.06	6.03	6.01	5.99	5.97	5.91	5.89	5.71
88.00	6.01	5.99	5.97	5.95	5.93	5.87	5.85	5.68
88.50	5.97	5.94	5.92	5.90	5.88	5.83	5.81	5.65
89.00	5.92	5.90	5.88	5.86	5.84	5.79	5.78	5.62
89.50	5.88	5.85	5.84	5.82	5.80	5.75	5.74	5.59
90.00	5.83	5.81	5.79	5.78	5.76	5.71	5.70	5.56
90.50	5.79	5.77	5.75	5.73	5.72	5.67	5.66	5.52
91.00	5.74	5.72	5.71	5.69	5.68	5.63	5.62	5.49
91.50	5.70	5.68	5.67	5.65	5.64	5.60	5.59	5.46
92.00	5.66	5.64	5.62	5.61	5.60	5.56	5.55	5.43
92.50	5.61	5.60	5.58	5.57	5.56	5.52	5.51	5.41
93.00	5.57	5.56	5.54	5.53	5.52	5.48	5.48	5.38
93.50	5.53	5.51	5.50	5.49	5.48	5.45	5.44	5.35
94.00	5.48	5.47	5.46	5.45	5.44	5.41	5.41	5.32
94.50	5.44	5.43	5.42	5.41	5.40	5.38	5.37	5.29
95.00	5.40	5.39	5.38	5.37	5.37	5.34	5.34	5.26
95.50	5.36	5.35	5.34	5.33	5.33	5.31	5.30	5.24
96.00	5.32	5.31	5.30	5.30	5.29	5.27	5.27	5.21
96.50	5.28	5.27	5.26	5.26	5.25	5.24	5.23	5.18
97.00	5.24	5.23	5.23	5.22	5.22	5.20	5.20	5.15
97.50	5.20	5.19	5.19	5.18	5.18	5.17	5.16	5.13
98.00	5.16	5.15	5.15	5.15	5.14	5.13	5.13	5.10
98.50	5.12	5.11	5.11	5.11	5.11	5.10	5.10	5.08
99.00	5.08	5.08	5.07	5.07	5.07	5.07	5.07	5.05
99.50	5.04	5.04	5.04	5.04	5.04	5.03	5.03	5.03
100.00	5.00	5.00	5.00	5.00	5.00	5.00	5.00	5.00
100.50	4.96	4.96	4.96	4.96	4.96	4.97	4.97	4.98
101.00	4.92	4.93	4.93	4.93	4.93	4.93	4.94	4.95
102.00	4.85	4.85	4.85	4.86	4.86	4.87	4.87	4.90
103.00	4.77	4.78	4.78	4.79	4.79	4.81	4.81	4.85
104.00	4.70	4.71	4.71	4.72	4.73	4.74	4.75	4.81
105.00	4.63	4.64	4.64	4.65	4.66	4.68	4.69	4.76
106.00	4.55	4.56	4.58	4.59	4.59	4.62	4.63	4.72
107.00	4.48	4.50	4.51	4.52	4.53	4.56	4.57	4.67
108.00	4.41	4.43	4.44	4.45	4.47	4.50	4.51	4.63
109.00	4.34	4.36	4.38	4.39	4.40	4.44	4.45	4.59
110.00	4.27	4.29	4.31	4.33	4.34	4.39	4.40	4.55

5¼% Bond Yield Table

PRICE				YEARS TO MATURITY				
	¼	½	¾	1	1½	2	3	4
85.00	75.60	41.47	28.82	22.87	17.00	14.12	11.28	9.88
85.50	72.86	40.06	27.93	22.21	16.56	13.79	11.06	9.71
86.00	70.15	38.66	27.04	21.55	16.13	13.47	10.84	9.54
86.50	67.47	37.28	26.16	20.90	15.70	13.14	10.62	9.37
87.00	64.83	35.92	25.29	20.26	15.27	12.82	10.41	9.21
87.50	62.21	34.57	24.43	19.62	14.85	12.51	10.19	9.04
88.00	59.62	33.24	23.57	18.98	14.43	12.19	9.98	8.88
88.50	57.06	31.92	22.73	18.36	14.02	11.88	9.76	8.72
89.00	54.53	30.62	21.89	17.73	13.60	11.57	9.55	8.56
89.50	52.03	29.33	21.06	17.12	13.19	11.26	9.34	8.39
90.00	49.56	28.06	20.24	16.50	12.79	10.95	9.14	8.23
90.50	47.11	26.80	19.42	15.90	12.38	10.65	8.93	8.08
91.00	44.69	25.55	18.61	15.30	11.98	10.35	8.72	7.92
91.25	43.48	24.93	18.21	15.00	11.78	10.20	8.62	7.84
91.50	42.29	24.32	17.81	14.70	11.59	10.05	8.52	7.76
91.75	41.10	23.71	17.42	14.40	11.39	9.90	8.42	7.68
92.00	39.92	23.10	17.02	14.11	11.19	9.75	8.32	7.61
92.25	38.74	22.49	16.63	13.81	10.99	9.60	8.22	7.53
92.50	37.57	21.89	16.23	13.52	10.80	9.45	8.12	7.45
92.75	36.41	21.29	15.84	13.23	10.60	9.31	8.02	7.38
93.00	35.26	20.70	15.45	12.94	10.41	9.16	7.92	7.30
93.25	34.10	20.11	15.07	12.65	10.22	9.01	7.82	7.22
93.50	32.96	19.52	14.68	12.36	10.02	8.87	7.72	7.15
93.75	31.82	18.93	14.30	12.07	9.83	8.72	7.62	7.07
94.00	30.69	18.35	13.92	11.79	9.64	8.58	7.52	7.00
94.25	29.56	17.77	13.54	11.50	9.45	8.43	7.42	6.92
94.50	28.44	17.20	13.16	11.22	9.26	8.29	7.33	6.85
94.75	27.33	16.62	12.78	10.93	9.07	8.15	7.23	6.77
95.00	26.22	16.05	12.41	10.65	8.88	8.01	7.13	6.70
95.25	25.11	15.49	12.03	10.37	8.70	7.86	7.03	6.62
95.50	24.02	14.92	11.66	10.09	8.51	7.72	6.94	6.55
95.75	22.92	14.36	11.29	9.82	8.32	7.58	6.84	6.47
96.00	21.84	13.80	10.92	9.54	8.14	7.44	6.75	6.40
96.25	20.76	13.25	10.56	9.26	7.95	7.30	6.65	6.33
96.50	19.68	12.69	10.19	8.99	7.77	7.16	6.55	6.25
96.75	18.61	12.14	9.83	8.71	7.58	7.02	6.46	6.18
97.00	17.55	11.60	9.47	8.44	7.40	6.88	6.36	6.11
97.25	16.49	11.05	9.11	8.17	7.22	6.74	6.27	6.03
97.50	15.43	10.51	8.75	7.90	7.04	6.60	6.18	5.96
97.75	14.38	9.97	8.39	7.63	6.85	6.47	6.08	5.89
98.00	13.34	9.44	8.03	7.36	6.67	6.33	5.99	5.82
98.25	12.30	8.91	7.68	7.09	6.49	6.19	5.89	5.75
98.50	11.27	8.38	7.33	6.83	6.31	6.06	5.80	5.67
98.75	10.24	7.85	6.97	6.56	6.13	5.92	5.71	5.60
99.00	9.22	7.32	6.62	6.30	5.96	5.79	5.62	5.53
99.25	8.20	6.80	6.28	6.03	5.78	5.65	5.52	5.46
99.50	7.19	6.28	5.93	5.77	5.60	5.52	5.43	5.39
99.75	6.18	5.76	5.58	5.51	5.43	5.38	5.34	5.32
100.00	5.18	5.25	5.24	5.25	5.25	5.25	5.25	5.25
100.25	4.18	4.74	4.90	4.99	5.07	5.12	5.16	5.18
100.50	3.19	4.23	4.55	4.73	4.90	4.98	5.07	5.11
101.00	1.22	3.22	3.88	4.22	4.55	4.72	4.89	4.97
101.50		2.22	3.20	3.71	4.21	4.46	4.71	4.83
102.00		1.23	2.54	3.20	3.86	4.20	4.53	4.70
102.50		0.24	1.87	2.70	3.52	3.94	4.35	4.56
103.00			1.22	2.20	3.19	3.68	4.18	4.42
103.50			0.57	1.71	2.85	3.42	4.00	4.29
104.00				1.21	2.52	3.17	3.83	4.15
104.50				0.73	2.18	2.92	3.65	4.02
105.00				0.24	1.85	2.67	3.48	3.89

8

Bond Yield Table 5¼%

PRICE	YEARS TO MATURITY							
	5	6	7	8	9	10	11	12
70.00	13.74	12.51	11.63	10.98	10.48	10.08	9.76	9.49
71.00	13.39	12.21	11.37	10.74	10.26	9.88	9.57	9.31
72.00	13.05	11.91	11.11	10.51	10.05	9.68	9.39	9.14
73.00	12.71	11.62	10.86	10.28	9.84	9.49	9.21	8.97
74.00	12.38	11.34	10.61	10.06	9.64	9.30	9.03	8.80
75.00	12.05	11.06	10.36	9.84	9.43	9.11	8.85	8.64
76.00	11.73	10.79	10.12	9.62	9.23	8.93	8.68	8.48
77.00	11.41	10.52	9.88	9.41	9.04	8.75	8.51	8.32
78.00	11.10	10.25	9.64	9.19	8.85	8.57	8.35	8.16
79.00	10.79	9.99	9.41	8.99	8.66	8.39	8.18	8.01
80.00	10.49	9.73	9.19	8.78	8.47	8.22	8.02	7.85
81.00	10.19	9.47	8.96	8.58	8.29	8.05	7.86	7.70
82.00	9.90	9.22	8.74	8.38	8.11	7.89	7.71	7.56
82.50	9.76	9.10	8.63	8.29	8.02	7.80	7.63	7.49
83.00	9.61	8.98	8.52	8.19	7.93	7.72	7.55	7.41
83.50	9.47	8.85	8.42	8.09	7.84	7.64	7.48	7.34
84.00	9.33	8.73	8.31	8.00	7.75	7.56	7.40	7.27
84.50	9.19	8.61	8.20	7.90	7.67	7.48	7.33	7.20
85.00	9.05	8.49	8.10	7.81	7.58	7.40	7.25	7.13
85.50	8.91	8.37	7.99	7.71	7.49	7.32	7.18	7.06
86.00	8.77	8.26	7.89	7.62	7.41	7.24	7.11	6.99
86.50	8.63	8.14	7.79	7.53	7.32	7.16	7.03	6.92
87.00	8.50	8.02	7.69	7.44	7.24	7.09	6.96	6.86
87.50	8.36	7.91	7.58	7.34	7.16	7.01	6.89	6.79
88.00	8.23	7.79	7.48	7.25	7.08	6.93	6.82	6.72
88.50	8.09	7.68	7.38	7.16	6.99	6.86	6.75	6.66
89.00	7.96	7.56	7.28	7.07	6.91	6.78	6.68	6.59
89.50	7.83	7.45	7.18	6.99	6.83	6.71	6.61	6.53
90.00	7.70	7.34	7.09	6.90	6.75	6.63	6.54	6.46
90.50	7.57	7.23	6.99	6.81	6.67	6.56	6.47	6.40
91.00	7.44	7.12	6.89	6.72	6.59	6.49	6.40	6.33
91.50	7.31	7.01	6.80	6.64	6.51	6.41	6.33	6.27
92.00	7.18	6.90	6.70	6.55	6.43	6.34	6.27	6.21
92.50	7.06	6.79	6.61	6.47	6.36	6.27	6.20	6.14
93.00	6.93	6.69	6.51	6.38	6.28	6.20	6.13	6.08
93.50	6.81	6.58	6.42	6.30	6.20	6.13	6.07	6.02
94.00	6.68	6.47	6.32	6.21	6.13	6.06	6.00	5.96
94.50	6.56	6.37	6.23	6.13	6.05	5.99	5.94	5.90
95.00	6.44	6.26	6.14	6.05	5.98	5.92	5.87	5.84
95.50	6.31	6.16	6.05	5.97	5.90	5.85	5.81	5.78
96.00	6.19	6.06	5.96	5.88	5.83	5.78	5.75	5.72
96.50	6.07	5.95	5.87	5.80	5.75	5.71	5.68	5.66
97.00	5.95	5.85	5.78	5.72	5.68	5.65	5.62	5.60
97.50	5.83	5.75	5.69	5.64	5.61	5.58	5.56	5.54
98.00	5.72	5.65	5.60	5.56	5.54	5.51	5.49	5.48
98.50	5.60	5.55	5.51	5.48	5.46	5.45	5.43	5.42
99.00	5.48	5.45	5.42	5.41	5.39	5.38	5.37	5.36
99.50	5.37	5.35	5.34	5.33	5.32	5.32	5.31	5.31
100.00	5.25	5.25	5.25	5.25	5.25	5.25	5.25	5.25
100.50	5.14	5.15	5.16	5.17	5.18	5.19	5.19	5.19
101.00	5.02	5.05	5.08	5.10	5.11	5.12	5.13	5.14
102.00	4.80	4.86	4.91	4.94	4.97	4.99	5.01	5.03
103.00	4.57	4.67	4.74	4.79	4.83	4.87	4.89	4.92
104.00	4.35	4.48	4.58	4.65	4.70	4.74	4.78	4.81
105.00	4.13	4.30	4.41	4.50	4.57	4.62	4.66	4.70
106.00	3.92	4.11	4.25	4.35	4.43	4.50	4.55	4.59
107.00	3.70	3.93	4.09	4.21	4.30	4.38	4.44	4.49
108.00	3.49	3.75	3.93	4.07	4.17	4.26	4.33	4.39
109.00	3.28	3.57	3.77	3.93	4.05	4.14	4.22	4.28
110.00	3.08	3.39	3.62	3.79	3.92	4.03	4.11	4.18

5¼%   Bond Yield Table

	13	14	15	16	17	18	19	20
				YEARS TO MATURITY				
70.00	9.27	9.08	8.92	8.77	8.65	8.54	8.45	8.36
71.00	9.10	8.92	8.76	8.63	8.51	8.40	8.31	8.23
72.00	8.93	8.76	8.61	8.48	8.37	8.27	8.18	8.10
73.00	8.77	8.60	8.46	8.34	8.23	8.13	8.05	7.97
74.00	8.61	8.45	8.31	8.20	8.09	8.00	7.92	7.85
75.00	8.46	8.30	8.17	8.06	7.96	7.87	7.79	7.72
76.00	8.30	8.16	8.03	7.92	7.83	7.74	7.67	7.60
77.00	8.15	8.01	7.89	7.79	7.70	7.62	7.55	7.49
78.00	8.00	7.87	7.76	7.66	7.57	7.50	7.43	7.37
79.00	7.86	7.73	7.62	7.53	7.45	7.38	7.31	7.26
80.00	7.71	7.59	7.49	7.40	7.33	7.26	7.20	7.14
81.00	7.57	7.46	7.36	7.28	7.21	7.14	7.08	7.03
82.00	7.43	7.33	7.24	7.16	7.09	7.03	6.97	6.93
82.50	7.36	7.26	7.17	7.10	7.03	6.97	6.92	6.87
83.00	7.30	7.20	7.11	7.04	6.97	6.92	6.86	6.82
83.50	7.23	7.13	7.05	6.98	6.92	6.86	6.81	6.77
84.00	7.16	7.07	6.99	6.92	6.86	6.81	6.76	6.72
84.50	7.10	7.01	6.93	6.86	6.80	6.75	6.70	6.66
85.00	7.03	6.94	6.87	6.80	6.75	6.70	6.65	6.61
85.50	6.96	6.88	6.81	6.75	6.69	6.64	6.60	6.56
86.00	6.90	6.82	6.75	6.69	6.64	6.59	6.55	6.51
86.50	6.83	6.76	6.69	6.63	6.58	6.54	6.50	6.46
87.00	6.77	6.70	6.63	6.58	6.53	6.48	6.45	6.41
87.50	6.71	6.63	6.57	6.52	6.47	6.43	6.40	6.36
88.00	6.64	6.57	6.52	6.46	6.42	6.38	6.35	6.31
88.50	6.58	6.51	6.46	6.41	6.37	6.33	6.30	6.27
89.00	6.52	6.46	6.40	6.36	6.31	6.28	6.25	6.22
89.50	6.46	6.40	6.35	6.30	6.26	6.23	6.20	6.17
90.00	6.39	6.34	6.29	6.25	6.21	6.18	6.15	6.12
90.50	6.33	6.28	6.23	6.19	6.16	6.13	6.10	6.08
91.00	6.27	6.22	6.18	6.14	6.11	6.08	6.05	6.03
91.50	6.21	6.17	6.12	6.09	6.06	6.03	6.01	5.98
92.00	6.15	6.11	6.07	6.04	6.01	5.98	5.96	5.94
92.50	6.09	6.05	6.02	5.98	5.96	5.93	5.91	5.89
93.00	6.03	6.00	5.96	5.93	5.91	5.89	5.87	5.85
93.50	5.98	5.94	5.91	5.88	5.86	5.84	5.82	5.80
94.00	5.92	5.89	5.86	5.83	5.81	5.79	5.77	5.76
94.50	5.86	5.83	5.80	5.78	5.76	5.74	5.73	5.71
95.00	5.80	5.78	5.75	5.73	5.71	5.70	5.68	5.67
95.50	5.75	5.72	5.70	5.68	5.67	5.65	5.64	5.63
96.00	5.69	5.67	5.65	5.63	5.62	5.61	5.59	5.58
96.50	5.63	5.61	5.60	5.58	5.57	5.56	5.55	5.54
97.00	5.58	5.56	5.55	5.54	5.52	5.51	5.51	5.50
97.50	5.52	5.51	5.50	5.49	5.48	5.47	5.46	5.46
98.00	5.47	5.46	5.45	5.44	5.43	5.43	5.42	5.41
98.50	5.41	5.40	5.40	5.39	5.39	5.38	5.38	5.37
99.00	5.36	5.35	5.35	5.34	5.34	5.34	5.33	5.33
99.50	5.30	5.30	5.30	5.30	5.29	5.29	5.29	5.29
100.00	5.25	5.25	5.25	5.25	5.25	5.25	5.25	5.25
100.50	5.20	5.20	5.20	5.20	5.21	5.21	5.21	5.21
101.00	5.14	5.15	5.15	5.16	5.16	5.16	5.17	5.17
102.00	5.04	5.05	5.06	5.07	5.07	5.08	5.08	5.09
103.00	4.93	4.95	4.96	4.98	4.99	5.00	5.00	5.01
104.00	4.83	4.85	4.87	4.89	4.90	4.91	4.92	4.93
105.00	4.73	4.76	4.78	4.80	4.82	4.83	4.84	4.86
106.00	4.63	4.66	4.69	4.71	4.73	4.75	4.77	4.78
107.00	4.53	4.57	4.60	4.63	4.65	4.67	4.69	4.71
108.00	4.43	4.47	4.51	4.54	4.57	4.59	4.61	4.63
109.00	4.34	4.38	4.42	4.46	4.49	4.51	4.54	4.56
110.00	4.24	4.29	4.34	4.37	4.41	4.44	4.46	4.49

Bond Yield Table

5¼%

| PRICE | \multicolumn{8}{c}{YEARS TO MATURITY} |
	21	22	23	24	25	29	30	CUR
70.00	8.29	8.22	8.16	8.11	8.06	7.90	7.87	7.50
71.00	8.16	8.09	8.04	7.98	7.93	7.78	7.75	7.39
72.00	8.03	7.97	7.91	7.86	7.82	7.67	7.64	7.29
73.00	7.91	7.85	7.79	7.74	7.70	7.56	7.53	7.19
74.00	7.78	7.73	7.67	7.63	7.59	7.45	7.42	7.09
75.00	7.66	7.61	7.56	7.51	7.47	7.34	7.32	7.00
76.00	7.55	7.49	7.45	7.40	7.36	7.24	7.22	6.91
77.00	7.43	7.38	7.33	7.29	7.26	7.14	7.12	6.82
78.00	7.32	7.27	7.23	7.19	7.15	7.04	7.02	6.73
79.00	7.21	7.16	7.12	7.08	7.05	6.94	6.92	6.65
80.00	7.10	7.05	7.01	6.98	6.95	6.85	6.83	6.56
81.00	6.99	6.95	6.91	6.88	6.85	6.75	6.73	6.48
82.00	6.88	6.84	6.81	6.78	6.75	6.66	6.64	6.40
82.50	6.83	6.79	6.76	6.73	6.70	6.61	6.60	6.36
83.00	6.78	6.74	6.71	6.68	6.65	6.57	6.55	6.33
83.50	6.73	6.69	6.66	6.63	6.61	6.52	6.51	6.29
84.00	6.68	6.64	6.61	6.59	6.56	6.48	6.46	6.25
84.50	6.63	6.59	6.57	6.54	6.51	6.44	6.42	6.21
85.00	6.58	6.55	6.52	6.49	6.47	6.39	6.38	6.18
85.50	6.53	6.50	6.47	6.45	6.42	6.35	6.34	6.14
86.00	6.48	6.45	6.42	6.40	6.38	6.31	6.29	6.10
86.50	6.43	6.40	6.38	6.35	6.33	6.27	6.25	6.07
87.00	6.38	6.36	6.33	6.31	6.29	6.22	6.21	6.03
87.50	6.33	6.31	6.28	6.26	6.24	6.18	6.17	6.00
88.00	6.29	6.26	6.24	6.22	6.20	6.14	6.13	5.97
88.50	6.24	6.22	6.19	6.18	6.16	6.10	6.09	5.93
89.00	6.19	6.17	6.15	6.13	6.11	6.06	6.05	5.90
89.50	6.15	6.13	6.11	6.09	6.07	6.02	6.01	5.87
90.00	6.10	6.08	6.06	6.04	6.03	5.98	5.97	5.83
90.50	6.06	6.04	6.02	6.00	5.99	5.94	5.93	5.80
91.00	6.01	5.99	5.97	5.96	5.95	5.90	5.89	5.77
91.50	5.97	5.95	5.93	5.92	5.90	5.86	5.85	5.74
92.00	5.92	5.90	5.89	5.88	5.86	5.82	5.82	5.71
92.50	5.88	5.86	5.85	5.83	5.82	5.79	5.78	5.68
93.00	5.83	5.82	5.81	5.79	5.78	5.75	5.74	5.65
93.50	5.79	5.78	5.76	5.75	5.74	5.71	5.70	5.61
94.00	5.75	5.73	5.72	5.71	5.70	5.67	5.67	5.59
94.50	5.70	5.69	5.68	5.67	5.66	5.64	5.63	5.56
95.00	5.66	5.65	5.64	5.63	5.62	5.60	5.60	5.53
95.50	5.62	5.61	5.60	5.59	5.59	5.56	5.56	5.50
96.00	5.58	5.57	5.56	5.55	5.55	5.53	5.52	5.47
96.50	5.53	5.53	5.52	5.51	5.51	5.49	5.49	5.44
97.00	5.49	5.49	5.48	5.48	5.47	5.46	5.45	5.41
97.50	5.45	5.45	5.44	5.44	5.43	5.42	5.42	5.38
98.00	5.41	5.41	5.40	5.40	5.40	5.39	5.39	5.36
98.50	5.37	5.37	5.36	5.36	5.36	5.35	5.35	5.33
99.00	5.33	5.33	5.33	5.32	5.32	5.32	5.32	5.30
99.50	5.29	5.29	5.29	5.29	5.29	5.28	5.28	5.28
100.00	5.25	5.25	5.25	5.25	5.25	5.25	5.25	5.25
100.50	5.21	5.21	5.21	5.21	5.21	5.22	5.22	5.22
101.00	5.17	5.17	5.18	5.18	5.18	5.18	5.18	5.20
102.00	5.09	5.10	5.10	5.10	5.11	5.12	5.12	5.15
103.00	5.02	5.02	5.03	5.03	5.04	5.05	5.05	5.10
104.00	4.94	4.95	4.96	4.96	4.97	4.99	4.99	5.05
105.00	4.87	4.88	4.89	4.89	4.90	4.92	4.93	5.00
106.00	4.79	4.81	4.82	4.83	4.83	4.86	4.87	4.95
107.00	4.72	4.73	4.75	4.76	4.77	4.80	4.81	4.91
108.00	4.65	4.66	4.68	4.69	4.70	4.74	4.75	4.86
109.00	4.58	4.60	4.61	4.63	4.64	4.68	4.69	4.82
110.00	4.51	4.53	4.54	4.56	4.57	4.62	4.63	4.77

5½% Bond Yield Table

PRICE	¼	½	¾	1	1½	2	3	4
				YEARS TO MATURITY				
85.00	75.83	41.76	29.11	23.15	17.28	14.40	11.56	10.16
85.50	73.09	40.35	28.21	22.49	16.84	14.07	11.34	9.99
86.00	70.39	38.95	27.32	21.83	16.40	13.74	11.12	9.82
86.50	67.71	37.57	26.44	21.18	15.97	13.42	10.90	9.65
87.00	65.06	36.21	25.57	20.53	15.55	13.10	10.68	9.48
87.50	62.45	34.86	24.70	19.89	15.12	12.78	10.46	9.31
88.00	59.86	33.52	23.85	19.26	14.70	12.46	10.25	9.15
88.50	57.30	32.20	23.00	18.63	14.29	12.15	10.03	8.99
89.00	54.77	30.90	22.16	18.01	13.87	11.84	9.82	8.82
89.50	52.27	29.61	21.33	17.39	13.46	11.53	9.61	8.66
90.00	49.79	28.33	20.51	16.78	13.06	11.22	9.40	8.50
90.50	47.35	27.07	19.69	16.17	12.65	10.92	9.20	8.34
91.00	44.93	25.82	18.88	15.56	12.25	10.61	8.99	8.18
91.25	43.72	25.21	18.48	15.26	12.05	10.46	8.89	8.10
91.50	42.53	24.59	18.08	14.97	11.85	10.31	8.78	8.03
91.75	41.34	23.98	17.68	14.67	11.65	10.16	8.68	7.95
92.00	40.16	23.37	17.28	14.37	11.46	10.01	8.58	7.87
92.25	38.99	22.76	16.89	14.08	11.26	9.86	8.48	7.79
92.50	37.82	22.16	16.50	13.78	11.06	9.72	8.38	7.71
92.75	36.65	21.56	16.11	13.49	10.87	9.57	8.28	7.64
93.00	35.50	20.97	15.72	13.20	10.67	9.42	8.18	7.56
93.25	34.35	20.38	15.33	12.91	10.48	9.28	8.08	7.48
93.50	33.20	19.79	14.94	12.62	10.29	9.13	7.98	7.41
93.75	32.06	19.20	14.56	12.33	10.09	8.98	7.88	7.33
94.00	30.93	18.62	14.18	12.05	9.90	8.84	7.78	7.26
94.25	29.80	18.04	13.80	11.76	9.71	8.69	7.68	7.18
94.50	28.68	17.46	13.42	11.48	9.52	8.55	7.58	7.10
94.75	27.57	16.89	13.04	11.19	9.33	8.41	7.49	7.03
95.00	26.46	16.32	12.67	10.91	9.14	8.26	7.39	6.95
95.25	25.36	15.75	12.29	10.63	8.95	8.12	7.29	6.88
95.50	24.26	15.18	11.92	10.35	8.77	7.98	7.19	6.80
95.75	23.17	14.62	11.55	10.07	8.58	7.84	7.10	6.73
96.00	22.08	14.06	11.18	9.80	8.39	7.70	7.00	6.66
96.25	21.00	13.51	10.81	9.52	8.21	7.56	6.91	6.58
96.50	19.92	12.95	10.45	9.24	8.02	7.42	6.81	6.51
96.75	18.85	12.40	10.08	8.97	7.84	7.28	6.71	6.43
97.00	17.79	11.86	9.72	8.70	7.66	7.14	6.62	6.36
97.25	16.73	11.31	9.36	8.42	7.47	7.00	6.52	6.29
97.50	15.68	10.77	9.00	8.15	7.29	6.86	6.43	6.22
97.75	14.63	10.23	8.64	7.88	7.11	6.72	6.34	6.14
98.00	13.58	9.69	8.29	7.61	6.93	6.58	6.24	6.07
98.25	12.55	9.16	7.93	7.35	6.75	6.45	6.15	6.00
98.50	11.51	8.63	7.58	7.08	6.57	6.31	6.05	5.93
98.75	10.49	8.10	7.23	6.81	6.39	6.17	5.96	5.86
99.00	9.46	7.58	6.87	6.55	6.21	6.04	5.87	5.78
99.25	8.45	7.05	6.53	6.29	6.03	5.90	5.78	5.71
99.50	7.43	6.53	6.18	6.02	5.85	5.77	5.68	5.64
99.75	6.43	6.02	5.83	5.76	5.68	5.63	5.59	5.57
100.00	5.43	5.50	5.49	5.50	5.50	5.50	5.50	5.50
100.25	5.43	4.99	5.14	5.24	5.32	5.37	5.41	5.43
100.50	3.44	4.48	4.80	4.98	5.15	5.23	5.32	5.36
101.00	1.47	3.47	4.12	4.47	4.80	4.97	5.14	5.22
101.50		2.46	3.45	3.96	4.46	4.71	4.96	5.08
102.00		1.47	2.78	3.45	4.11	4.44	4.78	4.94
102.50		0.49	2.12	2.94	3.77	4.18	4.60	4.81
103.00			1.46	2.44	3.43	3.93	4.42	4.67
103.50			0.81	1.95	3.09	3.67	4.25	4.53
104.00			0.16	1.46	2.76	3.41	4.07	4.40
104.50				0.97	2.43	3.16	3.90	4.26
105.00				0.48	2.10	2.91	3.72	4.13

Bond Yield Table 5½%

PRICE	YEARS TO MATURITY							
	5	6	7	8	9	10	11	12
70.00	14.05	12.82	11.94	11.29	10.79	10.40	10.07	9.81
71.00	13.70	12.52	11.68	11.05	10.57	10.19	9.88	9.63
72.00	13.35	12.22	11.42	10.82	10.36	9.99	9.70	9.45
73.00	13.01	11.93	11.16	10.59	10.15	9.80	9.51	9.28
74.00	12.68	11.64	10.91	10.36	9.94	9.60	9.33	9.11
75.00	12.35	11.36	10.66	10.14	9.73	9.41	9.15	8.94
76.00	12.03	11.08	10.41	9.92	9.53	9.23	8.98	8.77
77.00	11.71	10.81	10.17	9.70	9.33	9.04	8.81	8.61
78.00	11.39	10.54	9.94	9.49	9.14	8.86	8.64	8.45
79.00	11.08	10.28	9.70	9.28	8.95	8.68	8.47	8.30
80.00	10.78	10.01	9.47	9.07	8.76	8.51	8.31	8.14
81.00	10.48	9.76	9.25	8.87	8.57	8.34	8.15	7.99
82.00	10.18	9.51	9.02	8.67	8.39	8.17	7.99	7.84
82.50	10.04	9.38	8.91	8.57	8.30	8.09	7.91	7.77
83.00	9.89	9.26	8.80	8.47	8.21	8.00	7.83	7.70
83.50	9.75	9.13	8.70	8.37	8.12	7.92	7.76	7.62
84.00	9.60	9.01	8.59	8.27	8.03	7.84	7.68	7.55
84.50	9.46	8.89	8.48	8.18	7.94	7.76	7.60	7.48
85.00	9.32	8.77	8.38	8.08	7.86	7.68	7.53	7.41
85.50	9.18	8.65	8.27	7.99	7.77	7.60	7.45	7.34
86.00	9.04	8.53	8.17	7.89	7.68	7.52	7.38	7.27
86.50	8.90	8.41	8.06	7.80	7.60	7.44	7.31	7.20
87.00	8.77	8.29	7.96	7.71	7.51	7.36	7.23	7.13
87.50	8.63	8.18	7.86	7.62	7.43	7.28	7.16	7.06
88.00	8.50	8.06	7.75	7.52	7.35	7.20	7.09	6.99
88.50	8.36	7.95	7.65	7.43	7.26	7.13	7.02	6.93
89.00	8.23	7.83	7.55	7.34	7.18	7.05	6.95	6.86
89.50	8.10	7.72	7.45	7.25	7.10	6.98	6.88	6.79
90.00	7.96	7.61	7.35	7.16	7.02	6.90	6.81	6.73
90.50	7.83	7.49	7.25	7.08	6.94	6.83	6.74	6.66
91.00	7.70	7.38	7.16	6.99	6.86	6.75	6.67	6.60
91.50	7.57	7.27	7.06	6.90	6.78	6.68	6.60	6.53
92.00	7.45	7.16	6.96	6.81	6.70	6.61	6.53	6.47
92.50	7.32	7.05	6.87	6.73	6.62	6.53	6.46	6.41
93.00	7.19	6.95	6.77	6.64	6.54	6.46	6.40	6.34
93.50	7.07	6.84	6.68	6.56	6.46	6.39	6.33	6.28
94.00	6.94	6.73	6.58	6.47	6.39	6.32	6.26	6.22
94.50	6.82	6.63	6.49	6.39	6.31	6.25	6.20	6.15
95.00	6.69	6.52	6.40	6.31	6.23	6.18	6.13	6.09
95.50	6.57	6.42	6.31	6.22	6.16	6.11	6.07	6.03
96.00	6.45	6.31	6.21	6.14	6.08	6.04	6.00	5.97
96.50	6.33	6.21	6.12	6.06	6.01	5.97	5.94	5.91
97.00	6.21	6.10	6.03	5.98	5.94	5.90	5.87	5.85
97.50	6.09	6.00	5.94	5.90	5.86	5.83	5.81	5.79
98.00	5.97	5.90	5.85	5.82	5.79	5.77	5.75	5.73
98.50	5.85	5.80	5.76	5.74	5.72	5.70	5.69	5.67
99.00	5.73	5.70	5.68	5.66	5.64	5.63	5.62	5.62
99.50	5.62	5.60	5.59	5.58	5.57	5.57	5.56	5.56
100.00	5.50	5.50	5.50	5.50	5.50	5.50	5.50	5.50
100.50	5.38	5.40	5.41	5.42	5.43	5.43	5.44	5.44
101.00	5.27	5.30	5.33	5.34	5.36	5.37	5.38	5.39
102.00	5.04	5.11	5.16	5.19	5.22	5.24	5.26	5.27
103.00	4.82	4.92	4.99	5.04	5.08	5.11	5.14	5.16
104.00	4.60	4.73	4.82	4.89	4.94	4.99	5.02	5.05
105.00	4.38	4.54	4.65	4.74	4.81	4.86	4.91	4.94
106.00	4.16	4.35	4.49	4.60	4.68	4.74	4.79	4.84
107.00	3.94	4.17	4.33	4.45	4.54	4.62	4.68	4.73
108.00	3.73	3.99	4.17	4.31	4.41	4.50	4.57	4.62
109.00	3.52	3.81	4.01	4.17	4.28	4.38	4.46	4.52
110.00	3.31	3.63	3.86	4.03	4.16	4.26	4.35	4.42

5½%　　　Bond Yield Table

PRICE	YEARS TO MATURITY							
	13	14	15	16	17	18	19	20
70.00	9.59	9.40	9.23	9.09	8.97	8.87	8.77	8.69
71.00	9.41	9.23	9.08	8.94	8.83	8.72	8.63	8.55
72.00	9.25	9.07	8.92	8.79	8.68	8.58	8.50	8.42
73.00	9.08	8.91	8.77	8.65	8.54	8.44	8.36	8.29
74.00	8.92	8.76	8.62	8.50	8.40	8.31	8.23	8.16
75.00	8.76	8.61	8.48	8.36	8.26	8.18	8.10	8.03
76.00	8.60	8.46	8.33	8.22	8.13	8.05	7.97	7.91
77.00	8.45	8.31	8.19	8.09	8.00	7.92	7.85	7.79
78.00	8.30	8.17	8.05	7.95	7.87	7.79	7.73	7.67
79.00	8.15	8.02	7.92	7.82	7.74	7.67	7.61	7.55
80.00	8.00	7.88	7.78	7.69	7.62	7.55	7.49	7.44
81.00	7.86	7.75	7.65	7.57	7.50	7.43	7.37	7.32
82.00	7.72	7.61	7.52	7.44	7.37	7.31	7.26	7.21
82.50	7.65	7.55	7.46	7.38	7.32	7.26	7.21	7.16
83.00	7.58	7.48	7.39	7.32	7.26	7.20	7.15	7.11
83.50	7.51	7.41	7.33	7.26	7.20	7.14	7.09	7.05
84.00	7.44	7.35	7.27	7.20	7.14	7.09	7.04	7.00
84.50	7.37	7.28	7.21	7.14	7.08	7.03	6.99	6.95
85.00	7.31	7.22	7.15	7.08	7.03	6.98	6.93	6.89
85.50	7.24	7.16	7.09	7.02	6.97	6.92	6.88	6.84
86.00	7.17	7.09	7.02	6.96	6.91	6.87	6.83	6.79
86.50	7.11	7.03	6.96	6.91	6.86	6.81	6.77	6.74
87.00	7.04	6.97	6.91	6.85	6.80	6.76	6.72	6.69
87.50	6.98	6.91	6.85	6.79	6.75	6.71	6.67	6.64
88.00	6.91	6.85	6.79	6.74	6.69	6.65	6.62	6.59
88.50	6.85	6.79	6.73	6.68	6.64	6.60	6.57	6.54
89.00	6.79	6.73	6.67	6.63	6.59	6.55	6.52	6.49
89.50	6.72	6.67	6.61	6.57	6.53	6.50	6.47	6.44
90.00	6.66	6.61	6.56	6.52	6.48	6.45	6.42	6.39
90.50	6.60	6.55	6.50	6.46	6.43	6.40	6.37	6.35
91.00	6.54	6.49	6.44	6.41	6.37	6.35	6.32	6.30
91.50	6.48	6.43	6.39	6.35	6.32	6.30	6.27	6.25
92.00	6.42	6.37	6.33	6.30	6.27	6.25	6.22	6.20
92.50	6.36	6.31	6.28	6.25	6.22	6.20	6.18	6.16
93.00	6.30	6.26	6.22	6.20	6.17	6.15	6.13	6.11
93.50	6.24	6.20	6.17	6.14	6.12	6.10	6.08	6.07
94.00	6.18	6.15	6.12	6.09	6.07	6.05	6.03	6.02
94.50	6.12	6.09	6.06	6.04	6.02	6.00	5.99	5.97
95.00	6.06	6.03	6.01	5.99	5.97	5.96	5.94	5.93
95.50	6.00	5.98	5.96	5.94	5.92	5.91	5.90	5.89
96.00	5.95	5.92	5.91	5.89	5.88	5.86	5.85	5.84
96.50	5.89	5.87	5.85	5.84	5.83	5.82	5.81	5.80
97.00	5.83	5.82	5.80	5.79	5.78	5.77	5.76	5.75
97.50	5.78	5.76	5.75	5.74	5.73	5.72	5.72	5.71
98.00	5.72	5.71	5.70	5.69	5.69	5.68	5.67	5.67
98.50	5.66	5.66	5.65	5.64	5.64	5.63	5.63	5.63
99.00	5.61	5.60	5.60	5.60	5.59	5.59	5.59	5.58
99.50	5.55	5.55	5.55	5.55	5.55	5.54	5.54	5.54
100.00	5.50	5.50	5.50	5.50	5.50	5.50	5.50	5.50
100.50	5.45	5.45	5.45	5.45	5.45	5.46	5.46	5.46
101.00	5.39	5.40	5.40	5.41	5.41	5.41	5.42	5.42
102.00	5.29	5.30	5.30	5.31	5.32	5.33	5.33	5.34
103.00	5.18	5.20	5.21	5.22	5.23	5.24	5.25	5.26
104.00	5.08	5.10	5.11	5.13	5.14	5.16	5.17	5.18
105.00	4.97	5.00	5.02	5.04	5.06	5.07	5.09	5.10
106.00	4.87	4.90	4.93	4.95	4.97	4.99	5.01	5.02
107.00	4.77	4.81	4.84	4.87	4.89	4.91	4.93	4.94
108.00	4.67	4.71	4.75	4.78	4.81	4.83	4.85	4.87
109.00	4.57	4.62	4.66	4.69	4.72	4.75	4.77	4.80
110.00	4.48	4.53	4.57	4.61	4.64	4.67	4.70	4.72

Bond Yield Table   5½%

PRICE	21	22	23	24	25	29	30	CUR
70.00	8.61	8.55	8.49	8.43	8.39	8.23	8.20	7.86
71.00	8.48	8.42	8.36	8.31	8.26	8.11	8.08	7.75
72.00	8.35	8.29	8.23	8.18	8.14	8.00	7.97	7.64
73.00	8.22	8.16	8.11	8.06	8.02	7.88	7.85	7.53
74.00	8.09	8.04	7.99	7.94	7.90	7.77	7.74	7.43
75.00	7.97	7.92	7.87	7.82	7.78	7.66	7.63	7.33
76.00	7.85	7.80	7.75	7.71	7.67	7.55	7.53	7.24
77.00	7.73	7.68	7.64	7.60	7.56	7.45	7.42	7.14
78.00	7.62	7.57	7.53	7.49	7.45	7.34	7.32	7.05
79.00	7.50	7.46	7.42	7.38	7.35	7.24	7.22	6.96
80.00	7.39	7.35	7.31	7.27	7.24	7.14	7.12	6.88
81.00	7.28	7.24	7.20	7.17	7.14	7.05	7.03	6.79
82.00	7.17	7.13	7.10	7.07	7.04	6.95	6.93	6.71
82.50	7.12	7.08	7.05	7.02	6.99	6.90	6.89	6.67
83.00	7.07	7.03	7.00	6.97	6.94	6.86	6.84	6.63
83.50	7.01	6.98	6.95	6.92	6.89	6.81	6.80	6.59
84.00	6.96	6.93	6.90	6.87	6.85	6.77	6.75	6.55
84.50	6.91	6.88	6.85	6.82	6.80	6.72	6.71	6.51
85.00	6.86	6.83	6.80	6.77	6.75	6.68	6.66	6.47
85.50	6.81	6.78	6.75	6.73	6.70	6.63	6.62	6.43
86.00	6.76	6.73	6.70	6.68	6.66	6.59	6.57	6.40
86.50	6.71	6.68	6.65	6.63	6.61	6.55	6.53	6.36
87.00	6.66	6.63	6.61	6.59	6.57	6.50	6.49	6.32
87.50	6.61	6.58	6.56	6.54	6.52	6.46	6.45	6.29
88.00	6.56	6.54	6.51	6.49	6.48	6.42	6.41	6.25
88.50	6.51	6.49	6.47	6.45	6.43	6.37	6.36	6.21
89.00	6.46	6.44	6.42	6.40	6.39	6.33	6.32	6.18
89.50	6.42	6.40	6.38	6.36	6.34	6.29	6.28	6.15
90.00	6.37	6.35	6.33	6.31	6.30	6.25	6.24	6.11
90.50	6.32	6.30	6.29	6.27	6.26	6.21	6.20	6.08
91.00	6.28	6.26	6.24	6.23	6.21	6.17	6.16	6.04
91.50	6.23	6.21	6.20	6.18	6.17	6.13	6.12	6.01
92.00	6.19	6.17	6.15	6.14	6.13	6.09	6.08	5.98
92.50	6.14	6.13	6.11	6.10	6.09	6.05	6.04	5.95
93.00	6.10	6.08	6.07	6.06	6.05	6.01	6.01	5.91
93.50	6.05	6.04	6.03	6.02	6.01	5.97	5.97	5.88
94.00	6.01	5.99	5.98	5.97	5.96	5.94	5.93	5.85
94.50	5.96	5.95	5.94	5.93	5.92	5.90	5.89	5.82
95.00	5.92	5.91	5.90	5.89	5.88	5.86	5.86	5.79
95.50	5.88	5.87	5.86	5.85	5.84	5.82	5.82	5.76
96.00	5.83	5.82	5.82	5.81	5.81	5.79	5.78	5.73
96.50	5.79	5.78	5.78	5.77	5.77	5.75	5.75	5.70
97.00	5.75	5.74	5.74	5.73	5.73	5.71	5.71	5.67
97.50	5.71	5.70	5.70	5.69	5.69	5.68	5.67	5.64
98.00	5.66	5.66	5.66	5.65	5.65	5.64	5.64	5.61
98.50	5.62	5.62	5.62	5.61	5.61	5.61	5.60	5.58
99.00	5.58	5.58	5.58	5.58	5.57	5.57	5.57	5.56
99.50	5.54	5.54	5.54	5.54	5.54	5.53	5.53	5.53
100.00	5.50	5.50	5.50	5.50	5.50	5.50	5.50	5.50
100.50	5.46	5.46	5.46	5.46	5.46	5.47	5.47	5.47
101.00	5.42	5.42	5.42	5.42	5.43	5.43	5.43	5.45
102.00	5.34	5.34	5.35	5.35	5.35	5.36	5.37	5.39
103.00	5.26	5.27	5.27	5.28	5.28	5.30	5.30	5.34
104.00	5.19	5.19	5.20	5.21	5.21	5.23	5.23	5.29
105.00	5.11	5.12	5.13	5.14	5.14	5.17	5.17	5.24
106.00	5.03	5.05	5.06	5.07	5.07	5.10	5.11	5.19
107.00	4.96	4.97	4.99	5.00	5.01	5.04	5.04	5.14
108.00	4.89	4.90	4.92	4.93	4.94	4.98	4.98	5.09
109.00	4.81	4.83	4.85	4.86	4.87	4.91	4.92	5.05
110.00	4.74	4.76	4.78	4.79	4.81	4.85	4.86	5.00

5¾%   Bond Yield Table

PRICE	1/4	1/2	3/4	1	1½	2	3	4
				YEARS TO MATURITY				
85.00	76.07	42.06	29.39	23.44	17.55	14.67	11.84	10.4:
85.50	73.33	40.64	28.49	22.77	17.12	14.34	11.61	10.2⚫
86.00	70.62	39.24	27.60	22.11	16.68	14.02	11.39	10.0:
86.50	67.95	37.86	26.72	21.46	16.25	13.69	11.17	9.92
87.00	65.30	36.49	25.84	20.81	15.82	13.37	10.95	9.7⬤
87.50	62.68	35.14	24.98	20.17	15.40	13.05	10.73	9.5⬤
88.00	60.10	33.81	24.12	19.54	14.98	12.73	10.52	9.4:
88.50	57.54	32.49	23.27	18.91	14.56	12.42	10.30	9.2⬤
89.00	55.01	31.18	22.43	18.28	14.14	12.11	10.09	9.0⬤
89.50	52.51	29.89	21.60	17.66	13.73	11.80	9.88	8.9:
90.00	50.03	28.61	20.78	17.05	13.32	11.49	9.67	8.77
90.50	47.59	27.35	19.96	16.44	12.92	11.18	9.46	8.6⬤
91.00	45.17	26.10	19.15	15.83	12.52	10.88	9.25	8.4⬤
91.25	43.96	25.48	18.75	15.53	12.32	10.73	9.15	8.37
91.50	42.77	24.86	18.35	15.23	12.12	10.58	9.05	8.2⬤
91.75	41.58	24.25	17.95	14.94	11.92	10.43	8.95	8.2⬤
92.00	40.40	23.64	17.55	14.64	11.72	10.28	8.84	8.13
92.25	39.23	23.04	17.16	14.34	11.52	10.13	8.74	8.05
92.50	38.06	22.43	16.76	14.05	11.33	9.98	8.64	7.98
92.75	36.89	21.83	16.37	13.76	11.13	9.83	8.54	7.9⬤
93.00	35.74	21.24	15.98	13.46	10.94	9.68	8.44	7.82
93.25	34.59	20.64	15.59	13.17	10.74	9.54	8.34	7.74
93.50	33.44	20.05	15.21	12.88	10.55	9.39	8.24	7.67
93.75	32.30	19.47	14.82	12.60	10.36	9.24	8.14	7.59
94.00	31.17	18.88	14.44	12.31	10.16	9.10	8.04	7.51
94.25	30.05	18.30	14.06	12.02	9.97	8.95	7.94	7.44
94.50	28.93	17.72	13.68	11.74	9.78	8.81	7.84	7.36
94.75	27.81	17.15	13.30	11.46	9.59	8.67	7.74	7.29
95.00	26.70	16.58	12.93	11.17	9.40	8.52	7.65	7.21
95.25	25.60	16.01	12.55	10.89	9.21	8.38	7.55	7.14
95.50	24.50	15.45	12.18	10.61	9.02	8.24	7.45	7.06
95.75	23.41	14.88	11.81	10.33	8.84	8.09	7.35	6.99
96.00	22.32	14.32	11.44	10.05	8.65	7.95	7.26	6.91
96.25	21.24	13.77	11.07	9.78	8.46	7.81	7.16	6.84
96.50	20.17	13.21	10.70	9.50	8.28	7.67	7.07	6.76
96.75	19.10	12.66	10.34	9.23	8.09	7.53	6.97	6.69
97.00	18.03	12.11	9.98	8.95	7.91	7.39	6.87	6.62
97.25	16.97	11.57	9.61	8.68	7.73	7.25	6.78	6.54
97.50	15.92	11.03	9.25	8.41	7.54	7.11	6.68	6.47
97.75	14.87	10.49	8.90	8.14	7.36	6.97	6.59	6.40
98.00	13.83	9.95	8.54	7.87	7.18	6.84	6.49	6.32
98.25	12.79	9.41	8.18	7.60	7.00	6.70	6.40	6.25
98.50	11.76	8.88	7.83	7.33	6.82	6.56	6.31	6.18
98.75	10.73	8.35	7.48	7.07	6.64	6.43	6.21	6.11
99.00	9.71	7.83	7.13	6.80	6.46	6.29	6.12	6.04
99.25	8.69	7.30	6.78	6.54	6.28	6.15	6.03	5.96
99.50	7.68	6.78	6.43	6.27	6.10	6.02	5.93	5.89
99.75	6.67	6.27	6.08	6.01	5.93	5.88	5.84	5.82
100.00	5.67	5.75	5.74	5.75	5.75	5.75	5.75	5.75
100.25	4.67	5.24	5.39	5.49	5.57	5.62	5.66	5.68
100.50	3.68	4.73	5.05	5.23	5.40	5.48	5.57	5.61
101.00	1.71	3.71	4.37	4.71	5.05	5.22	5.38	5.47
101.50		2.71	3.69	4.20	4.70	4.95	5.20	5.33
102.00		1.72	3.03	3.69	4.36	4.69	5.02	5.19
102.50		0.73	2.36	3.19	4.02	4.43	4.84	5.05
103.00			1.70	2.69	3.68	4.17	4.67	4.91
103.50			1.05	2.19	3.34	3.91	4.49	4.78
104.00			0.40	1.70	3.00	3.66	4.31	4.64
104.50				1.21	2.67	3.40	4.14	4.51
105.00				0.72	2.34	3.15	3.97	4.37

Bond Yield Table 5¾%

PRICE	YEARS TO MATURITY							
	5	6	7	8	9	10	11	12
70.00	14.36	13.13	12.26	11.61	11.11	10.71	10.39	10.12
71.00	14.01	12.83	11.99	11.36	10.88	10.50	10.20	9.94
72.00	13.66	12.53	11.72	11.13	10.67	10.30	10.01	9.76
73.00	13.32	12.23	11.46	10.89	10.45	10.10	9.82	9.58
74.00	12.98	11.94	11.21	10.66	10.24	9.91	9.63	9.41
75.00	12.65	11.66	10.96	10.44	10.03	9.71	9.45	9.24
76.00	12.32	11.38	10.71	10.21	9.83	9.52	9.28	9.07
77.00	12.00	11.10	10.47	9.99	9.63	9.34	9.10	8.91
78.00	11.68	10.83	10.23	9.78	9.43	9.16	8.93	8.75
79.00	11.37	10.56	9.99	9.57	9.24	8.98	8.76	8.59
80.00	11.06	10.30	9.76	9.36	9.05	8.80	8.60	8.43
81.00	10.76	10.04	9.53	9.15	8.86	8.62	8.43	8.28
82.00	10.46	9.79	9.31	8.95	8.67	8.45	8.27	8.13
82.50	10.32	9.66	9.20	8.85	8.58	8.37	8.19	8.05
83.00	10.17	9.54	9.09	8.75	8.49	8.28	8.12	7.98
83.50	10.03	9.41	8.98	8.65	8.40	8.20	8.04	7.90
84.00	9.88	9.29	8.87	8.55	8.31	8.12	7.96	7.83
84.50	9.74	9.17	8.76	8.46	8.22	8.03	7.88	7.76
85.00	9.60	9.04	8.65	8.36	8.13	7.95	7.81	7.69
85.50	9.46	8.92	8.55	8.26	8.04	7.87	7.73	7.61
86.00	9.32	8.80	8.44	8.17	7.96	7.79	7.66	7.54
86.50	9.18	8.68	8.33	8.07	7.87	7.71	7.58	7.47
87.00	9.04	8.57	8.23	7.98	7.79	7.63	7.51	7.40
87.50	8.90	8.45	8.13	7.89	7.70	7.55	7.43	7.33
88.00	8.77	8.33	8.02	7.79	7.62	7.48	7.36	7.27
88.50	8.63	8.22	7.92	7.70	7.53	7.40	7.29	7.20
89.00	8.50	8.10	7.82	7.61	7.45	7.32	7.22	7.13
89.50	8.36	7.99	7.72	7.52	7.37	7.24	7.14	7.06
90.00	8.23	7.87	7.62	7.43	7.28	7.17	7.07	7.00
90.50	8.10	7.76	7.52	7.34	7.20	7.09	7.00	6.93
91.00	7.97	7.65	7.42	7.25	7.12	7.02	6.93	6.86
91.50	7.84	7.54	7.32	7.16	7.04	6.94	6.86	6.80
92.00	7.71	7.43	7.23	7.08	6.96	6.87	6.79	6.73
92.50	7.58	7.32	7.13	6.99	6.88	6.80	6.73	6.67
93.00	7.45	7.21	7.03	6.90	6.80	6.72	6.66	6.60
93.50	7.33	7.10	6.94	6.82	6.72	6.65	6.59	6.54
94.00	7.20	6.99	6.84	6.73	6.65	6.58	6.52	6.48
94.50	7.08	6.88	6.75	6.65	6.57	6.51	6.46	6.41
95.00	6.95	6.78	6.66	6.56	6.49	6.44	6.39	6.35
95.50	6.83	6.67	6.56	6.48	6.42	6.37	6.32	6.29
96.00	6.70	6.57	6.47	6.40	6.34	6.30	6.26	6.23
96.50	6.58	6.46	6.38	6.31	6.26	6.23	6.19	6.17
97.00	6.46	6.36	6.29	6.23	6.19	6.16	6.13	6.11
97.50	6.34	6.26	6.20	6.15	6.12	6.09	6.06	6.05
98.00	6.22	6.15	6.11	6.07	6.04	6.02	6.00	5.99
98.50	6.10	6.05	6.02	5.99	5.97	5.95	5.94	5.93
99.00	5.98	5.95	5.93	5.91	5.89	5.88	5.87	5.87
99.50	5.87	5.85	5.84	5.83	5.82	5.82	5.81	5.81
100.00	5.75	5.75	5.75	5.75	5.75	5.75	5.75	5.75
100.50	5.63	5.65	5.66	5.67	5.68	5.68	5.69	5.69
101.00	5.52	5.55	5.58	5.59	5.61	5.62	5.63	5.63
102.00	5.29	5.36	5.40	5.44	5.47	5.49	5.51	5.52
103.00	5.06	5.16	5.23	5.29	5.33	5.36	5.39	5.41
104.00	4.84	4.97	5.06	5.13	5.19	5.23	5.27	5.30
105.00	4.62	4.78	4.90	4.98	5.05	5.11	5.15	5.19
106.00	4.40	4.59	4.73	4.84	4.92	4.98	5.03	5.08
107.00	4.18	4.41	4.57	4.69	4.78	4.86	4.92	4.97
108.00	3.97	4.23	4.41	4.55	4.65	4.74	4.81	4.86
109.00	3.76	4.05	4.25	4.40	4.52	4.62	4.69	4.76
110.00	3.55	3.87	4.09	4.26	4.39	4.50	4.58	4.65

5¾%   Bond Yield Table

PRICE	YEARS TO MATURITY							
	13	14	15	16	17	18	19	20
70.00	9.90	9.72	9.55	9.42	9.30	9.19	9.10	9.01
71.00	9.73	9.55	9.39	9.26	9.14	9.04	8.95	8.87
72.00	9.56	9.38	9.24	9.11	9.00	8.90	8.81	8.74
73.00	9.39	9.22	9.08	8.96	8.85	8.76	8.67	8.60
74.00	9.22	9.07	8.93	8.81	8.71	8.62	8.54	8.47
75.00	9.06	8.91	8.78	8.67	8.57	8.48	8.41	8.34
76.00	8.90	8.76	8.63	8.53	8.43	8.35	8.28	8.21
77.00	8.75	8.61	8.49	8.39	8.30	8.22	8.15	8.09
78.00	8.59	8.46	8.35	8.25	8.17	8.09	8.03	7.97
79.00	8.44	8.32	8.21	8.12	8.04	7.97	7.90	7.85
80.00	8.29	8.17	8.07	7.99	7.91	7.84	7.78	7.73
81.00	8.15	8.04	7.94	7.86	7.78	7.72	7.67	7.62
82.00	8.00	7.90	7.81	7.73	7.66	7.60	7.55	7.50
82.50	7.93	7.83	7.74	7.67	7.60	7.54	7.49	7.45
83.00	7.86	7.76	7.68	7.60	7.54	7.48	7.43	7.39
83.50	7.79	7.70	7.61	7.54	7.48	7.43	7.38	7.34
84.00	7.72	7.63	7.55	7.48	7.42	7.37	7.32	7.28
84.50	7.65	7.56	7.49	7.42	7.36	7.31	7.27	7.23
85.00	7.58	7.50	7.42	7.36	7.30	7.26	7.21	7.17
85.50	7.52	7.43	7.36	7.30	7.25	7.20	7.16	7.12
86.00	7.45	7.37	7.30	7.24	7.19	7.14	7.10	7.07
86.50	7.38	7.31	7.24	7.18	7.13	7.09	7.05	7.02
87.00	7.32	7.24	7.18	7.12	7.08	7.03	7.00	6.96
87.50	7.25	7.18	7.12	7.07	7.02	6.98	6.94	6.91
88.00	7.19	7.12	7.06	7.01	6.97	6.93	6.89	6.86
88.50	7.12	7.06	7.00	6.95	6.91	6.87	6.84	6.81
89.00	7.06	6.99	6.94	6.90	6.86	6.82	6.79	6.76
89.50	6.99	6.93	6.88	6.84	6.80	6.77	6.74	6.71
90.00	6.93	6.87	6.83	6.78	6.75	6.72	6.69	6.66
90.50	6.87	6.81	6.77	6.73	6.69	6.66	6.64	6.61
91.00	6.80	6.75	6.71	6.67	6.64	6.61	6.59	6.56
91.50	6.74	6.69	6.65	6.62	6.59	6.56	6.54	6.52
92.00	6.68	6.64	6.60	6.57	6.54	6.51	6.49	6.47
92.50	6.62	6.58	6.54	6.51	6.48	6.46	6.44	6.42
93.00	6.56	6.52	6.49	6.46	6.43	6.41	6.39	6.37
93.50	6.50	6.46	6.43	6.41	6.38	6.36	6.34	6.33
94.00	6.44	6.41	6.38	6.35	6.33	6.31	6.30	6.28
94.50	6.38	6.35	6.32	6.30	6.28	6.26	6.25	6.23
95.00	6.32	6.29	6.27	6.25	6.23	6.22	6.20	6.19
95.50	6.26	6.24	6.22	6.20	6.18	6.17	6.15	6.14
96.00	6.20	6.18	6.16	6.15	6.13	6.12	6.11	6.10
96.50	6.14	6.13	6.11	6.10	6.08	6.07	6.06	6.05
97.00	6.09	6.07	6.06	6.05	6.03	6.03	6.02	6.01
97.50	6.03	6.02	6.01	6.00	5.99	5.98	5.97	5.97
98.00	5.97	5.96	5.95	5.95	5.94	5.93	5.93	5.92
98.50	5.92	5.91	5.90	5.90	5.89	5.89	5.88	5.88
99.00	5.86	5.86	5.85	5.85	5.84	5.84	5.84	5.84
99.50	5.81	5.80	5.80	5.80	5.80	5.80	5.79	5.79
100.00	5.75	5.75	5.75	5.75	5.75	5.75	5.75	5.75
100.50	5.70	5.70	5.70	5.70	5.70	5.71	5.71	5.71
101.00	5.64	5.65	5.65	5.65	5.66	5.66	5.66	5.67
102.00	5.53	5.54	5.55	5.56	5.57	5.57	5.58	5.58
103.00	5.43	5.44	5.45	5.47	5.48	5.49	5.49	5.50
104.00	5.32	5.34	5.36	5.37	5.39	5.40	5.41	5.42
105.00	5.22	5.24	5.26	5.28	5.30	5.32	5.33	5.34
106.00	5.11	5.14	5.17	5.19	5.21	5.23	5.25	5.26
107.00	5.01	5.05	5.08	5.10	5.13	5.15	5.17	5.18
108.00	4.91	4.95	4.99	5.02	5.04	5.07	5.09	5.11
109.00	4.81	4.86	4.90	4.93	4.96	4.99	5.01	5.03
110.00	4.71	4.76	4.81	4.84	4.88	4.91	4.93	4.96

Bond Yield Table   5¾%

PRICE	YEARS TO MATURITY							
	21	22	23	24	25	29	30	CUR
70.00	8.94	8.88	8.82	8.76	8.72	8.57	8.54	8.21
71.00	8.80	8.74	8.68	8.63	8.59	8.44	8.42	8.10
72.00	8.67	8.61	8.55	8.50	8.46	8.32	8.29	7.99
73.00	8.54	8.48	8.43	8.38	8.34	8.20	8.18	7.88
74.00	8.41	8.35	8.30	8.26	8.22	8.09	8.06	7.77
75.00	8.28	8.23	8.18	8.14	8.10	7.97	7.95	7.67
76.00	8.16	8.11	8.06	8.02	7.98	7.86	7.84	7.57
77.00	8.03	7.99	7.94	7.90	7.87	7.75	7.73	7.47
78.00	7.92	7.87	7.83	7.79	7.76	7.65	7.63	7.37
79.00	7.80	7.75	7.71	7.68	7.65	7.54	7.52	7.28
80.00	7.68	7.64	7.60	7.57	7.54	7.44	7.42	7.19
81.00	7.57	7.53	7.50	7.46	7.43	7.34	7.32	7.10
82.00	7.46	7.42	7.39	7.36	7.33	7.24	7.23	7.01
82.50	7.41	7.37	7.34	7.31	7.28	7.20	7.18	6.97
83.00	7.35	7.32	7.28	7.26	7.23	7.15	7.13	6.93
83.50	7.30	7.26	7.23	7.20	7.18	7.10	7.08	6.89
84.00	7.24	7.21	7.18	7.15	7.13	7.05	7.04	6.85
84.50	7.19	7.16	7.13	7.10	7.08	7.01	6.99	6.80
85.00	7.14	7.11	7.08	7.06	7.03	6.96	6.95	6.76
85.50	7.09	7.06	7.03	7.01	6.98	6.91	6.90	6.73
86.00	7.04	7.01	6.98	6.96	6.94	6.87	6.86	6.69
86.50	6.99	6.96	6.93	6.91	6.89	6.82	6.81	6.65
87.00	6.93	6.91	6.88	6.86	6.84	6.78	6.77	6.61
87.50	6.88	6.86	6.84	6.82	6.80	6.74	6.72	6.57
88.00	6.83	6.81	6.79	6.77	6.75	6.69	6.68	6.53
88.50	6.79	6.76	6.74	6.72	6.70	6.65	6.64	6.50
89.00	6.74	6.71	6.69	6.68	6.66	6.61	6.60	6.46
89.50	6.69	6.67	6.65	6.63	6.61	6.56	6.55	6.42
90.00	6.64	6.62	6.60	6.58	6.57	6.52	6.51	6.39
90.50	6.59	6.57	6.56	6.54	6.53	6.48	6.47	6.35
91.00	6.54	6.53	6.51	6.50	6.48	6.44	6.43	6.32
91.50	6.50	6.48	6.47	6.45	6.44	6.40	6.39	6.28
92.00	6.45	6.43	6.42	6.41	6.40	6.36	6.35	6.25
92.50	6.40	6.39	6.38	6.36	6.35	6.32	6.31	6.22
93.00	6.36	6.34	6.33	6.32	6.31	6.28	6.27	6.18
93.50	6.31	6.30	6.29	6.28	6.27	6.24	6.23	6.15
94.00	6.27	6.26	6.25	6.24	6.23	6.20	6.19	6.12
94.50	6.22	6.21	6.20	6.19	6.19	6.16	6.15	6.08
95.00	6.18	6.17	6.16	6.15	6.14	6.12	6.12	6.05
95.50	6.13	6.13	6.12	6.11	6.10	6.08	6.08	6.02
96.00	6.09	6.08	6.08	6.07	6.06	6.04	6.04	5.99
96.50	6.05	6.04	6.03	6.03	6.02	6.01	6.00	5.96
97.00	6.00	6.00	5.99	5.99	5.98	5.97	5.97	5.93
97.50	5.96	5.96	5.95	5.95	5.94	5.93	5.93	5.90
98.00	5.92	5.91	5.91	5.91	5.90	5.89	5.89	5.87
98.50	5.88	5.87	5.87	5.87	5.87	5.86	5.86	5.84
99.00	5.83	5.83	5.83	5.83	5.83	5.82	5.82	5.81
99.50	5.79	5.79	5.79	5.79	5.79	5.79	5.79	5.78
100.00	5.75	5.75	5.75	5.75	5.75	5.75	5.75	5.75
100.50	5.71	5.71	5.71	5.71	5.71	5.71	5.71	5.72
101.00	5.67	5.67	5.67	5.67	5.67	5.68	5.68	5.69
102.00	5.59	5.59	5.59	5.60	5.60	5.61	5.61	5.64
103.00	5.51	5.51	5.52	5.52	5.53	5.54	5.54	5.58
104.00	5.43	5.44	5.44	5.45	5.45	5.47	5.48	5.53
105.00	5.35	5.36	5.37	5.38	5.38	5.41	5.41	5.48
106.00	5.27	5.29	5.30	5.31	5.31	5.34	5.35	5.42
107.00	5.20	5.21	5.22	5.23	5.24	5.28	5.28	5.37
108.00	5.12	5.14	5.15	5.16	5.18	5.21	5.22	5.32
109.00	5.05	5.07	5.08	5.10	5.11	5.15	5.16	5.28
110.00	4.98	5.00	5.01	5.03	5.04	5.09	5.10	5.23

6% Bond Yield Table

PRICE	¼	½	¾	1	1½	2	3	4
				YEARS TO MATURITY				
85.00	76.30	42.35	29.67	23.72	17.83	14.95	12.11	10.71
85.50	73.56	40.94	28.77	23.05	17.39	14.62	11.89	10.54
86.00	70.86	39.53	27.88	22.39	16.96	14.29	11.66	10.36
86.50	68.18	38.15	26.99	21.74	16.53	13.97	11.44	10.19
87.00	65.54	36.78	26.12	21.09	16.10	13.65	11.22	10.02
87.50	62.92	35.43	25.25	20.45	15.67	13.32	11.00	9.86
88.00	60.34	34.09	24.40	19.81	15.25	13.01	10.79	9.69
88.50	57.78	32.77	23.55	19.18	14.83	12.69	10.57	9.52
89.00	55.25	31.46	22.71	18.55	14.41	12.38	10.36	9.36
89.50	52.75	30.17	21.87	17.93	14.00	12.06	10.15	9.20
90.00	50.27	28.89	21.05	17.32	13.59	11.76	9.94	9.03
90.50	47.83	27.62	20.23	16.71	13.19	11.45	9.73	8.87
91.00	45.41	26.37	19.42	16.10	12.78	11.14	9.52	8.71
91.25	44.20	25.75	19.01	15.80	12.58	10.99	9.42	8.63
91.50	43.01	25.14	18.61	15.50	12.38	10.84	9.31	8.55
91.75	41.82	24.52	18.21	15.20	12.18	10.69	9.21	8.47
92.00	40.64	23.91	17.82	14.91	11.98	10.54	9.11	8.40
92.25	39.47	23.31	17.42	14.61	11.79	10.39	9.01	8.32
92.50	38.30	22.70	17.03	14.31	11.59	10.24	8.90	8.24
92.75	37.14	22.10	16.63	14.02	11.39	10.09	8.80	8.16
93.00	35.98	21.51	16.24	13.73	11.20	9.95	8.70	8.08
93.25	34.83	20.91	15.86	13.44	11.00	9.80	8.60	8.01
93.50	33.68	20.32	15.47	13.15	10.81	9.65	8.50	7.93
93.75	32.55	19.73	15.08	12.86	10.62	9.50	8.40	7.85
94.00	31.41	19.15	14.70	12.57	10.42	9.36	8.30	7.77
94.25	30.29	18.57	14.32	12.29	10.23	9.21	8.20	7.70
94.50	29.17	17.99	13.94	12.00	10.04	9.07	8.10	7.62
94.75	28.05	17.41	13.56	11.72	9.85	8.92	8.00	7.54
95.00	26.94	16.84	13.18	11.43	9.66	8.78	7.90	7.47
95.25	25.84	16.27	12.81	11.15	9.47	8.64	7.81	7.39
95.50	24.74	15.71	12.44	10.87	9.28	8.49	7.71	7.32
95.75	23.65	15.14	12.06	10.59	9.09	8.35	7.61	7.24
96.00	22.56	14.58	11.69	10.31	8.91	8.21	7.51	7.17
96.25	21.48	14.03	11.33	10.03	8.72	8.07	7.42	7.09
96.50	20.41	13.47	10.96	9.76	8.54	7.93	7.32	7.02
96.75	19.34	12.92	10.59	9.48	8.35	7.79	7.22	6.94
97.00	18.27	12.37	10.23	9.21	8.17	7.65	7.13	6.87
97.25	17.22	11.83	9.87	8.94	7.98	7.51	7.03	6.80
97.50	16.16	11.28	9.51	8.66	7.80	7.37	6.94	6.72
97.75	15.11	10.74	9.15	8.39	7.62	7.23	6.84	6.65
98.00	14.07	10.20	8.79	8.12	7.43	7.09	6.75	6.58
98.25	13.03	9.67	8.44	7.85	7.25	6.95	6.65	6.50
98.50	12.00	9.14	8.08	7.59	7.07	6.81	6.56	6.43
98.75	10.97	8.61	7.73	7.32	6.89	6.68	6.47	6.36
99.00	9.95	8.08	7.38	7.05	6.71	6.54	6.37	6.29
99.25	8.93	7.56	7.03	6.79	6.53	6.41	6.28	6.21
99.50	7.92	7.04	6.68	6.52	6.35	6.27	6.19	6.14
99.75	6.91	6.52	6.33	6.26	6.18	6.13	6.09	6.07
100.00	5.91	6.00	5.98	6.00	6.00	6.00	6.00	6.00
100.25	4.91	5.49	5.64	5.74	5.82	5.87	5.91	5.93
100.50	3.92	4.98	5.30	5.48	5.65	5.73	5.82	5.86
101.00	1.95	3.96	4.62	4.96	5.30	5.47	5.63	5.72
101.50		2.96	3.94	4.45	4.95	5.20	5.45	5.58
102.00		1.96	3.27	3.94	4.60	4.94	5.27	5.44
102.50		0.98	2.61	3.44	4.26	4.68	5.09	5.30
103.00			1.95	2.93	3.92	4.42	4.91	5.16
103.50			1.29	2.44	3.58	4.16	4.73	5.02
104.00			0.64	1.94	3.25	3.90	4.56	4.89
104.50				1.45	2.91	3.65	4.38	4.75
105.00				0.96	2.58	3.39	4.21	4.62

Bond Yield Table 6%

PRICE	YEARS TO MATURITY							
	5	6	7	8	9	10	11	12
70.00	14.68	13.44	12.57	11.92	11.42	11.03	10.71	10.44
71.00	14.32	13.13	12.30	11.68	11.20	10.82	10.51	10.26
72.00	13.97	12.83	12.03	11.43	10.97	10.61	10.32	10.07
73.00	13.62	12.54	11.77	11.20	10.76	10.41	10.13	9.89
74.00	13.28	12.24	11.51	10.96	10.54	10.21	9.94	9.72
75.00	12.95	11.96	11.26	10.73	10.33	10.01	9.76	9.54
76.00	12.62	11.67	11.01	10.51	10.13	9.82	9.58	9.37
77.00	12.29	11.40	10.76	10.29	9.92	9.63	9.40	9.21
78.00	11.97	11.12	10.52	10.07	9.72	9.45	9.23	9.04
79.00	11.66	10.85	10.28	9.86	9.53	9.27	9.05	8.88
80.00	11.35	10.59	10.05	9.64	9.33	9.09	8.89	8.72
81.00	11.05	10.33	9.82	9.44	9.14	8.91	8.72	8.56
82.00	10.75	10.07	9.59	9.23	8.96	8.74	8.56	8.41
82.50	10.60	9.94	9.48	9.13	8.86	8.65	8.48	8.34
83.00	10.45	9.82	9.37	9.03	8.77	8.56	8.40	8.26
83.50	10.31	9.69	9.25	8.93	8.68	8.48	8.32	8.18
84.00	10.16	9.57	9.15	8.83	8.59	8.40	8.24	8.11
84.50	10.02	9.44	9.04	8.73	8.50	8.31	8.16	8.04
85.00	9.87	9.32	8.93	8.64	8.41	8.23	8.08	7.96
85.50	9.73	9.20	8.82	8.54	8.32	8.15	8.01	7.89
86.00	9.59	9.08	8.71	8.44	8.23	8.07	7.93	7.82
86.50	9.45	8.96	8.61	8.35	8.15	7.99	7.86	7.75
87.00	9.31	8.84	8.50	8.25	8.06	7.91	7.78	7.68
87.50	9.17	8.72	8.40	8.16	7.97	7.83	7.71	7.61
88.00	9.04	8.60	8.29	8.06	7.89	7.75	7.63	7.54
88.50	8.90	8.49	8.19	7.97	7.80	7.67	7.56	7.47
89.00	8.76	8.37	8.09	7.88	7.72	7.59	7.49	7.40
89.50	8.63	8.25	7.99	7.79	7.63	7.51	7.41	7.33
90.00	8.50	8.14	7.89	7.70	7.55	7.44	7.34	7.26
90.50	8.36	8.03	7.79	7.61	7.47	7.36	7.27	7.20
91.00	8.23	7.91	7.69	7.52	7.39	7.28	7.20	7.13
91.50	8.10	7.80	7.59	7.43	7.31	7.21	7.13	7.06
92.00	7.97	7.69	7.49	7.34	7.22	7.13	7.06	7.00
92.50	7.84	7.58	7.39	7.25	7.14	7.06	6.99	6.93
93.00	7.71	7.47	7.29	7.16	7.06	6.98	6.92	6.87
93.50	7.59	7.36	7.20	7.08	6.99	6.91	6.85	6.80
94.00	7.46	7.25	7.10	6.99	6.91	6.84	6.78	6.74
94.50	7.33	7.14	7.01	6.91	6.83	6.77	6.72	6.67
95.00	7.21	7.04	6.91	6.82	6.75	6.69	6.65	6.61
95.50	7.08	6.93	6.82	6.74	6.67	6.62	6.58	6.55
96.00	6.96	6.82	6.73	6.65	6.60	6.55	6.52	6.48
96.50	6.84	6.72	6.63	6.57	6.52	6.48	6.45	6.42
97.00	6.72	6.61	6.54	6.49	6.44	6.41	6.38	6.36
97.50	6.60	6.51	6.45	6.40	6.37	6.34	6.32	6.30
98.00	6.47	6.41	6.36	6.32	6.29	6.27	6.25	6.24
98.50	6.35	6.30	6.27	6.24	6.22	6.20	6.19	6.18
99.00	6.24	6.20	6.18	6.16	6.15	6.14	6.13	6.12
99.50	6.12	6.10	6.09	6.08	6.07	6.07	6.06	6.06
100.00	6.00	6.00	6.00	6.00	6.00	6.00	6.00	6.00
100.50	5.88	5.90	5.91	5.92	5.93	5.93	5.94	5.94
101.00	5.77	5.80	5.82	5.84	5.86	5.87	5.88	5.88
102.00	5.54	5.60	5.65	5.69	5.71	5.73	5.75	5.77
103.00	5.31	5.41	5.48	5.53	5.57	5.60	5.63	5.65
104.00	5.08	5.22	5.31	5.38	5.43	5.48	5.51	5.54
105.00	4.86	5.02	5.14	5.23	5.29	5.35	5.39	5.43
106.00	4.64	4.84	4.97	5.08	5.16	5.22	5.27	5.32
107.00	4.42	4.65	4.81	4.93	5.02	5.10	5.16	5.21
108.00	4.21	4.47	4.65	4.78	4.89	4.97	5.04	5.10
109.00	4.00	4.28	4.49	4.64	4.76	4.85	4.93	4.99
110.00	3.79	4.10	4.33	4.50	4.63	4.73	4.82	4.89

6%   Bond Yield Table

PRICE	YEARS TO MATURITY							
	13	14	15	16	17	18	19	20
70.00	10.22	10.04	9.88	9.74	9.62	9.51	9.42	9.34
71.00	10.04	9.86	9.71	9.58	9.46	9.36	9.27	9.20
72.00	9.87	9.70	9.55	9.42	9.31	9.22	9.13	9.06
73.00	9.70	9.53	9.39	9.27	9.16	9.07	8.99	8.92
74.00	9.53	9.37	9.24	9.12	9.02	8.93	8.85	8.78
75.00	9.37	9.21	9.08	8.97	8.88	8.79	8.72	8.65
76.00	9.20	9.06	8.94	8.83	8.74	8.65	8.58	8.52
77.00	9.04	8.91	8.79	8.69	8.60	8.52	8.45	8.39
78.00	8.89	8.76	8.65	8.55	8.46	8.39	8.33	8.27
79.00	8.73	8.61	8.50	8.41	8.33	8.26	8.20	8.14
80.00	8.58	8.47	8.36	8.28	8.20	8.14	8.08	8.02
81.00	8.43	8.32	8.23	8.15	8.07	8.01	7.96	7.91
82.00	8.29	8.18	8.09	8.02	7.95	7.89	7.84	7.79
82.50	8.22	8.11	8.03	7.95	7.89	7.83	7.78	7.73
83.00	8.14	8.05	7.96	7.89	7.83	7.77	7.72	7.68
83.50	8.07	7.98	7.90	7.83	7.76	7.71	7.66	7.62
84.00	8.00	7.91	7.83	7.76	7.70	7.65	7.61	7.56
84.50	7.93	7.84	7.77	7.70	7.64	7.59	7.55	7.51
85.00	7.86	7.78	7.70	7.64	7.58	7.54	7.49	7.45
85.50	7.79	7.71	7.64	7.58	7.53	7.48	7.44	7.40
86.00	7.73	7.65	7.58	7.52	7.47	7.42	7.38	7.35
86.50	7.66	7.58	7.52	7.46	7.41	7.37	7.33	7.29
87.00	7.59	7.52	7.45	7.40	7.35	7.31	7.27	7.24
87.50	7.52	7.45	7.39	7.34	7.29	7.25	7.22	7.19
88.00	7.46	7.39	7.33	7.28	7.24	7.20	7.17	7.14
88.50	7.39	7.33	7.27	7.22	7.18	7.15	7.11	7.08
89.00	7.33	7.26	7.21	7.17	7.13	7.09	7.06	7.03
89.50	7.26	7.20	7.15	7.11	7.07	7.04	7.01	6.98
90.00	7.20	7.14	7.09	7.05	7.02	6.98	6.96	6.93
90.50	7.13	7.08	7.04	7.00	6.96	6.93	6.91	6.88
91.00	7.07	7.02	6.98	6.94	6.91	6.88	6.85	6.83
91.50	7.01	6.96	6.92	6.88	6.85	6.83	6.80	6.78
92.00	6.94	6.90	6.86	6.83	6.80	6.78	6.75	6.73
92.50	6.88	6.84	6.81	6.78	6.75	6.72	6.70	6.69
93.00	6.82	6.78	6.75	6.72	6.70	6.67	6.65	6.64
93.50	6.76	6.72	6.69	6.67	6.64	6.62	6.61	6.59
94.00	6.70	6.67	6.64	6.61	6.59	6.57	6.56	6.54
94.50	6.64	6.61	6.58	6.56	6.54	6.52	6.51	6.50
95.00	6.58	6.55	6.53	6.51	6.49	6.47	6.46	6.45
95.50	6.52	6.49	6.47	6.46	6.44	6.43	6.41	6.40
96.00	6.46	6.44	6.42	6.40	6.39	6.38	6.37	6.36
96.50	6.40	6.38	6.37	6.35	6.34	6.33	6.32	6.31
97.00	6.34	6.33	6.31	6.30	6.29	6.28	6.27	6.27
97.50	6.28	6.27	6.26	6.25	6.24	6.23	6.23	6.22
98.00	6.23	6.22	6.21	6.20	6.19	6.19	6.18	6.18
98.50	6.17	6.16	6.15	6.15	6.14	6.14	6.13	6.13
99.00	6.11	6.11	6.10	6.10	6.10	6.09	6.09	6.09
99.50	6.06	6.05	6.05	6.05	6.05	6.05	6.04	6.04
100.00	6.00	6.00	6.00	6.00	6.00	6.00	6.00	6.00
100.50	5.94	5.95	5.95	5.95	5.95	5.95	5.96	5.96
101.00	5.89	5.89	5.90	5.90	5.91	5.91	5.91	5.91
102.00	5.78	5.79	5.80	5.81	5.81	5.82	5.82	5.83
103.00	5.67	5.69	5.70	5.71	5.72	5.73	5.74	5.75
104.00	5.56	5.58	5.60	5.62	5.63	5.64	5.65	5.66
105.00	5.46	5.48	5.51	5.53	5.54	5.56	5.57	5.58
106.00	5.35	5.38	5.41	5.43	5.45	5.47	5.49	5.50
107.00	5.25	5.29	5.32	5.34	5.37	5.39	5.41	5.42
108.00	5.15	5.19	5.22	5.25	5.28	5.30	5.33	5.34
109.00	5.05	5.09	5.13	5.17	5.20	5.22	5.25	5.27
110.00	4.95	5.00	5.04	5.08	5.11	5.14	5.17	5.19

Bond Yield Table 6%

PRICE	YEARS TO MATURITY							CUR
	21	22	23	24	25	29	30	CUR
70.00	9.27	9.20	9.15	9.09	9.05	8.90	8.87	8.57
71.00	9.13	9.06	9.01	8.96	8.91	8.77	8.75	8.45
72.00	8.99	8.93	8.88	8.83	8.78	8.65	8.62	8.33
73.00	8.85	8.80	8.74	8.70	8.66	8.53	8.50	8.22
74.00	8.72	8.67	8.62	8.57	8.53	8.41	8.38	8.11
75.00	8.59	8.54	8.49	8.45	8.41	8.29	8.27	8.00
76.00	8.46	8.41	8.37	8.33	8.29	8.17	8.15	7.89
77.00	8.34	8.29	8.25	8.21	8.17	8.06	8.04	7.79
78.00	8.22	8.17	8.13	8.09	8.06	7.95	7.93	7.69
79.00	8.10	8.05	8.01	7.98	7.95	7.85	7.83	7.59
80.00	7.98	7.94	7.90	7.87	7.84	7.74	7.72	7.50
81.00	7.86	7.82	7.79	7.76	7.73	7.64	7.62	7.41
82.00	7.75	7.71	7.68	7.65	7.62	7.54	7.52	7.32
82.50	7.69	7.66	7.63	7.60	7.57	7.49	7.47	7.27
83.00	7.64	7.60	7.57	7.54	7.52	7.44	7.42	7.23
83.50	7.58	7.55	7.52	7.49	7.47	7.39	7.37	7.19
84.00	7.53	7.50	7.47	7.44	7.42	7.34	7.33	7.14
84.50	7.47	7.44	7.41	7.39	7.37	7.29	7.28	7.10
85.00	7.42	7.39	7.36	7.34	7.32	7.24	7.23	7.06
85.50	7.37	7.34	7.31	7.29	7.27	7.20	7.18	7.02
86.00	7.31	7.29	7.26	7.24	7.22	7.15	7.14	6.98
86.50	7.26	7.24	7.21	7.19	7.17	7.11	7.09	6.94
87.00	7.21	7.18	7.16	7.14	7.12	7.06	7.05	6.90
87.50	7.16	7.13	7.11	7.09	7.07	7.01	7.00	6.86
88.00	7.11	7.08	7.06	7.04	7.03	6.97	6.96	6.82
88.50	7.06	7.04	7.01	7.00	6.98	6.92	6.91	6.78
89.00	7.01	6.99	6.97	6.95	6.93	6.88	6.87	6.74
89.50	6.96	6.94	6.92	6.90	6.89	6.84	6.83	6.70
90.00	6.91	6.89	6.87	6.86	6.84	6.79	6.78	6.67
90.50	6.86	6.84	6.82	6.81	6.80	6.75	6.74	6.63
91.00	6.81	6.79	6.78	6.76	6.75	6.71	6.70	6.59
91.50	6.76	6.75	6.73	6.72	6.71	6.67	6.66	6.56
92.00	6.72	6.70	6.69	6.67	6.66	6.62	6.62	6.52
92.50	6.67	6.65	6.64	6.63	6.62	6.58	6.58	6.49
93.00	6.62	6.61	6.60	6.58	6.57	6.54	6.54	6.45
93.50	6.58	6.56	6.55	6.54	6.53	6.50	6.49	6.42
94.00	6.53	6.52	6.51	6.50	6.49	6.46	6.45	6.38
94.50	6.48	6.47	6.46	6.45	6.45	6.42	6.42	6.35
95.00	6.44	6.43	6.42	6.41	6.40	6.38	6.38	6.32
95.50	6.39	6.38	6.38	6.37	6.36	6.34	6.34	6.28
96.00	6.35	6.34	6.33	6.33	6.32	6.30	6.30	6.25
96.50	6.30	6.30	6.29	6.28	6.28	6.26	6.26	6.22
97.00	6.26	6.25	6.25	6.24	6.24	6.22	6.22	6.19
97.50	6.21	6.21	6.21	6.20	6.20	6.19	6.18	6.15
98.00	6.17	6.17	6.16	6.16	6.16	6.15	6.15	6.12
98.50	6.13	6.13	6.12	6.12	6.12	6.11	6.11	6.09
99.00	6.08	6.08	6.08	6.08	6.08	6.07	6.07	6.06
99.50	6.04	6.04	6.04	6.04	6.04	6.04	6.04	6.03
100.00	6.00	6.00	6.00	6.00	6.00	6.00	6.00	6.00
100.50	5.96	5.96	5.96	5.96	5.96	5.96	5.96	5.97
101.00	5.92	5.92	5.92	5.92	5.92	5.93	5.93	5.94
102.00	5.83	5.84	5.84	5.84	5.84	5.86	5.86	5.88
103.00	5.75	5.76	5.76	5.77	5.77	5.79	5.79	5.83
104.00	5.67	5.68	5.69	5.69	5.70	5.72	5.72	5.77
105.00	5.59	5.60	5.61	5.62	5.63	5.65	5.65	5.71
106.00	5.51	5.53	5.54	5.54	5.55	5.58	5.59	5.66
107.00	5.44	5.45	5.46	5.47	5.48	5.51	5.52	5.61
108.00	5.36	5.38	5.39	5.40	5.41	5.45	5.46	5.56
109.00	5.29	5.30	5.32	5.33	5.34	5.38	5.39	5.50
110.00	5.21	5.23	5.25	5.26	5.28	5.32	5.33	5.45

6¼% Bond Yield Table

PRICE	YEARS TO MATURITY							
	¼	½	¾	1	1½	2	3	4
85.00	76.53	42.65	29.95	24.00	18.11	15.23	12.39	10.98
85.50	73.80	41.23	29.05	23.33	17.67	14.90	12.16	10.81
86.00	71.09	39.83	28.16	22.67	17.24	14.57	11.94	10.64
86.50	68.42	38.44	27.27	22.02	16.80	14.24	11.72	10.47
87.00	65.77	37.07	26.40	21.37	16.37	13.92	11.50	10.30
87.50	63.16	35.71	25.53	20.72	15.95	13.60	11.28	10.13
88.00	60.57	34.38	24.67	20.09	15.52	13.28	11.06	9.96
88.50	58.02	33.05	23.82	19.45	15.10	12.96	10.84	9.79
89.00	55.49	31.74	22.98	18.83	14.69	12.65	10.63	9.63
89.50	52.99	30.45	22.14	18.20	14.27	12.33	10.41	9.46
90.00	50.51	29.17	21.31	17.59	13.86	12.02	10.20	9.30
90.50	48.07	27.90	20.50	16.98	13.45	11.72	9.99	9.14
91.00	45.64	26.65	19.68	16.37	13.05	11.41	9.78	8.98
91.25	44.44	26.03	19.28	16.07	12.85	11.26	9.68	8.90
91.50	43.25	25.41	18.88	15.77	12.65	11.11	9.58	8.82
91.75	42.06	24.80	18.48	15.47	12.45	10.95	9.47	8.74
92.00	40.88	24.18	18.08	15.17	12.25	10.80	9.37	8.66
92.25	39.71	23.58	17.68	14.87	12.05	10.65	9.27	8.58
92.50	38.54	22.97	17.29	14.58	11.85	10.51	9.17	8.50
92.75	37.38	22.37	16.90	14.29	11.66	10.36	9.06	8.42
93.00	36.22	21.77	16.51	13.99	11.46	10.21	8.96	8.34
93.25	35.07	21.18	16.12	13.70	11.27	10.06	8.86	8.27
93.50	33.93	20.59	15.73	13.41	11.07	9.91	8.76	8.19
93.75	32.79	20.00	15.35	13.12	10.88	9.77	8.66	8.11
94.00	31.65	19.41	14.96	12.83	10.68	9.62	8.56	8.03
94.25	30.53	18.83	14.58	12.55	10.49	9.47	8.46	7.96
94.50	29.41	18.25	14.20	12.26	10.30	9.33	8.36	7.88
94.75	28.29	17.68	13.82	11.98	10.11	9.18	8.26	7.80
95.00	27.18	17.11	13.44	11.69	9.92	9.04	8.16	7.73
95.25	26.08	16.54	13.07	11.41	9.73	8.89	8.06	7.65
95.50	24.98	15.97	12.69	11.13	9.54	8.75	7.97	7.58
95.75	23.89	15.40	12.32	10.85	9.35	8.61	7.87	7.50
96.00	22.81	14.84	11.95	10.57	9.16	8.47	7.77	7.42
96.25	21.73	14.29	11.58	10.29	8.98	8.32	7.67	7.35
96.50	20.65	13.73	11.21	10.02	8.79	8.18	7.58	7.27
96.75	19.58	13.18	10.85	9.74	8.61	8.04	7.48	7.20
97.00	18.52	12.63	10.48	9.46	8.42	7.90	7.38	7.13
97.25	17.46	12.08	10.12	9.19	8.24	7.76	7.29	7.05
97.50	16.40	11.54	9.76	8.92	8.05	7.62	7.19	6.98
97.75	15.36	11.00	9.40	8.65	7.87	7.48	7.10	6.90
98.00	14.31	10.46	9.04	8.38	7.69	7.34	7.00	6.83
98.25	13.27	9.92	8.69	8.11	7.51	7.21	6.91	6.76
98.50	12.24	9.39	8.33	7.84	7.32	7.07	6.81	6.68
98.75	11.21	8.86	7.98	7.57	7.14	6.93	6.72	6.61
99.00	10.19	8.33	7.63	7.31	6.96	6.79	6.62	6.54
99.25	9.18	7.81	7.28	7.04	6.78	6.66	6.53	6.47
99.50	8.16	7.29	6.93	6.78	6.61	6.52	6.44	6.39
99.75	7.16	6.77	6.58	6.51	6.43	6.39	6.34	6.32
100.00	6.15	6.25	6.23	6.25	6.25	6.25	6.25	6.25
100.25	5.16	5.74	5.89	5.99	6.07	6.12	6.16	6.18
100.50	4.16	5.22	5.55	5.73	5.90	5.98	6.07	6.11
101.00	2.19	4.21	4.86	5.21	5.55	5.71	5.88	5.97
101.50	0.24	3.20	4.19	4.70	5.20	5.45	5.70	5.82
102.00		2.21	3.52	4.19	4.85	5.18	5.52	5.68
102.50		1.22	2.85	3.68	4.51	4.92	5.34	5.54
103.00		0.24	2.19	3.18	4.17	4.66	5.16	5.41
103.50			1.53	2.68	3.83	4.40	4.98	5.27
104.00			0.88	2.18	3.49	4.15	4.80	5.13
104.50			0.24	1.69	3.15	3.89	4.63	4.99
105.00				1.20	2.82	3.64	4.45	4.86

Bond Yield Table 6¼%

PRICE	YEARS TO MATURITY							
	5	6	7	8	9	10	11	12
70.00	14.99	13.75	12.88	12.24	11.74	11.34	11.02	10.76
71.00	14.63	13.44	12.61	11.99	11.51	11.13	10.82	10.57
72.00	14.27	13.14	12.34	11.74	11.28	10.92	10.63	10.38
73.00	13.93	12.84	12.07	11.50	11.06	10.72	10.43	10.20
74.00	13.58	12.55	11.81	11.27	10.85	10.51	10.24	10.02
75.00	13.25	12.26	11.56	11.03	10.63	10.32	10.06	9.85
76.00	12.91	11.97	11.30	10.81	10.42	10.12	9.88	9.67
77.00	12.59	11.69	11.06	10.58	10.22	9.93	9.70	9.50
78.00	12.27	11.41	10.81	10.36	10.02	9.74	9.52	9.34
79.00	11.95	11.14	10.57	10.15	9.82	9.56	9.35	9.17
80.00	11.64	10.88	10.33	9.93	9.62	9.38	9.18	9.01
81.00	11.33	10.61	10.10	9.72	9.43	9.20	9.01	8.85
82.00	11.03	10.35	9.87	9.51	9.24	9.02	8.84	8.70
82.50	10.88	10.22	9.76	9.41	9.14	8.93	8.76	8.62
83.00	10.73	10.10	9.65	9.31	9.05	8.85	8.68	8.54
83.50	10.58	9.97	9.53	9.21	8.96	8.76	8.60	8.47
84.00	10.44	9.84	9.42	9.11	8.87	8.68	8.52	8.39
84.50	10.29	9.72	9.31	9.01	8.78	8.59	8.44	8.32
85.00	10.15	9.60	9.20	8.91	8.69	8.51	8.36	8.24
85.50	10.01	9.47	9.10	8.81	8.60	8.42	8.28	8.17
86.00	9.86	9.35	8.99	8.72	8.51	8.34	8.21	8.10
86.50	9.72	9.23	8.88	8.62	8.42	8.26	8.13	8.02
87.00	9.58	9.11	8.77	8.52	8.33	8.18	8.05	7.95
87.50	9.44	8.99	8.67	8.43	8.24	8.10	7.98	7.88
88.00	9.31	8.87	8.56	8.34	8.16	8.02	7.90	7.81
88.50	9.17	8.75	8.46	8.24	8.07	7.94	7.83	7.74
89.00	9.03	8.64	8.36	8.15	7.99	7.86	7.75	7.67
89.50	8.90	8.52	8.25	8.06	7.90	7.78	7.68	7.60
90.00	8.76	8.41	8.15	7.96	7.82	7.70	7.61	7.53
90.50	8.63	8.29	8.05	7.87	7.73	7.62	7.54	7.46
91.00	8.50	8.18	7.95	7.78	7.65	7.55	7.46	7.39
91.50	8.37	8.06	7.85	7.69	7.57	7.47	7.39	7.33
92.00	8.23	7.95	7.75	7.60	7.49	7.40	7.32	7.26
92.50	8.10	7.84	7.65	7.51	7.41	7.32	7.25	7.19
93.00	7.97	7.73	7.56	7.43	7.33	7.25	7.18	7.13
93.50	7.85	7.62	7.46	7.34	7.25	7.17	7.11	7.06
94.00	7.72	7.51	7.36	7.25	7.17	7.10	7.04	7.00
94.50	7.59	7.40	7.27	7.17	7.09	7.02	6.97	6.93
95.00	7.47	7.29	7.17	7.08	7.01	6.95	6.91	6.87
95.50	7.34	7.19	7.08	6.99	6.93	6.88	6.84	6.80
96.00	7.22	7.08	6.98	6.91	6.85	6.81	6.77	6.74
96.50	7.09	6.97	6.89	6.82	6.78	6.74	6.70	6.68
97.00	6.97	6.87	6.80	6.74	6.70	6.67	6.64	6.62
97.50	6.85	6.76	6.70	6.66	6.62	6.60	6.57	6.55
98.00	6.73	6.66	6.61	6.58	6.55	6.53	6.51	6.49
98.50	6.61	6.56	6.52	6.49	6.47	6.46	6.44	6.43
99.00	6.49	6.45	6.43	6.41	6.40	6.39	6.38	6.37
99.50	6.37	6.35	6.34	6.33	6.32	6.32	6.31	6.31
100.00	6.25	6.25	6.25	6.25	6.25	6.25	6.25	6.25
100.50	6.13	6.15	6.16	6.17	6.18	6.18	6.19	6.19
101.00	6.02	6.05	6.07	6.09	6.10	6.11	6.12	6.13
102.00	5.78	5.85	5.90	5.93	5.96	5.98	6.00	6.01
103.00	5.55	5.65	5.72	5.78	5.82	5.85	5.88	5.90
104.00	5.33	5.46	5.55	5.62	5.68	5.72	5.75	5.78
105.00	5.10	5.27	5.38	5.47	5.54	5.59	5.63	5.67
106.00	4.88	5.08	5.22	5.32	5.40	5.46	5.52	5.56
107.00	4.66	4.89	5.05	5.17	5.26	5.34	5.40	5.45
108.00	4.45	4.70	4.89	5.02	5.13	5.21	5.28	5.34
109.00	4.23	4.52	4.72	4.88	5.00	5.09	5.17	5.23
110.00	4.02	4.34	4.56	4.73	4.86	4.97	5.05	5.12

25

Bond Yield Table

PRICE	YEARS TO MATURITY							
	13	14	15	16	17	18	19	20
70.00	10.54	10.36	10.20	10.06	9.94	9.84	9.75	9.67
71.00	10.36	10.18	10.03	9.90	9.78	9.68	9.60	9.52
72.00	10.18	10.01	9.86	9.74	9.63	9.53	9.45	9.38
73.00	10.01	9.84	9.70	9.58	9.48	9.39	9.31	9.23
74.00	9.84	9.68	9.55	9.43	9.33	9.24	9.16	9.10
75.00	9.67	9.52	9.39	9.28	9.18	9.10	9.02	8.96
76.00	9.50	9.36	9.24	9.13	9.04	8.96	8.89	8.83
77.00	9.34	9.21	9.09	8.99	8.90	8.82	8.76	8.70
78.00	9.18	9.05	8.94	8.85	8.76	8.69	8.62	8.57
79.00	9.03	8.90	8.80	8.71	8.63	8.56	8.50	8.44
80.00	8.87	8.76	8.66	8.57	8.49	8.43	8.37	8.32
81.00	8.72	8.61	8.52	8.44	8.36	8.30	8.25	8.20
82.00	8.57	8.47	8.38	8.30	8.24	8.18	8.13	8.08
82.50	8.50	8.40	8.31	8.24	8.17	8.12	8.07	8.02
83.00	8.43	8.33	8.25	8.17	8.11	8.06	8.01	7.96
83.50	8.35	8.26	8.18	8.11	8.05	7.99	7.95	7.91
84.00	8.28	8.19	8.11	8.05	7.99	7.93	7.89	7.85
84.50	8.21	8.12	8.05	7.98	7.93	7.88	7.83	7.79
85.00	8.14	8.06	7.98	7.92	7.86	7.82	7.77	7.74
85.50	8.07	7.99	7.92	7.86	7.80	7.76	7.72	7.68
86.00	8.00	7.92	7.86	7.80	7.75	7.70	7.66	7.63
86.50	7.93	7.86	7.79	7.74	7.69	7.64	7.60	7.57
87.00	7.86	7.79	7.73	7.67	7.63	7.59	7.55	7.52
87.50	7.80	7.73	7.67	7.61	7.57	7.53	7.49	7.46
88.00	7.73	7.66	7.60	7.55	7.51	7.47	7.44	7.41
88.50	7.66	7.60	7.54	7.50	7.45	7.42	7.39	7.36
89.00	7.60	7.54	7.48	7.44	7.40	7.36	7.33	7.30
89.50	7.53	7.47	7.42	7.38	7.34	7.31	7.28	7.25
90.00	7.47	7.41	7.36	7.32	7.29	7.25	7.23	7.20
90.50	7.40	7.35	7.30	7.26	7.23	7.20	7.17	7.15
91.00	7.34	7.29	7.24	7.21	7.17	7.15	7.12	7.10
91.50	7.27	7.23	7.19	7.15	7.12	7.09	7.07	7.05
92.00	7.21	7.16	7.13	7.09	7.07	7.04	7.02	7.00
92.50	7.15	7.10	7.07	7.04	7.01	6.99	6.97	6.95
93.00	7.08	7.04	7.01	6.98	6.96	6.94	6.92	6.90
93.50	7.02	6.99	6.95	6.93	6.91	6.89	6.87	6.85
94.00	6.96	6.93	6.90	6.87	6.85	6.83	6.82	6.80
94.50	6.90	6.87	6.84	6.82	6.80	6.78	6.77	6.76
95.00	6.84	6.81	6.79	6.77	6.75	6.73	6.72	6.71
95.50	6.78	6.75	6.73	6.71	6.70	6.68	6.67	6.66
96.00	6.72	6.69	6.68	6.66	6.65	6.63	6.62	6.61
96.50	6.66	6.64	6.62	6.61	6.60	6.58	6.58	6.57
97.00	6.60	6.58	6.57	6.56	6.55	6.54	6.53	6.52
97.50	6.54	6.53	6.51	6.50	6.50	6.49	6.48	6.47
98.00	6.48	6.47	6.46	6.45	6.45	6.44	6.43	6.43
98.50	6.42	6.41	6.41	6.40	6.40	6.39	6.39	6.38
99.00	6.36	6.36	6.35	6.35	6.35	6.34	6.34	6.34
99.50	6.31	6.30	6.30	6.30	6.30	6.30	6.30	6.29
100.00	6.25	6.25	6.25	6.25	6.25	6.25	6.25	6.25
100.50	6.19	6.20	6.20	6.20	6.20	6.20	6.20	6.21
101.00	6.14	6.14	6.15	6.15	6.15	6.16	6.16	6.16
102.00	6.03	6.04	6.05	6.05	6.06	6.07	6.07	6.08
103.00	5.92	5.93	5.94	5.96	5.97	5.98	5.98	5.99
104.00	5.81	5.83	5.85	5.86	5.87	5.89	5.90	5.91
105.00	5.70	5.73	5.75	5.77	5.78	5.80	5.81	5.82
106.00	5.59	5.63	5.65	5.67	5.69	5.71	5.73	5.74
107.00	5.49	5.53	5.56	5.58	5.61	5.63	5.64	5.66
108.00	5.39	5.43	5.46	5.49	5.52	5.54	5.56	5.58
109.00	5.28	5.33	5.37	5.40	5.43	5.46	5.48	5.50
110.00	5.18	5.23	5.28	5.31	5.35	5.38	5.40	5.42

Bond Yield Table 6¼%

PRICE	YEARS TO MATURITY							CUR
	21	22	23	24	25	29	30	
70.00	9.60	9.53	9.48	9.43	9.38	9.24	9.21	8.93
71.00	9.45	9.39	9.34	9.29	9.24	9.11	9.08	8.80
72.00	9.31	9.25	9.20	9.15	9.11	8.98	8.95	8.68
73.00	9.17	9.11	9.06	9.02	8.98	8.85	8.83	8.56
74.00	9.03	8.98	8.93	8.89	8.85	8.73	8.70	8.45
75.00	8.90	8.85	8.80	8.76	8.72	8.61	8.58	8.33
76.00	8.77	8.72	8.68	8.64	8.60	8.49	8.47	8.22
77.00	8.64	8.60	8.55	8.51	8.48	8.37	8.35	8.12
78.00	8.52	8.47	8.43	8.39	8.36	8.26	8.24	8.01
79.00	8.39	8.35	8.31	8.28	8.25	8.15	8.13	7.91
80.00	8.27	8.23	8.20	8.16	8.13	8.04	8.02	7.81
81.00	8.16	8.12	8.08	8.05	8.02	7.93	7.92	7.72
82.00	8.04	8.00	7.97	7.94	7.91	7.83	7.81	7.62
82.50	7.98	7.95	7.91	7.89	7.86	7.78	7.76	7.58
83.00	7.92	7.89	7.86	7.83	7.81	7.73	7.71	7.53
83.50	7.87	7.84	7.81	7.78	7.75	7.68	7.66	7.49
84.00	7.81	7.78	7.75	7.73	7.70	7.63	7.61	7.44
84.50	7.76	7.73	7.70	7.67	7.65	7.58	7.56	7.40
85.00	7.70	7.67	7.65	7.62	7.60	7.53	7.52	7.35
85.50	7.65	7.62	7.59	7.57	7.55	7.48	7.47	7.31
86.00	7.59	7.57	7.54	7.52	7.50	7.43	7.42	7.27
86.50	7.54	7.51	7.49	7.47	7.45	7.39	7.37	7.23
87.00	7.49	7.46	7.44	7.42	7.40	7.34	7.33	7.18
87.50	7.44	7.41	7.39	7.37	7.35	7.29	7.28	7.14
88.00	7.38	7.36	7.34	7.32	7.30	7.25	7.24	7.10
88.50	7.33	7.31	7.29	7.27	7.25	7.20	7.19	7.06
89.00	7.28	7.26	7.24	7.22	7.21	7.15	7.14	7.02
89.50	7.23	7.21	7.19	7.17	7.16	7.11	7.10	6.98
90.00	7.18	7.16	7.14	7.13	7.11	7.07	7.06	6.94
90.50	7.13	7.11	7.09	7.08	7.06	7.02	7.01	6.91
91.00	7.08	7.06	7.05	7.03	7.02	6.98	6.97	6.87
91.50	7.03	7.01	7.00	6.99	6.97	6.93	6.93	6.83
92.00	6.98	6.97	6.95	6.94	6.93	6.89	6.88	6.79
92.50	6.93	6.92	6.91	6.89	6.88	6.85	6.84	6.76
93.00	6.89	6.87	6.86	6.85	6.84	6.81	6.80	6.72
93.50	6.84	6.82	6.81	6.80	6.79	6.76	6.76	6.68
94.00	6.79	6.78	6.77	6.76	6.75	6.72	6.72	6.65
94.50	6.74	6.73	6.72	6.71	6.71	6.68	6.68	6.61
95.00	6.70	6.69	6.68	6.67	6.66	6.64	6.64	6.58
95.50	6.65	6.64	6.63	6.63	6.62	6.60	6.60	6.54
96.00	6.60	6.60	6.59	6.58	6.58	6.56	6.56	6.51
96.50	6.56	6.55	6.55	6.54	6.54	6.52	6.52	6.48
97.00	6.51	6.51	6.50	6.50	6.49	6.48	6.48	6.44
97.50	6.47	6.46	6.46	6.46	6.45	6.44	6.44	6.41
98.00	6.42	6.42	6.42	6.41	6.41	6.40	6.40	6.38
98.50	6.38	6.38	6.38	6.37	6.37	6.36	6.36	6.35
99.00	6.34	6.33	6.33	6.33	6.33	6.33	6.32	6.31
99.50	6.29	6.29	6.29	6.29	6.29	6.29	6.29	6.28
100.00	6.25	6.25	6.25	6.25	6.25	6.25	6.25	6.25
100.50	6.21	6.21	6.21	6.21	6.21	6.21	6.21	6.22
101.00	6.16	6.17	6.17	6.17	6.17	6.18	6.18	6.19
102.00	6.08	6.08	6.09	6.09	6.09	6.10	6.10	6.13
103.00	6.00	6.00	6.01	6.01	6.02	6.03	6.03	6.07
104.00	5.91	5.92	5.93	5.94	5.94	5.96	5.96	6.01
105.00	5.83	5.84	5.85	5.86	5.87	5.89	5.89	5.95
106.00	5.75	5.77	5.78	5.78	5.79	5.82	5.82	5.90
107.00	5.68	5.69	5.70	5.71	5.72	5.75	5.75	5.84
108.00	5.60	5.61	5.63	5.64	5.65	5.68	5.69	5.79
109.00	5.52	5.54	5.55	5.57	5.58	5.62	5.63	5.73
110.00	5.44	5.46	5.48	5.49	5.51	5.55	5.56	5.68

6½% Bond Yield Table

PRICE	YEARS TO MATURITY							
	¼	½	¾	1	1½	2	3	4
85.00	76.77	42.94	30.23	24.28	18.39	15.51	12.66	11.26
85.50	74.03	41.52	29.33	23.62	17.95	15.18	12.44	11.09
86.00	71.33	40.12	28.44	22.95	17.51	14.85	12.21	10.91
86.50	68.65	38.73	27.55	22.30	17.08	14.52	11.99	10.74
87.00	66.01	37.36	26.67	21.65	16.65	14.19	11.77	10.57
87.50	63.39	36.00	25.81	21.00	16.22	13.87	11.55	10.40
88.00	60.81	34.66	24.95	20.36	15.80	13.55	11.33	10.23
88.50	58.25	33.33	24.09	19.73	15.37	13.23	11.11	10.06
89.00	55.72	32.02	23.25	19.10	14.96	12.92	10.90	9.90
89.50	53.22	30.73	22.41	18.48	14.54	12.60	10.68	9.73
90.00	50.75	29.44	21.58	17.86	14.13	12.29	10.47	9.57
90.50	48.30	28.18	20.76	17.25	13.72	11.98	10.26	9.40
91.00	45.88	26.92	19.95	16.64	13.32	11.68	10.05	9.24
91.25	44.68	26.30	19.55	16.34	13.11	11.52	9.94	9.16
91.50	43.49	25.68	19.14	16.04	12.91	11.37	9.84	9.08
91.75	42.30	25.07	18.74	15.74	12.71	11.22	9.74	9.00
92.00	41.12	24.46	18.35	15.44	12.51	11.07	9.63	8.92
92.25	39.95	23.85	17.95	15.14	12.32	10.92	9.53	8.84
92.50	38.78	23.24	17.55	14.84	12.12	10.77	9.43	8.76
92.75	37.62	22.64	17.16	14.55	11.92	10.62	9.33	8.68
93.00	36.46	22.04	16.77	14.26	11.72	10.47	9.22	8.61
93.25	35.31	21.45	16.38	13.96	11.53	10.32	9.12	8.53
93.50	34.17	20.86	15.99	13.67	11.33	10.17	9.02	8.45
93.75	33.03	20.27	15.61	13.38	11.14	10.03	8.92	8.37
94.00	31.90	19.68	15.22	13.10	10.95	9.88	8.82	8.29
94.25	30.77	19.10	14.84	12.81	10.75	9.73	8.72	8.22
94.50	29.65	18.52	14.46	12.52	10.56	9.59	8.62	8.14
94.75	28.53	17.94	14.08	12.24	10.37	9.44	8.52	8.06
95.00	27.43	17.37	13.70	11.95	10.18	9.30	8.42	7.98
95.25	26.32	16.80	13.33	11.67	9.99	9.15	8.32	7.91
95.50	25.23	16.23	12.95	11.39	9.80	9.01	8.22	7.83
95.75	24.13	15.67	12.58	11.11	9.61	8.87	8.12	7.76
96.00	23.05	15.10	12.21	10.83	9.42	8.72	8.03	7.68
96.25	21.97	14.55	11.84	10.55	9.23	8.58	7.93	7.60
96.50	20.89	13.99	11.47	10.27	9.05	8.44	7.83	7.53
96.75	19.82	13.44	11.10	10.00	8.86	8.30	7.73	7.45
97.00	18.76	12.89	10.74	9.72	8.68	8.16	7.64	7.38
97.25	17.70	12.34	10.38	9.45	8.49	8.02	7.54	7.31
97.50	16.65	11.79	10.01	9.17	8.31	7.88	7.45	7.23
97.75	15.60	11.25	9.65	8.90	8.12	7.74	7.35	7.16
98.00	14.55	10.71	9.30	8.63	7.94	7.60	7.25	7.08
98.25	13.52	10.18	8.94	8.36	7.76	7.46	7.16	7.01
98.50	12.48	9.64	8.58	8.09	7.58	7.32	7.06	6.94
98.75	11.46	9.11	8.23	7.82	7.40	7.18	6.97	6.86
99.00	10.43	8.59	7.88	7.56	7.22	7.04	6.87	6.79
99.25	9.42	8.06	7.53	7.29	7.04	6.91	6.78	6.72
99.50	8.41	7.54	7.18	7.03	6.86	6.77	6.69	6.64
99.75	7.40	7.02	6.83	6.76	6.68	6.64	6.59	6.57
100.00	6.40	6.50	6.48	6.50	6.50	6.50	6.50	6.50
100.25	5.40	5.99	6.14	6.24	6.32	6.36	6.41	6.43
100.50	4.41	5.47	5.79	5.98	6.15	6.23	6.31	6.36
101.00	2.44	4.46	5.11	5.46	5.79	5.96	6.13	6.21
101.50	0.48	3.45	4.43	4.94	5.45	5.70	5.95	6.07
102.00		2.45	3.76	4.43	5.10	5.43	5.76	5.93
102.50		1.46	3.09	3.93	4.75	5.17	5.58	5.79
103.00		0.49	2.43	3.42	4.41	4.91	5.40	5.65
103.50			1.78	2.92	4.07	4.65	5.22	5.51
104.00			1.13	2.43	3.73	4.39	5.05	5.38
104.50			0.48	1.93	3.40	4.13	4.87	5.24
105.00				1.45	3.06	3.88	4.69	5.10

PRICE	YEARS TO MATURITY							
	5	6	7	8	9	10	11	12
70.00	15.30	14.07	13.20	12.55	12.05	11.66	11.34	11.08
71.00	14.94	13.75	12.92	12.30	11.82	11.44	11.14	10.89
72.00	14.58	13.45	12.65	12.05	11.59	11.23	10.94	10.70
73.00	14.23	13.14	12.38	11.81	11.37	11.02	10.74	10.51
74.00	13.88	12.85	12.11	11.57	11.15	10.82	10.55	10.33
75.00	13.54	12.55	11.86	11.34	10.93	10.62	10.36	10.15
76.00	13.21	12.27	11.60	11.10	10.72	10.42	10.18	9.97
77.00	12.88	11.98	11.35	10.88	10.51	10.23	9.99	9.80
78.00	12.56	11.71	11.10	10.66	10.31	10.04	9.81	9.63
79.00	12.24	11.43	10.86	10.44	10.11	9.85	9.64	9.47
80.00	11.93	11.16	10.62	10.22	9.91	9.66	9.47	9.30
81.00	11.62	10.90	10.39	10.01	9.71	9.48	9.29	9.14
82.00	11.31	10.63	10.15	9.80	9.52	9.30	9.13	8.98
82.50	11.16	10.51	10.04	9.69	9.43	9.22	9.04	8.90
83.00	11.01	10.38	9.93	9.59	9.33	9.13	8.96	8.83
83.50	10.86	10.25	9.81	9.49	9.24	9.04	8.88	8.75
84.00	10.72	10.12	9.70	9.39	9.15	8.96	8.80	8.67
84.50	10.57	10.00	9.59	9.29	9.05	8.87	8.72	8.60
85.00	10.43	9.87	9.48	9.19	8.96	8.78	8.64	8.52
85.50	10.28	9.75	9.37	9.09	8.87	8.70	8.56	8.45
86.00	10.14	9.63	9.26	8.99	8.78	8.62	8.48	8.37
86.50	10.00	9.50	9.15	8.89	8.69	8.53	8.40	8.30
87.00	9.86	9.38	9.05	8.80	8.60	8.45	8.33	8.22
87.50	9.72	9.26	8.94	8.70	8.52	8.37	8.25	8.15
88.00	9.58	9.14	8.84	8.61	8.43	8.29	8.17	8.08
88.50	9.44	9.02	8.73	8.51	8.34	8.21	8.10	8.01
89.00	9.30	8.91	8.63	8.42	8.26	8.13	8.02	7.94
89.50	9.16	8.79	8.52	8.32	8.17	8.05	7.95	7.87
90.00	9.03	8.67	8.42	8.23	8.09	7.97	7.88	7.80
90.50	8.90	8.56	8.32	8.14	8.00	7.89	7.80	7.73
91.00	8.76	8.44	8.22	8.05	7.92	7.81	7.73	7.66
91.50	8.63	8.33	8.12	7.96	7.83	7.74	7.66	7.59
92.00	8.50	8.22	8.02	7.87	7.75	7.66	7.59	7.52
92.50	8.37	8.10	7.92	7.78	7.67	7.58	7.51	7.46
93.00	8.24	7.99	7.82	7.69	7.59	7.51	7.44	7.39
93.50	8.11	7.88	7.72	7.60	7.51	7.43	7.37	7.32
94.00	7.98	7.77	7.62	7.51	7.43	7.36	7.30	7.26
94.50	7.85	7.66	7.53	7.42	7.35	7.28	7.23	7.19
95.00	7.72	7.55	7.43	7.34	7.27	7.21	7.16	7.13
95.50	7.60	7.44	7.33	7.25	7.19	7.14	7.10	7.06
96.00	7.47	7.34	7.24	7.17	7.11	7.06	7.03	7.00
96.50	7.35	7.23	7.14	7.08	7.03	6.99	6.96	6.93
97.00	7.23	7.12	7.05	7.00	6.95	6.92	6.89	6.87
97.50	7.10	7.02	6.96	6.91	6.88	6.85	6.83	6.81
98.00	6.98	6.91	6.86	6.83	6.80	6.78	6.76	6.75
98.50	6.86	6.81	6.77	6.75	6.72	6.71	6.69	6.68
99.00	6.74	6.71	6.68	6.66	6.65	6.64	6.63	6.62
99.50	6.62	6.60	6.59	6.58	6.57	6.57	6.56	6.56
00.00	6.50	6.50	6.50	6.50	6.50	6.50	6.50	6.50
00.50	6.38	6.40	6.41	6.42	6.43	6.43	6.44	6.44
01.00	6.26	6.30	6.32	6.34	6.35	6.36	6.37	6.38
02.00	6.03	6.10	6.14	6.18	6.21	6.23	6.25	6.26
03.00	5.80	5.90	5.97	6.02	6.06	6.09	6.12	6.14
04.00	5.57	5.70	5.80	5.87	5.92	5.96	6.00	6.03
05.00	5.35	5.51	5.63	5.71	5.78	5.83	5.88	5.91
06.00	5.12	5.32	5.46	5.56	5.64	5.70	5.76	5.80
07.00	4.90	5.13	5.29	5.41	5.50	5.58	5.64	5.69
08.00	4.69	4.94	5.13	5.26	5.37	5.45	5.52	5.58
09.00	4.47	4.76	4.96	5.12	5.23	5.33	5.40	5.47
10.00	4.26	4.58	4.80	4.97	5.10	5.20	5.29	5.36

6½%   Bond Yield Table

PRICE	YEARS TO MATURITY							
	13	14	15	16	17	18	19	20
70.00	10.86	10.68	10.52	10.38	10.27	10.16	10.07	10.0
71.00	10.68	10.50	10.35	10.22	10.11	10.01	9.92	9.8
72.00	10.50	10.33	10.18	10.06	9.95	9.85	9.77	9.7
73.00	10.32	10.16	10.02	9.90	9.79	9.70	9.62	9.5
74.00	10.14	9.99	9.85	9.74	9.64	9.55	9.48	9.4
75.00	9.97	9.82	9.70	9.59	9.49	9.41	9.33	9.2
76.00	9.81	9.66	9.54	9.44	9.35	9.27	9.20	9.1
77.00	9.64	9.51	9.39	9.29	9.20	9.13	9.06	9.0
78.00	9.48	9.35	9.24	9.14	9.06	8.99	8.93	8.8
79.00	9.32	9.20	9.09	9.00	8.92	8.85	8.79	8.7
80.00	9.16	9.05	8.95	8.86	8.79	8.72	8.67	8.6
81.00	9.01	8.90	8.81	8.73	8.65	8.59	8.54	8.4
82.00	8.86	8.76	8.67	8.59	8.52	8.47	8.41	8.3
82.50	8.78	8.68	8.60	8.52	8.46	8.40	8.35	8.3
83.00	8.71	8.61	8.53	8.46	8.40	8.34	8.29	8.2
83.50	8.64	8.54	8.46	8.39	8.33	8.28	8.23	8.1
84.00	8.56	8.47	8.40	8.33	8.27	8.22	8.17	8.1
84.50	8.49	8.40	8.33	8.26	8.21	8.16	8.11	8.0
85.00	8.42	8.34	8.26	8.20	8.15	8.10	8.06	8.0
85.50	8.35	8.27	8.20	8.14	8.08	8.04	8.00	7.9
86.00	8.28	8.20	8.13	8.07	8.02	7.98	7.94	7.9
86.50	8.21	8.13	8.07	8.01	7.96	7.92	7.88	7.8
87.00	8.14	8.07	8.00	7.95	7.90	7.86	7.83	7.7
87.50	8.07	8.00	7.94	7.89	7.84	7.80	7.77	7.7
88.00	8.00	7.93	7.88	7.83	7.78	7.75	7.71	7.6
88.50	7.93	7.87	7.82	7.77	7.73	7.69	7.66	7.6
89.00	7.87	7.81	7.75	7.71	7.67	7.63	7.60	7.5
89.50	7.80	7.74	7.69	7.65	7.61	7.58	7.55	7.5
90.00	7.73	7.68	7.63	7.59	7.55	7.52	7.50	7.4
90.50	7.67	7.62	7.57	7.53	7.50	7.47	7.44	7.4
91.00	7.60	7.55	7.51	7.47	7.44	7.41	7.39	7.3
91.50	7.54	7.49	7.45	7.42	7.39	7.36	7.34	7.3
92.00	7.47	7.43	7.39	7.36	7.33	7.31	7.28	7.2
92.50	7.41	7.37	7.33	7.30	7.28	7.25	7.23	7.2
93.00	7.34	7.31	7.27	7.25	7.22	7.20	7.18	7.16
93.50	7.28	7.25	7.22	7.19	7.17	7.15	7.13	7.1
94.00	7.22	7.19	7.16	7.13	7.11	7.10	7.08	7.06
94.50	7.16	7.13	7.10	7.08	7.06	7.04	7.03	7.02
95.00	7.10	7.07	7.05	7.03	7.01	6.99	6.98	6.9
95.50	7.03	7.01	6.99	6.97	6.96	6.94	6.93	6.92
96.00	6.97	6.95	6.93	6.92	6.90	6.89	6.88	6.8
96.50	6.91	6.89	6.88	6.86	6.85	6.84	6.83	6.82
97.00	6.85	6.84	6.82	6.81	6.80	6.79	6.78	6.78
97.50	6.79	6.78	6.77	6.76	6.75	6.74	6.74	6.7
98.00	6.73	6.72	6.71	6.71	6.70	6.69	6.69	6.68
98.50	6.67	6.67	6.66	6.65	6.65	6.64	6.64	6.64
99.00	6.62	6.61	6.61	6.60	6.60	6.60	6.59	6.59
99.50	6.56	6.56	6.55	6.55	6.55	6.55	6.55	6.55
100.00	6.50	6.50	6.50	6.50	6.50	6.50	6.50	6.50
100.50	6.44	6.45	6.45	6.45	6.45	6.45	6.45	6.46
101.00	6.39	6.39	6.40	6.40	6.40	6.41	6.41	6.41
102.00	6.27	6.28	6.29	6.30	6.31	6.31	6.32	6.32
103.00	6.16	6.18	6.19	6.20	6.21	6.22	6.23	6.24
104.00	6.05	6.07	6.09	6.10	6.12	6.13	6.14	6.15
105.00	5.94	5.97	5.99	6.01	6.03	6.04	6.05	6.07
106.00	5.84	5.87	5.89	5.91	5.93	5.95	5.97	5.98
107.00	5.73	5.76	5.80	5.82	5.84	5.87	5.88	5.90
108.00	5.62	5.66	5.70	5.73	5.76	5.78	5.80	5.82
109.00	5.52	5.57	5.60	5.64	5.67	5.69	5.72	5.74
110.00	5.42	5.47	5.51	5.55	5.58	5.61	5.64	5.66

Bond Yield Table

6½%

PRICE	YEARS TO MATURITY							CUR
	21	22	23	24	25	29	30	
70.00	9.93	9.86	9.81	9.76	9.71	9.58	9.55	9.29
71.00	9.78	9.72	9.66	9.62	9.57	9.44	9.41	9.15
72.00	9.63	9.57	9.52	9.48	9.43	9.31	9.28	9.03
73.00	9.49	9.43	9.38	9.34	9.30	9.18	9.15	8.90
74.00	9.35	9.30	9.25	9.21	9.17	9.05	9.03	8.78
75.00	9.21	9.16	9.12	9.07	9.04	8.92	8.90	8.67
76.00	9.08	9.03	8.99	8.95	8.91	8.80	8.78	8.55
77.00	8.95	8.90	8.86	8.82	8.79	8.68	8.66	8.44
78.00	8.82	8.77	8.73	8.70	8.67	8.57	8.55	8.33
79.00	8.69	8.65	8.61	8.58	8.55	8.45	8.43	8.23
80.00	8.57	8.53	8.49	8.46	8.43	8.34	8.32	8.13
81.00	8.45	8.41	8.38	8.34	8.32	8.23	8.21	8.02
82.00	8.33	8.29	8.26	8.23	8.21	8.12	8.11	7.93
82.50	8.27	8.24	8.20	8.18	8.15	8.07	8.06	7.88
83.00	8.21	8.18	8.15	8.12	8.10	8.02	8.00	7.83
83.50	8.15	8.12	8.09	8.07	8.04	7.97	7.95	7.78
84.00	8.10	8.07	8.04	8.01	7.99	7.92	7.90	7.74
84.50	8.04	8.01	7.98	7.96	7.94	7.86	7.85	7.69
85.00	7.98	7.95	7.93	7.90	7.88	7.81	7.80	7.65
85.50	7.93	7.90	7.87	7.85	7.83	7.76	7.75	7.60
86.00	7.87	7.85	7.82	7.80	7.78	7.72	7.70	7.56
86.50	7.82	7.79	7.77	7.75	7.73	7.67	7.65	7.51
87.00	7.76	7.74	7.72	7.70	7.68	7.62	7.61	7.47
87.50	7.71	7.69	7.66	7.64	7.63	7.57	7.56	7.43
88.00	7.66	7.63	7.61	7.59	7.58	7.52	7.51	7.39
88.50	7.61	7.58	7.56	7.54	7.53	7.48	7.47	7.34
89.00	7.55	7.53	7.51	7.49	7.48	7.43	7.42	7.30
89.50	7.50	7.48	7.46	7.45	7.43	7.38	7.37	7.26
90.00	7.45	7.43	7.41	7.40	7.38	7.34	7.33	7.22
90.50	7.40	7.38	7.36	7.35	7.33	7.29	7.28	7.18
91.00	7.35	7.33	7.31	7.30	7.29	7.25	7.24	7.14
91.50	7.30	7.28	7.27	7.25	7.24	7.20	7.19	7.10
92.00	7.25	7.23	7.22	7.21	7.19	7.16	7.15	7.07
92.50	7.20	7.18	7.17	7.16	7.15	7.11	7.11	7.03
93.00	7.15	7.14	7.12	7.11	7.10	7.07	7.06	6.99
93.50	7.10	7.09	7.08	7.07	7.06	7.03	7.02	6.95
94.00	7.05	7.04	7.03	7.02	7.01	6.99	6.98	6.91
94.50	7.00	6.99	6.98	6.98	6.97	6.94	6.94	6.88
95.00	6.96	6.95	6.94	6.93	6.92	6.90	6.90	6.84
95.50	6.91	6.90	6.89	6.89	6.88	6.86	6.86	6.81
96.00	6.86	6.85	6.85	6.84	6.84	6.82	6.81	6.77
96.50	6.82	6.81	6.80	6.80	6.79	6.78	6.77	6.74
97.00	6.77	6.76	6.76	6.75	6.75	6.74	6.73	6.70
97.50	6.72	6.72	6.71	6.71	6.71	6.70	6.69	6.67
98.00	6.68	6.67	6.67	6.67	6.67	6.66	6.65	6.63
98.50	6.63	6.63	6.63	6.63	6.62	6.62	6.62	6.60
99.00	6.59	6.59	6.59	6.59	6.58	6.58	6.58	6.57
99.50	6.54	6.54	6.54	6.54	6.54	6.54	6.54	6.53
100.00	6.50	6.50	6.50	6.50	6.50	6.50	6.50	6.50
100.50	6.46	6.46	6.46	6.46	6.46	6.46	6.46	6.47
101.00	6.41	6.41	6.42	6.42	6.42	6.42	6.42	6.44
102.00	6.33	6.33	6.33	6.34	6.34	6.35	6.35	6.37
103.00	6.24	6.25	6.25	6.26	6.26	6.27	6.28	6.31
104.00	6.16	6.17	6.17	6.18	6.18	6.20	6.20	6.25
105.00	6.08	6.08	6.09	6.10	6.11	6.13	6.13	6.19
106.00	5.99	6.01	6.01	6.02	6.03	6.06	6.06	6.13
107.00	5.91	5.93	5.94	5.95	5.96	5.99	5.99	6.07
108.00	5.83	5.85	5.86	5.87	5.88	5.92	5.93	6.02
109.00	5.76	5.77	5.79	5.80	5.81	5.85	5.86	5.96
110.00	5.68	5.70	5.71	5.73	5.74	5.78	5.79	5.91

6¾%   Bond Yield Table

PRICE	YEARS TO MATURITY							
	¼	½	¾	1	1½	2	3	4
85.00	77.00	43.24	30.51	24.57	18.67	15.79	12.94	11.54
85.50	74.27	41.81	29.61	23.90	18.23	15.45	12.71	11.36
86.00	71.56	40.41	28.72	23.23	17.79	15.12	12.49	11.19
86.50	68.89	39.02	27.83	22.58	17.36	14.79	12.26	11.01
87.00	66.24	37.64	26.95	21.92	16.92	14.47	12.04	10.84
87.50	63.63	36.29	26.08	21.28	16.49	14.14	11.82	10.67
88.00	61.05	34.94	25.22	20.64	16.07	13.82	11.60	10.50
88.50	58.49	33.62	24.37	20.00	15.65	13.50	11.38	10.33
89.00	55.96	32.30	23.52	19.37	15.23	13.19	11.17	10.17
89.50	53.46	31.01	22.68	18.75	14.81	12.87	10.95	10.00
90.00	50.99	29.72	21.85	18.13	14.40	12.56	10.74	9.83
90.50	48.54	28.45	21.03	17.52	13.99	12.25	10.52	9.67
91.00	46.12	27.20	20.22	16.91	13.58	11.94	10.31	9.51
91.25	44.92	26.58	19.81	16.60	13.38	11.79	10.21	9.43
91.50	43.73	25.96	19.41	16.30	13.18	11.64	10.10	9.35
91.75	42.54	25.34	19.01	16.00	12.98	11.48	10.00	9.27
92.00	41.36	24.73	18.61	15.70	12.78	11.33	9.90	9.18
92.25	40.19	24.12	18.21	15.41	12.58	11.18	9.79	9.10
92.50	39.02	23.51	17.82	15.11	12.38	11.03	9.69	9.03
92.75	37.86	22.91	17.42	14.82	12.18	10.88	9.59	8.95
93.00	36.70	22.31	17.03	14.52	11.99	10.73	9.49	8.87
93.25	35.55	21.72	16.64	14.23	11.79	10.58	9.38	8.79
93.50	34.41	21.12	16.25	13.94	11.60	10.43	9.28	8.71
93.75	33.27	20.53	15.87	13.65	11.40	10.29	9.18	8.63
94.00	32.14	19.95	15.48	13.36	11.21	10.14	9.08	8.55
94.25	31.01	19.36	15.10	13.07	11.01	9.99	8.98	8.47
94.50	29.89	18.78	14.72	12.78	10.82	9.85	8.88	8.40
94.75	28.78	18.21	14.34	12.50	10.63	9.70	8.78	8.32
95.00	27.67	17.63	13.96	12.21	10.44	9.56	8.68	8.24
95.25	26.56	17.06	13.58	11.93	10.25	9.41	8.58	8.17
95.50	25.47	16.49	13.21	11.65	10.06	9.27	8.48	8.09
95.75	24.37	15.93	12.84	11.37	9.87	9.12	8.38	8.01
96.00	23.29	15.36	12.46	11.09	9.68	8.98	8.28	7.94
96.25	22.21	14.81	12.09	10.81	9.49	8.84	8.19	7.86
96.50	21.13	14.25	11.73	10.53	9.30	8.69	8.09	7.79
96.75	20.06	13.70	11.36	10.25	9.12	8.55	7.99	7.71
97.00	19.00	13.14	10.99	9.98	8.93	8.41	7.89	7.63
97.25	17.94	12.60	10.63	9.70	8.75	8.27	7.80	7.56
97.50	16.89	12.05	10.27	9.43	8.56	8.13	7.70	7.48
97.75	15.84	11.51	9.91	9.16	8.38	7.99	7.60	7.41
98.00	14.80	10.97	9.55	8.88	8.19	7.85	7.51	7.34
98.25	13.76	10.43	9.19	8.61	8.01	7.71	7.41	7.26
98.50	12.73	9.90	8.84	8.34	7.83	7.57	7.32	7.19
98.75	11.70	9.37	8.48	8.08	7.65	7.43	7.22	7.11
99.00	10.68	8.84	8.13	7.81	7.47	7.30	7.13	7.04
99.25	9.66	8.31	7.78	7.54	7.29	7.16	7.03	6.97
99.50	8.65	7.79	7.43	7.28	7.11	7.02	6.94	6.90
99.75	7.64	7.27	7.08	7.01	6.93	6.89	6.84	6.82
100.00	6.64	6.75	6.73	6.75	6.75	6.75	6.75	6.75
100.25	5.64	6.23	6.38	6.49	6.57	6.61	6.66	6.68
100.50	4.65	5.72	6.04	6.23	6.40	6.48	6.56	6.61
101.00	2.68	4.70	5.36	5.71	6.04	6.21	6.38	6.46
101.50	0.73	3.69	4.68	5.19	5.69	5.94	6.19	6.32
102.00		2.70	4.01	4.68	5.34	5.68	6.01	6.18
102.50		1.71	3.34	4.17	5.00	5.41	5.83	6.04
103.00		0.73	2.68	3.67	4.66	5.15	5.65	5.90
103.50			2.02	3.17	4.32	4.89	5.47	5.76
104.00			1.37	2.67	3.98	4.63	5.29	5.62
104.50			0.72	2.18	3.64	4.38	5.11	5.48
105.00			0.08	1.69	3.31	4.12	4.94	5.35

32

Bond Yield Table 6¾%

PRICE	YEARS TO MATURITY							
	5	6	7	8	9	10	11	12
70.00	15.61	14.38	13.51	12.86	12.37	11.98	11.66	11.40
71.00	15.25	14.06	13.23	12.61	12.13	11.76	11.45	11.20
72.00	14.89	13.75	12.95	12.36	11.90	11.54	11.25	11.01
73.00	14.53	13.45	12.68	12.11	11.68	11.33	11.05	10.82
74.00	14.19	13.15	12.42	11.87	11.45	11.12	10.86	10.64
75.00	13.84	12.85	12.16	11.64	11.24	10.92	10.66	10.45
76.00	13.51	12.56	11.90	11.40	11.02	10.72	10.48	10.28
77.00	13.18	12.28	11.64	11.17	10.81	10.52	10.29	10.10
78.00	12.85	12.00	11.40	10.95	10.60	10.33	10.11	9.93
79.00	12.53	11.72	11.15	10.73	10.40	10.14	9.93	9.76
80.00	12.21	11.45	10.91	10.51	10.20	9.95	9.75	9.59
81.00	11.90	11.18	10.67	10.29	10.00	9.77	9.58	9.43
82.00	11.59	10.92	10.44	10.08	9.81	9.59	9.41	9.27
82.50	11.44	10.79	10.32	9.98	9.71	9.50	9.33	9.19
83.00	11.29	10.66	10.21	9.87	9.61	9.41	9.24	9.11
83.50	11.14	10.53	10.09	9.77	9.52	9.32	9.16	9.03
84.00	10.99	10.40	9.98	9.67	9.43	9.24	9.08	8.95
84.50	10.85	10.27	9.87	9.57	9.33	9.15	9.00	8.88
85.00	10.70	10.15	9.76	9.47	9.24	9.06	8.92	8.80
85.50	10.56	10.02	9.65	9.37	9.15	8.98	8.84	8.72
86.00	10.41	9.90	9.54	9.27	9.06	8.89	8.76	8.65
86.50	10.27	9.78	9.43	9.17	8.97	8.81	8.68	8.57
87.00	10.13	9.65	9.32	9.07	8.88	8.73	8.60	8.50
87.50	9.99	9.53	9.21	8.97	8.79	8.64	8.52	8.43
88.00	9.85	9.41	9.11	8.88	8.70	8.56	8.45	8.35
88.50	9.71	9.29	9.00	8.78	8.61	8.48	8.37	8.28
89.00	9.57	9.17	8.89	8.69	8.53	8.40	8.29	8.21
89.50	9.43	9.06	8.79	8.59	8.44	8.32	8.22	8.14
90.00	9.30	8.94	8.69	8.50	8.35	8.24	8.14	8.07
90.50	9.16	8.82	8.58	8.41	8.27	8.16	8.07	8.00
91.00	9.03	8.71	8.48	8.31	8.18	8.08	8.00	7.93
91.50	8.89	8.59	8.38	8.22	8.10	8.00	7.92	7.86
92.00	8.76	8.48	8.28	8.13	8.01	7.92	7.85	7.79
92.50	8.63	8.37	8.18	8.04	7.93	7.85	7.78	7.72
93.00	8.50	8.25	8.08	7.95	7.85	7.77	7.71	7.65
93.50	8.37	8.14	7.98	7.86	7.77	7.69	7.63	7.58
94.00	8.24	8.03	7.88	7.77	7.69	7.62	7.56	7.52
94.50	8.11	7.92	7.78	7.68	7.61	7.54	7.49	7.45
95.00	7.98	7.81	7.69	7.60	7.52	7.47	7.42	7.39
95.50	7.86	7.70	7.59	7.51	7.44	7.39	7.35	7.32
96.00	7.73	7.59	7.49	7.42	7.37	7.32	7.28	7.25
96.50	7.60	7.48	7.40	7.34	7.29	7.25	7.22	7.19
97.00	7.48	7.38	7.31	7.25	7.21	7.18	7.15	7.13
97.50	7.36	7.27	7.21	7.17	7.13	7.10	7.08	7.06
98.00	7.23	7.17	7.12	7.08	7.05	7.03	7.01	7.00
98.50	7.11	7.06	7.02	7.00	6.98	6.96	6.95	6.94
99.00	6.99	6.96	6.93	6.91	6.90	6.89	6.88	6.87
99.50	6.87	6.85	6.84	6.83	6.83	6.82	6.82	6.81
100.00	6.75	6.75	6.75	6.75	6.75	6.75	6.75	6.75
100.50	6.63	6.65	6.66	6.67	6.68	6.68	6.69	6.69
101.00	6.51	6.55	6.57	6.59	6.60	6.61	6.62	6.63
102.00	6.28	6.34	6.39	6.43	6.45	6.48	6.49	6.51
103.00	6.05	6.14	6.21	6.27	6.31	6.34	6.37	6.39
104.00	5.82	5.95	6.04	6.11	6.16	6.21	6.24	6.27
105.00	5.59	5.75	5.87	5.96	6.02	6.08	6.12	6.15
106.00	5.37	5.56	5.70	5.80	5.88	5.95	6.00	6.04
107.00	5.14	5.37	5.53	5.65	5.74	5.82	5.88	5.93
108.00	4.93	5.18	5.36	5.50	5.61	5.69	5.76	5.81
109.00	4.71	5.00	5.20	5.35	5.47	5.56	5.64	5.70
110.00	4.49	4.81	5.04	5.21	5.34	5.44	5.52	5.59

6¾%   Bond Yield Table

PRICE	YEARS TO MATURITY							
	13	14	15	16	17	18	19	20
70.00	11.18	11.00	10.84	10.71	10.59	10.49	10.40	10.32
71.00	10.99	10.82	10.67	10.54	10.43	10.33	10.24	10.17
72.00	10.81	10.64	10.50	10.37	10.27	10.17	10.09	10.02
73.00	10.63	10.47	10.33	10.21	10.11	10.02	9.94	9.87
74.00	10.45	10.30	10.16	10.05	9.95	9.87	9.79	9.72
75.00	10.28	10.13	10.00	9.89	9.80	9.72	9.64	9.58
76.00	10.11	9.97	9.84	9.74	9.65	9.57	9.50	9.44
77.00	9.94	9.80	9.69	9.59	9.50	9.43	9.36	9.30
78.00	9.78	9.65	9.54	9.44	9.36	9.29	9.23	9.17
79.00	9.61	9.49	9.39	9.30	9.22	9.15	9.09	9.04
80.00	9.45	9.34	9.24	9.16	9.08	9.02	8.96	8.91
81.00	9.30	9.19	9.10	9.02	8.95	8.88	8.83	8.78
82.00	9.15	9.04	8.95	8.88	8.81	8.75	8.70	8.66
82.50	9.07	8.97	8.88	8.81	8.75	8.69	8.64	8.60
83.00	8.99	8.90	8.81	8.74	8.68	8.63	8.58	8.54
83.50	8.92	8.83	8.75	8.68	8.62	8.56	8.52	8.48
84.00	8.85	8.75	8.68	8.61	8.55	8.50	8.46	8.42
84.50	8.77	8.68	8.61	8.55	8.49	8.44	8.40	8.36
85.00	8.70	8.61	8.54	8.48	8.43	8.38	8.34	8.30
85.50	8.63	8.55	8.48	8.42	8.36	8.32	8.28	8.24
86.00	8.56	8.48	8.41	8.35	8.30	8.26	8.22	8.18
86.50	8.48	8.41	8.34	8.29	8.24	8.20	8.16	8.13
87.00	8.41	8.34	8.28	8.23	8.18	8.14	8.10	8.07
87.50	8.34	8.27	8.21	8.16	8.12	8.08	8.04	8.01
88.00	8.27	8.21	8.15	8.10	8.06	8.02	7.99	7.96
88.50	8.21	8.14	8.09	8.04	8.00	7.96	7.93	7.90
89.00	8.14	8.08	8.02	7.98	7.94	7.91	7.88	7.85
89.50	8.07	8.01	7.96	7.92	7.88	7.85	7.82	7.79
90.00	8.00	7.95	7.90	7.86	7.82	7.79	7.77	7.74
90.50	7.93	7.88	7.84	7.80	7.77	7.74	7.71	7.69
91.00	7.87	7.82	7.78	7.74	7.71	7.68	7.66	7.63
91.50	7.80	7.76	7.72	7.68	7.65	7.63	7.60	7.58
92.00	7.74	7.69	7.66	7.62	7.60	7.57	7.55	7.53
92.50	7.67	7.63	7.60	7.57	7.54	7.52	7.50	7.48
93.00	7.61	7.57	7.54	7.51	7.48	7.46	7.44	7.43
93.50	7.54	7.51	7.48	7.45	7.43	7.41	7.39	7.38
94.00	7.48	7.45	7.42	7.40	7.37	7.36	7.34	7.33
94.50	7.42	7.39	7.36	7.34	7.32	7.30	7.29	7.28
95.00	7.35	7.33	7.30	7.28	7.27	7.25	7.24	7.23
95.50	7.29	7.27	7.25	7.23	7.21	7.20	7.19	7.18
96.00	7.23	7.21	7.19	7.17	7.16	7.15	7.14	7.13
96.50	7.17	7.15	7.13	7.12	7.11	7.10	7.09	7.08
97.00	7.11	7.09	7.08	7.07	7.06	7.05	7.04	7.03
97.50	7.05	7.03	7.02	7.01	7.00	7.00	6.99	6.98
98.00	6.99	6.98	6.97	6.96	6.95	6.95	6.94	6.94
98.50	6.93	6.92	6.91	6.91	6.90	6.90	6.89	6.89
99.00	6.87	6.86	6.86	6.85	6.85	6.85	6.84	6.84
99.50	6.81	6.81	6.80	6.80	6.80	6.80	6.80	6.80
100.00	6.75	6.75	6.75	6.75	6.75	6.75	6.75	6.75
100.50	6.69	6.69	6.70	6.70	6.70	6.70	6.70	6.70
101.00	6.63	6.64	6.64	6.65	6.65	6.65	6.66	6.66
102.00	6.52	6.53	6.54	6.55	6.55	6.56	6.56	6.57
103.00	6.41	6.42	6.44	6.45	6.46	6.47	6.47	6.48
104.00	6.29	6.32	6.33	6.35	6.36	6.37	6.38	6.39
105.00	6.18	6.21	6.23	6.25	6.27	6.28	6.30	6.31
106.00	6.08	6.11	6.13	6.16	6.18	6.19	6.21	6.22
107.00	5.97	6.00	6.03	6.06	6.08	6.10	6.12	6.14
108.00	5.86	5.90	5.94	5.97	5.99	6.02	6.04	6.05
109.00	5.76	5.80	5.84	5.87	5.90	5.93	5.95	5.97
110.00	5.65	5.70	5.75	5.78	5.82	5.84	5.87	5.89

Bond Yield Table 6¾%

PRICE	YEARS TO MATURITY							
	21	22	23	24	25	29	30	CUR
70.00	10.26	10.19	10.14	10.09	10.05	9.92	9.89	9.64
71.00	10.10	10.04	9.99	9.95	9.90	9.77	9.75	9.51
72.00	9.95	9.90	9.85	9.80	9.76	9.64	9.61	9.38
73.00	9.81	9.75	9.70	9.66	9.62	9.50	9.48	9.25
74.00	9.66	9.61	9.57	9.52	9.49	9.37	9.35	9.12
75.00	9.52	9.47	9.43	9.39	9.35	9.24	9.22	9.00
76.00	9.39	9.34	9.30	9.26	9.22	9.12	9.10	8.88
77.00	9.25	9.21	9.17	9.13	9.10	8.99	8.97	8.77
78.00	9.12	9.08	9.04	9.00	8.97	8.87	8.85	8.65
79.00	8.99	8.95	8.91	8.88	8.85	8.76	8.74	8.54
80.00	8.87	8.83	8.79	8.76	8.73	8.64	8.62	8.44
81.00	8.74	8.70	8.67	8.64	8.61	8.53	8.51	8.33
82.00	8.62	8.58	8.55	8.52	8.50	8.42	8.40	8.23
82.50	8.56	8.52	8.49	8.47	8.44	8.36	8.35	8.18
83.00	8.50	8.47	8.44	8.41	8.39	8.31	8.30	8.13
83.50	8.44	8.41	8.38	8.35	8.33	8.26	8.24	8.08
84.00	8.38	8.35	8.32	8.30	8.27	8.20	8.19	8.04
84.50	8.32	8.29	8.27	8.24	8.22	8.15	8.14	7.99
85.00	8.27	8.24	8.21	8.19	8.17	8.10	8.09	7.94
85.50	8.21	8.18	8.16	8.13	8.11	8.05	8.04	7.89
86.00	8.15	8.13	8.10	8.08	8.06	8.00	7.99	7.85
86.50	8.10	8.07	8.05	8.03	8.01	7.95	7.94	7.80
87.00	8.04	8.02	7.99	7.97	7.96	7.90	7.89	7.76
87.50	7.99	7.96	7.94	7.92	7.90	7.85	7.84	7.71
88.00	7.93	7.91	7.89	7.87	7.85	7.80	7.79	7.67
88.50	7.88	7.86	7.84	7.82	7.80	7.75	7.74	7.63
89.00	7.83	7.80	7.79	7.77	7.75	7.70	7.69	7.58
89.50	7.77	7.75	7.73	7.72	7.70	7.66	7.65	7.54
90.00	7.72	7.70	7.68	7.67	7.65	7.61	7.60	7.50
90.50	7.67	7.65	7.63	7.62	7.60	7.56	7.55	7.46
91.00	7.62	7.60	7.58	7.57	7.56	7.52	7.51	7.42
91.50	7.56	7.55	7.53	7.52	7.51	7.47	7.46	7.38
92.00	7.51	7.50	7.48	7.47	7.46	7.43	7.42	7.34
92.50	7.46	7.45	7.44	7.42	7.41	7.38	7.37	7.30
93.00	7.41	7.40	7.39	7.38	7.37	7.34	7.33	7.26
93.50	7.36	7.35	7.34	7.33	7.32	7.29	7.29	7.22
94.00	7.31	7.30	7.29	7.28	7.27	7.25	7.24	7.18
94.50	7.26	7.25	7.24	7.24	7.23	7.20	7.20	7.14
95.00	7.22	7.21	7.20	7.19	7.18	7.16	7.16	7.11
95.50	7.17	7.16	7.15	7.14	7.14	7.12	7.11	7.07
96.00	7.12	7.11	7.11	7.10	7.09	7.08	7.07	7.03
96.50	7.07	7.07	7.06	7.05	7.05	7.03	7.03	6.99
97.00	7.03	7.02	7.01	7.01	7.01	6.99	6.99	6.96
97.50	6.98	6.97	6.97	6.97	6.96	6.95	6.95	6.92
98.00	6.93	6.93	6.93	6.92	6.92	6.91	6.91	6.89
98.50	6.89	6.88	6.88	6.88	6.88	6.87	6.87	6.85
99.00	6.84	6.84	6.84	6.84	6.84	6.83	6.83	6.82
99.50	6.80	6.79	6.79	6.79	6.79	6.79	6.79	6.78
100.00	6.75	6.75	6.75	6.75	6.75	6.75	6.75	6.75
100.50	6.71	6.71	6.71	6.71	6.71	6.71	6.71	6.72
101.00	6.66	6.66	6.66	6.67	6.67	6.67	6.67	6.68
102.00	6.57	6.58	6.58	6.58	6.59	6.59	6.60	6.62
103.00	6.49	6.49	6.50	6.50	6.51	6.52	6.52	6.55
104.00	6.40	6.41	6.41	6.42	6.43	6.44	6.45	6.49
105.00	6.32	6.33	6.33	6.34	6.35	6.37	6.37	6.43
106.00	6.23	6.24	6.25	6.26	6.27	6.30	6.30	6.37
107.00	6.15	6.16	6.18	6.19	6.20	6.23	6.23	6.31
108.00	6.07	6.09	6.10	6.11	6.12	6.16	6.16	6.25
109.00	5.99	6.01	6.02	6.04	6.05	6.09	6.09	6.19
110.00	5.91	5.93	5.95	5.96	5.97	6.02	6.03	6.14

7% Bond Yield Table

PRICE	YEARS TO MATURITY							
	¼	½	¾	1	1½	2	3	4
85.00	77.23	43.53	30.80	24.85	18.95	16.06	13.22	11.81
85.50	74.50	42.11	29.89	24.18	18.51	15.73	12.99	11.64
86.00	71.79	40.70	28.99	23.51	18.07	15.40	12.76	11.46
86.50	69.12	39.31	28.11	22.86	17.63	15.07	12.54	11.29
87.00	66.48	37.93	27.23	22.20	17.20	14.74	12.31	11.11
87.50	63.87	36.57	26.36	21.56	16.77	14.42	12.09	10.94
88.00	61.28	35.23	25.49	20.91	16.34	14.09	11.87	10.77
88.50	58.73	33.90	24.64	20.28	15.92	13.77	11.65	10.60
89.00	56.20	32.58	23.79	19.65	15.50	13.46	11.43	10.43
89.50	53.70	31.28	22.95	19.02	15.08	13.14	11.22	10.27
90.00	51.23	30.00	22.12	18.40	14.67	12.83	11.00	10.10
90.50	48.78	28.73	21.30	17.79	14.26	12.52	10.79	9.94
91.00	46.36	27.47	20.48	17.18	13.85	12.21	10.58	9.77
91.25	45.16	26.85	20.08	16.87	13.65	12.05	10.47	9.69
91.50	43.97	26.23	19.68	16.57	13.45	11.90	10.37	9.61
91.75	42.78	25.61	19.28	16.27	13.24	11.75	10.26	9.53
92.00	41.60	25.00	18.88	15.97	13.04	11.60	10.16	9.45
92.25	40.43	24.39	18.48	15.67	12.84	11.44	10.06	9.37
92.50	39.26	23.78	18.08	15.38	12.65	11.29	9.95	9.29
92.75	38.10	23.18	17.69	15.08	12.45	11.14	9.85	9.21
93.00	36.94	22.58	17.30	14.79	12.25	10.99	9.75	9.13
93.25	35.79	21.98	16.90	14.49	12.05	10.84	9.64	9.05
93.50	34.65	21.39	16.52	14.20	11.86	10.70	9.54	8.97
93.75	33.51	20.80	16.13	13.91	11.66	10.55	9.44	8.89
94.00	32.38	20.21	15.74	13.62	11.47	10.40	9.34	8.81
94.25	31.25	19.63	15.36	13.33	11.27	10.25	9.24	8.73
94.50	30.13	19.05	14.98	13.04	11.08	10.11	9.14	8.66
94.75	29.02	18.47	14.60	12.76	10.89	9.96	9.04	8.58
95.00	27.91	17.89	14.22	12.47	10.70	9.81	8.94	8.50
95.25	26.80	17.32	13.84	12.19	10.50	9.67	8.84	8.42
95.50	25.71	16.75	13.47	11.91	10.31	9.52	8.74	8.35
95.75	24.62	16.19	13.09	11.62	10.12	9.38	8.64	8.27
96.00	23.53	15.63	12.72	11.34	9.94	9.24	8.54	8.19
96.25	22.45	15.06	12.35	11.06	9.75	9.09	8.44	8.12
96.50	21.37	14.51	11.98	10.78	9.56	8.95	8.34	8.04
96.75	20.30	13.95	11.61	10.51	9.37	8.81	8.24	7.96
97.00	19.24	13.40	11.25	10.23	9.19	8.67	8.15	7.89
97.25	18.18	12.85	10.88	9.96	9.00	8.52	8.05	7.81
97.50	17.13	12.31	10.52	9.68	8.82	8.38	7.95	7.74
97.75	16.08	11.76	10.16	9.41	8.63	8.24	7.86	7.66
98.00	15.04	11.22	9.80	9.14	8.45	8.10	7.76	7.59
98.25	14.00	10.69	9.44	8.87	8.26	7.96	7.66	7.51
98.50	12.97	10.15	9.09	8.60	8.08	7.82	7.57	7.44
98.75	11.94	9.62	8.73	8.33	7.90	7.69	7.47	7.37
99.00	10.92	9.09	8.38	8.06	7.72	7.55	7.38	7.29
99.25	9.90	8.56	8.03	7.79	7.54	7.41	7.28	7.22
99.50	8.89	8.04	7.68	7.53	7.36	7.27	7.19	7.15
99.75	7.88	7.52	7.33	7.26	7.18	7.14	7.09	7.07
100.00	6.88	7.00	6.98	7.00	7.00	7.00	7.00	7.00
100.25	5.88	6.48	6.63	6.74	6.82	6.86	6.91	6.93
100.50	4.89	5.97	6.29	6.48	6.64	6.73	6.81	6.85
101.00	2.92	4.95	5.60	5.96	6.29	6.46	6.63	6.71
101.50	0.97	3.94	4.92	5.44	5.94	6.19	6.44	6.57
102.00		2.94	4.25	4.93	5.59	5.92	6.26	6.43
102.50		1.95	3.58	4.42	5.25	5.66	6.08	6.28
103.00		0.97	2.92	3.91	4.90	5.40	5.89	6.14
103.50			2.26	3.41	4.56	5.14	5.71	6.00
104.00			1.61	2.91	4.22	4.88	5.53	5.86
104.50			0.96	2.42	3.88	4.62	5.36	5.73
105.00			0.32	1.93	3.55	4.36	5.18	5.59

Bond Yield Table 7%

PRICE	5	6	7	8	9	10	11	12
				YEARS TO MATURITY				
70.00	15.93	14.69	13.82	13.18	12.68	12.29	11.98	11.72
71.00	15.56	14.38	13.54	12.92	12.45	12.07	11.77	11.52
72.00	15.19	14.06	13.26	12.67	12.21	11.85	11.56	11.32
73.00	14.84	13.75	12.99	12.42	11.98	11.64	11.36	11.13
74.00	14.49	13.45	12.72	12.18	11.76	11.43	11.16	10.94
75.00	14.14	13.15	12.46	11.94	11.54	11.22	10.97	10.76
76.00	13.80	12.86	12.20	11.70	11.32	11.02	10.78	10.58
77.00	13.47	12.57	11.94	11.47	11.11	10.82	10.59	10.40
78.00	13.14	12.29	11.69	11.24	10.90	10.62	10.40	10.22
79.00	12.82	12.01	11.44	11.02	10.69	10.43	10.22	10.05
80.00	12.50	11.74	11.20	10.80	10.49	10.24	10.05	9.88
81.00	12.19	11.47	10.96	10.58	10.29	10.06	9.87	9.72
82.00	11.88	11.20	10.72	10.37	10.09	9.87	9.70	9.55
82.50	11.72	11.07	10.60	10.26	9.99	9.78	9.61	9.47
83.00	11.57	10.94	10.49	10.15	9.90	9.69	9.53	9.39
83.50	11.42	10.81	10.37	10.05	9.80	9.60	9.44	9.31
84.00	11.27	10.68	10.26	9.95	9.71	9.52	9.36	9.23
84.50	11.13	10.55	10.15	9.84	9.61	9.43	9.28	9.16
85.00	10.98	10.43	10.03	9.74	9.52	9.34	9.20	9.08
85.50	10.83	10.30	9.92	9.64	9.43	9.25	9.12	9.00
86.00	10.69	10.17	9.81	9.54	9.33	9.17	9.03	8.92
86.50	10.54	10.05	9.70	9.44	9.24	9.08	8.95	8.85
87.00	10.40	9.93	9.59	9.34	9.15	9.00	8.88	8.77
87.50	10.26	9.81	9.48	9.25	9.06	8.91	8.80	8.70
88.00	10.12	9.68	9.38	9.15	8.97	8.83	8.72	8.62
88.50	9.98	9.56	9.27	9.05	8.88	8.75	8.64	8.55
89.00	9.84	9.44	9.16	8.96	8.79	8.67	8.56	8.48
89.50	9.70	9.32	9.06	8.86	8.71	8.59	8.49	8.41
90.00	9.56	9.21	8.95	8.77	8.62	8.50	8.41	8.33
90.50	9.43	9.09	8.85	8.67	8.53	8.42	8.34	8.26
91.00	9.29	8.97	8.75	8.58	8.45	8.34	8.26	8.19
91.50	9.16	8.86	8.64	8.49	8.36	8.27	8.19	8.12
92.00	9.02	8.74	8.54	8.39	8.28	8.19	8.11	8.05
92.50	8.89	8.63	8.44	8.30	8.19	8.11	8.04	7.98
93.00	8.76	8.51	8.34	8.21	8.11	8.03	7.97	7.91
93.50	8.63	8.40	8.24	8.12	8.03	7.95	7.90	7.85
94.00	8.50	8.29	8.14	8.03	7.95	7.88	7.82	7.78
94.50	8.37	8.18	8.04	7.94	7.86	7.80	7.75	7.71
95.00	8.24	8.07	7.94	7.85	7.78	7.73	7.68	7.64
95.50	8.11	7.96	7.85	7.77	7.70	7.65	7.61	7.58
96.00	7.99	7.85	7.75	7.68	7.62	7.58	7.54	7.51
96.50	7.86	7.74	7.66	7.59	7.54	7.50	7.47	7.45
97.00	7.73	7.63	7.56	7.51	7.46	7.43	7.40	7.38
97.50	7.61	7.53	7.47	7.42	7.39	7.36	7.34	7.32
98.00	7.49	7.42	7.37	7.33	7.31	7.29	7.27	7.25
98.50	7.36	7.31	7.28	7.25	7.23	7.21	7.20	7.19
99.00	7.24	7.21	7.18	7.17	7.15	7.14	7.13	7.13
99.50	7.12	7.10	7.09	7.08	7.08	7.07	7.07	7.06
100.00	7.00	7.00	7.00	7.00	7.00	7.00	7.00	7.00
100.50	6.88	6.90	6.91	6.92	6.92	6.93	6.93	6.94
101.00	6.76	6.79	6.82	6.84	6.85	6.86	6.87	6.88
102.00	6.52	6.59	6.64	6.67	6.70	6.72	6.74	6.75
103.00	6.29	6.39	6.46	6.51	6.55	6.59	6.61	6.63
104.00	6.06	6.19	6.28	6.35	6.41	6.45	6.49	6.51
105.00	5.83	6.00	6.11	6.20	6.26	6.32	6.36	6.40
106.00	5.61	5.80	5.94	6.04	6.12	6.19	6.24	6.28
107.00	5.38	5.61	5.77	5.89	5.98	6.06	6.12	6.17
108.00	5.16	5.42	5.60	5.74	5.84	5.93	6.00	6.05
109.00	4.95	5.23	5.44	5.59	5.71	5.80	5.88	5.94
110.00	4.73	5.05	5.27	5.44	5.57	5.68	5.76	5.83

37

7% Bond Yield Table

PRICE	\multicolumn{8}{c}{YEARS TO MATURITY}							
	13	14	15	16	17	18	19	20
70.00	11.50	11.32	11.17	11.03	10.92	10.82	10.73	10.6
71.00	11.31	11.14	10.99	10.86	10.75	10.65	10.57	10.5
72.00	11.12	10.96	10.81	10.69	10.58	10.49	10.41	10.3
73.00	10.94	10.78	10.64	10.52	10.42	10.33	10.26	10.19
74.00	10.76	10.61	10.47	10.36	10.26	10.18	10.10	10.0
75.00	10.58	10.44	10.31	10.20	10.11	10.03	9.96	9.89
76.00	10.41	10.27	10.15	10.05	9.96	9.88	9.81	9.7
77.00	10.24	10.11	9.99	9.89	9.81	9.73	9.67	9.6
78.00	10.07	9.94	9.84	9.74	9.66	9.59	9.53	9.4
79.00	9.91	9.79	9.68	9.59	9.52	9.45	9.39	9.3
80.00	9.75	9.63	9.53	9.45	9.38	9.31	9.26	9.2
81.00	9.59	9.48	9.39	9.31	9.24	9.18	9.12	9.08
82.00	9.43	9.33	9.24	9.17	9.10	9.04	8.99	8.9
82.50	9.35	9.26	9.17	9.10	9.03	8.98	8.93	8.8
83.00	9.28	9.18	9.10	9.03	8.97	8.91	8.87	8.8
83.50	9.20	9.11	9.03	8.96	8.90	8.85	8.80	8.76
84.00	9.13	9.04	8.96	8.89	8.84	8.79	8.74	8.70
84.50	9.05	8.97	8.89	8.83	8.77	8.72	8.68	8.6
85.00	8.98	8.89	8.82	8.76	8.71	8.66	8.62	8.58
85.50	8.90	8.82	8.75	8.70	8.64	8.60	8.56	8.5
86.00	8.83	8.75	8.69	8.63	8.58	8.54	8.50	8.46
86.50	8.76	8.68	8.62	8.57	8.52	8.48	8.44	8.4
87.00	8.69	8.62	8.55	8.50	8.46	8.41	8.38	8.3
87.50	8.62	8.55	8.49	8.44	8.39	8.35	8.32	8.2
88.00	8.55	8.48	8.42	8.38	8.33	8.30	8.26	8.2
88.50	8.48	8.41	8.36	8.31	8.27	8.24	8.21	8.1
89.00	8.41	8.35	8.30	8.25	8.21	8.18	8.15	8.1
89.50	8.34	8.28	8.23	8.19	8.15	8.12	8.09	8.0
90.00	8.27	8.22	8.17	8.13	8.09	8.06	8.04	8.0
90.50	8.20	8.15	8.11	8.07	8.03	8.01	7.98	7.96
91.00	8.13	8.09	8.04	8.01	7.98	7.95	7.92	7.90
91.50	8.07	8.02	7.98	7.95	7.92	7.89	7.87	7.85
92.00	8.00	7.96	7.92	7.89	7.86	7.84	7.82	7.80
92.50	7.94	7.89	7.86	7.83	7.80	7.78	7.76	7.74
93.00	7.87	7.83	7.80	7.77	7.75	7.73	7.71	7.69
93.50	7.80	7.77	7.74	7.71	7.69	7.67	7.65	7.64
94.00	7.74	7.71	7.68	7.66	7.64	7.62	7.60	7.59
94.50	7.68	7.65	7.62	7.60	7.58	7.56	7.55	7.54
95.00	7.61	7.59	7.56	7.54	7.53	7.51	7.50	7.49
95.50	7.55	7.53	7.50	7.49	7.47	7.46	7.45	7.44
96.00	7.49	7.47	7.45	7.43	7.42	7.41	7.40	7.39
96.50	7.42	7.41	7.39	7.38	7.36	7.35	7.34	7.34
97.00	7.36	7.35	7.33	7.32	7.31	7.30	7.29	7.29
97.50	7.30	7.29	7.28	7.27	7.26	7.25	7.24	7.24
98.00	7.24	7.23	7.22	7.21	7:21	7.20	7.19	7.19
98.50	7.18	7.17	7.16	7.16	7.15	7.15	7.15	7.14
99.00	7.12	7.11	7.11	7.11	7.10	7.10	7.10	7.09
99.50	7.06	7.06	7.05	7.05	7.05	7.05	7.05	7.05
100.00	7.00	7.00	7.00	7.00	7.00	7.00	7.00	7.00
100.50	6.94	6.94	6.95	6.95	6.95	6.95	6.95	6.95
101.00	6.88	6.89	6.89	6.90	6.90	6.90	6.90	6.91
102.00	6.77	6.78	6.79	6.79	6.80	6.81	6.81	6.82
103.00	6.65	6.67	6.68	6.69	6.70	6.71	6.72	6.72
104.00	6.54	6.56	6.58	6.59	6.60	6.62	6.63	6.64
105.00	6.43	6.45	6.47	6.49	6.51	6.52	6.54	6.55
106.00	6.32	6.35	6.37	6.40	6.42	6.43	6.45	6.46
107.00	6.21	6.24	6.27	6.30	6.32	6.34	6.36	6.38
108.00	6.10	6.14	6.17	6.20	6.23	6.25	6.27	6.29
109.00	5.99	6.04	6.08	6.11	6.14	6.17	6.19	6.21
110.00	5.89	5.94	5.98	6.02	6.05	6.08	6.10	6.13

Bond Yield Table

7%

PRICE	YEARS TO MATURITY							CUR
	21	22	23	24	25	29	30	
70.00	10.59	10.53	10.47	10.43	10.38	10.26	10.23	10.00
71.00	10.43	10.37	10.32	10.28	10.23	10.11	10.09	9.86
72.00	10.28	10.22	10.17	10.13	10.09	9.97	9.94	9.72
73.00	10.13	10.07	10.03	9.98	9.95	9.83	9.81	9.59
74.00	9.98	9.93	9.88	9.84	9.81	9.69	9.67	9.46
75.00	9.84	9.79	9.74	9.70	9.67	9.56	9.54	9.33
76.00	9.70	9.65	9.61	9.57	9.54	9.43	9.41	9.21
77.00	9.56	9.51	9.47	9.44	9.40	9.31	9.29	9.09
78.00	9.42	9.38	9.34	9.31	9.28	9.18	9.16	8.97
79.00	9.29	9.25	9.21	9.18	9.15	9.06	9.04	8.86
80.00	9.16	9.12	9.09	9.06	9.03	8.94	8.93	8.75
81.00	9.03	9.00	8.96	8.94	8.91	8.83	8.81	8.64
82.00	8.91	8.88	8.84	8.82	8.79	8.71	8.70	8.54
82.50	8.85	8.81	8.78	8.76	8.73	8.66	8.64	8.48
83.00	8.79	8.75	8.73	8.70	8.68	8.60	8.59	8.43
83.50	8.73	8.70	8.67	8.64	8.62	8.55	8.53	8.38
84.00	8.67	8.64	8.61	8.58	8.56	8.49	8.48	8.33
84.50	8.61	8.58	8.55	8.53	8.51	8.44	8.43	8.28
85.00	8.55	8.52	8.49	8.47	8.45	8.39	8.37	8.24
85.50	8.49	8.46	8.44	8.42	8.40	8.33	8.32	8.19
86.00	8.43	8.41	8.38	8.36	8.34	8.28	8.27	8.14
86.50	8.38	8.35	8.33	8.31	8.29	8.23	8.22	8.09
87.00	8.32	8.29	8.27	8.25	8.23	8.18	8.17	8.05
87.50	8.26	8.24	8.22	8.20	8.18	8.13	8.12	8.00
88.00	8.21	8.19	8.16	8.15	8.13	8.08	8.07	7.95
88.50	8.15	8.13	8.11	8.09	8.08	8.03	8.02	7.91
89.00	8.10	8.08	8.06	8.04	8.03	7.98	7.97	7.87
89.50	8.04	8.02	8.01	7.99	7.98	7.93	7.92	7.82
90.00	7.99	7.97	7.95	7.94	7.93	7.88	7.87	7.78
90.50	7.94	7.92	7.90	7.89	7.88	7.83	7.83	7.73
91.00	7.88	7.87	7.85	7.84	7.83	7.79	7.78	7.69
91.50	7.83	7.82	7.80	7.79	7.78	7.74	7.73	7.65
92.00	7.78	7.76	7.75	7.74	7.73	7.69	7.69	7.61
92.50	7.73	7.71	7.70	7.69	7.68	7.65	7.64	7.57
93.00	7.68	7.66	7.65	7.64	7.63	7.60	7.60	7.53
93.50	7.63	7.61	7.60	7.59	7.58	7.56	7.55	7.49
94.00	7.58	7.56	7.55	7.54	7.54	7.51	7.51	7.45
94.50	7.53	7.51	7.51	7.50	7.49	7.47	7.46	7.41
95.00	7.48	7.47	7.46	7.45	7.44	7.42	7.42	7.37
95.50	7.43	7.42	7.41	7.40	7.40	7.38	7.37	7.33
96.00	7.38	7.37	7.36	7.36	7.35	7.33	7.33	7.29
96.50	7.33	7.32	7.32	7.31	7.31	7.29	7.29	7.25
97.00	7.28	7.28	7.27	7.27	7.26	7.25	7.25	7.22
97.50	7.23	7.23	7.22	7.22	7.22	7.21	7.20	7.18
98.00	7.19	7.18	7.18	7.18	7.17	7.16	7.16	7.14
98.50	7.14	7.14	7.13	7.13	7.13	7.12	7.12	7.11
99.00	7.09	7.09	7.09	7.09	7.09	7.08	7.08	7.07
99.50	7.05	7.05	7.04	7.04	7.04	7.04	7.04	7.04
100.00	7.00	7.00	7.00	7.00	7.00	7.00	7.00	7.00
100.50	6.95	6.96	6.96	6.96	6.96	6.96	6.96	6.97
101.00	6.91	6.91	6.91	6.91	6.92	6.92	6.92	6.93
102.00	6.82	6.82	6.82	6.83	6.83	6.84	6.84	6.86
103.00	6.73	6.74	6.74	6.75	6.75	6.76	6.77	6.80
104.00	6.64	6.65	6.66	6.66	6.67	6.69	6.69	6.73
105.00	6.56	6.57	6.58	6.58	6.59	6.61	6.61	6.67
106.00	6.47	6.48	6.49	6.50	6.51	6.54	6.54	6.60
107.00	6.39	6.40	6.41	6.42	6.43	6.46	6.47	6.54
108.00	6.31	6.32	6.33	6.35	6.36	6.39	6.40	6.48
109.00	6.23	6.24	6.26	6.27	6.28	6.32	6.33	6.42
110.00	6.15	6.16	6.18	6.19	6.21	6.25	6.26	6.36

7¼% Bond Yield Table

PRICE				YEARS TO MATURITY				
	¼	½	¾	1	1½	2	3	4
85.00	77.47	43.82	31.08	25.13	19.23	16.34	13.49	12.09
85.50	74.73	42.40	30.17	24.46	18.79	16.01	13.27	11.91
86.00	72.03	40.99	29.27	23.80	18.35	15.67	13.04	11.74
86.50	69.36	39.60	28.38	23.14	17.91	15.34	12.81	11.56
87.00	66.71	38.22	27.50	22.48	17.47	15.01	12.59	11.39
87.50	64.10	36.86	26.63	21.83	17.04	14.69	12.36	11.21
88.00	61.52	35.51	25.77	21.19	16.61	14.36	12.14	11.04
88.50	58.96	34.18	24.91	20.55	16.19	14.04	11.92	10.87
89.00	56.43	32.87	24.06	19.92	15.77	13.72	11.70	10.70
89.50	53.94	31.56	23.22	19.29	15.35	13.41	11.49	10.53
90.00	51.46	30.28	22.39	18.67	14.94	13.09	11.27	10.37
90.50	49.02	29.01	21.57	18.05	14.52	12.78	11.06	10.20
91.00	46.60	27.75	20.75	17.44	14.12	12.47	10.84	10.04
91.25	45.40	27.12	20.35	17.14	13.91	12.32	10.74	9.96
91.50	44.21	26.50	19.94	16.84	13.71	12.17	10.63	9.87
91.75	43.02	25.89	19.54	16.54	13.51	12.01	10.53	9.79
92.00	41.84	25.27	19.14	16.24	13.31	11.86	10.42	9.71
92.25	40.66	24.66	18.74	15.94	13.11	11.71	10.32	9.63
92.50	39.50	24.05	18.35	15.64	12.91	11.56	10.22	9.55
92.75	38.33	23.45	17.95	15.34	12.71	11.41	10.11	9.47
93.00	37.18	22.85	17.56	15.05	12.51	11.26	10.01	9.39
93.25	36.03	22.25	17.17	14.76	12.32	11.11	9.91	9.31
93.50	34.89	21.66	16.78	14.46	12.12	10.96	9.80	9.23
93.75	33.75	21.07	16.39	14.17	11.92	10.81	9.70	9.15
94.00	32.62	20.48	16.00	13.88	11.73	10.66	9.60	9.07
94.25	31.49	19.89	15.62	13.59	11.53	10.51	9.50	8.99
94.50	30.37	19.31	15.24	13.30	11.34	10.37	9.40	8.91
94.75	29.26	18.73	14.86	13.02	11.15	10.22	9.30	8.84
95.00	28.15	18.16	14.48	12.73	10.95	10.07	9.19	8.76
95.25	27.04	17.59	14.10	12.45	10.76	9.93	9.09	8.68
95.50	25.95	17.02	13.72	12.16	10.57	9.78	8.99	8.60
95.75	24.86	16.45	13.35	11.88	10.38	9.64	8.90	8.53
96.00	23.77	15.89	12.98	11.60	10.19	9.49	8.80	8.45
96.25	22.69	15.32	12.61	11.32	10.00	9.35	8.70	8.37
96.50	21.61	14.77	12.24	11.04	9.82	9.21	8.60	8.30
96.75	20.55	14.21	11.87	10.76	9.63	9.06	8.50	8.22
97.00	19.48	13.66	11.50	10.49	9.44	8.92	8.40	8.14
97.25	18.42	13.11	11.14	10.21	9.26	8.78	8.30	8.07
97.50	17.37	12.56	10.77	9.94	9.07	8.64	8.21	7.99
97.75	16.32	12.02	10.41	9.66	8.89	8.50	8.11	7.92
98.00	15.28	11.48	10.05	9.39	8.70	8.36	8.01	7.84
98.25	14.24	10.94	9.69	9.12	8.52	8.22	7.92	7.77
98.50	13.21	10.41	9.34	8.85	8.33	8.08	7.82	7.69
98.75	12.18	9.87	8.98	8.58	8.15	7.94	7.72	7.62
99.00	11.16	9.34	8.63	8.31	7.97	7.80	7.63	7.54
99.25	10.14	8.82	8.28	8.05	7.79	7.66	7.53	7.47
99.50	9.13	8.29	7.93	7.78	7.61	7.52	7.44	7.40
99.75	8.12	7.77	7.58	7.51	7.43	7.39	7.34	7.32
100.00	7.12	7.25	7.23	7.25	7.25	7.25	7.25	7.25
100.25	6.12	6.73	6.88	6.99	7.07	7.11	7.16	7.18
100.50	5.13	6.22	6.54	6.72	6.89	6.98	7.06	7.10
101.00	3.16	5.20	5.85	6.20	6.54	6.71	6.88	6.96
101.50	1.21	4.19	5.17	5.69	6.19	6.44	6.69	6.82
102.00		3.19	4.49	5.17	5.84	6.17	6.51	6.67
102.50		2.20	3.83	4.66	5.49	5.91	6.32	6.53
103.00		1.21	3.16	4.16	5.15	5.64	6.14	6.39
103.50		0.24	2.50	3.65	4.80	5.38	5.96	6.25
104.00			1.85	3.16	4.46	5.12	5.78	6.11
104.50			1.20	2.66	4.13	4.86	5.60	5.97
105.00			0.56	2.17	3.79	4.60	5.42	5.83

Bond Yield Table 7¼%

PRICE	YEARS TO MATURITY							
	5	6	7	8	9	10	11	12
70.00	16.24	15.01	14.14	13.50	13.00	12.61	12.30	12.04
71.00	15.87	14.69	13.85	13.24	12.76	12.39	12.08	11.84
72.00	15.50	14.37	13.57	12.98	12.52	12.17	11.88	11.64
73.00	15.14	14.06	13.29	12.73	12.29	11.95	11.67	11.44
74.00	14.79	13.75	13.02	12.48	12.06	11.73	11.47	11.25
75.00	14.44	13.45	12.76	12.24	11.84	11.53	11.27	11.06
76.00	14.10	13.16	12.49	12.00	11.62	11.32	11.08	10.88
77.00	13.76	12.87	12.23	11.77	11.40	11.12	10.89	10.70
78.00	13.43	12.58	11.98	11.53	11.19	10.92	10.70	10.52
79.00	13.11	12.30	11.73	11.31	10.98	10.72	10.52	10.35
80.00	12.79	12.02	11.49	11.08	10.78	10.53	10.34	10.17
81.00	12.47	11.75	11.24	10.87	10.57	10.34	10.16	10.00
82.00	12.16	11.48	11.00	10.65	10.37	10.16	9.98	9.84
82.50	12.01	11.35	10.89	10.54	10.28	10.07	9.90	9.76
83.00	11.85	11.22	10.77	10.44	10.18	9.98	9.81	9.68
83.50	11.70	11.09	10.65	10.33	10.08	9.89	9.73	9.59
84.00	11.55	10.96	10.54	10.23	9.99	9.80	9.64	9.51
84.50	11.40	10.83	10.42	10.12	9.89	9.71	9.56	9.44
85.00	11.25	10.70	10.31	10.02	9.80	9.62	9.47	9.36
85.50	11.11	10.58	10.20	9.92	9.70	9.53	9.39	9.28
86.00	10.96	10.45	10.09	9.82	9.61	9.44	9.31	9.20
86.50	10.82	10.32	9.98	9.72	9.52	9.36	9.23	9.12
87.00	10.67	10.20	9.87	9.62	9.42	9.27	9.15	9.05
87.50	10.53	10.08	9.76	9.52	9.33	9.19	9.07	8.97
88.00	10.39	9.95	9.65	9.42	9.24	9.10	8.99	8.90
88.50	10.25	9.83	9.54	9.32	9.15	9.02	8.91	8.82
89.00	10.11	9.71	9.43	9.22	9.06	8.94	8.83	8.75
89.50	9.97	9.59	9.33	9.13	8.98	8.85	8.76	8.68
90.00	9.83	9.47	9.22	9.03	8.89	8.77	8.68	8.60
90.50	9.69	9.35	9.12	8.94	8.80	8.69	8.60	8.53
91.00	9.56	9.24	9.01	8.84	8.71	8.61	8.53	8.46
91.50	9.42	9.12	8.91	8.75	8.63	8.53	8.45	8.39
92.00	9.29	9.00	8.81	8.66	8.54	8.45	8.38	8.32
92.50	9.15	8.89	8.70	8.56	8.46	8.37	8.30	8.25
93.00	9.02	8.78	8.60	8.47	8.37	8.29	8.23	8.18
93.50	8.89	8.66	8.50	8.38	8.29	8.22	8.16	8.11
94.00	8.76	8.55	8.40	8.29	8.21	8.14	8.08	8.04
94.50	8.63	8.44	8.30	8.20	8.12	8.06	8.01	7.97
95.00	8.50	8.33	8.20	8.11	8.04	7.99	7.94	7.90
95.50	8.37	8.21	8.10	8.02	7.96	7.91	7.87	7.84
96.00	8.24	8.11	8.01	7.93	7.88	7.83	7.80	7.77
96.50	8.12	8.00	7.91	7.85	7.80	7.76	7.73	7.70
97.00	7.99	7.89	7.81	7.76	7.72	7.69	7.66	7.64
97.50	7.86	7.78	7.72	7.67	7.64	7.61	7.59	7.57
98.00	7.74	7.67	7.62	7.59	7.56	7.54	7.52	7.51
98.50	7.62	7.57	7.53	7.50	7.48	7.47	7.45	7.44
99.00	7.49	7.46	7.44	7.42	7.40	7.39	7.38	7.38
99.50	7.37	7.35	7.34	7.33	7.33	7.32	7.32	7.31
100.00	7.25	7.25	7.25	7.25	7.25	7.25	7.25	7.25
100.50	7.13	7.15	7.16	7.17	7.17	7.18	7.18	7.19
101.00	7.01	7.04	7.07	7.08	7.10	7.11	7.12	7.12
102.00	6.77	6.84	6.89	6.92	6.95	6.97	6.99	7.00
103.00	6.54	6.64	6.71	6.76	6.80	6.83	6.86	6.88
104.00	6.30	6.44	6.53	6.60	6.65	6.69	6.73	6.76
105.00	6.08	6.24	6.35	6.44	6.51	6.56	6.60	6.64
106.00	5.85	6.04	6.18	6.28	6.36	6.43	6.48	6.52
107.00	5.62	5.85	6.01	6.13	6.22	6.30	6.36	6.41
108.00	5.40	5.66	5.84	5.98	6.08	6.17	6.23	6.29
109.00	5.18	5.47	5.67	5.83	5.94	6.04	6.11	6.18
110.00	4.97	5.28	5.51	5.68	5.81	5.91	6.00	6.06

7¼% Bond Yield Table

PRICE	13	14	15	16	17	18	19	20
	YEARS TO MATURITY							

PRICE	13	14	15	16	17	18	19	20
70.00	11.82	11.64	11.49	11.36	11.25	11.15	11.06	10.9
71.00	11.63	11.46	11.31	11.18	11.07	10.98	10.90	10.8
72.00	11.44	11.27	11.13	11.01	10.90	10.81	10.73	10.6
73.00	11.25	11.09	10.96	10.84	10.74	10.65	10.57	10.5
74.00	11.07	10.92	10.79	10.67	10.58	10.49	10.42	10.3
75.00	10.89	10.74	10.62	10.51	10.42	10.34	10.27	10.2
76.00	10.71	10.57	10.45	10.35	10.26	10.19	10.12	10.0
77.00	10.54	10.41	10.29	10.19	10.11	10.04	9.97	9.9
78.00	10.37	10.24	10.13	10.04	9.96	9.89	9.83	9.7
79.00	10.20	10.08	9.98	9.89	9.81	9.75	9.69	9.6
80.00	10.04	9.92	9.83	9.74	9.67	9.61	9.55	9.5
81.00	9.88	9.77	9.68	9.60	9.53	9.47	9.42	9.3
82.00	9.72	9.62	9.53	9.45	9.39	9.33	9.28	9.2
82.50	9.64	9.54	9.46	9.38	9.32	9.27	9.22	9.1
83.00	9.56	9.47	9.38	9.31	9.25	9.20	9.15	9.1
83.50	9.49	9.39	9.31	9.25	9.19	9.13	9.09	9.0
84.00	9.41	9.32	9.24	9.18	9.12	9.07	9.03	8.9
84.50	9.33	9.25	9.17	9.11	9.05	9.01	8.96	8.9
85.00	9.26	9.17	9.10	9.04	8.99	8.94	8.90	8.8
85.50	9.18	9.10	9.03	8.97	8.92	8.88	8.84	8.8
86.00	9.11	9.03	8.97	8.91	8.86	8.82	8.78	8.7
86.50	9.04	8.96	8.90	8.84	8.79	8.75	8.72	8.6
87.00	8.96	8.89	8.83	8.78	8.73	8.69	8.66	8.6
87.50	8.89	8.82	8.76	8.71	8.67	8.63	8.60	8.5
88.00	8.82	8.75	8.70	8.65	8.61	8.57	8.54	8.5
88.50	8.75	8.69	8.63	8.59	8.54	8.51	8.48	8.4
89.00	8.68	8.62	8.57	8.52	8.48	8.45	8.42	8.3
89.50	8.61	8.55	8.50	8.46	8.42	8.39	8.36	8.3
90.00	8.54	8.48	8.44	8.40	8.36	8.33	8.31	8.2
90.50	8.47	8.42	8.37	8.34	8.30	8.27	8.25	8.2
91.00	8.40	8.35	8.31	8.27	8.24	8.22	8.19	8.1
91.50	8.33	8.29	8.25	8.21	8.18	8.16	8.14	8.1
92.00	8.27	8.22	8.19	8.15	8.13	8.10	8.08	8.0
92.50	8.20	8.16	8.12	8.09	8.07	8.05	8.03	8.0
93.00	8.13	8.09	8.06	8.04	8.01	7.99	7.97	7.9
93.50	8.07	8.03	8.00	7.98	7.95	7.93	7.92	7.9
94.00	8.00	7.97	7.94	7.92	7.90	7.88	7.86	7.8
94.50	7.94	7.91	7.88	7.86	7.84	7.82	7.81	7.8
95.00	7.87	7.84	7.82	7.80	7.79	7.77	7.76	7.7
95.50	7.81	7.78	7.76	7.75	7.73	7.72	7.70	7.6
96.00	7.74	7.72	7.70	7.69	7.68	7.66	7.65	7.64
96.50	7.68	7.66	7.65	7.63	7.62	7.61	7.60	7.59
97.00	7.62	7.60	7.59	7.58	7.57	7.56	7.55	7.54
97.50	7.56	7.54	7.53	7.52	7.51	7.51	7.50	7.49
98.00	7.49	7.48	7.47	7.47	7.46	7.45	7.45	7.44
98.50	7.43	7.42	7.42	7.41	7.41	7.40	7.40	7.39
99.00	7.37	7.37	7.36	7.36	7.35	7.35	7.35	7.3E
99.50	7.31	7.31	7.31	7.30	7.30	7.30	7.30	7.3C
100.00	7.25	7.25	7.25	7.25	7.25	7.25	7.25	7.25
100.50	7.19	7.19	7.19	7.20	7.20	7.20	7.20	7.2C
101.00	7.13	7.14	7.14	7.14	7.15	7.15	7.15	7.16
102.00	7.01	7.02	7.03	7.04	7.05	7.05	7.06	7.06
103.00	6.90	6.91	6.93	6.94	6.95	6.96	6.96	6.97
104.00	6.78	6.80	6.82	6.84	6.85	6.86	6.87	6.88
105.00	6.67	6.69	6.72	6.73	6.75	6.77	6.78	6.79
106.00	6.56	6.59	6.61	6.64	6.66	6.67	6.69	6.70
107.00	6.45	6.48	6.51	6.54	6.56	6.58	6.60	6.61
108.00	6.34	6.38	6.41	6.44	6.47	6.49	6.51	6.53
109.00	6.23	6.27	6.31	6.35	6.38	6.40	6.42	6.44
110.00	6.12	6.17	6.22	6.25	6.28	6.31	6.34	6.36

Bond Yield Table

7¼%

PRICE	21	22	23	24	25	29	30	CUR
			YEARS TO MATURITY					
70.00	10.92	10.86	10.81	10.76	10.72	10.60	10.57	10.36
71.00	10.76	10.70	10.65	10.61	10.57	10.45	10.42	10.21
72.00	10.60	10.55	10.50	10.46	10.42	10.30	10.28	10.07
73.00	10.45	10.40	10.35	10.31	10.27	10.16	10.14	9.93
74.00	10.30	10.25	10.20	10.16	10.13	10.02	10.00	9.80
75.00	10.15	10.10	10.06	10.02	9.99	9.88	9.86	9.67
76.00	10.01	9.96	9.92	9.88	9.85	9.75	9.73	9.54
77.00	9.87	9.82	9.78	9.75	9.71	9.62	9.60	9.42
78.00	9.73	9.68	9.65	9.61	9.58	9.49	9.47	9.29
79.00	9.59	9.55	9.52	9.48	9.45	9.37	9.35	9.18
80.00	9.46	9.42	9.39	9.36	9.33	9.24	9.23	9.06
81.00	9.33	9.29	9.26	9.23	9.21	9.12	9.11	8.95
82.00	9.20	9.17	9.14	9.11	9.08	9.01	8.99	8.84
82.50	9.14	9.10	9.08	9.05	9.02	8.95	8.94	8.79
83.00	9.08	9.04	9.01	8.99	8.97	8.89	8.88	8.73
83.50	9.01	8.98	8.95	8.93	8.91	8.84	8.82	8.68
84.00	8.95	8.92	8.90	8.87	8.85	8.78	8.77	8.63
84.50	8.89	8.86	8.84	8.81	8.79	8.73	8.71	8.58
85.00	8.83	8.80	8.78	8.76	8.74	8.67	8.66	8.53
85.50	8.77	8.75	8.72	8.70	8.68	8.62	8.61	8.48
86.00	8.71	8.69	8.66	8.64	8.62	8.56	8.55	8.43
86.50	8.66	8.63	8.61	8.59	8.57	8.51	8.50	8.38
87.00	8.60	8.57	8.55	8.53	8.51	8.46	8.45	8.33
87.50	8.54	8.52	8.50	8.48	8.46	8.41	8.40	8.29
88.00	8.48	8.46	8.44	8.42	8.41	8.36	8.35	8.24
88.50	8.43	8.41	8.39	8.37	8.35	8.30	8.30	8.19
89.00	8.37	8.35	8.33	8.32	8.30	8.25	8.25	8.15
89.50	8.32	8.30	8.28	8.26	8.25	8.20	8.20	8.10
90.00	8.26	8.24	8.23	8.21	8.20	8.15	8.15	8.06
90.50	8.21	8.19	8.17	8.16	8.15	8.11	8.10	8.01
91.00	8.15	8.14	8.12	8.11	8.09	8.06	8.05	7.97
91.50	8.10	8.08	8.07	8.06	8.04	8.01	8.00	7.92
92.00	8.05	8.03	8.02	8.01	7.99	7.96	7.95	7.88
92.50	7.99	7.98	7.97	7.96	7.94	7.91	7.91	7.84
93.00	7.94	7.93	7.92	7.91	7.90	7.87	7.86	7.80
93.50	7.89	7.88	7.87	7.86	7.85	7.82	7.81	7.75
94.00	7.84	7.83	7.82	7.81	7.80	7.77	7.77	7.71
94.50	7.79	7.78	7.77	7.76	7.75	7.73	7.72	7.67
95.00	7.74	7.73	7.72	7.71	7.70	7.68	7.68	7.63
95.50	7.69	7.68	7.67	7.66	7.66	7.64	7.63	7.59
96.00	7.64	7.63	7.62	7.62	7.61	7.59	7.59	7.55
96.50	7.59	7.58	7.57	7.57	7.56	7.55	7.55	7.51
97.00	7.54	7.53	7.53	7.52	7.52	7.51	7.50	7.47
97.50	7.49	7.48	7.48	7.48	7.47	7.46	7.46	7.44
98.00	7.44	7.44	7.43	7.43	7.43	7.42	7.42	7.40
98.50	7.39	7.39	7.39	7.38	7.38	7.38	7.37	7.36
99.00	7.34	7.34	7.34	7.34	7.34	7.33	7.33	7.32
99.50	7.30	7.30	7.30	7.29	7.29	7.29	7.29	7.29
100.00	7.25	7.25	7.25	7.25	7.25	7.25	7.25	7.25
100.50	7.20	7.20	7.21	7.21	7.21	7.21	7.21	7.21
101.00	7.16	7.16	7.16	7.16	7.16	7.17	7.17	7.18
102.00	7.07	7.07	7.07	7.08	7.08	7.09	7.09	7.11
103.00	6.98	6.98	6.99	6.99	6.99	7.01	7.01	7.04
104.00	6.89	6.89	6.90	6.91	6.91	6.93	6.93	6.97
105.00	6.80	6.81	6.82	6.82	6.83	6.85	6.85	6.90
106.00	6.71	6.72	6.73	6.74	6.75	6.77	6.78	6.84
107.00	6.63	6.64	6.65	6.66	6.67	6.70	6.71	6.78
108.00	6.54	6.56	6.57	6.58	6.59	6.63	6.63	6.71
109.00	6.46	6.48	6.49	6.50	6.52	6.55	6.56	6.65
110.00	6.38	6.40	6.41	6.43	6.44	6.48	6.49	6.59

7½%   Bond Yield Table

PRICE	YEARS TO MATURITY							
	¼	½	¾	1	1½	2	3	4
85.00	77.70	44.12	31.36	25.42	19.51	16.62	13.77	12.3
85.50	74.96	42.69	30.45	24.74	19.07	16.28	13.54	12.19
86.00	72.26	41.28	29.55	24.08	18.62	15.95	13.31	12.0
86.50	69.59	39.88	28.66	23.41	18.18	15.62	13.08	11.8
87.00	66.95	38.51	27.78	22.76	17.75	15.29	12.86	11.6
87.50	64.33	37.14	26.91	22.11	17.32	14.96	12.63	11.48
88.00	61.75	35.80	26.04	21.46	16.89	14.64	12.41	11.3
88.50	59.20	34.46	25.18	20.83	16.46	14.31	12.19	11.1
89.00	56.67	33.15	24.34	20.19	16.04	13.99	11.97	10.9
89.50	54.17	31.84	23.50	19.56	15.62	13.68	11.75	10.8
90.00	51.70	30.56	22.66	18.94	15.21	13.36	11.54	10.6
90.50	49.26	29.28	21.84	18.32	14.79	13.05	11.32	10.4
91.00	46.84	28.02	21.02	17.71	14.38	12.74	11.11	10.30
91.25	45.64	27.40	20.61	17.41	14.18	12.58	11.00	10.22
91.50	44.44	26.78	20.21	17.11	13.98	12.43	10.90	10.14
91.75	43.26	26.16	19.81	16.80	13.77	12.28	10.79	10.06
92.00	42.08	25.54	19.41	16.50	13.57	12.12	10.69	9.97
92.25	40.90	24.93	19.01	16.20	13.37	11.97	10.58	9.89
92.50	39.74	24.32	18.61	15.91	13.17	11.82	10.48	9.8
92.75	38.57	23.72	18.21	15.61	12.97	11.67	10.37	9.7
93.00	37.42	23.12	17.82	15.31	12.78	11.52	10.27	9.6
93.25	36.27	22.52	17.43	15.02	12.58	11.37	10.17	9.5
93.50	35.12	21.93	17.04	14.73	12.38	11.22	10.06	9.4
93.75	33.99	21.33	16.65	14.43	12.18	11.07	9.96	9.4
94.00	32.86	20.74	16.26	14.14	11.99	10.92	9.86	9.3
94.25	31.73	20.16	15.88	13.85	11.79	10.77	9.76	9.2
94.50	30.61	19.58	15.50	13.57	11.60	10.62	9.66	9.1
94.75	29.50	19.00	15.12	13.28	11.41	10.48	9.55	9.0
95.00	28.39	18.42	14.74	12.99	11.21	10.33	9.45	9.02
95.25	27.28	17.85	14.36	12.71	11.02	10.18	9.35	8.94
95.50	26.19	17.28	13.98	12.42	10.83	10.04	9.25	8.86
95.75	25.10	16.71	13.61	12.14	10.64	9.89	9.15	8.78
96.00	24.01	16.15	13.23	11.86	10.45	9.75	9.05	8.71
96.25	22.93	15.58	12.86	11.58	10.26	9.61	8.95	8.6
96.50	21.86	15.03	12.49	11.30	10.07	9.46	8.85	8.5
96.75	20.79	14.47	12.12	11.02	9.88	9.32	8.76	8.47
97.00	19.72	13.92	11.76	10.74	9.70	9.18	8.66	8.40
97.25	18.66	13.37	11.39	10.47	9.51	9.03	8.56	8.32
97.50	17.61	12.82	11.03	10.19	9.32	8.89	8.46	8.25
97.75	16.56	12.28	10.67	9.92	9.14	8.75	8.36	8.17
98.00	15.52	11.73	10.31	9.65	8.95	8.61	8.27	8.10
98.25	14.48	11.20	9.95	9.37	8.77	8.47	8.17	8.02
98.50	13.45	10.66	9.59	9.10	8.59	8.33	8.07	7.95
98.75	12.42	10.13	9.23	8.83	8.40	8.19	7.98	7.87
99.00	11.40	9.60	8.88	8.56	8.22	8.05	7.88	7.80
99.25	10.38	9.07	8.53	8.30	8.04	7.91	7.79	7.72
99.50	9.37	8.54	8.17	8.03	7.86	7.77	7.69	7.65
99.75	8.36	8.02	7.82	7.76	7.68	7.64	7.59	7.57
100.00	7.36	7.50	7.48	7.50	7.50	7.50	7.50	7.50
100.25	6.36	6.98	7.13	7.24	7.32	7.36	7.41	7.43
100.50	5.37	6.47	6.78	6.97	7.14	7.23	7.31	7.35
101.00	3.40	5.45	6.10	6.45	6.79	6.96	7.12	7.21
101.50	1.45	4.43	5.41	5.93	6.43	6.69	6.94	7.06
102.00		3.43	4.74	5.42	6.08	6.42	6.75	6.92
102.50		2.44	4.07	4.91	5.74	6.15	6.57	6.78
103.00		1.46	3.40	4.40	5.39	5.89	6.39	6.63
103.50		0.48	2.74	3.90	5.05	5.63	6.20	6.49
104.00			2.09	3.40	4.71	5.36	6.02	6.35
104.50			1.44	2.90	4.37	5.10	5.84	6.21
105.00			0.80	2.41	4.03	4.85	5.66	6.07

Bond Yield Table 7½%

PRICE	YEARS TO MATURITY							
	5	6	7	8	9	10	11	12
70.00	16.55	15.32	14.45	13.81	13.32	12.93	12.62	12.36
71.00	16.18	15.00	14.16	13.55	13.07	12.70	12.40	12.15
72.00	15.81	14.68	13.88	13.29	12.84	12.48	12.19	11.95
73.00	15.45	14.36	13.60	13.03	12.60	12.26	11.98	11.75
74.00	15.09	14.06	13.33	12.79	12.37	12.04	11.78	11.56
75.00	14.74	13.75	13.06	12.54	12.14	11.83	11.58	11.37
76.00	14.40	13.46	12.79	12.30	11.92	11.62	11.38	11.18
77.00	14.06	13.16	12.53	12.06	11.70	11.42	11.19	11.00
78.00	13.72	12.87	12.27	11.83	11.49	11.21	11.00	10.82
79.00	13.40	12.59	12.02	11.60	11.27	11.02	10.81	10.64
80.00	13.07	12.31	11.77	11.37	11.07	10.82	10.63	10.46
81.00	12.76	12.04	11.53	11.15	10.86	10.63	10.45	10.29
82.00	12.44	11.77	11.29	10.93	10.66	10.44	10.27	10.12
82.50	12.29	11.63	11.17	10.82	10.56	10.35	10.18	10.04
83.00	12.13	11.50	11.05	10.72	10.46	10.26	10.09	9.96
83.50	11.98	11.37	10.93	10.61	10.36	10.17	10.01	9.88
84.00	11.83	11.24	10.82	10.51	10.27	10.08	9.92	9.80
84.50	11.68	11.11	10.70	10.40	10.17	9.99	9.84	9.72
85.00	11.53	10.98	10.59	10.30	10.07	9.90	9.75	9.64
85.50	11.38	10.85	10.47	10.19	9.98	9.81	9.67	9.56
86.00	11.24	10.72	10.36	10.09	9.88	9.72	9.59	9.48
86.50	11.09	10.60	10.25	9.99	9.79	9.63	9.51	9.40
87.00	10.94	10.47	10.14	9.89	9.70	9.55	9.42	9.32
87.50	10.80	10.35	10.03	9.79	9.61	9.46	9.34	9.25
88.00	10.66	10.23	9.92	9.69	9.51	9.38	9.26	9.17
88.50	10.52	10.10	9.81	9.59	9.42	9.29	9.18	9.09
89.00	10.38	9.98	9.70	9.49	9.33	9.21	9.10	9.02
89.50	10.24	9.86	9.59	9.40	9.24	9.12	9.03	8.94
90.00	10.10	9.74	9.49	9.30	9.15	9.04	8.95	8.87
90.50	9.96	9.62	9.38	9.20	9.07	8.96	8.87	8.80
91.00	9.82	9.50	9.28	9.11	8.98	8.88	8.79	8.72
91.50	9.68	9.38	9.17	9.01	8.89	8.80	8.72	8.65
92.00	9.55	9.27	9.07	8.92	8.81	8.71	8.64	8.58
92.50	9.42	9.15	8.97	8.83	8.72	8.63	8.57	8.51
93.00	9.28	9.04	8.86	8.73	8.63	8.56	8.49	8.44
93.50	9.15	8.92	8.76	8.64	8.55	8.48	8.42	8.37
94.00	9.02	8.81	8.66	8.55	8.47	8.40	8.34	8.30
94.50	8.89	8.70	8.56	8.46	8.38	8.32	8.27	8.23
95.00	8.76	8.58	8.46	8.37	8.30	8.24	8.20	8.16
95.50	8.63	8.47	8.36	8.28	8.22	8.17	8.13	8.09
96.00	8.50	8.36	8.26	8.19	8.14	8.09	8.06	8.03
96.50	8.37	8.25	8.17	8.10	8.05	8.02	7.98	7.96
97.00	8.24	8.14	8.07	8.02	7.97	7.94	7.91	7.89
97.50	8.12	8.03	7.97	7.93	7.89	7.87	7.84	7.83
98.00	7.99	7.93	7.88	7.84	7.81	7.79	7.77	7.76
98.50	7.87	7.82	7.78	7.76	7.73	7.72	7.70	7.69
99.00	7.75	7.71	7.69	7.67	7.66	7.64	7.64	7.63
99.50	7.62	7.61	7.59	7.58	7.58	7.57	7.57	7.56
100.00	7.50	7.50	7.50	7.50	7.50	7.50	7.50	7.50
100.50	7.38	7.40	7.41	7.42	7.42	7.43	7.43	7.44
101.00	7.26	7.29	7.31	7.33	7.35	7.36	7.37	7.37
102.00	7.02	7.09	7.13	7.17	7.19	7.22	7.23	7.25
103.00	6.78	6.88	6.95	7.00	7.04	7.08	7.10	7.12
104.00	6.55	6.68	6.77	6.84	6.90	6.94	6.97	7.00
105.00	6.32	6.48	6.60	6.68	6.75	6.80	6.85	6.88
106.00	6.09	6.28	6.42	6.53	6.61	6.67	6.72	6.76
107.00	5.86	6.09	6.25	6.37	6.46	6.54	6.60	6.64
108.00	5.64	5.90	6.08	6.22	6.32	6.40	6.47	6.53
109.00	5.42	5.71	5.91	6.06	6.18	6.27	6.35	6.41
110.00	5.20	5.52	5.74	5.91	6.04	6.15	6.23	6.30

7½%   Bond Yield Table

PRICE				YEARS TO MATURITY				
	13	14	15	16	17	18	19	20
70.00	12.15	11.97	11.82	11.69	11.57	11.48	11.39	11.32
71.00	11.95	11.78	11.63	11.51	11.40	11.30	11.22	11.15
72.00	11.76	11.59	11.45	11.33	11.22	11.13	11.06	10.99
73.00	11.57	11.41	11.27	11.16	11.06	10.97	10.89	10.83
74.00	11.38	11.23	11.10	10.99	10.89	10.81	10.73	10.67
75.00	11.20	11.05	10.93	10.82	10.73	10.65	10.58	10.52
76.00	11.02	10.88	10.76	10.66	10.57	10.49	10.43	10.37
77.00	10.84	10.71	10.59	10.50	10.41	10.34	10.28	10.22
78.00	10.67	10.54	10.43	10.34	10.26	10.19	10.13	10.08
79.00	10.50	10.38	10.28	10.19	10.11	10.05	9.99	9.94
80.00	10.33	10.22	10.12	10.04	9.96	9.90	9.85	9.80
81.00	10.17	10.06	9.97	9.89	9.82	9.76	9.71	9.66
82.00	10.00	9.90	9.82	9.74	9.68	9.62	9.57	9.53
82.50	9.93	9.83	9.74	9.67	9.61	9.56	9.51	9.47
83.00	9.85	9.75	9.67	9.60	9.54	9.49	9.44	9.40
83.50	9.77	9.68	9.60	9.53	9.47	9.42	9.38	9.34
84.00	9.69	9.60	9.53	9.46	9.40	9.35	9.31	9.27
84.50	9.61	9.53	9.45	9.39	9.34	9.29	9.25	9.21
85.00	9.54	9.45	9.38	9.32	9.27	9.22	9.18	9.15
85.50	9.46	9.38	9.31	9.25	9.20	9.16	9.12	9.09
86.00	9.39	9.31	9.24	9.19	9.14	9.10	9.06	9.02
86.50	9.31	9.24	9.17	9.12	9.07	9.03	9.00	8.96
87.00	9.24	9.17	9.11	9.05	9.01	8.97	8.93	8.90
87.50	9.16	9.10	9.04	8.99	8.94	8.91	8.87	8.84
88.00	9.09	9.03	8.97	8.92	8.88	8.84	8.81	8.78
88.50	9.02	8.96	8.90	8.86	8.82	8.78	8.75	8.73
89.00	8.95	8.89	8.84	8.79	8.76	8.72	8.69	8.67
89.50	8.88	8.82	8.77	8.73	8.69	8.66	8.63	8.61
90.00	8.81	8.75	8.71	8.67	8.63	8.60	8.58	8.55
90.50	8.74	8.69	8.64	8.60	8.57	8.54	8.52	8.50
91.00	8.67	8.62	8.58	8.54	8.51	8.48	8.46	8.44
91.50	8.60	8.55	8.51	8.48	8.45	8.43	8.40	8.38
92.00	8.53	8.49	8.45	8.42	8.39	8.37	8.35	8.33
92.50	8.46	8.42	8.39	8.36	8.33	8.31	8.29	8.27
93.00	8.39	8.36	8.33	8.30	8.27	8.25	8.24	8.22
93.50	8.33	8.29	8.26	8.24	8.22	8.20	8.18	8.16
94.00	8.26	8.23	8.20	8.18	8.16	8.14	8.13	8.11
94.50	8.20	8.17	8.14	8.12	8.10	8.09	8.07	8.06
95.00	8.13	8.10	8.08	8.06	8.04	8.03	8.02	8.01
95.50	8.07	8.04	8.02	8.00	7.99	7.98	7.96	7.95
96.00	8.00	7.98	7.96	7.95	7.93	7.92	7.91	7.90
96.50	7.94	7.92	7.90	7.89	7.88	7.87	7.86	7.85
97.00	7.87	7.86	7.84	7.83	7.82	7.81	7.81	7.80
97.50	7.81	7.80	7.79	7.78	7.77	7.76	7.75	7.75
98.00	7.75	7.74	7.73	7.72	7.71	7.71	7.70	7.70
98.50	7.68	7.68	7.67	7.66	7.66	7.65	7.65	7.65
99.00	7.62	7.62	7.61	7.61	7.61	7.60	7.60	7.60
99.50	7.56	7.56	7.56	7.55	7.55	7.55	7.55	7.55
100.00	7.50	7.50	7.50	7.50	7.50	7.50	7.50	7.50
100.50	7.44	7.44	7.44	7.45	7.45	7.45	7.45	7.45
101.00	7.38	7.38	7.39	7.39	7.40	7.40	7.40	7.40
102.00	7.26	7.27	7.28	7.29	7.29	7.30	7.30	7.31
103.00	7.14	7.16	7.17	7.18	7.19	7.20	7.21	7.21
104.00	7.03	7.05	7.06	7.08	7.09	7.10	7.11	7.12
105.00	6.91	6.94	6.96	6.98	6.99	7.01	7.02	7.03
106.00	6.80	6.83	6.85	6.88	6.90	6.91	6.93	6.94
107.00	6.69	6.72	6.75	6.78	6.80	6.82	6.84	6.85
108.00	6.58	6.61	6.65	6.68	6.70	6.73	6.75	6.76
109.00	6.47	6.51	6.55	6.58	6.61	6.64	6.66	6.68
110.00	6.36	6.41	6.45	6.49	6.52	6.55	6.57	6.59

Bond Yield Table 7½%

PRICE	21	22	23	24	25	29	30	CUR
70.00	11.25	11.19	11.14	11.10	11.06	10.94	10.92	10.71
71.00	11.09	11.03	10.98	10.94	10.90	10.78	10.76	10.56
72.00	10.93	10.87	10.83	10.78	10.75	10.63	10.61	10.42
73.00	10.77	10.72	10.67	10.63	10.59	10.49	10.46	10.27
74.00	10.61	10.57	10.52	10.48	10.45	10.34	10.32	10.14
75.00	10.46	10.42	10.37	10.34	10.30	10.20	10.18	10.00
76.00	10.32	10.27	10.23	10.19	10.16	10.06	10.05	9.87
77.00	10.17	10.13	10.09	10.06	10.02	9.93	9.91	9.74
78.00	10.03	9.99	9.95	9.92	9.89	9.80	9.78	9.62
79.00	9.89	9.85	9.82	9.79	9.76	9.67	9.65	9.49
80.00	9.76	9.72	9.69	9.66	9.63	9.55	9.53	9.38
81.00	9.62	9.59	9.56	9.53	9.50	9.42	9.41	9.26
82.00	9.49	9.46	9.43	9.40	9.38	9.30	9.29	9.15
82.50	9.43	9.40	9.37	9.34	9.32	9.24	9.23	9.09
83.00	9.36	9.33	9.30	9.28	9.26	9.19	9.17	9.04
83.50	9.30	9.27	9.24	9.22	9.20	9.13	9.12	8.98
84.00	9.24	9.21	9.18	9.16	9.14	9.07	9.06	8.93
84.50	9.18	9.15	9.12	9.10	9.08	9.01	9.00	8.88
85.00	9.12	9.09	9.06	9.04	9.02	8.96	8.95	8.82
85.50	9.06	9.03	9.00	8.98	8.96	8.90	8.89	8.77
86.00	8.99	8.97	8.95	8.92	8.91	8.85	8.84	8.72
86.50	8.94	8.91	8.89	8.87	8.85	8.79	8.78	8.67
87.00	8.88	8.85	8.83	8.81	8.79	8.74	8.73	8.62
87.50	8.82	8.79	8.77	8.75	8.74	8.69	8.68	8.57
88.00	8.76	8.74	8.72	8.70	8.68	8.63	8.62	8.52
88.50	8.70	8.68	8.66	8.64	8.63	8.58	8.57	8.47
89.00	8.64	8.62	8.61	8.59	8.58	8.53	8.52	8.43
89.50	8.59	8.57	8.55	8.54	8.52	8.48	8.47	8.38
90.00	8.53	8.51	8.50	8.48	8.47	8.43	8.42	8.33
90.50	8.48	8.46	8.44	8.43	8.42	8.38	8.37	8.29
91.00	8.42	8.40	8.39	8.38	8.36	8.33	8.32	8.24
91.50	8.37	8.35	8.34	8.32	8.31	8.28	8.27	8.20
92.00	8.31	8.30	8.28	8.27	8.26	8.23	8.22	8.15
92.50	8.26	8.24	8.23	8.22	8.21	8.18	8.17	8.11
93.00	8.20	8.19	8.18	8.17	8.16	8.13	8.13	8.06
93.50	8.15	8.14	8.13	8.12	8.11	8.08	8.08	8.02
94.00	8.10	8.09	8.08	8.07	8.06	8.04	8.03	7.98
94.50	8.05	8.04	8.03	8.02	8.01	7.99	7.99	7.94
95.00	8.00	7.99	7.98	7.97	7.96	7.94	7.94	7.89
95.50	7.94	7.94	7.93	7.92	7.92	7.90	7.89	7.85
96.00	7.89	7.89	7.88	7.87	7.87	7.85	7.85	7.81
96.50	7.84	7.84	7.83	7.83	7.82	7.81	7.80	7.77
97.00	7.79	7.79	7.78	7.78	7.77	7.76	7.76	7.73
97.50	7.74	7.74	7.73	7.73	7.73	7.72	7.72	7.69
98.00	7.69	7.69	7.69	7.68	7.68	7.67	7.67	7.65
98.50	7.64	7.64	7.64	7.64	7.64	7.63	7.63	7.61
99.00	7.60	7.59	7.59	7.59	7.59	7.59	7.58	7.58
99.50	7.55	7.55	7.55	7.55	7.54	7.54	7.54	7.54
100.00	7.50	7.50	7.50	7.50	7.50	7.50	7.50	7.50
100.50	7.45	7.45	7.45	7.45	7.46	7.46	7.46	7.46
101.00	7.41	7.41	7.41	7.41	7.41	7.42	7.42	7.43
102.00	7.31	7.32	7.32	7.32	7.32	7.33	7.33	7.35
103.00	7.22	7.23	7.23	7.23	7.24	7.25	7.25	7.28
104.00	7.13	7.14	7.14	7.15	7.15	7.17	7.17	7.21
105.00	7.04	7.05	7.06	7.06	7.07	7.09	7.10	7.14
106.00	6.95	6.96	6.97	6.98	6.99	7.01	7.02	7.08
107.00	6.87	6.88	6.89	6.90	6.91	6.94	6.94	7.01
108.00	6.78	6.79	6.81	6.82	6.83	6.86	6.87	6.94
109.00	6.70	6.71	6.73	6.74	6.75	6.79	6.79	6.88
110.00	6.61	6.63	6.65	6.66	6.67	6.71	6.72	6.82

7¾%   Bond Yield Table

PRICE	YEARS TO MATURITY							
	¼	½	¾	1	1½	2	3	4
85.00	77.93	44.41	31.64	25.70	19.79	16.90	14.05	12.6
85.50	75.20	42.98	30.73	25.02	19.34	16.56	13.82	12.4
86.00	72.49	41.57	29.83	24.36	18.90	16.22	13.59	12.2
86.50	69.82	40.17	28.94	23.69	18.46	15.89	13.36	12.1
87.00	67.18	38.79	28.06	23.04	18.02	15.56	13.13	11.9
87.50	64.57	37.43	27.18	22.39	17.59	15.23	12.91	11.7
88.00	61.99	36.08	26.32	21.74	17.16	14.91	12.68	11.5
88.50	59.43	34.75	25.46	21.10	16.73	14.59	12.46	11.4
89.00	56.91	33.43	24.61	20.47	16.31	14.26	12.24	11.2
89.50	54.41	32.12	23.77	19.84	15.89	13.95	12.02	11.0
90.00	51.94	30.83	22.93	19.21	15.47	13.63	11.80	10.9
90.50	49.49	29.56	22.10	18.59	15.06	13.32	11.59	10.7
91.00	47.07	28.30	21.29	17.98	14.65	13.00	11.37	10.5
91.25	45.88	27.67	20.88	17.68	14.45	12.85	11.27	10.4
91.50	44.68	27.05	20.47	17.37	14.24	12.70	11.16	10.4
91.75	43.50	26.43	20.07	17.07	14.04	12.54	11.06	10.3
92.00	42.32	25.82	19.67	16.77	13.84	12.39	10.95	10.2
92.25	41.14	25.20	19.27	16.47	13.64	12.24	10.85	10.1
92.50	39.97	24.59	18.87	16.17	13.44	12.08	10.74	10.0
92.75	38.81	23.99	18.48	15.87	13.24	11.93	10.64	9.99
93.00	37.66	23.39	18.08	15.58	13.04	11.78	10.53	9.91
93.25	36.51	22.79	17.69	15.28	12.84	11.63	10.43	9.83
93.50	35.36	22.19	17.30	14.99	12.64	11.48	10.32	9.75
93.75	34.23	21.60	16.91	14.70	12.45	11.33	10.22	9.67
94.00	33.09	21.01	16.53	14.41	12.25	11.18	10.12	9.59
94.25	31.97	20.42	16.14	14.12	12.05	11.03	10.02	9.51
94.50	30.85	19.84	15.76	13.83	11.86	10.88	9.91	9.43
94.75	29.73	19.26	15.37	13.54	11.67	10.74	9.81	9.35
95.00	28.63	18.68	14.99	13.25	11.47	10.59	9.71	9.27
95.25	27.52	18.11	14.62	12.97	11.28	10.44	9.61	9.20
95.50	26.43	17.54	14.24	12.68	11.09	10.30	9.51	9.12
95.75	25.34	16.97	13.86	12.40	10.90	10.15	9.41	9.04
96.00	24.25	16.41	13.49	12.12	10.71	10.01	9.31	8.96
96.25	23.17	15.84	13.12	11.84	10.52	9.86	9.21	8.88
96.50	22.10	15.28	12.75	11.56	10.33	9.72	9.11	8.81
96.75	21.03	14.73	12.38	11.28	10.14	9.57	9.01	8.73
97.00	19.96	14.18	12.01	11.00	9.95	9.43	8.91	8.65
97.25	18.90	13.62	11.65	10.72	9.77	9.29	8.81	8.58
97.50	17.85	13.08	11.28	10.45	9.58	9.15	8.71	8.50
97.75	16.80	12.53	10.92	10.17	9.39	9.00	8.62	8.42
98.00	15.76	11.99	10.56	9.90	9.21	8.86	8.52	8.35
98.25	14.72	11.45	10.20	9.63	9.02	8.72	8.42	8.27
98.50	13.69	10.91	9.84	9.36	8.84	8.58	8.33	8.20
98.75	12.66	10.38	9.48	9.09	8.66	8.44	8.23	8.12
99.00	11.64	9.85	9.13	8.82	8.47	8.30	8.13	8.05
99.25	10.62	9.32	8.78	8.55	8.29	8.16	8.04	7.97
99.50	9.61	8.79	8.42	8.28	8.11	8.03	7.94	7.90
99.75	8.60	8.27	8.07	8.02	7.93	7.89	7.85	7.82
100.00	7.60	7.75	7.72	7.75	7.75	7.75	7.75	7.75
100.25	6.61	7.23	7.38	7.49	7.57	7.61	7.66	7.68
100.50	5.61	6.72	7.03	7.22	7.39	7.48	7.56	7.60
101.00	3.64	5.69	6.34	6.70	7.04	7.20	7.37	7.46
101.50	1.69	4.68	5.66	6.18	6.68	6.93	7.19	7.31
102.00		3.68	4.98	5.66	6.33	6.67	7.00	7.17
102.50		2.68	4.31	5.15	5.98	6.40	6.81	7.02
103.00		1.70	3.65	4.65	5.64	6.13	6.63	6.88
103.50		0.72	2.99	4.14	5.29	5.87	6.45	6.74
104.00			2.33	3.64	4.95	5.61	6.27	6.60
104.50			1.68	3.14	4.61	5.35	6.09	6.46
105.00			1.04	2.65	4.27	5.09	5.91	6.32

Bond Yield Table 7¾%

PRICE	YEARS TO MATURITY							
	5	6	7	8	9	10	11	12
70.00	16.87	15.64	14.77	14.13	13.64	13.25	12.94	12.68
71.00	16.49	15.31	14.48	13.86	13.39	13.02	12.72	12.47
72.00	16.12	14.99	14.19	13.60	13.15	12.79	12.50	12.27
73.00	15.75	14.67	13.91	13.34	12.91	12.57	12.29	12.07
74.00	15.39	14.36	13.63	13.09	12.67	12.35	12.08	11.87
75.00	15.04	14.05	13.36	12.84	12.45	12.13	11.88	11.67
76.00	14.69	13.75	13.09	12.60	12.22	11.92	11.68	11.48
77.00	14.35	13.46	12.83	12.36	12.00	11.71	11.49	11.30
78.00	14.02	13.17	12.57	12.12	11.78	11.51	11.29	11.11
79.00	13.69	12.88	12.31	11.89	11.57	11.31	11.10	10.93
80.00	13.36	12.60	12.06	11.66	11.36	11.11	10.92	10.76
81.00	13.04	12.32	11.81	11.44	11.15	10.92	10.73	10.58
82.00	12.73	12.05	11.57	11.22	10.94	10.73	10.55	10.41
82.50	12.57	11.91	11.45	11.11	10.84	10.63	10.47	10.33
83.00	12.42	11.78	11.33	11.00	10.74	10.54	10.38	10.24
83.50	12.26	11.65	11.21	10.89	10.64	10.45	10.29	10.16
84.00	12.11	11.52	11.10	10.79	10.55	10.36	10.20	10.08
84.50	11.96	11.39	10.98	10.68	10.45	10.27	10.12	10.00
85.00	11.81	11.26	10.87	10.58	10.35	10.18	10.03	9.92
85.50	11.66	11.13	10.75	10.47	10.26	10.09	9.95	9.83
86.00	11.51	11.00	10.64	10.37	10.16	10.00	9.86	9.76
86.50	11.36	10.87	10.52	10.26	10.07	9.91	9.78	9.68
87.00	11.22	10.75	10.41	10.16	9.97	9.82	9.70	9.60
87.50	11.07	10.62	10.30	10.06	9.88	9.73	9.62	9.52
88.00	10.93	10.50	10.19	9.96	9.79	9.65	9.53	9.44
88.50	10.79	10.37	10.08	9.86	9.69	9.56	9.45	9.37
89.00	10.64	10.25	9.97	9.76	9.60	9.48	9.37	9.29
89.50	10.50	10.13	9.86	9.66	9.51	9.39	9.29	9.21
90.00	10.36	10.01	9.75	9.57	9.42	9.31	9.22	9.14
90.50	10.22	9.89	9.65	9.47	9.33	9.22	9.14	9.07
91.00	10.09	9.77	9.54	9.37	9.24	9.14	9.06	8.99
91.50	9.95	9.65	9.44	9.28	9.16	9.06	8.98	8.92
92.00	9.81	9.53	9.33	9.18	9.07	8.98	8.91	8.85
92.50	9.68	9.41	9.23	9.09	8.98	8.90	8.83	8.77
93.00	9.54	9.30	9.13	9.00	8.90	8.82	8.75	8.70
93.50	9.41	9.18	9.02	8.90	8.81	8.74	8.68	8.63
94.00	9.28	9.07	8.92	8.81	8.73	8.66	8.60	8.56
94.50	9.15	8.95	8.82	8.72	8.64	8.58	8.53	8.49
95.00	9.01	8.84	8.72	8.63	8.56	8.50	8.46	8.42
95.50	8.88	8.73	8.62	8.54	8.47	8.42	8.38	8.35
96.00	8.75	8.62	8.52	8.45	8.39	8.35	8.31	8.28
96.50	8.63	8.51	8.42	8.36	8.31	8.27	8.24	8.21
97.00	8.50	8.40	8.32	8.27	8.23	8.20	8.17	8.15
97.50	8.37	8.29	8.23	8.18	8.15	8.12	8.10	8.08
98.00	8.25	8.18	8.13	8.09	8.07	8.04	8.03	8.01
98.50	8.12	8.07	8.03	8.01	7.99	7.97	7.96	7.95
99.00	8.00	7.96	7.94	7.92	7.91	7.90	7.89	7.88
99.50	7.87	7.86	7.84	7.84	7.83	7.82	7.82	7.81
100.00	7.75	7.75	7.75	7.75	7.75	7.75	7.75	7.75
100.50	7.63	7.64	7.66	7.67	7.67	7.68	7.68	7.69
101.00	7.51	7.54	7.56	7.58	7.59	7.61	7.61	7.62
102.00	7.27	7.33	7.38	7.41	7.44	7.46	7.48	7.49
103.00	7.03	7.13	7.20	7.25	7.29	7.32	7.35	7.37
104.00	6.79	6.92	7.02	7.09	7.14	7.18	7.22	7.25
105.00	6.56	6.72	6.84	6.93	6.99	7.04	7.09	7.12
106.00	6.33	6.53	6.66	6.77	6.85	6.91	6.96	7.00
107.00	6.10	6.33	6.49	6.61	6.70	6.77	6.83	6.88
108.00	5.88	6.14	6.32	6.45	6.56	6.64	6.71	6.77
109.00	5.66	5.94	6.15	6.30	6.42	6.51	6.59	6.65
110.00	5.44	5.76	5.98	6.15	6.28	6.38	6.47	6.53

7¾%   Bond Yield Table

PRICE	YEARS TO MATURITY							
	13	14	15	16	17	18	19	20
70.00	12.47	12.29	12.14	12.01	11.90	11.81	11.72	11.65
71.00	12.27	12.10	11.95	11.83	11.72	11.63	11.55	11.48
72.00	12.07	11.91	11.77	11.65	11.55	11.46	11.38	11.31
73.00	11.88	11.72	11.59	11.47	11.37	11.29	11.21	11.15
74.00	11.69	11.54	11.41	11.30	11.20	11.12	11.05	10.99
75.00	11.50	11.36	11.24	11.13	11.04	10.96	10.89	10.83
76.00	11.32	11.18	11.06	10.96	10.88	10.80	10.74	10.68
77.00	11.14	11.01	10.90	10.80	10.72	10.65	10.58	10.53
78.00	10.96	10.84	10.73	10.64	10.56	10.49	10.43	10.38
79.00	10.79	10.67	10.57	10.48	10.41	10.34	10.29	10.24
80.00	10.62	10.51	10.41	10.33	10.26	10.20	10.14	10.10
81.00	10.46	10.35	10.26	10.18	10.11	10.05	10.00	9.96
82.00	10.29	10.19	10.11	10.03	9.97	9.91	9.87	9.82
82.50	10.21	10.11	10.03	9.96	9.90	9.84	9.80	9.76
83.00	10.13	10.04	9.96	9.89	9.83	9.78	9.73	9.69
83.50	10.05	9.96	9.88	9.82	9.76	9.71	9.66	9.62
84.00	9.97	9.88	9.81	9.74	9.69	9.64	9.60	9.56
84.50	9.89	9.81	9.74	9.67	9.62	9.57	9.53	9.49
85.00	9.82	9.73	9.66	9.60	9.55	9.51	9.47	9.43
85.50	9.74	9.66	9.59	9.53	9.48	9.44	9.40	9.37
86.00	9.66	9.59	9.52	9.47	9.42	9.37	9.34	9.30
86.50	9.59	9.51	9.45	9.40	9.35	9.31	9.27	9.24
87.00	9.51	9.44	9.38	9.33	9.29	9.25	9.21	9.18
87.50	9.44	9.37	9.31	9.26	9.22	9.18	9.15	9.12
88.00	9.37	9.30	9.24	9.20	9.16	9.12	9.09	9.06
88.50	9.29	9.23	9.18	9.13	9.09	9.06	9.03	9.00
89.00	9.22	9.16	9.11	9.07	9.03	8.99	8.97	8.94
89.50	9.15	9.09	9.04	9.00	8.96	8.93	8.91	8.88
90.00	9.08	9.02	8.98	8.94	8.90	8.87	8.85	8.82
90.50	9.00	8.95	8.91	8.87	8.84	8.81	8.79	8.77
91.00	8.93	8.89	8.84	8.81	8.78	8.75	8.73	8.71
91.50	8.86	8.82	8.78	8.75	8.72	8.69	8.67	8.65
92.00	8.79	8.75	8.72	8.68	8.66	8.63	8.61	8.59
92.50	8.73	8.69	8.65	8.62	8.60	8.58	8.56	8.54
93.00	8.66	8.62	8.59	8.56	8.54	8.52	8.50	8.48
93.50	8.59	8.56	8.53	8.50	8.48	8.46	8.44	8.43
94.00	8.52	8.49	8.46	8.44	8.42	8.40	8.39	8.37
94.50	8.46	8.43	8.40	8.38	8.36	8.35	8.33	8.32
95.00	8.39	8.36	8.34	8.32	8.30	8.29	8.28	8.27
95.50	8.32	8.30	8.28	8.26	8.25	8.23	8.22	8.21
96.00	8.26	8.24	8.22	8.20	8.19	8.18	8.17	8.16
96.50	8.19	8.17	8.16	8.15	8.13	8.12	8.11	8.11
97.00	8.13	8.11	8.10	8.09	8.08	8.07	8.06	8.05
97.50	8.06	8.05	8.04	8.03	8.02	8.01	8.01	8.00
98.00	8.00	7.99	7.98	7.97	7.97	7.96	7.96	7.95
98.50	7.94	7.93	7.92	7.92	7.91	7.91	7.90	7.90
99.00	7.87	7.87	7.86	7.86	7.86	7.85	7.85	7.85
99.50	7.81	7.81	7.81	7.81	7.80	7.80	7.80	7.80
100.00	7.75	7.75	7.75	7.75	7.75	7.75	7.75	7.75
100.50	7.69	7.69	7.69	7.69	7.70	7.70	7.70	7.70
101.00	7.63	7.63	7.64	7.64	7.64	7.65	7.65	7.65
102.00	7.51	7.52	7.53	7.53	7.54	7.55	7.55	7.55
103.00	7.39	7.40	7.42	7.43	7.44	7.44	7.45	7.46
104.00	7.27	7.29	7.31	7.32	7.33	7.35	7.36	7.36
105.00	7.15	7.18	7.20	7.22	7.23	7.25	7.26	7.27
106.00	7.04	7.07	7.09	7.12	7.14	7.15	7.17	7.18
107.00	6.92	6.96	6.99	7.02	7.04	7.06	7.07	7.09
108.00	6.81	6.85	6.89	6.92	6.94	6.96	6.98	7.00
109.00	6.70	6.75	6.78	6.82	6.85	6.87	6.89	6.91
110.00	6.59	6.64	6.68	6.72	6.75	6.78	6.80	6.83

Bond Yield Table $7\frac{3}{4}$%

PRICE	21	22	23	24	25	29	30	CUR
				YEARS TO MATURITY				
70.00	11.59	11.53	11.48	11.44	11.40	11.28	11.26	11.07
71.00	11.42	11.36	11.31	11.27	11.23	11.12	11.10	10.92
72.00	11.25	11.20	11.15	11.11	11.08	10.97	10.95	10.76
73.00	11.09	11.04	11.00	10.96	10.92	10.81	10.79	10.62
74.00	10.93	10.88	10.84	10.80	10.77	10.67	10.65	10.47
75.00	10.78	10.73	10.69	10.65	10.62	10.52	10.50	10.33
76.00	10.63	10.58	10.54	10.51	10.48	10.38	10.36	10.20
77.00	10.48	10.44	10.40	10.37	10.34	10.24	10.23	10.06
78.00	10.34	10.29	10.26	10.23	10.20	10.11	10.09	9.94
79.00	10.19	10.15	10.12	10.09	10.06	9.98	9.96	9.81
80.00	10.05	10.02	9.98	9.96	9.93	9.85	9.83	9.69
81.00	9.92	9.88	9.85	9.82	9.80	9.72	9.71	9.57
82.00	9.79	9.75	9.72	9.70	9.67	9.60	9.59	9.45
82.50	9.72	9.69	9.66	9.63	9.61	9.54	9.53	9.39
83.00	9.65	9.62	9.59	9.57	9.55	9.48	9.47	9.34
83.50	9.59	9.56	9.53	9.51	9.49	9.42	9.41	9.28
84.00	9.53	9.50	9.47	9.45	9.43	9.36	9.35	9.23
84.50	9.46	9.43	9.41	9.39	9.37	9.30	9.29	9.17
85.00	9.40	9.37	9.35	9.33	9.31	9.25	9.23	9.12
85.50	9.34	9.31	9.29	9.27	9.25	9.19	9.18	9.06
86.00	9.28	9.25	9.23	9.21	9.19	9.13	9.12	9.01
86.50	9.21	9.19	9.17	9.15	9.13	9.08	9.07	8.96
87.00	9.15	9.13	9.11	9.09	9.07	9.02	9.01	8.91
87.50	9.09	9.07	9.05	9.03	9.02	8.97	8.96	8.86
88.00	9.04	9.01	8.99	8.98	8.96	8.91	8.90	8.81
88.50	8.98	8.96	8.94	8.92	8.90	8.86	8.85	8.76
89.00	8.92	8.90	8.88	8.86	8.85	8.81	8.80	8.71
89.50	8.86	8.84	8.82	8.81	8.79	8.75	8.74	8.66
90.00	8.80	8.78	8.77	8.75	8.74	8.70	8.69	8.61
90.50	8.75	8.73	8.71	8.70	8.69	8.65	8.64	8.56
91.00	8.69	8.67	8.66	8.65	8.63	8.60	8.59	8.52
91.50	8.63	8.62	8.60	8.59	8.58	8.55	8.54	8.47
92.00	8.58	8.56	8.55	8.54	8.53	8.50	8.49	8.42
92.50	8.52	8.51	8.50	8.49	8.48	8.45	8.44	8.38
93.00	8.47	8.46	8.44	8.43	8.43	8.40	8.39	8.33
93.50	8.41	8.40	8.39	8.38	8.37	8.35	8.34	8.29
94.00	8.36	8.35	8.34	8.33	8.32	8.30	8.30	8.24
94.50	8.31	8.30	8.29	8.28	8.27	8.25	8.25	8.20
95.00	8.26	8.25	8.24	8.23	8.22	8.20	8.20	8.16
95.50	8.20	8.19	8.19	8.18	8.18	8.16	8.15	8.12
96.00	8.15	8.14	8.14	8.13	8.13	8.11	8.11	8.07
96.50	8.10	8.09	8.09	8.08	8.08	8.06	8.06	8.03
97.00	8.05	8.04	8.04	8.03	8.03	8.02	8.02	7.99
97.50	8.00	7.99	7.99	7.99	7.98	7.97	7.97	7.95
98.00	7.95	7.94	7.94	7.94	7.94	7.93	7.93	7.91
98.50	7.90	7.89	7.89	7.89	7.89	7.88	7.88	7.87
99.00	7.85	7.85	7.84	7.84	7.84	7.84	7.84	7.83
99.50	7.80	7.80	7.80	7.80	7.80	7.79	7.79	7.79
100.00	7.75	7.75	7.75	7.75	7.75	7.75	7.75	7.75
100.50	7.70	7.70	7.70	7.70	7.70	7.71	7.71	7.71
101.00	7.65	7.66	7.66	7.66	7.66	7.66	7.66	7.67
102.00	7.56	7.56	7.57	7.57	7.57	7.58	7.58	7.60
103.00	7.46	7.47	7.47	7.48	7.48	7.49	7.50	7.52
104.00	7.37	7.38	7.39	7.39	7.40	7.41	7.42	7.45
105.00	7.28	7.29	7.30	7.31	7.31	7.33	7.34	7.38
106.00	7.19	7.20	7.21	7.22	7.23	7.25	7.26	7.31
107.00	7.10	7.12	7.13	7.14	7.15	7.17	7.18	7.24
108.00	7.02	7.03	7.04	7.05	7.06	7.10	7.10	7.18
109.00	6.93	6.95	6.96	6.97	6.98	7.02	7.03	7.11
110.00	6.85	6.86	6.88	6.89	6.90	6.94	6.95	7.05

8% Bond Yield Table

PRICE	YEARS TO MATURITY							
	1/4	1/2	3/4	1	1 1/2	2	3	4
85.00	78.16	44.71	31.92	25.98	20.07	17.18	14.33	12.92
85.50	75.43	43.27	31.01	25.31	19.62	16.84	14.09	12.74
86.00	72.73	41.86	30.11	24.64	19.18	16.50	13.86	12.56
86.50	70.06	40.46	29.22	23.97	18.74	16.17	13.63	12.38
87.00	67.42	39.08	28.33	23.31	18.30	15.84	13.40	12.20
87.50	64.80	37.71	27.46	22.66	17.86	15.51	13.18	12.03
88.00	62.22	36.36	26.59	22.02	17.43	15.18	12.95	11.85
88.50	59.67	35.03	25.73	21.37	17.01	14.86	12.73	11.68
89.00	57.14	33.71	24.88	20.74	16.58	14.53	12.51	11.51
89.50	54.64	32.40	24.04	20.11	16.16	14.21	12.29	11.34
90.00	52.17	31.11	23.20	19.48	15.74	13.90	12.07	11.17
90.50	49.73	29.83	22.37	18.86	15.33	13.58	11.86	11.00
91.00	47.31	28.57	21.55	18.25	14.92	13.27	11.64	10.83
91.50	46.11	27.95	21.15	17.94	14.71	13.11	11.53	10.75
91.50	44.92	27.32	20.74	17.64	14.51	12.96	11.43	10.67
91.75	43.73	26.70	20.34	17.34	14.30	12.81	11.32	10.58
92.00	42.55	26.09	19.93	17.04	14.10	12.65	11.21	10.50
92.25	41.38	25.47	19.54	16.74	13.90	12.50	11.11	10.42
92.50	40.21	24.86	19.14	16.44	13.70	12.35	11.00	10.34
92.75	39.05	24.26	18.74	16.14	13.50	12.19	10.90	10.26
93.00	37.89	23.66	18.35	15.84	13.30	12.04	10.79	10.17
93.25	36.75	23.06	17.95	15.55	13.10	11.89	10.69	10.09
93.50	35.60	22.46	17.56	15.25	12.90	11.74	10.59	10.01
93.75	34.46	21.87	17.17	14.96	12.71	11.59	10.48	9.93
94.00	33.33	21.28	16.79	14.67	12.51	11.44	10.38	9.85
94.25	32.21	20.69	16.40	14.38	12.31	11.29	10.28	9.77
94.50	31.09	20.11	16.02	14.09	12.12	11.14	10.17	9.69
94.75	29.97	19.53	15.63	13.80	11.93	11.00	10.07	9.61
95.00	28.87	18.95	15.25	13.51	11.73	10.85	9.97	9.53
95.25	27.76	18.37	14.87	13.23	11.54	10.70	9.87	9.45
95.50	26.67	17.80	14.50	12.94	11.35	10.55	9.77	9.37
95.75	25.58	17.23	14.12	12.66	11.16	10.41	9.67	9.30
96.00	24.49	16.67	13.75	12.37	10.96	10.26	9.57	9.22
96.25	23.41	16.10	13.37	12.09	10.77	10.12	9.47	9.14
96.50	22.34	15.54	13.00	11.81	10.58	9.97	9.37	9.06
96.75	21.27	14.99	12.63	11.53	10.40	9.83	9.27	8.99
97.00	20.20	14.43	12.27	11.26	10.21	9.69	9.17	8.91
97.25	19.14	13.88	11.90	10.98	10.02	9.54	9.07	8.83
97.50	18.09	13.33	11.53	10.70	9.83	9.40	8.97	8.75
97.75	17.04	12.79	11.17	10.43	9.65	9.26	8.87	8.68
98.00	16.00	12.24	10.81	10.15	9.46	9.12	8.77	8.60
98.25	14.96	11.70	10.45	9.88	9.28	8.98	8.68	8.53
98.50	13.93	11.17	10.09	9.61	9.09	8.83	8.58	8.45
98.75	12.90	10.63	9.73	9.34	8.91	8.69	8.48	8.37
99.00	11.88	10.10	9.38	9.07	8.73	8.55	8.38	8.30
99.25	10.86	9.57	9.03	8.80	8.54	8.42	8.29	8.22
99.50	9.85	9.05	8.67	8.53	8.36	8.28	8.19	8.15
99.75	8.85	8.52	8.32	8.27	8.18	8.14	8.10	8.07
100.00	7.84	8.00	7.97	8.00	8.00	8.00	8.00	8.00
100.25	6.85	7.48	7.62	7.74	7.82	7.86	7.90	7.93
100.50	5.85	6.97	7.28	7.47	7.64	7.73	7.81	7.85
101.00	3.88	5.94	6.59	6.95	7.28	7.45	7.62	7.70
101.50	1.93	4.93	5.91	6.43	6.93	7.18	7.43	7.56
102.00		3.92	5.23	5.91	6.58	6.91	7.25	7.41
102.50		2.93	4.56	5.40	6.23	6.64	7.06	7.27
103.00		1.94	3.89	4.89	5.88	6.38	6.88	7.12
103.50		0.97	3.23	4.38	5.54	6.11	6.69	6.98
104.00			2.57	3.88	5.19	5.85	6.51	6.84
104.50			1.92	3.39	4.85	5.59	6.33	6.70
105.00			1.28	2.89	4.52	5.33	6.15	6.56

Bond Yield Table 8%

PRICE	YEARS TO MATURITY							
	5	6	7	8	9	10	11	12
70.00	17.18	15.95	15.09	14.45	13.96	13.57	13.26	13.00
71.00	16.80	15.62	14.79	14.18	13.70	13.33	13.04	12.79
72.00	16.43	15.30	14.50	13.91	13.46	13.10	12.82	12.58
73.00	16.06	14.98	14.21	13.65	13.22	12.88	12.60	12.38
74.00	15.70	14.66	13.93	13.39	12.98	12.65	12.39	12.18
75.00	15.34	14.35	13.66	13.14	12.75	12.44	12.19	11.98
76.00	14.99	14.05	13.39	12.90	12.52	12.22	11.98	11.79
77.00	14.65	13.75	13.12	12.65	12.30	12.01	11.78	11.60
78.00	14.31	13.46	12.86	12.42	12.08	11.81	11.59	11.41
79.00	13.98	13.17	12.60	12.18	11.86	11.60	11.40	11.23
80.00	13.65	12.89	12.35	11.95	11.65	11.40	11.21	11.05
81.00	13.33	12.61	12.10	11.72	11.44	11.21	11.02	10.87
82.00	13.01	12.33	11.86	11.50	11.23	11.01	10.84	10.70
82.50	12.85	12.20	11.73	11.39	11.13	10.92	10.75	10.61
83.00	12.70	12.06	11.61	11.28	11.03	10.82	10.66	10.53
83.50	12.54	11.93	11.50	11.17	10.93	10.73	10.57	10.44
84.00	12.39	11.80	11.38	11.07	10.83	10.64	10.49	10.36
84.50	12.24	11.66	11.26	10.96	10.73	10.55	10.40	10.28
85.00	12.08	11.53	11.14	10.85	10.63	10.45	10.31	10.19
85.50	11.93	11.40	11.03	10.75	10.53	10.36	10.23	10.11
86.00	11.78	11.27	10.91	10.64	10.44	10.27	10.14	10.03
86.50	11.64	11.15	10.80	10.54	10.34	10.18	10.06	9.95
87.00	11.49	11.02	10.68	10.44	10.25	10.09	9.97	9.87
87.50	11.34	10.89	10.57	10.33	10.15	10.01	9.89	9.79
88.00	11.20	10.77	10.46	10.23	10.06	9.92	9.81	9.72
88.50	11.06	10.64	10.35	10.13	9.96	9.83	9.73	9.64
89.00	10.91	10.52	10.24	10.03	9.87	9.75	9.64	9.56
89.50	10.77	10.40	10.13	9.93	9.78	9.66	9.56	9.48
90.00	10.63	10.27	10.02	9.83	9.69	9.58	9.48	9.41
90.50	10.49	10.15	9.91	9.74	9.60	9.49	9.40	9.33
91.00	10.35	10.03	9.81	9.64	9.51	9.41	9.33	9.26
91.50	10.21	9.91	9.70	9.54	9.42	9.33	9.25	9.18
92.00	10.08	9.79	9.60	9.45	9.33	9.24	9.17	9.11
92.50	9.94	9.68	9.49	9.35	9.25	9.16	9.09	9.04
93.00	9.80	9.56	9.39	9.26	9.16	9.08	9.02	8.96
93.50	9.67	9.44	9.29	9.16	9.07	9.00	8.94	8.89
94.00	9.54	9.33	9.18	9.07	8.99	8.92	8.87	8.82
94.50	9.40	9.21	9.08	8.98	8.90	8.84	8.79	8.75
95.00	9.27	9.10	8.98	8.89	8.82	8.76	8.72	8.68
95.50	9.14	8.99	8.88	8.80	8.73	8.68	8.64	8.61
96.00	9.01	8.87	8.78	8.70	8.65	8.60	8.57	8.54
96.50	8.88	8.76	8.68	8.61	8.57	8.53	8.50	8.47
97.00	8.75	8.65	8.58	8.52	8.48	8.45	8.42	8.40
97.50	8.63	8.54	8.48	8.44	8.40	8.37	8.35	8.33
98.00	8.50	8.43	8.38	8.35	8.32	8.30	8.28	8.27
98.50	8.37	8.32	8.29	8.26	8.24	8.22	8.21	8.20
99.00	8.25	8.21	8.19	8.17	8.16	8.15	8.14	8.13
99.50	8.12	8.11	8.09	8.09	8.08	8.08	8.07	8.07
100.00	8.00	8.00	8.00	8.00	8.00	8.00	8.00	8.00
100.50	7.88	7.89	7.91	7.91	7.92	7.93	7.93	7.93
101.00	7.75	7.79	7.81	7.83	7.84	7.85	7.86	7.87
102.00	7.51	7.58	7.63	7.66	7.69	7.71	7.73	7.74
103.00	7.27	7.37	7.44	7.49	7.53	7.57	7.59	7.61
104.00	7.04	7.17	7.26	7.33	7.38	7.43	7.46	7.49
105.00	6.80	6.97	7.08	7.17	7.23	7.29	7.33	7.37
106.00	6.57	6.77	6.90	7.01	7.09	7.15	7.20	7.24
107.00	6.34	6.57	6.73	6.85	6.94	7.01	7.07	7.12
108.00	6.12	6.37	6.56	6.69	6.80	6.88	6.95	7.00
109.00	5.90	6.18	6.39	6.54	6.65	6.75	6.82	6.89
110.00	5.67	5.99	6.22	6.38	6.51	6.62	6.70	6.77

8% Bond Yield Table

PRICE	YEARS TO MATURITY							
	13	14	15	16	17	18	19	20
70.00	12.79	12.62	12.47	12.34	12.23	12.14	12.06	11.98
71.00	12.59	12.42	12.28	12.15	12.05	11.96	11.88	11.81
72.00	12.39	12.23	12.09	11.97	11.87	11.78	11.70	11.64
73.00	12.19	12.04	11.90	11.79	11.69	11.61	11.53	11.47
74.00	12.00	11.85	11.72	11.61	11.52	11.44	11.37	11.31
75.00	11.81	11.67	11.54	11.44	11.35	11.27	11.21	11.15
76.00	11.62	11.49	11.37	11.27	11.19	11.11	11.05	10.99
77.00	11.44	11.31	11.20	11.11	11.02	10.95	10.89	10.84
78.00	11.26	11.14	11.03	10.94	10.86	10.80	10.74	10.69
79.00	11.09	10.97	10.87	10.78	10.71	10.64	10.59	10.54
80.00	10.92	10.80	10.71	10.63	10.56	10.49	10.44	10.39
81.00	10.75	10.64	10.55	10.47	10.41	10.35	10.30	10.25
82.00	10.58	10.48	10.39	10.32	10.26	10.20	10.16	10.11
82.50	10.50	10.40	10.32	10.25	10.19	10.13	10.09	10.05
83.00	10.42	10.32	10.24	10.17	10.11	10.06	10.02	9.98
83.50	10.34	10.24	10.17	10.10	10.04	9.99	9.95	9.91
84.00	10.26	10.17	10.09	10.03	9.97	9.92	9.88	9.85
84.50	10.18	10.09	10.02	9.96	9.90	9.86	9.82	9.78
85.00	10.10	10.02	9.95	9.89	9.83	9.79	9.75	9.71
85.50	10.02	9.94	9.87	9.81	9.76	9.72	9.68	9.65
86.00	9.94	9.87	9.80	9.75	9.70	9.65	9.62	9.59
86.50	9.87	9.79	9.73	9.68	9.63	9.59	9.55	9.52
87.00	9.79	9.72	9.66	9.61	9.56	9.52	9.49	9.46
87.50	9.71	9.65	9.59	9.54	9.50	9.46	9.43	9.40
88.00	9.64	9.57	9.52	9.47	9.43	9.39	9.36	9.34
88.50	9.56	9.50	9.45	9.40	9.36	9.33	9.30	9.27
89.00	9.49	9.43	9.38	9.34	9.30	9.27	9.24	9.21
89.50	9.42	9.36	9.31	9.27	9.24	9.21	9.18	9.15
90.00	9.34	9.29	9.25	9.21	9.17	9.14	9.12	9.09
90.50	9.27	9.22	9.18	9.14	9.11	9.08	9.06	9.04
91.00	9.20	9.15	9.11	9.08	9.05	9.02	9.00	8.98
91.50	9.13	9.08	9.05	9.01	8.98	8.96	8.94	8.92
92.00	9.06	9.02	8.98	8.95	8.92	8.90	8.88	8.86
92.50	8.99	8.95	8.92	8.89	8.86	8.84	8.82	8.80
93.00	8.92	8.88	8.85	8.82	8.80	8.78	8.76	8.75
93.50	8.85	8.82	8.79	8.76	8.74	8.72	8.71	8.69
94.00	8.78	8.75	8.72	8.70	8.68	8.66	8.65	8.64
94.50	8.72	8.69	8.66	8.64	8.62	8.61	8.59	8.58
95.00	8.65	8.62	8.60	8.58	8.56	8.55	8.54	8.53
95.50	8.58	8.56	8.54	8.52	8.51	8.49	8.48	8.47
96.00	8.51	8.49	8.48	8.46	8.45	8.44	8.43	8.42
96.50	8.45	8.43	8.42	8.40	8.39	8.38	8.37	8.36
97.00	8.38	8.37	8.35	8.34	8.33	8.32	8.32	8.31
97.50	8.32	8.31	8.29	8.28	8.28	8.27	8.26	8.26
98.00	8.25	8.24	8.23	8.23	8.22	8.21	8.21	8.21
98.50	8.19	8.18	8.18	8.17	8.16	8.16	8.16	8.15
99.00	8.13	8.12	8.12	8.11	8.11	8.11	8.10	8.10
99.50	8.06	8.06	8.06	8.06	8.05	8.05	8.05	8.05
100.00	8.00	8.00	8.00	8.00	8.00	8.00	8.00	8.00
100.50	7.94	7.94	7.94	7.94	7.95	7.95	7.95	7.95
101.00	7.88	7.88	7.89	7.89	7.89	7.89	7.90	7.90
102.00	7.75	7.76	7.77	7.78	7.79	7.79	7.80	7.80
103.00	7.63	7.65	7.66	7.67	7.68	7.69	7.70	7.70
104.00	7.51	7.53	7.55	7.56	7.58	7.59	7.60	7.61
105.00	7.39	7.42	7.44	7.46	7.48	7.49	7.50	7.51
106.00	7.28	7.31	7.33	7.36	7.38	7.39	7.41	7.42
107.00	7.16	7.20	7.23	7.25	7.28	7.30	7.31	7.33
108.00	7.05	7.09	7.12	7.15	7.18	7.20	7.22	7.24
109.00	6.94	6.98	7.02	7.05	7.08	7.11	7.13	7.15
110.00	6.83	6.88	6.92	6.95	6.99	7.01	7.04	7.06

Bond Yield Table 8%

PRICE	YEARS TO MATURITY							
	21	22	23	24	25	29	30	CUR
70.00	11.92	11.87	11.82	11.77	11.74	11.62	11.60	11.43
71.00	11.75	11.69	11.65	11.61	11.57	11.46	11.44	11.27
72.00	11.58	11.53	11.48	11.44	11.41	11.30	11.28	11.11
73.00	11.41	11.36	11.32	11.28	11.25	11.14	11.13	10.96
74.00	11.25	11.20	11.16	11.12	11.09	10.99	10.97	10.81
75.00	11.09	11.05	11.01	10.97	10.94	10.84	10.83	10.67
76.00	10.94	10.90	10.86	10.82	10.79	10.70	10.68	10.53
77.00	10.79	10.75	10.71	10.68	10.65	10.56	10.54	10.39
78.00	10.64	10.60	10.56	10.53	10.50	10.42	10.40	10.26
79.00	10.50	10.46	10.42	10.39	10.37	10.28	10.27	10.13
80.00	10.35	10.32	10.28	10.26	10.23	10.15	10.14	10.00
81.00	10.21	10.18	10.15	10.12	10.10	10.02	10.01	9.88
82.00	10.08	10.04	10.02	9.99	9.97	9.90	9.88	9.76
82.50	10.01	9.98	9.95	9.93	9.90	9.83	9.82	9.70
83.00	9.94	9.91	9.89	9.86	9.84	9.77	9.76	9.64
83.50	9.88	9.85	9.82	9.80	9.78	9.71	9.70	9.58
84.00	9.81	9.78	9.76	9.73	9.71	9.65	9.64	9.52
84.50	9.75	9.72	9.69	9.67	9.65	9.59	9.58	9.47
85.00	9.68	9.66	9.63	9.61	9.59	9.53	9.52	9.41
85.50	9.62	9.59	9.57	9.55	9.53	9.47	9.46	9.36
86.00	9.56	9.53	9.51	9.49	9.47	9.42	9.41	9.30
86.50	9.49	9.47	9.45	9.43	9.41	9.36	9.35	9.25
87.00	9.43	9.41	9.39	9.37	9.35	9.30	9.29	9.20
87.50	9.37	9.35	9.33	9.31	9.30	9.25	9.24	9.14
88.00	9.31	9.29	9.27	9.25	9.24	9.19	9.18	9.09
88.50	9.25	9.23	9.21	9.20	9.18	9.14	9.13	9.04
89.00	9.19	9.17	9.15	9.14	9.12	9.08	9.07	8.99
89.50	9.13	9.11	9.10	9.08	9.07	9.03	9.02	8.94
90.00	9.07	9.06	9.04	9.03	9.01	8.97	8.97	8.89
90.50	9.02	9.00	8.98	8.97	8.96	8.92	8.91	8.84
91.00	8.96	8.94	8.93	8.92	8.90	8.87	8.86	8.79
91.50	8.90	8.89	8.87	8.86	8.85	8.82	8.81	8.74
92.00	8.84	8.83	8.82	8.81	8.80	8.76	8.76	8.70
92.50	8.79	8.78	8.76	8.75	8.74	8.71	8.71	8.65
93.00	8.73	8.72	8.71	8.70	8.69	8.66	8.66	8.60
93.50	8.68	8.67	8.66	8.65	8.64	8.61	8.61	8.56
94.00	8.62	8.61	8.60	8.59	8.59	8.56	8.56	8.51
94.50	8.57	8.56	8.55	8.54	8.54	8.51	8.51	8.47
95.00	8.52	8.51	8.50	8.49	8.48	8.47	8.46	8.42
95.50	8.46	8.45	8.45	8.44	8.43	8.42	8.41	8.38
96.00	8.41	8.40	8.40	8.39	8.38	8.37	8.37	8.33
96.50	8.36	8.35	8.34	8.34	8.34	8.32	8.32	8.29
97.00	8.30	8.30	8.30	8.29	8.29	8.27	8.27	8.25
97.50	8.25	8.25	8.24	8.24	8.24	8.23	8.23	8.21
98.00	8.20	8.20	8.19	8.19	8.19	8.18	8.18	8.16
98.50	8.15	8.15	8.15	8.14	8.14	8.14	8.13	8.12
99.00	8.10	8.10	8.10	8.10	8.09	8.09	8.09	8.08
99.50	8.05	8.05	8.05	8.05	8.05	8.05	8.04	8.04
100.00	8.00	8.00	8.00	8.00	8.00	8.00	8.00	8.00
100.50	7.95	7.95	7.95	7.95	7.95	7.96	7.96	7.96
101.00	7.90	7.90	7.90	7.91	7.91	7.91	7.91	7.92
102.00	7.80	7.81	7.81	7.81	7.82	7.82	7.83	7.84
103.00	7.71	7.71	7.72	7.72	7.73	7.74	7.74	7.77
104.00	7.62	7.62	7.63	7.63	7.64	7.65	7.66	7.69
105.00	7.52	7.53	7.54	7.55	7.55	7.57	7.58	7.62
106.00	7.43	7.44	7.45	7.46	7.47	7.49	7.49	7.55
107.00	7.34	7.35	7.36	7.37	7.38	7.41	7.42	7.48
108.00	7.25	7.27	7.28	7.29	7.30	7.33	7.34	7.41
109.00	7.16	7.18	7.19	7.21	7.22	7.25	7.26	7.34
110.00	7.08	7.10	7.11	7.12	7.14	7.18	7.18	7.27

PRICE	YEARS TO MATURITY							
	1/4	1/2	3/4	1	1 1/2	2	3	4
85.00	78.39	45.00	32.20	26.27	20.35	17.45	14.60	13.20
85.50	75.66	43.57	31.29	25.59	19.90	17.11	14.37	13.01
86.00	72.96	42.15	30.39	24.92	19.46	16.78	14.14	12.83
86.50	70.29	40.75	29.49	24.25	19.01	16.44	13.91	12.65
87.00	67.65	39.37	28.61	23.59	18.57	16.11	13.68	12.48
87.50	65.04	38.00	27.73	22.94	18.14	15.78	13.45	12.30
88.00	62.46	36.65	26.86	22.29	17.71	15.45	13.23	12.12
88.50	59.90	35.31	26.00	21.65	17.28	15.13	13.00	11.95
89.00	57.38	33.99	25.15	21.01	16.85	14.80	12.78	11.78
89.50	54.88	32.68	24.31	20.38	16.43	14.48	12.56	11.61
90.00	52.41	31.39	23.47	19.75	16.01	14.17	12.34	11.43
90.50	49.97	30.11	22.64	19.13	15.60	13.85	12.12	11.27
91.00	47.55	28.85	21.82	18.52	15.18	13.54	11.91	11.10
91.25	46.35	28.22	21.41	18.21	14.98	13.38	11.80	11.01
91.50	45.16	27.60	21.01	17.91	14.77	13.23	11.69	10.93
91.75	43.97	26.98	20.60	17.60	14.57	13.07	11.58	10.85
92.00	42.79	26.36	20.20	17.30	14.37	12.92	11.48	10.76
92.25	41.62	25.75	19.80	17.00	14.17	12.76	11.37	10.68
92.50	40.45	25.14	19.40	16.70	13.96	12.61	11.27	10.60
92.75	39.29	24.53	19.00	16.40	13.76	12.46	11.16	10.52
93.00	38.13	23.92	18.61	16.11	13.56	12.30	11.05	10.44
93.25	36.98	23.32	18.22	15.81	13.36	12.15	10.95	10.35
93.50	35.84	22.73	17.82	15.52	13.17	12.00	10.85	10.27
93.75	34.70	22.13	17.43	15.22	12.97	11.85	10.74	10.19
94.00	33.57	21.54	17.05	14.93	12.77	11.70	10.64	10.11
94.25	32.45	20.95	16.66	14.64	12.58	11.55	10.54	10.03
94.50	31.33	20.37	16.27	14.35	12.38	11.40	10.43	9.95
94.75	30.21	19.79	15.89	14.06	12.18	11.25	10.33	9.87
95.00	29.10	19.21	15.51	13.77	11.99	11.11	10.23	9.79
95.25	28.00	18.64	15.13	13.49	11.80	10.96	10.13	9.71
95.50	26.91	18.06	14.75	13.20	11.60	10.81	10.02	9.63
95.75	25.81	17.49	14.38	12.92	11.41	10.67	9.92	9.55
96.00	24.73	16.93	14.00	12.63	11.22	10.52	9.82	9.47
96.25	23.65	16.36	13.63	12.35	11.03	10.37	9.72	9.40
96.50	22.57	15.80	13.26	12.07	10.84	10.23	9.62	9.32
96.75	21.51	15.25	12.89	11.79	10.65	10.08	9.52	9.24
97.00	20.44	14.69	12.52	11.51	10.46	9.94	9.42	9.16
97.25	19.38	14.14	12.15	11.23	10.27	9.80	9.32	9.09
97.50	18.33	13.59	11.79	10.96	10.09	9.65	9.22	9.01
97.75	17.28	13.04	11.42	10.68	9.90	9.51	9.12	8.93
98.00	16.24	12.50	11.06	10.41	9.71	9.37	9.03	8.85
98.25	15.20	11.96	10.70	10.13	9.53	9.23	8.93	8.78
98.50	14.17	11.42	10.34	9.86	9.34	9.09	8.83	8.70
98.75	13.14	10.89	9.99	9.59	9.16	8.95	8.73	8.63
99.00	12.12	10.35	9.63	9.32	8.98	8.81	8.64	8.55
99.25	11.10	9.82	9.28	9.05	8.79	8.67	8.54	8.47
99.50	10.09	9.30	8.92	8.78	8.61	8.53	8.44	8.40
99.75	9.09	8.77	8.57	8.52	8.43	8.39	8.35	8.32
100.00	8.08	8.25	8.22	8.25	8.25	8.25	8.25	8.25
100.25	7.09	7.73	7.87	7.98	8.07	8.11	8.15	8.18
100.50	6.09	7.21	7.53	7.72	7.89	7.97	8.06	8.10
101.00	4.12	6.19	6.84	7.20	7.53	7.70	7.87	7.95
101.50	2.17	5.17	6.15	6.67	7.18	7.43	7.68	7.81
102.00	0.24	4.17	5.47	6.16	6.82	7.16	7.49	7.66
102.50		3.17	4.80	5.64	6.47	6.89	7.31	7.51
103.00		2.18	4.13	5.13	6.13	6.62	7.12	7.37
103.50		1.21	3.47	4.63	5.78	6.36	6.94	7.23
104.00		0.24	2.81	4.13	5.44	6.10	6.75	7.08
104.50			2.16	3.63	5.10	5.83	6.57	6.94
105.00			1.51	3.13	4.76	5.57	6.39	6.80

Bond Yield Table 8¼%

PRICE	YEARS TO MATURITY							
	5	6	7	8	9	10	11	12
70.00	17.50	16.27	15.40	14.76	14.27	13.89	13.58	13.33
71.00	17.11	15.93	15.10	14.49	14.02	13.65	13.35	13.11
72.00	16.73	15.61	14.81	14.22	13.77	13.42	13.13	12.90
73.00	16.36	15.28	14.52	13.96	13.53	13.19	12.91	12.69
74.00	16.00	14.97	14.24	13.70	13.29	12.96	12.70	12.49
75.00	15.64	14.66	13.96	13.45	13.05	12.74	12.49	12.29
76.00	15.29	14.35	13.69	13.20	12.82	12.52	12.29	12.09
77.00	14.94	14.05	13.42	12.95	12.59	12.31	12.08	11.90
78.00	14.60	13.75	13.15	12.71	12.37	12.10	11.89	11.71
79.00	14.27	13.46	12.89	12.47	12.15	11.90	11.69	11.52
80.00	13.94	13.18	12.64	12.24	11.94	11.69	11.50	11.34
81.00	13.61	12.89	12.39	12.01	11.72	11.50	11.31	11.16
82.00	13.29	12.62	12.14	11.79	11.51	11.30	11.13	10.99
82.50	13.13	12.48	12.02	11.67	11.41	11.20	11.04	10.90
83.00	12.98	12.34	11.90	11.56	11.31	11.11	10.95	10.81
83.50	12.82	12.21	11.78	11.45	11.21	11.01	10.86	10.73
84.00	12.67	12.07	11.66	11.35	11.11	10.92	10.77	10.64
84.50	12.51	11.94	11.54	11.24	11.01	10.83	10.68	10.56
85.00	12.36	11.81	11.42	11.13	10.91	10.73	10.59	10.47
85.50	12.21	11.68	11.30	11.02	10.81	10.64	10.50	10.39
86.00	12.06	11.55	11.19	10.92	10.71	10.55	10.42	10.31
86.50	11.91	11.42	11.07	10.81	10.62	10.46	10.33	10.23
87.00	11.76	11.29	10.96	10.71	10.52	10.37	10.25	10.15
87.50	11.62	11.16	10.84	10.61	10.42	10.28	10.16	10.07
88.00	11.47	11.04	10.73	10.50	10.33	10.19	10.08	9.99
88.50	11.33	10.91	10.62	10.40	10.24	10.10	10.00	9.91
89.00	11.18	10.79	10.51	10.30	10.14	10.02	9.91	9.83
89.50	11.04	10.66	10.40	10.20	10.05	9.93	9.83	9.75
90.00	10.90	10.54	10.29	10.10	9.96	9.84	9.75	9.68
90.50	10.76	10.42	10.18	10.00	9.87	9.76	9.67	9.60
91.00	10.62	10.30	10.07	9.91	9.78	9.67	9.59	9.52
91.50	10.48	10.18	9.97	9.81	9.69	9.59	9.51	9.45
92.00	10.34	10.06	9.86	9.71	9.60	9.51	9.43	9.37
92.50	10.20	9.94	9.75	9.62	9.51	9.42	9.36	9.30
93.00	10.07	9.82	9.65	9.52	9.42	9.34	9.28	9.23
93.50	9.93	9.70	9.54	9.43	9.33	9.26	9.20	9.15
94.00	9.80	9.59	9.44	9.33	9.25	9.18	9.13	9.08
94.50	9.66	9.47	9.34	9.24	9.16	9.10	9.05	9.01
95.00	9.53	9.36	9.24	9.14	9.07	9.02	8.97	8.94
95.50	9.40	9.24	9.13	9.05	8.99	8.94	8.90	8.87
96.00	9.27	9.13	9.03	8.96	8.91	8.86	8.83	8.80
96.50	9.14	9.02	8.93	8.87	8.82	8.78	8.75	8.73
97.00	9.01	8.91	8.83	8.78	8.74	8.71	8.68	8.66
97.50	8.88	8.80	8.73	8.69	8.66	8.63	8.61	8.59
98.00	8.75	8.68	8.64	8.60	8.57	8.55	8.53	8.52
98.50	8.63	8.58	8.54	8.51	8.49	8.48	8.46	8.45
99.00	8.50	8.47	8.44	8.42	8.41	8.40	8.39	8.38
99.50	8.37	8.36	8.35	8.34	8.33	8.32	8.32	8.32
100.00	8.25	8.25	8.25	8.25	8.25	8.25	8.25	8.25
100.50	8.13	8.14	8.15	8.16	8.17	8.18	8.18	8.18
101.00	8.00	8.04	8.06	8.08	8.09	8.10	8.11	8.12
102.00	7.76	7.83	7.87	7.91	7.93	7.96	7.97	7.99
103.00	7.52	7.62	7.69	7.74	7.78	7.81	7.84	7.86
104.00	7.28	7.41	7.50	7.57	7.63	7.67	7.70	7.73
105.00	7.05	7.21	7.32	7.41	7.48	7.53	7.57	7.61
106.00	6.81	7.01	7.15	7.25	7.33	7.39	7.44	7.48
107.00	6.58	6.81	6.97	7.09	7.18	7.25	7.31	7.36
108.00	6.36	6.61	6.79	6.93	7.04	7.12	7.19	7.24
109.00	6.13	6.42	6.62	6.77	6.89	6.98	7.06	7.12
110.00	5.91	6.23	6.45	6.62	6.75	6.85	6.94	7.00

8¼%   Bond Yield Table

PRICE	YEARS TO MATURITY							
	13	14	15	16	17	18	19	20
70.00	13.12	12.94	12.80	12.67	12.56	12.47	12.39	12.32
71.00	12.91	12.74	12.60	12.48	12.37	12.28	12.21	12.14
72.00	12.71	12.54	12.41	12.29	12.19	12.10	12.03	11.96
73.00	12.51	12.35	12.22	12.11	12.01	11.93	11.86	11.79
74.00	12.31	12.16	12.03	11.93	11.83	11.75	11.69	11.62
75.00	12.12	11.97	11.85	11.75	11.66	11.59	11.52	11.46
76.00	11.93	11.79	11.68	11.58	11.49	11.42	11.36	11.30
77.00	11.74	11.61	11.50	11.41	11.33	11.26	11.20	11.14
78.00	11.56	11.44	11.33	11.24	11.17	11.10	11.04	10.99
79.00	11.38	11.27	11.17	11.08	11.01	10.94	10.89	10.84
80.00	11.21	11.10	11.00	10.92	10.85	10.79	10.74	10.69
81.00	11.04	10.93	10.84	10.77	10.70	10.64	10.59	10.55
82.00	10.87	10.77	10.68	10.61	10.55	10.50	10.45	10.41
82.50	10.78	10.69	10.61	10.54	10.48	10.42	10.38	10.34
83.00	10.70	10.61	10.53	10.46	10.40	10.35	10.31	10.27
83.50	10.62	10.53	10.45	10.39	10.33	10.28	10.24	10.20
84.00	10.54	10.45	10.38	10.31	10.26	10.21	10.17	10.13
84.50	10.46	10.37	10.30	10.24	10.19	10.14	10.10	10.06
85.00	10.38	10.30	10.23	10.17	10.12	10.07	10.03	10.00
85.50	10.30	10.22	10.15	10.10	10.05	10.00	9.97	9.93
86.00	10.22	10.14	10.08	10.02	9.98	9.94	9.90	9.87
86.50	10.14	10.07	10.01	9.95	9.91	9.87	9.83	9.80
87.00	10.06	9.99	9.94	9.88	9.84	9.80	9.77	9.74
87.50	9.99	9.92	9.86	9.81	9.77	9.74	9.70	9.67
88.00	9.91	9.85	9.79	9.75	9.71	9.67	9.64	9.61
88.50	9.84	9.77	9.72	9.68	9.64	9.60	9.58	9.55
89.00	9.76	9.70	9.65	9.61	9.57	9.54	9.51	9.49
89.50	9.69	9.63	9.58	9.54	9.51	9.48	9.45	9.43
90.00	9.61	9.56	9.52	9.48	9.44	9.41	9.39	9.37
90.50	9.54	9.49	9.45	9.41	9.38	9.35	9.33	9.31
91.00	9.47	9.42	9.38	9.35	9.31	9.29	9.27	9.25
91.50	9.40	9.35	9.31	9.28	9.25	9.23	9.21	9.19
92.00	9.32	9.28	9.25	9.22	9.19	9.17	9.15	9.13
92.50	9.25	9.21	9.18	9.15	9.13	9.11	9.09	9.07
93.00	9.18	9.15	9.12	9.09	9.07	9.04	9.03	9.01
93.50	9.11	9.08	9.05	9.03	9.00	8.99	8.97	8.95
94.00	9.04	9.01	8.99	8.96	8.94	8.93	8.91	8.90
94.50	8.98	8.95	8.92	8.90	8.88	8.87	8.85	8.84
95.00	8.91	8.88	8.86	8.84	8.82	8.81	8.80	8.79
95.50	8.84	8.82	8.80	8.78	8.76	8.75	8.74	8.73
96.00	8.77	8.75	8.73	8.72	8.71	8.69	8.68	8.67
96.50	8.70	8.69	8.67	8.66	8.65	8.64	8.63	8.62
97.00	8.64	8.62	8.61	8.60	8.59	8.58	8.57	8.57
97.50	8.57	8.56	8.55	8.54	8.53	8.52	8.52	8.51
98.00	8.51	8.50	8.49	8.48	8.47	8.47	8.46	8.46
98.50	8.44	8.43	8.43	8.42	8.42	8.41	8.41	8.41
99.00	8.38	8.37	8.37	8.36	8.36	8.36	8.36	8.35
99.50	8.31	8.31	8.31	8.31	8.31	8.30	8.30	8.30
100.00	8.25	8.25	8.25	8.25	8.25	8.25	8.25	8.25
100.50	8.19	8.19	8.19	8.19	8.19	8.20	8.20	8.20
101.00	8.12	8.13	8.13	8.14	8.14	8.14	8.15	8.15
102.00	8.00	8.01	8.02	8.03	8.03	8.04	8.04	8.05
103.00	7.88	7.89	7.91	7.92	7.93	7.93	7.94	7.95
104.00	7.76	7.78	7.79	7.81	7.82	7.83	7.84	7.85
105.00	7.64	7.66	7.68	7.70	7.72	7.73	7.74	7.75
106.00	7.52	7.55	7.57	7.60	7.61	7.63	7.65	7.66
107.00	7.40	7.44	7.47	7.49	7.51	7.53	7.55	7.57
108.00	7.29	7.33	7.36	7.39	7.41	7.44	7.46	7.47
109.00	7.17	7.22	7.26	7.29	7.32	7.34	7.36	7.38
110.00	7.06	7.11	7.15	7.19	7.22	7.25	7.27	7.29

Bond Yield Table 8¼%

PRICE	21	22	23	24	25	29	30	CUR
70.00	12.26	12.20	12.16	12.11	12.08	11.97	11.95	11.79
71.00	12.08	12.03	11.98	11.94	11.91	11.80	11.78	11.62
72.00	11.91	11.86	11.81	11.77	11.74	11.64	11.62	11.46
73.00	11.74	11.69	11.65	11.61	11.57	11.48	11.46	11.30
74.00	11.57	11.52	11.48	11.45	11.42	11.32	11.30	11.15
75.00	11.41	11.36	11.33	11.29	11.26	11.17	11.15	11.00
76.00	11.25	11.21	11.17	11.14	11.11	11.02	11.00	10.86
77.00	11.10	11.06	11.02	10.99	10.96	10.87	10.86	10.71
78.00	10.95	10.91	10.87	10.84	10.81	10.73	10.71	10.58
79.00	10.80	10.76	10.73	10.70	10.67	10.59	10.58	10.44
80.00	10.65	10.62	10.58	10.56	10.53	10.46	10.44	10.31
81.00	10.51	10.48	10.45	10.42	10.40	10.32	10.31	10.19
82.00	10.37	10.34	10.31	10.28	10.26	10.19	10.18	10.06
82.50	10.30	10.27	10.24	10.22	10.20	10.13	10.12	10.00
83.00	10.23	10.20	10.18	10.15	10.13	10.07	10.05	9.94
83.50	10.17	10.14	10.11	10.09	10.07	10.00	9.99	9.88
84.00	10.10	10.07	10.05	10.02	10.00	9.94	9.93	9.82
84.50	10.03	10.01	9.98	9.96	9.94	9.88	9.87	9.76
85.00	9.97	9.94	9.92	9.90	9.88	9.82	9.81	9.71
85.50	9.90	9.88	9.85	9.83	9.82	9.76	9.75	9.65
86.00	9.84	9.81	9.79	9.77	9.75	9.70	9.69	9.59
86.50	9.78	9.75	9.73	9.71	9.69	9.64	9.63	9.54
87.00	9.71	9.69	9.67	9.65	9.63	9.58	9.57	9.48
87.50	9.65	9.63	9.61	9.59	9.57	9.53	9.52	9.43
88.00	9.59	9.57	9.55	9.53	9.52	9.47	9.46	9.38
88.50	9.53	9.51	9.49	9.47	9.46	9.41	9.40	9.32
89.00	9.47	9.45	9.43	9.41	9.40	9.36	9.35	9.27
89.50	9.41	9.39	9.37	9.36	9.34	9.30	9.29	9.22
90.00	9.35	9.33	9.31	9.30	9.29	9.25	9.24	9.17
90.50	9.29	9.27	9.25	9.24	9.23	9.19	9.19	9.12
91.00	9.23	9.21	9.20	9.18	9.17	9.14	9.13	9.07
91.50	9.17	9.15	9.14	9.13	9.12	9.09	9.08	9.02
92.00	9.11	9.10	9.08	9.07	9.06	9.03	9.03	8.97
92.50	9.05	9.04	9.03	9.02	9.01	8.98	8.98	8.92
93.00	9.00	8.99	8.97	8.96	8.96	8.93	8.92	8.87
93.50	8.94	8.93	8.92	8.91	8.90	8.88	8.87	8.82
94.00	8.89	8.88	8.87	8.86	8.85	8.83	8.82	8.78
94.50	8.83	8.82	8.81	8.80	8.80	8.78	8.77	8.73
95.00	8.78	8.77	8.76	8.75	8.75	8.73	8.72	8.68
95.50	8.72	8.71	8.71	8.70	8.69	8.68	8.67	8.64
96.00	8.67	8.66	8.65	8.65	8.64	8.63	8.62	8.59
96.50	8.61	8.61	8.60	8.60	8.59	8.58	8.58	8.55
97.00	8.56	8.55	8.55	8.55	8.54	8.53	8.53	8.51
97.50	8.51	8.50	8.50	8.50	8.49	8.48	8.48	8.46
98.00	8.46	8.45	8.45	8.45	8.44	8.44	8.43	8.42
98.50	8.40	8.40	8.40	8.40	8.39	8.39	8.39	8.38
99.00	8.35	8.35	8.35	8.35	8.35	8.34	8.34	8.33
99.50	8.30	8.30	8.30	8.30	8.30	8.30	8.30	8.29
100.00	8.25	8.25	8.25	8.25	8.25	8.25	8.25	8.25
100.50	8.20	8.20	8.20	8.20	8.20	8.20	8.20	8.21
101.00	8.15	8.15	8.15	8.15	8.16	8.16	8.16	8.17
102.00	8.05	8.05	8.06	8.06	8.06	8.07	8.07	8.09
103.00	7.95	7.96	7.96	7.97	7.97	7.98	7.99	8.01
104.00	7.86	7.86	7.87	7.88	7.88	7.90	7.90	7.93
105.00	7.76	7.77	7.78	7.79	7.79	7.81	7.82	7.86
106.00	7.67	7.68	7.69	7.70	7.71	7.73	7.73	7.78
107.00	7.58	7.59	7.60	7.61	7.62	7.65	7.65	7.71
108.00	7.49	7.50	7.51	7.52	7.53	7.57	7.57	7.64
109.00	7.40	7.41	7.43	7.44	7.45	7.49	7.49	7.57
110.00	7.31	7.33	7.34	7.36	7.37	7.41	7.41	7.50

8½%   Bond Yield Table

PRICE	YEARS TO MATURITY							
	¼	½	¾	1	1½	2	3	4
85.00	78.62	45.29	32.48	26.55	20.63	17.73	14.88	13.47
85.50	75.89	43.86	31.57	25.87	20.18	17.39	14.64	13.29
86.00	73.19	42.44	30.67	25.20	19.73	17.05	14.41	13.11
86.50	70.52	41.04	29.77	24.53	19.29	16.72	14.18	12.93
87.00	67.88	39.66	28.88	23.87	18.85	16.38	13.95	12.75
87.50	65.27	38.29	28.01	23.22	18.41	16.05	13.72	12.57
88.00	62.69	36.93	27.14	22.57	17.98	15.72	13.50	12.40
88.50	60.14	35.59	26.28	21.92	17.55	15.40	13.27	12.22
89.00	57.61	34.27	25.42	21.29	17.12	15.07	13.05	12.05
89.50	55.12	32.96	24.58	20.65	16.70	14.75	12.83	11.87
90.00	52.65	31.67	23.74	20.03	16.28	14.43	12.61	11.70
90.50	50.20	30.39	22.91	19.40	15.86	14.12	12.39	11.53
91.00	47.79	29.12	22.09	18.79	15.45	13.80	12.17	11.36
91.25	46.59	28.49	21.68	18.48	15.24	13.65	12.06	11.28
91.50	45.39	27.87	21.27	18.18	15.04	13.49	11.95	11.19
91.75	44.21	27.25	20.87	17.87	14.84	13.33	11.85	11.11
92.00	43.03	26.63	20.46	17.57	14.63	13.18	11.74	11.03
92.25	41.85	26.02	20.06	17.27	14.43	13.03	11.63	10.94
92.50	40.69	25.41	19.66	16.97	14.23	12.87	11.53	10.86
92.75	39.53	24.80	19.27	16.67	14.03	12.72	11.42	10.78
93.00	38.37	24.19	18.87	16.37	13.83	12.57	11.32	10.70
93.25	37.22	23.59	18.48	16.07	13.63	12.41	11.21	10.61
93.50	36.08	22.99	18.09	15.78	13.43	12.26	11.11	10.53
93.75	34.94	22.40	17.69	15.48	13.23	12.11	11.00	10.45
94.00	33.81	21.81	17.31	15.19	13.03	11.96	10.90	10.37
94.25	32.68	21.22	16.92	14.90	12.84	11.81	10.79	10.29
94.50	31.57	20.63	16.53	14.61	12.64	11.66	10.69	10.21
94.75	30.45	20.05	16.15	14.32	12.44	11.51	10.59	10.13
95.00	29.34	19.47	15.77	14.03	12.25	11.36	10.49	10.05
95.25	28.24	18.90	15.39	13.75	12.06	11.22	10.38	9.97
95.50	27.14	18.32	15.01	13.46	11.86	11.07	10.28	9.89
95.75	26.05	17.75	14.63	13.17	11.67	10.92	10.18	9.81
96.00	24.97	17.19	14.26	12.89	11.48	10.78	10.08	9.73
96.25	23.89	16.62	13.88	12.61	11.29	10.63	9.98	9.65
96.50	22.81	16.06	13.51	12.33	11.10	10.49	9.88	9.57
96.75	21.74	15.50	13.14	12.05	10.91	10.34	9.78	9.50
97.00	20.68	14.95	12.77	11.77	10.72	10.20	9.68	9.42
97.25	19.62	14.40	12.41	11.49	10.53	10.05	9.58	9.34
97.50	18.57	13.85	12.04	11.21	10.34	9.91	9.48	9.26
97.75	17.52	13.30	11.68	10.94	10.15	9.77	9.38	9.18
98.00	16.48	12.76	11.31	10.66	9.97	9.62	9.28	9.11
98.25	15.44	12.21	10.95	10.39	9.78	9.48	9.18	9.03
98.50	14.41	11.68	10.59	10.11	9.60	9.34	9.08	8.95
98.75	13.38	11.14	10.24	9.84	9.41	9.20	8.98	8.88
99.00	12.36	10.61	9.88	9.57	9.23	9.06	8.89	8.80
99.25	11.34	10.08	9.52	9.30	9.05	8.92	8.79	8.73
99.50	10.33	9.55	9.17	9.03	8.86	8.78	8.69	8.65
99.75	9.33	9.02	8.82	8.77	8.68	8.64	8.60	8.58
100.00	8.32	8.50	8.47	8.50	8.50	8.50	8.50	8.50
100.25	7.33	7.98	8.12	8.23	8.32	8.36	8.40	8.43
100.50	6.33	7.46	7.77	7.97	8.14	8.22	8.31	8.35
101.00	4.36	6.44	7.08	7.44	7.78	7.95	8.12	8.20
101.50	2.41	5.42	6.40	6.92	7.42	7.68	7.93	8.05
102.00	0.48	4.41	5.72	6.40	7.07	7.41	7.74	7.91
102.50		3.41	5.04	5.89	6.72	7.14	7.55	7.76
103.00		2.43	4.37	5.38	6.37	6.87	7.37	7.62
103.50		1.45	3.71	4.87	6.02	6.60	7.18	7.47
104.00		0.48	3.05	4.37	5.68	6.34	7.00	7.33
104.50			2.40	3.87	5.34	6.08	6.82	7.19
105.00			1.75	3.37	5.00	5.82	6.63	7.04

Bond Yield Table 8½%

PRICE	YEARS TO MATURITY							
	5	6	7	8	9	10	11	12
70.00	17.81	16.58	15.72	15.08	14.59	14.21	13.90	13.65
71.00	17.42	16.25	15.42	14.80	14.34	13.97	13.67	13.43
72.00	17.04	15.91	15.12	14.53	14.08	13.73	13.45	13.22
73.00	16.67	15.59	14.83	14.27	13.84	13.50	13.23	13.00
74.00	16.30	15.27	14.54	14.01	13.59	13.27	13.01	12.80
75.00	15.94	14.96	14.26	13.75	13.36	13.05	12.80	12.59
76.00	15.59	14.65	13.99	13.50	13.12	12.83	12.59	12.39
77.00	15.24	14.34	13.72	13.25	12.89	12.61	12.38	12.20
78.00	14.89	14.05	13.45	13.01	12.67	12.40	12.18	12.01
79.00	14.56	13.75	13.19	12.77	12.44	12.19	11.99	11.82
80.00	14.22	13.46	12.93	12.53	12.23	11.99	11.79	11.63
81.00	13.90	13.18	12.67	12.30	12.01	11.78	11.60	11.45
82.00	13.58	12.90	12.42	12.07	11.80	11.59	11.41	11.27
82.50	13.42	12.76	12.30	11.96	11.70	11.49	11.32	11.18
83.00	13.26	12.63	12.18	11.85	11.59	11.39	11.23	11.10
83.50	13.10	12.49	12.06	11.74	11.49	11.30	11.14	11.01
84.00	12.95	12.35	11.94	11.63	11.39	11.20	11.05	10.92
84.50	12.79	12.22	11.82	11.52	11.29	11.11	10.96	10.84
85.00	12.64	12.09	11.70	11.41	11.19	11.01	10.87	10.75
85.50	12.49	11.95	11.58	11.30	11.09	10.92	10.78	10.67
86.00	12.33	11.82	11.46	11.19	10.99	10.83	10.70	10.59
86.50	12.18	11.69	11.35	11.09	10.89	10.73	10.61	10.51
87.00	12.04	11.56	11.23	10.98	10.79	10.64	10.52	10.42
87.50	11.89	11.44	11.12	10.88	10.70	10.55	10.44	10.34
88.00	11.74	11.31	11.00	10.78	10.60	10.46	10.35	10.26
88.50	11.60	11.18	10.89	10.67	10.51	10.38	10.27	10.18
89.00	11.45	11.06	10.78	10.57	10.41	10.29	10.19	10.10
89.50	11.31	10.93	10.67	10.47	10.32	10.20	10.10	10.02
90.00	11.16	10.81	10.56	10.37	10.23	10.11	10.02	9.95
90.50	11.02	10.69	10.45	10.27	10.13	10.03	9.94	9.87
91.00	10.88	10.56	10.34	10.17	10.04	9.94	9.86	9.79
91.50	10.74	10.44	10.23	10.07	9.95	9.86	9.78	9.71
92.00	10.60	10.32	10.12	9.98	9.86	9.77	9.70	9.64
92.50	10.46	10.20	10.02	9.88	9.77	9.69	9.62	9.56
93.00	10.33	10.08	9.91	9.78	9.68	9.60	9.54	9.49
93.50	10.19	9.97	9.81	9.69	9.59	9.52	9.46	9.42
94.00	10.06	9.85	9.70	9.59	9.51	9.44	9.39	9.34
94.50	9.92	9.73	9.60	9.50	9.42	9.36	9.31	9.27
95.00	9.79	9.62	9.49	9.40	9.33	9.28	9.23	9.20
95.50	9.66	9.50	9.39	9.31	9.25	9.20	9.16	9.12
96.00	9.52	9.39	9.29	9.22	9.16	9.12	9.08	9.05
96.50	9.39	9.27	9.19	9.13	9.08	9.04	9.01	8.98
97.00	9.26	9.16	9.09	9.03	8.99	8.96	8.93	8.91
97.50	9.13	9.05	8.99	8.94	8.91	8.88	8.86	8.84
98.00	9.01	8.94	8.89	8.85	8.83	8.80	8.79	8.77
98.50	8.88	8.83	8.79	8.76	8.74	8.73	8.71	8.70
99.00	8.75	8.72	8.69	8.68	8.66	8.65	8.64	8.64
99.50	8.63	8.61	8.60	8.59	8.58	8.58	8.57	8.57
100.00	8.50	8.50	8.50	8.50	8.50	8.50	8.50	8.50
100.50	8.38	8.39	8.40	8.41	8.42	8.43	8.43	8.43
101.00	8.25	8.29	8.31	8.33	8.34	8.35	8.36	8.37
102.00	8.01	8.07	8.12	8.15	8.18	8.20	8.22	8.23
103.00	7.76	7.86	7.93	7.99	8.03	8.06	8.08	8.10
104.00	7.53	7.66	7.75	7.82	7.87	7.91	7.95	7.98
105.00	7.29	7.45	7.57	7.65	7.72	7.77	7.81	7.85
106.00	7.06	7.25	7.39	7.49	7.57	7.63	7.68	7.72
107.00	6.82	7.05	7.21	7.33	7.42	7.49	7.55	7.60
108.00	6.60	6.85	7.03	7.17	7.27	7.36	7.42	7.48
109.00	6.37	6.66	6.86	7.01	7.13	7.22	7.30	7.36
110.00	6.15	6.46	6.69	6.86	6.98	7.09	7.17	7.24

8½%   Bond Yield Table

PRICE	YEARS TO MATURITY							
	13	14	15	16	17	18	19	20
70.00	13.44	13.27	13.12	13.00	12.89	12.80	12.72	12.65
71.00	13.23	13.06	12.92	12.80	12.70	12.61	12.54	12.47
72.00	13.02	12.86	12.73	12.61	12.51	12.43	12.35	12.29
73.00	12.82	12.67	12.54	12.43	12.33	12.25	12.18	12.11
74.00	12.62	12.47	12.35	12.24	12.15	12.07	12.00	11.94
75.00	12.43	12.28	12.16	12.06	11.97	11.90	11.83	11.78
76.00	12.23	12.10	11.98	11.89	11.80	11.73	11.67	11.61
77.00	12.05	11.92	11.81	11.71	11.63	11.57	11.50	11.45
78.00	11.86	11.74	11.63	11.55	11.47	11.40	11.35	11.30
79.00	11.68	11.56	11.46	11.38	11.31	11.24	11.19	11.14
80.00	11.50	11.39	11.30	11.22	11.15	11.09	11.04	10.99
81.00	11.33	11.22	11.13	11.06	10.99	10.94	10.89	10.84
82.00	11.16	11.06	10.97	10.90	10.84	10.79	10.74	10.70
82.50	11.07	10.98	10.89	10.82	10.76	10.71	10.67	10.63
83.00	10.99	10.89	10.82	10.75	10.69	10.64	10.60	10.56
83.50	10.90	10.81	10.74	10.67	10.62	10.57	10.53	10.49
84.00	10.82	10.73	10.66	10.60	10.54	10.50	10.45	10.42
84.50	10.74	10.66	10.58	10.52	10.47	10.42	10.39	10.35
85.00	10.66	10.58	10.51	10.45	10.40	10.35	10.32	10.28
85.50	10.58	10.50	10.43	10.38	10.33	10.28	10.25	10.22
86.00	10.50	10.42	10.36	10.30	10.26	10.22	10.18	10.15
86.50	10.42	10.35	10.29	10.23	10.19	10.15	10.11	10.08
87.00	10.34	10.27	10.21	10.16	10.12	10.08	10.05	10.02
87.50	10.26	10.20	10.14	10.09	10.05	10.01	9.98	9.95
88.00	10.19	10.12	10.07	10.02	9.98	9.95	9.91	9.89
88.50	10.11	10.05	10.00	9.95	9.91	9.88	9.85	9.82
89.00	10.03	9.97	9.93	9.88	9.85	9.81	9.79	9.76
89.50	9.96	9.90	9.85	9.81	9.78	9.75	9.72	9.70
90.00	9.88	9.83	9.79	9.75	9.71	9.68	9.66	9.64
90.50	9.81	9.76	9.72	9.68	9.65	9.62	9.60	9.58
91.00	9.74	9.69	9.65	9.61	9.58	9.56	9.53	9.51
91.50	9.66	9.62	9.58	9.55	9.52	9.49	9.47	9.45
92.00	9.59	9.55	9.51	9.48	9.45	9.43	9.41	9.39
92.50	9.52	9.48	9.45	9.42	9.39	9.37	9.35	9.33
93.00	9.45	9.41	9.38	9.35	9.33	9.31	9.29	9.28
93.50	9.38	9.34	9.31	9.29	9.27	9.25	9.23	9.22
94.00	9.31	9.27	9.25	9.22	9.20	9.19	9.17	9.16
94.50	9.24	9.21	9.18	9.16	9.14	9.13	9.11	9.10
95.00	9.17	9.14	9.12	9.10	9.08	9.07	9.06	9.05
95.50	9.10	9.07	9.05	9.04	9.02	9.01	9.00	8.99
96.00	9.03	9.01	8.99	8.98	8.96	8.95	8.94	8.93
96.50	8.96	8.94	8.93	8.91	8.90	8.89	8.88	8.88
97.00	8.89	8.88	8.87	8.85	8.84	8.84	8.83	8.82
97.50	8.83	8.81	8.80	8.79	8.79	8.78	8.77	8.77
98.00	8.76	8.75	8.74	8.73	8.73	8.72	8.72	8.71
98.50	8.69	8.69	8.68	8.68	8.67	8.67	8.66	8.66
99.00	8.63	8.62	8.62	8.62	8.61	8.61	8.61	8.61
99.50	8.56	8.56	8.56	8.56	8.56	8.55	8.55	8.55
100.00	8.50	8.50	8.50	8.50	8.50	8.50	8.50	8.50
100.50	8.44	8.44	8.44	8.44	8.44	8.45	8.45	8.45
101.00	8.37	8.38	8.38	8.39	8.39	8.39	8.39	8.40
102.00	8.25	8.26	8.26	8.27	8.28	8.28	8.29	8.29
103.00	8.12	8.14	8.15	8.16	8.17	8.18	8.19	8.19
104.00	8.00	8.02	8.04	8.05	8.06	8.07	8.08	8.09
105.00	7.88	7.90	7.92	7.94	7.96	7.97	7.98	7.99
106.00	7.76	7.79	7.81	7.84	7.85	7.87	7.89	7.90
107.00	7.64	7.68	7.70	7.73	7.75	7.77	7.79	7.80
108.00	7.52	7.56	7.60	7.63	7.65	7.67	7.69	7.71
109.00	7.41	7.45	7.49	7.52	7.55	7.58	7.60	7.62
110.00	7.30	7.34	7.39	7.42	7.45	7.48	7.50	7.52

Bond Yield Table 8½%

PRICE	21	22	23	24	25	29	30	CUR
70.00	12.59	12.54	12.49	12.45	12.42	12.31	12.29	12.14
71.00	12.41	12.36	12.32	12.28	12.24	12.14	12.12	11.97
72.00	12.23	12.18	12.14	12.10	12.07	11.97	11.95	11.81
73.00	12.06	12.01	11.97	11.94	11.90	11.81	11.79	11.64
74.00	11.89	11.85	11.81	11.77	11.74	11.65	11.63	11.49
75.00	11.73	11.68	11.64	11.61	11.58	11.49	11.47	11.33
76.00	11.56	11.52	11.49	11.45	11.42	11.34	11.32	11.18
77.00	11.41	11.37	11.33	11.30	11.27	11.19	11.17	11.04
78.00	11.25	11.21	11.18	11.15	11.12	11.04	11.03	10.90
79.00	11.10	11.06	11.03	11.00	10.98	10.90	10.89	10.76
80.00	10.95	10.92	10.89	10.86	10.83	10.76	10.75	10.63
81.00	10.81	10.77	10.74	10.72	10.69	10.62	10.61	10.49
82.00	10.66	10.63	10.60	10.58	10.56	10.49	10.48	10.37
82.50	10.59	10.56	10.54	10.51	10.49	10.43	10.41	10.30
83.00	10.52	10.49	10.47	10.44	10.42	10.36	10.35	10.24
83.50	10.46	10.43	10.40	10.38	10.36	10.30	10.29	10.18
84.00	10.39	10.36	10.33	10.31	10.29	10.23	10.22	10.12
84.50	10.32	10.29	10.27	10.25	10.23	10.17	10.16	10.06
85.00	10.25	10.23	10.20	10.18	10.16	10.11	10.10	10.00
85.50	10.19	10.16	10.14	10.12	10.10	10.05	10.04	9.94
86.00	10.12	10.10	10.07	10.06	10.04	9.99	9.98	9.88
86.50	10.06	10.03	10.01	9.99	9.98	9.93	9.92	9.83
87.00	9.99	9.97	9.95	9.93	9.91	9.87	9.86	9.77
87.50	9.93	9.91	9.89	9.87	9.85	9.81	9.80	9.71
88.00	9.86	9.84	9.82	9.81	9.79	9.75	9.74	9.66
88.50	9.80	9.78	9.76	9.75	9.73	9.69	9.68	9.60
89.00	9.74	9.72	9.70	9.69	9.67	9.63	9.63	9.55
89.50	9.68	9.66	9.64	9.63	9.62	9.58	9.57	9.50
90.00	9.62	9.60	9.58	9.57	9.56	9.52	9.51	9.44
90.50	9.56	9.54	9.53	9.51	9.50	9.47	9.46	9.39
91.00	9.50	9.48	9.47	9.45	9.44	9.41	9.40	9.34
91.50	9.44	9.42	9.41	9.40	9.39	9.36	9.35	9.29
92.00	9.38	9.36	9.35	9.34	9.33	9.30	9.30	9.24
92.50	9.32	9.31	9.30	9.29	9.28	9.25	9.24	9.19
93.00	9.26	9.25	9.24	9.23	9.22	9.19	9.19	9.14
93.50	9.20	9.19	9.18	9.17	9.17	9.14	9.14	9.09
94.00	9.15	9.14	9.13	9.12	9.11	9.09	9.09	9.04
94.50	9.09	9.08	9.07	9.07	9.06	9.04	9.03	8.99
95.00	9.04	9.03	9.02	9.01	9.01	8.99	8.98	8.95
95.50	8.98	8.97	8.97	8.96	8.95	8.94	8.93	8.90
96.00	8.92	8.92	8.91	8.91	8.90	8.89	8.88	8.85
96.50	8.87	8.86	8.86	8.85	8.85	8.84	8.83	8.81
97.00	8.82	8.81	8.81	8.80	8.80	8.79	8.79	8.76
97.50	8.76	8.76	8.75	8.75	8.75	8.74	8.74	8.72
98.00	8.71	8.71	8.70	8.70	8.70	8.69	8.69	8.67
98.50	8.66	8.65	8.65	8.65	8.65	8.64	8.64	8.63
99.00	8.60	8.60	8.60	8.60	8.60	8.59	8.59	8.59
99.50	8.55	8.55	8.55	8.55	8.55	8.55	8.55	8.54
100.00	8.50	8.50	8.50	8.50	8.50	8.50	8.50	8.50
100.50	8.45	8.45	8.45	8.45	8.45	8.45	8.45	8.46
101.00	8.40	8.40	8.40	8.40	8.40	8.41	8.41	8.42
102.00	8.30	8.30	8.30	8.31	8.31	8.32	8.32	8.33
103.00	8.20	8.20	8.21	8.21	8.22	8.23	8.23	8.25
104.00	8.10	8.11	8.11	8.12	8.12	8.14	8.14	8.17
105.00	8.00	8.01	8.02	8.03	8.03	8.05	8.06	8.10
106.00	7.91	7.92	7.93	7.94	7.94	7.97	7.97	8.02
107.00	7.82	7.83	7.84	7.85	7.86	7.88	7.89	7.94
108.00	7.72	7.74	7.75	7.76	7.77	7.80	7.81	7.87
109.00	7.63	7.65	7.66	7.67	7.68	7.72	7.72	7.80
110.00	7.54	7.56	7.58	7.59	7.60	7.64	7.65	7.73

8¾%   Bond Yield Table

PRICE	YEARS TO MATURITY							
	¼	½	¾	1	1½	2	3	4
85.00	78.85	45.59	32.76	26.83	20.91	18.01	15.16	13.75
85.50	76.12	44.15	31.85	26.15	20.46	17.67	14.92	13.57
86.00	73.42	42.73	30.94	25.48	20.01	17.33	14.69	13.38
86.50	70.75	41.33	30.05	24.81	19.57	16.99	14.45	13.20
87.00	68.11	39.94	29.16	24.15	19.12	16.66	14.22	13.02
87.50	65.51	38.57	28.28	23.49	18.69	16.33	13.99	12.84
88.00	62.92	37.22	27.41	22.84	18.25	16.00	13.77	12.67
88.50	60.37	35.88	26.55	22.20	17.82	15.67	13.54	12.49
89.00	57.85	34.55	25.69	21.56	17.39	15.34	13.32	12.31
89.50	55.35	33.24	24.85	20.93	16.97	15.02	13.09	12.14
90.00	52.88	31.94	24.01	20.30	16.55	14.70	12.87	11.97
90.50	50.44	30.66	23.18	19.67	16.13	14.38	12.65	11.80
91.00	48.02	29.40	22.35	19.06	15.72	14.07	12.44	11.63
91.25	46.82	28.77	21.94	18.75	15.51	13.91	12.33	11.54
91.50	45.63	28.14	21.54	18.44	15.31	13.76	12.22	11.46
91.75	44.44	27.52	21.13	18.14	15.10	13.60	12.11	11.37
92.00	43.26	26.90	20.73	17.84	14.90	13.44	12.00	11.29
92.25	42.09	26.29	20.33	17.53	14.69	13.29	11.90	11.21
92.50	40.92	25.68	19.93	17.23	14.49	13.14	11.79	11.12
92.75	39.76	25.07	19.53	16.93	14.29	12.98	11.68	11.04
93.00	38.61	24.46	19.13	16.63	14.09	12.83	11.58	10.96
93.25	37.46	23.86	18.74	16.34	13.89	12.68	11.47	10.88
93.50	36.32	23.26	18.35	16.04	13.69	12.52	11.37	10.79
93.75	35.18	22.67	17.96	15.75	13.49	12.37	11.26	10.71
94.00	34.05	22.07	17.57	15.45	13.29	12.22	11.16	10.63
94.25	32.92	21.49	17.18	15.16	13.10	12.07	11.05	10.55
94.50	31.80	20.90	16.79	14.87	12.90	11.92	10.95	10.47
94.75	30.69	20.32	16.41	14.58	12.70	11.77	10.85	10.39
95.00	29.58	19.74	16.03	14.29	12.51	11.62	10.74	10.31
95.25	28.48	19.16	15.65	14.00	12.31	11.48	10.64	10.23
95.50	27.38	18.59	15.27	13.72	12.12	11.33	10.54	10.15
95.75	26.29	18.02	14.89	13.43	11.93	11.18	10.44	10.07
96.00	25.21	17.45	14.51	13.15	11.74	11.03	10.33	9.99
96.25	24.13	16.88	14.14	12.87	11.54	10.89	10.23	9.91
96.50	23.05	16.32	13.77	12.58	11.35	10.74	10.13	9.83
96.75	21.98	15.76	13.40	12.30	11.16	10.60	10.03	9.75
97.00	20.92	15.21	13.03	12.02	10.97	10.45	9.93	9.67
97.25	19.86	14.65	12.66	11.74	10.78	10.31	9.83	9.59
97.50	18.81	14.10	12.29	11.47	10.60	10.16	9.73	9.52
97.75	17.76	13.55	11.93	11.19	10.41	10.02	9.63	9.44
98.00	16.72	13.01	11.57	10.92	10.22	9.88	9.53	9.36
98.25	15.68	12.47	11.20	10.64	10.04	9.73	9.43	9.28
98.50	14.65	11.93	10.85	10.37	9.85	9.59	9.33	9.21
98.75	13.62	11.39	10.49	10.10	9.67	9.45	9.24	9.13
99.00	12.60	10.86	10.13	9.82	9.48	9.31	9.14	9.05
99.25	11.58	10.33	9.77	9.55	9.30	9.17	9.04	8.98
99.50	10.57	9.80	9.42	9.29	9.11	9.03	8.94	8.90
99.75	9.56	9.27	9.07	9.02	8.93	8.89	8.85	8.83
100.00	8.56	8.75	8.72	8.75	8.75	8.75	8.75	8.75
100.25	7.57	8.23	8.37	8.48	8.57	8.61	8.65	8.67
100.50	6.57	7.71	8.02	8.22	8.39	8.47	8.56	8.60
101.00	4.60	6.68	7.33	7.69	8.03	8.20	8.37	8.45
101.50	2.65	5.67	6.64	7.17	7.67	7.92	8.18	8.30
102.00	0.72	4.66	5.96	6.65	7.32	7.65	7.99	8.15
102.50		3.66	5.29	6.13	6.97	7.38	7.80	8.01
103.00		2.67	4.62	5.62	6.62	7.11	7.61	7.86
103.50		1.69	3.95	5.12	6.27	6.85	7.43	7.72
104.00		0.72	3.29	4.61	5.92	6.58	7.24	7.57
104.50			2.64	4.11	5.58	6.32	7.06	7.42
105.00			1.99	3.61	5.24	6.06	6.88	7.29

Bond Yield Table   8¾%

PRICE	YEARS TO MATURITY							
	5	6	7	8	9	10	11	12
70.00	18.12	16.90	16.04	15.40	14.91	14.53	14.23	13.98
71.00	17.73	16.56	15.73	15.12	14.65	14.29	13.99	13.75
72.00	17.35	16.22	15.43	14.85	14.40	14.05	13.76	13.53
73.00	16.98	15.90	15.14	14.58	14.15	13.81	13.54	13.32
74.00	16.61	15.57	14.85	14.31	13.90	13.58	13.32	13.11
75.00	16.24	15.26	14.56	14.05	13.66	13.35	13.10	12.90
76.00	15.88	14.95	14.28	13.80	13.42	13.13	12.89	12.70
77.00	15.53	14.64	14.01	13.55	13.19	12.91	12.68	12.50
78.00	15.19	14.34	13.74	13.30	12.96	12.70	12.48	12.31
79.00	14.85	14.04	13.48	13.06	12.74	12.48	12.28	12.11
80.00	14.51	13.75	13.22	12.82	12.52	12.28	12.08	11.93
81.00	14.18	13.47	12.96	12.59	12.30	12.07	11.89	11.74
82.00	13.86	13.18	12.71	12.36	12.09	11.87	11.70	11.56
82.50	13.70	13.05	12.58	12.24	11.98	11.77	11.61	11.47
83.00	13.54	12.91	12.46	12.13	11.88	11.68	11.51	11.38
83.50	13.38	12.77	12.34	12.02	11.77	11.58	11.42	11.29
84.00	13.22	12.63	12.22	11.91	11.67	11.48	11.33	11.21
84.50	13.07	12.50	12.09	11.80	11.57	11.39	11.24	11.12
85.00	12.91	12.36	11.98	11.69	11.47	11.29	11.15	11.03
85.50	12.76	12.23	11.86	11.58	11.36	11.20	11.06	10.95
86.00	12.61	12.10	11.74	11.47	11.27	11.10	10.97	10.87
86.50	12.46	11.97	11.62	11.36	11.17	11.01	10.88	10.78
87.00	12.31	11.84	11.50	11.26	11.07	10.92	10.80	10.70
87.50	12.16	11.71	11.39	11.15	10.97	10.83	10.71	10.62
88.00	12.01	11.58	11.27	11.05	10.87	10.74	10.63	10.53
88.50	11.86	11.45	11.16	10.94	10.78	10.65	10.54	10.45
89.00	11.72	11.33	11.05	10.84	10.68	10.56	10.46	10.37
89.50	11.57	11.20	10.94	10.74	10.59	10.47	10.37	10.29
90.00	11.43	11.08	10.82	10.64	10.49	10.38	10.29	10.21
90.50	11.29	10.95	10.71	10.54	10.40	10.29	10.21	10.14
91.00	11.15	10.83	10.60	10.44	10.31	10.21	10.13	10.06
91.50	11.01	10.71	10.49	10.34	10.22	10.12	10.04	9.98
92.00	10.87	10.59	10.39	10.24	10.13	10.04	9.96	9.90
92.50	10.73	10.46	10.28	10.14	10.03	9.95	9.88	9.83
93.00	10.59	10.34	10.17	10.04	9.95	9.87	9.80	9.75
93.50	10.45	10.23	10.07	9.95	9.86	9.78	9.73	9.68
94.00	10.32	10.11	9.96	9.85	9.77	9.70	9.65	9.60
94.50	10.18	9.99	9.86	9.76	9.68	9.62	9.57	9.53
95.00	10.05	9.87	9.75	9.66	9.59	9.54	9.49	9.46
95.50	9.91	9.76	9.65	9.57	9.51	9.46	9.42	9.38
96.00	9.78	9.64	9.55	9.47	9.42	9.38	9.34	9.31
96.50	9.65	9.53	9.44	9.38	9.33	9.30	9.26	9.24
97.00	9.52	9.42	9.34	9.29	9.25	9.22	9.19	9.17
97.50	9.39	9.30	9.24	9.20	9.16	9.14	9.11	9.10
98.00	9.26	9.19	9.14	9.11	9.08	9.06	9.04	9.03
98.50	9.13	9.08	9.04	9.02	9.00	8.98	8.97	8.96
99.00	9.00	8.97	8.95	8.93	8.91	8.90	8.89	8.89
99.50	8.88	8.86	8.85	8.84	8.83	8.83	8.82	8.82
100.00	8.75	8.75	8.75	8.75	8.75	8.75	8.75	8.75
100.50	8.62	8.64	8.65	8.66	8.67	8.67	8.68	8.68
101.00	8.50	8.53	8.56	8.57	8.59	8.60	8.61	8.61
102.00	8.25	8.32	8.37	8.40	8.43	8.45	8.47	8.48
103.00	8.01	8.11	8.18	8.23	8.27	8.30	8.33	8.35
104.00	7.77	7.90	7.99	8.06	8.12	8.16	8.19	8.22
105.00	7.53	7.69	7.81	7.90	7.96	8.01	8.06	8.09
106.00	7.30	7.49	7.63	7.73	7.81	7.87	7.92	7.96
107.00	7.06	7.29	7.45	7.57	7.66	7.73	7.79	7.84
108.00	6.83	7.09	7.27	7.41	7.51	7.59	7.66	7.72
109.00	6.61	6.89	7.10	7.25	7.36	7.46	7.53	7.59
110.00	6.38	6.70	6.92	7.09	7.22	7.32	7.41	7.47

8¾%　　　　　Bond Yield Table

PRICE	YEARS TO MATURITY							
	13	14	15	16	17	18	19	20
70.00	13.77	13.60	13.45	13.33	13.22	13.13	13.06	12.99
71.00	13.55	13.39	13.25	13.13	13.03	12.94	12.87	12.80
72.00	13.34	13.18	13.05	12.94	12.84	12.75	12.68	12.62
73.00	13.14	12.98	12.85	12.74	12.65	12.57	12.50	12.44
74.00	12.93	12.79	12.66	12.56	12.47	12.39	12.32	12.26
75.00	12.73	12.59	12.48	12.37	12.29	12.21	12.15	12.09
76.00	12.54	12.41	12.29	12.20	12.11	12.04	11.98	11.93
77.00	12.35	12.22	12.11	12.02	11.94	11.87	11.81	11.76
78.00	12.16	12.04	11.94	11.85	11.77	11.71	11.65	11.60
79.00	11.98	11.86	11.76	11.68	11.61	11.55	11.49	11.44
80.00	11.80	11.69	11.59	11.51	11.45	11.39	11.34	11.29
81.00	11.62	11.51	11.43	11.35	11.29	11.23	11.18	11.14
82.00	11.44	11.35	11.26	11.19	11.13	11.08	11.03	10.99
82.50	11.36	11.26	11.18	11.11	11.05	11.00	10.96	10.92
83.00	11.27	11.18	11.10	11.04	10.98	10.93	10.89	10.85
83.50	11.19	11.10	11.02	10.96	10.90	10.86	10.81	10.78
84.00	11.10	11.02	10.95	10.88	10.83	10.78	10.74	10.71
84.50	11.02	10.94	10.87	10.81	10.75	10.71	10.67	10.64
85.00	10.94	10.86	10.79	10.73	10.68	10.64	10.60	10.57
85.50	10.86	10.78	10.71	10.66	10.61	10.57	10.53	10.50
86.00	10.78	10.70	10.64	10.58	10.54	10.50	10.46	10.43
86.50	10.70	10.62	10.56	10.51	10.47	10.43	10.39	10.36
87.00	10.62	10.55	10.49	10.44	10.40	10.36	10.32	10.30
87.50	10.54	10.47	10.41	10.37	10.33	10.29	10.26	10.23
88.00	10.46	10.40	10.34	10.30	10.26	10.22	10.19	10.16
88.50	10.38	10.32	10.27	10.22	10.19	10.15	10.12	10.10
89.00	10.30	10.25	10.20	10.16	10.12	10.09	10.06	10.04
89.50	10.23	10.17	10.13	10.09	10.05	10.02	9.99	9.97
90.00	10.15	10.10	10.06	10.02	9.98	9.96	9.93	9.91
90.50	10.08	10.03	9.98	9.95	9.92	9.89	9.87	9.85
91.00	10.00	9.96	9.92	9.88	9.85	9.83	9.80	9.78
91.50	9.93	9.88	9.85	9.81	9.79	9.76	9.74	9.72
92.00	9.85	9.81	9.78	9.75	9.72	9.70	9.68	9.66
92.50	9.78	9.74	9.71	9.68	9.66	9.64	9.62	9.60
93.00	9.71	9.67	9.64	9.62	9.59	9.57	9.56	9.54
93.50	9.64	9.60	9.58	9.55	9.53	9.51	9.50	9.48
94.00	9.57	9.54	9.51	9.49	9.47	9.45	9.43	9.42
94.50	9.50	9.47	9.44	9.42	9.40	9.39	9.38	9.36
95.00	9.43	9.40	9.38	9.36	9.34	9.33	9.32	9.31
95.50	9.36	9.33	9.31	9.30	9.28	9.27	9.26	9.25
96.00	9.29	9.27	9.25	9.23	9.22	9.21	9.20	9.19
96.50	9.22	9.20	9.18	9.17	9.16	9.15	9.14	9.13
97.00	9.15	9.13	9.12	9.11	9.10	9.09	9.08	9.08
97.50	9.08	9.07	9.06	9.05	9.04	9.03	9.03	9.02
98.00	9.01	9.00	9.00	8.99	8.98	8.98	8.97	8.97
98.50	8.95	8.94	8.93	8.93	8.92	8.92	8.92	8.91
99.00	8.88	8.88	8.87	8.87	8.86	8.86	8.86	8.86
99.50	8.82	8.81	8.81	8.81	8.81	8.81	8.80	8.80
100.00	8.75	8.75	8.75	8.75	8.75	8.75	8.75	8.75
100.50	8.69	8.69	8.69	8.69	8.69	8.69	8.70	8.70
101.00	8.62	8.63	8.63	8.63	8.64	8.64	8.64	8.64
102.00	8.49	8.50	8.51	8.52	8.53	8.53	8.54	8.54
103.00	8.37	8.38	8.39	8.41	8.42	8.42	8.43	8.44
104.00	8.24	8.26	8.28	8.29	8.31	8.32	8.33	8.34
105.00	8.12	8.14	8.17	8.18	8.20	8.21	8.23	8.24
106.00	8.00	8.03	8.05	8.08	8.09	8.11	8.12	8.14
107.00	7.88	7.91	7.94	7.97	7.99	8.01	8.03	8.04
108.00	7.76	7.80	7.83	7.86	7.89	7.91	7.93	7.94
109.00	7.65	7.69	7.73	7.76	7.79	7.81	7.83	7.85
110.00	7.53	7.58	7.62	7.66	7.69	7.71	7.74	7.76

Bond Yield Table 8¾%

PRICE	YEARS TO MATURITY							
	21	22	23	24	25	29	30	CUR
70.00	12.93	12.88	12.83	12.79	12.76	12.66	12.64	12.50
71.00	12.74	12.69	12.65	12.61	12.58	12.48	12.46	12.32
72.00	12.56	12.51	12.47	12.44	12.40	12.31	12.29	12.15
73.00	12.39	12.34	12.30	12.26	12.23	12.14	12.12	11.99
74.00	12.21	12.17	12.13	12.09	12.06	11.97	11.96	11.82
75.00	12.04	12.00	11.96	11.93	11.90	11.81	11.80	11.67
76.00	11.88	11.84	11.80	11.77	11.74	11.66	11.64	11.51
77.00	11.72	11.68	11.64	11.61	11.58	11.50	11.49	11.36
78.00	11.56	11.52	11.49	11.46	11.43	11.35	11.34	11.22
79.00	11.40	11.37	11.34	11.31	11.28	11.21	11.19	11.08
80.00	11.25	11.22	11.19	11.16	11.14	11.06	11.05	10.94
81.00	11.10	11.07	11.04	11.02	10.99	10.93	10.91	10.80
82.00	10.96	10.93	10.90	10.87	10.85	10.79	10.78	10.67
82.50	10.89	10.86	10.83	10.81	10.78	10.72	10.71	10.61
83.00	10.81	10.79	10.76	10.74	10.72	10.66	10.64	10.54
83.50	10.74	10.72	10.69	10.67	10.65	10.59	10.58	10.48
84.00	10.67	10.65	10.62	10.60	10.58	10.52	10.51	10.42
84.50	10.61	10.58	10.56	10.53	10.52	10.46	10.45	10.36
85.00	10.54	10.51	10.49	10.47	10.45	10.40	10.39	10.29
85.50	10.47	10.44	10.42	10.40	10.39	10.33	10.32	10.23
86.00	10.40	10.38	10.36	10.34	10.32	10.27	10.26	10.17
86.50	10.34	10.31	10.29	10.27	10.26	10.21	10.20	10.12
87.00	10.27	10.25	10.23	10.21	10.20	10.15	10.14	10.06
87.50	10.21	10.18	10.17	10.15	10.13	10.09	10.08	10.00
88.00	10.14	10.12	10.10	10.09	10.07	10.03	10.02	9.94
88.50	10.08	10.06	10.04	10.02	10.01	9.97	9.96	9.89
89.00	10.01	10.00	9.98	9.96	9.95	9.91	9.90	9.83
89.50	9.95	9.93	9.92	9.90	9.89	9.85	9.85	9.78
90.00	9.89	9.87	9.86	9.84	9.83	9.79	9.79	9.72
90.50	9.83	9.81	9.80	9.78	9.77	9.74	9.73	9.67
91.00	9.77	9.75	9.74	9.73	9.71	9.68	9.68	9.62
91.50	9.71	9.69	9.68	9.67	9.66	9.63	9.62	9.56
92.00	9.65	9.63	9.62	9.61	9.60	9.57	9.56	9.51
92.50	9.59	9.57	9.56	9.55	9.54	9.52	9.51	9.46
93.00	9.53	9.52	9.50	9.50	9.49	9.46	9.46	9.41
93.50	9.47	9.46	9.45	9.44	9.43	9.41	9.40	9.36
94.00	9.41	9.40	9.39	9.38	9.38	9.35	9.35	9.31
94.50	9.35	9.34	9.34	9.33	9.32	9.30	9.30	9.26
95.00	9.30	9.29	9.28	9.27	9.27	9.25	9.25	9.21
95.50	9.24	9.23	9.22	9.22	9.21	9.20	9.19	9.16
96.00	9.18	9.18	9.17	9.16	9.16	9.15	9.14	9.11
96.50	9.13	9.12	9.12	9.11	9.11	9.09	9.09	9.07
97.00	9.07	9.07	9.06	9.06	9.05	9.04	9.04	9.02
97.50	9.02	9.01	9.01	9.01	9.00	8.99	8.99	8.97
98.00	8.96	8.96	8.96	8.95	8.95	8.94	8.94	8.93
98.50	8.91	8.91	8.90	8.90	8.90	8.90	8.89	8.88
99.00	8.86	8.85	8.85	8.85	8.85	8.85	8.85	8.84
99.50	8.80	8.80	8.80	8.80	8.80	8.80	8.80	8.79
100.00	8.75	8.75	8.75	8.75	8.75	8.75	8.75	8.75
100.50	8.70	8.70	8.70	8.70	8.70	8.70	8.70	8.71
101.00	8.65	8.65	8.65	8.65	8.65	8.66	8.66	8.66
102.00	8.54	8.55	8.55	8.55	8.55	8.56	8.56	8.58
103.00	8.44	8.45	8.45	8.46	8.46	8.47	8.47	8.50
104.00	8.34	8.35	8.36	8.36	8.37	8.38	8.38	8.41
105.00	8.25	8.25	8.26	8.27	8.27	8.29	8.30	8.33
106.00	8.15	8.16	8.17	8.18	8.18	8.20	8.21	8.25
107.00	8.05	8.07	8.08	8.08	8.09	8.12	8.12	8.18
108.00	7.96	7.97	7.98	8.00	8.00	8.03	8.04	8.10
109.00	7.87	7.88	7.90	7.91	7.92	7.95	7.96	8.03
110.00	7.78	7.79	7.81	7.82	7.83	7.87	7.88	7.95

9% Bond Yield Table

PRICE	YEARS TO MATURITY							
	¼	½	¾	1	1½	2	3	4
85.00	79.08	45.88	33.04	27.11	21.19	18.29	15.43	14.0
85.50	76.35	44.44	32.13	26.43	20.74	17.95	15.20	13.8
86.00	73.65	43.02	31.22	25.76	20.29	17.61	14.96	13.6
86.50	70.99	41.62	30.33	25.09	19.84	17.27	14.73	13.4
87.00	68.35	40.23	29.44	24.43	19.40	16.93	14.50	13.2
87.50	65.74	38.86	28.56	23.77	18.96	16.60	14.27	13.1
88.00	63.16	37.50	27.68	23.12	18.53	16.27	14.04	12.9
88.50	60.61	36.16	26.82	22.47	18.09	15.94	13.81	12.7
89.00	58.08	34.83	25.96	21.83	17.67	15.61	13.59	12.5
89.50	55.59	33.52	25.12	21.20	17.24	15.29	13.36	12.4
90.00	53.12	32.22	24.28	20.57	16.82	14.97	13.14	12.2
90.50	50.67	30.94	23.44	19.94	16.40	14.65	12.92	12.0
91.00	48.26	29.67	22.62	19.32	15.98	14.33	12.70	11.89
91.25	47.06	29.04	22.21	19.02	15.78	14.18	12.59	11.8
91.50	45.87	28.42	21.80	18.71	15.57	14.02	12.48	11.72
91.75	44.68	27.79	21.40	18.41	15.37	13.86	12.38	11.64
92.00	43.50	27.17	20.99	18.10	15.16	13.71	12.27	11.55
92.25	42.33	26.56	20.59	17.80	14.96	13.55	12.16	11.47
92.50	41.16	25.95	20.19	17.50	14.76	13.40	12.05	11.39
92.75	40.00	25.34	19.79	17.20	14.55	13.24	11.95	11.30
93.00	38.85	24.73	19.40	16.90	14.35	13.09	11.84	11.22
93.25	37.70	24.13	19.00	16.60	14.15	12.94	11.73	11.14
93.50	36.55	23.53	18.61	16.31	13.95	12.79	11.63	11.05
93.75	35.42	22.93	18.22	16.01	13.75	12.63	11.52	10.97
94.00	34.29	22.34	17.83	15.72	13.55	12.48	11.42	10.89
94.25	33.16	21.75	17.44	15.42	13.36	12.33	11.31	10.81
94.50	32.04	21.16	17.05	15.13	13.16	12.18	11.21	10.73
94.75	30.93	20.58	16.67	14.84	12.96	12.03	11.11	10.68
95.00	29.82	20.00	16.28	14.55	12.77	11.88	11.00	10.56
95.25	28.72	19.42	15.90	14.26	12.57	11.73	10.90	10.48
95.50	27.62	18.85	15.52	13.98	12.38	11.58	10.80	10.40
95.75	26.53	18.28	15.15	13.69	12.19	11.44	10.69	10.32
96.00	25.45	17.71	14.77	13.41	11.99	11.29	10.59	10.24
96.25	24.37	17.14	14.40	13.12	11.80	11.14	10.49	10.16
96.50	23.29	16.58	14.02	12.84	11.61	11.00	10.39	10.08
96.75	22.22	16.02	13.65	12.56	11.42	10.85	10.29	10.01
97.00	21.16	15.46	13.28	12.28	11.23	10.71	10.19	9.93
97.25	20.10	14.91	12.91	12.00	11.04	10.56	10.09	9.85
97.50	19.05	14.36	12.55	11.72	10.85	10.42	9.98	9.77
97.75	18.00	13.81	12.18	11.44	10.66	10.27	9.88	9.69
98.00	16.96	13.27	11.82	11.17	10.48	10.13	9.79	9.61
98.25	15.92	12.72	11.46	10.89	10.29	9.99	9.69	9.54
98.50	14.89	12.18	11.10	10.62	10.10	9.84	9.59	9.46
98.75	13.86	11.65	10.74	10.35	9.92	9.70	9.49	9.38
99.00	12.84	11.11	10.38	10.08	9.73	9.56	9.39	9.31
99.25	11.82	10.58	10.02	9.81	9.55	9.42	9.29	9.23
99.50	10.81	10.05	9.67	9.54	9.37	9.28	9.19	9.15
99.75	9.80	9.52	9.32	9.27	9.18	9.14	9.10	9.08
100.00	8.80	9.00	8.97	9.00	9.00	9.00	9.00	9.00
100.25	7.80	8.48	8.62	8.73	8.82	8.86	8.90	8.92
100.50	6.81	7.96	8.27	8.47	8.64	8.72	8.81	8.85
101.00	4.84	6.93	7.57	7.94	8.28	8.45	8.61	8.70
101.50	2.89	5.91	6.89	7.42	7.92	8.17	8.42	8.55
102.00	0.96	4.90	6.21	6.90	7.56	7.90	8.23	8.40
102.50		3.90	5.53	6.38	7.21	7.63	8.05	8.25
103.00		2.91	4.86	5.87	6.86	7.36	7.86	8.11
103.50		1.93	4.19	5.36	6.51	7.09	7.67	7.96
104.00		0.96	3.54	4.85	6.17	6.83	7.49	7.82
104.50			2.88	4.35	5.82	6.56	7.30	7.67
105.00			2.23	3.85	5.48	6.30	7.12	7.53

68

Bond Yield Table   9%

PRICE	YEARS TO MATURITY							
	5	6	7	8	9	10	11	12
70.00	18.44	17.21	16.35	15.72	15.23	14.85	14.55	14.30
71.00	18.05	16.87	16.04	15.43	14.97	14.60	14.31	14.07
72.00	17.66	16.53	15.74	15.16	14.71	14.36	14.08	13.85
73.00	17.28	16.20	15.44	14.89	14.46	14.12	13.85	13.63
74.00	16.91	15.88	15.15	14.62	14.21	13.89	13.63	13.42
75.00	16.54	15.56	14.87	14.36	13.96	13.66	13.41	13.21
76.00	16.18	15.25	14.59	14.10	13.72	13.43	13.20	13.00
77.00	15.83	14.94	14.31	13.84	13.49	13.21	12.99	12.80
78.00	15.48	14.63	14.04	13.60	13.26	12.99	12.78	12.60
79.00	15.14	14.34	13.77	13.35	13.03	12.78	12.58	12.41
80.00	14.80	14.04	13.51	13.11	12.81	12.57	12.38	12.22
81.00	14.47	13.75	13.25	12.87	12.59	12.36	12.18	12.03
82.00	14.14	13.47	12.99	12.64	12.37	12.16	11.99	11.85
82.50	13.98	13.33	12.87	12.53	12.26	12.06	11.89	11.76
83.00	13.82	13.19	12.74	12.41	12.16	11.96	11.80	11.67
83.50	13.66	13.05	12.62	12.30	12.05	11.86	11.71	11.58
84.00	13.50	12.91	12.50	12.19	11.95	11.76	11.61	11.49
84.50	13.35	12.78	12.37	12.08	11.85	11.67	11.52	11.40
85.00	13.19	12.64	12.25	11.96	11.74	11.57	11.43	11.32
85.50	13.04	12.51	12.13	11.86	11.64	11.47	11.34	11.23
86.00	12.88	12.37	12.01	11.75	11.54	11.38	11.25	11.14
86.50	12.73	12.24	11.90	11.64	11.44	11.29	11.16	11.06
87.00	12.58	12.11	11.78	11.53	11.34	11.19	11.07	10.97
87.50	12.43	11.98	11.66	11.43	11.24	11.10	10.99	10.89
88.00	12.28	11.85	11.55	11.32	11.15	11.01	10.90	10.81
88.50	12.13	11.72	11.43	11.21	11.05	10.92	10.81	10.73
89.00	11.99	11.60	11.32	11.11	10.95	10.83	10.73	10.64
89.50	11.84	11.47	11.20	11.01	10.86	10.74	10.64	10.56
90.00	11.70	11.34	11.09	10.91	10.76	10.65	10.56	10.48
90.50	11.55	11.22	10.98	10.80	10.67	10.56	10.47	10.40
91.00	11.41	11.09	10.87	10.70	10.57	10.47	10.39	10.33
91.50	11.27	10.97	10.76	10.60	10.48	10.39	10.31	10.25
92.00	11.13	10.85	10.65	10.50	10.39	10.30	10.23	10.17
92.50	10.99	10.73	10.54	10.40	10.30	10.21	10.15	10.09
93.00	10.85	10.61	10.43	10.31	10.21	10.13	10.07	10.02
93.50	10.71	10.49	10.33	10.21	10.12	10.05	9.99	9.94
94.00	10.58	10.37	10.22	10.11	10.03	9.96	9.91	9.86
94.50	10.44	10.25	10.12	10.02	9.94	9.88	9.83	9.79
95.00	10.30	10.13	10.01	9.92	9.85	9.80	9.75	9.71
95.50	10.17	10.02	9.91	9.83	9.76	9.71	9.67	9.64
96.00	10.04	9.90	9.80	9.73	9.68	9.63	9.60	9.57
96.50	9.90	9.78	9.70	9.64	9.59	9.55	9.52	9.49
97.00	9.77	9.67	9.60	9.54	9.50	9.47	9.44	9.42
97.50	9.64	9.56	9.50	9.45	9.42	9.39	9.37	9.35
98.00	9.51	9.44	9.40	9.36	9.33	9.31	9.29	9.28
98.50	9.38	9.33	9.30	9.27	9.25	9.23	9.22	9.21
99.00	9.25	9.22	9.20	9.18	9.17	9.15	9.15	9.14
99.50	9.13	9.11	9.10	9.09	9.08	9.08	9.07	9.07
100.00	9.00	9.00	9.00	9.00	9.00	9.00	9.00	9.00
100.50	8.87	8.89	8.90	8.91	8.92	8.92	8.93	8.93
101.00	8.75	8.78	8.81	8.82	8.84	8.85	8.86	8.86
102.00	8.50	8.57	8.61	8.65	8.68	8.70	8.71	8.73
103.00	8.26	8.35	8.42	8.48	8.52	8.55	8.57	8.59
104.00	8.01	8.14	8.24	8.31	8.36	8.40	8.43	8.46
105.00	7.77	7.94	8.05	8.14	8.20	8.26	8.30	8.33
106.00	7.54	7.73	7.87	7.97	8.05	8.11	8.16	8.20
107.00	7.30	7.53	7.69	7.81	7.90	7.97	8.03	8.08
108.00	7.07	7.33	7.51	7.64	7.75	7.83	7.90	7.95
109.00	6.84	7.13	7.33	7.48	7.60	7.69	7.77	7.83
110.00	6.62	6.93	7.16	7.33	7.45	7.56	7.64	7.71

9% Bond Yield Table

PRICE	YEARS TO MATURITY							
	13	14	15	16	17	18	19	20
70.00	14.10	13.93	13.78	13.66	13.56	13.47	13.39	13.33
71.00	13.88	13.71	13.57	13.46	13.36	13.27	13.20	13.13
72.00	13.66	13.50	13.37	13.26	13.16	13.08	13.01	12.95
73.00	13.45	13.30	13.17	13.06	12.97	12.89	12.82	12.76
74.00	13.25	13.10	12.98	12.87	12.78	12.71	12.64	12.58
75.00	13.04	12.90	12.79	12.69	12.60	12.53	12.46	12.41
76.00	12.84	12.71	12.60	12.50	12.42	12.35	12.29	12.24
77.00	12.65	12.52	12.42	12.33	12.25	12.18	12.12	12.07
78.00	12.46	12.34	12.24	12.15	12.08	12.01	11.96	11.91
79.00	12.27	12.16	12.06	11.98	11.91	11.85	11.79	11.75
80.00	12.09	11.98	11.89	11.81	11.74	11.68	11.63	11.59
81.00	11.91	11.81	11.72	11.64	11.58	11.53	11.48	11.44
82.00	11.73	11.64	11.55	11.48	11.42	11.37	11.33	11.29
82.50	11.65	11.55	11.47	11.40	11.34	11.29	11.25	11.21
83.00	11.56	11.47	11.39	11.32	11.27	11.22	11.18	11.14
83.50	11.47	11.38	11.31	11.25	11.19	11.14	11.10	11.07
84.00	11.39	11.30	11.23	11.17	11.11	11.07	11.03	10.99
84.50	11.30	11.22	11.15	11.09	11.04	10.99	10.96	10.92
85.00	11.22	11.14	11.07	11.01	10.96	10.92	10.88	10.85
85.50	11.14	11.06	10.99	10.94	10.89	10.85	10.81	10.78
86.00	11.06	10.98	10.92	10.86	10.82	10.78	10.74	10.71
86.50	10.97	10.90	10.84	10.79	10.75	10.71	10.67	10.64
87.00	10.89	10.82	10.77	10.72	10.67	10.64	10.60	10.58
87.50	10.81	10.75	10.69	10.64	10.60	10.57	10.54	10.51
88.00	10.73	10.67	10.62	10.57	10.53	10.50	10.47	10.44
88.50	10.65	10.59	10.54	10.50	10.46	10.43	10.40	10.37
89.00	10.58	10.52	10.47	10.43	10.39	10.36	10.33	10.31
89.50	10.50	10.44	10.40	10.36	10.32	10.29	10.27	10.24
90.00	10.42	10.37	10.33	10.29	10.25	10.23	10.20	10.18
90.50	10.35	10.30	10.25	10.22	10.19	10.16	10.14	10.12
91.00	10.27	10.22	10.18	10.15	10.12	10.09	10.07	10.05
91.50	10.19	10.15	10.11	10.08	10.05	10.03	10.01	9.99
92.00	10.12	10.08	10.04	10.01	9.99	9.96	9.95	9.93
92.50	10.05	10.01	9.97	9.95	9.92	9.90	9.88	9.87
93.00	9.97	9.94	9.91	9.88	9.86	9.84	9.82	9.81
93.50	9.90	9.87	9.84	9.81	9.79	9.77	9.76	9.74
94.00	9.83	9.80	9.77	9.75	9.73	9.71	9.70	9.68
94.50	9.76	9.73	9.70	9.68	9.67	9.65	9.64	9.62
95.00	9.68	9.66	9.64	9.62	9.60	9.59	9.58	9.57
95.50	9.61	9.59	9.57	9.55	9.54	9.53	9.52	9.51
96.00	9.54	9.52	9.51	9.49	9.48	9.47	9.46	9.45
96.50	9.47	9.46	9.44	9.43	9.42	9.41	9.40	9.39
97.00	9.40	9.39	9.38	9.37	9.36	9.35	9.34	9.33
97.50	9.34	9.32	9.31	9.30	9.30	9.29	9.28	9.28
98.00	9.27	9.26	9.25	9.24	9.24	9.23	9.23	9.22
98.50	9.20	9.19	9.19	9.18	9.18	9.17	9.17	9.16
99.00	9.13	9.13	9.12	9.12	9.12	9.11	9.11	9.11
99.50	9.07	9.06	9.06	9.06	9.06	9.06	9.06	9.05
100.00	9.00	9.00	9.00	9.00	9.00	9.00	9.00	9.00
100.50	8.93	8.94	8.94	8.94	8.94	8.94	8.94	8.95
101.00	8.87	8.87	8.88	8.88	8.88	8.89	8.89	8.89
102.00	8.74	8.75	8.76	8.77	8.77	8.78	8.78	8.79
103.00	8.61	8.63	8.64	8.65	8.66	8.67	8.68	8.68
104.00	8.49	8.51	8.52	8.54	8.55	8.56	8.57	8.58
105.00	8.36	8.39	8.41	8.43	8.44	8.45	8.47	8.48
106.00	8.24	8.27	8.29	8.32	8.33	8.35	8.36	8.38
107.00	8.12	8.15	8.18	8.21	8.23	8.25	8.26	8.28
108.00	8.00	8.04	8.07	8.10	8.12	8.15	8.16	8.18
109.00	7.88	7.92	7.96	7.99	8.02	8.05	8.07	8.08
110.00	7.76	7.81	7.85	7.89	7.92	7.95	7.97	7.99

Bond Yield Table 9%

| PRICE | YEARS TO MATURITY | | | | | | | |
	21	22	23	24	25	29	30	CUR
70.00	13.27	13.22	13.17	13.14	13.10	13.01	12.99	12.86
71.00	13.08	13.03	12.99	12.95	12.92	12.82	12.81	12.68
72.00	12.89	12.85	12.80	12.77	12.74	12.64	12.63	12.50
73.00	12.71	12.67	12.63	12.59	12.56	12.47	12.45	12.33
74.00	12.53	12.49	12.45	12.42	12.39	12.30	12.29	12.16
75.00	12.36	12.32	12.28	12.25	12.22	12.14	12.12	12.00
76.00	12.19	12.15	12.12	12.08	12.06	11.98	11.96	11.84
77.00	12.03	11.99	11.95	11.92	11.90	11.82	11.81	11.69
78.00	11.86	11.83	11.80	11.77	11.74	11.67	11.65	11.54
79.00	11.71	11.67	11.64	11.61	11.59	11.52	11.50	11.39
80.00	11.55	11.52	11.49	11.46	11.44	11.37	11.36	11.25
81.00	11.40	11.37	11.34	11.31	11.29	11.23	11.21	11.11
82.00	11.25	11.22	11.19	11.17	11.15	11.09	11.08	10.98
82.50	11.18	11.15	11.12	11.10	11.08	11.02	11.01	10.91
83.00	11.11	11.08	11.05	11.03	11.01	10.95	10.94	10.84
83.50	11.03	11.01	10.98	10.96	10.94	10.88	10.87	10.78
84.00	10.96	10.94	10.91	10.89	10.87	10.82	10.81	10.71
84.50	10.89	10.87	10.84	10.82	10.80	10.75	10.74	10.65
85.00	10.82	10.80	10.78	10.76	10.74	10.69	10.68	10.59
85.50	10.75	10.73	10.71	10.69	10.67	10.62	10.61	10.53
86.00	10.69	10.66	10.64	10.62	10.61	10.56	10.55	10.47
86.50	10.62	10.59	10.57	10.56	10.54	10.49	10.48	10.40
87.00	10.55	10.53	10.51	10.49	10.48	10.43	10.42	10.34
87.50	10.48	10.46	10.44	10.43	10.41	10.37	10.36	10.29
88.00	10.42	10.40	10.38	10.36	10.35	10.31	10.30	10.23
88.50	10.35	10.33	10.32	10.30	10.29	10.25	10.24	10.17
89.00	10.29	10.27	10.25	10.24	10.23	10.19	10.18	10.11
89.50	10.22	10.21	10.19	10.18	10.17	10.13	10.12	10.06
90.00	10.16	10.14	10.13	10.12	10.10	10.07	10.06	10.00
90.50	10.10	10.08	10.07	10.06	10.04	10.01	10.00	9.94
91.00	10.04	10.02	10.01	10.00	9.98	9.95	9.95	9.89
91.50	9.97	9.96	9.95	9.94	9.93	9.90	9.89	9.84
92.00	9.91	9.90	9.89	9.88	9.87	9.84	9.83	9.78
92.50	9.85	9.84	9.83	9.82	9.81	9.78	9.78	9.73
93.00	9.79	9.78	9.77	9.76	9.75	9.73	9.72	9.68
93.50	9.73	9.72	9.71	9.70	9.70	9.67	9.67	9.63
94.00	9.67	9.66	9.65	9.65	9.64	9.62	9.61	9.57
94.50	9.61	9.61	9.60	9.59	9.58	9.56	9.56	9.52
95.00	9.56	9.55	9.54	9.53	9.53	9.51	9.51	9.47
95.50	9.50	9.49	9.48	9.48	9.47	9.46	9.45	9.42
96.00	9.44	9.43	9.43	9.42	9.42	9.40	9.40	9.38
96.50	9.38	9.38	9.37	9.37	9.36	9.35	9.35	9.33
97.00	9.33	9.32	9.32	9.31	9.31	9.30	9.30	9.28
97.50	9.27	9.27	9.26	9.26	9.26	9.25	9.25	9.23
98.00	9.22	9.21	9.21	9.21	9.21	9.20	9.20	9.18
98.50	9.16	9.16	9.16	9.16	9.15	9.15	9.15	9.14
99.00	9.11	9.11	9.10	9.10	9.10	9.10	9.10	9.09
99.50	9.05	9.05	9.05	9.05	9.05	9.05	9.05	9.05
100.00	9.00	9.00	9.00	9.00	9.00	9.00	9.00	9.00
100.50	8.95	8.95	8.95	8.95	8.95	8.95	8.95	8.96
101.00	8.89	8.90	8.90	8.90	8.90	8.90	8.90	8.91
102.00	8.79	8.79	8.79	8.80	8.80	8.80	8.81	8.82
103.00	8.69	8.69	8.69	8.70	8.70	8.71	8.72	8.74
104.00	8.59	8.59	8.60	8.60	8.61	8.62	8.63	8.65
105.00	8.49	8.49	8.50	8.51	8.51	8.53	8.54	8.57
106.00	8.39	8.40	8.41	8.41	8.42	8.44	8.45	8.49
107.00	8.29	8.30	8.31	8.32	8.33	8.36	8.36	8.41
108.00	8.20	8.21	8.22	8.23	8.24	8.27	8.27	8.33
109.00	8.10	8.12	8.13	8.14	8.15	8.18	8.19	8.26
110.00	8.01	8.02	8.04	8.05	8.06	8.10	8.11	8.18

9¼% Bond Yield Table

PRICE	¼	½	¾	1	1½	2	3	4
				YEARS TO MATURITY				
85.00	79.31	46.18	33.33	27.40	21.47	18.57	15.71	14.34
85.50	76.58	44.74	32.41	26.72	21.02	18.22	15.47	14.12
86.00	73.89	43.31	31.50	26.04	20.57	17.88	15.24	13.91
86.50	71.22	41.91	30.60	25.37	20.12	17.54	15.00	13.79
87.00	68.58	40.52	29.71	24.71	19.68	17.21	14.77	13.57
87.50	65.97	39.14	28.83	24.05	19.24	16.87	14.54	13.39
88.00	63.39	37.78	27.96	23.39	18.80	16.54	14.31	13.27
88.50	60.84	36.44	27.09	22.75	18.37	16.21	14.08	13.03
89.00	58.32	35.11	26.24	22.11	17.94	15.88	13.86	12.88
89.50	55.82	33.80	25.39	21.47	17.51	15.56	13.63	12.68
90.00	53.35	32.50	24.55	20.84	17.09	15.24	13.41	12.50
90.50	50.91	31.22	23.71	20.21	16.67	14.92	13.19	12.33
91.00	48.49	29.95	22.89	19.59	16.25	14.60	12.97	12.16
91.25	47.29	29.32	22.48	19.28	16.04	14.44	12.86	12.07
91.50	46.10	28.69	22.07	18.98	15.84	14.29	12.75	11.99
91.75	44.92	28.07	21.66	18.67	15.63	14.13	12.64	11.90
92.00	43.74	27.45	21.26	18.37	15.43	13.97	12.53	11.82
92.25	42.56	26.83	20.85	18.07	15.22	13.82	12.42	11.73
92.50	41.40	26.22	20.45	17.76	15.02	13.66	12.32	11.65
92.75	40.24	25.61	20.06	17.46	14.82	13.51	12.21	11.56
93.00	39.08	25.00	19.66	17.16	14.61	13.35	12.10	11.48
93.25	37.93	24.40	19.26	16.87	14.41	13.20	12.00	11.40
93.50	36.79	23.80	18.87	16.57	14.21	13.05	11.89	11.32
93.75	35.65	23.20	18.48	16.27	14.01	12.89	11.78	11.23
94.00	34.52	22.61	18.09	15.98	13.81	12.74	11.68	11.15
94.25	33.40	22.02	17.70	15.68	13.62	12.59	11.57	11.07
94.50	32.28	21.43	17.31	15.39	13.42	12.44	11.47	10.99
94.75	31.17	20.84	16.93	15.10	13.22	12.29	11.36	10.90
95.00	30.06	20.26	16.54	14.81	13.03	12.14	11.26	10.82
95.25	28.96	19.69	16.16	14.52	12.83	11.99	11.16	10.74
95.50	27.86	19.11	15.78	14.24	12.64	11.84	11.05	10.66
95.75	26.77	18.54	15.40	13.95	12.44	11.69	10.95	10.58
96.00	25.68	17.97	15.03	13.66	12.25	11.55	10.85	10.50
96.25	24.60	17.40	14.65	13.38	12.06	11.40	10.75	10.42
96.50	23.53	16.84	14.28	13.10	11.87	11.25	10.64	10.34
96.75	22.46	16.28	13.91	12.82	11.67	11.11	10.54	10.26
97.00	21.40	15.72	13.54	12.53	11.48	10.96	10.44	10.18
97.25	20.34	15.17	13.17	12.26	11.29	10.82	10.34	10.10
97.50	19.29	14.62	12.80	11.98	11.11	10.67	10.24	10.10
97.75	18.24	14.07	12.43	11.70	10.92	10.53	10.14	9.95
98.00	17.20	13.52	12.07	11.42	10.73	10.38	10.04	9.87
98.25	16.16	12.98	11.71	11.15	10.54	10.24	9.94	9.79
98.50	15.13	12.44	11.35	10.87	10.36	10.10	9.84	9.71
98.75	14.10	11.90	10.99	10.60	10.17	9.95	9.74	9.63
99.00	13.08	11.36	10.63	10.33	9.98	9.81	9.64	9.56
99.25	12.06	10.83	10.27	10.06	9.80	9.67	9.54	9.48
99.50	11.05	10.30	9.92	9.79	9.62	9.53	9.45	9.40
99.75	10.04	9.77	9.57	9.52	9.43	9.39	9.35	9.33
100.00	9.04	9.25	9.21	9.25	9.25	9.25	9.25	9.25
100.25	8.04	8.73	8.86	8.98	9.07	9.11	9.15	9.17
100.50	7.05	8.21	8.51	8.72	8.89	8.97	9.06	9.10
101.00	5.08	7.18	7.82	8.19	8.53	8.69	8.86	8.95
101.50	3.13	6.16	7.13	7.66	8.17	8.42	8.67	8.80
102.00	1.20	5.15	6.45	7.14	7.81	8.15	8.48	8.65
102.50		4.15	5.77	6.63	7.46	7.87	8.29	8.50
103.00		3.16	5.10	6.11	7.11	7.60	8.10	8.35
103.50		2.17	4.44	5.60	6.76	7.34	7.92	8.21
104.00		1.20	3.78	5.10	6.41	7.07	7.73	8.06
104.50		0.24	3.12	4.59	6.07	6.81	7.55	7.92
105.00			2.47	4.10	5.72	6.54	7.36	7.77

Bond Yield Table 9¼%

PRICE	YEARS TO MATURITY							
	5	6	7	8	9	10	11	12
70.00	18.76	17.53	16.67	16.04	15.55	15.17	14.87	14.63
71.00	18.36	17.18	16.36	15.75	15.29	14.92	14.63	14.39
72.00	17.97	16.84	16.05	15.47	15.02	14.68	14.40	14.17
73.00	17.59	16.51	15.75	15.19	14.77	14.43	14.17	13.95
74.00	17.21	16.18	15.46	14.92	14.52	14.20	13.94	13.73
75.00	16.84	15.86	15.17	14.66	14.27	13.96	13.72	13.52
76.00	16.48	15.54	14.89	14.40	14.03	13.73	13.50	13.31
77.00	16.12	15.23	14.61	14.14	13.79	13.51	13.29	13.10
78.00	15.77	14.93	14.33	13.89	13.55	13.29	13.08	12.90
79.00	15.43	14.63	14.06	13.64	13.32	13.07	12.87	12.71
80.00	15.09	14.33	13.80	13.40	13.10	12.86	12.67	12.51
81.00	14.76	14.04	13.53	13.16	12.88	12.65	12.47	12.32
82.00	14.43	13.75	13.28	12.93	12.66	12.45	12.28	12.14
82.50	14.26	13.61	13.15	12.81	12.55	12.34	12.18	12.04
83.00	14.10	13.47	13.02	12.70	12.44	12.24	12.08	11.95
83.50	13.94	13.33	12.90	12.58	12.34	12.14	11.99	11.86
84.00	13.78	13.19	12.78	12.47	12.23	12.05	11.90	11.77
84.50	13.63	13.06	12.65	12.36	12.13	11.95	11.80	11.68
85.00	13.47	12.92	12.53	12.24	12.02	11.85	11.71	11.60
85.50	13.31	12.78	12.41	12.13	11.92	11.75	11.62	11.51
86.00	13.16	12.65	12.29	12.02	11.82	11.66	11.53	11.42
86.50	13.01	12.52	12.17	11.91	11.72	11.56	11.44	11.34
87.00	12.85	12.38	12.05	11.81	11.62	11.47	11.35	11.25
87.50	12.70	12.25	11.93	11.70	11.52	11.37	11.26	11.17
88.00	12.55	12.12	11.82	11.59	11.42	11.28	11.17	11.08
88.50	12.41	11.99	11.70	11.49	11.32	11.19	11.08	11.00
89.00	12.26	11.86	11.59	11.38	11.22	11.10	11.00	10.92
89.50	12.11	11.74	11.47	11.28	11.13	11.01	10.91	10.83
90.00	11.97	11.61	11.36	11.17	11.03	10.92	10.83	10.75
90.50	11.82	11.48	11.25	11.07	10.94	10.83	10.74	10.67
91.00	11.68	11.36	11.14	10.97	10.84	10.74	10.66	10.59
91.50	11.53	11.24	11.02	10.87	10.75	10.65	10.58	10.51
92.00	11.39	11.11	10.91	10.77	10.65	10.56	10.49	10.43
92.50	11.25	10.99	10.80	10.67	10.56	10.48	10.41	10.36
93.00	11.11	10.87	10.70	10.57	10.47	10.39	10.33	10.28
93.50	10.97	10.75	10.59	10.47	10.38	10.31	10.25	10.20
94.00	10.84	10.63	10.48	10.37	10.29	10.22	10.17	10.12
94.50	10.70	10.51	10.37	10.27	10.20	10.14	10.09	10.05
95.00	10.56	10.39	10.27	10.18	10.11	10.05	10.01	9.97
95.50	10.43	10.27	10.16	10.08	10.02	9.97	9.93	9.90
96.00	10.29	10.16	10.06	9.99	9.93	9.89	9.85	9.82
96.50	10.16	10.04	9.96	9.89	9.85	9.81	9.78	9.75
97.00	10.03	9.93	9.85	9.80	9.76	9.73	9.70	9.68
97.50	9.90	9.81	9.75	9.71	9.67	9.65	9.62	9.61
98.00	9.77	9.70	9.65	9.61	9.59	9.57	9.55	9.53
98.50	9.64	9.58	9.55	9.52	9.50	9.49	9.47	9.46
99.00	9.51	9.47	9.45	9.43	9.42	9.41	9.40	9.39
99.50	9.38	9.36	9.35	9.34	9.33	9.33	9.32	9.32
100.00	9.25	9.25	9.25	9.25	9.25	9.25	9.25	9.25
100.50	9.12	9.14	9.15	9.16	9.17	9.17	9.18	9.18
101.00	9.00	9.03	9.05	9.07	9.08	9.10	9.10	9.11
102.00	8.75	8.81	8.86	8.90	8.92	8.94	8.96	8.97
103.00	8.50	8.60	8.67	8.72	8.76	8.79	8.82	8.84
104.00	8.26	8.39	8.48	8.55	8.60	8.64	8.68	8.71
105.00	8.02	8.18	8.29	8.38	8.45	8.50	8.54	8.57
106.00	7.78	7.97	8.11	8.21	8.29	8.35	8.40	8.44
107.00	7.54	7.77	7.93	8.05	8.14	8.21	8.27	8.32
108.00	7.31	7.57	7.75	7.88	7.99	8.07	8.14	8.19
109.00	7.08	7.37	7.57	7.72	7.84	7.93	8.00	8.07
110.00	6.85	7.17	7.39	7.56	7.69	7.79	7.87	7.94

9¼% Bond Yield Table

PRICE	YEARS TO MATURITY							
	13	14	15	16	17	18	19	20
70.00	14.42	14.25	14.11	13.99	13.89	13.80	13.73	13.66
71.00	14.20	14.04	13.90	13.79	13.69	13.60	13.53	13.47
72.00	13.98	13.83	13.69	13.58	13.49	13.41	13.34	13.27
73.00	13.77	13.62	13.49	13.38	13.29	13.21	13.15	13.09
74.00	13.56	13.41	13.29	13.19	13.10	13.03	12.96	12.90
75.00	13.35	13.21	13.10	13.00	12.92	12.84	12.78	12.73
76.00	13.15	13.02	12.91	12.81	12.73	12.66	12.60	12.55
77.00	12.95	12.83	12.72	12.63	12.55	12.49	12.43	12.38
78.00	12.76	12.64	12.54	12.45	12.38	12.32	12.26	12.21
79.00	12.57	12.46	12.36	12.28	12.21	12.15	12.10	12.05
80.00	12.38	12.28	12.18	12.11	12.04	11.98	11.93	11.89
81.00	12.20	12.10	12.01	11.94	11.88	11.82	11.77	11.73
82.00	12.02	11.93	11.84	11.77	11.71	11.66	11.62	11.58
82.50	11.93	11.84	11.76	11.69	11.63	11.58	11.54	11.50
83.00	11.85	11.75	11.68	11.61	11.56	11.51	11.47	11.43
83.50	11.76	11.67	11.60	11.53	11.48	11.43	11.39	11.35
84.00	11.67	11.59	11.51	11.45	11.40	11.36	11.32	11.28
84.50	11.59	11.50	11.43	11.38	11.32	11.28	11.24	11.21
85.00	11.50	11.42	11.35	11.30	11.25	11.21	11.17	11.14
85.50	11.42	11.34	11.28	11.22	11.17	11.13	11.10	11.07
86.00	11.33	11.26	11.20	11.14	11.10	11.06	11.02	10.99
86.50	11.25	11.18	11.12	11.07	11.02	10.99	10.95	10.92
87.00	11.17	11.10	11.04	10.99	10.95	10.91	10.88	10.85
87.50	11.09	11.02	10.97	10.92	10.88	10.84	10.81	10.79
88.00	11.01	10.94	10.89	10.85	10.81	10.77	10.74	10.72
88.50	10.93	10.87	10.82	10.77	10.74	10.70	10.68	10.65
89.00	10.85	10.79	10.74	10.70	10.67	10.63	10.61	10.58
89.50	10.77	10.71	10.67	10.63	10.60	10.57	10.54	10.52
90.00	10.69	10.64	10.60	10.56	10.53	10.50	10.47	10.45
90.50	10.61	10.56	10.52	10.49	10.46	10.43	10.41	10.39
91.00	10.54	10.49	10.45	10.42	10.39	10.36	10.34	10.32
91.50	10.46	10.42	10.38	10.35	10.32	10.30	10.28	10.26
92.00	10.39	10.34	10.31	10.28	10.25	10.23	10.21	10.19
92.50	10.31	10.27	10.24	10.21	10.19	10.17	10.15	10.13
93.00	10.24	10.20	10.17	10.14	10.12	10.10	10.08	10.07
93.50	10.16	10.13	10.10	10.08	10.06	10.04	10.02	10.01
94.00	10.09	10.06	10.03	10.01	9.99	9.97	9.96	9.95
94.50	10.02	9.99	9.96	9.94	9.93	9.91	9.90	9.89
95.00	9.94	9.92	9.90	9.88	9.86	9.85	9.84	9.83
95.50	9.87	9.85	9.83	9.81	9.80	9.79	9.78	9.77
96.00	9.80	9.78	9.76	9.75	9.74	9.72	9.72	9.71
96.50	9.73	9.71	9.70	9.68	9.67	9.66	9.66	9.65
97.00	9.66	9.65	9.63	9.62	9.61	9.60	9.60	9.59
97.50	9.59	9.58	9.57	9.56	9.55	9.54	9.54	9.53
98.00	9.52	9.51	9.50	9.50	9.49	9.48	9.48	9.47
98.50	9.45	9.45	9.44	9.43	9.43	9.42	9.42	9.42
99.00	9.38	9.38	9.38	9.37	9.37	9.37	9.36	9.36
99.50	9.32	9.31	9.31	9.31	9.31	9.31	9.31	9.31
100.00	9.25	9.25	9.25	9.25	9.25	9.25	9.25	9.25
100.50	9.18	9.19	9.19	9.19	9.19	9.19	9.19	9.19
101.00	9.12	9.12	9.13	9.13	9.13	9.14	9.14	9.14
102.00	8.99	9.00	9.00	9.01	9.02	9.02	9.03	9.03
103.00	8.86	8.87	8.88	8.89	8.90	8.91	8.92	8.93
104.00	8.73	8.75	8.77	8.78	8.79	8.80	8.81	8.82
105.00	8.60	8.63	8.65	8.67	8.68	8.70	8.71	8.72
106.00	8.48	8.51	8.53	8.55	8.57	8.59	8.60	8.62
107.00	8.36	8.39	8.42	8.44	8.47	8.48	8.50	8.52
108.00	8.24	8.27	8.31	8.34	8.36	8.38	8.40	8.42
109.00	8.12	8.16	8.20	8.23	8.26	8.28	8.30	8.32
110.00	8.00	8.05	8.09	8.12	8.15	8.18	8.20	8.22

Bond Yield Table 9¼%

PRICE	21	22	23	24	25	29	30	CUR
				YEARS TO MATURITY				
70.00	13.61	13.56	13.52	13.48	13.45	13.35	13.34	13.21
71.00	13.41	13.36	13.32	13.29	13.26	13.16	13.15	13.03
72.00	13.22	13.18	13.14	13.10	13.07	12.98	12.97	12.85
73.00	13.04	12.99	12.95	12.92	12.89	12.80	12.79	12.67
74.00	12.86	12.81	12.78	12.74	12.71	12.63	12.62	12.50
75.00	12.68	12.64	12.60	12.57	12.54	12.46	12.45	12.33
76.00	12.51	12.47	12.43	12.40	12.38	12.30	12.28	12.17
77.00	12.34	12.30	12.27	12.24	12.21	12.14	12.12	12.01
78.00	12.17	12.14	12.10	12.08	12.05	11.98	11.97	11.86
79.00	12.01	11.98	11.95	11.92	11.90	11.83	11.81	11.71
80.00	11.85	11.82	11.79	11.76	11.74	11.68	11.66	11.56
81.00	11.70	11.67	11.64	11.61	11.59	11.53	11.52	11.42
82.00	11.55	11.52	11.49	11.47	11.45	11.39	11.37	11.28
82.50	11.47	11.44	11.42	11.39	11.37	11.31	11.30	11.21
83.00	11.40	11.37	11.34	11.32	11.30	11.25	11.23	11.14
83.50	11.32	11.30	11.27	11.25	11.23	11.18	11.17	11.08
84.00	11.25	11.22	11.20	11.18	11.16	11.11	11.10	11.01
84.50	11.18	11.15	11.13	11.11	11.09	11.04	11.03	10.95
85.00	11.11	11.08	11.06	11.04	11.03	10.97	10.96	10.88
85.50	11.04	11.01	10.99	10.97	10.96	10.91	10.90	10.82
86.00	10.97	10.94	10.92	10.91	10.89	10.84	10.83	10.76
86.50	10.90	10.88	10.86	10.84	10.82	10.78	10.77	10.69
87.00	10.83	10.81	10.79	10.77	10.76	10.71	10.71	10.63
87.50	10.76	10.74	10.72	10.71	10.69	10.65	10.64	10.57
88.00	10.70	10.68	10.66	10.64	10.63	10.59	10.58	10.51
88.50	10.63	10.61	10.59	10.58	10.57	10.53	10.52	10.45
89.00	10.56	10.54	10.53	10.51	10.50	10.46	10.46	10.39
89.50	10.50	10.48	10.47	10.45	10.44	10.40	10.40	10.34
90.00	10.43	10.42	10.40	10.39	10.38	10.34	10.34	10.28
90.50	10.37	10.35	10.34	10.33	10.32	10.28	10.28	10.22
91.00	10.31	10.29	10.28	10.27	10.26	10.22	10.22	10.16
91.50	10.24	10.23	10.22	10.21	10.20	10.17	10.16	10.11
92.00	10.18	10.17	10.16	10.14	10.14	10.11	10.10	10.05
92.50	10.12	10.11	10.09	10.09	10.08	10.05	10.05	10.00
93.00	10.06	10.05	10.04	10.03	10.02	9.99	9.99	9.95
93.50	10.00	9.99	9.98	9.97	9.96	9.94	9.93	9.89
94.00	9.94	9.93	9.92	9.91	9.90	9.88	9.88	9.84
94.50	9.88	9.87	9.86	9.85	9.85	9.83	9.82	9.79
95.00	9.82	9.81	9.80	9.79	9.79	9.77	9.77	9.74
95.50	9.76	9.75	9.74	9.74	9.73	9.72	9.71	9.69
96.00	9.70	9.69	9.69	9.68	9.68	9.66	9.66	9.64
96.50	9.64	9.64	9.63	9.63	9.62	9.61	9.61	9.59
97.00	9.58	9.58	9.58	9.57	9.57	9.56	9.56	9.54
97.50	9.53	9.52	9.52	9.52	9.51	9.50	9.50	9.49
98.00	9.47	9.47	9.46	9.46	9.46	9.45	9.45	9.44
98.50	9.42	9.41	9.41	9.41	9.41	9.40	9.40	9.39
99.00	9.36	9.36	9.36	9.36	9.36	9.35	9.35	9.34
99.50	9.30	9.30	9.30	9.30	9.30	9.30	9.30	9.30
100.00	9.25	9.25	9.25	9.25	9.25	9.25	9.25	9.25
100.50	9.20	9.20	9.20	9.20	9.20	9.20	9.20	9.20
101.00	9.14	9.14	9.15	9.15	9.15	9.15	9.15	9.16
102.00	9.04	9.04	9.04	9.04	9.05	9.05	9.06	9.07
103.00	8.93	8.94	8.94	8.94	8.95	8.96	8.96	8.98
104.00	8.83	8.83	8.84	8.85	8.85	8.86	8.87	8.89
105.00	8.73	8.73	8.74	8.75	8.75	8.77	8.78	8.81
106.00	8.63	8.64	8.64	8.65	8.66	8.68	8.68	8.73
107.00	8.53	8.54	8.55	8.56	8.57	8.59	8.60	8.64
108.00	8.43	8.44	8.46	8.47	8.47	8.50	8.51	8.56
109.00	8.34	8.35	8.36	8.37	8.38	8.42	8.42	8.49
110.00	8.24	8.26	8.27	8.28	8.30	8.33	8.34	8.41

9½% Bond Yield Table

PRICE	¼	½	¾	1	1½	2	3	4
				YEARS TO MATURITY				
85.00	79.54	46.47	33.61	27.68	21.75	18.85	15.99	14.58
85.50	76.81	45.03	32.69	27.00	21.29	18.50	15.75	14.39
86.00	74.12	43.60	31.78	26.32	20.84	18.16	15.51	14.21
86.50	71.45	42.20	30.88	25.65	20.39	17.82	15.28	14.02
87.00	68.81	40.80	29.99	24.98	19.95	17.48	15.04	13.84
87.50	66.20	39.43	29.11	24.32	19.51	17.14	14.81	13.66
88.00	63.62	38.07	28.23	23.67	19.07	16.81	14.58	13.48
88.50	61.07	36.72	27.36	23.02	18.64	16.48	14.35	13.30
89.00	58.55	35.39	26.51	22.38	18.21	16.15	14.12	13.12
89.50	56.05	34.08	25.66	21.74	17.78	15.83	13.90	12.95
90.00	53.59	32.78	24.81	21.11	17.36	15.51	13.67	12.77
90.50	51.14	31.49	23.98	20.48	16.93	15.18	13.45	12.60
91.00	48.73	30.22	23.15	19.86	16.52	14.87	13.23	12.42
91.25	47.53	29.59	22.74	19.55	16.31	14.71	13.12	12.34
91.50	46.34	28.96	22.33	19.25	16.10	14.55	13.01	12.25
91.75	45.15	28.34	21.93	18.94	15.90	14.39	12.90	12.17
92.00	43.97	27.72	21.52	18.63	15.69	14.24	12.79	12.08
92.25	42.80	27.10	21.12	18.33	15.49	14.08	12.69	12.00
92.50	41.63	26.49	20.72	18.03	15.28	13.92	12.58	11.91
92.75	40.47	25.88	20.32	17.73	15.08	13.77	12.47	11.83
93.00	39.32	25.27	19.92	17.43	14.88	13.62	12.36	11.74
93.25	38.17	24.66	19.52	17.13	14.68	13.46	12.26	11.66
93.50	37.03	24.06	19.13	16.83	14.48	13.31	12.15	11.58
93.75	35.89	23.47	18.74	16.54	14.28	13.16	12.04	11.49
94.00	34.76	22.87	18.35	16.24	14.08	13.00	11.94	11.41
94.25	33.64	22.28	17.96	15.95	13.88	12.85	11.83	11.33
94.50	32.52	21.69	17.57	15.65	13.68	12.70	11.73	11.25
94.75	31.40	21.11	17.18	15.36	13.48	12.55	11.62	11.16
95.00	30.30	20.53	16.80	15.07	13.29	12.40	11.52	11.08
95.25	29.19	19.95	16.42	14.78	13.09	12.25	11.41	11.00
95.50	28.10	19.37	16.04	14.49	12.89	12.10	11.31	10.92
95.75	27.01	18.80	15.66	14.21	12.70	11.95	11.21	10.84
96.00	25.92	18.23	15.28	13.92	12.51	11.80	11.10	10.76
96.25	24.84	17.66	14.91	13.64	12.31	11.66	11.00	10.68
96.50	23.77	17.10	14.53	13.35	12.12	11.51	10.90	10.60
96.75	22.70	16.54	14.16	13.07	11.93	11.36	10.80	10.52
97.00	21.64	15.98	13.79	12.79	11.74	11.22	10.70	10.44
97.25	20.58	15.42	13.42	12.51	11.55	11.07	10.59	10.36
97.50	19.52	14.87	13.05	12.23	11.36	10.93	10.49	10.28
97.75	18.48	14.32	12.69	11.95	11.17	10.78	10.39	10.20
98.00	17.43	13.78	12.32	11.68	10.98	10.64	10.29	10.12
98.25	16.40	13.23	11.96	11.40	10.79	10.49	10.19	10.04
98.50	15.37	12.69	11.60	11.13	10.61	10.35	10.09	9.96
98.75	14.34	12.15	11.24	10.85	10.42	10.21	9.99	9.89
99.00	13.32	11.62	10.88	10.58	10.24	10.06	9.89	9.81
99.25	12.30	11.08	10.52	10.31	10.05	9.92	9.79	9.73
99.50	11.29	10.55	10.17	10.04	9.87	9.78	9.70	9.65
99.75	10.28	10.03	9.81	9.77	9.68	9.64	9.60	9.58
100.00	9.28	9.50	9.46	9.50	9.50	9.50	9.50	9.50
100.25	8.28	8.98	9.11	9.23	9.32	9.36	9.40	9.42
100.50	7.29	8.46	8.76	8.97	9.14	9.22	9.31	9.35
101.00	5.32	7.43	8.07	8.44	8.77	8.94	9.11	9.20
101.50	3.37	6.40	7.38	7.91	8.41	8.67	8.92	9.04
102.00	1.44	5.39	6.69	7.39	8.06	8.39	8.73	8.89
102.50		4.39	6.02	6.87	7.70	8.12	8.54	8.75
103.00		3.40	5.34	6.36	7.35	7.85	8.35	8.60
103.50		2.42	4.68	5.85	7.00	7.58	8.16	8.45
104.00		1.44	4.02	5.34	6.65	7.31	7.97	8.30
104.50		0.48	3.36	4.84	6.31	7.05	7.79	8.16
105.00			2.71	4.34	5.97	6.78	7.60	8.01

Bond Yield Table 9½%

PRICE	YEARS TO MATURITY							
	5	6	7	8	9	10	11	12
70.00	19.07	17.85	16.99	16.36	15.87	15.50	15.20	14.95
71.00	18.67	17.50	16.67	16.07	15.60	15.24	14.95	14.72
72.00	18.28	17.15	16.36	15.78	15.34	14.99	14.71	14.49
73.00	17.89	16.82	16.06	15.50	15.08	14.75	14.48	14.26
74.00	17.52	16.49	15.76	15.23	14.82	14.51	14.25	14.04
75.00	17.15	16.16	15.47	14.96	14.57	14.27	14.02	13.83
76.00	16.78	15.84	15.19	14.70	14.33	14.04	13.80	13.61
77.00	16.42	15.53	14.90	14.44	14.09	13.81	13.59	13.41
78.00	16.07	15.22	14.63	14.19	13.85	13.59	13.38	13.20
79.00	15.72	14.92	14.35	13.94	13.62	13.37	13.17	13.00
80.00	15.38	14.62	14.09	13.69	13.39	13.15	12.96	12.81
81.00	15.04	14.33	13.82	13.45	13.16	12.94	12.76	12.61
82.00	14.71	14.04	13.56	13.21	12.94	12.73	12.56	12.43
82.50	14.55	13.89	13.43	13.09	12.83	12.63	12.47	12.33
83.00	14.38	13.75	13.31	12.98	12.73	12.53	12.37	12.24
83.50	14.22	13.61	13.18	12.86	12.62	12.43	12.27	12.15
84.00	14.06	13.47	13.06	12.75	12.51	12.33	12.18	12.06
84.50	13.90	13.33	12.93	12.63	12.41	12.23	12.08	11.97
85.00	13.75	13.20	12.81	12.52	12.30	12.13	11.99	11.88
85.50	13.59	13.06	12.69	12.41	12.20	12.03	11.90	11.79
86.00	13.43	12.92	12.57	12.30	12.10	11.93	11.81	11.70
86.50	13.28	12.79	12.44	12.19	11.99	11.84	11.71	11.61
87.00	13.13	12.66	12.33	12.08	11.89	11.74	11.62	11.53
87.50	12.98	12.52	12.21	11.97	11.79	11.65	11.53	11.44
88.00	12.82	12.39	12.09	11.86	11.69	11.55	11.45	11.36
88.50	12.68	12.26	11.97	11.76	11.59	11.46	11.36	11.27
89.00	12.53	12.13	11.86	11.65	11.49	11.37	11.27	11.19
89.50	12.38	12.01	11.74	11.55	11.40	11.28	11.18	11.10
90.00	12.23	11.88	11.63	11.44	11.30	11.19	11.10	11.02
90.50	12.09	11.75	11.51	11.34	11.20	11.10	11.01	10.94
91.00	11.94	11.62	11.40	11.23	11.11	11.01	10.93	10.86
91.50	11.80	11.50	11.29	11.13	11.01	10.92	10.84	10.78
92.00	11.66	11.38	11.18	11.03	10.92	10.83	10.76	10.70
92.50	11.51	11.25	11.07	10.93	10.82	10.74	10.67	10.62
93.00	11.37	11.13	10.96	10.83	10.73	10.65	10.59	10.54
93.50	11.23	11.01	10.85	10.73	10.64	10.57	10.51	10.46
94.00	11.10	10.89	10.74	10.63	10.55	10.48	10.43	10.39
94.50	10.96	10.77	10.63	10.53	10.46	10.40	10.35	10.31
95.00	10.82	10.65	10.53	10.44	10.37	10.31	10.27	10.23
95.50	10.69	10.53	10.42	10.34	10.28	10.23	10.19	10.16
96.00	10.55	10.41	10.32	10.24	10.19	10.15	10.11	10.08
96.50	10.42	10.30	10.21	10.15	10.10	10.06	10.03	10.01
97.00	10.28	10.18	10.11	10.05	10.01	9.98	9.95	9.93
97.50	10.15	10.07	10.01	9.96	9.93	9.90	9.88	9.86
98.00	10.02	9.95	9.90	9.87	9.84	9.82	9.80	9.79
98.50	9.89	9.84	9.80	9.77	9.75	9.74	9.73	9.71
99.00	9.76	9.72	9.70	9.68	9.67	9.66	9.65	9.64
99.50	9.63	9.61	9.60	9.59	9.58	9.58	9.57	9.57
100.00	9.50	9.50	9.50	9.50	9.50	9.50	9.50	9.50
100.50	9.37	9.39	9.40	9.41	9.42	9.42	9.43	9.43
101.00	9.25	9.28	9.30	9.32	9.33	9.34	9.35	9.36
102.00	8.99	9.06	9.11	9.14	9.17	9.19	9.21	9.22
103.00	8.75	8.84	8.91	8.97	9.01	9.04	9.06	9.08
104.00	8.50	8.63	8.72	8.79	8.85	8.89	8.92	8.95
105.00	8.26	8.42	8.54	8.62	8.69	8.74	8.78	8.82
106.00	8.02	8.21	8.35	8.45	8.53	8.59	8.64	8.69
107.00	7.78	8.01	8.17	8.29	8.38	8.45	8.51	8.56
108.00	7.55	7.80	7.99	8.12	8.22	8.31	8.37	8.43
109.00	7.32	7.60	7.81	7.96	8.07	8.17	8.24	8.30
110.00	7.09	7.41	7.63	7.80	7.92	8.03	8.11	8.18

9½%   Bond Yield Table

PRICE	YEARS TO MATURITY							
	13	14	15	16	17	18	19	20
70.00	14.75	14.58	14.44	14.32	14.22	14.14	14.06	14.00
71.00	14.52	14.36	14.23	14.11	14.02	13.93	13.86	13.80
72.00	14.30	14.15	14.02	13.91	13.81	13.73	13.66	13.60
73.00	14.08	13.94	13.81	13.70	13.61	13.54	13.47	13.41
74.00	13.87	13.73	13.61	13.51	13.42	13.35	13.28	13.23
75.00	13.66	13.53	13.41	13.31	13.23	13.16	13.10	13.04
76.00	13.46	13.33	13.22	13.12	13.04	12.98	12.92	12.87
77.00	13.26	13.13	13.03	12.94	12.86	12.80	12.74	12.69
78.00	13.06	12.94	12.84	12.76	12.68	12.62	12.57	12.52
79.00	12.87	12.75	12.66	12.58	12.51	12.45	12.40	12.35
80.00	12.68	12.57	12.48	12.40	12.34	12.28	12.23	12.19
81.00	12.49	12.39	12.31	12.23	12.17	12.12	12.07	12.03
82.00	12.31	12.21	12.13	12.07	12.01	11.96	11.91	11.87
82.50	12.22	12.13	12.05	11.98	11.93	11.88	11.83	11.80
83.00	12.13	12.04	11.97	11.90	11.85	11.80	11.76	11.72
83.50	12.04	11.96	11.88	11.82	11.77	11.72	11.68	11.64
84.00	11.96	11.87	11.80	11.74	11.69	11.64	11.60	11.57
84.50	11.87	11.79	11.72	11.66	11.61	11.57	11.53	11.50
85.00	11.78	11.70	11.64	11.58	11.53	11.49	11.45	11.42
85.50	11.70	11.62	11.56	11.50	11.46	11.41	11.38	11.35
86.00	11.61	11.54	11.48	11.42	11.38	11.34	11.31	11.28
86.50	11.53	11.46	11.40	11.35	11.30	11.27	11.23	11.21
87.00	11.45	11.38	11.32	11.27	11.23	11.19	11.16	11.13
87.50	11.36	11.30	11.24	11.20	11.16	11.12	11.09	11.06
88.00	11.28	11.22	11.17	11.12	11.08	11.05	11.02	11.00
88.50	11.20	11.14	11.09	11.05	11.01	10.98	10.95	10.93
89.00	11.12	11.06	11.01	10.97	10.94	10.91	10.88	10.86
89.50	11.04	10.99	10.94	10.90	10.87	10.84	10.81	10.79
90.00	10.96	10.91	10.87	10.83	10.80	10.77	10.74	10.72
90.50	10.88	10.83	10.79	10.76	10.73	10.70	10.68	10.66
91.00	10.80	10.76	10.72	10.69	10.66	10.63	10.61	10.59
91.50	10.73	10.68	10.65	10.62	10.59	10.56	10.54	10.53
92.00	10.65	10.61	10.58	10.55	10.52	10.50	10.48	10.46
92.50	10.57	10.54	10.50	10.48	10.45	10.43	10.41	10.40
93.00	10.50	10.46	10.43	10.41	10.39	10.37	10.35	10.33
93.50	10.42	10.39	10.36	10.34	10.32	10.30	10.29	10.27
94.00	10.35	10.32	10.29	10.27	10.25	10.24	10.22	10.21
94.50	10.28	10.25	10.22	10.20	10.19	10.17	10.16	10.15
95.00	10.20	10.18	10.16	10.14	10.12	10.11	10.10	10.09
95.50	10.13	10.11	10.09	10.07	10.06	10.05	10.03	10.03
96.00	10.06	10.04	10.02	10.01	9.99	9.98	9.97	9.97
96.50	9.99	9.97	9.95	9.94	9.93	9.92	9.91	9.91
97.00	9.92	9.90	9.89	9.88	9.87	9.86	9.85	9.85
97.50	9.85	9.83	9.82	9.81	9.81	9.80	9.79	9.79
98.00	9.78	9.77	9.76	9.75	9.74	9.74	9.73	9.73
98.50	9.71	9.70	9.69	9.69	9.68	9.68	9.67	9.67
99.00	9.64	9.63	9.63	9.62	9.62	9.62	9.62	9.61
99.50	9.57	9.57	9.56	9.56	9.56	9.56	9.56	9.56
100.00	9.50	9.50	9.50	9.50	9.50	9.50	9.50	9.50
100.50	9.43	9.43	9.44	9.44	9.44	9.44	9.44	9.44
101.00	9.37	9.37	9.37	9.38	9.38	9.38	9.39	9.39
102.00	9.23	9.24	9.25	9.26	9.26	9.27	9.27	9.28
103.00	9.10	9.12	9.13	9.14	9.15	9.16	9.16	9.17
104.00	8.97	8.99	9.01	9.02	9.04	9.05	9.06	9.06
105.00	8.85	8.87	8.89	8.91	8.92	8.94	8.95	8.96
106.00	8.72	8.75	8.77	8.79	8.81	8.83	8.84	8.85
107.00	8.60	8.63	8.66	8.68	8.70	8.72	8.74	8.75
108.00	8.47	8.51	8.54	8.57	8.60	8.62	8.64	8.65
109.00	8.35	8.40	8.43	8.46	8.49	8.51	8.53	8.55
110.00	8.23	8.28	8.32	8.36	8.39	8.41	8.43	8.46

Bond Yield Table 9½%

PRICE	YEARS TO MATURITY							
	21	22	23	24	25	29	30	CUR
70.00	13.95	13.90	13.86	13.82	13.79	13.70	13.68	13.57
71.00	13.75	13.70	13.66	13.63	13.60	13.51	13.49	13.38
72.00	13.55	13.51	13.47	13.44	13.41	13.32	13.31	13.19
73.00	13.36	13.32	13.28	13.25	13.22	13.14	13.12	13.01
74.00	13.18	13.14	13.10	13.07	13.04	12.96	12.95	12.84
75.00	13.00	12.96	12.92	12.89	12.87	12.79	12.77	12.67
76.00	12.82	12.78	12.75	12.72	12.69	12.62	12.60	12.50
77.00	12.65	12.61	12.58	12.55	12.53	12.45	12.44	12.34
78.00	12.48	12.44	12.41	12.39	12.36	12.29	12.28	12.18
79.00	12.31	12.28	12.25	12.23	12.20	12.13	12.12	12.03
80.00	12.15	12.12	12.09	12.07	12.05	11.98	11.97	11.88
81.00	12.00	11.96	11.94	11.91	11.89	11.83	11.82	11.73
82.00	11.84	11.81	11.79	11.76	11.74	11.68	11.67	11.59
82.50	11.76	11.74	11.71	11.69	11.67	11.61	11.60	11.52
83.00	11.69	11.66	11.64	11.62	11.60	11.54	11.53	11.45
83.50	11.61	11.59	11.56	11.54	11.52	11.47	11.46	11.38
84.00	11.54	11.51	11.49	11.47	11.45	11.40	11.39	11.31
84.50	11.47	11.44	11.42	11.40	11.38	11.33	11.32	11.24
85.00	11.39	11.37	11.35	11.33	11.31	11.26	11.25	11.18
85.50	11.32	11.30	11.28	11.26	11.24	11.20	11.19	11.11
86.00	11.25	11.23	11.21	11.19	11.18	11.13	11.12	11.05
86.50	11.18	11.16	11.14	11.12	11.11	11.06	11.05	10.98
87.00	11.11	11.09	11.07	11.05	11.04	11.00	10.99	10.92
87.50	11.04	11.02	11.00	10.99	10.97	10.93	10.92	10.86
88.00	10.97	10.95	10.94	10.92	10.91	10.87	10.86	10.80
88.50	10.91	10.89	10.87	10.86	10.84	10.80	10.80	10.73
89.00	10.84	10.82	10.80	10.79	10.78	10.74	10.73	10.67
89.50	10.77	10.75	10.74	10.73	10.71	10.68	10.67	10.61
90.00	10.71	10.69	10.67	10.66	10.65	10.62	10.61	10.56
90.50	10.64	10.62	10.61	10.60	10.59	10.56	10.55	10.50
91.00	10.58	10.56	10.55	10.54	10.53	10.50	10.49	10.44
91.50	10.51	10.50	10.49	10.47	10.46	10.44	10.43	10.38
92.00	10.45	10.43	10.42	10.41	10.40	10.38	10.37	10.33
92.50	10.38	10.37	10.36	10.35	10.34	10.32	10.31	10.27
93.00	10.32	10.31	10.30	10.29	10.28	10.26	10.26	10.22
93.50	10.26	10.25	10.24	10.23	10.22	10.20	10.20	10.16
94.00	10.20	10.19	10.18	10.17	10.17	10.15	10.14	10.11
94.50	10.14	10.13	10.12	10.11	10.11	10.09	10.09	10.05
95.00	10.08	10.07	10.06	10.06	10.05	10.03	10.03	10.00
95.50	10.02	10.01	10.00	10.00	9.99	9.98	9.97	9.95
96.00	9.96	9.95	9.95	9.94	9.94	9.92	9.92	9.90
96.50	9.90	9.89	9.89	9.88	9.88	9.87	9.87	9.84
97.00	9.84	9.84	9.83	9.83	9.82	9.81	9.81	9.79
97.50	9.78	9.78	9.77	9.77	9.77	9.76	9.76	9.74
98.00	9.73	9.72	9.72	9.72	9.71	9.71	9.71	9.69
98.50	9.67	9.67	9.66	9.66	9.66	9.65	9.65	9.64
99.00	9.61	9.61	9.61	9.61	9.61	9.60	9.60	9.60
99.50	9.56	9.55	9.55	9.55	9.55	9.55	9.55	9.55
100.00	9.50	9.50	9.50	9.50	9.50	9.50	9.50	9.50
100.50	9.44	9.45	9.45	9.45	9.45	9.45	9.45	9.45
101.00	9.39	9.39	9.39	9.39	9.40	9.40	9.40	9.41
102.00	9.28	9.29	9.29	9.29	9.29	9.30	9.30	9.31
103.00	9.18	9.18	9.18	9.19	9.19	9.20	9.20	9.22
104.00	9.07	9.08	9.08	9.09	9.09	9.11	9.11	9.13
105.00	8.97	8.98	8.98	8.99	8.99	9.01	9.01	9.05
106.00	8.87	8.87	8.88	8.89	8.90	8.92	8.92	8.96
107.00	8.77	8.78	8.79	8.80	8.80	8.83	8.83	8.88
108.00	8.67	8.68	8.69	8.70	8.71	8.74	8.74	8.80
109.00	8.57	8.58	8.60	8.61	8.62	8.65	8.65	8.72
110.00	8.47	8.49	8.50	8.52	8.53	8.56	8.57	8.64

Bond Yield Table

PRICE	YEARS TO MATURITY							
	¼	½	¾	1	1½	2	3	4
85.00	79.77	46.76	33.89	27.96	22.03	19.12	16.27	14.86
85.50	77.04	45.32	32.97	27.28	21.57	18.78	16.03	14.67
86.00	74.35	43.90	32.06	26.60	21.12	18.43	15.79	14.48
86.50	71.68	42.49	31.16	25.93	20.67	18.09	15.55	14.30
87.00	69.04	41.09	30.26	25.26	20.23	17.75	15.32	14.11
87.50	66.44	39.71	29.38	24.60	19.78	17.42	15.08	13.93
88.00	63.86	38.35	28.50	23.95	19.35	17.08	14.85	13.75
88.50	61.31	37.01	27.64	23.30	18.91	16.75	14.62	13.57
89.00	58.78	35.67	26.78	22.65	18.48	16.42	14.39	13.39
89.50	56.29	34.36	25.93	22.01	18.05	16.10	14.17	13.21
90.00	53.82	33.06	25.08	21.38	17.62	15.77	13.94	13.04
90.50	51.38	31.77	24.25	20.75	17.20	15.45	13.72	12.86
91.00	48.96	30.49	23.42	20.13	16.78	15.13	13.50	12.69
91.25	47.77	29.86	23.01	19.82	16.58	14.97	13.39	12.60
91.50	46.57	29.23	22.60	19.51	16.37	14.82	13.28	12.52
91.75	45.39	28.61	22.19	19.21	16.16	14.66	13.17	12.43
92.00	44.21	27.99	21.79	18.90	15.96	14.50	13.06	12.34
92.25	43.04	27.37	21.38	18.60	15.75	14.34	12.95	12.26
92.50	41.87	26.76	20.98	18.29	15.55	14.19	12.84	12.17
92.75	40.71	26.15	20.58	17.99	15.34	14.03	12.73	12.09
93.00	39.55	25.54	20.18	17.69	15.14	13.88	12.63	12.00
93.25	38.41	24.93	19.79	17.39	14.94	13.72	12.52	11.92
93.50	37.26	24.33	19.39	17.09	14.74	13.57	12.41	11.84
93.75	36.13	23.73	19.00	16.80	14.54	13.42	12.30	11.75
94.00	35.00	23.14	18.61	16.50	14.34	13.26	12.20	11.67
94.25	33.87	22.55	18.22	16.21	14.14	13.11	12.09	11.59
94.50	32.75	21.96	17.83	15.91	13.94	12.96	11.99	11.50
94.75	31.64	21.37	17.44	15.62	13.74	12.81	11.88	11.42
95.00	30.53	20.79	17.06	15.33	13.54	12.66	11.78	11.34
95.25	29.43	20.21	16.68	15.04	13.35	12.51	11.67	11.26
95.50	28.33	19.63	16.29	14.75	13.15	12.36	11.57	11.18
95.75	27.24	19.06	15.92	14.47	12.96	12.21	11.46	11.09
96.00	26.16	18.49	15.54	14.18	12.76	12.06	11.36	11.01
96.25	25.08	17.92	15.16	13.90	12.57	11.91	11.26	10.93
96.50	24.01	17.36	14.79	13.61	12.38	11.76	11.15	10.85
96.75	22.94	16.80	14.41	13.33	12.19	11.62	11.05	10.77
97.00	21.87	16.24	14.04	13.05	11.99	11.47	10.95	10.69
97.25	20.82	15.68	13.67	12.77	11.80	11.33	10.85	10.61
97.50	19.76	15.13	13.31	12.49	11.61	11.18	10.75	10.53
97.75	18.71	14.58	12.94	12.21	11.42	11.03	10.65	10.45
98.00	17.67	14.03	12.57	11.93	11.24	10.89	10.54	10.37
98.25	16.64	13.49	12.21	11.65	11.05	10.75	10.44	10.29
98.50	15.60	12.94	11.85	11.38	10.86	10.60	10.34	10.22
98.75	14.58	12.41	11.49	11.11	10.67	10.46	10.24	10.14
99.00	13.56	11.87	11.13	10.83	10.49	10.32	10.14	10.06
99.25	12.54	11.34	10.77	10.56	10.30	10.17	10.05	9.98
99.50	11.53	10.80	10.42	10.29	10.12	10.03	9.95	9.90
99.75	10.52	10.28	10.06	10.02	9.93	9.89	9.85	9.83
100.00	9.52	9.75	9.71	9.75	9.75	9.75	9.75	9.75
100.25	8.52	9.23	9.36	9.48	9.57	9.61	9.65	9.67
100.50	7.53	8.71	9.01	9.22	9.38	9.47	9.55	9.60
101.00	5.56	7.67	8.31	8.68	9.02	9.19	9.36	9.44
101.50	3.61	6.65	7.62	8.16	8.66	8.91	9.17	9.29
102.00	1.68	5.64	6.94	7.63	8.30	8.64	8.97	9.14
102.50		4.63	6.26	7.12	7.95	8.37	8.78	8.99
103.00		3.64	5.59	6.60	7.60	8.10	8.59	8.84
103.50		2.66	4.92	6.09	7.25	7.83	8.41	8.70
104.00		1.68	4.26	5.58	6.90	7.56	8.22	8.55
104.50		0.72	3.60	5.08	6.55	7.29	8.03	8.40
105.00			2.95	4.58	6.21	7.03	7.85	8.26

Bond Yield Table 9¾%

PRICE	YEARS TO MATURITY							
	5	6	7	8	9	10	11	12
70.00	19.39	18.16	17.31	16.68	16.20	15.82	15.52	15.28
71.00	18.98	17.81	16.99	16.38	15.92	15.56	15.27	15.04
72.00	18.59	17.47	16.68	16.10	15.65	15.31	15.03	14.81
73.00	18.20	17.13	16.37	15.81	15.39	15.06	14.79	14.58
74.00	17.82	16.79	16.07	15.54	15.13	14.81	14.56	14.35
75.00	17.45	16.46	15.78	15.27	14.88	14.58	14.33	14.14
76.00	17.08	16.14	15.49	15.00	14.63	14.34	14.11	13.92
77.00	16.72	15.83	15.20	14.74	14.39	14.11	13.89	13.71
78.00	16.36	15.52	14.92	14.48	14.15	13.88	13.67	13.50
79.00	16.01	15.21	14.65	14.23	13.91	13.66	13.46	13.30
80.00	15.67	14.91	14.38	13.98	13.68	13.44	13.26	13.10
81.00	15.33	14.61	14.11	13.74	13.45	13.23	13.05	12.91
82.00	14.99	14.32	13.85	13.50	13.23	13.02	12.85	12.71
82.50	14.83	14.18	13.72	13.38	13.12	12.92	12.75	12.62
83.00	14.67	14.03	13.59	13.26	13.01	12.81	12.65	12.53
83.50	14.50	13.89	13.46	13.15	12.90	12.71	12.56	12.43
84.00	14.34	13.75	13.34	13.03	12.79	12.61	12.46	12.34
84.50	14.18	13.61	13.21	12.91	12.69	12.51	12.37	12.25
85.00	14.02	13.47	13.09	12.80	12.58	12.41	12.27	12.16
85.50	13.87	13.34	12.96	12.69	12.48	12.31	12.18	12.07
86.00	13.71	13.20	12.84	12.58	12.37	12.21	12.08	11.98
86.50	13.55	13.07	12.72	12.46	12.27	12.11	11.99	11.89
87.00	13.40	12.93	12.60	12.35	12.17	12.02	11.90	11.80
87.50	13.25	12.80	12.48	12.24	12.06	11.92	11.81	11.72
88.00	13.10	12.67	12.36	12.14	11.96	11.83	11.72	11.63
88.50	12.95	12.53	12.24	12.03	11.86	11.73	11.63	11.54
89.00	12.80	12.40	12.13	11.92	11.76	11.64	11.54	11.46
89.50	12.65	12.27	12.01	11.81	11.67	11.55	11.45	11.38
90.00	12.50	12.15	11.89	11.71	11.57	11.46	11.37	11.29
90.50	12.35	12.02	11.78	11.60	11.47	11.36	11.28	11.21
91.00	12.21	11.89	11.67	11.50	11.37	11.27	11.19	11.13
91.50	12.06	11.76	11.55	11.40	11.28	11.18	11.11	11.05
92.00	11.92	11.64	11.44	11.30	11.18	11.09	11.02	10.96
92.50	11.78	11.52	11.33	11.19	11.09	11.01	10.94	10.88
93.00	11.64	11.39	11.22	11.09	10.99	10.92	10.86	10.80
93.50	11.50	11.27	11.11	10.99	10.90	10.83	10.77	10.73
94.00	11.36	11.15	11.00	10.89	10.81	10.74	10.69	10.65
94.50	11.22	11.03	10.89	10.79	10.72	10.66	10.61	10.57
95.00	11.08	10.91	10.79	10.70	10.63	10.57	10.53	10.49
95.50	10.94	10.79	10.68	10.60	10.54	10.49	10.45	10.42
96.00	10.81	10.67	10.57	10.50	10.45	10.40	10.37	10.34
96.50	10.67	10.55	10.47	10.41	10.36	10.32	10.29	10.26
97.00	10.54	10.44	10.36	10.31	10.27	10.24	10.21	10.19
97.50	10.40	10.32	10.26	10.21	10.18	10.15	10.13	10.11
98.00	10.27	10.20	10.16	10.12	10.09	10.07	10.05	10.04
98.50	10.14	10.09	10.05	10.03	10.01	9.99	9.98	9.97
99.00	10.01	9.98	9.95	9.93	9.92	9.91	9.90	9.89
99.50	9.88	9.86	9.85	9.84	9.83	9.83	9.83	9.82
100.00	9.75	9.75	9.75	9.75	9.75	9.75	9.75	9.75
100.50	9.62	9.64	9.65	9.66	9.67	9.67	9.68	9.68
101.00	9.49	9.53	9.55	9.57	9.58	9.59	9.60	9.61
102.00	9.24	9.31	9.35	9.39	9.42	9.44	9.45	9.47
103.00	8.99	9.09	9.16	9.21	9.25	9.28	9.31	9.33
104.00	8.75	8.88	8.97	9.04	9.09	9.13	9.17	9.19
105.00	8.50	8.66	8.78	8.86	8.93	8.98	9.02	9.06
106.00	8.26	8.45	8.59	8.69	8.77	8.83	8.88	8.93
107.00	8.02	8.25	8.41	8.53	8.62	8.69	8.75	8.79
108.00	7.79	8.04	8.22	8.36	8.46	8.54	8.61	8.66
109.00	7.56	7.84	8.04	8.19	8.31	8.40	8.48	8.54
110.00	7.33	7.64	7.87	8.03	8.16	8.26	8.34	8.41

9¾%　　Bond Yield Table

PRICE	YEARS TO MATURITY							
	13	14	15	16	17	18	19	20
70.00	15.08	14.91	14.77	14.66	14.56	14.47	14.40	14.34
71.00	14.85	14.69	14.55	14.44	14.35	14.26	14.19	14.13
72.00	14.62	14.47	14.34	14.23	14.14	14.06	13.99	13.93
73.00	14.40	14.25	14.13	14.03	13.94	13.86	13.80	13.74
74.00	14.18	14.04	13.92	13.82	13.74	13.67	13.60	13.55
75.00	13.97	13.84	13.72	13.63	13.55	13.47	13.41	13.36
76.00	13.76	13.64	13.53	13.43	13.36	13.29	13.23	13.18
77.00	13.56	13.44	13.33	13.25	13.17	13.11	13.05	13.00
78.00	13.36	13.24	13.14	13.06	12.99	12.93	12.87	12.83
79.00	13.17	13.05	12.96	12.88	12.81	12.75	12.70	12.66
80.00	12.97	12.87	12.78	12.70	12.64	12.58	12.53	12.49
81.00	12.79	12.68	12.60	12.53	12.47	12.41	12.37	12.33
82.00	12.60	12.51	12.43	12.36	12.30	12.25	12.21	12.17
82.50	12.51	12.42	12.34	12.27	12.22	12.17	12.13	12.09
83.00	12.42	12.33	12.25	12.19	12.13	12.09	12.05	12.01
83.50	12.33	12.24	12.17	12.11	12.05	12.01	11.97	11.93
84.00	12.24	12.16	12.09	12.03	11.97	11.93	11.89	11.86
84.50	12.15	12.07	12.00	11.94	11.89	11.85	11.81	11.78
85.00	12.06	11.99	11.92	11.86	11.82	11.77	11.74	11.71
85.50	11.98	11.90	11.84	11.78	11.74	11.70	11.66	11.63
86.00	11.89	11.82	11.76	11.71	11.66	11.62	11.59	11.56
86.50	11.81	11.74	11.68	11.63	11.58	11.55	11.51	11.49
87.00	11.72	11.66	11.60	11.55	11.51	11.47	11.44	11.41
87.50	11.64	11.57	11.52	11.47	11.43	11.40	11.37	11.34
88.00	11.56	11.49	11.44	11.40	11.36	11.33	11.30	11.27
88.50	11.47	11.41	11.36	11.32	11.29	11.25	11.23	11.20
89.00	11.39	11.34	11.29	11.25	11.21	11.18	11.16	11.13
89.50	11.31	11.26	11.21	11.17	11.14	11.11	11.09	11.06
90.00	11.23	11.18	11.14	11.10	11.07	11.04	11.02	11.00
90.50	11.15	11.10	11.06	11.03	11.00	10.97	10.95	10.93
91.00	11.07	11.03	10.99	10.95	10.93	10.90	10.88	10.86
91.50	10.99	10.95	10.91	10.88	10.86	10.83	10.81	10.80
92.00	10.92	10.88	10.84	10.81	10.79	10.76	10.75	10.73
92.50	10.84	10.80	10.77	10.74	10.72	10.70	10.68	10.66
93.00	10.76	10.73	10.70	10.67	10.65	10.63	10.61	10.60
93.50	10.69	10.65	10.63	10.60	10.58	10.56	10.55	10.54
94.00	10.61	10.58	10.56	10.53	10.51	10.50	10.48	10.47
94.50	10.54	10.51	10.49	10.47	10.45	10.43	10.42	10.41
95.00	10.46	10.44	10.42	10.40	10.38	10.37	10.36	10.35
95.50	10.39	10.37	10.35	10.33	10.32	10.30	10.29	10.28
96.00	10.32	10.30	10.28	10.26	10.25	10.24	10.23	10.22
96.50	10.24	10.23	10.21	10.20	10.19	10.18	10.17	10.16
97.00	10.17	10.16	10.14	10.13	10.12	10.12	10.11	10.10
97.50	10.10	10.09	10.08	10.07	10.06	10.05	10.05	10.04
98.00	10.03	10.02	10.01	10.00	10.00	9.99	9.99	9.98
98.50	9.96	9.95	9.94	9.94	9.93	9.93	9.93	9.92
99.00	9.89	9.88	9.88	9.88	9.87	9.87	9.87	9.87
99.50	9.82	9.82	9.81	9.81	9.81	9.81	9.81	9.81
100.00	9.75	9.75	9.75	9.75	9.75	9.75	9.75	9.75
100.50	9.68	9.68	9.69	9.69	9.69	9.69	9.69	9.69
101.00	9.61	9.62	9.62	9.63	9.63	9.63	9.63	9.64
102.00	9.48	9.49	9.50	9.50	9.51	9.52	9.52	9.52
103.00	9.35	9.36	9.37	9.38	9.39	9.40	9.41	9.41
104.00	9.22	9.24	9.25	9.27	9.28	9.29	9.30	9.31
105.00	9.09	9.11	9.13	9.15	9.16	9.18	9.19	9.20
106.00	8.96	8.99	9.01	9.03	9.05	9.07	9.08	9.09
107.00	8.83	8.87	8.90	8.92	8.94	8.96	8.98	8.99
108.00	8.71	8.75	8.78	8.81	8.83	8.85	8.87	8.89
109.00	8.59	8.63	8.67	8.70	8.72	8.75	8.77	8.79
110.00	8.47	8.51	8.55	8.59	8.62	8.64	8.67	8.69

Bond Yield Table 9¾%

PRICE	21	22	23	24	25	29	30	CUR
				YEARS TO MATURITY				
70.00	14.29	14.24	14.20	14.16	14.13	14.05	14.03	13.93
71.00	14.08	14.04	14.00	13.96	13.94	13.85	13.84	13.73
72.00	13.88	13.84	13.80	13.77	13.74	13.66	13.64	13.54
73.00	13.69	13.65	13.61	13.58	13.55	13.47	13.46	13.36
74.00	13.50	13.46	13.43	13.39	13.37	13.29	13.28	13.18
75.00	13.32	13.28	13.24	13.21	13.19	13.11	13.10	13.00
76.00	13.14	13.10	13.07	13.04	13.01	12.94	12.93	12.83
77.00	12.96	12.92	12.89	12.87	12.84	12.77	12.76	12.66
78.00	12.79	12.75	12.72	12.70	12.67	12.61	12.59	12.50
79.00	12.62	12.59	12.56	12.53	12.51	12.44	12.43	12.34
80.00	12.45	12.42	12.40	12.37	12.35	12.29	12.28	12.19
81.00	12.29	12.26	12.24	12.21	12.19	12.13	12.12	12.04
82.00	12.14	12.11	12.08	12.06	12.04	11.98	11.97	11.89
82.50	12.06	12.03	12.01	11.98	11.97	11.91	11.90	11.82
83.00	11.98	11.95	11.93	11.91	11.89	11.84	11.83	11.75
83.50	11.90	11.88	11.85	11.83	11.82	11.76	11.75	11.68
84.00	11.83	11.80	11.78	11.76	11.74	11.69	11.68	11.61
84.50	11.75	11.73	11.71	11.69	11.67	11.62	11.61	11.54
85.00	11.68	11.66	11.64	11.62	11.60	11.55	11.54	11.47
85.50	11.61	11.58	11.56	11.55	11.53	11.48	11.47	11.40
86.00	11.53	11.51	11.49	11.48	11.46	11.41	11.41	11.34
86.50	11.46	11.44	11.42	11.41	11.39	11.35	11.34	11.27
87.00	11.39	11.37	11.35	11.34	11.32	11.28	11.27	11.21
87.50	11.32	11.30	11.28	11.27	11.25	11.21	11.21	11.14
88.00	11.25	11.23	11.21	11.20	11.19	11.15	11.14	11.08
88.50	11.18	11.16	11.15	11.13	11.12	11.08	11.08	11.02
89.00	11.11	11.10	11.08	11.07	11.05	11.02	11.01	10.96
89.50	11.05	11.03	11.01	11.00	10.99	10.95	10.95	10.89
90.00	10.98	10.96	10.95	10.94	10.92	10.89	10.89	10.83
90.50	10.91	10.90	10.88	10.87	10.86	10.83	10.82	10.77
91.00	10.85	10.83	10.82	10.81	10.80	10.77	10.76	10.71
91.50	10.78	10.77	10.75	10.74	10.73	10.71	10.70	10.66
92.00	10.71	10.70	10.69	10.68	10.67	10.65	10.64	10.60
92.50	10.65	10.64	10.63	10.62	10.61	10.59	10.58	10.54
93.00	10.59	10.58	10.57	10.56	10.55	10.53	10.52	10.48
93.50	10.52	10.51	10.50	10.50	10.49	10.47	10.46	10.43
94.00	10.46	10.45	10.44	10.44	10.43	10.41	10.41	10.37
94.50	10.40	10.39	10.38	10.38	10.37	10.35	10.35	10.32
95.00	10.34	10.33	10.32	10.32	10.31	10.29	10.29	10.26
95.50	10.28	10.27	10.26	10.26	10.25	10.24	10.23	10.21
96.00	10.22	10.21	10.20	10.20	10.19	10.18	10.18	10.16
96.50	10.16	10.15	10.15	10.14	10.14	10.13	10.12	10.10
97.00	10.10	10.09	10.09	10.08	10.08	10.07	10.07	10.05
97.50	10.04	10.03	10.03	10.03	10.02	10.02	10.01	10.00
98.00	9.98	9.98	9.97	9.97	9.97	9.96	9.96	9.95
98.50	9.92	9.92	9.92	9.91	9.91	9.91	9.91	9.90
99.00	9.86	9.86	9.86	9.86	9.86	9.86	9.85	9.85
99.50	9.81	9.81	9.81	9.80	9.80	9.80	9.80	9.80
100.00	9.75	9.75	9.75	9.75	9.75	9.75	9.75	9.75
100.50	9.69	9.69	9.70	9.70	9.70	9.70	9.70	9.70
101.00	9.64	9.64	9.64	9.64	9.64	9.65	9.65	9.65
102.00	9.53	9.53	9.53	9.54	9.54	9.55	9.55	9.56
103.00	9.42	9.42	9.43	9.43	9.44	9.45	9.45	9.47
104.00	9.31	9.32	9.32	9.33	9.33	9.35	9.35	9.38
105.00	9.21	9.22	9.22	9.23	9.23	9.25	9.25	9.29
106.00	9.10	9.11	9.12	9.13	9.14	9.16	9.16	9.20
107.00	9.00	9.01	9.02	9.03	9.04	9.06	9.07	9.11
108.00	8.90	8.91	8.93	8.94	8.94	8.97	8.98	9.03
109.00	8.80	8.82	8.83	8.84	8.85	8.88	8.89	8.94
110.00	8.70	8.72	8.73	8.75	8.76	8.79	8.80	8.86

10%   Bond Yield Table

PRICE	YEARS TO MATURITY							
	¼	½	¾	1	1½	2	3	4
85.00	80.00	47.06	34.17	28.25	22.31	19.40	16.54	15.14
85.50	77.27	45.61	33.25	27.56	21.85	19.06	16.30	14.95
86.00	74.58	44.19	32.34	26.88	21.40	18.71	16.06	14.76
86.50	71.91	42.77	31.43	26.21	20.95	18.37	15.83	14.57
87.00	69.27	41.38	30.54	25.54	20.50	18.03	15.59	14.39
87.50	66.67	40.00	29.65	24.88	20.06	17.69	15.36	14.20
88.00	64.09	38.64	28.78	24.22	19.62	17.36	15.12	14.02
88.50	61.54	37.29	27.91	23.57	19.18	17.02	14.89	13.84
89.00	59.02	35.96	27.05	22.93	18.75	16.69	14.66	13.66
89.50	56.52	34.64	26.20	22.29	18.32	16.37	14.44	13.48
90.00	54.05	33.33	25.35	21.65	17.89	16.04	14.21	13.30
90.50	51.61	32.04	24.51	21.02	17.47	15.72	13.99	13.13
91.00	49.20	30.77	23.69	20.40	17.05	15.40	13.76	12.95
91.25	48.00	30.14	23.27	20.09	16.84	15.24	13.65	12.87
91.50	46.81	29.51	22.86	19.78	16.63	15.08	13.54	12.78
91.75	45.62	28.88	22.46	19.47	16.43	14.92	13.43	12.69
92.00	44.44	28.26	22.05	19.17	16.22	14.76	13.32	12.61
92.25	43.27	27.64	21.65	18.86	16.02	14.61	13.21	12.52
92.50	42.11	27.03	21.24	18.56	15.81	14.45	13.10	12.44
92.75	40.94	26.42	20.84	18.26	15.61	14.30	13.00	12.35
93.00	39.79	25.81	20.44	17.96	15.40	14.14	12.89	12.27
93.25	38.64	25.20	20.05	17.66	15.20	13.98	12.78	12.18
93.50	37.50	24.60	19.65	17.36	15.00	13.83	12.67	12.10
93.75	36.36	24.00	19.26	17.06	14.80	13.68	12.56	12.01
94.00	35.23	23.40	18.87	16.76	14.60	13.52	12.46	11.93
94.25	34.11	22.81	18.48	16.47	14.40	13.37	12.35	11.85
94.50	32.99	22.22	18.09	16.18	14.20	13.22	12.25	11.76
94.75	31.88	21.64	17.70	15.88	14.00	13.07	12.14	11.68
95.00	30.77	21.05	17.32	15.59	13.80	12.92	12.03	11.60
95.25	29.67	20.47	16.93	15.30	13.61	12.77	11.93	11.52
95.50	28.57	19.90	16.55	15.01	13.41	12.62	11.83	11.43
95.75	27.48	19.32	16.17	14.72	13.22	12.47	11.72	11.35
96.00	26.40	18.75	15.79	14.44	13.02	12.32	11.62	11.27
96.25	25.32	18.18	15.42	14.15	12.83	12.17	11.51	11.19
96.50	24.24	17.62	15.04	13.87	12.63	12.02	11.41	11.11
96.75	23.17	17.05	14.67	13.58	12.44	11.87	11.31	11.03
97.00	22.11	16.49	14.30	13.30	12.25	11.73	11.20	10.95
97.25	21.05	15.94	13.93	13.02	12.06	11.58	11.10	10.87
97.50	20.00	15.38	13.56	12.74	11.87	11.43	11.00	10.79
97.75	18.95	14.83	13.19	12.46	11.68	11.29	10.90	10.71
98.00	17.91	14.29	12.83	12.18	11.49	11.14	10.80	10.63
98.25	16.87	13.74	12.46	11.91	11.30	11.00	10.70	10.55
98.50	15.84	13.20	12.10	11.63	11.11	10.85	10.60	10.47
98.75	14.81	12.66	11.74	11.36	10.93	10.71	10.50	10.39
99.00	13.79	12.12	11.38	11.08	10.74	10.57	10.40	10.31
99.25	12.78	11.59	11.02	10.81	10.55	10.43	10.30	10.23
99.50	11.76	11.06	10.67	10.54	10.37	10.28	10.20	10.16
99.75	10.76	10.53	10.31	10.27	10.18	10.14	10.10	10.08
100.00	9.76	10.00	9.96	10.00	10.00	10.00	10.00	10.00
100.25	8.76	9.48	9.61	9.73	9.82	9.86	9.90	9.92
100.50	7.77	8.96	9.25	9.46	9.63	9.72	9.80	9.85
101.00	5.80	7.92	8.56	8.93	9.27	9.44	9.61	9.69
101.50	3.85	6.90	7.87	8.40	8.91	9.16	9.41	9.54
102.00	1.91	5.88	7.18	7.88	8.55	8.89	9.22	9.39
102.50		4.88	6.50	7.36	8.19	8.61	9.03	9.24
103.00		3.88	5.83	6.85	7.84	8.34	8.84	9.09
103.50		2.90	5.16	6.33	7.49	8.07	8.65	8.94
104.00		1.92	4.50	5.82	7.14	7.80	8.46	8.79
104.50		0.96	3.84	5.32	6.79	7.53	8.28	8.65
105.00			3.19	4.82	6.45	7.27	8.09	8.50

Bond Yield Table 10%

PRICE	YEARS TO MATURITY							
	5	6	7	8	9	10	11	12
70.00	19.70	18.48	17.62	17.00	16.52	16.14	15.85	15.61
71.00	19.30	18.13	17.30	16.70	16.24	15.88	15.60	15.36
72.00	18.90	17.78	16.99	16.41	15.97	15.62	15.35	15.13
73.00	18.51	17.43	16.68	16.13	15.70	15.37	15.11	14.89
74.00	18.12	17.10	16.38	15.85	15.44	15.13	14.87	14.67
75.00	17.75	16.77	16.08	15.57	15.19	14.88	14.64	14.44
76.00	17.38	16.44	15.79	15.30	14.93	14.65	14.41	14.23
77.00	17.01	16.12	15.50	15.04	14.69	14.41	14.19	14.01
78.00	16.65	15.81	15.22	14.78	14.44	14.18	13.97	13.80
79.00	16.30	15.50	14.94	14.52	14.21	13.96	13.76	13.60
80.00	15.96	15.20	14.67	14.27	13.97	13.74	13.55	13.40
81.00	15.61	14.90	14.40	14.03	13.74	13.52	13.34	13.20
82.00	15.28	14.61	14.13	13.78	13.52	13.31	13.14	13.00
82.50	15.11	14.46	14.00	13.66	13.41	13.20	13.04	12.91
83.00	14.95	14.32	13.87	13.55	13.29	13.10	12.94	12.81
83.50	14.78	14.17	13.74	13.43	13.18	12.99	12.84	12.72
84.00	14.62	14.03	13.62	13.31	13.08	12.89	12.74	12.62
84.50	14.46	13.89	13.49	13.19	12.97	12.79	12.65	12.53
85.00	14.30	13.75	13.37	13.08	12.86	12.69	12.55	12.44
85.50	14.14	13.61	13.24	12.97	12.75	12.59	12.46	12.35
86.00	13.99	13.48	13.12	12.85	12.65	12.49	12.36	12.26
86.50	13.83	13.34	12.99	12.74	12.54	12.39	12.27	12.17
87.00	13.67	13.20	12.87	12.63	12.44	12.29	12.18	12.08
87.50	13.52	13.07	12.75	12.52	12.34	12.20	12.08	11.99
88.00	13.37	12.94	12.63	12.41	12.24	12.10	11.99	11.90
88.50	13.22	12.80	12.51	12.30	12.13	12.01	11.90	11.82
89.00	13.06	12.67	12.40	12.19	12.03	11.91	11.81	11.73
89.50	12.92	12.54	12.28	12.08	11.93	11.82	11.72	11.65
90.00	12.77	12.41	12.16	11.98	11.84	11.72	11.63	11.56
90.50	12.62	12.28	12.05	11.87	11.74	11.63	11.55	11.48
91.00	12.47	12.16	11.93	11.77	11.64	11.54	11.46	11.39
91.50	12.33	12.03	11.82	11.66	11.54	11.45	11.37	11.31
92.00	12.18	11.90	11.71	11.56	11.45	11.36	11.29	11.23
92.50	12.04	11.78	11.59	11.46	11.35	11.27	11.20	11.15
93.00	11.90	11.65	11.48	11.35	11.26	11.18	11.12	11.07
93.50	11.76	11.53	11.37	11.25	11.16	11.09	11.03	10.99
94.00	11.62	11.41	11.26	11.15	11.07	11.00	10.95	10.91
94.50	11.48	11.29	11.15	11.05	10.98	10.92	10.87	10.83
95.00	11.34	11.17	11.04	10.95	10.89	10.83	10.79	10.75
95.50	11.20	11.05	10.94	10.86	10 79	10.75	10.71	10.67
96.00	11.06	10.93	10.83	10.76	10.70	10.66	10.63	10.60
96.50	10.93	10.81	10.72	10.66	10.61	10.58	10.55	10.52
97.00	10.79	10.69	10.62	10.56	10.52	10.49	10.47	10.44
97.50	10.66	10.57	10.51	10.47	10.44	10.41	10.39	10.37
98.00	10.52	10.46	10.41	10.37	10.35	10.33	10.31	10.29
98.50	10.39	10.34	10.31	10.28	10.26	10.24	10.23	10.22
99.00	10.26	10.23	10.20	10.19	10.17	10.16	10.15	10.15
99.50	10.13	10.11	10.10	10.09	10.09	10.08	10.08	10.07
100.00	10.00	10.00	10.00	10.00	10.00	10.00	10.00	10.00
100.50	9.87	9.89	9.90	9.91	9.91	9.92	9.92	9.93
101.00	9.74	9.78	9.80	9.82	9.83	9.84	9.85	9.86
102.00	9.49	9.55	9.60	9.64	9.66	9.68	9.70	9.71
103.00	9.24	9.34	9.41	9.46	9.50	9.53	9.55	9.57
104.00	8.99	9.12	9.21	9.28	9.33	9.37	9.41	9.44
105.00	8.74	8.91	9.02	9.11	9.17	9.22	9.27	9.30
106.00	8.50	8.70	8.83	8.93	9.01	9.07	9.12	9.17
107.00	8.26	8.49	8.65	8.76	8.86	8.93	8.99	9.03
108.00	8.03	8.28	8.46	8.60	8.70	8.78	8.85	8.90
109.00	7.79	8.08	8.28	8.43	8.55	8.64	8.71	8.77
110.00	7.56	7.88	8.10	8.27	8.39	8.50	8.58	8.64

10%

Bond Yield Table

	YEARS TO MATURITY							
	13	14	15	16	17	18	19	20
70.00	15.41	15.24	15.11	14.99	14.89	14.81	14.74	14.68
71.00	15.17	15.02	14.88	14.77	14.68	14.60	14.53	14.47
72.00	14.94	14.79	14.66	14.56	14.47	14.39	14.32	14.27
73.00	14.72	14.57	14.45	14.35	14.26	14.19	14.12	14.07
74.00	14.50	14.36	14.24	14.14	14.06	13.99	13.92	13.87
75.00	14.28	14.15	14.04	13.94	13.86	13.79	13.73	13.68
76.00	14.07	13.94	13.84	13.75	13.67	13.60	13.54	13.50
77.00	13.87	13.74	13.64	13.55	13.48	13.42	13.36	13.31
78.00	13.66	13.55	13.45	13.36	13.29	13.23	13.18	13.14
79.00	13.46	13.35	13.26	13.18	13.11	13.06	13.01	12.96
80.00	13.27	13.16	13.08	13.00	12.94	12.88	12.83	12.79
81.00	13.08	12.98	12.89	12.82	12.76	12.71	12.66	12.63
82.00	12.89	12.80	12.72	12.65	12.59	12.54	12.50	12.46
82.50	12.80	12.71	12.63	12.56	12.51	12.46	12.42	12.38
83.00	12.71	12.62	12.54	12.48	12.42	12.38	12.34	12.30
83.50	12.61	12.53	12.46	12.39	12.34	12.30	12.26	12.22
84.00	12.52	12.44	12.37	12.31	12.26	12.22	12.18	12.15
84.50	12.43	12.35	12.29	12.23	12.18	12.14	12.10	12.07
85.00	12.35	12.27	12.20	12.15	12.10	12.06	12.02	11.99
85.50	12.26	12.18	12.12	12.07	12.02	11.98	11.95	11.92
86.00	12.17	12.10	12.04	11.99	11.94	11.90	11.87	11.84
86.50	12.09	12.02	11.96	11.91	11.86	11.83	11.80	11.77
87.00	12.00	11.93	11.88	11.83	11.79	11.75	11.72	11.69
87.50	11.91	11.85	11.80	11.75	11.71	11.68	11.65	11.62
88.00	11.83	11.77	11.72	11.67	11.64	11.60	11.57	11.55
88.50	11.75	11.69	11.64	11.60	11.56	11.53	11.50	11.48
89.00	11.66	11.61	11.56	11.52	11.49	11.46	11.43	11.41
89.50	11.58	11.53	11.48	11.45	11.41	11.38	11.36	11.34
90.00	11.50	11.45	11.41	11.37	11.34	11.31	11.29	11.27
90.50	11.42	11.37	11.33	11.30	11.27	11.24	11.22	11.20
91.00	11.34	11.29	11.26	11.22	11.20	11.17	11.15	11.13
91.50	11.26	11.22	11.18	11.15	11.12	11.10	11.08	11.06
92.00	11.18	11.14	11.11	11.08	11.05	11.03	11.01	11.00
92.50	11.10	11.07	11.03	11.01	10.98	10.96	10.95	10.93
93.00	11.03	10.99	10.96	10.94	10.91	10.90	10.88	10.86
93.50	10.95	10.92	10.89	10.87	10.85	10.83	10.81	10.80
94.00	10.87	10.84	10.82	10.80	10.78	10.76	10.75	10.73
94.50	10.80	10.77	10.75	10.73	10.71	10.69	10.68	10.67
95.00	10.72	10.70	10.68	10.66	10.64	10.63	10.62	10.61
95.50	10.65	10.62	10.61	10.59	10.58	10.56	10.55	10.54
96.00	10.57	10.55	10.54	10.52	10.51	10.50	10.49	10.48
96.50	10.50	10.48	10.47	10.46	10.44	10.43	10.43	10.42
97.00	10.43	10.41	10.40	10.39	10.38	10.37	10.36	10.36
97.50	10.35	10.34	10.33	10.32	10.31	10.31	10.30	10.30
98.00	10.28	10.27	10.26	10.26	10.25	10.25	10.24	10.24
98.50	10.21	10.20	10.20	10.19	10.19	10.18	10.18	10.18
99.00	10.14	10.14	10.13	10.13	10.12	10.12	10.12	10.12
99.50	10.07	10.07	10.07	10.06	10.06	10.06	10.06	10.06
100.00	10.00	10.00	10.00	10.00	10.00	10.00	10.00	10.00
100.50	9.93	9.93	9.94	9.94	9.94	9.94	9.94	9.94
101.00	9.86	9.87	9.87	9.87	9.88	9.88	9.88	9.88
102.00	9.73	9.74	9.74	9.75	9.76	9.76	9.77	9.77
103.00	9.59	9.61	9.62	9.63	9.64	9.65	9.65	9.66
104.00	9.46	9.48	9.49	9.51	9.52	9.53	9.54	9.55
105.00	9.33	9.35	9.37	9.39	9.41	9.42	9.43	9.44
106.00	9.20	9.23	9.25	9.27	9.29	9.31	9.32	9.33
107.00	9.07	9.11	9.13	9.16	9.18	9.20	9.21	9.23
108.00	8.95	8.98	9.02	9.04	9.07	9.09	9.11	9.12
109.00	8.82	8.87	8.90	8.93	8.96	8.98	9.00	9.02
110.00	8.70	8.75	8.79	8.82	8.85	8.88	8.90	8.92

PRICE	YEARS TO MATURITY							
	21	22	23	24	25	29	30	CUR
70.00	14.63	14.58	14.54	14.51	14.48	14.40	14.38	14.29
71.00	14.42	14.38	14.34	14.30	14.28	14.20	14.18	14.08
72.00	14.22	14.17	14.14	14.11	14.08	14.00	13.98	13.89
73.00	14.02	13.98	13.94	13.91	13.88	13.81	13.79	13.70
74.00	13.83	13.79	13.75	13.72	13.70	13.62	13.61	13.51
75.00	13.64	13.60	13.57	13.54	13.51	13.44	13.43	13.33
76.00	13.45	13.42	13.38	13.36	13.33	13.26	13.25	13.16
77.00	13.27	13.24	13.21	13.18	13.16	13.09	13.08	12.99
78.00	13.10	13.06	13.03	13.01	12.99	12.92	12.91	12.82
79.00	12.93	12.89	12.86	12.84	12.82	12.75	12.74	12.66
80.00	12.76	12.73	12.70	12.68	12.65	12.59	12.58	12.50
81.00	12.59	12.56	12.54	12.51	12.49	12.44	12.43	12.35
82.00	12.43	12.40	12.38	12.36	12.34	12.28	12.27	12.20
82.50	12.35	12.32	12.30	12.28	12.26	12.21	12.20	12.12
83.00	12.27	12.25	12.22	12.20	12.19	12.13	12.12	12.05
83.50	12.19	12.17	12.15	12.13	12.11	12.06	12.05	11.98
84.00	12.12	12.09	12.07	12.05	12.04	11.99	11.98	11.90
84.50	12.04	12.02	12.00	11.98	11.96	11.91	11.90	11.83
85.00	11.97	11.94	11.92	11.90	11.89	11.84	11.83	11.76
85.50	11.89	11.87	11.85	11.83	11.82	11.77	11.76	11.70
86.00	11.82	11.80	11.78	11.76	11.74	11.70	11.69	11.63
86.50	11.74	11.72	11.70	11.69	11.67	11.63	11.62	11.56
87.00	11.67	11.65	11.63	11.62	11.60	11.56	11.56	11.49
87.50	11.60	11.58	11.56	11.55	11.53	11.50	11.49	11.43
88.00	11.53	11.51	11.49	11.48	11.47	11.43	11.42	11.36
88.50	11.46	11.44	11.42	11.41	11.40	11.36	11.36	11.30
89.00	11.39	11.37	11.36	11.34	11.33	11.30	11.29	11.24
89.50	11.32	11.30	11.29	11.28	11.26	11.23	11.22	11.17
90.00	11.25	11.24	11.22	11.21	11.20	11.17	11.16	11.11
90.50	11.18	11.17	11.15	11.14	11.13	11.10	11.10	11.05
91.00	11.12	11.10	11.09	11.08	11.07	11.04	11.03	10.99
91.50	11.05	11.04	11.02	11.01	11.00	10.98	10.97	10.93
92.00	10.98	10.97	10.96	10.95	10.94	10.92	10.91	10.87
92.50	10.92	10.91	10.90	10.89	10.88	10.85	10.85	10.81
93.00	10.85	10.84	10.83	10.82	10.82	10.79	10.79	10.75
93.50	10.79	10.78	10.77	10.76	10.75	10.73	10.73	10.70
94.00	10.72	10.71	10.71	10.70	10.69	10.67	10.67	10.64
94.50	10.66	10.65	10.64	10.64	10.63	10.61	10.61	10.58
95.00	10.60	10.59	10.58	10.58	10.57	10.56	10.55	10.53
95.50	10.54	10.53	10.52	10.52	10.51	10.50	10.50	10.47
96.00	10.47	10.47	10.46	10.46	10.45	10.44	10.44	10.42
96.50	10.41	10.41	10.40	10.40	10.40	10.38	10.38	10.36
97.00	10.35	10.35	10.34	10.34	10.34	10.33	10.33	10.31
97.50	10.29	10.29	10.29	10.28	10.28	10.27	10.27	10.26
98.00	10.23	10.23	10.23	10.23	10.22	10.22	10.22	10.20
98.50	10.17	10.17	10.17	10.17	10.17	10.16	10.16	10.15
99.00	10.12	10.11	10.11	10.11	10.11	10.11	10.11	10.10
99.50	10.06	10.06	10.06	10.06	10.06	10.05	10.05	10.05
100.00	10.00	10.00	10.00	10.00	10.00	10.00	10.00	10.00
100.50	9.94	9.94	9.94	9.94	9.95	9.95	9.95	9.95
101.00	9.89	9.89	9.89	9.89	9.89	9.89	9.90	9.90
102.00	9.77	9.78	9.78	9.78	9.78	9.79	9.79	9.80
103.00	9.66	9.67	9.67	9.68	9.68	9.69	9.69	9.71
104.00	9.56	9.56	9.57	9.57	9.58	9.59	9.59	9.62
105.00	9.45	9.46	9.46	9.47	9.47	9.49	9.49	9.52
106.00	9.34	9.35	9.36	9.37	9.37	9.39	9.40	9.43
107.00	9.24	9.25	9.26	9.27	9.28	9.30	9.30	9.35
108.00	9.14	9.15	9.16	9.17	9.18	9.21	9.21	9.26
109.00	9.04	9.05	9.06	9.07	9.08	9.11	9.12	9.17
110.00	8.94	8.95	8.97	8.98	8.99	9.02	9.03	9.09

10¼%　　Bond Yield Table

PRICE	¼	½	¾	1	1½	2	3	4
				YEARS TO MATURITY				
85.00	80.23	47.35	34.45	28.53	22.59	19.68	16.82	15.41
85.50	77.50	45.91	33.53	27.84	22.13	19.33	16.58	15.22
86.00	74.81	44.48	32.61	27.16	21.68	18.99	16.34	15.03
86.50	72.14	43.06	31.71	26.49	21.22	18.64	16.10	14.85
87.00	69.50	41.67	30.82	25.82	20.78	18.30	15.86	14.66
87.50	66.90	40.29	29.93	25.15	20.33	17.96	15.63	14.48
88.00	64.32	38.92	29.05	24.50	19.89	17.63	15.39	14.29
88.50	61.77	37.57	28.18	23.85	19.45	17.29	15.16	14.11
89.00	59.25	36.24	27.32	23.20	19.02	16.96	14.93	13.93
89.50	56.75	34.92	26.47	22.56	18.59	16.64	14.70	13.75
90.00	54.29	33.61	25.62	21.92	18.16	16.31	14.48	13.57
90.50	51.85	32.32	24.78	21.29	17.74	15.99	14.25	13.39
91.00	49.43	31.04	23.95	20.67	17.32	15.66	14.03	13.22
91.25	48.23	30.41	23.54	20.36	17.11	15.50	13.92	13.13
91.50	47.04	29.78	23.13	20.05	16.90	15.35	13.81	13.04
91.75	45.86	29.16	22.72	19.74	16.69	15.19	13.70	12.96
92.00	44.68	28.53	22.31	19.43	16.49	15.03	13.59	12.87
92.25	43.51	27.91	21.91	19.13	16.28	14.87	13.48	12.78
92.50	42.34	27.30	21.51	18.82	16.07	14.71	13.37	12.70
92.75	41.18	26.68	21.11	18.52	15.87	14.56	13.26	12.61
93.00	40.03	26.08	20.71	18.22	15.67	14.40	13.15	12.53
93.25	38.88	25.47	20.31	17.92	15.46	14.25	13.04	12.44
93.50	37.74	24.87	19.91	17.62	15.26	14.09	12.93	12.36
93.75	36.60	24.27	19.52	17.32	15.06	13.94	12.83	12.27
94.00	35.47	23.67	19.13	17.03	14.86	13.78	12.72	12.19
94.25	34.34	23.08	18.74	16.73	14.66	13.63	12.61	12.11
94.50	33.23	22.49	18.35	16.44	14.46	13.48	12.50	12.02
94.75	32.11	21.90	17.96	16.14	14.26	13.33	12.40	11.94
95.00	31.01	21.32	17.57	15.85	14.06	13.17	12.29	11.86
95.25	29.90	20.73	17.19	15.56	13.87	13.02	12.19	11.77
95.50	28.81	20.16	16.81	15.27	13.67	12.87	12.08	11.69
95.75	27.72	19.58	16.43	14.98	13.47	12.72	11.98	11.61
96.00	26.63	19.01	16.05	14.70	13.28	12.57	11.87	11.53
96.25	25.55	18.44	15.67	14.41	13.08	12.42	11.77	11.44
96.50	24.48	17.88	15.30	14.12	12.89	12.28	11.67	11.36
96.75	23.41	17.31	14.92	13.84	12.70	12.13	11.56	11.28
97.00	22.35	16.75	14.55	13.56	12.51	11.98	11.46	11.20
97.25	21.29	16.20	14.18	13.28	12.31	11.83	11.36	11.12
97.50	20.24	15.64	13.81	13.00	12.12	11.69	11.25	11.04
97.75	19.19	15.09	13.44	12.72	11.93	11.54	11.15	10.96
98.00	18.15	14.54	13.08	12.44	11.74	11.40	11.05	10.88
98.25	17.11	13.99	12.71	12.16	11.55	11.25	10.95	10.80
98.50	16.08	13.45	12.35	11.88	11.37	11.11	10.85	10.72
98.75	15.05	12.91	11.99	11.61	11.18	10.96	10.75	10.64
99.00	14.03	12.37	11.63	11.34	10.99	10.82	10.65	10.56
99.25	13.01	11.84	11.27	11.06	10.80	10.68	10.55	10.48
99.50	12.00	11.31	10.91	10.79	10.62	10.53	10.45	10.41
99.75	11.00	10.78	10.56	10.52	10.43	10.39	10.35	10.33
100.00	9.99	10.25	10.20	10.25	10.25	10.25	10.25	10.25
100.25	9.00	9.73	9.85	9.98	10.07	10.11	10.15	10.17
100.50	8.00	9.20	9.50	9.71	9.88	9.97	10.05	10.09
101.00	6.04	8.17	8.80	9.18	9.52	9.69	9.86	9.94
101.50	4.08	7.14	8.11	8.65	9.16	9.41	9.66	9.79
102.00	2.15	6.13	7.43	8.13	8.80	9.13	9.47	9.64
102.50	0.24	5.12	6.75	7.61	8.44	8.86	9.28	9.48
103.00		4.13	6.07	7.09	8.09	8.59	9.09	9.33
103.50		3.14	5.40	6.58	7.73	8.31	8.90	9.18
104.00		2.16	4.74	6.07	7.38	8.04	8.71	9.04
104.50		1.20	4.08	5.56	7.04	7.78	8.52	8.89
105.00		0.24	3.43	5.06	6.69	7.51	8.33	8.74

Bond Yield Table   10¼%

PRICE	\ 5	6	7	8	9	10	11	12
				YEARS TO MATURITY				
70.00	20.02	18.80	17.94	17.32	16.84	16.47	16.17	15.93
71.00	19.61	18.44	17.62	17.02	16.56	16.20	15.92	15.69
72.00	19.21	18.09	17.30	16.72	16.28	15.94	15.67	15.45
73.00	18.82	17.74	16.99	16.44	16.01	15.69	15.42	15.21
74.00	18.43	17.40	16.68	16.15	15.75	15.44	15.18	14.98
75.00	18.05	17.07	16.38	15.88	15.49	15.19	14.95	14.75
76.00	17.68	16.74	16.09	15.60	15.24	14.95	14.72	14.53
77.00	17.31	16.42	15.80	15.34	14.99	14.71	14.49	14.32
78.00	16.95	16.10	15.51	15.07	14.74	14.48	14.27	14.10
79.00	16.59	15.79	15.23	14.82	14.50	14.25	14.06	13.90
80.00	16.24	15.49	14.96	14.56	14.26	14.03	13.84	13.69
81.00	15.90	15.19	14.68	14.31	14.03	13.81	13.63	13.49
82.00	15.56	14.89	14.42	14.07	13.80	13.59	13.43	13.29
82.50	15.40	14.74	14.29	13.95	13.69	13.49	13.33	13.19
83.00	15.23	14.60	14.16	13.83	13.58	13.38	13.23	13.10
83.50	15.06	14.46	14.03	13.71	13.47	13.28	13.13	13.00
84.00	14.90	14.31	13.90	13.59	13.36	13.17	13.03	12.91
84.50	14.74	14.17	13.77	13.47	13.25	13.07	12.93	12.81
85.00	14.58	14.03	13.64	13.36	13.14	12.97	12.83	12.72
85.50	14.42	13.89	13.52	13.24	13.03	12.87	12.74	12.63
86.00	14.26	13.75	13.39	13.13	12.93	12.77	12.64	12.54
86.50	14.10	13.61	13.27	13.02	12.82	12.67	12.55	12.45
87.00	13.95	13.48	13.15	12.90	12.72	12.57	12.45	12.36
87.50	13.79	13.34	13.03	12.79	12.61	12.47	12.36	12.27
88.00	13.64	13.21	12.90	12.68	12.51	12.37	12.27	12.18
88.50	13.49	13.07	12.78	12.57	12.41	12.28	12.17	12.09
89.00	13.33	12.94	12.67	12.46	12.31	12.18	12.08	12.00
89.50	13.18	12.81	12.55	12.35	12.20	12.09	11.99	11.92
90.00	13.03	12.68	12.43	12.25	12.10	11.99	11.90	11.83
90.50	12.89	12.55	12.31	12.14	12.01	11.90	11.82	11.75
91.00	12.74	12.42	12.20	12.03	11.91	11.81	11.73	11.66
91.50	12.59	12.29	12.08	11.93	11.81	11.72	11.64	11.58
92.00	12.45	12.17	11.97	11.82	11.71	11.62	11.55	11.50
92.50	12.30	12.04	11.86	11.72	11.62	11.53	11.47	11.41
93.00	12.16	11.92	11.74	11.62	11.52	11.44	11.38	11.33
93.50	12.02	11.79	11.63	11.52	11.42	11.35	11.30	11.25
94.00	11.88	11.67	11.52	11.41	11.33	11.27	11.21	11.17
94.50	11.74	11.55	11.41	11.31	11.24	11.18	11.13	11.09
95.00	11.60	11.42	11.30	11.21	11.14	11.09	11.05	11.01
95.50	11.46	11.30	11.19	11.11	11.05	11.00	10.96	10.93
96.00	11.32	11.18	11.09	11.02	10.96	10.92	10.88	10.85
96.50	11.18	11.06	10.98	10.92	10.87	10.83	10.80	10.78
97.00	11.05	10.95	10.87	10.82	10.78	10.75	10.72	10.70
97.50	10.91	10.83	10.77	10.72	10.69	10.66	10.64	10.62
98.00	10.78	10.71	10.66	10.63	10.60	10.58	10.56	10.55
98.50	10.64	10.59	10.56	10.53	10.51	10.50	10.48	10.47
99.00	10.51	10.48	10.45	10.44	10.42	10.41	10.40	10.40
99.50	10.38	10.36	10.35	10.34	10.34	10.33	10.33	10.32
100.00	10.25	10.25	10.25	10.25	10.25	10.25	10.25	10.25
100.50	10.12	10.14	10.15	10.16	10.16	10.17	10.17	10.18
101.00	9.99	10.02	10.05	10.07	10.08	10.09	10.10	10.10
102.00	9.74	9.80	9.85	9.88	9.91	9.93	9.95	9.96
103.00	9.48	9.58	9.65	9.70	9.74	9.77	9.80	9.82
104.00	9.23	9.36	9.46	9.52	9.58	9.62	9.65	9.68
105.00	8.99	9.15	9.26	9.35	9.41	9.47	9.51	9.54
106.00	8.74	8.94	9.07	9.18	9.25	9.31	9.36	9.41
107.00	8.50	8.73	8.89	9.00	9.09	9.17	9.22	9.27
108.00	8.26	8.52	8.70	8.83	8.94	9.02	9.08	9.14
109.00	8.03	8.31	8.52	8.67	8.78	8.87	8.95	9.01
110.00	7.80	8.11	8.34	8.50	8.63	8.73	8.81	8.88

10¼%   Bond Yield Table

	13	14	15	16	17	18	19	20
				YEARS TO MATURITY				
70.00	15.74	15.57	15.44	15.33	15.23	15.15	15.08	15.02
71.00	15.50	15.34	15.21	15.10	15.01	14.93	14.86	14.81
72.00	15.27	15.11	14.99	14.88	14.79	14.72	14.65	14.60
73.00	15.04	14.89	14.77	14.67	14.58	14.51	14.45	14.39
74.00	14.81	14.67	14.56	14.46	14.38	14.31	14.25	14.19
75.00	14.59	14.46	14.35	14.26	14.18	14.11	14.05	14.00
76.00	14.38	14.25	14.15	14.06	13.98	13.92	13.86	13.81
77.00	14.17	14.05	13.95	13.86	13.79	13.73	13.67	13.63
78.00	13.96	13.85	13.75	13.67	13.60	13.54	13.49	13.44
79.00	13.76	13.65	13.56	13.48	13.42	13.36	13.31	13.27
80.00	13.56	13.46	13.37	13.30	13.23	13.18	13.13	13.09
81.00	13.37	13.27	13.19	13.12	13.06	13.01	12.96	12.92
82.00	13.18	13.09	13.01	12.94	12.88	12.84	12.79	12.76
82.50	13.09	13.00	12.92	12.85	12.80	12.75	12.71	12.68
83.00	12.99	12.90	12.83	12.77	12.71	12.67	12.63	12.59
83.50	12.90	12.82	12.74	12.68	12.63	12.59	12.55	12.51
84.00	12.81	12.73	12.66	12.60	12.55	12.50	12.47	12.44
84.50	12.72	12.64	12.57	12.51	12.47	12.42	12.39	12.36
85.00	12.63	12.55	12.49	12.43	12.38	12.34	12.31	12.28
85.50	12.54	12.46	12.40	12.35	12.30	12.26	12.23	12.20
86.00	12.45	12.38	12.32	12.27	12.22	12.19	12.15	12.13
86.50	12.36	12.29	12.24	12.19	12.14	12.11	12.08	12.05
87.00	12.28	12.21	12.15	12.11	12.07	12.03	12.00	11.98
87.50	12.19	12.13	12.07	12.03	11.99	11.96	11.93	11.90
88.00	12.11	12.04	11.99	11.95	11.91	11.88	11.85	11.83
88.50	12.02	11.96	11.91	11.87	11.84	11.80	11.78	11.76
89.00	11.94	11.88	11.83	11.79	11.76	11.73	11.71	11.68
89.50	11.85	11.80	11.76	11.72	11.69	11.66	11.63	11.61
90.00	11.77	11.72	11.68	11.64	11.61	11.58	11.56	11.54
90.50	11.69	11.64	11.60	11.57	11.54	11.51	11.49	11.47
91.00	11.61	11.56	11.52	11.49	11.46	11.44	11.42	11.40
91.50	11.53	11.48	11.45	11.42	11.39	11.37	11.35	11.33
92.00	11.45	11.41	11.37	11.34	11.32	11.30	11.28	11.26
92.50	11.37	11.33	11.30	11.27	11.25	11.23	11.21	11.20
93.00	11.29	11.25	11.23	11.20	11.18	11.16	11.14	11.13
93.50	11.21	11.18	11.15	11.13	11.11	11.09	11.08	11.06
94.00	11.13	11.10	11.08	11.06	11.04	11.02	11.01	11.00
94.50	11.06	11.03	11.01	10.99	10.97	10.96	10.94	10.93
95.00	10.98	10.96	10.94	10.92	10.90	10.89	10.88	10.87
95.50	10.91	10.88	10.86	10.85	10.83	10.82	10.81	10.80
96.00	10.83	10.81	10.79	10.78	10.77	10.76	10.75	10.74
96.50	10.76	10.74	10.72	10.71	10.70	10.69	10.68	10.68
97.00	10.68	10.67	10.65	10.64	10.64	10.63	10.62	10.61
97.50	10.61	10.60	10.59	10.58	10.57	10.56	10.56	10.55
98.00	10.54	10.53	10.52	10.51	10.50	10.50	10.49	10.49
98.50	10.46	10.46	10.45	10.44	10.44	10.44	10.43	10.43
99.00	10.39	10.39	10.38	10.38	10.38	10.37	10.37	10.37
99.50	10.32	10.32	10.32	10.31	10.31	10.31	10.31	10.31
100.00	10.25	10.25	10.25	10.25	10.25	10.25	10.25	10.25
100.50	10.18	10.18	10.18	10.19	10.19	10.19	10.19	10.19
101.00	10.11	10.11	10.12	10.12	10.13	10.13	10.13	10.13
102.00	9.97	9.98	9.99	10.00	10.00	10.01	10.01	10.02
103.00	9.84	9.85	9.86	9.87	9.88	9.89	9.90	9.90
104.00	9.70	9.72	9.74	9.75	9.76	9.77	9.78	9.79
105.00	9.57	9.59	9.61	9.63	9.65	9.66	9.67	9.68
106.00	9.44	9.47	9.49	9.51	9.53	9.55	9.56	9.57
107.00	9.31	9.34	9.37	9.40	9.42	9.43	9.45	9.46
108.00	9.18	9.22	9.25	9.28	9.30	9.32	9.34	9.36
109.00	9.06	9.10	9.14	9.17	9.19	9.22	9.24	9.25
110.00	8.93	8.98	9.02	9.05	9.08	9.11	9.13	9.15

Bond Yield Table 10¼%

PRICE	21	22	23	24	25	29	30	CUR
				YEARS TO MATURITY				
70.00	14.97	14.92	14.89	14.85	14.83	14.75	14.73	14.64
71.00	14.76	14.71	14.68	14.64	14.62	14.54	14.53	14.44
72.00	14.55	14.51	14.47	14.44	14.41	14.34	14.33	14.24
73.00	14.35	14.31	14.27	14.24	14.22	14.14	14.13	14.04
74.00	14.15	14.11	14.08	14.05	14.02	13.95	13.94	13.85
75.00	13.96	13.92	13.89	13.86	13.84	13.77	13.75	13.67
76.00	13.77	13.73	13.70	13.68	13.65	13.58	13.57	13.49
77.00	13.59	13.55	13.52	13.50	13.47	13.41	13.40	13.31
78.00	13.41	13.37	13.34	13.32	13.30	13.23	13.22	13.14
79.00	13.23	13.20	13.17	13.15	13.13	13.07	13.05	12.97
80.00	13.06	13.03	13.00	12.98	12.96	12.90	12.89	12.81
81.00	12.89	12.86	12.84	12.81	12.80	12.74	12.73	12.65
82.00	12.73	12.70	12.68	12.65	12.64	12.58	12.57	12.50
82.50	12.65	12.62	12.60	12.58	12.56	12.51	12.50	12.42
83.00	12.57	12.54	12.52	12.50	12.48	12.43	12.42	12.35
83.50	12.49	12.46	12.44	12.42	12.40	12.35	12.34	12.28
84.00	12.41	12.38	12.36	12.34	12.33	12.28	12.27	12.20
84.50	12.33	12.31	12.29	12.27	12.25	12.20	12.20	12.13
85.00	12.25	12.23	12.21	12.19	12.18	12.13	12.12	12.06
85.50	12.18	12.15	12.14	12.12	12.10	12.06	12.05	11.99
86.00	12.10	12.08	12.06	12.04	12.03	11.99	11.98	11.92
86.50	12.03	12.01	11.99	11.97	11.96	11.92	11.91	11.85
87.00	11.95	11.93	11.92	11.90	11.89	11.85	11.84	11.78
87.50	11.88	11.86	11.84	11.83	11.82	11.78	11.77	11.71
88.00	11.81	11.79	11.77	11.76	11.75	11.71	11.70	11.65
88.50	11.73	11.72	11.70	11.69	11.68	11.64	11.63	11.58
89.00	11.66	11.65	11.63	11.62	11.61	11.57	11.57	11.52
89.50	11.59	11.58	11.56	11.55	11.54	11.51	11.50	11.45
90.00	11.52	11.51	11.49	11.48	11.47	11.44	11.44	11.39
90.50	11.45	11.44	11.43	11.42	11.41	11.38	11.37	11.33
91.00	11.39	11.37	11.36	11.35	11.34	11.31	11.31	11.26
91.50	11.32	11.30	11.29	11.28	11.27	11.25	11.24	11.20
92.00	11.25	11.24	11.23	11.22	11.21	11.18	11.18	11.14
92.50	11.18	11.17	11.16	11.15	11.15	11.12	11.12	11.08
93.00	11.12	11.11	11.10	11.09	11.08	11.06	11.06	11.02
93.50	11.05	11.04	11.03	11.03	11.02	11.00	10.99	10.96
94.00	10.99	10.98	10.97	10.96	10.96	10.94	10.93	10.90
94.50	10.92	10.91	10.91	10.90	10.89	10.88	10.87	10.85
95.00	10.86	10.85	10.84	10.84	10.83	10.82	10.81	10.79
95.50	10.80	10.79	10.78	10.78	10.77	10.76	10.76	10.73
96.00	10.73	10.73	10.72	10.72	10.71	10.70	10.70	10.68
96.50	10.67	10.67	10.66	10.66	10.65	10.64	10.64	10.62
97.00	10.61	10.60	10.60	10.60	10.59	10.58	10.58	10.57
97.50	10.55	10.54	10.54	10.54	10.54	10.53	10.53	10.51
98.00	10.49	10.48	10.48	10.48	10.48	10.47	10.47	10.46
98.50	10.43	10.43	10.42	10.42	10.42	10.41	10.41	10.41
99.00	10.37	10.37	10.36	10.36	10.36	10.36	10.36	10.35
99.50	10.31	10.31	10.31	10.31	10.31	10.30	10.30	10.30
100.00	10.25	10.25	10.25	10.25	10.25	10.25	10.25	10.25
100.50	10.19	10.19	10.19	10.19	10.19	10.20	10.20	10.20
101.00	10.13	10.14	10.14	10.14	10.14	10.14	10.14	10.15
102.00	10.02	10.02	10.03	10.03	10.03	10.04	10.04	10.05
103.00	9.91	9.91	9.92	9.92	9.92	9.93	9.93	9.95
104.00	9.80	9.80	9.81	9.81	9.82	9.83	9.83	9.86
105.00	9.69	9.70	9.70	9.71	9.71	9.73	9.73	9.76
106.00	9.58	9.59	9.60	9.61	9.61	9.63	9.64	9.67
107.00	9.48	9.49	9.50	9.50	9.51	9.53	9.54	9.58
108.00	9.37	9.38	9.39	9.40	9.41	9.44	9.44	9.49
109.00	9.27	9.28	9.30	9.31	9.32	9.34	9.35	9.40
110.00	9.17	9.18	9.20	9.21	9.22	9.25	9.26	9.32

10½% Bond Yield Table

PRICE	YEARS TO MATURITY							
	¼	½	¾	1	1½	2	3	4
85.00	80.46	47.65	34.73	28.81	22.87	19.96	17.10	15.69
85.50	77.73	46.20	33.81	28.13	22.41	19.61	16.85	15.50
86.00	75.04	44.77	32.89	27.44	21.95	19.26	16.61	15.31
86.50	72.37	43.35	31.99	26.77	21.50	18.92	16.37	15.12
87.00	69.74	41.95	31.09	26.10	21.05	18.58	16.14	14.93
87.50	67.13	40.57	30.20	25.43	20.61	18.24	15.90	14.75
88.00	64.55	39.20	29.32	24.77	20.16	17.90	15.67	14.56
88.50	62.00	37.85	28.45	24.12	19.73	17.57	15.43	14.38
89.00	59.48	36.52	27.59	23.47	19.29	17.23	15.20	14.20
89.50	56.99	35.20	26.74	22.83	18.86	16.90	14.97	14.02
90.00	54.52	33.89	25.89	22.19	18.43	16.58	14.74	13.84
90.50	52.08	32.60	25.05	21.56	18.01	16.25	14.52	13.66
91.00	49.67	31.32	24.22	20.94	17.58	15.93	14.29	13.48
91.25	48.47	30.68	23.81	20.63	17.37	15.77	14.18	13.40
91.50	47.28	30.05	23.39	20.32	17.17	15.61	14.07	13.31
91.75	46.09	29.43	22.99	20.01	16.96	15.45	13.96	13.22
92.00	44.91	28.80	22.58	19.70	16.75	15.29	13.85	13.13
92.25	43.74	28.18	22.17	19.39	16.54	15.13	13.74	13.05
92.50	42.58	27.57	21.77	19.09	16.34	14.98	13.63	12.96
92.75	41.42	26.95	21.37	18.79	16.13	14.82	13.52	12.88
93.00	40.26	26.34	20.97	18.48	15.93	14.66	13.41	12.79
93.25	39.11	25.74	20.57	18.18	15.73	14.51	13.30	12.70
93.50	37.97	25.13	20.17	17.88	15.52	14.35	13.19	12.62
93.75	36.84	24.53	19.78	17.59	15.32	14.20	13.09	12.53
94.00	35.71	23.94	19.39	17.29	15.12	14.04	12.98	12.45
94.25	34.58	23.34	18.99	16.99	14.92	13.89	12.87	12.37
94.50	33.46	22.75	18.61	16.70	14.72	13.74	12.76	12.28
94.75	32.35	22.16	18.22	16.40	14.52	13.59	12.66	12.20
95.00	31.24	21.58	17.83	16.11	14.32	13.43	12.55	12.11
95.25	30.14	21.00	17.45	15.82	14.12	13.28	12.45	12.03
95.50	29.04	20.42	17.06	15.53	13.93	13.13	12.34	11.95
95.75	27.95	19.84	16.68	15.24	13.73	12.98	12.23	11.87
96.00	26.87	19.27	16.30	14.95	13.54	12.83	12.13	11.78
96.25	25.79	18.70	15.93	14.67	13.34	12.68	12.03	11.70
96.50	24.72	18.13	15.55	14.38	13.15	12.53	11.92	11.62
96.75	23.65	17.57	15.18	14.10	12.95	12.38	11.82	11.54
97.00	22.58	17.01	14.80	13.81	12.76	12.24	11.71	11.46
97.25	21.53	16.45	14.43	13.53	12.57	12.09	11.61	11.37
97.50	20.47	15.90	14.06	13.25	12.38	11.94	11.51	11.29
97.75	19.43	15.35	13.70	12.97	12.19	11.80	11.41	11.21
98.00	18.39	14.80	13.33	12.69	12.00	11.65	11.30	11.13
98.25	17.35	14.25	12.96	12.41	11.81	11.50	11.20	11.05
98.50	16.32	13.71	12.60	12.14	11.62	11.36	11.10	10.97
98.75	15.29	13.16	12.24	11.86	11.43	11.22	11.00	10.89
99.00	14.27	12.63	11.88	11.59	11.24	11.07	10.90	10.81
99.25	13.25	12.09	11.52	11.31	11.06	10.93	10.80	10.74
99.50	12.24	11.56	11.16	11.04	10.87	10.78	10.70	10.66
99.75	11.23	11.03	10.81	10.77	10.68	10.64	10.60	10.58
100.00	10.23	10.50	10.45	10.50	10.50	10.50	10.50	10.50
100.25	9.23	9.98	10.10	10.23	10.32	10.36	10.40	10.42
100.50	8.24	9.45	9.75	9.96	10.13	10.22	10.30	10.34
101.00	6.27	8.42	9.05	9.43	9.77	9.94	10.11	10.19
101.50	4.32	7.39	8.36	8.90	9.40	9.66	9.91	10.04
102.00	2.39	6.37	7.67	8.37	9.04	9.38	9.72	9.88
102.50	0.48	5.37	6.99	7.85	8.69	9.10	9.52	9.73
103.00		4.37	6.31	7.33	8.33	8.83	9.33	9.58
103.50		3.38	5.64	6.82	7.98	8.56	9.14	9.43
104.00		2.40	4.98	6.31	7.63	8.29	8.95	9.28
104.50		1.44	4.32	5.80	7.28	8.02	8.76	9.13
105.00		0.48	3.66	5.30	6.93	7.75	8.57	8.98

Bond Yield Table 10½%

PRICE	YEARS TO MATURITY							
	5	6	7	8	9	10	11	12
70.00	20.34	19.12	18.26	17.64	17.16	16.79	16.50	16.26
71.00	19.92	18.75	17.94	17.33	16.88	16.52	16.24	16.01
72.00	19.52	18.40	17.61	17.04	16.60	16.26	15.99	15.77
73.00	19.12	18.05	17.30	16.75	16.33	16.00	15.74	15.53
74.00	18.73	17.71	16.99	16.46	16.06	15.75	15.50	15.29
75.00	18.35	17.37	16.69	16.18	15.80	15.50	15.26	15.07
76.00	17.98	17.04	16.39	15.91	15.54	15.25	15.03	14.84
77.00	17.61	16.72	16.10	15.64	15.29	15.01	14.80	14.62
78.00	17.24	16.40	15.81	15.37	15.04	14.78	14.57	14.40
79.00	16.88	16.09	15.52	15.11	14.80	14.55	14.35	14.19
80.00	16.53	15.78	15.25	14.86	14.56	14.32	14.14	13.99
81.00	16.19	15.47	14.97	14.60	14.32	14.10	13.92	13.78
82.00	15.85	15.18	14.70	14.36	14.09	13.88	13.72	13.58
82.50	15.68	15.03	14.57	14.23	13.98	13.77	13.61	13.48
83.00	15.51	14.88	14.44	14.11	13.86	13.67	13.51	13.38
83.50	15.35	14.74	14.31	13.99	13.75	13.56	13.41	13.29
84.00	15.18	14.59	14.18	13.87	13.64	13.46	13.31	13.19
84.50	15.02	14.45	14.05	13.76	13.53	13.35	13.21	13.10
85.00	14.86	14.31	13.92	13.64	13.42	13.25	13.11	13.00
85.50	14.70	14.17	13.80	13.52	13.31	13.15	13.02	12.91
86.00	14.54	14.03	13.67	13.41	13.20	13.05	12.92	12.82
86.50	14.38	13.89	13.55	13.29	13.10	12.95	12.82	12.72
87.00	14.22	13.75	13.42	13.18	12.99	12.85	12.73	12.63
87.50	14.06	13.62	13.30	13.07	12.89	12.75	12.63	12.54
88.00	13.91	13.48	13.18	12.95	12.78	12.65	12.54	12.45
88.50	13.76	13.35	13.06	12.84	12.68	12.55	12.45	12.36
89.00	13.60	13.21	12.94	12.73	12.58	12.45	12.36	12.28
89.50	13.45	13.08	12.82	12.62	12.47	12.36	12.26	12.19
90.00	13.30	12.95	12.70	12.51	12.37	12.26	12.17	12.10
90.50	13.15	12.82	12.58	12.41	12.27	12.17	12.08	12.01
91.00	13.00	12.69	12.46	12.30	12.17	12.07	11.99	11.93
91.50	12.86	12.56	12.35	12.19	12.07	11.98	11.91	11.84
92.00	12.71	12.43	12.23	12.09	11.98	11.89	11.82	11.76
92.50	12.57	12.30	12.12	11.98	11.88	11.80	11.73	11.68
93.00	12.42	12.18	12.01	11.88	11.78	11.71	11.64	11.59
93.50	12.28	12.05	11.89	11.78	11.69	11.62	11.56	11.51
94.00	12.14	11.93	11.78	11.67	11.59	11.53	11.47	11.43
94.50	11.99	11.81	11.67	11.57	11.50	11.44	11.39	11.35
95.00	11.85	11.68	11.56	11.47	11.40	11.35	11.31	11.27
95.50	11.71	11.56	11.45	11.37	11.31	11.26	11.22	11.19
96.00	11.58	11.44	11.34	11.27	11.22	11.17	11.14	11.11
96.50	11.44	11.32	11.24	11.17	11.13	11.09	11.06	11.03
97.00	11.30	11.20	11.13	11.07	11.03	11.00	10.98	10.96
97.50	11.17	11.08	11.02	10.98	10.94	10.92	10.90	10.88
98.00	11.03	10.96	10.92	10.88	10.85	10.83	10.82	10.80
98.50	10.90	10.85	10.81	10.78	10.76	10.75	10.74	10.73
99.00	10.76	10.73	10.71	10.69	10.68	10.67	10.66	10.65
99.50	10.63	10.61	10.60	10.59	10.59	10.58	10.58	10.57
100.00	10.50	10.50	10.50	10.50	10.50	10.50	10.50	10.50
100.50	10.37	10.39	10.40	10.41	10.41	10.42	10.42	10.43
101.00	10.24	10.27	10.30	10.31	10.33	10.34	10.35	10.35
102.00	9.98	10.05	10.09	10.13	10.16	10.18	10.19	10.21
103.00	9.73	9.83	9.90	9.95	9.99	10.02	10.04	10.06
104.00	9.48	9.61	9.70	9.77	9.82	9.86	9.90	9.92
105.00	9.23	9.39	9.51	9.59	9.66	9.71	9.75	9.78
106.00	8.98	9.18	9.31	9.42	9.49	9.56	9.60	9.65
107.00	8.74	8.97	9.12	9.24	9.33	9.40	9.46	9.51
108.00	8.50	8.76	8.94	9.07	9.18	9.26	9.32	9.38
109.00	8.27	8.55	8.75	8.90	9.02	9.11	9.18	9.24
110.00	8.03	8.35	8.57	8.74	8.86	8.96	9.05	9.11

10½% Bond Yield Table

PRICE	YEARS TO MATURITY							
	13	14	15	16	17	18	19	20
70.00	16.07	15.91	15.77	15.66	15.57	15.49	15.42	15.36
71.00	15.82	15.67	15.54	15.43	15.34	15.26	15.20	15.14
72.00	15.59	15.44	15.31	15.21	15.12	15.05	14.98	14.93
73.00	15.36	15.21	15.09	14.99	14.91	14.84	14.77	14.72
74.00	15.13	14.99	14.88	14.78	14.70	14.63	14.57	14.52
75.00	14.91	14.77	14.66	14.57	14.49	14.43	14.37	14.32
76.00	14.69	14.56	14.46	14.37	14.29	14.23	14.17	14.13
77.00	14.48	14.36	14.25	14.17	14.10	14.04	13.98	13.94
78.00	14.27	14.15	14.06	13.97	13.91	13.85	13.80	13.75
79.00	14.06	13.95	13.86	13.78	13.72	13.66	13.61	13.57
80.00	13.86	13.76	13.67	13.60	13.53	13.48	13.44	13.40
81.00	13.66	13.57	13.48	13.41	13.35	13.30	13.26	13.22
82.00	13.47	13.38	13.30	13.23	13.18	13.13	13.09	13.05
82.50	13.37	13.28	13.21	13.15	13.09	13.04	13.00	12.97
83.00	13.28	13.19	13.12	13.06	13.01	12.96	12.92	12.89
83.50	13.19	13.10	13.03	12.97	12.92	12.88	12.84	12.81
84.00	13.09	13.01	12.94	12.89	12.84	12.79	12.76	12.72
84.50	13.00	12.92	12.86	12.80	12.75	12.71	12.68	12.64
85.00	12.91	12.83	12.77	12.72	12.67	12.63	12.59	12.57
85.50	12.82	12.75	12.68	12.63	12.59	12.55	12.52	12.49
86.00	12.73	12.66	12.60	12.55	12.51	12.47	12.44	12.41
86.50	12.64	12.57	12.52	12.47	12.43	12.39	12.36	12.33
87.00	12.55	12.49	12.43	12.39	12.35	12.31	12.28	12.26
87.50	12.47	12.40	12.35	12.31	12.27	12.23	12.21	12.18
88.00	12.38	12.32	12.27	12.23	12.19	12.16	12.13	12.11
88.50	12.29	12.24	12.19	12.15	12.11	12.08	12.05	12.03
89.00	12.21	12.15	12.11	12.07	12.03	12.01	11.98	11.96
89.50	12.12	12.07	12.03	11.99	11.96	11.93	11.91	11.89
90.00	12.04	11.99	11.95	11.91	11.88	11.86	11.83	11.81
90.50	11.96	11.91	11.87	11.84	11.81	11.78	11.76	11.74
91.00	11.88	11.83	11.79	11.76	11.73	11.71	11.69	11.67
91.50	11.79	11.75	11.72	11.69	11.66	11.64	11.62	11.60
92.00	11.71	11.67	11.64	11.61	11.59	11.57	11.55	11.53
92.50	11.63	11.60	11.56	11.54	11.51	11.50	11.48	11.46
93.00	11.55	11.52	11.49	11.46	11.44	11.42	11.41	11.40
93.50	11.47	11.44	11.42	11.39	11.37	11.36	11.34	11.33
94.00	11.40	11.37	11.34	11.32	11.30	11.29	11.27	11.26
94.50	11.32	11.29	11.27	11.25	11.23	11.22	11.21	11.19
95.00	11.24	11.22	11.20	11.18	11.16	11.15	11.14	11.13
95.50	11.16	11.14	11.12	11.11	11.09	11.08	11.07	11.06
96.00	11.09	11.07	11.05	11.04	11.03	11.02	11.01	11.00
96.50	11.01	11.00	10.98	10.97	10.96	10.95	10.94	10.93
97.00	10.94	10.92	10.91	10.90	10.89	10.88	10.88	10.87
97.50	10.86	10.85	10.84	10.83	10.82	10.82	10.81	10.81
98.00	10.79	10.78	10.77	10.76	10.76	10.75	10.75	10.75
98.50	10.72	10.71	10.70	10.70	10.69	10.69	10.69	10.68
99.00	10.64	10.64	10.63	10.63	10.63	10.63	10.62	10.62
99.50	10.57	10.57	10.57	10.57	10.56	10.56	10.56	10.56
100.00	10.50	10.50	10.50	10.50	10.50	10.50	10.50	10.50
100.50	10.43	10.43	10.43	10.44	10.44	10.44	10.44	10.44
101.00	10.36	10.36	10.37	10.37	10.37	10.38	10.38	10.38
102.00	10.22	10.23	10.24	10.24	10.25	10.25	10.26	10.26
103.00	10.08	10.10	10.11	10.12	10.13	10.13	10.14	10.15
104.00	9.95	9.96	9.98	9.99	10.01	10.02	10.02	10.03
105.00	9.81	9.83	9.85	9.87	9.89	9.90	9.91	9.92
106.00	9.68	9.71	9.73	9.75	9.77	9.78	9.80	9.81
107.00	9.55	9.58	9.61	9.63	9.65	9.67	9.69	9.70
108.00	9.42	9.46	9.49	9.52	9.54	9.56	9.58	9.59
109.00	9.29	9.34	9.37	9.40	9.43	9.45	9.47	9.49
110.00	9.17	9.21	9.25	9.29	9.32	9.34	9.36	9.38

Bond Yield Table   10½%

PRICE	YEARS TO MATURITY							
	21	22	23	24	25	29	30	CUR
70.00	15.31	15.27	15.23	15.20	15.17	15.10	15.08	15.00
71.00	15.09	15.05	15.02	14.99	14.96	14.88	14.87	14.79
72.00	14.88	14.84	14.81	14.78	14.75	14.68	14.67	14.58
73.00	14.68	14.64	14.60	14.57	14.55	14.48	14.47	14.38
74.00	14.47	14.44	14.41	14.38	14.35	14.28	14.27	14.19
75.00	14.28	14.24	14.21	14.18	14.16	14.09	14.08	14.00
76.00	14.09	14.05	14.02	13.99	13.97	13.91	13.90	13.82
77.00	13.90	13.87	13.84	13.81	13.79	13.73	13.71	13.64
78.00	13.72	13.68	13.66	13.63	13.61	13.55	13.54	13.46
79.00	13.54	13.51	13.48	13.46	13.44	13.38	13.37	13.29
80.00	13.36	13.33	13.31	13.28	13.26	13.21	13.20	13.13
81.00	13.19	13.16	13.14	13.12	13.10	13.04	13.03	12.96
82.00	13.02	13.00	12.97	12.95	12.93	12.88	12.87	12.80
82.50	12.94	12.91	12.89	12.87	12.85	12.80	12.79	12.73
83.00	12.86	12.83	12.81	12.79	12.77	12.73	12.72	12.65
83.50	12.78	12.75	12.73	12.71	12.70	12.65	12.64	12.57
84.00	12.70	12.67	12.65	12.63	12.62	12.57	12.56	12.50
84.50	12.62	12.59	12.57	12.56	12.54	12.50	12.49	12.43
85.00	12.54	12.52	12.50	12.48	12.47	12.42	12.41	12.35
85.50	12.46	12.44	12.42	12.40	12.39	12.35	12.34	12.28
86.00	12.39	12.36	12.35	12.33	12.32	12.27	12.27	12.21
86.50	12.31	12.29	12.27	12.26	12.24	12.20	12.19	12.14
87.00	12.23	12.21	12.20	12.18	12.17	12.13	12.12	12.07
87.50	12.16	12.14	12.12	12.11	12.10	12.06	12.05	12.00
88.00	12.09	12.07	12.05	12.04	12.03	11.99	11.98	11.93
88.50	12.01	11.99	11.98	11.97	11.95	11.92	11.91	11.86
89.00	11.94	11.92	11.91	11.90	11.88	11.85	11.85	11.80
89.50	11.87	11.85	11.84	11.83	11.82	11.78	11.78	11.73
90.00	11.80	11.78	11.77	11.76	11.75	11.72	11.71	11.67
90.50	11.73	11.71	11.70	11.69	11.68	11.65	11.64	11.60
91.00	11.66	11.64	11.63	11.62	11.61	11.58	11.58	11.54
91.50	11.59	11.57	11.56	11.55	11.54	11.52	11.51	11.48
92.00	11.52	11.51	11.50	11.49	11.48	11.45	11.45	11.41
92.50	11.45	11.44	11.43	11.42	11.41	11.39	11.39	11.35
93.00	11.38	11.37	11.36	11.36	11.35	11.33	11.32	11.29
93.50	11.32	11.31	11.30	11.29	11.28	11.26	11.26	11.23
94.00	11.25	11.24	11.23	11.23	11.22	11.20	11.20	11.17
94.50	11.18	11.18	11.17	11.16	11.16	11.14	11.14	11.11
95.00	11.12	11.11	11.11	11.10	11.09	11.08	11.08	11.05
95.50	11.06	11.05	11.04	11.04	11.03	11.02	11.02	10.99
96.00	10.99	10.99	10.98	10.98	10.97	10.96	10.96	10.94
96.50	10.93	10.92	10.92	10.91	10.91	10.90	10.90	10.88
97.00	10.87	10.86	10.86	10.85	10.85	10.84	10.84	10.82
97.50	10.80	10.80	10.80	10.80	10.79	10.78	10.78	10.77
98.00	10.74	10.74	10.74	10.73	10.73	10.73	10.72	10.71
98.50	10.68	10.68	10.68	10.67	10.67	10.67	10.67	10.66
99.00	10.62	10.62	10.62	10.62	10.61	10.61	10.61	10.61
99.50	10.56	10.56	10.56	10.56	10.56	10.56	10.56	10.55
100.00	10.50	10.50	10.50	10.50	10.50	10.50	10.50	10.50
100.50	10.44	10.44	10.44	10.44	10.44	10.44	10.45	10.45
101.00	10.38	10.38	10.38	10.39	10.39	10.39	10.39	10.40
102.00	10.27	10.27	10.27	10.27	10.27	10.28	10.28	10.29
103.00	10.15	10.16	10.16	10.16	10.17	10.18	10.18	10.19
104.00	10.04	10.05	10.05	10.06	10.06	10.07	10.07	10.10
105.00	9.93	9.94	9.94	9.95	9.95	9.97	9.97	10.00
106.00	9.82	9.83	9.84	9.84	9.85	9.87	9.87	9.91
107.00	9.71	9.72	9.73	9.74	9.75	9.77	9.77	9.81
108.00	9.61	9.62	9.63	9.64	9.65	9.67	9.68	9.72
109.00	9.50	9.52	9.53	9.54	9.55	9.58	9.58	9.63
110.00	9.40	9.42	9.43	9.44	9.45	9.48	9.49	9.55

10¾% Bond Yield Table

PRICE	YEARS TO MATURITY							
	¼	½	¾	1	1½	2	3	4
85.00	80.68	47.94	35.01	29.10	23.15	20.24	17.38	15.97
85.50	77.96	46.49	34.08	28.41	22.69	19.89	17.13	15.77
86.00	75.26	45.06	33.17	27.72	22.23	19.54	16.89	15.58
86.50	72.60	43.64	32.26	27.05	21.78	19.19	16.65	15.39
87.00	69.97	42.24	31.37	26.37	21.33	18.85	16.41	15.21
87.50	67.36	40.86	30.48	25.71	20.88	18.51	16.17	15.02
88.00	64.78	39.49	29.60	25.05	20.44	18.17	15.94	14.83
88.50	62.23	38.14	28.72	24.39	20.00	17.84	15.70	14.65
89.00	59.71	36.80	27.86	23.75	19.56	17.50	15.47	14.47
89.50	57.22	35.47	27.01	23.10	19.13	17.17	15.24	14.29
90.00	54.75	34.17	26.16	22.46	18.70	16.85	15.01	14.11
90.50	52.31	32.87	25.32	21.83	18.27	16.52	14.78	13.93
91.00	49.90	31.59	24.48	21.21	17.85	16.20	14.56	13.75
91.25	48.70	30.96	24.07	20.89	17.64	16.04	14.45	13.66
91.50	47.51	30.33	23.66	20.58	17.43	15.88	14.33	13.57
91.75	46.33	29.70	23.25	20.27	17.22	15.72	14.22	13.49
92.00	45.15	29.08	22.84	19.97	17.02	15.56	14.11	13.40
92.25	43.98	28.46	22.44	19.66	16.81	15.40	14.00	13.31
92.50	42.81	27.84	22.03	19.36	16.60	15.24	13.89	13.22
92.75	41.65	27.22	21.63	19.05	16.40	15.08	13.78	13.14
93.00	40.50	26.61	21.23	18.75	16.19	14.93	13.67	13.05
93.25	39.35	26.01	20.83	18.45	15.99	14.77	13.56	12.97
93.50	38.21	25.40	20.43	18.15	15.78	14.61	13.45	12.88
93.75	37.07	24.80	20.04	17.85	15.58	14.46	13.35	12.79
94.00	35.94	24.20	19.65	17.55	15.38	14.30	13.24	12.71
94.25	34.82	23.61	19.25	17.25	15.18	14.15	13.13	12.62
94.50	33.70	23.02	18.86	16.96	14.98	14.00	13.02	12.54
94.75	32.58	22.43	18.48	16.66	14.78	13.84	12.92	12.46
95.00	31.48	21.84	18.09	16.37	14.58	13.69	12.81	12.37
95.25	30.38	21.26	17.70	16.08	14.38	13.54	12.70	12.29
95.50	29.28	20.68	17.32	15.79	14.19	13.39	12.60	12.21
95.75	28.19	20.10	16.94	15.50	13.99	13.24	12.49	12.12
96.00	27.11	19.53	16.56	15.21	13.79	13.09	12.39	12.04
96.25	26.03	18.96	16.18	14.92	13.60	12.94	12.28	11.96
96.50	24.95	18.39	15.81	14.64	13.40	12.79	12.18	11.87
96.75	23.88	17.83	15.43	14.35	13.21	12.64	12.07	11.79
97.00	22.82	17.27	15.06	14.07	13.02	12.49	11.97	11.71
97.25	21.76	16.71	14.69	13.79	12.82	12.34	11.87	11.63
97.50	20.71	16.15	14.32	13.51	12.63	12.20	11.76	11.55
97.75	19.66	15.60	13.95	13.23	12.44	12.05	11.66	11.47
98.00	18.62	15.05	13.58	12.95	12.25	11.90	11.56	11.39
98.25	17.59	14.50	13.22	12.67	12.06	11.76	11.46	11.31
98.50	16.55	13.96	12.85	12.39	11.87	11.61	11.35	11.23
98.75	15.53	13.42	12.49	12.11	11.68	11.47	11.25	11.15
99.00	14.51	12.88	12.13	11.84	11.49	11.32	11.15	11.07
99.25	13.49	12.34	11.77	11.57	11.31	11.18	11.05	10.99
99.50	12.48	11.81	11.41	11.29	11.12	11.04	10.95	10.91
99.75	11.47	11.28	11.05	11.02	10.94	10.89	10.85	10.83
100.00	10.47	10.75	10.70	10.75	10.75	10.75	10.75	10.75
100.25	9.47	10.22	10.35	10.48	10.57	10.61	10.65	10.67
100.50	8.48	9.70	10.00	10.21	10.38	10.47	10.55	10.59
101.00	6.51	8.66	9.30	9.68	10.02	10.18	10.35	10.44
101.50	4.56	7.64	8.60	9.15	9.65	9.90	10.16	10.28
102.00	2.63	6.62	7.91	8.62	9.29	9.63	9.96	10.13
102.50	0.71	5.61	7.23	8.10	8.93	9.35	9.77	9.98
103.00		4.61	6.56	7.58	8.58	9.08	9.58	9.82
103.50		3.62	5.88	7.06	8.22	8.80	9.38	9.67
104.00		2.64	5.22	6.55	7.87	8.53	9.19	9.52
104.50		1.67	4.56	6.04	7.52	8.26	9.00	9.38
105.00		0.71	3.90	5.54	7.17	8.00	8.82	9.23

Bond Yield Table 10¾%

PRICE	YEARS TO MATURITY							
	5	6	7	8	9	10	11	12
70.00	20.65	19.43	18.58	17.96	17.49	17.12	16.83	16.59
71.00	20.24	19.07	18.25	17.65	17.20	16.84	16.56	16.34
72.00	19.83	18.71	17.93	17.35	16.92	16.58	16.31	16.09
73.00	19.43	18.36	17.61	17.06	16.64	16.31	16.06	15.85
74.00	19.04	18.01	17.30	16.77	16.37	16.06	15.81	15.61
75.00	18.65	17.68	16.99	16.49	16.10	15.81	15.57	15.38
76.00	18.27	17.34	16.69	16.21	15.84	15.56	15.33	15.15
77.00	17.90	17.02	16.39	15.94	15.59	15.32	15.10	14.92
78.00	17.54	16.69	16.10	15.67	15.34	15.08	14.87	14.71
79.00	17.18	16.38	15.82	15.41	15.09	14.85	14.65	14.49
80.00	16.82	16.07	15.54	15.15	14.85	14.62	14.43	14.28
81.00	16.47	15.76	15.26	14.89	14.61	14.39	14.22	14.07
82.00	16.13	15.46	14.99	14.64	14.38	14.17	14.01	13.87
82.50	15.96	15.31	14.86	14.52	14.26	14.06	13.90	13.77
83.00	15.79	15.16	14.72	14.40	14.15	13.95	13.80	13.67
83.50	15.63	15.02	14.59	14.28	14.03	13.85	13.70	13.57
84.00	15.46	14.87	14.46	14.15	13.92	13.74	13.59	13.48
84.50	15.30	14.73	14.33	14.04	13.81	13.63	13.49	13.38
85.00	15.13	14.59	14.20	13.92	13.70	13.53	13.39	13.28
85.50	14.97	14.44	14.07	13.80	13.59	13.43	13.30	13.19
86.00	14.81	14.30	13.95	13.68	13.48	13.32	13.20	13.10
86.50	14.65	14.16	13.82	13.57	13.37	13.22	13.10	13.00
87.00	14.49	14.03	13.70	13.45	13.27	13.12	13.00	12.91
87.50	14.34	13.89	13.57	13.34	13.16	13.02	12.91	12.82
88.00	14.18	13.75	13.45	13.23	13.06	12.92	12.81	12.73
88.50	14.03	13.62	13.33	13.11	12.95	12.82	12.72	12.64
89.00	13.87	13.48	13.21	13.00	12.85	12.72	12.63	12.55
89.50	13.72	13.35	13.09	12.89	12.74	12.63	12.53	12.46
90.00	13.57	13.22	12.97	12.78	12.64	12.53	12.44	12.37
90.50	13.42	13.08	12.85	12.67	12.54	12.44	12.35	12.28
91.00	13.27	12.95	12.73	12.57	12.44	12.34	12.26	12.20
91.50	13.12	12.82	12.61	12.46	12.34	12.25	12.17	12.11
92.00	12.97	12.69	12.50	12.35	12.24	12.15	12.08	12.03
92.50	12.83	12.57	12.38	12.25	12.14	12.06	12.00	11.94
93.00	12.68	12.44	12.27	12.14	12.05	11.97	11.91	11.86
93.50	12.54	12.31	12.16	12.04	11.95	11.88	11.82	11.78
94.00	12.40	12.19	12.04	11.93	11.85	11.79	11.74	11.69
94.50	12.25	12.06	11.93	11.83	11.76	11.70	11.65	11.61
95.00	12.11	11.94	11.82	11.73	11.66	11.61	11.56	11.53
95.50	11.97	11.82	11.71	11.63	11.57	11.52	11.48	11.45
96.00	11.83	11.70	11.60	11.53	11.47	11.43	11.40	11.37
96.50	11.69	11.58	11.49	11.43	11.38	11.34	11.31	11.29
97.00	11.56	11.46	11.38	11.33	11.29	11.26	11.23	11.21
97.50	11.42	11.34	11.28	11.23	11.20	11.17	11.15	11.13
98.00	11.28	11.22	11.17	11.13	11.11	11.09	11.07	11.05
98.50	11.15	11.10	11.06	11.04	11.02	11.00	10.99	10.98
99.00	11.02	10.98	10.96	10.94	10.93	10.92	10.91	10.90
99.50	10.88	10.87	10.85	10.85	10.84	10.83	10.83	10.83
00.00	10.75	10.75	10.75	10.75	10.75	10.75	10.75	10.75
00.50	10.62	10.64	10.65	10.66	10.66	10.67	10.67	10.68
01.00	10.49	10.52	10.54	10.56	10.58	10.59	10.59	10.60
02.00	10.23	10.29	10.34	10.38	10.40	10.42	10.44	10.45
03.00	9.97	10.07	10.14	10.19	10.23	10.26	10.29	10.31
04.00	9.72	9.85	9.94	10.01	10.06	10.11	10.14	10.17
05.00	9.47	9.63	9.75	9.83	9.90	9.95	9.99	10.02
06.00	9.23	9.42	9.55	9.66	9.73	9.80	9.84	9.89
07.00	8.98	9.21	9.36	9.48	9.57	9.64	9.70	9.75
08.00	8.74	9.00	9.18	9.31	9.41	9.49	9.56	9.61
09.00	8.50	8.79	8.99	9.14	9.25	9.35	9.42	9.48
10.00	8.27	8.58	8.81	8.97	9.10	9.20	9.28	9.35

10¾% Bond Yield Table

PRICE	YEARS TO MATURITY							
	13	14	15	16	17	18	19	20
70.00	16.40	16.24	16.11	16.00	15.90	15.82	15.76	15.7
71.00	16.15	16.00	15.87	15.76	15.67	15.60	15.53	15.4
72.00	15.91	15.76	15.64	15.54	15.45	15.38	15.31	15.2
73.00	15.67	15.53	15.41	15.32	15.23	15.16	15.10	15.0
74.00	15.44	15.31	15.19	15.10	15.02	14.95	14.89	14.8
75.00	15.22	15.09	14.98	14.89	14.81	14.74	14.69	14.6
76.00	15.00	14.87	14.77	14.68	14.61	14.54	14.49	14.4
77.00	14.78	14.66	14.56	14.48	14.41	14.35	14.30	14.2
78.00	14.57	14.46	14.36	14.28	14.21	14.15	14.10	14.0
79.00	14.36	14.25	14.16	14.09	14.02	13.97	13.92	13.8
80.00	14.16	14.05	13.97	13.90	13.83	13.78	13.74	13.7
81.00	13.96	13.86	13.78	13.71	13.65	13.60	13.56	13.5
82.00	13.76	13.67	13.59	13.53	13.47	13.42	13.38	13.3
82.50	13.66	13.57	13.50	13.44	13.38	13.34	13.30	13.2
83.00	13.57	13.48	13.41	13.35	13.30	13.25	13.21	13.1
83.50	13.47	13.39	13.32	13.26	13.21	13.17	13.13	13.1
84.00	13.38	13.30	13.23	13.17	13.12	13.08	13.05	13.0
84.50	13.29	13.21	13.14	13.09	13.04	13.00	12.96	12.9
85.00	13.19	13.12	13.05	13.00	12.95	12.91	12.88	12.8
85.50	13.10	13.03	12.97	12.91	12.87	12.83	12.80	12.7
86.00	13.01	12.94	12.88	12.83	12.79	12.75	12.72	12.6
86.50	12.92	12.85	12.80	12.75	12.71	12.67	12.64	12.6
87.00	12.83	12.77	12.71	12.66	12.63	12.59	12.56	12.5
87.50	12.74	12.68	12.63	12.58	12.54	12.51	12.48	12.4
88.00	12.66	12.60	12.54	12.50	12.47	12.43	12.41	12.3
88.50	12.57	12.51	12.46	12.42	12.39	12.36	12.33	12.3
89.00	12.48	12.43	12.38	12.34	12.31	12.28	12.26	12.2
89.50	12.40	12.34	12.30	12.26	12.23	12.20	12.18	12.1
90.00	12.31	12.26	12.22	12.18	12.15	12.13	12.11	12.0
90.50	12.23	12.18	12.14	12.11	12.08	12.05	12.03	12.0
91.00	12.14	12.10	12.06	12.03	12.00	11.98	11.96	11.9
91.50	12.06	12.02	11.98	11.95	11.93	11.91	11.89	11.8
92.00	11.98	11.94	11.91	11.88	11.85	11.83	11.82	11.8
92.50	11.90	11.86	11.83	11.80	11.78	11.76	11.74	11.7
93.00	11.82	11.78	11.75	11.73	11.71	11.69	11.67	11.6
93.50	11.74	11.71	11.68	11.66	11.64	11.62	11.60	11.5
94.00	11.66	11.63	11.60	11.58	11.56	11.55	11.54	11.5
94.50	11.58	11.55	11.53	11.51	11.49	11.48	11.47	11.4
95.00	11.50	11.48	11.46	11.44	11.42	11.41	11.40	11.3
95.50	11.42	11.40	11.38	11.37	11.35	11.34	11.33	11.3
96.00	11.35	11.33	11.31	11.30	11.28	11.27	11.26	11.2
96.50	11.27	11.25	11.24	11.23	11.22	11.21	11.20	11.1
97.00	11.19	11.18	11.17	11.16	11.15	11.14	11.13	11.1
97.50	11.12	11.11	11.10	11.09	11.08	11.07	11.07	11.0
98.00	11.04	11.03	11.03	11.02	11.01	11.01	11.00	11.0
98.50	10.97	10.96	10.96	10.95	10.95	10.94	10.94	10.9
99.00	10.90	10.89	10.89	10.88	10.88	10.88	10.88	10.8
99.50	10.82	10.82	10.82	10.82	10.81	10.81	10.81	10.8
100.00	10.75	10.75	10.75	10.75	10.75	10.75	10.75	10.7
100.50	10.68	10.68	10.68	10.68	10.69	10.69	10.69	10.6
101.00	10.61	10.61	10.62	10.62	10.62	10.62	10.63	10.6
102.00	10.47	10.47	10.48	10.49	10.50	10.50	10.50	10.5
103.00	10.33	10.34	10.35	10.36	10.37	10.38	10.39	10.3
104.00	10.19	10.21	10.22	10.24	10.25	10.26	10.27	10.2
105.00	10.05	10.08	10.10	10.11	10.13	10.14	10.15	10.1
106.00	9.92	9.95	9.97	9.99	10.01	10.02	10.04	10.0
107.00	9.79	9.82	9.85	9.87	9.89	9.91	9.92	9.9
108.00	9.66	9.69	9.73	9.75	9.78	9.80	9.81	9.8
109.00	9.53	9.57	9.61	9.64	9.66	9.68	9.70	9.7
110.00	9.40	9.45	9.49	9.52	9.55	9.57	9.60	9.6

Bond Yield Table 10¾%

PRICE	YEARS TO MATURITY							
	21	22	23	24	25	29	30	CUR
70.00	15.65	15.61	15.58	15.55	15.52	15.45	15.43	15.36
71.00	15.43	15.39	15.36	15.33	15.30	15.23	15.22	15.14
72.00	15.22	15.18	15.14	15.11	15.09	15.02	15.01	14.93
73.00	15.01	14.97	14.93	14.91	14.88	14.81	14.80	14.73
74.00	14.80	14.76	14.73	14.70	14.68	14.61	14.60	14.53
75.00	14.60	14.56	14.53	14.51	14.48	14.42	14.41	14.33
76.00	14.40	14.37	14.34	14.31	14.29	14.23	14.22	14.14
77.00	14.21	14.18	14.15	14.13	14.11	14.04	14.03	13.96
78.00	14.03	13.99	13.97	13.94	13.92	13.86	13.85	13.78
79.00	13.84	13.81	13.79	13.76	13.74	13.69	13.68	13.61
80.00	13.66	13.64	13.61	13.59	13.57	13.52	13.51	13.44
81.00	13.49	13.46	13.44	13.42	13.40	13.35	13.34	13.27
82.00	13.32	13.29	13.27	13.25	13.23	13.18	13.17	13.11
82.50	13.23	13.21	13.19	13.17	13.15	13.10	13.09	13.03
83.00	13.15	13.13	13.10	13.09	13.07	13.02	13.01	12.95
83.50	13.07	13.04	13.02	13.01	12.99	12.94	12.94	12.87
84.00	12.99	12.96	12.94	12.93	12.91	12.87	12.86	12.80
84.50	12.91	12.88	12.86	12.85	12.83	12.79	12.78	12.72
85.00	12.83	12.80	12.79	12.77	12.75	12.71	12.70	12.65
85.50	12.75	12.73	12.71	12.69	12.68	12.64	12.63	12.57
86.00	12.67	12.65	12.63	12.62	12.60	12.56	12.55	12.50
86.50	12.59	12.57	12.55	12.54	12.53	12.49	12.48	12.43
87.00	12.51	12.50	12.48	12.46	12.45	12.41	12.41	12.36
87.50	12.44	12.42	12.40	12.39	12.38	12.34	12.34	12.29
88.00	12.36	12.35	12.33	12.32	12.31	12.27	12.26	12.22
88.50	12.29	12.27	12.26	12.24	12.23	12.20	12.19	12.15
89.00	12.22	12.20	12.18	12.17	12.16	12.13	12.12	12.08
89.50	12.14	12.13	12.11	12.10	12.09	12.06	12.05	12.01
90.00	12.07	12.05	12.04	12.03	12.02	11.99	11.99	11.94
90.50	12.00	11.98	11.97	11.96	11.95	11.92	11.92	11.88
91.00	11.93	11.91	11.90	11.89	11.88	11.86	11.85	11.81
91.50	11.86	11.84	11.83	11.82	11.81	11.79	11.79	11.75
92.00	11.79	11.77	11.76	11.76	11.75	11.72	11.72·	11.68
92.50	11.72	11.71	11.70	11.69	11.68	11.66	11.65	11.62
93.00	11.65	11.64	11.63	11.62	11.61	11.59	11.59	11.56
93.50	11.58	11.57	11.56	11.56	11.55	11.53	11.53	11.50
94.00	11.51	11.50	11.50	11.49	11.48	11.47	11.46	11.44
94.50	11.45	11.44	11.43	11.43	11.42	11.40	11.40	11.38
95.00	11.38	11.37	11.37	11.36	11.36	11.34	11.34	11.32
95.50	11.32	11.31	11.30	11.30	11.29	11.28	11.28	11.26
96.00	11.25	11.24	11.24	11.23	11.23	11.22	11.22	11.20
96.50	11.19	11.18	11.18	11.17	11.17	11.16	11.16	11.14
97.00	11.12	11.12	11.11	11.11	11.11	11.10	11.10	11.08
97.50	11.06	11.05	11.05	11.05	11.05	11.04	11.04	11.03
98.00	11.00	10.99	10.99	10.99	10.99	10.98	10.98	10.97
98.50	10.93	10.93	10.93	10.93	10.93	10.92	10.92	10.91
99.00	10.87	10.87	10.87	10.87	10.87	10.86	10.86	10.86
99.50	10.81	10.81	10.81	10.81	10.81	10.81	10.81	10.80
100.00	10.75	10.75	10.75	10.75	10.75	10.75	10.75	10.75
100.50	10.69	10.69	10.69	10.69	10.69	10.69	10.69	10.70
101.00	10.63	10.63	10.63	10.63	10.64	10.64	10.64	10.64
102.00	10.51	10.52	10.52	10.52	10.52	10.53	10.53	10.54
103.00	10.40	10.40	10.40	10.41	10.41	10.42	10.42	10.44
104.00	10.28	10.29	10.29	10.30	10.30	10.31	10.32	10.34
105.00	10.17	10.18	10.18	10.19	10.19	10.21	10.21	10.24
106.00	10.06	10.07	10.08	10.08	10.09	10.11	10.11	10.14
107.00	9.95	9.96	9.97	9.98	9.98	10.01	10.01	10.05
108.00	9.84	9.85	9.86	9.87	9.88	9.91	9.91	9.95
109.00	9.74	9.75	9.76	9.77	9.78	9.81	9.81	9.86
110.00	9.63	9.65	9.66	9.67	9.68	9.71	9.72	9.77

11%   Bond Yield Table

PRICE	\1/4	1/2	3/4	1	1\1/2	2	3	4
				YEARS TO MATURITY				
85.00	80.91	48.24	35.29	29.38	23.43	20.52	17.65	16.24
85.50	78.19	46.78	34.36	28.69	22.97	20.16	17.41	16.05
86.00	75.49	45.35	33.45	28.00	22.51	19.82	17.16	15.86
86.50	72.83	43.93	32.54	27.33	22.05	19.47	16.92	15.67
87.00	70.19	42.53	31.64	26.65	21.60	19.12	16.68	15.48
87.50	67.59	41.14	30.75	25.99	21.16	18.78	16.44	15.29
88.00	65.01	39.77	29.87	25.32	20.71	18.44	16.21	15.11
88.50	62.47	38.42	29.00	24.67	20.27	18.11	15.97	14.92
89.00	59.95	37.08	28.13	24.02	19.83	17.77	15.74	14.74
89.50	57.45	35.75	27.27	23.37	19.40	17.44	15.51	14.55
90.00	54.99	34.44	26.43	22.74	18.97	17.11	15.28	14.37
90.50	52.55	33.15	25.58	22.10	18.54	16.79	15.05	14.19
91.00	50.13	31.87	24.75	21.47	18.12	16.46	14.82	14.02
91.25	48.94	31.23	24.34	21.16	17.91	16.30	14.71	13.93
91.50	47.75	30.60	23.92	20.85	17.70	16.14	14.60	13.84
91.75	46.56	29.97	23.51	20.54	17.49	15.98	14.49	13.75
92.00	45.38	29.35	23.11	20.23	17.28	15.82	14.38	13.66
92.25	44.21	28.73	22.70	19.93	17.07	15.66	14.27	13.57
92.50	43.04	28.11	22.30	19.62	16.87	15.50	14.15	13.49
92.75	41.88	27.49	21.89	19.32	16.66	15.35	14.04	13.40
93.00	40.73	26.88	21.49	19.01	16.45	15.19	13.93	13.31
93.25	39.58	26.27	21.09	18.71	16.25	15.03	13.82	13.23
93.50	38.44	25.67	20.69	18.41	16.05	14.88	13.72	13.14
93.75	37.31	25.07	20.30	18.11	15.84	14.72	13.61	13.06
94.00	36.18	24.47	19.91	17.81	15.64	14.57	13.50	12.97
94.25	35.05	23.87	19.51	17.52	15.44	14.41	13.39	12.88
94.50	33.93	23.28	19.12	17.22	15.24	14.26	13.28	12.80
94.75	32.82	22.69	18.73	16.93	15.04	14.10	13.17	12.71
95.00	31.71	22.11	18.35	16.63	14.84	13.95	13.07	12.63
95.25	30.61	21.52	17.96	16.34	14.64	13.80	12.96	12.55
95.50	29.52	20.94	17.58	16.05	14.44	13.65	12.85	12.46
95.75	28.43	20.37	17.20	15.76	14.25	13.50	12.75	12.38
96.00	27.34	19.79	16.82	15.47	14.05	13.34	12.64	12.30
96.25	26.26	19.22	16.44	15.18	13.85	13.19	12.54	12.21
96.50	25.19	18.65	16.06	14.90	13.66	13.04	12.43	12.13
96.75	24.12	18.09	15.68	14.61	13.46	12.90	12.33	12.05
97.00	23.06	17.53	15.31	14.33	13.27	12.75	12.22	11.97
97.25	22.00	16.97	14.94	14.04	13.08	12.60	12.12	11.88
97.50	20.95	16.41	14.57	13.76	12.89	12.45	12.02	11.80
97.75	19.90	15.86	14.20	13.48	12.69	12.30	11.91	11.72
98.00	18.86	15.31	13.83	13.20	12.50	12.16	11.81	11.64
98.25	17.82	14.76	13.47	12.92	12.31	12.01	11.71	11.56
98.50	16.79	14.21	13.10	12.64	12.12	11.86	11.61	11.48
98.75	15.76	13.67	12.74	12.37	11.93	11.72	11.50	11.40
99.00	14.74	13.13	12.38	12.09	11.75	11.57	11.40	11.32
99.25	13.73	12.59	12.02	11.82	11.56	11.43	11.30	11.24
99.50	12.71	12.06	11.66	11.54	11.37	11.29	11.20	11.16
99.75	11.71	11.53	11.30	11.27	11.19	11.14	11.10	11.08
100.00	10.71	11.00	10.95	11.00	11.00	11.00	11.00	11.00
100.25	9.71	10.47	10.59	10.73	10.81	10.86	10.90	10.92
100.50	8.72	9.95	10.24	10.46	10.63	10.72	10.80	10.84
101.00	6.75	8.91	9.54	9.92	10.26	10.43	10.60	10.69
101.50	4.80	7.88	8.85	9.39	9.90	10.15	10.41	10.53
102.00	2.86	6.86	8.16	8.87	9.54	9.87	10.21	10.38
102.50	0.95	5.85	7.48	8.34	9.18	9.60	10.01	10.22
103.00		4.85	6.80	7.82	8.82	9.32	9.82	10.07
103.50		3.86	6.13	7.31	8.47	9.05	9.63	9.92
104.00		2.88	5.46	6.80	8.11	8.78	9.44	9.77
104.50		1.91	4.80	6.29	7.76	8.51	9.25	9.62
105.00		0.95	4.14	5.78	7.42	8.24	9.06	9.47

Bond Yield Table   11%

PRICE	YEARS TO MATURITY							
	5	6	7	8	9	10	11	12
70.00	20.97	19.75	18.90	18.28	17.81	17.44	17.15	16.92
71.00	20.55	19.38	18.57	17.97	17.52	17.17	16.89	16.66
72.00	20.14	19.02	18.24	17.67	17.23	16.89	16.63	16.41
73.00	19.74	18.67	17.92	17.37	16.95	16.63	16.37	16.16
74.00	19.34	18.32	17.60	17.08	16.68	16.37	16.12	15.92
75.00	18.96	17.98	17.29	16.79	16.41	16.11	15.88	15.69
76.00	18.57	17.64	16.99	16.51	16.15	15.86	15.64	15.46
77.00	18.20	17.31	16.69	16.24	15.89	15.62	15.40	15.23
78.00	17.83	16.99	16.40	15.97	15.64	15.38	15.17	15.01
79.00	17.47	16.67	16.11	15.70	15.39	15.14	14.95	14.79
80.00	17.11	16.36	15.83	15.44	15.14	14.91	14.73	14.58
81.00	16.76	16.05	15.55	15.18	14.90	14.68	14.51	14.37
82.00	16.42	15.75	15.28	14.93	14.67	14.46	14.29	14.16
82.50	16.24	15.60	15.14	14.80	14.55	14.35	14.19	14.06
83.00	16.08	15.45	15.01	14.68	14.43	14.24	14.08	13.96
83.50	15.91	15.30	14.87	14.56	14.32	14.13	13.98	13.86
84.00	15.74	15.15	14.74	14.44	14.20	14.02	13.88	13.76
84.50	15.58	15.01	14.61	14.32	14.09	13.92	13.78	13.66
85.00	15.41	14.86	14.48	14.20	13.98	13.81	13.68	13.57
85.50	15.25	14.72	14.35	14.08	13.87	13.71	13.58	13.47
86.00	15.09	14.58	14.22	13.96	13.76	13.60	13.48	13.37
86.50	14.93	14.44	14.10	13.84	13.65	13.50	13.38	13.28
87.00	14.77	14.30	13.97	13.73	13.54	13.40	13.28	13.19
87.50	14.61	14.16	13.85	13.61	13.43	13.30	13.18	13.09
88.00	14.45	14.02	13.72	13.50	13.33	13.20	13.09	13.00
88.50	14.30	13.89	13.60	13.39	13.22	13.10	12.99	12.91
89.00	14.14	13.75	13.48	13.27	13.12	13.00	12.90	12.82
89.50	13.99	13.62	13.36	13.16	13.01	12.90	12.81	12.73
90.00	13.84	13.48	13.23	13.05	12.91	12.80	12.71	12.64
90.50	13.69	13.35	13.12	12.94	12.81	12.70	12.62	12.55
91.00	13.54	13.22	13.00	12.83	12.71	12.61	12.53	12.47
91.50	13.39	13.09	12.88	12.72	12.61	12.51	12.44	12.38
92.00	13.24	12.96	12.76	12.62	12.51	12.42	12.35	12.29
92.50	13.09	12.83	12.65	12.51	12.41	12.33	12.26	12.21
93.00	12.94	12.70	12.53	12.40	12.31	12.23	12.17	12.12
93.50	12.80	12.58	12.42	12.30	12.21	12.14	12.08	12.04
94.00	12.66	12.45	12.30	12.20	12.11	12.05	12.00	11.95
94.50	12.51	12.32	12.19	12.09	12.02	11.96	11.91	11.87
95.00	12.37	12.20	12.08	11.99	11.92	11.87	11.82	11.79
95.50	12.23	12.08	11.97	11.89	11.83	11.78	11.74	11.71
96.00	12.09	11.95	11.86	11.79	11.73	11.69	11.65	11.63
96.50	11.95	11.83	11.75	11.69	11.64	11.60	11.57	11.55
97.00	11.81	11.71	11.64	11.59	11.54	11.51	11.49	11.47
97.50	11.67	11.59	11.53	11.49	11.45	11.43	11.40	11.39
98.00	11.54	11.47	11.42	11.39	11.36	11.34	11.32	11.31
98.50	11.40	11.35	11.32	11.29	11.27	11.25	11.24	11.23
99.00	11.27	11.23	11.21	11.19	11.18	11.17	11.16	11.15
99.50	11.13	11.12	11.10	11.10	11.09	11.08	11.08	11.08
00.00	11.00	11.00	11.00	11.00	11.00	11.00	11.00	11.00
00.50	10.87	10.88	10.90	10.90	10.91	10.92	10.92	10.92
01.00	10.74	10.77	10.79	10.81	10.82	10.83	10.84	10.85
02.00	10.48	10.54	10.59	10.62	10.65	10.67	10.69	10.70
03.00	10.22	10.32	10.39	10.44	10.48	10.51	10.53	10.55
04.00	9.96	10.09	10.19	10.26	10.31	10.35	10.38	10.41
05.00	9.71	9.88	9.99	10.07	10.14	10.19	10.23	10.27
06.00	9.47	9.66	9.80	9.90	9.97	10.04	10.08	10.13
07.00	9.22	9.45	9.60	9.72	9.81	9.88	9.94	9.99
08.00	8.98	9.23	9.41	9.55	9.65	9.73	9.80	9.85
09.00	8.74	9.02	9.23	9.38	9.49	9.58	9.65	9.71
10.00	8.50	8.82	9.04	9.21	9.33	9.43	9.51	9.58

11% Bond Yield Table

PRICE	YEARS TO MATURITY							
	13	14	15	16	17	18	19	20
70.00	16.73	16.57	16.44	16.33	16.24	16.16	16.10	16.0
71.00	16.48	16.33	16.20	16.10	16.01	15.93	15.87	15.8
72.00	16.23	16.09	15.97	15.87	15.78	15.71	15.65	15.5
73.00	15.99	15.85	15.74	15.64	15.56	15.49	15.43	15.3
74.00	15.76	15.63	15.51	15.42	15.34	15.27	15.22	15.1
75.00	15.53	15.40	15.29	15.20	15.13	15.06	15.01	14.9
76.00	15.31	15.18	15.08	14.99	14.92	14.86	14.81	14.7
77.00	15.09	14.97	14.87	14.79	14.72	14.66	14.61	14.5
78.00	14.87	14.76	14.66	14.59	14.52	14.46	14.41	14.3
79.00	14.66	14.55	14.46	14.39	14.32	14.27	14.22	14.1
80.00	14.45	14.35	14.27	14.20	14.13	14.08	14.04	14.0
81.00	14.25	14.15	14.07	14.01	13.95	13.90	13.86	13.8
82.00	14.05	13.96	13.88	13.82	13.77	13.72	13.68	13.6
82.50	13.95	13.86	13.79	13.73	13.68	13.63	13.59	13.5
83.00	13.86	13.77	13.70	13.64	13.59	13.54	13.50	13.4
83.50	13.76	13.68	13.61	13.55	13.50	13.46	13.42	13.3
84.00	13.66	13.58	13.52	13.46	13.41	13.37	13.33	13.3
84.50	13.57	13.49	13.43	13.37	13.32	13.28	13.25	13.2
85.00	13.48	13.40	13.34	13.28	13.24	13.20	13.17	13.1
85.50	13.38	13.31	13.25	13.20	13.15	13.12	13.08	13.0
86.00	13.29	13.22	13.16	13.11	13.07	13.03	13.00	12.9
86.50	13.20	13.13	13.08	13.03	12.99	12.95	12.92	12.9
87.00	13.11	13.04	12.99	12.94	12.90	12.87	12.84	12.8
87.50	13.02	12.96	12.91	12.86	12.82	12.79	12.76	12.7
88.00	12.93	12.87	12.82	12.78	12.74	12.71	12.69	12.6
88.50	12.84	12.79	12.74	12.70	12.66	12.63	12.61	12.5
89.00	12.75	12.70	12.65	12.62	12.58	12.55	12.53	12.5
89.50	12.67	12.62	12.57	12.54	12.50	12.48	12.45	12.4
90.00	12.58	12.53	12.49	12.46	12.43	12.40	12.38	12.3
90.50	12.50	12.45	12.41	12.38	12.35	12.32	12.30	12.2
91.00	12.41	12.37	12.33	12.30	12.27	12.25	12.23	12.2
91.50	12.33	12.29	12.25	12.22	12.20	12.17	12.16	12.1
92.00	12.25	12.21	12.17	12.15	12.12	12.10	12.08	12.0
92.50	12.16	12.13	12.10	12.07	12.05	12.03	12.01	12.0
93.00	12.08	12.05	12.02	11.99	11.97	11.95	11.94	11.9
93.50	12.00	11.97	11.94	11.92	11.90	11.88	11.87	11.8
94.00	11.92	11.89	11.87	11.84	11.83	11.81	11.80	11.7
94.50	11.84	11.81	11.79	11.77	11.75	11.74	11.73	11.7
95.00	11.76	11.74	11.72	11.70	11.68	11.67	11.66	11.6
95.50	11.68	11.66	11.64	11.63	11.61	11.60	11.59	11.5
96.00	11.60	11.58	11.57	11.55	11.54	11.53	11.52	11.5
96.50	11.53	11.51	11.49	11.48	11.47	11.46	11.46	11.4
97.00	11.45	11.43	11.42	11.41	11.40	11.40	11.39	11.3
97.50	11.37	11.36	11.35	11.34	11.33	11.33	11.32	11.3
98.00	11.30	11.29	11.28	11.27	11.27	11.26	11.26	11.2
98.50	11.22	11.21	11.21	11.20	11.20	11.20	11.19	11.1
99.00	11.15	11.14	11.14	11.14	11.13	11.13	11.13	11.1
99.50	11.07	11.07	11.07	11.07	11.07	11.06	11.06	11.0
100.00	11.00	11.00	11.00	11.00	11.00	11.00	11.00	11.0
100.50	10.93	10.93	10.93	10.93	10.93	10.94	10.94	10.9
101.00	10.85	10.86	10.86	10.87	10.87	10.87	10.87	10.8
102.00	10.71	10.72	10.73	10.74	10.74	10.75	10.75	10.7
103.00	10.57	10.58	10.60	10.61	10.62	10.62	10.63	10.6
104.00	10.43	10.45	10.47	10.48	10.49	10.50	10.51	10.5
105.00	10.29	10.32	10.34	10.35	10.37	10.38	10.39	10.4
106.00	10.16	10.19	10.21	10.23	10.25	10.26	10.28	10.2
107.00	10.02	10.06	10.08	10.11	10.13	10.15	10.16	10.1
108.00	9.89	9.93	9.96	9.99	10.01	10.03	10.05	10.0
109.00	9.76	9.80	9.84	9.87	9.90	9.92	9.94	9.9
110.00	9.63	9.68	9.72	9.75	9.78	9.81	9.83	9.8

PRICE	YEARS TO MATURITY							
	21	22	23	24	25	29	30	CUR
70.00	16.00	15.96	15.92	15.89	15.87	15.80	15.79	15.71
71.00	15.77	15.73	15.70	15.67	15.64	15.58	15.56	15.49
72.00	15.55	15.51	15.48	15.45	15.43	15.36	15.35	15.28
73.00	15.34	15.30	15.27	15.24	15.22	15.15	15.14	15.07
74.00	15.13	15.09	15.06	15.03	15.01	14.95	14.94	14.86
75.00	14.92	14.89	14.86	14.83	14.81	14.75	14.74	14.67
76.00	14.72	14.69	14.66	14.63	14.61	14.55	14.54	14.47
77.00	14.53	14.49	14.47	14.44	14.42	14.36	14.35	14.29
78.00	14.34	14.31	14.28	14.26	14.24	14.18	14.17	14.10
79.00	14.15	14.12	14.09	14.07	14.05	14.00	13.99	13.92
80.00	13.97	13.94	13.92	13.89	13.88	13.82	13.81	13.75
81.00	13.79	13.76	13.74	13.72	13.70	13.65	13.64	13.58
82.00	13.62	13.59	13.57	13.55	13.53	13.48	13.47	13.41
82.50	13.53	13.50	13.48	13.46	13.45	13.40	13.39	13.33
83.00	13.44	13.42	13.40	13.38	13.37	13.32	13.31	13.25
83.50	13.36	13.34	13.32	13.30	13.28	13.24	13.23	13.17
84.00	13.28	13.25	13.23	13.22	13.20	13.16	13.15	13.10
84.50	13.20	13.17	13.15	13.14	13.12	13.08	13.07	13.02
85.00	13.11	13.09	13.07	13.06	13.04	13.00	12.99	12.94
85.50	13.03	13.01	12.99	12.98	12.96	12.93	12.92	12.87
86.00	12.95	12.93	12.92	12.90	12.89	12.85	12.84	12.79
86.50	12.87	12.86	12.84	12.82	12.81	12.77	12.77	12.72
87.00	12.80	12.78	12.76	12.75	12.73	12.70	12.69	12.64
87.50	12.72	12.70	12.69	12.67	12.66	12.62	12.62	12.57
88.00	12.64	12.62	12.61	12.60	12.59	12.55	12.55	12.50
88.50	12.57	12.55	12.54	12.52	12.51	12.48	12.47	12.43
89.00	12.49	12.48	12.46	12.45	12.44	12.41	12.40	12.36
89.50	12.42	12.40	12.39	12.38	12.37	12.34	12.33	12.29
90.00	12.34	12.33	12.32	12.30	12.30	12.27	12.26	12.22
90.50	12.27	12.26	12.24	12.23	12.22	12.20	12.19	12.15
91.00	12.20	12.18	12.17	12.16	12.15	12.13	12.12	12.09
91.50	12.13	12.11	12.10	12.09	12.08	12.06	12.06	12.02
92.00	12.05	12.04	12.03	12.02	12.02	11.99	11.99	11.96
92.50	11.98	11.97	11.96	11.96	11.95	11.93	11.92	11.89
93.00	11.91	11.90	11.90	11.89	11.88	11.86	11.86	11.83
93.50	11.85	11.84	11.83	11.82	11.81	11.80	11.79	11.76
94.00	11.78	11.77	11.76	11.75	11.75	11.73	11.73	11.70
94.50	11.71	11.70	11.69	11.69	11.68	11.67	11.66	11.64
95.00	11.64	11.63	11.63	11.62	11.62	11.60	11.60	11.58
95.50	11.58	11.57	11.56	11.56	11.55	11.54	11.54	11.52
96.00	11.51	11.50	11.50	11.49	11.49	11.48	11.48	11.46
96.50	11.44	11.44	11.43	11.43	11.43	11.42	11.41	11.40
97.00	11.38	11.37	11.37	11.37	11.36	11.36	11.35	11.34
97.50	11.31	11.31	11.31	11.30	11.30	11.29	11.29	11.28
98.00	11.25	11.25	11.24	11.24	11.24	11.23	11.23	11.22
98.50	11.19	11.18	11.18	11.18	11.18	11.18	11.17	11.17
99.00	11.12	11.12	11.12	11.12	11.12	11.12	11.12	11.11
99.50	11.06	11.06	11.06	11.06	11.06	11.06	11.06	11.06
100.00	11.00	11.00	11.00	11.00	11.00	11.00	11.00	11.00
100.50	10.94	10.94	10.94	10.94	10.94	10.94	10.94	10.95
101.00	10.88	10.88	10.88	10.88	10.88	10.89	10.89	10.89
102.00	10.76	10.76	10.76	10.77	10.77	10.77	10.77	10.78
103.00	10.64	10.64	10.65	10.65	10.65	10.66	10.67	10.68
104.00	10.52	10.53	10.53	10.54	10.54	10.56	10.56	10.58
105.00	10.41	10.42	10.42	10.43	10.43	10.45	10.45	10.48
106.00	10.30	10.31	10.31	10.32	10.33	10.34	10.35	10.38
107.00	10.19	10.20	10.21	10.21	10.22	10.24	10.25	10.28
108.00	10.08	10.09	10.10	10.11	10.12	10.14	10.14	10.19
109.00	9.97	9.98	9.99	10.00	10.01	10.04	10.05	10.09
110.00	9.86	9.88	9.89	9.90	9.91	9.94	9.95	10.00

11¼%　　Bond Yield Table

PRICE				YEARS TO MATURITY				
	¼	½	¾	1	1½	2	3	4
85.00	81.14	48.53	35.57	29.66	23.71	20.80	17.93	16.52
85.50	78.41	47.08	34.64	28.97	23.25	20.44	17.68	16.33
86.00	75.72	45.64	33.73	28.29	22.79	20.09	17.44	16.13
86.50	73.06	44.22	32.82	27.61	22.33	19.74	17.20	15.94
87.00	70.42	42.82	31.92	26.93	21.88	19.40	16.96	15.75
87.50	67.82	41.43	31.03	26.26	21.43	19.06	16.72	15.56
88.00	65.24	40.06	30.14	25.60	20.98	18.72	16.48	15.38
88.50	62.70	38.70	29.27	24.94	20.54	18.38	16.24	15.19
89.00	60.18	37.36	28.40	24.29	20.10	18.04	16.01	15.01
89.50	57.68	36.03	27.54	23.65	19.67	17.71	15.78	14.82
90.00	55.22	34.72	26.69	23.01	19.24	17.38	15.55	14.64
90.50	52.78	33.43	25.85	22.37	18.81	17.05	15.32	14.46
91.00	50.37	32.14	25.02	21.74	18.39	16.73	15.09	14.28
91.25	49.17	31.51	24.60	21.43	18.17	16.57	14.98	14.19
91.50	47.98	30.87	24.19	21.12	17.96	16.41	14.86	14.10
91.75	46.79	30.25	23.78	20.81	17.75	16.25	14.75	14.01
92.00	45.62	29.62	23.37	20.50	17.55	16.09	14.64	13.93
92.25	44.44	29.00	22.96	20.19	17.34	15.93	14.53	13.84
92.50	43.28	28.38	22.56	19.89	17.13	15.77	14.42	13.75
92.75	42.12	27.76	22.15	19.58	16.92	15.61	14.31	13.66
93.00	40.97	27.15	21.75	19.28	16.72	15.45	14.20	13.58
93.25	39.82	26.54	21.35	18.98	16.51	15.29	14.09	13.49
93.50	38.68	25.94	20.96	18.67	16.31	15.14	13.98	13.40
93.75	37.54	25.33	20.56	18.37	16.11	14.98	13.87	13.32
94.00	36.41	24.73	20.16	18.08	15.90	14.83	13.76	13.23
94.25	35.29	24.14	19.77	17.78	15.70	14.67	13.65	13.14
94.50	34.17	23.54	19.38	17.48	15.50	14.52	13.54	13.06
94.75	33.06	22.96	18.99	17.19	15.30	14.36	13.43	12.97
95.00	31.95	22.37	18.60	16.89	15.10	14.21	13.33	12.89
95.25	30.85	21.78	18.22	16.60	14.90	14.06	13.22	12.80
95.50	29.75	21.20	17.83	16.31	14.70	13.90	13.11	12.72
95.75	28.66	20.63	17.45	16.02	14.50	13.75	13.01	12.64
96.00	27.58	20.05	17.07	15.73	14.31	13.60	12.90	12.55
96.25	26.50	19.48	16.69	15.44	14.11	13.45	12.79	12.47
96.50	25.42	18.91	16.31	15.15	13.92	13.30	12.69	12.39
96.75	24.36	18.35	15.94	14.87	13.72	13.15	12.58	12.30
97.00	23.29	17.78	15.56	14.58	13.53	13.00	12.48	12.22
97.25	22.24	17.22	15.19	14.30	13.33	12.85	12.38	12.14
97.50	21.18	16.67	14.82	14.02	13.14	12.70	12.27	12.06
97.75	20.14	16.11	14.45	13.73	12.95	12.56	12.17	11.97
98.00	19.09	15.56	14.08	13.45	12.76	12.41	12.06	11.89
98.25	18.06	15.01	13.72	13.17	12.57	12.26	11.96	11.81
98.50	17.03	14.47	13.35	12.90	12.38	12.12	11.86	11.73
98.75	16.00	13.92	12.99	12.62	12.19	11.97	11.76	11.65
99.00	14.98	13.38	12.63	12.34	12.00	11.83	11.65	11.57
99.25	13.96	12.85	12.27	12.07	11.81	11.68	11.55	11.49
99.50	12.95	12.31	11.91	11.79	11.62	11.54	11.45	11.41
99.75	11.94	11.78	11.55	11.52	11.44	11.39	11.35	11.33
100.00	10.94	11.25	11.20	11.25	11.25	11.25	11.25	11.25
100.25	9.95	10.72	10.84	10.98	11.06	11.11	11.15	11.17
100.50	8.95	10.20	10.49	10.71	10.88	10.96	11.05	11.09
101.00	6.98	9.16	9.79	10.17	10.51	10.68	10.85	10.93
101.50	5.03	8.13	9.09	9.64	10.15	10.40	10.65	10.78
102.00	3.10	7.11	8.40	9.11	9.78	10.12	10.46	10.62
102.50	1.19	6.10	7.72	8.59	9.42	9.84	10.26	10.47
103.00		5.10	7.04	8.07	9.07	9.57	10.07	10.32
103.50		4.11	6.37	7.55	8.71	9.29	9.87	10.16
104.00		3.13	5.70	7.04	8.36	9.02	9.68	10.01
104.50		2.15	5.04	6.53	8.01	8.75	9.49	9.86
105.00		1.19	4.38	6.02	7.66	8.48	9.30	9.71

Bond Yield Table 11¼%

PRICE	YEARS TO MATURITY							
	5	6	7	8	9	10	11	12
75.00	19.26	18.28	17.60	17.10	16.72	16.42	16.19	16.00
76.00	18.87	17.94	17.29	16.81	16.45	16.17	15.95	15.76
77.00	18.50	17.61	16.99	16.54	16.19	15.92	15.71	15.53
78.00	18.12	17.28	16.70	16.26	15.93	15.68	15.47	15.31
79.00	17.76	16.96	16.40	15.99	15.68	15.44	15.25	15.09
80.00	17.40	16.65	16.12	15.73	15.43	15.20	15.02	14.87
80.50	17.22	16.49	15.98	15.60	15.31	15.09	14.91	14.77
81.00	17.05	16.34	15.84	15.47	15.19	14.97	14.80	14.66
81.50	16.87	16.18	15.70	15.34	15.07	14.86	14.69	14.55
82.00	16.70	16.03	15.56	15.22	14.95	14.75	14.58	14.45
82.50	16.53	15.88	15.42	15.09	14.83	14.64	14.48	14.35
83.00	16.36	15.73	15.29	14.97	14.72	14.53	14.37	14.25
83.50	16.19	15.58	15.16	14.84	14.60	14.42	14.27	14.15
84.00	16.02	15.43	15.02	14.72	14.49	14.31	14.16	14.05
84.50	15.85	15.29	14.89	14.60	14.37	14.20	14.06	13.95
85.00	15.69	15.14	14.76	14.48	14.26	14.09	13.96	13.85
85.50	15.53	15.00	14.63	14.36	14.15	13.99	13.86	13.75
86.00	15.36	14.86	14.50	14.24	14.04	13.88	13.76	13.65
86.50	15.20	14.71	14.37	14.12	13.93	13.78	13.66	13.56
87.00	15.04	14.57	14.24	14.00	13.82	13.67	13.56	13.46
87.50	14.88	14.43	14.12	13.89	13.71	13.57	13.46	13.37
88.00	14.72	14.30	13.99	13.77	13.60	13.47	13.36	13.28
88.50	14.57	14.16	13.87	13.66	13.49	13.37	13.27	13.18
89.00	14.41	14.02	13.75	13.54	13.39	13.27	13.17	13.09
89.50	14.26	13.89	13.62	13.43	13.28	13.17	13.08	13.00
90.00	14.10	13.75	13.50	13.32	13.18	13.07	12.98	12.91
90.50	13.95	13.62	13.38	13.21	13.08	12.97	12.89	12.82
91.00	13.80	13.49	13.26	13.10	12.97	12.88	12.80	12.73
91.50	13.65	13.35	13.14	12.99	12.87	12.78	12.71	12.65
92.00	13.50	13.22	13.03	12.88	12.77	12.68	12.61	12.56
92.50	13.35	13.09	12.91	12.77	12.67	12.59	12.52	12.47
93.00	13.21	12.96	12.79	12.67	12.57	12.50	12.43	12.39
93.50	13.06	12.84	12.68	12.56	12.47	12.40	12.35	12.30
94.00	12.92	12.71	12.56	12.46	12.37	12.31	12.26	12.22
94.50	12.77	12.58	12.45	12.35	12.28	12.22	12.17	12.13
95.00	12.63	12.46	12.34	12.25	12.18	12.13	12.08	12.05
95.50	12.49	12.33	12.23	12.15	12.08	12.04	12.00	11.97
96.00	12.35	12.21	12.11	12.04	11.99	11.95	11.91	11.88
96.50	12.21	12.09	12.00	11.94	11.89	11.86	11.83	11.80
97.00	12.07	11.96	11.89	11.84	11.80	11.77	11.74	11.72
97.50	11.93	11.84	11.78	11.74	11.71	11.68	11.66	11.64
98.00	11.79	11.72	11.68	11.64	11.61	11.59	11.58	11.56
98.50	11.65	11.60	11.57	11.54	11.52	11.51	11.49	11.48
99.00	11.52	11.49	11.46	11.44	11.43	11.42	11.41	11.41
99.50	11.38	11.37	11.36	11.35	11.34	11.33	11.33	11.33
100.00	11.25	11.25	11.25	11.25	11.25	11.25	11.25	11.25
100.50	11.12	11.13	11.15	11.15	11.16	11.17	11.17	11.17
101.00	10.98	11.02	11.04	11.06	11.07	11.08	11.09	11.10
101.50	10.85	10.90	10.94	10.96	10.98	11.00	11.01	11.02
102.00	10.72	10.79	10.84	10.87	10.90	10.92	10.93	10.95
102.50	10.59	10.68	10.73	10.78	10.81	10.83	10.86	10.87
103.00	10.46	10.56	10.63	10.68	10.72	10.75	10.78	10.80
103.50	10.34	10.45	10.53	10.59	10.64	10.67	10.70	10.72
104.00	10.21	10.34	10.43	10.50	10.55	10.59	10.62	10.65
105.00	9.96	10.12	10.23	10.32	10.38	10.43	10.47	10.51
106.00	9.71	9.90	10.04	10.14	10.21	10.28	10.32	10.36
107.00	9.46	9.68	9.84	9.96	10.05	10.12	10.18	10.22
108.00	9.22	9.47	9.65	9.78	9.89	9.97	10.03	10.09
109.00	8.98	9.26	9.46	9.61	9.73	9.82	9.89	9.95
110.00	8.74	9.05	9.28	9.44	9.57	9.67	9.75	9.81

11¼% Bond Yield Table

PRICE	YEARS TO MATURITY							
	13	14	15	16	17	18	19	20
75.00	15.84	15.72	15.61	15.52	15.45	15.38	15.33	15.28
76.00	15.62	15.49	15.39	15.31	15.23	15.17	15.12	15.08
77.00	15.39	15.28	15.18	15.10	15.03	14.97	14.92	14.88
78.00	15.17	15.06	14.97	14.89	14.83	14.77	14.72	14.68
79.00	14.96	14.85	14.77	14.69	14.63	14.58	14.53	14.49
80.00	14.75	14.65	14.57	14.49	14.43	14.38	14.34	14.30
80.50	14.65	14.55	14.47	14.40	14.34	14.29	14.25	14.21
81.00	14.54	14.45	14.37	14.30	14.25	14.20	14.16	14.12
81.50	14.44	14.35	14.27	14.21	14.15	14.10	14.06	14.03
82.00	14.34	14.25	14.18	14.11	14.06	14.01	13.97	13.94
82.50	14.24	14.16	14.08	14.02	13.97	13.92	13.89	13.85
83.00	14.14	14.06	13.99	13.93	13.88	13.83	13.80	13.77
83.50	14.05	13.96	13.90	13.84	13.79	13.75	13.71	13.68
84.00	13.95	13.87	13.80	13.75	13.70	13.66	13.71	13.68
84.50	13.85	13.78	13.71	13.66	13.61	13.57	13.54	13.51
85.00	13.76	13.68	13.62	13.57	13.52	13.49	13.45	13.43
85.50	13.66	13.59	13.53	13.48	13.44	13.40	13.37	13.34
86.00	13.57	13.50	13.44	13.39	13.35	13.32	13.29	13.26
86.50	13.48	13.41	13.36	13.31	13.27	13.23	13.20	13.18
87.00	13.39	13.32	13.27	13.22	13.18	13.15	13.12	13.10
87.50	13.30	13.23	13.18	13.14	13.10	13.07	13.04	13.02
88.00	13.21	13.15	13.10	13.06	13.02	12.99	12.96	12.94
88.50	13.12	13.06	13.01	12.97	12.94	12.91	12.88	12.86
89.00	13.03	12.97	12.93	12.89	12.86	12.83	12.81	12.79
89.50	12.94	12.89	12.85	12.81	12.78	12.75	12.73	12.71
90.00	12.85	12.80	12.76	12.73	12.70	12.67	12.65	12.63
90.50	12.77	12.72	12.68	12.65	12.62	12.60	12.58	12.56
91.00	12.68	12.64	12.60	12.57	12.54	12.52	12.50	12.48
91.50	12.60	12.55	12.52	12.49	12.47	12.44	12.43	12.41
92.00	12.51	12.47	12.44	12.41	12.39	12.37	12.35	12.34
92.50	12.43	12.39	12.36	12.33	12.31	12.29	12.28	12.26
93.00	12.34	12.31	12.28	12.26	12.24	12.22	12.20	12.19
93.50	12.26	12.23	12.20	12.18	12.16	12.15	12.13	12.12
94.00	12.18	12.15	12.13	12.11	12.09	12.07	12.06	12.05
94.50	12.10	12.07	12.05	12.03	12.02	12.00	11.99	11.98
95.00	12.02	12.00	11.98	11.96	11.94	11.93	11.92	11.91
95.50	11.94	11.92	11.90	11.88	11.87	11.86	11.85	11.84
96.00	11.86	11.84	11.83	11.81	11.80	11.79	11.78	11.77
96.50	11.78	11.77	11.75	11.74	11.73	11.72	11.71	11.71
97.00	11.70	11.69	11.68	11.67	11.66	11.65	11.65	11.64
97.50	11.63	11.62	11.61	11.60	11.59	11.58	11.58	11.57
98.00	11.55	11.54	11.53	11.53	11.52	11.52	11.51	11.51
98.50	11.47	11.47	11.46	11.46	11.45	11.45	11.45	11.44
99.00	11.40	11.39	11.39	11.39	11.38	11.38	11.38	11.38
99.50	11.32	11.32	11.32	11.32	11.32	11.32	11.31	11.31
100.00	11.25	11.25	11.25	11.25	11.25	11.25	11.25	11.25
100.50	11.18	11.18	11.18	11.18	11.18	11.18	11.19	11.19
101.00	11.10	11.11	11.11	11.11	11.12	11.12	11.12	11.12
101.50	11.03	11.04	11.04	11.05	11.05	11.06	11.06	11.06
102.00	10.96	10.97	10.98	10.98	10.99	10.99	11.00	11.00
102.50	10.89	10.90	10.91	10.92	10.92	10.93	10.93	10.94
103.00	10.81	10.83	10.84	10.85	10.86	10.87	10.87	10.88
103.50	10.74	10.76	10.77	10.79	10.80	10.80	10.81	10.82
104.00	10.67	10.69	10.71	10.72	10.73	10.74	10.75	10.76
105.00	10.54	10.56	10.58	10.59	10.61	10.62	10.63	10.64
106.00	10.40	10.43	10.45	10.47	10.49	10.50	10.51	10.53
107.00	10.26	10.30	10.32	10.35	10.37	10.38	10.40	10.41
108.00	10.13	10.17	10.20	10.22	10.25	10.27	10.28	10.30
109.00	10.00	10.04	10.07	10.10	10.13	10.15	10.17	10.19
110.00	9.87	9.91	9.95	9.99	10.01	10.04	10.06	10.08

PRICE	YEARS TO MATURITY							
	21	22	23	24	25	29	30	CUR
75.00	15.24	15.21	15.18	15.16	15.13	15.08	15.07	15.00
76.00	15.04	15.01	14.98	14.96	14.93	14.88	14.87	14.80
77.00	14.84	14.81	14.78	14.76	14.74	14.68	14.67	14.61
78.00	14.65	14.62	14.59	14.57	14.55	14.49	14.49	14.42
79.00	14.46	14.43	14.40	14.38	14.36	14.31	14.30	14.24
80.00	14.27	14.24	14.22	14.20	14.18	14.13	14.12	14.06
80.50	14.18	14.15	14.13	14.11	14.09	14.04	14.03	13.98
81.00	14.09	14.06	14.04	14.02	14.00	13.96	13.95	13.89
81.50	14.00	13.97	13.95	13.93	13.92	13.87	13.86	13.80
82.00	13.91	13.89	13.87	13.85	13.83	13.78	13.78	13.72
82.50	13.82	13.80	13.78	13.76	13.75	13.70	13.69	13.64
83.00	13.74	13.71	13.69	13.68	13.66	13.62	13.61	13.55
83.50	13.65	13.63	13.61	13.59	13.58	13.53	13.53	13.47
84.00	13.57	13.55	13.53	13.51	13.49	13.45	13.45	13.39
84.50	13.48	13.46	13.44	13.43	13.41	13.37	13.37	13.31
85.00	13.40	13.38	13.36	13.35	13.33	13.29	13.29	13.24
85.50	13.32	13.30	13.28	13.27	13.25	13.21	13.21	13.16
86.00	13.24	13.22	13.20	13.19	13.17	13.14	13.13	13.08
86.50	13.16	13.14	13.12	13.11	13.10	13.06	13.05	13.01
87.00	13.08	13.06	13.04	13.03	13.02	12.98	12.98	12.93
87.50	13.00	12.98	12.97	12.95	12.94	12.91	12.90	12.86
88.00	12.92	12.90	12.89	12.88	12.87	12.83	12.83	12.78
88.50	12.84	12.83	12.81	12.80	12.79	12.76	12.75	12.71
89.00	12.77	12.75	12.74	12.73	12.72	12.69	12.68	12.64
89.50	12.69	12.68	12.66	12.65	12.64	12.61	12.61	12.57
90.00	12.62	12.60	12.59	12.58	12.57	12.54	12.54	12.50
90.50	12.54	12.53	12.52	12.51	12.50	12.47	12.47	12.43
91.00	12.47	12.46	12.44	12.43	12.43	12.40	12.40	12.36
91.50	12.40	12.38	12.37	12.36	12.36	12.33	12.33	12.30
92.00	12.32	12.31	12.30	12.29	12.29	12.26	12.26	12.23
92.50	12.25	12.24	12.23	12.22	12.22	12.20	12.19	12.16
93.00	12.18	12.17	12.16	12.15	12.15	12.13	12.12	12.10
93.50	12.11	12.10	12.09	12.09	12.08	12.06	12.06	12.03
94.00	12.04	12.03	12.02	12.02	12.01	12.00	11.99	11.97
94.50	11.97	11.96	11.96	11.95	11.95	11.93	11.93	11.90
95.00	11.90	11.90	11.89	11.88	11.88	11.86	11.86	11.84
95.50	11.83	11.83	11.82	11.82	11.81	11.80	11.80	11.78
96.00	11.77	11.76	11.76	11.75	11.75	11.74	11.74	11.72
96.50	11.70	11.70	11.69	11.69	11.68	11.67	11.67	11.66
97.00	11.63	11.63	11.63	11.62	11.62	11.61	11.61	11.60
97.50	11.57	11.57	11.56	11.56	11.56	11.55	11.55	11.54
98.00	11.50	11.50	11.50	11.50	11.49	11.49	11.49	11.48
98.50	11.44	11.44	11.44	11.43	11.43	11.43	11.43	11.42
99.00	11.38	11.37	11.37	11.37	11.37	11.37	11.37	11.36
99.50	11.31	11.31	11.31	11.31	11.31	11.31	11.31	11.31
100.00	11.25	11.25	11.25	11.25	11.25	11.25	11.25	11.25
100.50	11.19	11.19	11.19	11.19	11.19	11.19	11.19	11.19
101.00	11.13	11.13	11.13	11.13	11.13	11.13	11.13	11.14
101.50	11.06	11.07	11.07	11.07	11.07	11.08	11.08	11.08
102.00	11.00	11.01	11.01	11.01	11.01	11.02	11.02	11.03
102.50	10.94	10.95	10.95	10.95	10.95	10.96	10.96	10.98
103.00	10.88	10.89	10.89	10.90	10.90	10.91	10.91	10.92
103.50	10.82	10.83	10.83	10.84	10.84	10.85	10.85	10.87
104.00	10.77	10.77	10.78	10.78	10.78	10.80	10.80	10.82
105.00	10.65	10.66	10.66	10.67	10.67	10.69	10.69	10.71
106.00	10.54	10.54	10.55	10.56	10.56	10.58	10.58	10.61
107.00	10.42	10.43	10.44	10.45	10.46	10.48	10.48	10.51
108.00	10.31	10.32	10.33	10.34	10.35	10.37	10.38	10.42
109.00	10.20	10.22	10.23	10.24	10.25	10.27	10.28	10.32
110.00	10.09	10.11	10.12	10.13	10.14	10.17	10.18	10.23

PRICE	YEARS TO MATURITY							
	¼	½	¾	1	1½	2	3	4
85.00	81.37	48.82	35.85	29.95	23.99	21.07	18.21	16.80
85.50	78.64	47.37	34.92	29.25	23.52	20.72	17.96	16.60
86.00	75.95	45.93	34.00	28.57	23.06	20.37	17.72	16.41
86.50	73.29	44.51	33.09	27.88	22.61	20.02	17.47	16.22
87.00	70.65	43.10	32.19	27.21	22.15	19.67	17.23	16.03
87.50	68.05	41.71	31.30	26.54	21.70	19.33	16.99	15.84
88.00	65.47	40.34	30.42	25.88	21.26	18.99	16.75	15.65
88.50	62.93	38.98	29.54	25.22	20.82	18.65	16.51	15.46
89.00	60.41	37.64	28.67	24.57	20.38	18.31	16.28	15.28
89.50	57.92	36.31	27.81	23.92	19.94	17.98	16.05	15.09
90.00	55.45	35.00	26.96	23.28	19.51	17.65	15.81	14.91
90.50	53.01	33.70	26.12	22.64	19.08	17.32	15.58	14.73
91.00	50.60	32.42	25.28	22.01	18.65	16.99	15.36	14.55
91.25	49.40	31.78	24.87	21.70	18.44	16.83	15.24	14.46
91.50	48.21	31.15	24.45	21.39	18.23	16.67	15.13	14.37
91.75	47.03	30.52	24.04	21.08	18.02	16.51	15.02	14.28
92.00	45.85	29.89	23.63	20.77	17.81	16.35	14.90	14.19
92.25	44.68	29.27	23.23	20.46	17.60	16.19	14.79	14.10
92.50	43.51	28.65	22.82	20.15	17.39	16.03	14.68	14.01
92.75	42.35	28.03	22.42	19.85	17.19	15.87	14.57	13.92
93.00	41.20	27.42	22.01	19.54	16.98	15.71	14.46	13.84
93.25	40.05	26.81	21.61	19.24	16.78	15.56	14.35	13.75
93.50	38.91	26.20	21.22	18.94	16.57	15.40	14.24	13.66
93.75	37.77	25.60	20.82	18.64	16.37	15.24	14.13	13.58
94.00	36.65	25.00	20.42	18.34	16.16	15.09	14.02	13.49
94.25	35.52	24.40	20.03	18.04	15.96	14.93	13.91	13.40
94.50	34.40	23.81	19.64	17.74	15.76	14.78	13.80	13.32
94.75	33.29	23.22	19.25	17.45	15.56	14.62	13.69	13.23
95.00	32.18	22.63	18.86	17.15	15.36	14.47	13.58	13.15
95.25	31.08	22.05	18.48	16.86	15.16	14.31	13.48	13.06
95.50	29.99	21.47	18.09	16.57	14.96	14.16	13.37	12.98
95.75	28.90	20.89	17.71	16.28	14.76	14.01	13.26	12.89
96.00	27.81	20.31	17.33	15.99	14.56	13.86	13.16	12.81
96.25	26.73	19.74	16.95	15.70	14.37	13.71	13.05	12.73
96.50	25.66	19.17	16.57	15.41	14.17	13.56	12.94	12.64
96.75	24.59	18.60	16.19	15.12	13.98	13.41	12.84	12.56
97.00	23.53	18.04	15.82	14.84	13.78	13.26	12.73	12.48
97.25	22.47	17.48	15.44	14.55	13.59	13.11	12.63	12.39
97.50	21.42	16.92	15.07	14.27	13.39	12.96	12.53	12.31
97.75	20.37	16.37	14.70	13.99	13.20	12.81	12.42	12.23
98.00	19.33	15.82	14.33	13.71	13.01	12.66	12.32	12.15
98.25	18.29	15.27	13.97	13.43	12.82	12.52	12.21	12.06
98.50	17.26	14.72	13.60	13.15	12.63	12.37	12.11	11.98
98.75	16.24	14.18	13.24	12.87	12.44	12.22	12.01	11.90
99.00	15.21	13.64	12.88	12.60	12.25	12.08	11.91	11.82
99.25	14.20	13.10	12.52	12.32	12.06	11.93	11.80	11.74
99.50	13.19	12.56	12.16	12.05	11.87	11.79	11.70	11.66
99.75	12.18	12.03	11.80	11.77	11.69	11.64	11.60	11.58
100.00	11.18	11.50	11.44	11.50	11.50	11.50	11.50	11.50
100.25	10.18	10.97	11.09	11.23	11.31	11.36	11.40	11.42
100.50	9.19	10.45	10.73	10.96	11.13	11.21	11.30	11.34
101.00	7.22	9.41	10.03	10.42	10.76	10.93	11.10	11.18
101.50	5.27	8.37	9.34	9.89	10.39	10.65	10.90	11.03
102.00	3.34	7.35	8.65	9.36	10.03	10.37	10.70	10.87
102.50	1.42	6.34	7.96	8.83	9.67	10.09	10.51	10.72
103.00		5.34	7.28	8.31	9.31	9.81	10.31	10.56
103.50		4.35	6.61	7.79	8.95	9.54	10.12	10.41
104.00		3.37	5.94	7.28	8.60	9.26	9.93	10.26
104.50		2.39	5.28	6.77	8.25	8.99	9.73	10.10
105.00		1.43	4.62	6.26	7.90	8.72	9.54	9.95

Bond Yield Table 11½%

PRICE	YEARS TO MATURITY							
	5	6	7	8	9	10	11	12
75.00	19.56	18.59	17.90	17.41	17.03	16.73	16.50	16.31
76.00	19.17	18.24	17.59	17.12	16.76	16.48	16.25	16.07
77.00	18.79	17.91	17.29	16.84	16.49	16.22	16.01	15.84
78.00	18.42	17.58	16.99	16.56	16.23	15.98	15.78	15.61
79.00	18.05	17.26	16.70	16.29	15.98	15.74	15.54	15.39
80.00	17.69	16.94	16.41	16.02	15.73	15.50	15.32	15.17
80.50	17.51	16.78	16.27	15.89	15.60	15.38	15.20	15.06
81.00	17.33	16.62	16.13	15.76	15.48	15.27	15.09	14.95
81.50	17.16	16.47	15.99	15.63	15.36	15.15	14.98	14.85
82.00	16.98	16.32	15.85	15.50	15.24	15.04	14.87	14.74
82.50	16.81	16.16	15.71	15.38	15.12	14.92	14.77	14.64
83.00	16.64	16.01	15.57	15.25	15.00	14.81	14.66	14.53
83.50	16.47	15.86	15.44	15.12	14.89	14.70	14.55	14.43
84.00	16.30	15.71	15.30	15.00	14.77	14.59	14.45	14.33
84.50	16.13	15.57	15.17	14.88	14.66	14.48	14.34	14.23
85.00	15.97	15.42	15.04	14.76	14.54	14.37	14.24	14.13
85.50	15.80	15.28	14.91	14.63	14.43	14.27	14.14	14.03
86.00	15.64	15.13	14.78	14.51	14.32	14.16	14.04	13.93
86.50	15.48	14.99	14.65	14.40	14.20	14.05	13.93	13.84
87.00	15.32	14.85	14.52	14.28	14.09	13.95	13.83	13.74
87.50	15.16	14.71	14.39	14.16	13.98	13.85	13.74	13.65
88.00	15.00	14.57	14.27	14.04	13.88	13.74	13.64	13.55
88.50	14.84	14.43	14.14	13.93	13.77	13.64	13.54	13.46
89.00	14.68	14.29	14.02	13.81	13.66	13.54	13.44	13.37
89.50	14.53	14.15	13.89	13.70	13.55	13.44	13.35	13.27
90.00	14.37	14.02	13.77	13.59	13.45	13.34	13.25	13.18
90.50	14.22	13.88	13.65	13.48	13.34	13.24	13.16	13.09
91.00	14.07	13.75	13.53	13.37	13.24	13.14	13.06	13.00
91.50	13.92	13.62	13.41	13.26	13.14	13.05	12.97	12.91
92.00	13.77	13.49	13.29	13.15	13.04	12.95	12.88	12.82
92.50	13.62	13.36	13.17	13.04	12.93	12.85	12.79	12.74
93.00	13.47	13.23	13.06	12.93	12.83	12.76	12.70	12.65
93.50	13.32	13.10	12.94	12.82	12.73	12.66	12.61	12.56
94.00	13.18	12.97	12.82	12.72	12.63	12.57	12.52	12.48
94.50	13.03	12.84	12.71	12.61	12.54	12.48	12.43	12.39
95.00	12.89	12.72	12.60	12.51	12.44	12.39	12.34	12.31
95.50	12.74	12.59	12.48	12.40	12.34	12.29	12.26	12.22
96.00	12.60	12.47	12.37	12.30	12.25	12.20	12.17	12.14
96.50	12.46	12.34	12.26	12.20	12.15	12.11	12.08	12.06
97.00	12.32	12.22	12.15	12.10	12.06	12.02	12.00	11.98
97.50	12.18	12.10	12.04	11.99	11.96	11.93	11.91	11.90
98.00	12.04	11.98	11.93	11.89	11.87	11.85	11.83	11.82
98.50	11.91	11.86	11.82	11.79	11.77	11.76	11.75	11.74
99.00	11.77	11.74	11.71	11.70	11.68	11.67	11.66	11.66
99.50	11.63	11.62	11.61	11.60	11.59	11.59	11.58	11.58
100.00	11.50	11.50	11.50	11.50	11.50	11.50	11.50	11.50
100.50	11.37	11.38	11.39	11.40	11.41	11.41	11.42	11.42
101.00	11.23	11.27	11.29	11.31	11.32	11.33	11.34	11.35
101.50	11.10	11.15	11.19	11.21	11.23	11.25	11.26	11.27
102.00	10.97	11.04	11.08	11.12	11.14	11.16	11.18	11.19
102.50	10.84	10.92	10.98	11.02	11.05	11.08	11.10	11.12
103.00	10.71	10.81	10.88	10.93	10.97	11.00	11.02	11.04
103.50	10.58	10.69	10.78	10.83	10.88	10.92	10.95	10.97
104.00	10.45	10.58	10.67	10.74	10.79	10.84	10.87	10.89
105.00	10.20	10.36	10.47	10.56	10.62	10.67	10.72	10.75
106.00	9.95	10.14	10.28	10.38	10.46	10.52	10.56	10.60
107.00	9.70	9.92	10.08	10.20	10.29	10.36	10.42	10.46
108.00	9.46	9.71	9.89	10.02	10.12	10.20	10.27	10.32
109.00	9.21	9.50	9.70	9.85	9.96	10.05	10.12	10.18
110.00	8.97	9.29	9.51	9.68	9.80	9.90	9.98	10.05

11½%   Bond Yield Table

PRICE	YEARS TO MATURITY							
	13	14	15	16	17	18	19	20
75.00	16.16	16.03	15.93	15.84	15.76	15.70	15.65	15.6(
76.00	15.93	15.80	15.70	15.62	15.55	15.49	15.44	15.4(
77.00	15.70	15.58	15.49	15.41	15.34	15.28	15.23	15.1(
78.00	15.48	15.37	15.28	15.20	15.13	15.08	15.03	14.9(
79.00	15.26	15.16	15.07	14.99	14.93	14.88	14.84	14.8(
80.00	15.05	14.95	14.86	14.79	14.74	14.69	14.64	14.6(
80.50	14.94	14.85	14.76	14.70	14.64	14.59	14.55	14.5(
81.00	14.84	14.74	14.67	14.60	14.54	14.50	14.45	14.4(
81.50	14.74	14.64	14.57	14.50	14.45	14.40	14.36	14.3(
82.00	14.63	14.54	14.47	14.41	14.35	14.31	14.27	14.2(
82.50	14.53	14.45	14.37	14.31	14.26	14.22	14.18	14.1(
83.00	14.43	14.35	14.28	14.22	14.17	14.13	14.09	14.0(
83.50	14.33	14.25	14.18	14.13	14.08	14.04	14.00	13.9(
84.00	14.24	14.16	14.09	14.03	13.99	13.95	13.91	13.8(
84.50	14.14	14.06	14.00	13.94	13.90	13.86	13.83	13.8(
85.00	14.04	13.97	13.91	13.85	13.81	13.77	13.74	13.7(
85.50	13.95	13.87	13.82	13.77	13.72	13.69	13.66	13.6(
86.00	13.85	13.78	13.73	13.68	13.64	13.60	13.57	13.5(
86.50	13.76	13.69	13.64	13.59	13.55	13.52	13.49	13.4(
87.00	13.66	13.60	13.55	13.50	13.46	13.43	13.40	13.3(
87.50	13.57	13.51	13.46	13.42	13.38	13.35	13.32	13.3(
88.00	13.48	13.42	13.37	13.33	13.30	13.27	13.24	13.2(
88.50	13.39	13.33	13.29	13.25	13.21	13.19	13.16	13.1(
89.00	13.30	13.25	13.20	13.16	13.13	13.10	13.08	13.0(
89.50	13.21	13.16	13.12	13.08	13.05	13.02	13.00	12.9(
90.00	13.12	13.07	13.03	13.00	12.97	12.95	12.92	12.9
90.50	13.04	12.99	12.95	12.92	12.89	12.87	12.85	12.8(
91.00	12.95	12.91	12.87	12.84	12.81	12.79	12.77	12.7(
91.50	12.86	12.82	12.79	12.76	12.73	12.71	12.69	12.6(
92.00	12.78	12.74	12.71	12.68	12.66	12.64	12.62	12.6(
92.50	12.69	12.66	12.63	12.60	12.58	12.56	12.54	12.5(
93.00	12.61	12.58	12.55	12.52	12.50	12.49	12.47	12.4(
93.50	12.53	12.49	12.47	12.45	12.43	12.41	12.40	12.3(
94.00	12.44	12.41	12.39	12.37	12.35	12.34	12.32	12.3(
94.50	12.36	12.33	12.31	12.29	12.28	12.26	12.25	12.2(
95.00	12.28	12.26	12.24	12.22	12.20	12.19	12.18	12.1(
95.50	12.20	12.18	12.16	12.14	12.13	12.12	12.11	12.1(
96.00	12.12	12.10	12.08	12.07	12.06	12.05	12.04	12.0(
96.50	12.04	12.02	12.01	12.00	11.99	11.98	11.97	11.9(
97.00	11.96	11.95	11.93	11.92	11.92	11.91	11.90	11.9(
97.50	11.88	11.87	11.86	11.85	11.84	11.84	11.83	11.8(
98.00	11.80	11.80	11.79	11.78	11.77	11.77	11.77	11.7(
98.50	11.73	11.72	11.71	11.71	11.71	11.70	11.70	11.7(
99.00	11.65	11.65	11.64	11.64	11.64	11.63	11.63	11.6(
99.50	11.58	11.57	11.57	11.57	11.57	11.57	11.57	11.5(
100.00	11.50	11.50	11.50	11.50	11.50	11.50	11.50	11.5(
100.50	11.43	11.43	11.43	11.43	11.43	11.43	11.43	11.4(
101.00	11.35	11.36	11.36	11.36	11.37	11.37	11.37	11.3(
101.50	11.28	11.28	11.28	11.29	11.30	11.30	11.31	11.3(
102.00	11.20	11.21	11.22	11.23	11.23	11.24	11.24	11.2(
102.50	11.13	11.14	11.15	11.16	11.17	11.17	11.18	11.1(
103.00	11.06	11.07	11.09	11.10	11.10	11.11	11.12	11.1(
103.50	10.99	11.00	11.02	11.03	11.04	11.05	11.06	11.0(
104.00	10.92	10.94	10.95	10.96	10.98	10.99	10.99	11.0(
105.00	10.78	10.80	10.82	10.84	10.85	10.86	10.87	10.8(
106.00	10.64	10.67	10.69	10.71	10.73	10.74	10.75	10.7(
107.00	10.50	10.53	10.56	10.58	10.60	10.62	10.63	10.6(
108.00	10.37	10.40	10.43	10.46	10.48	10.50	10.52	10.5(
109.00	10.23	10.27	10.31	10.34	10.36	10.39	10.40	10.4(
110.00	10.10	10.15	10.19	10.22	10.25	10.27	10.29	10.3(

Bond Yield Table 11½%

PRICE	\multicolumn{8}{c}{YEARS TO MATURITY}
	21	22	23	24	25	29	30	CUR
75.00	15.57	15.53	15.51	15.48	15.46	15.40	15.39	15.33
76.00	15.36	15.33	15.30	15.28	15.26	15.20	15.19	15.13
77.00	15.16	15.13	15.10	15.08	15.06	15.00	14.99	14.94
78.00	14.96	14.93	14.90	14.88	14.86	14.81	14.80	14.74
79.00	14.76	14.74	14.71	14.69	14.67	14.62	14.61	14.56
80.00	14.58	14.55	14.53	14.51	14.49	14.44	14.43	14.38
80.50	14.48	14.46	14.43	14.41	14.40	14.35	14.34	14.29
81.00	14.39	14.36	14.34	14.32	14.31	14.26	14.25	14.20
81.50	14.30	14.27	14.25	14.23	14.22	14.17	14.16	14.11
82.00	14.21	14.18	14.16	14.15	14.13	14.09	14.08	14.02
82.50	14.12	14.10	14.08	14.06	14.04	14.00	13.99	13.94
83.00	14.03	14.01	13.99	13.97	13.96	13.91	13.91	13.86
83.50	13.95	13.92	13.90	13.89	13.87	13.83	13.82	13.77
84.00	13.86	13.84	13.82	13.80	13.79	13.75	13.74	13.69
84.50	13.77	13.75	13.73	13.72	13.70	13.66	13.66	13.61
85.00	13.69	13.67	13.65	13.64	13.62	13.58	13.58	13.53
85.50	13.61	13.59	13.57	13.55	13.54	13.50	13.50	13.45
86.00	13.52	13.50	13.49	13.47	13.46	13.42	13.42	13.37
86.50	13.44	13.42	13.41	13.39	13.38	13.35	13.34	13.29
87.00	13.36	13.34	13.33	13.31	13.30	13.27	13.26	13.22
87.50	13.28	13.26	13.25	13.23	13.22	13.19	13.18	13.14
88.00	13.20	13.18	13.17	13.16	13.15	13.11	13.11	13.07
88.50	13.12	13.11	13.09	13.08	13.07	13.04	13.03	12.99
89.00	13.04	13.03	13.02	13.00	12.99	12.96	12.96	12.92
89.50	12.97	12.95	12.94	12.93	12.92	12.89	12.89	12.85
90.00	12.89	12.88	12.86	12.85	12.84	12.82	12.81	12.78
90.50	12.81	12.80	12.79	12.78	12.77	12.75	12.74	12.71
91.00	12.74	12.73	12.72	12.71	12.70	12.67	12.67	12.64
91.50	12.66	12.65	12.64	12.63	12.63	12.60	12.60	12.57
92.00	12.59	12.58	12.57	12.56	12.55	12.53	12.53	12.50
92.50	12.52	12.51	12.50	12.49	12.48	12.46	12.46	12.43
93.00	12.45	12.44	12.43	12.42	12.41	12.40	12.39	12.37
93.50	12.37	12.37	12.36	12.35	12.34	12.33	12.32	12.30
94.00	12.30	12.30	12.29	12.28	12.28	12.26	12.26	12.23
94.50	12.23	12.23	12.22	12.21	12.21	12.19	12.19	12.17
95.00	12.16	12.16	12.15	12.15	12.14	12.13	12.12	12.11
95.50	12.09	12.09	12.08	12.08	12.07	12.06	12.06	12.04
96.00	12.03	12.02	12.02	12.01	12.01	12.00	11.99	11.98
96.50	11.96	11.95	11.95	11.95	11.94	11.93	11.93	11.92
97.00	11.89	11.89	11.88	11.88	11.88	11.87	11.87	11.86
97.50	11.82	11.82	11.82	11.82	11.81	11.81	11.80	11.79
98.00	11.76	11.76	11.75	11.75	11.75	11.74	11.74	11.73
98.50	11.69	11.69	11.69	11.69	11.69	11.68	11.68	11.68
99.00	11.63	11.63	11.63	11.63	11.62	11.62	11.62	11.62
99.50	11.56	11.56	11.56	11.56	11.56	11.56	11.56	11.56
100.00	11.50	11.50	11.50	11.50	11.50	11.50	11.50	11.50
100.50	11.44	11.44	11.44	11.44	11.44	11.44	11.44	11.44
101.00	11.37	11.38	11.38	11.38	11.38	11.38	11.38	11.39
101.50	11.31	11.31	11.32	11.32	11.32	11.32	11.32	11.33
102.00	11.25	11.25	11.26	11.26	11.26	11.26	11.27	11.27
102.50	11.19	11.19	11.20	11.20	11.20	11.21	11.21	11.22
103.00	11.13	11.13	11.14	11.14	11.14	11.15	11.15	11.17
103.50	11.07	11.07	11.08	11.08	11.08	11.09	11.10	11.11
104.00	11.01	11.01	11.02	11.02	11.03	11.04	11.04	11.06
105.00	10.89	10.90	10.90	10.91	10.91	10.93	10.93	10.95
106.00	10.77	10.78	10.79	10.80	10.80	10.82	10.82	10.85
107.00	10.66	10.67	10.68	10.69	10.69	10.71	10.72	10.75
108.00	10.55	10.56	10.57	10.58	10.58	10.61	10.61	10.65
109.00	10.44	10.45	10.46	10.47	10.48	10.50	10.51	10.55
110.00	10.33	10.34	10.35	10.36	10.37	10.40	10.41	10.45

11¾%   Bond Yield Table

PRICE	YEARS TO MATURITY							
	¼	½	¾	1	1½	2	3	4
85.00	81.59	49.12	36.13	30.23	24.27	21.35	18.49	17.08
85.50	78.87	47.66	35.20	29.54	23.80	21.00	18.24	16.88
86.00	76.18	46.22	34.28	28.85	23.34	20.64	17.99	16.69
86.50	73.52	44.80	33.37	28.16	22.88	20.29	17.75	16.49
87.00	70.88	43.39	32.47	27.49	22.43	19.95	17.50	16.30
87.50	68.28	42.00	31.57	26.82	21.98	19.60	17.26	16.11
88.00	65.70	40.63	30.69	26.15	21.53	19.26	17.02	15.92
88.50	63.16	39.27	29.81	25.49	21.09	18.92	16.78	15.73
89.00	60.64	37.92	28.94	24.84	20.65	18.58	16.55	15.55
89.50	58.15	36.59	28.08	24.19	20.21	18.25	16.31	15.36
90.00	55.68	35.28	27.23	23.55	19.78	17.92	16.08	15.18
90.50	53.24	33.98	26.39	22.91	19.35	17.59	15.85	14.99
91.00	50.83	32.69	25.55	22.28	18.92	17.26	15.62	14.81
91.25	49.64	32.05	25.13	21.97	18.71	17.10	15.51	14.72
91.50	48.44	31.42	24.72	21.65	18.50	16.94	15.39	14.63
91.75	47.26	30.79	24.31	21.34	18.28	16.77	15.28	14.54
92.00	46.08	30.16	23.90	21.03	18.08	16.61	15.17	14.45
92.25	44.91	29.54	23.49	20.72	17.87	16.45	15.05	14.36
92.50	43.75	28.92	23.08	20.42	17.66	16.29	14.94	14.28
92.75	42.59	28.30	22.68	20.11	17.45	16.13	14.83	14.19
93.00	41.43	27.69	22.28	19.81	17.24	15.98	14.72	14.10
93.25	40.29	27.08	21.88	19.50	17.04	15.82	14.61	14.01
93.50	39.14	26.47	21.48	19.20	16.83	15.66	14.50	13.92
93.75	38.01	25.87	21.08	18.90	16.63	15.50	14.39	13.84
94.00	36.88	25.27	20.68	18.60	16.42	15.35	14.28	13.75
94.25	35.76	24.67	20.29	18.30	16.22	15.19	14.17	13.66
94.50	34.64	24.07	19.90	18.00	16.02	15.04	14.06	13.58
94.75	33.53	23.48	19.51	17.71	15.82	14.88	13.95	13.49
95.00	32.42	22.89	19.12	17.41	15.62	14.73	13.84	13.41
95.25	31.32	22.31	18.73	17.12	15.42	14.57	13.73	13.32
95.50	30.22	21.73	18.35	16.83	15.22	14.42	13.63	13.23
95.75	29.13	21.15	17.96	16.53	15.02	14.27	13.52	13.15
96.00	28.05	20.57	17.58	16.24	14.82	14.11	13.41	13.07
96.25	26.97	20.00	17.20	15.95	14.62	13.96	13.31	12.98
96.50	25.90	19.43	16.82	15.67	14.43	13.81	13.20	12.90
96.75	24.83	18.86	16.45	15.38	14.23	13.66	13.09	12.81
97.00	23.76	18.30	16.07	15.09	14.04	13.51	12.99	12.73
97.25	22.71	17.74	15.70	14.81	13.84	13.36	12.88	12.65
97.50	21.66	17.18	15.33	14.53	13.65	13.21	12.78	12.56
97.75	20.61	16.62	14.95	14.25	13.46	13.06	12.67	12.48
98.00	19.57	16.07	14.59	13.96	13.26	12.92	12.57	12.40
98.25	18.53	15.52	14.22	13.68	13.07	12.77	12.47	12.32
98.50	17.50	14.97	13.85	13.40	12.88	12.62	12.36	12.24
98.75	16.47	14.43	13.49	13.12	12.69	12.48	12.26	12.15
99.00	15.45	13.89	13.13	12.85	12.50	12.33	12.16	12.07
99.25	14.43	13.35	12.76	12.57	12.31	12.18	12.06	11.99
99.50	13.42	12.81	12.41	12.30	12.12	12.04	11.95	11.91
99.75	12.42	12.28	12.05	12.02	11.94	11.89	11.85	11.83
100.00	11.41	11.75	11.69	11.75	11.75	11.75	11.75	11.75
100.25	10.42	11.22	11.34	11.48	11.56	11.61	11.65	11.67
100.50	9.43	10.70	10.98	11.21	11.38	11.46	11.55	11.59
101.00	7.46	9.65	10.28	10.67	11.01	11.18	11.35	11.43
101.50	5.51	8.62	9.58	10.14	10.64	10.90	11.15	11.27
102.00	3.57	7.60	8.89	9.60	10.28	10.61	10.95	11.12
102.50	1.66	6.59	8.20	9.08	9.92	10.33	10.75	10.96
103.00		5.58	7.52	8.56	9.56	10.06	10.56	10.81
103.50		4.59	6.85	8.04	9.20	9.78	10.36	10.65
104.00		3.61	6.18	7.52	8.84	9.51	10.17	10.50
104.50		2.63	5.52	7.01	8.49	9.23	9.98	10.35
105.00		1.67	4.86	6.50	8.14	8.96	9.79	10.20

Bond Yield Table 11¾%

PRICE	YEARS TO MATURITY							
	5	6	7	8	9	10	11	12
75.00	19.86	18.89	18.21	17.71	17.33	17.04	16.81	16.62
76.00	19.47	18.55	17.90	17.42	17.06	16.78	16.56	16.38
77.00	19.09	18.21	17.59	17.14	16.79	16.53	16.32	16.15
78.00	18.71	17.88	17.29	16.86	16.53	16.28	16.08	15.91
79.00	18.34	17.55	16.99	16.58	16.27	16.03	15.84	15.69
80.00	17.98	17.23	16.70	16.31	16.02	15.79	15.61	15.46
80.50	17.80	17.07	16.56	16.18	15.90	15.67	15.50	15.36
81.00	17.62	16.91	16.41	16.05	15.77	15.56	15.39	15.25
81.50	17.45	16.76	16.27	15.92	15.65	15.44	15.27	15.14
82.00	17.27	16.60	16.13	15.79	15.53	15.33	15.16	15.03
82.50	17.10	16.45	15.99	15.66	15.41	15.21	15.05	14.93
83.00	16.92	16.30	15.86	15.53	15.29	15.10	14.95	14.82
83.50	16.75	16.15	15.72	15.41	15.17	14.99	14.84	14.72
84.00	16.58	16.00	15.58	15.28	15.05	14.87	14.73	14.62
84.50	16.41	15.85	15.45	15.16	14.94	14.76	14.63	14.51
85.00	16.25	15.70	15.32	15.04	14.82	14.65	14.52	14.41
85.50	16.08	15.55	15.18	14.91	14.71	14.55	14.42	14.31
86.00	15.91	15.41	15.05	14.79	14.59	14.44	14.31	14.21
86.50	15.75	15.26	14.92	14.67	14.48	14.33	14.21	14.12
87.00	15.59	15.12	14.79	14.55	14.37	14.23	14.11	14.02
87.50	15.43	14.98	14.67	14.43	14.26	14.12	14.01	13.92
88.00	15.27	14.84	14.54	14.32	14.15	14.02	13.91	13.83
88.50	15.11	14.70	14.41	14.20	14.04	13.91	13.81	13.73
89.00	14.95	14.56	14.29	14.09	13.93	13.81	13.72	13.64
89.50	14.80	14.42	14.16	13.97	13.82	13.71	13.62	13.54
90.00	14.64	14.29	14.04	13.86	13.72	13.61	13.52	13.45
90.50	14.49	14.15	13.92	13.74	13.61	13.51	13.43	13.36
91.00	14.33	14.02	13.80	13.63	13.51	13.41	13.33	13.27
91.50	14.18	13.88	13.67	13.52	13.40	13.31	13.24	13.18
92.00	14.03	13.75	13.56	13.41	13.30	13.21	13.15	13.09
92.50	13.88	13.62	13.44	13.30	13.20	13.12	13.05	13.00
93.00	13.73	13.49	13.32	13.19	13.10	13.02	12.96	12.91
93.50	13.58	13.36	13.20	13.08	13.00	12.93	12.87	12.83
94.00	13.44	13.23	13.08	12.98	12.90	12.83	12.78	12.74
94.50	13.29	13.10	12.97	12.87	12.80	12.74	12.69	12.65
95.00	13.15	12.97	12.85	12.77	12.70	12.64	12.60	12.57
95.50	13.00	12.85	12.74	12.66	12.60	12.55	12.51	12.48
96.00	12.86	12.72	12.63	12.56	12.50	12.46	12.43	12.40
96.50	12.72	12.60	12.52	12.45	12.41	12.37	12.34	12.32
97.00	12.58	12.48	12.40	12.35	12.31	12.28	12.25	12.23
97.50	12.44	12.35	12.29	12.25	12.22	12.19	12.17	12.15
98.00	12.30	12.23	12.18	12.15	12.12	12.10	12.08	12.07
98.50	12.16	12.11	12.07	12.05	12.03	12.01	12.00	11.99
99.00	12.02	11.99	11.96	11.95	11.93	11.92	11.92	11.91
99.50	11.89	11.87	11.86	11.85	11.84	11.84	11.83	11.83
100.00	11.75	11.75	11.75	11.75	11.75	11.75	11.75	11.75
100.50	11.62	11.63	11.64	11.65	11.66	11.66	11.67	11.67
101.00	11.48	11.51	11.54	11.56	11.57	11.58	11.59	11.59
101.50	11.35	11.40	11.43	11.46	11.48	11.49	11.51	11.52
102.00	11.22	11.28	11.33	11.36	11.39	11.41	11.43	11.44
102.50	11.09	11.17	11.22	11.27	11.30	11.33	11.35	11.36
103.00	10.95	11.05	11.12	11.17	11.21	11.24	11.27	11.29
103.50	10.83	10.94	11.02	11.08	11.12	11.16	11.19	11.21
104.00	10.70	10.83	10.92	10.99	11.04	11.08	11.11	11.14
105.00	10.44	10.60	10.72	10.80	10.87	10.92	10.96	10.99
106.00	10.19	10.38	10.52	10.62	10.70	10.76	10.80	10.84
107.00	9.94	10.16	10.32	10.44	10.53	10.60	10.65	10.70
108.00	9.69	9.95	10.13	10.26	10.36	10.44	10.51	10.56
109.00	9.45	9.73	9.94	10.08	10.20	10.29	10.36	10.42
110.00	9.21	9.52	9.75	9.91	10.04	10.14	10.22	10.28

11¾% Bond Yield Table

PRICE	YEARS TO MATURITY							
	13	14	15	16	17	18	19	20
75.00	16.47	16.35	16.24	16.16	16.08	16.02	15.97	15.9
76.00	16.24	16.12	16.02	15.93	15.86	15.81	15.76	15.7
77.00	16.01	15.89	15.80	15.72	15.65	15.59	15.55	15.5
78.00	15.78	15.67	15.58	15.51	15.44	15.39	15.34	15.3
79.00	15.56	15.46	15.37	15.30	15.24	15.19	15.14	15.1
80.00	15.34	15.25	15.16	15.09	15.04	14.99	14.95	14.9
80.50	15.24	15.14	15.06	14.99	14.94	14.89	14.85	14.8
81.00	15.13	15.04	14.96	14.90	14.84	14.79	14.75	14.7
81.50	15.03	14.94	14.86	14.80	14.74	14.70	14.66	14.6
82.00	14.93	14.84	14.76	14.70	14.65	14.60	14.57	14.5
82.50	14.82	14.74	14.67	14.61	14.55	14.51	14.47	14.4
83.00	14.72	14.64	14.57	14.51	14.46	14.42	14.38	14.3
83.50	14.62	14.54	14.47	14.42	14.37	14.33	14.29	14.2
84.00	14.52	14.44	14.38	14.32	14.28	14.24	14.20	14.1
84.50	14.42	14.35	14.28	14.23	14.19	14.15	14.11	14.09
85.00	14.32	14.25	14.19	14.14	14.10	14.06	14.03	14.00
85.50	14.23	14.16	14.10	14.05	14.01	13.97	13.94	13.9
86.00	14.13	14.06	14.01	13.96	13.92	13.88	13.85	13.8
86.50	14.04	13.97	13.92	13.87	13.83	13.80	13.77	13.7
87.00	13.94	13.88	13.83	13.78	13.75	13.71	13.69	13.6
87.50	13.85	13.79	13.74	13.70	13.66	13.63	13.60	13.5
88.00	13.76	13.70	13.65	13.61	13.57	13.55	13.52	13.5
88.50	13.66	13.61	13.56	13.52	13.49	13.46	13.44	13.4
89.00	13.57	13.52	13.48	13.44	13.41	13.38	13.36	13.3
89.50	13.48	13.43	13.39	13.36	13.32	13.30	13.28	13.2
90.00	13.39	13.35	13.31	13.27	13.24	13.22	13.20	13.1
90.50	13.31	13.26	13.22	13.19	13.16	13.14	13.12	13.1
91.00	13.22	13.17	13.14	13.11	13.08	13.06	13.04	13.02
91.50	13.13	13.09	13.06	13.03	13.00	12.98	12.96	12.9
92.00	13.04	13.01	12.97	12.95	12.92	12.90	12.89	12.8
92.50	12.96	12.92	12.89	12.87	12.85	12.83	12.81	12.8
93.00	12.87	12.84	12.81	12.79	12.77	12.75	12.74	12.7
93.50	12.79	12.76	12.73	12.71	12.69	12.68	12.66	12.6
94.00	12.70	12.68	12.65	12.63	12.62	12.60	12.59	12.5
94.50	12.62	12.60	12.57	12.56	12.54	12.53	12.51	12.5
95.00	12.54	12.52	12.50	12.48	12.46	12.45	12.44	12.4
95.50	12.46	12.44	12.42	12.40	12.39	12.38	12.37	12.36
96.00	12.38	12.36	12.34	12.33	12.32	12.31	12.30	12.29
96.50	12.30	12.28	12.27	12.25	12.24	12.24	12.23	12.22
97.00	12.22	12.20	12.19	12.18	12.17	12.16	12.16	12.15
97.50	12.14	12.13	12.12	12.11	12.10	12.09	12.09	12.08
98.00	12.06	12.05	12.04	12.03	12.03	12.02	12.02	12.02
98.50	11.98	11.97	11.97	11.96	11.96	11.95	11.95	11.95
99.00	11.90	11.90	11.89	11.89	11.89	11.89	11.88	11.88
99.50	11.83	11.82	11.82	11.82	11.82	11.82	11.82	11.82
100.00	11.75	11.75	11.75	11.75	11.75	11.75	11.75	11.75
100.50	11.67	11.68	11.68	11.68	11.68	11.68	11.68	11.68
101.00	11.60	11.60	11.61	11.61	11.61	11.62	11.62	11.62
101.50	11.52	11.53	11.54	11.54	11.55	11.55	11.55	11.56
102.00	11.45	11.46	11.47	11.47	11.48	11.48	11.49	11.49
102.50	11.38	11.39	11.40	11.41	11.41	11.42	11.43	11.43
103.00	11.30	11.32	11.33	11.34	11.35	11.36	11.36	11.37
103.50	11.23	11.25	11.26	11.27	11.28	11.29	11.30	11.30
104.00	11.16	11.18	11.19	11.21	11.22	11.23	11.24	11.24
105.00	11.02	11.04	11.06	11.08	11.09	11.10	11.11	11.12
106.00	10.88	10.90	10.93	10.95	10.96	10.98	10.99	11.00
107.00	10.74	10.77	10.80	10.82	10.84	10.86	10.87	10.88
108.00	10.60	10.64	10.67	10.70	10.72	10.74	10.75	10.77
109.00	10.47	10.51	10.54	10.57	10.60	10.62	10.64	10.65
110.00	10.33	10.38	10.42	10.45	10.48	10.50	10.52	10.54

Bond Yield Table 11¾%

PRICE	21	22	23	24	25	29	30	CUR
				YEARS TO MATURITY				
75.00	15.89	15.86	15.83	15.81	15.79	15.73	15.72	15.67
76.00	15.68	15.65	15.62	15.60	15.58	15.53	15.52	15.46
77.00	15.47	15.44	15.42	15.39	15.38	15.32	15.32	15.26
78.00	15.27	15.24	15.22	15.20	15.18	15.13	15.12	15.06
79.00	15.07	15.04	15.02	15.00	14.98	14.94	14.93	14.87
80.00	14.88	14.85	14.83	14.81	14.79	14.75	14.74	14.69
80.50	14.78	14.76	14.74	14.72	14.70	14.66	14.65	14.60
81.00	14.69	14.67	14.64	14.63	14.61	14.57	14.56	14.51
81.50	14.60	14.57	14.55	14.53	14.52	14.48	14.47	14.42
82.00	14.51	14.48	14.46	14.44	14.43	14.39	14.38	14.33
82.50	14.42	14.39	14.37	14.36	14.34	14.30	14.29	14.24
83.00	14.33	14.30	14.28	14.27	14.25	14.21	14.20	14.16
83.50	14.24	14.22	14.20	14.18	14.17	14.13	14.12	14.07
84.00	14.15	14.13	14.11	14.09	14.08	14.04	14.03	13.99
84.50	14.06	14.04	14.02	14.01	14.00	13.96	13.95	13.91
85.00	13.98	13.96	13.94	13.92	13.91	13.87	13.87	13.82
85.50	13.89	13.87	13.86	13.84	13.83	13.79	13.79	13.74
86.00	13.81	13.79	13.77	13.76	13.75	13.71	13.71	13.66
86.50	13.72	13.71	13.69	13.68	13.67	13.63	13.63	13.58
87.00	13.64	13.62	13.61	13.60	13.58	13.55	13.55	13.51
87.50	13.56	13.54	13.53	13.52	13.51	13.47	13.47	13.43
88.00	13.48	13.46	13.45	13.44	13.43	13.40	13.39	13.35
88.50	13.40	13.38	13.37	13.36	13.35	13.32	13.31	13.28
89.00	13.32	13.30	13.29	13.28	13.27	13.24	13.24	13.20
89.50	13.24	13.23	13.21	13.20	13.19	13.17	13.16	13.13
90.00	13.16	13.15	13.14	13.13	13.12	13.09	13.09	13.06
90.50	13.09	13.07	13.06	13.05	13.04	13.02	13.02	12.98
91.00	13.01	13.00	12.99	12.98	12.97	12.95	12.94	12.91
91.50	12.93	12.92	12.91	12.90	12.90	12.87	12.87	12.84
92.00	12.86	12.85	12.84	12.83	12.82	12.80	12.80	12.77
92.50	12.79	12.78	12.77	12.76	12.75	12.73	12.73	12.70
93.00	12.71	12.70	12.69	12.69	12.68	12.66	12.66	12.63
93.50	12.64	12.63	12.62	12.62	12.61	12.59	12.59	12.57
94.00	12.57	12.56	12.55	12.55	12.54	12.52	12.52	12.50
94.50	12.50	12.49	12.48	12.48	12.47	12.46	12.45	12.43
95.00	12.42	12.42	12.41	12.41	12.40	12.39	12.39	12.37
95.50	12.35	12.35	12.34	12.34	12.33	12.32	12.32	12.30
96.00	12.29	12.28	12.27	12.27	12.27	12.26	12.25	12.24
96.50	12.22	12.21	12.21	12.20	12.20	12.19	12.19	12.18
97.00	12.15	12.14	12.14	12.14	12.13	12.13	12.12	12.11
97.50	12.08	12.08	12.07	12.07	12.07	12.06	12.06	12.05
98.00	12.01	12.01	12.01	12.01	12.00	12.00	12.00	11.99
98.50	11.95	11.94	11.94	11.94	11.94	11.94	11.93	11.93
99.00	11.88	11.88	11.88	11.88	11.88	11.87	11.87	11.87
99.50	11.81	11.81	11.81	11.81	11.81	11.81	11.81	11.81
100.00	11.75	11.75	11.75	11.75	11.75	11.75	11.75	11.75
100.50	11.69	11.69	11.69	11.69	11.69	11.69	11.69	11.69
101.00	11.62	11.62	11.62	11.62	11.63	11.63	11.63	11.63
101.50	11.56	11.56	11.56	11.56	11.56	11.57	11.57	11.58
102.00	11.50	11.50	11.50	11.50	11.50	11.51	11.51	11.52
102.50	11.43	11.44	11.44	11.44	11.44	11.45	11.45	11.46
103.00	11.37	11.38	11.38	11.38	11.39	11.39	11.40	11.41
103.50	11.31	11.32	11.32	11.32	11.33	11.34	11.34	11.35
104.00	11.25	11.26	11.26	11.26	11.27	11.28	11.28	11.30
105.00	11.13	11.14	11.14	11.15	11.15	11.17	11.17	11.19
106.00	11.01	11.02	11.03	11.03	11.04	11.06	11.06	11.08
107.00	10.90	10.90	10.91	10.92	10.93	10.95	10.95	10.98
108.00	10.78	10.79	10.80	10.81	10.82	10.84	10.84	10.88
109.00	10.67	10.68	10.69	10.70	10.71	10.73	10.74	10.78
110.00	10.56	10.57	10.58	10.59	10.60	10.63	10.64	10.68

12% Bond Yield Table

PRICE	1/4	1/2	3/4	1	1 1/2	2	3	4
85.00	81.82	49.41	36.41	30.51	24.55	21.63	18.76	17.36
85.50	79.10	47.95	35.48	29.82	24.08	21.28	18.51	17.16
86.00	76.40	46.51	34.56	29.13	23.62	20.92	18.27	16.96
86.50	73.74	45.09	33.65	28.44	23.16	20.57	18.02	16.77
87.00	71.11	43.68	32.74	27.77	22.70	20.22	17.78	16.57
87.50	68.51	42.29	31.85	27.09	22.25	19.88	17.53	16.38
88.00	65.93	40.91	30.96	26.43	21.80	19.53	17.29	16.19
88.50	63.39	39.55	30.08	25.77	21.36	19.19	17.06	16.00
89.00	60.87	38.20	29.21	25.11	20.92	18.85	16.82	15.81
89.50	58.38	36.87	28.35	24.46	20.48	18.52	16.58	15.63
90.00	55.91	35.56	27.50	23.82	20.05	18.19	16.35	15.44
90.50	53.48	34.25	26.65	23.18	19.61	17.86	16.12	15.26
91.00	51.06	32.97	25.81	22.55	19.19	17.53	15.89	15.08
91.25	49.87	32.33	25.40	22.23	18.97	17.36	15.77	14.99
91.50	48.68	31.69	24.98	21.92	18.76	17.20	15.66	14.90
91.75	47.49	31.06	24.57	21.61	18.55	17.04	15.54	14.81
92.00	46.32	30.43	24.16	21.30	18.34	16.88	15.43	14.72
92.25	45.14	29.81	23.75	20.99	18.13	16.72	15.32	14.63
92.50	43.98	29.19	23.35	20.68	17.92	16.56	15.21	14.54
92.75	42.82	28.57	22.94	20.38	17.71	16.40	15.09	14.45
93.00	41.67	27.96	22.54	20.07	17.51	16.24	14.98	14.36
93.25	40.52	27.35	22.14	19.77	17.30	16.08	14.87	14.27
93.50	39.38	26.74	21.74	19.46	17.09	15.92	14.76	14.18
93.75	38.24	26.13	21.34	19.16	16.89	15.76	14.65	14.10
94.00	37.11	25.53	20.94	18.86	16.69	15.61	14.54	14.01
94.25	35.99	24.93	20.55	18.56	16.48	15.45	14.43	13.92
94.50	34.87	24.34	20.16	18.26	16.28	15.30	14.32	13.84
94.75	33.76	23.75	19.77	17.97	16.08	15.14	14.21	13.75
95.00	32.65	23.16	19.38	17.67	15.88	14.99	14.10	13.66
95.25	31.55	22.57	18.99	17.38	15.68	14.83	13.99	13.58
95.50	30.46	21.99	18.60	17.08	15.48	14.68	13.88	13.49
95.75	29.37	21.41	18.22	16.79	15.28	14.52	13.78	13.41
96.00	28.28	20.83	17.84	16.50	15.08	14.37	13.67	13.32
96.25	27.20	20.26	17.46	16.21	14.88	14.22	13.56	13.24
96.50	26.13	19.69	17.08	15.92	14.68	14.07	13.46	13.15
96.75	25.06	19.12	16.70	15.64	14.49	13.92	13.35	13.07
97.00	24.00	18.56	16.32	15.35	14.29	13.77	13.24	12.99
97.25	22.94	17.99	15.95	15.06	14.10	13.62	13.14	12.90
97.50	21.89	17.44	15.58	14.78	13.90	13.47	13.03	12.82
97.75	20.84	16.88	15.21	14.50	13.71	13.32	12.93	12.74
98.00	19.80	16.33	14.84	14.22	13.52	13.17	12.82	12.65
98.25	18.77	15.78	14.47	13.93	13.33	13.02	12.72	12.57
98.50	17.73	15.23	14.10	13.66	13.13	12.87	12.62	12.49
98.75	16.71	14.68	13.74	13.38	12.94	12.73	12.51	12.41
99.00	15.69	14.14	13.38	13.10	12.75	12.58	12.41	12.32
99.25	14.67	13.60	13.01	12.82	12.56	12.44	12.31	12.24
99.50	13.66	13.07	12.65	12.55	12.38	12.29	12.20	12.16
99.75	12.65	12.53	12.29	12.27	12.19	12.14	12.10	12.08
100.00	11.65	12.00	11.94	12.00	12.00	12.00	12.00	12.00
100.25	10.65	11.47	11.58	11.73	11.81	11.86	11.90	11.92
100.50	9.66	10.95	11.23	11.46	11.63	11.71	11.80	11.84
101.00	7.69	9.90	10.52	10.92	11.26	11.43	11.60	11.68
101.50	5.74	8.87	9.83	10.38	10.89	11.14	11.40	11.52
102.00	3.81	7.84	9.13	9.85	10.52	10.86	11.20	11.36
102.50	1.90	6.83	8.45	9.32	10.16	10.58	11.00	11.21
103.00		5.83	7.77	8.80	9.80	10.30	10.80	11.05
103.50		4.83	7.09	8.28	9.44	10.03	10.61	10.90
104.00		3.85	6.42	7.77	9.09	9.75	10.41	10.74
104.50		2.87	5.75	7.25	8.73	9.48	10.22	10.59
105.00		1.90	5.09	6.75	8.38	9.21	10.03	10.44

Bond Yield Table   12%

PRICE	YEARS TO MATURITY							
	5	6	7	8	9	10	11	12
75.00	20.17	19.19	18.51	18.02	17.64	17.35	17.12	16.94
76.00	19.77	18.85	18.20	17.73	17.37	17.09	16.87	16.69
77.00	19.39	18.51	17.89	17.44	17.10	16.83	16.62	16.45
78.00	19.01	18.17	17.59	17.16	16.83	16.58	16.38	16.22
79.00	18.64	17.84	17.29	16.88	16.57	16.33	16.14	15.99
80.00	18.27	17.52	16.99	16.61	16.31	16.09	15.91	15.76
80.50	18.09	17.36	16.85	16.47	16.19	15.97	15.79	15.65
81.00	17.91	17.20	16.70	16.34	16.06	15.85	15.68	15.54
81.50	17.73	17.04	16.56	16.21	15.94	15.73	15.57	15.43
82.00	17.55	16.89	16.42	16.08	15.82	15.61	15.45	15.32
82.50	17.38	16.73	16.28	15.95	15.70	15.50	15.34	15.22
83.00	17.21	16.58	16.14	15.82	15.57	15.38	15.23	15.11
83.50	17.03	16.43	16.00	15.69	15.45	15.27	15.12	15.01
84.00	16.86	16.28	15.87	15.57	15.34	15.16	15.02	14.90
84.50	16.69	16.13	15.73	15.44	15.22	15.05	14.91	14.80
85.00	16.52	15.98	15.60	15.32	15.10	14.94	14.80	14.70
85.50	16.36	15.83	15.46	15.19	14.99	14.83	14.70	14.59
86.00	16.19	15.69	15.33	15.07	14.87	14.72	14.59	14.49
86.50	16.03	15.54	15.20	14.95	14.76	14.61	14.49	14.40
87.00	15.86	15.40	15.07	14.83	14.65	14.50	14.39	14.30
87.50	15.70	15.25	14.94	14.71	14.53	14.40	14.29	14.20
88.00	15.54	15.11	14.81	14.59	14.42	14.29	14.19	14.10
88.50	15.38	14.97	14.68	14.47	14.31	14.19	14.09	14.01
89.00	15.22	14.83	14.56	14.36	14.20	14.08	13.99	13.91
89.50	15.06	14.69	14.43	14.24	14.09	13.98	13.89	13.82
90.00	14.91	14.56	14.31	14.13	13.99	13.88	13.79	13.72
90.50	14.75	14.42	14.18	14.01	13.88	13.78	13.70	13.63
91.00	14.60	14.28	14.06	13.90	13.77	13.68	13.60	13.54
91.50	14.45	14.15	13.94	13.79	13.67	13.58	13.51	13.45
92.00	14.29	14.02	13.82	13.68	13.57	13.48	13.41	13.36
92.50	14.14	13.88	13.70	13.57	13.46	13.38	13.32	13.27
93.00	13.99	13.75	13.58	13.46	13.36	13.29	13.23	13.18
93.50	13.84	13.62	13.46	13.35	13.26	13.19	13.13	13.09
94.00	13.70	13.49	13.35	13.24	13.16	13.09	13.04	13.00
94.50	13.55	13.36	13.23	13.13	13.06	13.00	12.95	12.91
95.00	13.40	13.23	13.11	13.02	12.96	12.90	12.86	12.83
95.50	13.26	13.11	13.00	12.92	12.86	12.81	12.77	12.74
96.00	13.12	12.98	12.88	12.81	12.76	12.72	12.68	12.66
96.50	12.97	12.85	12.77	12.71	12.66	12.63	12.60	12.57
97.00	12.83	12.73	12.66	12.61	12.57	12.53	12.51	12.49
97.50	12.69	12.61	12.55	12.50	12.47	12.44	12.42	12.41
98.00	12.55	12.48	12.44	12.40	12.37	12.35	12.34	12.32
98.50	12.41	12.36	12.33	12.30	12.28	12.26	12.25	12.24
99.00	12.27	12.24	12.22	12.20	12.19	12.18	12.17	12.16
99.50	12.14	12.12	12.11	12.10	12.09	12.09	12.08	12.08
100.00	12.00	12.00	12.00	12.00	12.00	12.00	12.00	12.00
100.50	11.86	11.88	11.89	11.90	11.91	11.91	11.92	11.92
101.00	11.73	11.76	11.79	11.80	11.82	11.83	11.84	11.84
101.50	11.60	11.65	11.68	11.71	11.73	11.74	11.75	11.76
102.00	11.46	11.53	11.58	11.61	11.64	11.66	11.67	11.69
102.50	11.33	11.41	11.47	11.51	11.55	11.57	11.59	11.61
103.00	11.20	11.30	11.37	11.42	11.46	11.49	11.51	11.53
103.50	11.07	11.18	11.26	11.32	11.37	11.40	11.43	11.46
104.00	10.94	11.07	11.16	11.23	11.28	11.32	11.35	11.38
105.00	10.68	10.84	10.96	11.04	11.11	11.16	11.20	11.23
106.00	10.43	10.62	10.76	10.86	10.94	11.00	11.04	11.08
107.00	10.18	10.40	10.56	10.68	10.77	10.84	10.89	10.94
108.00	9.93	10.19	10.36	10.50	10.60	10.68	10.74	10.80
109.00	9.69	9.97	10.17	10.32	10.43	10.52	10.60	10.65
110.00	9.44	9.76	9.98	10.15	10.27	10.37	10.45	10.51

12% Bond Yield Table

PRICE	YEARS TO MATURITY							
	13	14	15	16	17	18	19	20
75.00	16.78	16.66	16.56	16.47	16.40	16.34	16.29	16.25
76.00	16.55	16.43	16.33	16.25	16.18	16.12	16.07	16.03
77.00	16.31	16.20	16.11	16.03	15.96	15.91	15.86	15.82
78.00	16.09	15.98	15.89	15.81	15.75	15.70	15.65	15.61
79.00	15.86	15.76	15.67	15.60	15.54	15.49	15.45	15.41
80.00	15.64	15.54	15.46	15.40	15.34	15.29	15.25	15.21
80.50	15.53	15.44	15.36	15.29	15.24	15.19	15.15	15.12
81.00	15.43	15.34	15.26	15.19	15.14	15.09	15.05	15.02
81.50	15.32	15.23	15.16	15.09	15.04	15.00	14.96	14.93
82.00	15.22	15.13	15.06	15.00	14.94	14.90	14.86	14.83
82.50	15.11	15.03	14.96	14.90	14.85	14.81	14.77	14.74
83.00	15.01	14.93	14.86	14.80	14.75	14.71	14.68	14.65
83.50	14.91	14.83	14.76	14.71	14.66	14.62	14.58	14.56
84.00	14.81	14.73	14.67	14.61	14.57	14.53	14.49	14.47
84.50	14.71	14.63	14.57	14.52	14.47	14.44	14.40	14.38
85.00	14.61	14.54	14.48	14.42	14.38	14.35	14.31	14.29
85.50	14.51	14.44	14.38	14.33	14.29	14.26	14.23	14.20
86.00	14.41	14.35	14.29	14.24	14.20	14.17	14.14	14.11
86.50	14.32	14.25	14.20	14.15	14.11	14.08	14.05	14.03
87.00	14.22	14.16	14.11	14.06	14.03	13.99	13.97	13.94
87.50	14.13	14.07	14.02	13.97	13.94	13.91	13.88	13.86
88.00	14.03	13.98	13.93	13.89	13.85	13.82	13.80	13.78
88.50	13.94	13.88	13.84	13.80	13.77	13.74	13.72	13.69
89.00	13.85	13.79	13.75	13.71	13.68	13.66	13.63	13.61
89.50	13.76	13.70	13.66	13.63	13.60	13.57	13.55	13.53
90.00	13.67	13.62	13.58	13.54	13.52	13.49	13.47	13.45
90.50	13.58	13.53	13.49	13.46	13.43	13.41	13.39	13.37
91.00	13.49	13.44	13.41	13.38	13.35	13.33	13.31	13.30
91.50	13.40	13.36	13.32	13.30	13.27	13.25	13.23	13.22
92.00	13.31	13.27	13.24	13.21	13.19	13.17	13.16	13.14
92.50	13.22	13.19	13.16	13.13	13.11	13.09	13.08	13.06
93.00	13.14	13.10	13.08	13.05	13.03	13.02	13.00	12.99
93.50	13.05	13.02	13.00	12.97	12.96	12.94	12.93	12.91
94.00	12.97	12.94	12.91	12.89	12.88	12.86	12.85	12.84
94.50	12.88	12.86	12.84	12.82	12.80	12.79	12.78	12.77
95.00	12.80	12.78	12.76	12.74	12.73	12.71	12.70	12.69
95.50	12.72	12.70	12.68	12.66	12.65	12.64	12.63	12.62
96.00	12.63	12.62	12.60	12.59	12.58	12.57	12.56	12.55
96.50	12.55	12.54	12.52	12.51	12.50	12.49	12.49	12.48
97.00	12.47	12.46	12.45	12.44	12.43	12.42	12.41	12.41
97.50	12.39	12.38	12.37	12.36	12.36	12.35	12.34	12.34
98.00	12.31	12.30	12.30	12.29	12.28	12.28	12.27	12.27
98.50	12.23	12.23	12.22	12.22	12.21	12.21	12.20	12.20
99.00	12.15	12.15	12.15	12.14	12.14	12.14	12.14	12.13
99.50	12.08	12.07	12.07	12.07	12.07	12.07	12.07	12.07
100.00	12.00	12.00	12.00	12.00	12.00	12.00	12.00	12.00
100.50	11.92	11.93	11.93	11.93	11.93	11.93	11.93	11.93
101.00	11.85	11.85	11.86	11.86	11.86	11.86	11.87	11.87
101.50	11.77	11.78	11.78	11.79	11.79	11.80	11.80	11.80
102.00	11.70	11.71	11.71	11.72	11.73	11.73	11.73	11.74
102.50	11.62	11.63	11.64	11.65	11.66	11.66	11.67	11.67
103.00	11.55	11.56	11.57	11.58	11.59	11.60	11.61	11.61
103.50	11.48	11.49	11.50	11.52	11.53	11.53	11.54	11.55
104.00	11.40	11.42	11.44	11.45	11.46	11.47	11.48	11.49
105.00	11.26	11.28	11.30	11.32	11.33	11.34	11.35	11.36
106.00	11.12	11.14	11.17	11.19	11.20	11.22	11.23	11.24
107.00	10.98	11.01	11.03	11.06	11.08	11.09	11.11	11.12
108.00	10.84	10.87	10.90	10.93	10.95	10.97	10.99	11.00
109.00	10.70	10.74	10.78	10.81	10.83	10.85	10.87	10.89
110.00	10.57	10.61	10.65	10.68	10.71	10.73	10.75	10.77

Bond Yield Table 12%

PRICE	YEARS TO MATURITY							CUR
	21	22	23	24	25	29	30	
75.00	16.21	16.18	16.16	16.13	16.11	16.06	16.05	16.00
76.00	16.00	15.97	15.94	15.92	15.90	15.85	15.84	15.79
77.00	15.79	15.76	15.73	15.71	15.69	15.64	15.64	15.58
78.00	15.58	15.55	15.53	15.51	15.49	15.44	15.44	15.38
79.00	15.38	15.35	15.33	15.31	15.29	15.25	15.24	15.19
80.00	15.18	15.16	15.14	15.12	15.10	15.06	15.05	15.00
80.50	15.09	15.06	15.04	15.02	15.01	14.96	14.96	14.91
81.00	14.99	14.97	14.95	14.93	14.91	14.87	14.86	14.81
81.50	14.90	14.87	14.85	14.84	14.82	14.78	14.77	14.72
82.00	14.80	14.78	14.76	14.74	14.73	14.69	14.68	14.63
82.50	14.71	14.69	14.67	14.65	14.64	14.60	14.59	14.55
83.00	14.62	14.60	14.58	14.56	14.55	14.51	14.50	14.46
83.50	14.53	14.51	14.49	14.47	14.46	14.42	14.42	14.37
84.00	14.44	14.42	14.40	14.39	14.37	14.34	14.33	14.29
84.50	14.35	14.33	14.32	14.30	14.29	14.25	14.24	14.20
85.00	14.27	14.25	14.23	14.21	14.20	14.17	14.16	14.12
85.50	14.18	14.16	14.14	14.13	14.12	14.08	14.08	14.04
86.00	14.09	14.07	14.06	14.04	14.03	14.00	13.99	13.95
86.50	14.01	13.99	13.97	13.96	13.95	13.92	13.91	13.87
87.00	13.92	13.91	13.89	13.88	13.87	13.84	13.83	13.79
87.50	13.84	13.82	13.81	13.80	13.79	13.76	13.75	13.71
88.00	13.76	13.74	13.73	13.72	13.71	13.68	13.67	13.64
88.50	13.68	13.66	13.65	13.64	13.63	13.60	13.59	13.56
89.00	13.60	13.58	13.57	13.56	13.55	13.52	13.52	13.48
89.50	13.52	13.50	13.49	13.48	13.47	13.44	13.44	13.41
90.00	13.44	13.42	13.41	13.40	13.39	13.37	13.36	13.33
90.50	13.36	13.35	13.34	13.33	13.32	13.29	13.29	13.26
91.00	13.28	13.27	13.26	13.25	13.24	13.22	13.22	13.19
91.50	13.20	13.19	13.18	13.17	13.17	13.15	13.14	13.11
92.00	13.13	13.12	13.11	13.10	13.09	13.07	13.07	13.04
92.50	13.05	13.04	13.03	13.03	13.02	13.00	13.00	12.97
93.00	12.98	12.97	12.96	12.95	12.95	12.93	12.93	12.90
93.50	12.90	12.90	12.89	12.88	12.88	12.86	12.86	12.83
94.00	12.83	12.82	12.82	12.81	12.80	12.79	12.79	12.77
94.50	12.76	12.75	12.74	12.74	12.73	12.72	12.72	12.70
95.00	12.69	12.68	12.67	12.67	12.66	12.65	12.65	12.63
95.50	12.61	12.61	12.60	12.60	12.59	12.58	12.58	12.57
96.00	12.54	12.54	12.53	12.53	12.53	12.52	12.51	12.50
96.50	12.47	12.47	12.47	12.46	12.46	12.45	12.45	12.44
97.00	12.40	12.40	12.40	12.39	12.39	12.38	12.38	12.37
97.50	12.34	12.33	12.33	12.33	12.32	12.32	12.32	12.31
98.00	12.27	12.26	12.26	12.26	12.26	12.25	12.25	12.24
98.50	12.20	12.20	12.20	12.19	12.19	12.19	12.19	12.18
99.00	12.13	12.13	12.13	12.13	12.13	12.13	12.12	12.12
99.50	12.07	12.07	12.06	12.06	12.06	12.06	12.06	12.06
100.00	12.00	12.00	12.00	12.00	12.00	12.00	12.00	12.00
100.50	11.93	11.94	11.94	11.94	11.94	11.94	11.94	11.94
101.00	11.87	11.87	11.87	11.87	11.87	11.88	11.88	11.88
101.50	11.81	11.81	11.81	11.81	11.81	11.82	11.82	11.82
102.00	11.74	11.74	11.75	11.75	11.75	11.76	11.76	11.76
102.50	11.68	11.68	11.68	11.69	11.69	11.70	11.70	11.71
103.00	11.62	11.62	11.62	11.63	11.63	11.64	11.64	11.65
103.50	11.55	11.56	11.56	11.57	11.57	11.58	11.58	11.59
104.00	11.49	11.50	11.50	11.51	11.51	11.52	11.52	11.54
105.00	11.37	11.38	11.38	11.39	11.39	11.41	11.41	11.43
106.00	11.25	11.26	11.26	11.27	11.28	11.29	11.30	11.32
107.00	11.13	11.14	11.15	11.16	11.16	11.18	11.19	11.21
108.00	11.02	11.03	11.04	11.04	11.05	11.07	11.08	11.11
109.00	10.90	10.91	10.92	10.93	10.94	10.97	10.97	11.01
110.00	10.79	10.80	10.81	10.82	10.83	10.86	10.87	10.91

12¼%   Bond Yield Table

PRICE	¼	½	¾	1	1½	2	3	4
					YEARS TO MATURITY			
85.00	82.04	49.71	36.69	30.80	24.83	21.91	19.04	17.63
85.50	79.32	48.25	35.76	30.10	24.36	21.55	18.79	17.43
86.00	76.63	46.80	34.84	29.41	23.90	21.20	18.54	17.24
86.50	73.97	45.38	33.92	28.72	23.44	20.85	18.30	17.04
87.00	71.34	43.97	33.02	28.04	22.98	20.50	18.05	16.85
87.50	68.74	42.57	32.12	27.37	22.53	20.15	17.81	16.65
88.00	66.16	41.19	31.23	26.70	22.08	19.81	17.57	16.46
88.50	63.62	39.83	30.35	26.04	21.63	19.46	17.33	16.27
89.00	61.10	38.48	29.48	25.39	21.19	19.12	17.09	16.08
89.50	58.61	37.15	28.62	24.74	20.75	18.79	16.85	15.90
90.00	56.15	35.83	27.77	24.09	20.31	18.45	16.62	15.71
90.50	53.71	34.53	26.92	23.45	19.88	18.12	16.38	15.53
91.00	51.30	33.24	26.08	22.82	19.45	17.79	16.15	15.34
91.25	50.10	32.60	25.66	22.50	19.24	17.63	16.04	15.25
91.50	48.91	31.97	25.25	22.19	19.03	17.47	15.92	15.16
91.75	47.73	31.34	24.84	21.88	18.82	17.30	15.81	15.07
92.00	46.55	30.71	24.42	21.57	18.60	17.14	15.70	14.98
92.25	45.38	30.08	24.02	21.26	18.39	16.98	15.58	14.89
92.50	44.21	29.46	23.61	20.95	18.19	16.82	15.47	14.80
92.75	43.05	28.84	23.20	20.64	17.98	16.66	15.36	14.71
93.00	41.90	28.23	22.80	20.33	17.77	16.50	15.24	14.62
93.25	40.75	27.61	22.40	20.03	17.56	16.34	15.13	14.53
93.50	39.61	27.01	22.00	19.73	17.36	16.18	15.02	14.45
93.75	38.48	26.40	21.60	19.42	17.15	16.03	14.91	14.36
94.00	37.35	25.80	21.20	19.12	16.95	15.87	14.80	14.27
94.25	36.22	25.20	20.81	18.82	16.74	15.71	14.69	14.18
94.50	35.11	24.60	20.41	18.53	16.54	15.55	14.58	14.10
94.75	33.99	24.01	20.02	18.23	16.34	15.40	14.47	14.01
95.00	32.89	23.42	19.63	17.93	16.14	15.24	14.36	13.92
95.25	31.79	22.83	19.25	17.64	15.93	15.09	14.25	13.84
95.50	30.69	22.25	18.86	17.34	15.73	14.94	14.14	13.75
95.75	29.60	21.67	18.48	17.05	15.53	14.78	14.03	13.66
96.00	28.52	21.09	18.09	16.76	15.34	14.63	13.93	13.58
96.25	27.44	20.52	17.71	16.47	15.14	14.48	13.82	13.49
96.50	26.37	19.95	17.33	16.18	14.94	14.32	13.71	13.41
96.75	25.30	19.38	16.95	15.89	14.74	14.17	13.61	13.32
97.00	24.23	18.81	16.58	15.61	14.55	14.02	13.50	13.24
97.25	23.18	18.25	16.20	15.32	14.35	13.87	13.39	13.16
97.50	22.13	17.69	15.83	15.04	14.16	13.72	13.29	13.07
97.75	21.08	17.14	15.46	14.75	13.96	13.57	13.18	12.99
98.00	20.04	16.58	15.09	14.47	13.77	13.42	13.08	12.91
98.25	19.00	16.03	14.72	14.19	13.58	13.27	12.97	12.82
98.50	17.97	15.48	14.35	13.91	13.39	13.13	12.87	12.74
98.75	16.94	14.94	13.99	13.63	13.20	12.98	12.76	12.66
99.00	15.92	14.39	13.62	13.35	13.01	12.83	12.66	12.58
99.25	14.91	13.85	13.26	13.07	12.82	12.69	12.56	12.49
99.50	13.89	13.32	12.90	12.80	12.63	12.54	12.45	12.41
99.75	12.89	12.78	12.54	12.52	12.44	12.39	12.35	12.33
100.00	11.89	12.25	12.19	12.25	12.25	12.25	12.25	12.25
100.25	10.89	11.72	11.83	11.98	12.06	12.11	12.15	12.17
100.50	9.90	11.19	11.47	11.71	11.88	11.96	12.05	12.09
101.00	7.93	10.15	10.77	11.17	11.51	11.67	11.84	11.93
101.50	5.98	9.11	10.07	10.63	11.14	11.39	11.64	11.77
102.00	4.05	8.09	9.38	10.10	10.77	11.11	11.44	11.61
102.50	2.13	7.07	8.69	9.57	10.41	10.83	11.25	11.45
103.00	0.24	6.07	8.01	9.04	10.05	10.55	11.05	11.30
103.50		5.07	7.33	8.52	9.69	10.27	10.85	11.14
104.00		4.09	6.66	8.01	9.33	9.99	10.66	10.99
104.50		3.11	5.99	7.50	8.98	9.72	10.46	10.83
105.00		2.14	5.33	6.99	8.63	9.45	10.27	10.68

Bond Yield Table   12¼%

CE				YEARS TO MATURITY				
	5	6	7	8	9	10	11	12
.00	20.47	19.50	18.82	18.33	17.95	17.66	17.43	17.25
.00	20.07	19.15	18.50	18.03	17.67	17.40	17.18	17.00
7.00	19.69	18.80	18.19	17.74	17.40	17.13	16.93	16.76
8.00	19.30	18.47	17.88	17.45	17.13	16.88	16.68	16.52
.00	18.93	18.14	17.58	17.17	16.87	16.63	16.44	16.29
.00	18.56	17.81	17.28	16.90	16.61	16.38	16.20	16.06
0.50	18.38	17.65	17.14	16.76	16.48	16.26	16.09	15.95
.00	18.20	17.49	16.99	16.63	16.35	16.14	15.97	15.83
.50	18.02	17.33	16.85	16.50	16.23	16.02	15.86	15.72
.00	17.84	17.17	16.71	16.36	16.11	15.90	15.74	15.61
2.50	17.66	17.02	16.57	16.23	15.98	15.79	15.63	15.51
.00	17.49	16.86	16.43	16.10	15.86	15.67	15.52	15.40
.50	17.31	16.71	16.29	15.98	15.74	15.56	15.41	15.29
.00	17.14	16.56	16.15	15.85	15.62	15.44	15.30	15.19
.00	16.97	16.41	16.01	15.72	15.50	15.33	15.19	15.08
5.00	16.80	16.26	15.88	15.60	15.38	15.22	15.09	14.98
.50	16.63	16.11	15.74	15.47	15.27	15.11	14.98	14.88
.00	16.47	15.96	15.61	15.35	15.15	15.00	14.87	14.77
.50	16.30	15.82	15.48	15.23	15.04	14.89	14.77	14.67
7.00	16.14	15.67	15.34	15.10	14.92	14.78	14.67	14.57
7.50	15.97	15.53	15.21	14.98	14.81	14.67	14.56	14.48
.00	15.81	15.38	15.08	14.86	14.70	14.57	14.46	14.38
.50	15.65	15.24	14.96	14.75	14.58	14.46	14.36	14.28
0.00	15.49	15.10	14.83	14.63	14.47	14.36	14.26	14.18
.00	15.33	14.96	14.70	14.51	14.37	14.25	14.16	14.09
.00	15.18	14.82	14.58	14.39	14.26	14.15	14.06	13.99
0.50	15.02	14.69	14.45	14.28	14.15	14.05	13.97	13.90
.00	14.86	14.55	14.33	14.17	14.04	13.95	13.87	13.81
.50	14.71	14.41	14.21	14.05	13.94	13.85	13.77	13.71
.00	14.56	14.28	14.08	13.94	13.83	13.75	13.68	13.62
2.50	14.41	14.15	13.96	13.83	13.73	13.65	13.58	13.53
.00	14.26	14.01	13.84	13.72	13.62	13.55	13.49	13.44
.00	14.11	13.88	13.72	13.61	13.52	13.45	13.40	13.35
.00	13.96	13.75	13.61	13.50	13.42	13.35	13.30	13.26
.50	13.81	13.62	13.49	13.39	13.32	13.26	13.21	13.17
5.00	13.66	13.49	13.37	13.28	13.22	13.16	13.12	13.09
.50	13.52	13.36	13.26	13.18	13.12	13.07	13.03	13.00
.00	13.37	13.24	13.14	13.07	13.02	12.98	12.94	12.91
5.50	13.23	13.11	13.03	12.97	12.92	12.88	12.85	12.83
.00	13.09	12.99	12.91	12.86	12.82	12.79	12.76	12.74
7.50	12.94	12.86	12.80	12.76	12.72	12.70	12.68	12.66
3.00	12.80	12.74	12.69	12.65	12.63	12.61	12.59	12.58
3.50	12.66	12.61	12.58	12.55	12.53	12.52	12.50	12.49
.00	12.53	12.49	12.47	12.45	12.44	12.43	12.42	12.41
.00	12.39	12.37	12.36	12.35	12.34	12.34	12.33	12.33
.00	12.25	12.25	12.25	12.25	12.25	12.25	12.25	12.25
0.50	12.11	12.13	12.14	12.15	12.16	12.16	12.17	12.17
.00	11.98	12.01	12.03	12.05	12.06	12.08	12.08	12.09
.50	11.84	11.89	11.93	11.95	11.97	11.99	12.00	12.01
2.00	11.71	11.78	11.82	11.86	11.88	11.90	11.92	11.93
2.50	11.58	11.66	11.72	11.76	11.79	11.82	11.84	11.85
.00	11.45	11.54	11.61	11.66	11.70	11.73	11.76	11.78
3.50	11.31	11.43	11.51	11.57	11.61	11.65	11.68	11.70
.00	11.18	11.31	11.41	11.47	11.52	11.56	11.60	11.62
.00	10.93	11.09	11.20	11.28	11.35	11.40	11.44	11.47
6.00	10.67	10.86	11.00	11.10	11.18	11.24	11.28	11.32
7.00	10.42	10.64	10.80	10.92	11.00	11.07	11.13	11.18
.00	10.17	10.42	10.60	10.73	10.84	10.92	10.98	11.03
3.00	9.92	10.21	10.41	10.56	10.67	10.76	10.83	10.89
0.00	9.68	9.99	10.22	10.38	10.51	10.60	10.68	10.75

12¼%　　　Bond Yield Table

PRICE	YEARS TO MATURITY							
	13	14	15	16	17	18	19	2
75.00	17.10	16.98	16.88	16.79	16.72	16.66	16.61	16
76.00	16.86	16.74	16.64	16.56	16.50	16.44	16.39	16
77.00	16.62	16.51	16.42	16.34	16.27	16.22	16.17	16
78.00	16.39	16.28	16.19	16.12	16.06	16.01	15.96	15
79.00	16.16	16.06	15.98	15.91	15.85	15.80	15.76	15
80.00	15.94	15.84	15.76	15.70	15.64	15.59	15.55	15
80.50	15.83	15.74	15.66	15.59	15.54	15.49	15.45	15
81.00	15.72	15.63	15.55	15.49	15.44	15.39	15.35	15
81.50	15.62	15.53	15.45	15.39	15.34	15.29	15.26	15
82.00	15.51	15.42	15.35	15.29	15.24	15.20	15.16	15
82.50	15.40	15.32	15.25	15.19	15.14	15.10	15.06	15
83.00	15.30	15.22	15.15	15.09	15.05	15.00	14.97	14
83.50	15.20	15.12	15.05	15.00	14.95	14.91	14.88	14
84.00	15.09	15.02	14.95	14.90	14.85	14.82	14.78	14
84.50	14.99	14.92	14.86	14.80	14.76	14.72	14.69	14
85.00	14.89	14.82	14.76	14.71	14.67	14.63	14.60	14
85.50	14.79	14.72	14.67	14.62	14.58	14.54	14.51	14
86.00	14.69	14.63	14.57	14.52	14.49	14.45	14.42	14
86.50	14.60	14.53	14.48	14.43	14.40	14.36	14.34	14
87.00	14.50	14.44	14.39	14.34	14.31	14.28	14.25	14
87.50	14.40	14.34	14.29	14.25	14.22	14.19	14.16	14
88.00	14.31	14.25	14.20	14.16	14.13	14.10	14.08	14
88.50	14.21	14.16	14.11	14.08	14.04	14.02	13.99	13
89.00	14.12	14.07	14.03	13.99	13.96	13.93	13.91	13
89.50	14.03	13.98	13.94	13.90	13.87	13.85	13.83	13
90.00	13.94	13.89	13.85	13.82	13.79	13.76	13.74	13
90.50	13.85	13.80	13.76	13.73	13.70	13.68	13.66	13
91.00	13.75	13.71	13.68	13.65	13.62	13.60	13.58	13
91.50	13.67	13.63	13.59	13.56	13.54	13.52	13.50	13
92.00	13.58	13.54	13.51	13.48	13.46	13.44	13.42	13
92.50	13.49	13.45	13.42	13.40	13.38	13.36	13.34	13
93.00	13.40	13.37	13.34	13.32	13.30	13.28	13.27	13
93.50	13.31	13.28	13.26	13.24	13.22	13.20	13.19	13
94.00	13.23	13.20	13.18	13.16	13.14	13.13	13.11	13
94.50	13.14	13.12	13.10	13.08	13.06	13.05	13.04	13
95.00	13.06	13.04	13.02	13.00	12.99	12.97	12.96	12
95.50	12.98	12.95	12.94	12.92	12.91	12.90	12.89	12
96.00	12.89	12.87	12.86	12.84	12.83	12.82	12.82	12
96.50	12.81	12.79	12.78	12.77	12.76	12.75	12.74	12
97.00	12.73	12.71	12.70	12.69	12.68	12.68	12.67	12
97.50	12.65	12.64	12.63	12.62	12.61	12.60	12.60	12
98.00	12.57	12.56	12.55	12.54	12.54	12.53	12.53	12
98.50	12.49	12.48	12.47	12.47	12.46	12.46	12.46	12
99.00	12.41	12.40	12.40	12.40	12.39	12.39	12.39	12
99.50	12.33	12.33	12.32	12.32	12.32	12.32	12.32	12
100.00	12.25	12.25	12.25	12.25	12.25	12.25	12.25	12
100.50	12.17	12.17	12.18	12.18	12.18	12.18	12.18	12
101.00	12.10	12.10	12.10	12.11	12.11	12.11	12.11	12
101.50	12.02	12.03	12.03	12.04	12.04	12.04	12.05	12
102.00	11.94	11.95	11.96	11.97	11.97	11.98	11.98	11
102.50	11.87	11.88	11.89	11.90	11.90	11.91	11.91	11
103.00	11.79	11.81	11.82	11.83	11.84	11.84	11.85	11
103.50	11.72	11.73	11.75	11.76	11.77	11.78	11.78	11
104.00	11.65	11.66	11.68	11.69	11.70	11.71	11.72	11
105.00	11.50	11.52	11.54	11.56	11.57	11.58	11.59	11
106.00	11.36	11.38	11.41	11.43	11.44	11.46	11.47	11
107.00	11.21	11.25	11.27	11.29	11.31	11.33	11.34	11
108.00	11.07	11.11	11.14	11.17	11.19	11.21	11.22	11
109.00	10.94	10.98	11.01	11.04	11.06	11.09	11.10	11
110.00	10.80	10.85	10.88	10.91	10.94	10.97	10.99	11

Bond Yield Table   12¼%

PRICE	YEARS TO MATURITY							
	21	22	23	24	25	29	30	CUR
75.00	16.54	16.51	16.48	16.46	16.44	16.39	16.38	16.33
76.00	16.32	16.29	16.26	16.24	16.22	16.18	16.17	16.12
77.00	16.10	16.07	16.05	16.03	16.01	15.97	15.96	15.91
78.00	15.89	15.87	15.84	15.82	15.81	15.76	15.75	15.71
79.00	15.69	15.66	15.64	15.62	15.61	15.56	15.55	15.51
80.00	15.49	15.46	15.44	15.42	15.41	15.37	15.36	15.31
80.50	15.39	15.37	15.35	15.33	15.31	15.27	15.26	15.22
81.00	15.29	15.27	15.25	15.23	15.22	15.18	15.17	15.12
81.50	15.20	15.17	15.15	15.14	15.12	15.08	15.07	15.03
82.00	15.10	15.08	15.06	15.04	15.03	14.99	14.98	14.94
82.50	15.01	14.99	14.97	14.95	14.94	14.90	14.89	14.85
83.00	14.92	14.89	14.88	14.86	14.85	14.81	14.80	14.76
83.50	14.82	14.80	14.78	14.77	14.76	14.72	14.71	14.67
84.00	14.73	14.71	14.69	14.68	14.67	14.63	14.62	14.58
84.50	14.64	14.62	14.61	14.59	14.58	14.54	14.54	14.50
85.00	14.55	14.53	14.52	14.50	14.49	14.46	14.45	14.41
85.50	14.47	14.45	14.43	14.42	14.41	14.37	14.37	14.33
86.00	14.38	14.36	14.34	14.33	14.32	14.29	14.28	14.24
86.50	14.29	14.27	14.26	14.25	14.24	14.20	14.20	14.16
87.00	14.21	14.19	14.18	14.16	14.15	14.12	14.12	14.08
87.50	14.12	14.11	14.09	14.08	14.07	14.04	14.03	14.00
88.00	14.04	14.02	14.01	14.00	13.99	13.96	13.95	13.92
88.50	13.96	13.94	13.93	13.92	13.91	13.88	13.87	13.84
89.00	13.87	13.86	13.85	13.84	13.83	13.80	13.80	13.76
89.50	13.79	13.78	13.77	13.76	13.75	13.72	13.72	13.69
90.00	13.71	13.70	13.69	13.68	13.67	13.64	13.64	13.61
90.50	13.63	13.62	13.61	13.60	13.59	13.57	13.56	13.54
91.00	13.55	13.54	13.53	13.52	13.51	13.49	13.49	13.46
91.50	13.47	13.46	13.45	13.45	13.44	13.42	13.41	13.39
92.00	13.40	13.39	13.38	13.37	13.36	13.34	13.34	13.32
92.50	13.32	13.31	13.30	13.29	13.29	13.27	13.27	13.24
93.00	13.24	13.24	13.23	13.22	13.21	13.20	13.19	13.17
93.50	13.17	13.16	13.15	13.15	13.14	13.13	13.12	13.10
94.00	13.09	13.09	13.08	13.07	13.07	13.05	13.05	13.03
94.50	13.02	13.01	13.01	13.00	13.00	12.98	12.98	12.96
95.00	12.95	12.94	12.94	12.93	12.93	12.91	12.91	12.89
95.50	12.87	12.87	12.86	12.86	12.86	12.84	12.84	12.83
96.00	12.80	12.80	12.79	12.79	12.79	12.78	12.77	12.76
96.50	12.73	12.73	12.72	12.72	12.72	12.71	12.71	12.69
97.00	12.66	12.66	12.65	12.65	12.65	12.64	12.64	12.63
97.50	12.59	12.59	12.58	12.58	12.58	12.57	12.57	12.56
98.00	12.52	12.52	12.52	12.51	12.51	12.51	12.51	12.50
98.50	12.45	12.45	12.45	12.45	12.45	12.44	12.44	12.44
99.00	12.38	12.38	12.38	12.38	12.38	12.38	12.38	12.37
99.50	12.32	12.32	12.32	12.32	12.32	12.31	12.31	12.31
100.00	12.25	12.25	12.25	12.25	12.25	12.25	12.25	12.25
100.50	12.18	12.18	12.18	12.19	12.19	12.19	12.19	12.19
101.00	12.12	12.12	12.12	12.12	12.12	12.12	12.13	12.13
101.50	12.05	12.05	12.06	12.06	12.06	12.06	12.06	12.07
102.00	11.99	11.99	11.99	11.99	12.00	12.00	12.00	12.01
102.50	11.92	11.93	11.93	11.93	11.93	11.94	11.94	11.95
103.00	11.86	11.86	11.87	11.87	11.87	11.88	11.88	11.89
103.50	11.80	11.80	11.81	11.81	11.81	11.82	11.82	11.84
104.00	11.73	11.74	11.74	11.75	11.75	11.76	11.76	11.78
105.00	11.61	11.62	11.62	11.63	11.63	11.65	11.65	11.67
106.00	11.49	11.50	11.50	11.51	11.51	11.53	11.53	11.56
107.00	11.37	11.38	11.39	11.39	11.40	11.42	11.42	11.45
108.00	11.25	11.26	11.27	11.28	11.29	11.31	11.31	11.34
109.00	11.13	11.15	11.16	11.17	11.17	11.20	11.20	11.24
110.00	11.02	11.03	11.04	11.05	11.06	11.09	11.10	11.14

12½%   Bond Yield Table

PRICE	¼	½	¾	1	1½	2	3	4
				YEARS TO MATURITY				
85.00	82.27	50.00	36.97	31.08	25.11	22.19	19.32	17.91
85.50	79.55	48.54	36.04	30.38	24.64	21.83	19.07	17.71
86.00	76.86	47.09	35.11	29.69	24.18	21.47	18.82	17.51
86.50	74.20	45.66	34.20	29.00	23.71	21.12	18.57	17.32
87.00	71.57	44.25	33.29	28.32	23.26	20.77	18.32	17.12
87.50	68.97	42.86	32.39	27.65	22.80	20.42	18.08	16.93
88.00	66.39	41.48	31.51	26.98	22.35	20.08	17.84	16.73
88.50	63.85	40.11	30.63	26.32	21.90	19.74	17.60	16.54
89.00	61.33	38.76	29.75	25.66	21.46	19.39	17.36	16.35
89.50	58.84	37.43	28.89	25.01	21.02	19.06	17.12	16.17
90.00	56.38	36.11	28.03	24.36	20.58	18.72	16.88	15.98
90.50	53.94	34.81	27.19	23.72	20.15	18.39	16.65	15.79
91.00	51.53	33.52	26.35	23.09	19.72	18.06	16.42	15.61
91.25	50.33	32.88	25.93	22.77	19.51	17.90	16.30	15.52
91.50	49.14	32.24	25.51	22.46	19.29	17.73	16.19	15.43
91.75	47.96	31.61	25.09	22.14	19.08	17.57	16.07	15.34
92.00	46.78	30.98	24.69	21.83	18.87	17.41	15.96	15.24
92.25	45.61	30.35	24.28	21.52	18.66	17.24	15.85	15.15
92.50	44.44	29.73	23.87	21.21	18.45	17.08	15.73	15.06
92.75	43.29	29.11	23.46	20.91	18.24	16.92	15.62	14.97
93.00	42.13	28.49	23.06	20.60	18.03	16.76	15.51	14.88
93.25	40.99	27.88	22.66	20.29	17.82	16.60	15.39	14.80
93.50	39.84	27.27	22.26	19.99	17.62	16.44	15.28	14.71
93.75	38.71	26.67	21.86	19.69	17.41	16.29	15.17	14.62
94.00	37.58	26.06	21.46	19.39	17.21	16.13	15.06	14.53
94.25	36.46	25.46	21.07	19.09	17.00	15.97	14.95	14.44
94.50	35.34	24.87	20.67	18.79	16.80	15.81	14.84	14.35
94.75	34.23	24.27	20.28	18.49	16.60	15.66	14.73	14.27
95.00	33.12	23.68	19.89	18.19	16.39	15.50	14.62	14.18
95.25	32.02	23.10	19.50	17.90	16.19	15.35	14.51	14.09
95.50	30.93	22.51	19.12	17.60	15.99	15.19	14.40	14.01
95.75	29.84	21.93	18.73	17.31	15.79	15.04	14.29	13.92
96.00	28.75	21.35	18.35	17.02	15.59	14.89	14.18	13.84
96.25	27.67	20.78	17.97	16.73	15.39	14.73	14.08	13.75
96.50	26.60	20.21	17.59	16.44	15.20	14.58	13.97	13.66
96.75	25.53	19.64	17.21	16.15	15.00	14.43	13.86	13.58
97.00	24.47	19.07	16.83	15.86	14.80	14.28	13.75	13.49
97.25	23.41	18.51	16.46	15.58	14.61	14.13	13.65	13.41
97.50	22.36	17.95	16.08	15.29	14.41	13.98	13.54	13.33
97.75	21.31	17.39	15.71	15.01	14.22	13.83	13.44	13.24
98.00	20.27	16.84	15.34	14.72	14.02	13.68	13.33	13.16
98.25	19.24	16.28	14.97	14.44	13.83	13.53	13.23	13.08
98.50	18.20	15.74	14.60	14.16	13.64	13.38	13.12	12.99
98.75	17.18	15.19	14.24	13.88	13.45	13.23	13.02	12.91
99.00	16.16	14.65	13.87	13.60	13.26	13.08	12.91	12.83
99.25	15.14	14.11	13.51	13.33	13.07	12.94	12.81	12.75
99.50	14.13	13.57	13.15	13.05	12.88	12.79	12.71	12.66
99.75	13.12	13.03	12.79	12.77	12.69	12.65	12.60	12.58
100.00	12.12	12.50	12.43	12.50	12.50	12.50	12.50	12.50
100.25	11.12	11.97	12.08	12.23	12.31	12.36	12.40	12.42
100.50	10.13	11.44	11.72	11.95	12.13	12.21	12.30	12.34
101.00	8.16	10.40	11.01	11.41	11.75	11.92	12.09	12.18
101.50	6.21	9.36	10.31	10.88	11.38	11.64	11.89	12.02
102.00	4.28	8.33	9.62	10.34	11.02	11.35	11.69	11.86
102.50	2.37	7.32	8.93	9.81	10.65	11.07	11.49	11.70
103.00	0.47	6.31	8.25	9.29	10.29	10.79	11.29	11.54
103.50		5.31	7.57	8.77	9.93	10.51	11.10	11.39
104.00		4.33	6.90	8.25	9.57	10.24	10.90	11.23
104.50		3.35	6.23	7.74	9.22	9.96	10.71	11.08
105.00		2.38	5.57	7.23	8.87	9.69	10.51	10.92

Bond Yield Table 12½%

PRICE	YEARS TO MATURITY							
	5	6	7	8	9	10	11	12
75.00	20.77	19.80	19.13	18.63	18.26	17.97	17.74	17.56
76.00	20.37	19.45	18.81	18.33	17.98	17.70	17.49	17.31
77.00	19.98	19.10	18.49	18.04	17.70	17.44	17.23	17.06
78.00	19.60	18.76	18.18	17.75	17.43	17.18	16.98	16.82
79.00	19.22	18.43	17.88	17.47	17.16	16.93	16.74	16.59
80.00	18.85	18.10	17.58	17.19	16.90	16.68	16.50	16.36
80.50	18.67	17.94	17.43	17.06	16.77	16.55	16.38	16.24
81.00	18.48	17.78	17.28	16.92	16.65	16.43	16.26	16.13
81.50	18.30	17.62	17.14	16.79	16.52	16.31	16.15	16.02
82.00	18.12	17.46	16.99	16.65	16.39	16.19	16.03	15.91
82.50	17.95	17.30	16.85	16.52	16.27	16.07	15.92	15.80
83.00	17.77	17.15	16.71	16.39	16.15	15.96	15.81	15.69
83.50	17.60	16.99	16.57	16.26	16.02	15.84	15.70	15.58
84.00	17.42	16.84	16.43	16.13	15.90	15.73	15.59	15.47
84.50	17.25	16.69	16.29	16.00	15.78	15.61	15.48	15.37
85.00	17.08	16.54	16.16	15.88	15.66	15.50	15.37	15.26
85.50	16.91	16.39	16.02	15.75	15.55	15.39	15.26	15.16
86.00	16.74	16.24	15.88	15.63	15.43	15.28	15.15	15.06
86.50	16.58	16.09	15.75	15.50	15.31	15.17	15.05	14.95
87.00	16.41	15.95	15.62	15.38	15.20	15.06	14.94	14.85
87.50	16.25	15.80	15.49	15.26	15.08	14.95	14.84	14.75
88.00	16.08	15.66	15.36	15.14	14.97	14.84	14.74	14.65
88.50	15.92	15.51	15.23	15.02	14.86	14.73	14.63	14.55
89.00	15.76	15.37	15.10	14.90	14.75	14.63	14.53	14.46
89.50	15.60	15.23	14.97	14.78	14.64	14.52	14.43	14.36
90.00	15.44	15.09	14.85	14.66	14.53	14.42	14.33	14.26
90.50	15.29	14.95	14.72	14.55	14.42	14.32	14.23	14.17
91.00	15.13	14.82	14.60	14.43	14.31	14.21	14.14	14.07
91.50	14.98	14.68	14.47	14.32	14.20	14.11	14.04	13.98
92.00	14.82	14.54	14.35	14.21	14.10	14.01	13.94	13.89
92.50	14.67	14.41	14.23	14.09	13.99	13.91	13.85	13.80
93.00	14.52	14.28	14.11	13.98	13.89	13.81	13.75	13.70
93.50	14.37	14.14	13.99	13.87	13.78	13.71	13.66	13.61
94.00	14.22	14.01	13.87	13.76	13.68	13.62	13.57	13.52
94.50	14.07	13.88	13.75	13.65	13.58	13.52	13.47	13.44
95.00	13.92	13.75	13.63	13.54	13.48	13.42	13.38	13.35
95.50	13.77	13.62	13.51	13.43	13.37	13.33	13.29	13.26
96.00	13.63	13.49	13.40	13.33	13.27	13.23	13.20	13.17
96.50	13.48	13.37	13.28	13.22	13.18	13.14	13.11	13.09
97.00	13.34	13.24	13.17	13.12	13.08	13.05	13.02	13.00
97.50	13.20	13.11	13.06	13.01	12.98	12.95	12.93	12.92
98.00	13.06	12.99	12.94	12.91	12.88	12.86	12.84	12.83
98.50	12.92	12.87	12.83	12.81	12.79	12.77	12.76	12.75
99.00	12.78	12.74	12.72	12.70	12.69	12.68	12.67	12.66
99.50	12.64	12.62	12.61	12.60	12.59	12.59	12.59	12.58
100.00	12.50	12.50	12.50	12.50	12.50	12.50	12.50	12.50
100.50	12.36	12.38	12.39	12.40	12.41	12.41	12.42	12.42
101.00	12.23	12.26	12.28	12.30	12.31	12.32	12.33	12.34
101.50	12.09	12.14	12.18	12.20	12.22	12.24	12.25	12.26
102.00	11.96	12.02	12.07	12.10	12.13	12.15	12.17	12.18
102.50	11.82	11.91	11.96	12.01	12.04	12.06	12.08	12.10
103.00	11.69	11.79	11.86	11.91	11.95	11.98	12.00	12.02
103.50	11.56	11.67	11.75	11.81	11.86	11.89	11.92	11.94
104.00	11.43	11.56	11.65	11.72	11.77	11.81	11.84	11.87
105.00	11.17	11.33	11.44	11.53	11.59	11.64	11.68	11.71
106.00	10.91	11.10	11.24	11.34	11.42	11.48	11.52	11.56
107.00	10.66	10.88	11.04	11.15	11.24	11.31	11.37	11.41
108.00	10.41	10.66	10.84	10.97	11.07	11.15	11.22	11.27
109.00	10.16	10.44	10.64	10.79	10.91	10.99	11.07	11.12
110.00	9.92	10.23	10.45	10.61	10.74	10.84	10.92	10.98

12½%   Bond Yield Table

PRICE	YEARS TO MATURITY							
	13	14	15	16	17	18	19	2
75.00	17.41	17.29	17.19	17.11	17.04	16.98	16.94	16.
76.00	17.17	17.05	16.96	16.88	16.81	16.76	16.71	16.
77.00	16.93	16.82	16.73	16.65	16.59	16.53	16.49	16.
78.00	16.69	16.59	16.50	16.43	16.37	16.32	16.27	16.
79.00	16.46	16.36	16.28	16.21	16.15	16.10	16.06	16.
80.00	16.24	16.14	16.06	16.00	15.94	15.90	15.86	15.
80.50	16.13	16.03	15.96	15.89	15.84	15.79	15.75	15.
81.00	16.02	15.93	15.85	15.79	15.74	15.69	15.65	15.
81.50	15.91	15.82	15.75	15.69	15.64	15.59	15.56	15.
82.00	15.80	15.72	15.64	15.58	15.53	15.49	15.46	15.
82.50	15.69	15.61	15.54	15.48	15.44	15.39	15.36	15.
83.00	15.59	15.51	15.44	15.38	15.34	15.30	15.26	15.
83.50	15.48	15.41	15.34	15.29	15.24	15.20	15.17	15.
84.00	15.38	15.30	15.24	15.19	15.14	15.11	15.07	15.
84.50	15.28	15.20	15.14	15.09	15.05	15.01	14.98	14.
85.00	15.18	15.10	15.05	15.00	14.95	14.92	14.89	14.
85.50	15.08	15.01	14.95	14.90	14.86	14.83	14.80	14.
86.00	14.98	14.91	14.85	14.81	14.77	14.74	14.71	14.
86.50	14.88	14.81	14.76	14.71	14.68	14.65	14.62	14.
87.00	14.78	14.72	14.67	14.62	14.59	14.56	14.53	14.
87.50	14.68	14.62	14.57	14.53	14.50	14.47	14.44	14.
88.00	14.58	14.53	14.48	14.44	14.41	14.38	14.36	14.
88.50	14.49	14.43	14.39	14.35	14.32	14.29	14.27	14.
89.00	14.39	14.34	14.30	14.26	14.23	14.21	14.19	14.
89.50	14.30	14.25	14.21	14.18	14.15	14.12	14.10	14.
90.00	14.21	14.16	14.12	14.09	14.06	14.04	14.02	14.
90.50	14.12	14.07	14.03	14.00	13.98	13.95	13.93	13.
91.00	14.02	13.98	13.95	13.92	13.89	13.87	13.85	13.
91.50	13.93	13.89	13.86	13.83	13.81	13.79	13.77	13.
92.00	13.84	13.81	13.77	13.75	13.73	13.71	13.69	13.
92.50	13.75	13.72	13.69	13.67	13.64	13.63	13.61	13.
93.00	13.67	13.63	13.61	13.58	13.56	13.55	13.53	13.
93.50	13.58	13.55	13.52	13.50	13.48	13.47	13.46	13.
94.00	13.49	13.46	13.44	13.42	13.40	13.39	13.38	13.
94.50	13.40	13.38	13.36	13.34	13.32	13.31	13.30	13.
95.00	13.32	13.30	13.28	13.26	13.25	13.23	13.22	13.
95.50	13.23	13.21	13.20	13.18	13.17	13.16	13.15	13.
96.00	13.15	13.13	13.12	13.10	13.09	13.08	13.07	13.
96.50	13.07	13.05	13.04	13.03	13.02	13.01	13.00	12.
97.00	12.98	12.97	12.96	12.95	12.94	12.93	12.93	12.
97.50	12.90	12.89	12.88	12.87	12.87	12.86	12.85	12.
98.00	12.82	12.81	12.80	12.80	12.79	12.79	12.78	12.
98.50	12.74	12.73	12.73	12.72	12.72	12.71	12.71	12.
99.00	12.66	12.65	12.65	12.65	12.64	12.64	12.64	12.
99.50	12.58	12.58	12.57	12.57	12.57	12.57	12.57	12.
100.00	12.50	12.50	12.50	12.50	12.50	12.50	12.50	12.
100.50	12.42	12.42	12.43	12.43	12.43	12.43	12.43	12.
101.00	12.34	12.35	12.35	12.36	12.36	12.36	12.36	12.
101.50	12.27	12.27	12.28	12.28	12.29	12.29	12.29	12.
102.00	12.19	12.20	12.21	12.21	12.22	12.22	12.23	12.
102.50	12.11	12.12	12.13	12.14	12.15	12.15	12.16	12.
103.00	12.04	12.05	12.06	12.07	12.08	12.09	12.09	12.
103.50	11.96	11.98	11.99	12.00	12.01	12.02	12.03	12.0
104.00	11.89	11.91	11.92	11.93	11.94	11.95	11.96	11.9
105.00	11.74	11.76	11.78	11.80	11.81	11.82	11.83	11.8
106.00	11.60	11.62	11.64	11.66	11.68	11.69	11.71	11.7
107.00	11.45	11.48	11.51	11.53	11.55	11.57	11.58	11.8
108.00	11.31	11.35	11.38	11.40	11.42	11.44	11.46	11.4
109.00	11.17	11.21	11.24	11.27	11.30	11.32	11.34	11.3
110.00	11.03	11.08	11.12	11.15	11.17	11.20	11.22	11.2

Bond Yield Table 12½%

PRICE	YEARS TO MATURITY							CUR
	21	22	23	24	25	29	30	
75.00	16.86	16.83	16.81	16.79	16.77	16.72	16.71	16.67
76.00	16.64	16.61	16.59	16.56	16.55	16.50	16.49	16.45
77.00	16.42	16.39	16.37	16.35	16.33	16.08	16.07	16.23
78.00	16.21	16.18	16.16	16.14	16.12	16.08	16.07	16.03
79.00	16.00	15.97	15.95	15.93	15.92	15.87	15.87	15.82
80.00	15.79	15.77	15.75	15.73	15.72	15.67	15.67	15.63
80.50	15.69	15.67	15.65	15.63	15.62	15.58	15.57	15.53
81.00	15.60	15.57	15.55	15.54	15.52	15.48	15.47	15.43
81.50	15.50	15.47	15.46	15.44	15.42	15.39	15.38	15.34
82.00	15.40	15.38	15.36	15.34	15.33	15.29	15.28	15.24
82.50	15.31	15.28	15.27	15.25	15.24	15.20	15.19	15.15
83.00	15.21	15.19	15.17	15.16	15.14	15.11	15.10	15.06
83.50	15.12	15.10	15.08	15.06	15.05	15.02	15.01	14.97
84.00	15.02	15.00	14.99	14.97	14.96	14.93	14.92	14.88
84.50	14.93	14.91	14.90	14.88	14.87	14.84	14.83	14.79
85.00	14.84	14.82	14.81	14.79	14.78	14.75	14.74	14.71
85.50	14.75	14.73	14.72	14.71	14.69	14.66	14.66	14.62
86.00	14.66	14.65	14.63	14.62	14.61	14.58	14.57	14.53
86.50	14.58	14.56	14.54	14.53	14.52	14.49	14.49	14.45
87.00	14.49	14.47	14.46	14.45	14.44	14.41	14.40	14.37
87.50	14.40	14.39	14.37	14.36	14.35	14.32	14.32	14.29
88.00	14.32	14.30	14.29	14.28	14.27	14.24	14.24	14.20
88.50	14.23	14.22	14.21	14.20	14.19	14.16	14.16	14.12
89.00	14.15	14.14	14.12	14.11	14.10	14.08	14.07	14.04
89.50	14.07	14.05	14.04	14.03	14.02	14.00	14.00	13.97
90.00	13.99	13.97	13.96	13.95	13.94	13.92	13.92	13.89
90.50	13.90	13.89	13.88	13.87	13.86	13.84	13.84	13.81
91.00	13.82	13.81	13.80	13.79	13.79	13.77	13.76	13.74
91.50	13.74	13.73	13.72	13.72	13.71	13.69	13.69	13.66
92.00	13.67	13.66	13.65	13.64	13.63	13.61	13.61	13.59
92.50	13.59	13.58	13.57	13.56	13.56	13.54	13.54	13.51
93.00	13.51	13.50	13.49	13.49	13.48	13.46	13.46	13.44
93.50	13.43	13.43	13.42	13.41	13.41	13.39	13.39	13.37
94.00	13.36	13.35	13.34	13.34	13.33	13.32	13.32	13.30
94.50	13.28	13.28	13.27	13.26	13.26	13.25	13.24	13.23
95.00	13.21	13.20	13.20	13.19	13.19	13.18	13.17	13.16
95.50	13.13	13.13	13.12	13.12	13.12	13.10	13.10	13.09
96.00	13.06	13.06	13.05	13.05	13.04	13.04	13.03	13.02
96.50	12.99	12.98	12.98	12.98	12.97	12.97	12.96	12.95
97.00	12.92	12.91	12.91	12.91	12.90	12.90	12.90	12.89
97.50	12.85	12.84	12.84	12.84	12.84	12.83	12.83	12.82
98.00	12.78	12.77	12.77	12.77	12.77	12.76	12.76	12.76
98.50	12.71	12.70	12.70	12.70	12.70	12.70	12.70	12.69
99.00	12.64	12.64	12.63	12.63	12.63	12.63	12.63	12.63
99.50	12.57	12.57	12.57	12.57	12.57	12.56	12.56	12.56
100.00	12.50	12.50	12.50	12.50	12.50	12.50	12.50	12.50
100.50	12.43	12.43	12.43	12.43	12.43	12.44	12.44	12.44
101.00	12.37	12.37	12.37	12.37	12.37	12.37	12.37	12.38
101.50	12.30	12.30	12.30	12.30	12.31	12.31	12.31	12.32
102.00	12.23	12.24	12.24	12.24	12.24	12.25	12.25	12.25
102.50	12.17	12.17	12.17	12.18	12.18	12.19	12.19	12.20
103.00	12.10	12.11	12.11	12.11	12.12	12.12	12.13	12.14
103.50	12.04	12.04	12.05	12.05	12.05	12.06	12.06	12.08
104.00	11.98	11.98	11.99	11.99	11.99	12.00	12.00	12.02
105.00	11.85	11.86	11.86	11.87	11.87	11.88	11.89	11.90
106.00	11.73	11.73	11.74	11.75	11.75	11.77	11.77	11.79
107.00	11.60	11.61	11.62	11.63	11.63	11.65	11.66	11.68
108.00	11.48	11.49	11.50	11.51	11.52	11.54	11.54	11.57
109.00	11.37	11.38	11.39	11.40	11.41	11.43	11.43	11.47
110.00	11.25	11.26	11.27	11.28	11.29	11.32	11.32	11.36

12¾%　　　Bond Yield Table

PRICE	\(\frac{1}{4}\)	\(\frac{1}{2}\)	\(\frac{3}{4}\)	1	1\(\frac{1}{2}\)	2	3	4
					YEARS TO MATURITY			
85.00	82.49	50.29	37.25	31.36	25.39	22.47	19.60	18.19
85.50	79.77	48.83	36.31	30.66	24.92	22.11	19.34	17.99
86.00	77.08	47.38	35.39	29.97	24.45	21.75	19.09	17.79
86.50	74.43	45.95	34.47	29.28	23.99	21.40	18.84	17.59
87.00	71.79	44.54	33.57	28.60	23.53	21.05	18.60	17.39
87.50	69.19	43.14	32.67	27.92	23.08	20.70	18.35	17.20
88.00	66.62	41.76	31.78	27.26	22.62	20.35	18.11	17.01
88.50	64.08	40.40	30.90	26.59	22.18	20.01	17.87	16.81
89.00	61.56	39.04	30.02	25.93	21.73	19.67	17.63	16.62
89.50	59.07	37.71	29.16	25.28	21.29	19.33	17.39	16.43
90.00	56.61	36.39	28.30	24.63	20.85	18.99	17.15	16.25
90.50	54.17	35.08	27.45	23.99	20.42	18.66	16.92	16.06
91.00	51.76	33.79	26.61	23.36	19.99	18.33	16.68	15.87
91.25	50.56	33.15	26.19	23.04	19.77	18.16	16.57	15.78
91.50	49.37	32.51	25.78	22.72	19.56	18.00	16.45	15.69
91.75	48.19	31.88	25.36	22.41	19.35	17.83	16.34	15.60
92.00	47.01	31.25	24.95	22.10	19.13	17.67	16.22	15.51
92.25	45.84	30.62	24.54	21.79	18.92	17.51	16.11	15.42
92.50	44.68	30.00	24.13	21.48	18.71	17.35	15.99	15.33
92.75	43.52	29.38	23.73	21.17	18.50	17.19	15.88	15.24
93.00	42.37	28.76	23.32	20.86	18.30	17.03	15.77	15.15
93.25	41.22	28.15	22.92	20.56	18.09	16.87	15.65	15.06
93.50	40.08	27.54	22.52	20.25	17.88	16.71	15.54	14.97
93.75	38.94	26.93	22.12	19.95	17.67	16.55	15.43	14.88
94.00	37.81	26.33	21.72	19.65	17.47	16.39	15.32	14.79
94.25	36.69	25.73	21.33	19.35	17.26	16.23	15.21	14.70
94.50	35.57	25.13	20.93	19.05	17.06	16.07	15.10	14.61
94.75	34.46	24.54	20.54	18.75	16.86	15.92	14.99	14.53
95.00	33.35	23.95	20.15	18.45	16.65	15.76	14.88	14.44
95.25	32.25	23.36	19.76	18.16	16.45	15.61	14.77	14.35
95.50	31.16	22.77	19.37	17.86	16.25	15.45	14.66	14.26
95.75	30.07	22.19	18.99	17.57	16.05	15.30	14.55	14.18
96.00	28.99	21.61	18.60	17.28	15.85	15.14	14.44	14.09
96.25	27.91	21.04	18.22	16.98	15.65	14.99	14.33	14.01
96.50	26.83	20.47	17.84	16.69	15.45	14.84	14.22	13.92
96.75	25.77	19.90	17.46	16.41	15.26	14.68	14.12	13.84
97.00	24.70	19.33	17.08	16.12	15.06	14.53	14.01	13.75
97.25	23.65	18.77	16.71	15.83	14.86	14.38	13.90	13.67
97.50	22.59	18.21	16.33	15.55	14.67	14.23	13.80	13.58
97.75	21.55	17.65	15.96	15.26	14.47	14.08	13.69	13.50
98.00	20.51	17.09	15.59	14.98	14.28	13.93	13.58	13.41
98.25	19.47	16.54	15.22	14.70	14.08	13.78	13.48	13.33
98.50	18.44	15.99	14.85	14.41	13.89	13.63	13.37	13.25
98.75	17.41	15.44	14.49	14.13	13.70	13.48	13.27	13.16
99.00	16.39	14.90	14.12	13.86	13.51	13.34	13.16	13.08
99.25	15.38	14.36	13.76	13.58	13.32	13.19	13.06	13.00
99.50	14.36	13.82	13.40	13.30	13.13	13.04	12.96	12.91
99.75	13.36	13.28	13.04	13.02	12.94	12.90	12.85	12.83
100.00	12.36	12.75	12.68	12.75	12.75	12.75	12.75	12.75
100.25	11.36	12.22	12.32	12.48	12.56	12.60	12.65	12.67
100.50	10.37	11.69	11.97	12.20	12.37	12.46	12.54	12.59
101.00	8.40	10.64	11.26	11.66	12.00	12.17	12.34	12.43
101.50	6.45	9.61	10.56	11.12	11.63	11.89	12.14	12.26
102.00	4.52	8.58	9.86	10.59	11.26	11.60	11.94	12.10
102.50	2.60	7.56	9.17	10.06	10.90	11.32	11.74	11.95
103.00	0.71	6.55	8.49	9.53	10.54	11.04	11.54	11.79
103.50		5.56	7.81	9.01	10.18	10.76	11.34	11.63
104.00		4.57	7.14	8.49	9.82	10.48	11.14	11.48
104.50		3.59	6.47	7.98	9.46	10.21	10.95	11.32
105.00		2.62	5.81	7.47	9.11	9.93	10.76	11.17

Bond Yield Table 12¾%

PRICE	YEARS TO MATURITY							
	5	6	7	8	9	10	11	12
75.00	21.08	20.11	19.43	18.94	18.57	18.28	18.06	17.88
76.00	20.68	19.75	19.11	18.64	18.28	18.01	17.79	17.62
77.00	20.28	19.40	18.79	18.34	18.00	17.74	17.54	17.37
78.00	19.89	19.06	18.48	18.05	17.73	17.48	17.28	17.13
79.00	19.51	18.72	18.17	17.77	17.46	17.22	17.04	16.89
80.00	19.14	18.39	17.87	17.49	17.20	16.97	16.80	16.65
80.50	18.96	18.23	17.72	17.35	17.07	16.85	16.68	16.54
81.00	18.77	18.07	17.57	17.21	16.94	16.73	16.56	16.42
81.50	18.59	17.90	17.43	17.07	16.81	16.60	16.44	16.31
82.00	18.41	17.75	17.28	16.94	16.68	16.48	16.32	16.20
82.50	18.23	17.59	17.14	16.81	16.56	16.36	16.21	16.09
83.00	18.05	17.43	16.99	16.67	16.43	16.24	16.10	15.98
83.50	17.88	17.27	16.85	16.54	16.31	16.13	15.98	15.87
84.00	17.70	17.12	16.71	16.41	16.19	16.01	15.87	15.76
84.50	17.53	16.97	16.57	16.28	16.07	15.90	15.76	15.65
85.00	17.36	16.82	16.44	16.16	15.94	15.78	15.65	15.55
85.50	17.19	16.66	16.30	16.03	15.83	15.67	15.54	15.44
86.00	17.02	16.52	16.16	15.90	15.71	15.55	15.43	15.34
86.50	16.85	16.37	16.03	15.78	15.59	15.44	15.33	15.23
87.00	16.68	16.22	15.89	15.66	15.47	15.33	15.22	15.13
87.50	16.52	16.07	15.76	15.53	15.36	15.22	15.12	15.03
88.00	16.36	15.93	15.63	15.41	15.24	15.11	15.01	14.93
88.50	16.19	15.79	15.50	15.29	15.13	15.01	14.91	14.83
89.00	16.03	15.64	15.37	15.17	15.02	14.90	14.81	14.73
89.50	15.87	15.50	15.24	15.05	14.91	14.79	14.70	14.63
90.00	15.71	15.36	15.11	14.93	14.80	14.69	14.60	14.53
90.50	15.55	15.22	14.99	14.82	14.69	14.58	14.50	14.44
91.00	15.40	15.08	14.86	14.70	14.58	14.48	14.40	14.34
91.50	15.24	14.94	14.74	14.58	14.47	14.38	14.31	14.25
92.00	15.09	14.81	14.61	14.47	14.36	14.28	14.21	14.15
92.50	14.93	14.67	14.49	14.36	14.25	14.18	14.11	14.06
93.00	14.78	14.54	14.37	14.24	14.15	14.08	14.02	13.97
93.50	14.63	14.40	14.25	14.13	14.04	13.98	13.92	13.88
94.00	14.48	14.27	14.13	14.02	13.94	13.88	13.83	13.79
94.50	14.33	14.14	14.01	13.91	13.84	13.78	13.73	13.70
95.00	14.18	14.01	13.89	13.80	13.73	13.68	13.64	13.61
95.50	14.03	13.88	13.77	13.69	13.63	13.59	13.55	13.52
96.00	13.89	13.75	13.66	13.59	13.53	13.49	13.46	13.43
96.50	13.74	13.62	13.54	13.48	13.43	13.40	13.37	13.34
97.00	13.60	13.50	13.42	13.37	13.33	13.30	13.28	13.26
97.50	13.45	13.37	13.31	13.27	13.23	13.21	13.19	13.17
98.00	13.31	13.24	13.20	13.16	13.14	13.11	13.10	13.08
98.50	13.17	13.12	13.08	13.06	13.04	13.02	13.01	13.00
99.00	13.03	13.00	12.97	12.95	12.94	12.93	12.92	12.92
99.50	12.89	12.87	12.86	12.85	12.85	12.84	12.84	12.83
100.00	12.75	12.75	12.75	12.75	12.75	12.75	12.75	12.75
100.50	12.61	12.63	12.64	12.65	12.66	12.66	12.66	12.67
101.00	12.48	12.51	12.53	12.55	12.56	12.57	12.58	12.59
101.50	12.34	12.39	12.42	12.45	12.47	12.48	12.50	12.51
102.00	12.20	12.27	12.32	12.35	12.38	12.40	12.41	12.42
102.50	12.07	12.15	12.21	12.25	12.28	12.31	12.33	12.35
103.00	11.94	12.03	12.10	12.15	12.19	12.22	12.25	12.27
103.50	11.80	11.92	12.00	12.06	12.10	12.14	12.16	12.19
104.00	11.67	11.80	11.89	11.96	12.01	12.05	12.08	12.11
105.00	11.41	11.57	11.68	11.77	11.83	11.88	11.92	11.95
106.00	11.15	11.34	11.48	11.58	11.66	11.72	11.76	11.80
107.00	10.90	11.12	11.28	11.39	11.48	11.55	11.61	11.65
108.00	10.65	10.90	11.08	11.21	11.31	11.39	11.45	11.50
109.00	10.40	10.68	10.88	11.03	11.14	11.23	11.30	11.36
110.00	10.15	10.46	10.69	10.85	10.97	11.07	11.15	11.21

12¾%   Bond Yield Table

PRICE	YEARS TO MATURITY							
	13	14	15	16	17	18	19	20
75.00	17.73	17.61	17.51	17.43	17.36	17.31	17.26	17.22
76.00	17.48	17.37	17.27	17.19	17.13	17.07	17.03	16.99
77.00	17.24	17.13	17.04	16.96	16.90	16.85	16.80	16.77
78.00	17.00	16.89	16.81	16.74	16.68	16.63	16.58	16.55
79.00	16.77	16.67	16.58	16.52	16.46	16.41	16.37	16.34
80.00	16.54	16.44	16.36	16.30	16.24	16.20	16.16	16.13
80.50	16.42	16.33	16.26	16.19	16.14	16.09	16.06	16.02
81.00	16.31	16.22	16.15	16.09	16.04	15.99	15.95	15.92
81.50	16.20	16.12	16.04	15.98	15.93	15.89	15.85	15.82
82.00	16.09	16.01	15.94	15.88	15.83	15.79	15.75	15.72
82.50	15.99	15.90	15.83	15.78	15.73	15.69	15.66	15.63
83.00	15.88	15.80	15.73	15.68	15.63	15.59	15.56	15.53
83.50	15.77	15.69	15.63	15.58	15.53	15.49	15.46	15.43
84.00	15.67	15.59	15.53	15.48	15.43	15.40	15.37	15.34
84.50	15.56	15.49	15.43	15.38	15.34	15.30	15.27	15.25
85.00	15.46	15.39	15.33	15.28	15.24	15.21	15.18	15.15
85.50	15.36	15.29	15.23	15.19	15.15	15.11	15.08	15.06
86.00	15.26	15.19	15.14	15.09	15.05	15.02	14.99	14.97
86.50	15.16	15.09	15.04	15.00	14.96	14.93	14.90	14.88
87.00	15.06	15.00	14.95	14.90	14.87	14.84	14.81	14.79
87.50	14.96	14.90	14.85	14.81	14.78	14.75	14.72	14.70
88.00	14.86	14.80	14.76	14.72	14.69	14.66	14.63	14.61
88.50	14.76	14.71	14.67	14.63	14.60	14.57	14.55	14.53
89.00	14.67	14.62	14.57	14.54	14.51	14.48	14.46	14.44
89.50	14.57	14.52	14.48	14.45	14.42	14.40	14.38	14.36
90.00	14.48	14.43	14.39	14.36	14.33	14.31	14.29	14.27
90.50	14.39	14.34	14.30	14.27	14.25	14.23	14.21	14.19
91.00	14.29	14.25	14.22	14.19	14.16	14.14	14.12	14.11
91.50	14.20	14.16	14.13	14.10	14.08	14.06	14.04	14.03
92.00	14.11	14.07	14.04	14.02	13.99	13.98	13.96	13.95
92.50	14.02	13.98	13.96	13.93	13.91	13.89	13.88	13.87
93.00	13.93	13.90	13.87	13.85	13.83	13.81	13.80	13.79
93.50	13.84	13.81	13.79	13.77	13.75	13.73	13.72	13.71
94.00	13.75	13.73	13.70	13.68	13.67	13.65	13.64	13.63
94.50	13.67	13.64	13.62	13.60	13.59	13.57	13.56	13.55
95.00	13.58	13.56	13.54	13.52	13.51	13.50	13.49	13.48
95.50	13.49	13.47	13.46	13.44	13.43	13.42	13.41	13.40
96.00	13.41	13.39	13.37	13.36	13.35	13.34	13.33	13.33
96.50	13.32	13.31	13.29	13.28	13.27	13.27	13.26	13.25
97.00	13.24	13.23	13.21	13.20	13.20	13.19	13.18	13.18
97.50	13.16	13.15	13.14	13.13	13.12	13.11	13.11	13.11
98.00	13.07	13.06	13.06	13.05	13.05	13.04	13.04	13.03
98.50	12.99	12.99	12.98	12.97	12.97	12.97	12.96	12.96
99.00	12.91	12.91	12.90	12.90	12.90	12.89	12.89	12.89
99.50	12.83	12.83	12.83	12.82	12.82	12.82	12.82	12.82
100.00	12.75	12.75	12.75	12.75	12.75	12.75	12.75	12.75
100.50	12.67	12.67	12.67	12.68	12.68	12.68	12.68	12.68
101.00	12.59	12.60	12.60	12.60	12.61	12.61	12.61	12.61
101.50	12.51	12.52	12.53	12.53	12.53	12.53	12.54	12.54
102.00	12.44	12.44	12.45	12.46	12.46	12.47	12.47	12.48
102.50	12.36	12.37	12.38	12.39	12.39	12.40	12.40	12.41
103.00	12.28	12.30	12.31	12.32	12.32	12.33	12.34	12.34
103.50	12.21	12.22	12.24	12.25	12.26	12.26	12.27	12.28
104.00	12.13	12.15	12.16	12.18	12.19	12.20	12.20	12.21
105.00	11.98	12.00	12.02	12.04	12.05	12.06	12.07	12.08
106.00	11.83	11.86	11.88	11.90	11.92	11.93	11.94	11.95
107.00	11.69	11.72	11.75	11.77	11.79	11.80	11.82	11.83
108.00	11.55	11.58	11.61	11.64	11.66	11.68	11.69	11.71
109.00	11.41	11.45	11.48	11.51	11.53	11.55	11.57	11.58
110.00	11.27	11.31	11.35	11.38	11.41	11.43	11.45	11.47

Bond Yield Table 12¾%

PRICE	YEARS TO MATURITY							CUR
	21	22	23	24	25	29	30	
75.00	17.19	17.16	17.13	17.11	17.10	17.05	17.04	17.00
76.00	16.96	16.93	16.91	16.89	16.87	16.83	16.82	16.78
77.00	16.74	16.71	16.69	16.67	16.65	16.61	16.60	16.56
78.00	16.52	16.49	16.47	16.45	16.44	16.39	16.39	16.35
79.00	16.31	16.28	16.26	16.24	16.23	16.19	16.18	16.14
80.00	16.10	16.08	16.06	16.04	16.02	15.98	15.98	15.94
80.50	16.00	15.97	15.96	15.94	15.92	15.88	15.88	15.84
81.00	15.90	15.87	15.86	15.84	15.83	15.79	15.78	15.74
81.50	15.80	15.78	15.76	15.74	15.73	15.69	15.68	15.64
82.00	15.70	15.68	15.66	15.64	15.63	15.59	15.59	15.55
82.50	15.60	15.58	15.56	15.55	15.53	15.50	15.49	15.45
83.00	15.51	15.49	15.47	15.45	15.44	15.40	15.40	15.36
83.50	15.41	15.39	15.37	15.36	15.35	15.31	15.31	15.27
84.00	15.32	15.30	15.28	15.27	15.25	15.22	15.21	15.18
84.50	15.22	15.20	15.19	15.17	15.16	15.13	15.12	15.09
85.00	15.13	15.11	15.10	15.08	15.07	15.04	15.03	15.00
85.50	15.04	15.02	15.01	14.99	14.98	14.95	14.95	14.91
86.00	14.95	14.93	14.92	14.91	14.89	14.86	14.86	14.83
86.50	14.86	14.84	14.83	14.82	14.81	14.78	14.77	14.74
87.00	14.77	14.76	14.74	14.73	14.72	14.69	14.69	14.66
87.50	14.68	14.67	14.66	14.64	14.63	14.61	14.60	14.57
88.00	14.60	14.58	14.57	14.56	14.55	14.52	14.52	14.49
88.50	14.51	14.50	14.49	14.47	14.47	14.44	14.44	14.41
89.00	14.43	14.41	14.40	14.39	14.38	14.36	14.35	14.33
89.50	14.34	14.33	14.32	14.31	14.30	14.28	14.27	14.25
90.00	14.26	14.25	14.24	14.23	14.22	14.20	14.19	14.17
90.50	14.18	14.17	14.16	14.15	14.14	14.12	14.11	14.09
91.00	14.10	14.08	14.07	14.07	14.06	14.04	14.04	14.01
91.50	14.01	14.00	14.00	13.99	13.98	13.96	13.96	13.93
92.00	13.93	13.92	13.92	13.91	13.90	13.88	13.88	13.86
92.50	13.86	13.85	13.84	13.83	13.82	13.81	13.80	13.78
93.00	13.78	13.77	13.76	13.75	13.75	13.73	13.73	13.71
93.50	13.70	13.69	13.68	13.68	13.67	13.66	13.65	13.64
94.00	13.62	13.61	13.61	13.60	13.60	13.58	13.58	13.56
94.50	13.55	13.54	13.53	13.53	13.52	13.51	13.51	13.49
95.00	13.47	13.46	13.46	13.45	13.45	13.44	13.44	13.42
95.50	13.40	13.39	13.38	13.38	13.38	13.37	13.36	13.35
96.00	13.32	13.32	13.31	13.31	13.30	13.29	13.29	13.28
96.50	13.25	13.24	13.24	13.24	13.23	13.22	13.22	13.21
97.00	13.17	13.17	13.17	13.16	13.16	13.15	13.15	13.14
97.50	13.10	13.10	13.10	13.09	13.09	13.09	13.08	13.08
98.00	13.03	13.03	13.03	13.02	13.02	13.02	13.02	13.01
98.50	12.96	12.96	12.96	12.95	12.95	12.88	12.88	12.94
99.00	12.89	12.89	12.89	12.89	12.88	12.82	12.82	12.88
99.50	12.82	12.82	12.82	12.82	12.82	12.75	12.75	12.81
100.00	12.75	12.75	12.75	12.75	12.75	12.68	12.68	12.75
100.50	12.68	12.68	12.68	12.68	12.68	12.62	12.62	12.69
101.00	12.61	12.61	12.62	12.62	12.62	12.56	12.56	12.62
101.50	12.55	12.55	12.55	12.55	12.55	12.49	12.49	12.56
102.00	12.48	12.48	12.48	12.49	12.49	12.43	12.43	12.50
102.50	12.41	12.42	12.42	12.42	12.42	12.37	12.37	12.44
103.00	12.35	12.35	12.35	12.36	12.36	12.31	12.31	12.38
103.50	12.28	12.29	12.29	12.29	12.30	12.24	12.25	12.32
104.00	12.22	12.22	12.22	12.23	12.23	12.12	12.13	12.26
105.00	12.09	12.10	12.10	12.11	12.11	12.00	12.01	12.14
106.00	11.96	11.97	11.98	11.98	11.99	11.89	11.89	12.03
107.00	11.84	11.85	11.86	11.86	11.87	11.77	11.78	11.92
108.00	11.72	11.73	11.74	11.75	11.75	11.66	11.66	11.81
109.00	11.60	11.61	11.62	11.63	11.64	11.55	11.55	11.70
110.00	11.48	11.49	11.50	11.51	11.52			11.59

13% Bond Yield Table

PRICE	¼	½	¾	1	1½	2	3	4
				YEARS TO MATURITY				
85.00	82.72	50.59	37.53	31.65	25.67	22.75	19.88	18.47
85.50	80.00	49.12	36.59	30.95	25.20	22.39	19.62	18.27
86.00	77.31	47.67	35.67	30.25	24.73	22.03	19.37	18.06
86.50	74.65	46.24	34.75	29.56	24.27	21.67	19.12	17.87
87.00	72.02	44.83	33.84	28.88	23.81	21.32	18.87	17.67
87.50	69.42	43.43	32.94	28.20	23.35	20.97	18.63	17.47
88.00	66.85	42.05	32.05	27.53	22.90	20.62	18.38	17.28
88.50	64.31	40.68	31.17	26.87	22.45	20.28	18.14	17.09
89.00	61.79	39.33	30.29	26.21	22.00	19.94	17.90	16.89
89.50	59.30	37.99	29.43	25.55	21.56	19.60	17.66	16.70
90.00	56.84	36.67	28.57	24.90	21.12	19.26	17.42	16.51
90.50	54.40	35.36	27.72	24.26	20.69	18.92	17.18	16.33
91.00	51.99	34.07	26.88	23.62	20.25	18.59	16.95	16.14
91.25	50.79	33.42	26.46	23.31	20.04	18.43	16.83	16.05
91.50	49.60	32.79	26.04	22.99	19.83	18.26	16.72	15.96
91.75	48.42	32.15	25.63	22.68	19.61	18.10	16.60	15.86
92.00	47.24	31.52	25.22	22.37	19.40	17.94	16.49	15.77
92.25	46.07	30.89	24.80	22.05	19.19	17.77	16.37	15.68
92.50	44.91	30.27	24.40	21.74	18.98	17.61	16.26	15.59
92.75	43.75	29.65	23.99	21.44	18.77	17.45	16.14	15.50
93.00	42.60	29.03	23.58	21.13	18.56	17.29	16.03	15.41
93.25	41.45	28.42	23.18	20.82	18.35	17.13	15.92	15.32
93.50	40.31	27.81	22.78	20.52	18.14	16.97	15.80	15.23
93.75	39.18	27.20	22.38	20.21	17.94	16.81	15.69	15.14
94.00	38.05	26.60	21.98	19.91	17.73	16.65	15.58	15.05
94.25	36.92	25.99	21.58	19.61	17.52	16.49	15.47	14.96
94.50	35.81	25.40	21.19	19.31	17.32	16.33	15.36	14.87
94.75	34.69	24.80	20.80	19.01	17.12	16.18	15.25	14.79
95.00	33.59	24.21	20.41	18.71	16.91	16.02	15.13	14.70
95.25	32.49	23.62	20.02	18.42	16.71	15.86	15.02	14.61
95.50	31.39	23.04	19.63	18.12	16.51	15.71	14.91	14.52
95.75	30.30	22.45	19.24	17.83	16.31	15.55	14.81	14.44
96.00	29.22	21.88	18.86	17.53	16.11	15.40	14.70	14.35
96.25	28.14	21.30	18.47	17.24	15.91	15.25	14.59	14.26
96.50	27.07	20.73	18.09	16.95	15.71	15.09	14.48	14.18
96.75	26.00	20.16	17.71	16.66	15.51	14.94	14.37	14.09
97.00	24.94	19.59	17.34	16.37	15.31	14.79	14.26	14.00
97.25	23.88	19.02	16.96	16.09	15.12	14.64	14.16	13.92
97.50	22.83	18.46	16.59	15.80	14.92	14.48	14.05	13.83
97.75	21.78	17.90	16.21	15.52	14.73	14.33	13.94	13.75
98.00	20.74	17.35	15.84	15.23	14.53	14.18	13.84	13.67
98.25	19.70	16.79	15.47	14.95	14.34	14.03	13.73	13.58
98.50	18.67	16.24	15.10	14.67	14.14	13.88	13.63	13.50
98.75	17.65	15.70	14.74	14.39	13.95	13.74	13.52	13.41
99.00	16.63	15.15	14.37	14.11	13.76	13.59	13.42	13.33
99.25	15.61	14.61	14.01	13.83	13.57	13.44	13.31	13.25
99.50	14.60	14.07	13.65	13.55	13.38	13.29	13.21	13.16
99.75	13.59	13.53	13.29	13.28	13.19	13.15	13.10	13.08
100.00	12.59	13.00	12.93	13.00	13.00	13.00	13.00	13.00
100.25	11.59	12.47	12.57	12.73	12.81	12.85	12.90	12.92
100.50	10.60	11.94	12.21	12.45	12.62	12.71	12.79	12.84
101.00	8.63	10.89	11.51	11.91	12.25	12.42	12.59	12.67
101.50	6.68	9.85	10.80	11.37	11.88	12.13	12.39	12.51
102.00	4.75	8.82	10.11	10.84	11.51	11.85	12.18	12.35
102.50	2.84	7.80	9.42	10.31	11.14	11.56	11.98	12.19
103.00	0.94	6.80	8.73	9.78	10.78	11.28	11.78	12.03
103.50		5.80	8.05	9.26	10.42	11.00	11.59	11.88
104.00		4.81	7.38	8.74	10.06	10.72	11.39	11.72
104.50		3.83	6.71	8.22	9.70	10.45	11.19	11.56
105.00		2.86	6.05	7.71	9.35	10.17	11.00	11.41

Bond Yield Table 13%

ICE	YEARS TO MATURITY							
	5	6	7	8	9	10	11	12
5.00	21.38	20.41	19.74	19.25	18.88	18.59	18.37	18.19
6.00	20.98	20.05	19.41	18.94	18.59	18.32	18.10	17.93
7.00	20.58	19.70	19.09	18.64	18.31	18.05	17.84	17.68
8.00	20.19	19.36	18.77	18.35	18.03	17.78	17.59	17.43
9.00	19.81	19.02	18.46	18.06	17.76	17.52	17.34	17.19
0.00	19.43	18.68	18.16	17.78	17.49	17.27	17.09	16.95
0.50	19.24	18.52	18.01	17.64	17.36	17.14	16.97	16.83
1.00	19.06	18.35	17.86	17.50	17.23	17.02	16.85	16.72
1.50	18.88	18.19	17.71	17.36	17.10	16.89	16.73	16.60
2.00	18.70	18.03	17.57	17.23	16.97	16.77	16.62	16.49
2.50	18.52	17.87	17.42	17.09	16.84	16.65	16.50	16.38
3.00	18.34	17.71	17.28	16.96	16.72	16.53	16.38	16.27
3.50	18.16	17.56	17.14	16.83	16.59	16.41	16.27	16.15
4.00	17.98	17.40	16.99	16.70	16.47	16.30	16.16	16.04
4.50	17.81	17.25	16.85	16.57	16.35	16.18	16.04	15.94
5.00	17.64	17.09	16.71	16.44	16.23	16.06	15.93	15.83
5.50	17.47	16.94	16.58	16.31	16.11	15.95	15.82	15.72
6.00	17.30	16.79	16.44	16.18	15.99	15.83	15.71	15.62
6.50	17.13	16.64	16.30	16.06	15.87	15.72	15.61	15.51
7.00	16.96	16.49	16.17	15.93	15.75	15.61	15.50	15.41
7.50	16.79	16.35	16.04	15.81	15.63	15.50	15.39	15.31
8.00	16.63	16.20	15.90	15.68	15.52	15.39	15.29	15.20
8.50	16.46	16.06	15.77	15.56	15.40	15.28	15.18	15.10
9.00	16.30	15.91	15.64	15.44	15.29	15.17	15.08	15.00
9.50	16.14	15.77	15.51	15.32	15.18	15.07	14.98	14.90
0.00	15.98	15.63	15.38	15.20	15.07	14.96	14.87	14.81
0.50	15.82	15.49	15.26	15.08	14.95	14.85	14.77	14.71
1.00	15.66	15.35	15.13	14.97	14.84	14.75	14.67	14.61
1.50	15.51	15.21	15.00	14.85	14.74	14.65	14.57	14.52
2.00	15.35	15.07	14.88	14.74	14.63	14.54	14.48	14.42
2.50	15.20	14.94	14.75	14.62	14.52	14.44	14.38	14.33
3.00	15.04	14.80	14.63	14.51	14.41	14.34	14.28	14.23
3.50	14.89	14.67	14.51	14.39	14.31	14.24	14.18	14.14
4.00	14.74	14.53	14.39	14.28	14.20	14.14	14.09	14.05
4.50	14.59	14.40	14.27	14.17	14.10	14.04	13.99	13.96
5.00	14.44	14.27	14.15	14.06	13.99	13.94	13.90	13.87
5.50	14.29	14.14	14.03	13.96	13.89	13.84	13.81	13.78
6.00	14.14	14.01	13.91	13.84	13.79	13.75	13.71	13.69
6.50	14.00	13.88	13.80	13.73	13.69	13.65	13.62	13.60
7.00	13.85	13.75	13.68	13.63	13.59	13.56	13.53	13.51
7.50	13.71	13.62	13.56	13.52	13.49	13.46	13.44	13.43
8.00	13.56	13.50	13.45	13.42	13.39	13.37	13.35	13.34
8.50	13.42	13.37	13.34	13.31	13.29	13.28	13.26	13.25
9.00	13.28	13.25	13.22	13.21	13.19	13.18	13.17	13.17
9.50	13.14	13.12	13.11	13.10	13.10	13.09	13.09	13.08
0.00	13.00	13.00	13.00	13.00	13.00	13.00	13.00	13.00
0.50	12.86	12.88	12.89	12.90	12.90	12.91	12.91	12.92
1.00	12.72	12.76	12.78	12.80	12.81	12.82	12.83	12.83
1.50	12.59	12.64	12.67	12.70	12.72	12.73	12.74	12.75
2.00	12.45	12.52	12.56	12.60	12.62	12.64	12.66	12.67
2.50	12.32	12.40	12.45	12.50	12.53	12.55	12.57	12.59
3.00	12.18	12.28	12.35	12.40	12.44	12.47	12.49	12.51
3.50	12.05	12.16	12.24	12.30	12.35	12.38	12.41	12.43
4.00	11.92	12.04	12.14	12.20	12.25	12.29	12.33	12.35
5.00	11.65	11.81	11.93	12.01	12.07	12.12	12.16	12.20
6.00	11.39	11.58	11.72	11.82	11.90	11.96	12.00	12.04
7.00	11.14	11.36	11.52	11.63	11.72	11.79	11.85	11.89
8.00	10.88	11.14	11.31	11.45	11.55	11.63	11.69	11.74
9.00	10.63	10.92	11.12	11.26	11.38	11.46	11.54	11.59
0.00	10.39	10.70	10.92	11.08	11.21	11.31	11.38	11.45

13% Bond Yield Table

PRICE	YEARS TO MATURITY							
	13	14	15	16	17	18	19	2(
75.00	18.05	17.93	17.83	17.75	17.68	17.63	17.58	17.
76.00	17.79	17.68	17.59	17.51	17.45	17.39	17.35	17.
77.00	17.55	17.44	17.35	17.27	17.21	17.16	17.12	17.
78.00	17.30	17.20	17.12	17.05	16.99	16.94	16.90	16.
79.00	17.07	16.97	16.89	16.82	16.76	16.72	16.68	16.
80.00	16.84	16.74	16.67	16.60	16.55	16.50	16.46	16.
80.50	16.72	16.63	16.56	16.49	16.44	16.40	16.36	16.
81.00	16.61	16.52	16.45	16.39	16.33	16.29	16.26	16.
81.50	16.50	16.41	16.34	16.28	16.23	16.19	16.15	16.
82.00	16.39	16.30	16.23	16.18	16.13	16.09	16.05	16.
82.50	16.28	16.20	16.13	16.07	16.02	15.98	15.95	15.
83.00	16.17	16.09	16.02	15.97	15.92	15.88	15.85	15.
83.50	16.06	15.98	15.92	15.87	15.82	15.79	15.75	15.
84.00	15.95	15.88	15.82	15.77	15.72	15.69	15.66	15.
84.50	15.85	15.78	15.72	15.67	15.63	15.59	15.56	15.
85.00	15.74	15.67	15.62	15.57	15.53	15.49	15.47	15.
85.50	15.64	15.57	15.52	15.47	15.43	15.40	15.37	15.
86.00	15.54	15.47	15.42	15.37	15.34	15.30	15.28	15.
86.50	15.44	15.37	15.32	15.28	15.24	15.21	15.19	15.
87.00	15.34	15.28	15.23	15.18	15.15	15.12	15.09	15.
87.50	15.24	15.18	15.13	15.09	15.06	15.03	15.01	14.
88.00	15.14	15.08	15.04	15.00	14.96	14.94	14.91	14.
88.50	15.04	14.99	14.94	14.91	14.87	14.85	14.83	14.
89.00	14.94	14.89	14.85	14.81	14.78	14.76	14.74	14.
89.50	14.85	14.80	14.76	14.72	14.70	14.67	14.65	14.
90.00	14.75	14.70	14.67	14.63	14.61	14.58	14.56	14.
90.50	14.66	14.61	14.58	14.55	14.52	14.50	14.48	14.
91.00	14.56	14.52	14.49	14.46	14.43	14.41	14.39	14.
91.50	14.47	14.43	14.40	14.37	14.35	14.33	14.31	14.
92.00	14.38	14.34	14.31	14.28	14.26	14.24	14.23	14.
92.50	14.29	14.25	14.22	14.20	14.18	14.16	14.15	14.
93.00	14.19	14.16	14.14	14.11	14.09	14.08	14.07	14.
93.50	14.10	14.07	14.05	14.03	14.01	14.00	13.98	13.
94.00	14.02	13.99	13.97	13.95	13.93	13.92	13.90	13.
94.50	13.93	13.90	13.88	13.86	13.85	13.84	13.83	13.
95.00	13.84	13.82	13.80	13.78	13.77	13.76	13.75	13.
95.50	13.75	13.73	13.71	13.70	13.69	13.68	13.67	13.
96.00	13.67	13.65	13.63	13.62	13.61	13.60	13.59	13.
96.50	13.58	13.56	13.55	13.54	13.53	13.52	13.52	13.
97.00	13.50	13.48	13.47	13.46	13.45	13.45	13.44	13.
97.50	13.41	13.40	13.39	13.38	13.38	13.37	13.37	13.
98.00	13.33	13.32	13.31	13.30	13.30	13.29	13.29	13.
98.50	13.24	13.24	13.23	13.23	13.22	13.22	13.22	13.
99.00	13.16	13.16	13.15	13.15	13.15	13.15	13.14	13.
99.50	13.08	13.08	13.08	13.08	13.07	13.07	13.07	13.
100.00	13.00	13.00	13.00	13.00	13.00	13.00	13.00	13.
100.50	12.92	12.92	12.92	12.93	12.93	12.93	12.93	12.
101.00	12.84	12.84	12.85	12.85	12.85	12.86	12.86	12.
101.50	12.76	12.77	12.77	12.78	12.78	12.79	12.79	12.
102.00	12.68	12.69	12.70	12.70	12.71	12.71	12.72	12.
102.50	12.60	12.62	12.62	12.63	12.64	12.64	12.65	12.
103.00	12.53	12.54	12.55	12.56	12.57	12.58	12.58	12.
103.50	12.45	12.47	12.48	12.49	12.50	12.51	12.51	12.
104.00	12.37	12.39	12.41	12.42	12.43	12.44	12.45	12.
105.00	12.22	12.24	12.26	12.28	12.29	12.30	12.31	12.
106.00	12.07	12.10	12.12	12.14	12.16	12.17	12.18	12,
107.00	11.93	11.96	11.98	12.01	12.02	12.04	12.05	12.
108.00	11.78	11.82	11.85	11.87	11.89	11.91	11.93	11.
109.00	11.64	11.68	11.71	11.74	11.76	11.78	11.80	11.
110.00	11.50	11.54	11.58	11.61	11.64	11.66	11.68	11.

Bond Yield Table 13%

	21	22	23	24	25	29	30	CUR
75.00	17.51	17.48	17.46	17.44	17.42	17.38	17.37	17.33
76.00	17.28	17.25	17.23	17.21	17.19	17.15	17.14	17.11
77.00	17.05	17.03	17.00	16.99	16.97	16.93	16.92	16.88
78.00	16.83	16.81	16.79	16.77	16.75	16.71	16.71	16.67
79.00	16.62	16.59	16.57	16.55	16.54	16.50	16.49	16.46
80.00	16.41	16.38	16.36	16.35	16.33	16.29	16.29	16.25
80.50	16.30	16.28	16.26	16.24	16.23	16.19	16.19	16.15
81.00	16.20	16.18	16.16	16.14	16.13	16.09	16.09	16.05
81.50	16.10	16.08	16.06	16.04	16.03	15.99	15.99	15.95
82.00	16.00	15.98	15.96	15.94	15.93	15.90	15.89	15.85
82.50	15.90	15.88	15.86	15.85	15.83	15.80	15.79	15.76
83.00	15.80	15.78	15.76	15.75	15.74	15.70	15.70	15.66
83.50	15.70	15.68	15.67	15.65	15.64	15.61	15.60	15.57
84.00	15.61	15.59	15.57	15.56	15.55	15.52	15.51	15.48
84.50	15.51	15.50	15.48	15.47	15.45	15.42	15.42	15.38
85.00	15.42	15.40	15.39	15.37	15.36	15.33	15.33	15.29
85.50	15.33	15.31	15.30	15.28	15.27	15.24	15.24	15.20
86.00	15.24	15.22	15.20	15.19	15.18	15.15	15.15	15.12
86.50	15.14	15.13	15.11	15.10	15.09	15.06	15.06	15.03
87.00	15.05	15.04	15.03	15.01	15.00	14.98	14.97	14.94
87.50	14.97	14.95	14.94	14.93	14.92	14.89	14.89	14.86
88.00	14.88	14.86	14.85	14.84	14.83	14.81	14.80	14.77
88.50	14.79	14.78	14.76	14.75	14.75	14.72	14.72	14.69
89.00	14.70	14.69	14.68	14.67	14.66	14.64	14.63	14.61
89.50	14.62	14.61	14.59	14.59	14.58	14.55	14.55	14.53
90.00	14.53	14.52	14.51	14.50	14.49	14.47	14.47	14.44
90.50	14.45	14.44	14.43	14.42	14.41	14.39	14.39	14.36
91.00	14.37	14.36	14.35	14.34	14.33	14.31	14.31	14.29
91.50	14.29	14.27	14.27	14.26	14.25	14.23	14.23	14.21
92.00	14.20	14.19	14.19	14.18	14.17	14.15	14.15	14.13
92.50	14.12	14.11	14.11	14.10	14.09	14.08	14.07	14.05
93.00	14.04	14.03	14.03	14.02	14.02	14.00	14.00	13.98
93.50	13.96	13.96	13.95	13.94	13.94	13.92	13.92	13.90
94.00	13.89	13.88	13.87	13.87	13.86	13.85	13.85	13.83
94.50	13.81	13.80	13.80	13.79	13.79	13.77	13.77	13.76
95.00	13.73	13.73	13.72	13.72	13.71	13.70	13.70	13.68
95.50	13.66	13.65	13.65	13.64	13.64	13.63	13.63	13.61
96.00	13.58	13.57	13.57	13.57	13.56	13.55	13.55	13.54
96.50	13.51	13.50	13.50	13.49	13.49	13.48	13.48	13.47
97.00	13.43	13.43	13.42	13.42	13.42	13.41	13.41	13.40
97.50	13.36	13.35	13.35	13.35	13.35	13.34	13.34	13.33
98.00	13.28	13.28	13.28	13.28	13.28	13.27	13.27	13.27
98.50	13.21	13.21	13.21	13.21	13.21	13.20	13.20	13.20
99.00	13.14	13.14	13.14	13.14	13.14	13.13	13.13	13.13
99.50	13.07	13.07	13.07	13.07	13.07	13.07	13.07	13.07
100.00	13.00	13.00	13.00	13.00	13.00	13.00	13.00	13.00
100.50	12.93	12.93	12.93	12.93	12.93	12.93	12.93	12.94
101.00	12.86	12.86	12.86	12.86	12.86	12.87	12.87	12.87
101.50	12.79	12.79	12.79	12.80	12.80	12.80	12.80	12.81
102.00	12.72	12.73	12.73	12.73	12.73	12.73	12.74	12.75
102.50	12.66	12.66	12.66	12.67	12.67	12.67	12.67	12.68
103.00	12.59	12.59	12.60	12.60	12.60	12.61	12.61	12.62
103.50	12.52	12.53	12.53	12.54	12.54	12.55	12.55	12.56
104.00	12.46	12.46	12.47	12.47	12.48	12.49	12.49	12.50
105.00	12.33	12.34	12.34	12.35	12.35	12.36	12.36	12.38
106.00	12.20	12.21	12.22	12.22	12.23	12.24	12.24	12.26
107.00	12.08	12.08	12.09	12.10	12.11	12.12	12.13	12.15
108.00	11.95	11.96	11.97	11.98	11.99	12.01	12.01	12.04
109.00	11.83	11.84	11.85	11.86	11.87	11.89	11.89	11.93
110.00	11.71	11.72	11.73	11.74	11.75	11.78	11.78	11.82

13¼% Bond Yield Table

PRICE	¼	½	¾	1	1½	2	3	4
					YEARS TO MATURITY			
85.00	82.94	50.88	37.81	31.93	25.95	23.03	20.15	18.75
85.50	80.23	49.42	36.87	31.23	25.48	22.66	19.90	18.54
86.00	77.54	47.97	35.94	30.53	25.01	22.30	19.65	18.34
86.50	74.88	46.53	35.03	29.84	24.54	21.95	19.39	18.14
87.00	72.25	45.11	34.12	29.16	24.08	21.59	19.15	17.94
87.50	69.65	43.71	33.22	28.48	23.63	21.24	18.90	17.75
88.00	67.08	42.33	32.32	27.81	23.17	20.89	18.65	17.55
88.50	64.53	40.96	31.44	27.14	22.72	20.55	18.41	17.36
89.00	62.02	39.61	30.56	26.48	22.27	20.21	18.17	17.16
89.50	59.53	38.27	29.70	25.82	21.83	19.87	17.93	16.97
90.00	57.07	36.94	28.84	25.18	21.39	19.53	17.69	16.78
90.50	54.63	35.64	27.99	24.53	20.95	19.19	17.45	16.59
91.00	52.22	34.34	27.14	23.89	20.52	18.86	17.22	16.41
91.25	51.02	33.70	26.72	23.58	20.31	18.69	17.10	16.31
91.50	49.84	33.06	26.31	23.26	20.09	18.53	16.98	16.22
91.75	48.65	32.43	25.89	22.95	19.88	18.36	16.87	16.13
92.00	47.48	31.79	25.48	22.63	19.66	18.20	16.75	16.04
92.25	46.30	31.17	25.07	22.32	19.45	18.04	16.64	15.94
92.50	45.14	30.54	24.66	22.01	19.24	17.87	16.52	15.85
92.75	43.98	29.92	24.25	21.70	19.03	17.71	16.41	15.76
93.00	42.83	29.30	23.84	21.39	18.82	17.55	16.29	15.67
93.25	41.68	28.69	23.44	21.09	18.61	17.39	16.18	15.58
93.50	40.54	28.07	23.04	20.78	18.40	17.23	16.06	15.49
93.75	39.41	27.47	22.64	20.48	18.20	17.07	15.95	15.40
94.00	38.28	26.86	22.24	20.17	17.99	16.91	15.84	15.31
94.25	37.16	26.26	21.84	19.87	17.78	16.75	15.73	15.22
94.50	36.04	25.66	21.45	19.57	17.58	16.59	15.62	15.13
94.75	34.93	25.07	21.05	19.27	17.37	16.44	15.50	15.04
95.00	33.82	24.47	20.66	18.97	17.17	16.28	15.39	14.96
95.25	32.72	23.88	20.27	18.68	16.97	16.12	15.28	14.87
95.50	31.63	23.30	19.88	18.38	16.77	15.97	15.17	14.78
95.75	30.54	22.72	19.50	18.08	16.57	15.81	15.06	14.69
96.00	29.45	22.14	19.11	17.79	16.36	15.66	14.95	14.61
96.25	28.37	21.56	18.73	17.50	16.16	15.50	14.84	14.52
96.50	27.30	20.98	18.35	17.21	15.97	15.35	14.74	14.43
96.75	26.23	20.41	17.97	16.92	15.77	15.19	14.63	14.35
97.00	25.17	19.85	17.59	16.63	15.57	15.04	14.52	14.26
97.25	24.11	19.28	17.21	16.34	15.37	14.89	14.41	14.17
97.50	23.06	18.72	16.84	16.05	15.18	14.74	14.30	14.09
97.75	22.02	18.16	16.46	15.77	14.98	14.59	14.20	14.00
98.00	20.97	17.60	16.09	15.49	14.79	14.44	14.09	13.92
98.25	19.94	17.05	15.72	15.20	14.59	14.29	13.98	13.83
98.50	18.91	16.50	15.35	14.92	14.40	14.14	13.88	13.75
98.75	17.88	15.95	14.99	14.64	14.20	13.99	13.77	13.67
99.00	16.86	15.40	14.62	14.36	14.01	13.84	13.67	13.58
99.25	15.84	14.86	14.26	14.08	13.82	13.69	13.56	13.50
99.50	14.83	14.32	13.89	13.80	13.63	13.54	13.46	13.42
99.75	13.83	13.78	13.53	13.53	13.44	13.40	13.35	13.33
100.00	12.83	13.25	13.17	13.25	13.25	13.25	13.25	13.25
100.25	11.83	12.72	12.82	12.98	13.06	13.10	13.15	13.17
100.50	10.84	12.19	12.46	12.70	12.87	12.96	13.04	13.09
101.00	8.87	11.14	11.75	12.16	12.50	12.67	12.84	12.92
101.50	6.92	10.10	11.05	11.62	12.13	12.38	12.63	12.76
102.00	4.99	9.07	10.35	11.08	11.76	12.09	12.43	12.60
102.50	3.07	8.05	9.66	10.55	11.39	11.81	12.23	12.44
103.00	1.18	7.04	8.97	10.02	11.03	11.53	12.03	12.28
103.50		6.04	8.29	9.50	10.66	11.25	11.83	12.12
104.00		5.05	7.62	8.98	10.30	10.97	11.63	11.96
104.50		4.07	6.95	8.46	9.95	10.69	11.44	11.81
105.00		3.10	6.29	7.95	9.59	10.42	11.24	11.65

PRICE	YEARS TO MATURITY							
	5	6	7	8	9	10	11	12
95.00	21.68	20.72	20.05	19.56	19.19	18.91	18.68	18.50
96.00	21.28	20.36	19.72	19.25	18.90	18.63	18.41	18.24
97.00	20.88	20.00	19.39	18.95	18.61	18.35	18.15	17.99
98.00	20.49	19.65	19.07	18.65	18.33	18.08	17.89	17.74
99.00	20.10	19.31	18.76	18.36	18.06	17.82	17.64	17.49
100.00	19.72	18.97	18.45	18.07	17.79	17.56	17.39	17.25
100.50	19.53	18.81	18.30	17.93	17.65	17.44	17.27	17.13
101.00	19.35	18.64	18.15	17.79	17.52	17.31	17.15	17.01
101.50	19.16	18.48	18.00	17.65	17.39	17.19	17.03	16.90
102.00	18.98	18.32	17.85	17.52	17.26	17.06	16.91	16.78
102.50	18.80	18.16	17.71	17.38	17.13	16.94	16.79	16.67
103.00	18.62	18.00	17.56	17.25	17.01	16.82	16.67	16.55
103.50	18.44	17.84	17.42	17.11	16.88	16.70	16.56	16.44
104.00	18.27	17.68	17.28	16.98	16.75	16.58	16.44	16.33
104.50	18.09	17.53	17.14	16.85	16.63	16.46	16.33	16.22
105.00	17.92	17.37	16.99	16.72	16.51	16.34	16.22	16.11
105.50	17.74	17.22	16.86	16.59	16.39	16.23	16.10	16.00
106.00	17.57	17.07	16.72	16.46	16.27	16.11	15.99	15.90
106.50	17.40	16.92	16.58	16.33	16.15	16.00	15.88	15.79
107.00	17.23	16.77	16.44	16.21	16.03	15.89	15.78	15.69
107.50	17.07	16.62	16.31	16.08	15.91	15.78	15.67	15.58
108.00	16.90	16.47	16.18	15.96	15.79	15.66	15.56	15.48
108.50	16.73	16.33	16.04	15.83	15.68	15.55	15.46	15.38
109.00	16.57	16.18	15.91	15.71	15.56	15.44	15.35	15.28
109.50	16.41	16.04	15.78	15.59	15.45	15.34	15.25	15.18
110.00	16.25	15.90	15.65	15.47	15.34	15.23	15.14	15.08
110.50	16.09	15.76	15.52	15.35	15.22	15.12	15.04	14.98
111.00	15.93	15.61	15.40	15.23	15.11	15.02	14.94	14.88
111.50	15.77	15.48	15.27	15.12	15.00	14.91	14.84	14.78
112.00	15.61	15.34	15.14	15.00	14.89	14.81	14.74	14.69
112.50	15.46	15.20	15.02	14.88	14.78	14.70	14.64	14.59
113.00	15.30	15.06	14.89	14.77	14.68	14.60	14.54	14.50
113.50	15.15	14.93	14.77	14.66	14.57	14.50	14.45	14.40
114.00	15.00	14.79	14.65	14.54	14.46	14.40	14.35	14.31
114.50	14.85	14.66	14.53	14.43	14.36	14.30	14.26	14.22
115.00	14.70	14.53	14.41	14.32	14.25	14.20	14.16	14.13
115.50	14.55	14.40	14.29	14.21	14.15	14.10	14.07	14.04
116.00	14.40	14.26	14.17	14.10	14.05	14.01	13.97	13.95
116.50	14.25	14.13	14.05	13.99	13.94	13.91	13.88	13.86
117.00	14.11	14.01	13.93	13.88	13.84	13.81	13.79	13.77
117.50	13.96	13.88	13.82	13.78	13.74	13.72	13.70	13.68
118.00	13.82	13.75	13.70	13.67	13.64	13.62	13.61	13.59
118.50	13.67	13.62	13.59	13.56	13.54	13.53	13.52	13.51
119.00	13.53	13.50	13.48	13.46	13.44	13.43	13.43	13.42
119.50	13.39	13.37	13.36	13.35	13.35	13.34	13.34	13.33
120.00	13.25	13.25	13.25	13.25	13.25	13.25	13.25	13.25
120.50	13.11	13.13	13.14	13.15	13.15	13.16	13.16	13.17
121.00	12.97	13.00	13.03	13.04	13.06	13.07	13.08	13.08
121.50	12.83	12.88	12.92	12.94	12.96	12.98	12.99	13.00
122.00	12.70	12.76	12.81	12.84	12.87	12.89	12.90	12.92
122.50	12.56	12.64	12.70	12.74	12.77	12.80	12.82	12.84
123.00	12.43	12.52	12.59	12.64	12.68	12.71	12.74	12.76
123.50	12.29	12.41	12.49	12.54	12.59	12.62	12.65	12.67
124.00	12.16	12.29	12.38	12.45	12.50	12.54	12.57	12.59
125.00	11.89	12.06	12.17	12.25	12.32	12.37	12.40	12.44
126.00	11.63	11.83	11.96	12.06	12.14	12.20	12.24	12.28
127.00	11.38	11.60	11.76	11.87	11.96	12.03	12.08	12.13
128.00	11.12	11.37	11.55	11.68	11.78	11.86	11.93	11.98
129.00	10.87	11.15	11.35	11.50	11.61	11.70	11.77	11.83
130.00	10.62	10.93	11.15	11.32	11.44	11.54	11.62	11.68

13¼% Bond Yield Table

PRICE				YEARS TO MATURITY				
	13	14	15	16	17	18	19	20
75.00	18.36	18.24	18.15	18.07	18.00	17.95	17.91	17.
76.00	18.11	17.99	17.90	17.83	17.76	17.71	17.67	17.
77.00	17.86	17.75	17.66	17.59	17.53	17.48	17.43	17.
78.00	17.61	17.51	17.42	17.35	17.30	17.25	17.21	17.
79.00	17.37	17.27	17.19	17.13	17.07	17.02	16.99	16.
80.00	17.14	17.04	16.97	16.90	16.85	16.81	16.77	16.
80.50	17.02	16.93	16.85	16.79	16.74	16.70	16.66	16.
81.00	16.91	16.82	16.74	16.68	16.63	16.59	16.56	16.
81.50	16.79	16.71	16.64	16.58	16.53	16.49	16.45	16.
82.00	16.68	16.60	16.53	16.47	16.42	16.38	16.35	16.
82.50	16.57	16.49	16.42	16.37	16.32	16.28	16.25	16.
83.00	16.46	16.38	16.32	16.26	16.22	16.18	16.15	16.
83.50	16.35	16.27	16.21	16.16	16.11	16.08	16.05	16.
84.00	16.24	16.17	16.11	16.06	16.01	15.98	15.95	15.
84.50	16.13	16.06	16.00	15.96	15.91	15.88	15.85	15.
85.00	16.03	15.96	15.90	15.86	15.82	15.78	15.75	15.
85.50	15.92	15.86	15.80	15.76	15.72	15.69	15.66	15.
86.00	15.82	15.76	15.70	15.66	15.62	15.59	15.56	15.
86.50	15.72	15.65	15.60	15.56	15.52	15.49	15.47	15.
87.00	15.61	15.56	15.51	15.46	15.43	15.40	15.38	15.
87.50	15.51	15.46	15.41	15.37	15.34	15.31	15.28	15.
88.00	15.41	15.36	15.31	15.28	15.24	15.22	15.19	15.
88.50	15.31	15.26	15.22	15.18	15.15	15.13	15.10	15.
89.00	15.22	15.17	15.12	15.09	15.06	15.04	15.01	15.
89.50	15.12	15.07	15.03	15.00	14.97	14.95	14.93	14.
90.00	15.02	14.98	14.94	14.91	14.88	14.86	14.84	14.
90.50	14.93	14.88	14.85	14.82	14.79	14.77	14.75	14.
91.00	14.83	14.79	14.76	14.73	14.70	14.68	14.67	14.
91.50	14.74	14.70	14.67	14.64	14.62	14.60	14.58	14.
92.00	14.64	14.61	14.58	14.55	14.53	14.51	14.50	14.
92.50	14.55	14.52	14.49	14.46	14.44	14.43	14.41	14.
93.00	14.46	14.43	14.40	14.38	14.36	14.34	14.33	14.
93.50	14.37	14.34	14.31	14.29	14.28	14.26	14.25	14
94.00	14.28	14.25	14.23	14.21	14.19	14.18	14.17	14.
94.50	14.19	14.16	14.14	14.13	14.11	14.10	14.09	14.
95.00	14.10	14.08	14.06	14.04	14.03	14.02	14.01	14.
95.50	14.01	13.99	13.97	13.96	13.95	13.94	13.93	13.
96.00	13.92	13.91	13.89	13.88	13.87	13.86	13.85	13.
96.50	13.84	13.82	13.81	13.80	13.79	13.78	13.77	13.
97.00	13.75	13.74	13.73	13.72	13.71	13.70	13.70	13.
97.50	13.67	13.66	13.65	13.64	13.63	13.63	13.62	13.
98.00	13.58	13.57	13.57	13.56	13.55	13.55	13.55	13.
98.50	13.50	13.49	13.49	13.48	13.48	13.47	13.47	13.
99.00	13.41	13.41	13.41	13.40	13.40	13.40	13.40	13.
99.50	13.33	13.33	13.33	13.33	13.32	13.32	13.32	13.
100.00	13.25	13.25	13.25	13.25	13.25	13.25	13.25	13.
100.50	13.17	13.17	13.17	13.17	13.18	13.18	13.18	13.
101.00	13.09	13.09	13.10	13.10	13.10	13.10	13.11	13.
101.50	13.01	13.01	13.02	13.02	13.03	13.03	13.03	13.
102.00	12.93	12.94	12.94	12.95	12.96	12.96	12.96	12.
102.50	12.85	12.86	12.87	12.88	12.88	12.89	12.89	12.
103.00	12.77	12.78	12.80	12.80	12.81	12.82	12.83	12.
103.50	12.69	12.71	12.72	12.73	12.74	12.75	12.76	12.
104.00	12.62	12.63	12.65	12.66	12.67	12.68	12.69	12.
105.00	12.46	12.49	12.50	12.52	12.53	12.54	12.55	12.
106.00	12.31	12.34	12.36	12.38	12.40	12.41	12.42	12.
107.00	12.16	12.20	12.22	12.24	12.26	12.28	12.29	12.
108.00	12.02	12.05	12.08	12.11	12.13	12.15	12.16	12.
109.00	11.87	11.91	11.95	11.97	12.00	12.02	12.03	12.
110.00	11.73	11.78	11.81	11.84	11.87	11.89	11.91	11.

Bond Yield Table 13¼%

PRICE	YEARS TO MATURITY							CUR
	21	22	23	24	25	29	30	
75.00	17.84	17.81	17.79	17.77	17.75	17.71	17.70	17.67
76.00	17.60	17.57	17.55	17.53	17.52	17.48	17.47	17.43
77.00	17.37	17.34	17.32	17.31	17.29	17.25	17.24	17.21
78.00	17.15	17.12	17.10	17.08	17.07	17.03	17.02	16.99
79.00	16.93	16.90	16.88	16.87	16.85	16.81	16.81	16.77
80.00	16.71	16.69	16.67	16.65	16.64	16.60	16.60	16.56
80.50	16.61	16.58	16.57	16.55	16.54	16.50	16.49	16.46
81.00	16.50	16.48	16.46	16.45	16.43	16.40	16.39	16.36
81.50	16.40	16.38	16.36	16.35	16.33	16.30	16.29	16.26
82.00	16.30	16.28	16.26	16.24	16.23	16.20	16.19	16.16
82.50	16.20	16.18	16.16	16.15	16.13	16.10	16.09	16.06
83.00	16.10	16.08	16.06	16.05	16.03	16.00	16.00	15.96
83.50	16.00	15.98	15.96	15.95	15.94	15.91	15.90	15.87
84.00	15.90	15.88	15.87	15.85	15.84	15.81	15.81	15.77
84.50	15.80	15.79	15.77	15.76	15.75	15.72	15.71	15.68
85.00	15.71	15.69	15.68	15.66	15.65	15.62	15.62	15.59
85.50	15.61	15.60	15.58	15.57	15.56	15.53	15.53	15.50
86.00	15.52	15.51	15.49	15.48	15.47	15.44	15.44	15.41
86.50	15.43	15.41	15.40	15.39	15.38	15.35	15.35	15.32
87.00	15.34	15.32	15.31	15.30	15.29	15.26	15.26	15.23
87.50	15.25	15.23	15.22	15.21	15.20	15.17	15.17	15.14
88.00	15.16	15.14	15.13	15.12	15.11	15.09	15.08	15.06
88.50	15.07	15.06	15.04	15.03	15.03	15.00	15.00	14.97
89.00	14.98	14.97	14.96	14.95	14.94	14.92	14.91	14.89
89.50	14.89	14.88	14.87	14.86	14.85	14.83	14.83	14.80
90.00	14.81	14.80	14.79	14.78	14.77	14.75	14.75	14.72
90.50	14.72	14.71	14.70	14.69	14.69	14.67	14.66	14.64
91.00	14.64	14.63	14.62	14.61	14.60	14.59	14.58	14.56
91.50	14.56	14.55	14.54	14.53	14.52	14.50	14.50	14.48
92.00	14.47	14.46	14.46	14.45	14.44	14.42	14.42	14.40
92.50	14.39	14.38	14.37	14.37	14.36	14.35	14.34	14.32
93.00	14.31	14.30	14.29	14.29	14.28	14.27	14.26	14.25
93.50	14.23	14.22	14.21	14.21	14.20	14.19	14.19	14.17
94.00	14.15	14.14	14.14	14.13	14.13	14.11	14.11	14.10
94.50	14.07	14.06	14.06	14.05	14.05	14.04	14.04	14.02
95.00	13.99	13.99	13.98	13.98	13.97	13.96	13.96	13.95
95.50	13.92	13.91	13.91	13.90	13.90	13.89	13.89	13.87
96.00	13.84	13.83	13.83	13.83	13.82	13.81	13.81	13.80
96.50	13.76	13.76	13.76	13.75	13.75	13.74	13.74	13.73
97.00	13.69	13.68	13.68	13.68	13.68	13.67	13.67	13.66
97.50	13.61	13.61	13.61	13.61	13.60	13.60	13.60	13.59
98.00	13.54	13.54	13.53	13.53	13.53	13.53	13.53	13.52
98.50	13.47	13.46	13.46	13.46	13.46	13.46	13.46	13.45
99.00	13.39	13.39	13.39	13.39	13.39	13.39	13.39	13.38
99.50	13.32	13.32	13.32	13.32	13.32	13.32	13.32	13.32
00.00	13.25	13.25	13.25	13.25	13.25	13.25	13.25	13.25
00.50	13.18	13.18	13.18	13.18	13.18	13.18	13.18	13.18
01.00	13.11	13.11	13.11	13.11	13.11	13.12	13.12	13.12
01.50	13.04	13.04	13.04	13.04	13.05	13.05	13.05	13.05
02.00	12.97	12.97	12.98	12.98	12.98	12.98	12.98	12.99
02.50	12.90	12.91	12.91	12.91	12.91	12.92	12.92	12.93
03.00	12.83	12.84	12.84	12.84	12.85	12.85	12.85	12.86
03.50	12.77	12.77	12.78	12.78	12.78	12.79	12.79	12.80
04.00	12.70	12.71	12.71	12.71	12.72	12.73	12.73	12.74
05.00	12.57	12.58	12.58	12.59	12.59	12.60	12.60	12.62
06.00	12.44	12.45	12.45	12.46	12.46	12.48	12.48	12.50
07.00	12.31	12.32	12.33	12.33	12.34	12.36	12.36	12.38
08.00	12.19	12.20	12.21	12.21	12.22	12.24	12.24	12.27
09.00	12.06	12.07	12.08	12.09	12.10	12.12	12.13	12.16
10.00	11.94	11.95	11.96	11.97	11.98	12.01	12.01	12.05

13½% Bond Yield Table

PRICE	¼	½	¾	1	1½	2	3	4
85.00	83.17	51.18	38.09	32.21	26.23	23.30	20.43	19.01
85.50	80.45	49.71	37.15	31.51	25.76	22.94	20.18	18.82
86.00	77.76	48.26	36.22	30.81	25.29	22.58	19.92	18.62
86.50	75.10	46.82	35.30	30.12	24.82	22.22	19.67	18.42
87.00	72.48	45.40	34.39	29.44	24.36	21.87	19.42	18.22
87.50	69.88	44.00	33.49	28.76	23.90	21.52	19.17	18.02
88.00	67.31	42.61	32.60	28.08	23.44	21.17	18.92	17.82
88.50	64.76	41.24	31.71	27.42	22.99	20.82	18.68	17.62
89.00	62.25	39.89	30.83	26.75	22.55	20.48	18.44	17.43
89.50	59.76	38.55	29.97	26.10	22.10	20.13	18.19	17.24
90.00	57.30	37.22	29.11	25.45	21.66	19.80	17.96	17.05
90.50	54.86	35.91	28.25	24.80	21.22	19.46	17.72	16.86
91.00	52.45	34.62	27.41	24.16	20.79	19.12	17.48	16.67
91.25	51.25	33.97	26.99	23.84	20.57	18.96	17.36	16.58
91.50	50.07	33.33	26.57	23.53	20.36	18.79	17.25	16.49
91.75	48.88	32.70	26.16	23.21	20.14	18.63	17.13	16.39
92.00	47.71	32.07	25.74	22.90	19.93	18.46	17.01	16.30
92.25	46.54	31.44	25.33	22.59	19.72	18.30	16.90	16.2
92.50	45.37	30.81	24.92	22.28	19.51	18.14	16.78	16.12
92.75	44.21	30.19	24.51	21.97	19.29	17.97	16.67	16.03
93.00	43.06	29.57	24.11	21.66	19.08	17.81	16.55	15.93
93.25	41.91	28.95	23.70	21.35	18.87	17.65	16.44	15.84
93.50	40.77	28.34	23.30	21.04	18.67	17.49	16.33	15.75
93.75	39.64	27.73	22.90	20.74	18.46	17.33	16.21	15.66
94.00	38.51	27.13	22.50	20.43	18.25	17.17	16.10	15.57
94.25	37.39	26.53	22.10	20.13	18.04	17.01	15.99	15.48
94.50	36.27	25.93	21.70	19.83	17.84	16.85	15.87	15.39
94.75	35.16	25.33	21.31	19.53	17.63	16.69	15.76	15.30
95.00	34.05	24.74	20.92	19.23	17.43	16.54	15.65	15.2
95.25	32.95	24.15	20.53	18.93	17.23	16.38	15.54	15.13
95.50	31.86	23.56	20.14	18.64	17.02	16.22	15.43	15.04
95.75	30.77	22.98	19.75	18.34	16.82	16.07	15.32	14.95
96.00	29.69	22.40	19.37	18.05	16.62	15.91	15.21	14.86
96.25	28.61	21.82	18.98	17.76	16.42	15.76	15.10	14.77
96.50	27.53	21.24	18.60	17.46	16.22	15.60	14.99	14.69
96.75	26.47	20.67	18.22	17.17	16.02	15.45	14.88	14.60
97.00	25.40	20.10	17.84	16.89	15.82	15.30	14.77	14.51
97.25	24.35	19.54	17.47	16.60	15.63	15.14	14.67	14.43
97.50	23.30	18.97	17.09	16.31	15.43	14.99	14.56	14.34
97.75	22.25	18.41	16.72	16.02	15.23	14.84	14.45	14.26
98.00	21.21	17.86	16.34	15.74	15.04	14.69	14.34	14.17
98.25	20.17	17.30	15.97	15.46	14.84	14.54	14.24	14.09
98.50	19.14	16.75	15.60	15.17	14.65	14.39	14.13	14.00
98.75	18.12	16.20	15.24	14.89	14.46	14.24	14.02	13.92
99.00	17.09	15.66	14.87	14.61	14.26	14.09	13.92	13.83
99.25	16.08	15.11	14.51	14.33	14.07	13.94	13.81	13.78
99.50	15.07	14.57	14.14	14.05	13.88	13.79	13.71	13.67
99.75	14.06	14.04	13.78	13.78	13.69	13.65	13.60	13.58
100.00	13.06	13.50	13.42	13.50	13.50	13.50	13.50	13.50
100.25	12.06	12.97	13.06	13.22	13.31	13.35	13.40	13.42
100.50	11.07	12.44	12.71	12.95	13.12	13.21	13.29	13.33
101.00	9.10	11.39	12.00	12.41	12.75	12.92	13.09	13.17
101.50	7.15	10.34	11.29	11.87	12.37	12.63	12.88	13.01
102.00	5.22	9.31	10.59	11.33	12.00	12.34	12.68	12.85
102.50	3.31	8.29	9.90	10.80	11.64	12.06	12.48	12.68
103.00	1.41	7.28	9.22	10.27	11.27	11.77	12.27	12.52
103.50		6.28	8.53	9.74	10.91	11.49	12.07	12.36
104.00		5.29	7.86	9.22	10.55	11.21	11.88	12.21
104.50		4.31	7.19	8.70	10.19	10.93	11.68	12.08
105.00		3.33	6.52	8.19	9.83	10.66	11.48	11.89

Bond Yield Table 13½%

PRICE	YEARS TO MATURITY							
	5	6	7	8	9	10	11	12
75.00	21.99	21.02	20.35	19.87	19.50	19.22	19.00	18.82
76.00	21.58	20.66	20.02	19.55	19.20	18.93	18.72	18.55
77.00	21.18	20.30	19.69	19.25	18.92	18.66	18.46	18.29
78.00	20.78	19.95	19.37	18.95	18.63	18.39	18.19	18.04
79.00	20.39	19.60	19.06	18.66	18.35	18.12	17.94	17.79
80.00	20.01	19.27	18.75	18.37	18.08	17.86	17.69	17.55
80.50	19.82	19.10	18.59	18.22	17.95	17.73	17.56	17.43
81.00	19.64	18.93	18.44	18.08	17.81	17.60	17.44	17.31
81.50	19.45	18.77	18.29	17.94	17.68	17.48	17.32	17.19
82.00	19.27	18.60	18.14	17.80	17.55	17.35	17.20	17.07
82.50	19.08	18.44	17.99	17.67	17.42	17.23	17.08	16.96
83.00	18.90	18.28	17.85	17.53	17.29	17.11	16.96	16.84
83.50	18.72	18.12	17.70	17.40	17.16	16.99	16.84	16.73
84.00	18.55	17.96	17.56	17.26	17.04	16.86	16.73	16.62
84.50	18.37	17.81	17.42	17.13	16.91	16.75	16.61	16.51
85.00	18.19	17.65	17.27	17.00	16.79	16.63	16.50	16.40
85.50	18.02	17.50	17.13	16.87	16.67	16.51	16.39	16.29
86.00	17.85	17.35	17.00	16.74	16.54	16.39	16.27	16.18
86.50	17.68	17.19	16.86	16.61	16.42	16.28	16.16	16.07
87.00	17.51	17.04	16.72	16.48	16.30	16.16	16.05	15.97
87.50	17.34	16.89	16.58	16.36	16.18	16.05	15.95	15.86
88.00	17.17	16.75	16.45	16.23	16.07	15.94	15.84	15.76
88.50	17.01	16.60	16.32	16.11	15.95	15.83	15.73	15.65
89.00	16.84	16.45	16.18	15.98	15.83	15.72	15.62	15.55
89.50	16.68	16.31	16.05	15.86	15.72	15.61	15.52	15.45
90.00	16.52	16.17	15.92	15.74	15.60	15.50	15.42	15.35
90.50	16.35	16.02	15.79	15.62	15.49	15.39	15.31	15.25
91.00	16.19	15.88	15.66	15.50	15.38	15.28	15.21	15.15
91.50	16.04	15.74	15.53	15.38	15.27	15.18	15.11	15.05
92.00	15.88	15.60	15.41	15.27	15.16	15.07	15.01	14.95
92.50	15.72	15.46	15.28	15.15	15.05	14.97	14.91	14.86
93.00	15.57	15.33	15.16	15.03	14.94	14.87	14.81	14.76
93.50	15.41	15.19	15.03	14.92	14.83	14.76	14.71	14.67
94.00	15.26	15.05	14.91	14.80	14.72	14.66	14.61	14.57
94.50	15.11	14.92	14.79	14.69	14.62	14.56	14.52	14.48
95.00	14.96	14.79	14.67	14.58	14.51	14.46	14.42	14.39
95.50	14.81	14.65	14.55	14.47	14.41	14.36	14.32	14.29
96.00	14.66	14.52	14.43	14.36	14.30	14.26	14.23	14.20
96.50	14.51	14.39	14.31	14.25	14.20	14.16	14.14	14.11
97.00	14.36	14.26	14.19	14.14	14.10	14.07	14.04	14.02
97.50	14.22	14.13	14.07	14.03	14.00	13.97	13.95	13.93
98.00	14.07	14.00	13.96	13.92	13.90	13.88	13.86	13.85
98.50	13.93	13.88	13.84	13.82	13.80	13.78	13.77	13.76
99.00	13.78	13.75	13.73	13.71	13.70	13.69	13.68	13.67
99.50	13.64	13.62	13.61	13.60	13.60	13.59	13.59	13.59
100.00	13.50	13.50	13.50	13.50	13.50	13.50	13.50	13.50
100.50	13.36	13.38	13.39	13.40	13.40	13.41	13.41	13.42
101.00	13.22	13.25	13.28	13.29	13.31	13.32	13.32	13.33
101.50	13.08	13.13	13.17	13.19	13.21	13.23	13.24	13.25
102.00	12.94	13.01	13.06	13.09	13.11	13.14	13.15	13.16
102.50	12.81	12.89	12.95	12.99	13.02	13.05	13.07	13.08
103.00	12.67	12.77	12.84	12.89	12.93	12.96	12.98	13.00
103.50	12.54	12.65	12.73	12.79	12.83	12.87	12.90	12.92
104.00	12.40	12.53	12.62	12.69	12.74	12.78	12.81	12.84
105.00	12.14	12.30	12.41	12.49	12.56	12.61	12.65	12.68
106.00	11.87	12.07	12.20	12.30	12.38	12.44	12.48	12.52
107.00	11.62	11.84	11.99	12.11	12.20	12.27	12.32	12.37
108.00	11.36	11.61	11.79	11.92	12.02	12.10	12.16	12.21
109.00	11.11	11.39	11.59	11.74	11.85	11.93	12.00	12.06
110.00	10.86	11.17	11.39	11.55	11.68	11.77	11.85	11.91

13½% Bond Yield Table

PRICE	YEARS TO MATURITY							
	13	14	15	16	17	18	19	20
75.00	18.68	18.56	18.47	18.39	18.33	18.27	18.23	18.19
76.00	18.42	18.31	18.22	18.14	18.08	18.03	17.99	17.95
77.00	18.16	18.06	17.97	17.90	17.84	17.79	17.75	17.72
78.00	17.92	17.81	17.73	17.66	17.61	17.56	17.52	17.49
79.00	17.67	17.58	17.50	17.43	17.38	17.33	17.29	17.26
80.00	17.43	17.34	17.27	17.21	17.15	17.11	17.07	17.04
80.50	17.32	17.23	17.15	17.09	17.04	17.00	16.97	16.94
81.00	17.20	17.11	17.04	16.98	16.93	16.89	16.86	16.83
81.50	17.09	17.00	16.93	16.87	16.83	16.79	16.75	16.72
82.00	16.97	16.89	16.82	16.77	16.72	16.68	16.65	16.62
82.50	16.86	16.78	16.71	16.66	16.61	16.58	16.54	16.52
83.00	16.75	16.67	16.61	16.55	16.51	16.47	16.44	16.41
83.50	16.64	16.56	16.50	16.45	16.41	16.37	16.34	16.31
84.00	16.53	16.46	16.40	16.35	16.30	16.27	16.24	16.21
84.50	16.42	16.35	16.29	16.24	16.20	16.17	16.14	16.12
85.00	16.31	16.24	16.19	16.14	16.10	16.07	16.04	16.02
85.50	16.21	16.14	16.09	16.04	16.00	15.97	15.94	15.92
86.00	16.10	16.04	15.99	15.94	15.91	15.87	15.85	15.83
86.50	16.00	15.94	15.89	15.84	15.81	15.78	15.75	15.73
87.00	15.89	15.84	15.79	15.75	15.71	15.68	15.66	15.64
87.50	15.79	15.74	15.69	15.65	15.62	15.59	15.57	15.55
88.00	15.69	15.64	15.59	15.55	15.52	15.50	15.47	15.45
88.50	15.59	15.54	15.49	15.46	15.43	15.40	15.38	15.36
89.00	15.49	15.44	15.40	15.36	15.34	15.31	15.29	15.27
89.50	15.39	15.34	15.30	15.27	15.24	15.22	15.20	15.18
90.00	15.29	15.25	15.21	15.18	15.15	15.13	15.11	15.10
90.50	15.20	15.15	15.12	15.09	15.06	15.04	15.02	15.01
91.00	15.10	15.06	15.03	15.00	14.97	14.95	14.94	14.92
91.50	15.00	14.97	14.93	14.91	14.89	14.87	14.85	14.84
92.00	14.91	14.87	14.84	14.82	14.80	14.78	14.77	14.75
92.50	14.82	14.78	14.75	14.73	14.71	14.70	14.68	14.67
93.00	14.72	14.69	14.67	14.64	14.63	14.61	14.60	14.59
93.50	14.63	14.60	14.58	14.56	14.54	14.53	14.51	14.50
94.00	14.54	14.51	14.49	14.47	14.46	14.44	14.43	14.42
94.50	14.45	14.42	14.40	14.39	14.37	14.36	14.35	14.34
95.00	14.36	14.34	14.32	14.30	14.29	14.28	14.27	14.26
95.50	14.27	14.25	14.23	14.22	14.21	14.20	14.19	14.18
96.00	14.18	14.16	14.15	14.14	14.13	14.12	14.11	14.10
96.50	14.09	14.08	14.07	14.06	14.05	14.04	14.03	14.03
97.00	14.01	13.99	13.98	13.97	13.97	13.96	13.95	13.95
97.50	13.92	13.91	13.90	13.89	13.89	13.88	13.88	13.87
98.00	13.84	13.83	13.82	13.81	13.81	13.80	13.80	13.80
98.50	13.75	13.74	13.74	13.73	13.73	13.73	13.72	13.72
99.00	13.67	13.66	13.66	13.66	13.65	13.65	13.65	13.65
99.50	13.58	13.58	13.58	13.58	13.58	13.57	13.57	13.57
100.00	13.50	13.50	13.50	13.50	13.50	13.50	13.50	13.50
100.50	13.42	13.42	13.42	13.42	13.42	13.43	13.43	13.43
101.00	13.34	13.34	13.34	13.35	13.35	13.35	13.35	13.36
101.50	13.25	13.26	13.27	13.27	13.28	13.28	13.28	13.28
102.00	13.17	13.18	13.19	13.20	13.20	13.21	13.21	13.21
102.50	13.09	13.11	13.11	13.12	13.13	13.13	13.14	13.14
103.00	13.02	13.03	13.04	13.05	13.06	13.06	13.07	13.07
103.50	12.94	12.95	12.96	12.98	12.98	12.99	13.00	13.00
104.00	12.86	12.88	12.89	12.90	12.91	12.92	12.93	12.94
105.00	12.70	12.73	12.74	12.76	12.77	12.78	12.79	12.80
106.00	12.55	12.58	12.60	12.62	12.63	12.65	12.66	12.67
107.00	12.40	12.43	12.46	12.48	12.50	12.51	12.53	12.54
108.00	12.25	12.29	12.32	12.34	12.36	12.38	12.40	12.41
109.00	12.11	12.15	12.18	12.21	12.23	12.25	12.27	12.28
110.00	11.96	12.01	12.04	12.07	12.10	12.12	12.14	12.16

Bond Yield Table 13½%

PRICE	YEARS TO MATURITY							
	21	22	23	24	25	29	30	CUR
75.00	18.16	18.14	18.11	18.10	18.08	18.04	18.03	18.00
76.00	17.92	17.90	17.88	17.86	17.84	17.80	17.80	17.76
77.00	17.69	17.66	17.64	17.63	17.61	17.57	17.57	17.53
78.00	17.46	17.44	17.42	17.40	17.38	17.35	17.34	17.31
79.00	17.24	17.21	17.19	17.18	17.16	17.13	17.12	17.09
80.00	17.02	17.00	16.98	16.96	16.95	16.91	16.91	16.88
80.50	16.91	16.89	16.87	16.86	16.84	16.81	16.80	16.77
81.00	16.80	16.78	16.77	16.75	16.74	16.70	16.70	16.67
81.50	16.70	16.68	16.66	16.65	16.64	16.60	16.60	16.56
82.00	16.60	16.58	16.56	16.55	16.53	16.50	16.49	16.46
82.50	16.49	16.47	16.46	16.44	16.43	16.40	16.39	16.36
83.00	16.39	16.37	16.36	16.34	16.33	16.30	16.30	16.27
83.50	16.29	16.27	16.26	16.25	16.23	16.20	16.20	16.17
84.00	16.19	16.18	16.16	16.15	16.14	16.11	16.11	16.07
84.50	16.10	16.08	16.06	16.05	16.04	16.01	16.01	15.98
85.00	16.00	15.98	15.97	15.95	15.94	15.92	15.91	15.88
85.50	15.90	15.89	15.87	15.86	15.85	15.82	15.82	15.79
86.00	15.81	15.79	15.78	15.77	15.76	15.73	15.73	15.70
86.50	15.71	15.70	15.69	15.67	15.66	15.64	15.63	15.61
87.00	15.62	15.61	15.59	15.58	15.57	15.55	15.54	15.52
87.50	15.53	15.51	15.50	15.49	15.48	15.46	15.45	15.43
88.00	15.44	15.42	15.41	15.40	15.39	15.37	15.37	15.34
88.50	15.35	15.33	15.32	15.31	15.31	15.28	15.28	15.25
89.00	15.26	15.25	15.24	15.23	15.22	15.20	15.19	15.17
89.50	15.17	15.16	15.15	15.14	15.13	15.11	15.11	15.08
90.00	15.08	15.07	15.06	15.05	15.05	15.03	15.02	15.00
90.50	15.00	14.99	14.98	14.97	14.96	14.94	14.94	14.92
91.00	14.91	14.90	14.89	14.88	14.88	14.86	14.86	14.84
91.50	14.83	14.82	14.81	14.80	14.79	14.78	14.77	14.75
92.00	14.74	14.73	14.72	14.72	14.71	14.70	14.69	14.67
92.50	14.66	14.65	14.64	14.64	14.63	14.61	14.61	14.59
93.00	14.58	14.57	14.56	14.56	14.55	14.54	14.53	14.52
93.50	14.49	14.49	14.48	14.47	14.47	14.46	14.45	14.44
94.00	14.41	14.41	14.40	14.40	14.39	14.38	14.38	14.36
94.50	14.33	14.33	14.32	14.32	14.31	14.30	14.30	14.29
95.00	14.25	14.25	14.24	14.24	14.24	14.22	14.22	14.21
95.50	14.18	14.17	14.17	14.16	14.16	14.15	14.15	14.14
96.00	14.10	14.09	14.09	14.09	14.08	14.07	14.07	14.06
96.50	14.02	14.02	14.01	14.01	14.01	14.00	14.00	13.99
97.00	13.94	13.94	13.94	13.94	13.93	13.93	13.93	13.92
97.50	13.87	13.87	13.86	13.86	13.86	13.85	13.85	13.85
98.00	13.79	13.79	13.79	13.79	13.79	13.78	13.78	13.78
98.50	13.72	13.72	13.72	13.71	13.71	13.71	13.71	13.71
99.00	13.65	13.64	13.64	13.64	13.64	13.64	13.64	13.64
99.50	13.57	13.57	13.57	13.57	13.57	13.57	13.57	13.57
100.00	13.50	13.50	13.50	13.50	13.50	13.50	13.50	13.50
100.50	13.43	13.43	13.43	13.43	13.43	13.43	13.43	13.43
101.00	13.36	13.36	13.36	13.36	13.36	13.36	13.36	13.37
101.50	13.29	13.29	13.29	13.29	13.29	13.30	13.30	13.30
102.00	13.22	13.22	13.22	13.22	13.22	13.23	13.23	13.24
102.50	13.15	13.15	13.15	13.15	13.16	13.16	13.16	13.17
103.00	13.08	13.08	13.08	13.09	13.09	13.10	13.10	13.11
103.50	13.01	13.01	13.02	13.02	13.02	13.03	13.03	13.04
104.00	12.94	12.95	12.95	12.96	12.96	12.97	12.97	12.98
105.00	12.81	12.81	12.82	12.82	12.83	12.84	12.84	12.86
106.00	12.68	12.68	12.69	12.70	12.70	12.72	12.72	12.74
107.00	12.55	12.56	12.56	12.57	12.58	12.59	12.60	12.62
108.00	12.42	12.43	12.44	12.45	12.45	12.47	12.47	12.50
109.00	12.30	12.31	12.32	12.32	12.33	12.35	12.36	12.39
110.00	12.17	12.18	12.19	12.20	12.21	12.24	12.24	12.27

13¾%　Bond Yield Table

PRICE	YEARS TO MATURITY							
	¼	½	¾	1	1½	2	3	4
85.00	83.39	51.47	38.37	32.50	26.51	23.58	20.71	19.30
85.50	80.67	50.00	37.43	31.79	26.04	23.22	20.45	19.10
86.00	77.99	48.55	36.50	31.09	25.56	22.86	20.20	18.89
86.50	75.33	47.11	35.58	30.40	25.10	22.50	19.94	18.69
87.00	72.70	45.69	34.67	29.71	24.63	22.14	19.69	18.49
87.50	70.10	44.29	33.76	29.03	24.17	21.79	19.44	18.29
88.00	67.53	42.90	32.87	28.36	23.72	21.44	19.20	18.09
88.50	64.99	41.53	31.98	27.69	23.27	21.09	18.95	17.90
89.00	62.47	40.17	31.10	27.03	22.82	20.75	18.71	17.70
89.50	59.99	38.83	30.23	26.37	22.37	20.40	18.46	17.51
90.00	57.53	37.50	29.37	25.72	21.93	20.06	18.22	17.32
90.50	55.09	36.19	28.52	25.07	21.49	19.73	17.98	17.13
91.00	52.68	34.89	27.67	24.43	21.06	19.39	17.75	16.94
91.25	51.49	34.25	27.25	24.11	20.84	19.22	17.63	16.84
91.50	50.30	33.61	26.84	23.80	20.62	19.06	17.51	16.75
91.75	49.11	32.97	26.42	23.48	20.41	18.89	17.40	16.66
92.00	47.94	32.34	26.00	23.17	20.19	18.73	17.28	16.56
92.25	46.77	31.71	25.59	22.85	19.98	18.56	17.16	16.47
92.50	45.60	31.08	25.18	22.54	19.77	18.40	17.05	16.38
92.75	44.44	30.46	24.77	22.23	19.56	18.24	16.93	16.29
93.00	43.29	29.84	24.37	21.92	19.35	18.07	16.82	16.20
93.25	42.15	29.22	23.96	21.61	19.14	17.91	16.70	16.10
93.50	41.01	28.61	23.56	21.31	18.93	17.75	16.59	16.01
93.75	39.87	28.00	23.16	21.00	18.72	17.59	16.47	15.92
94.00	38.74	27.39	22.76	20.70	18.51	17.43	16.36	15.83
94.25	37.62	26.79	22.36	20.39	18.31	17.27	16.25	15.74
94.50	36.50	26.19	21.96	20.09	18.10	17.11	16.13	15.65
94.75	35.39	25.59	21.57	19.79	17.89	16.95	16.02	15.56
95.00	34.29	25.00	21.18	19.49	17.69	16.80	15.91	15.47
95.25	33.19	24.41	20.78	19.19	17.49	16.64	15.80	15.38
95.50	32.09	23.82	20.40	18.90	17.28	16.48	15.69	15.30
95.75	31.00	23.24	20.01	18.60	17.08	16.33	15.58	15.21
96.00	29.92	22.66	19.62	18.31	16.88	16.17	15.47	15.12
96.25	28.84	22.08	19.24	18.01	16.68	16.01	15.36	15.03
96.50	27.77	21.50	18.86	17.72	16.48	15.86	15.25	14.94
96.75	26.70	20.93	18.47	17.43	16.28	15.71	15.14	14.86
97.00	25.64	20.36	18.10	17.14	16.08	15.55	15.03	14.77
97.25	24.58	19.79	17.72	16.85	15.88	15.40	14.92	14.68
97.50	23.53	19.23	17.34	16.56	15.68	15.25	14.81	14.60
97.75	22.48	18.67	16.97	16.28	15.49	15.09	14.70	14.51
98.00	21.44	18.11	16.59	15.99	15.29	14.94	14.60	14.43
98.25	20.41	17.56	16.22	15.71	15.10	14.79	14.49	14.34
98.50	19.37	17.01	15.85	15.43	14.90	14.64	14.38	14.25
98.75	18.35	16.46	15.49	15.14	14.71	14.49	14.28	14.17
99.00	17.33	15.91	15.12	14.86	14.52	14.34	14.17	14.09
99.25	16.31	15.37	14.75	14.58	14.32	14.19	14.07	14.00
99.50	15.30	14.82	14.39	14.30	14.13	14.05	13.96	13.92
99.75	14.29	14.29	14.03	14.03	13.94	13.90	13.85	13.83
100.00	13.29	13.75	13.67	13.75	13.75	13.75	13.75	13.75
100.25	12.30	13.22	13.31	13.47	13.56	13.60	13.65	13.67
100.50	11.30	12.69	12.95	13.20	13.37	13.46	13.54	13.58
101.00	9.34	11.63	12.24	12.65	12.99	13.17	13.33	13.42
101.50	7.39	10.59	11.54	12.11	12.62	12.88	13.13	13.25
102.00	5.45	9.56	10.84	11.57	12.25	12.59	12.92	13.09
102.50	3.54	8.54	10.14	11.04	11.88	12.30	12.72	12.93
103.00	1.64	7.52	9.46	10.51	11.52	12.02	12.52	12.77
103.50		6.52	8.77	9.99	11.15	11.74	12.32	12.61
104.00		5.53	8.10	9.46	10.79	11.46	12.12	12.45
104.50		4.55	7.43	8.95	10.43	11.18	11.02	12.29
105.00		3.57	6.76	8.43	10.00	10.90	11.73	12.14

144

Bond Yield Table 13¾%

PRICE	YEARS TO MATURITY							
	5	6	7	8	9	10	11	12
95.00	22.29	21.33	20.66	20.17	19.81	19.53	19.31	19.13
96.00	21.88	20.96	20.32	19.86	19.51	19.24	19.03	18.87
97.00	21.48	20.60	19.99	19.55	19.22	18.96	18.76	18.60
98.00	21.08	20.25	19.67	19.25	18.93	18.69	18.50	18.35
99.00	20.69	19.90	19.35	18.95	18.65	18.42	18.24	18.09
100.00	20.30	19.56	19.04	18.66	18.38	18.16	17.98	17.85
100.50	20.11	19.39	18.88	18.52	18.24	18.03	17.86	17.72
101.00	19.92	19.22	18.73	18.37	18.11	17.90	17.73	17.60
101.50	19.74	19.06	18.58	18.23	17.97	17.77	17.61	17.48
102.00	19.55	18.89	18.43	18.09	17.84	17.64	17.49	17.37
102.50	19.37	18.73	18.28	17.95	17.71	17.52	17.37	17.25
103.00	19.19	18.57	18.13	17.82	17.58	17.39	17.25	17.13
103.50	19.01	18.41	17.99	17.68	17.45	17.27	17.13	17.02
104.00	18.83	18.25	17.84	17.55	17.32	17.15	17.01	16.90
104.50	18.65	18.09	17.70	17.41	17.20	17.03	16.90	16.79
105.00	18.47	17.93	17.55	17.28	17.07	16.91	16.78	16.68
105.50	18.30	17.78	17.41	17.15	16.95	16.79	16.67	16.57
106.00	18.12	17.62	17.27	17.02	16.82	16.67	16.56	16.46
106.50	17.95	17.47	17.13	16.89	16.70	16.56	16.44	16.35
107.00	17.78	17.32	17.00	16.76	16.58	16.44	16.33	16.24
107.50	17.61	17.17	16.86	16.63	16.46	16.33	16.22	16.14
108.00	17.44	17.02	16.72	16.51	16.34	16.21	16.11	16.03
108.50	17.28	16.87	16.59	16.38	16.22	16.10	16.01	15.93
109.00	17.11	16.72	16.45	16.26	16.11	15.99	15.90	15.82
109.50	16.95	16.58	16.32	16.13	15.99	15.88	15.79	15.72
110.00	16.78	16.43	16.19	16.01	15.87	15.77	15.69	15.62
110.50	16.62	16.29	16.06	15.89	15.76	15.66	15.58	15.52
111.00	16.46	16.15	15.93	15.77	15.65	15.55	15.48	15.42
111.50	16.30	16.01	15.80	15.65	15.53	15.45	15.38	15.32
112.00	16.14	15.87	15.67	15.53	15.42	15.34	15.27	15.22
112.50	15.98	15.73	15.55	15.41	15.31	15.23	15.17	15.12
113.00	15.83	15.59	15.42	15.30	15.20	15.13	15.07	15.03
113.50	15.67	15.45	15.29	15.18	15.09	15.03	14.97	14.93
114.00	15.52	15.31	15.17	15.07	14.99	14.92	14.87	14.83
114.50	15.37	15.18	15.05	14.95	14.88	14.82	14.78	14.74
115.00	15.21	15.04	14.93	14.84	14.77	14.72	14.68	14.65
115.50	15.06	14.91	14.80	14.73	14.67	14.62	14.58	14.55
116.00	14.91	14.78	14.68	14.61	14.56	14.52	14.49	14.46
116.50	14.76	14.65	14.56	14.50	14.46	14.42	14.39	14.37
117.00	14.62	14.52	14.45	14.39	14.35	14.32	14.30	14.28
117.50	14.47	14.39	14.33	14.28	14.25	14.23	14.21	14.19
118.00	14.32	14.26	14.21	14.18	14.15	14.13	14.11	14.10
118.50	14.18	14.13	14.09	14.07	14.05	14.03	14.02	14.01
119.00	14.03	14.00	13.98	13.96	13.95	13.94	13.93	13 92
119.50	13.89	13.88	13.86	13.86	13.85	13.84	13.84	13.84
120.00	13.75	13.75	13.75	13.75	13.75	13.75	13.75	13.75
120.50	13.61	13.63	13.64	13.65	13.65	13.66	13.66	13.66
121.00	13.47	13.50	13.52	13.54	13.55	13.56	13.57	13.58
121.50	13.33	13.38	13.41	13.44	13.46	13.47	13.48	13.49
122.00	13.19	13.26	13.30	13.34	13.36	13.38	13.40	13.41
122.50	13.05	13.13	13.19	13.23	13.27	13.29	13.31	13.33
123.00	12.92	13.01	13.08	13.13	13.17	13.20	13.22	13.24
123.50	12.78	12.89	12.97	13.03	13.08	13.11	13.14	13.16
124.00	12.65	12.78	12.87	12.93	12.98	13.02	13.05	13.08
125.00	12.38	12.54	12.65	12.74	12.80	12.85	12.89	12.92
126.00	12.12	12.31	12.44	12.54	12.62	12.67	12.72	12.76
127.00	11.85	12.08	12.23	12.35	12.44	12.50	12.56	12.60
128.00	11.60	11.85	12.03	12.16	12.26	12.34	12.40	12.45
129.00	11.34	11.63	11.82	11.97	12.08	12.17	12.24	12.30
130.00	11.09	11.40	11.62	11.79	11.91	12.01	12.08	12.15

13¾%　　Bond Yield Table

PRICE	YEARS TO MATURITY							
	13	14	15	16	17	18	19	20
75.00	18.99	18.88	18.79	18.71	18.65	18.60	18.55	18.5
76.00	18.73	18.62	18.53	18.46	18.40	18.35	18.31	18.2
77.00	18.47	18.37	18.28	18.21	18.16	18.11	18.07	18.0
78.00	18.22	18.12	18.04	17.97	17.92	17.87	17.83	17.8
79.00	17.98	17.88	17.80	17.74	17.68	17.64	17.60	17.5
80.00	17.73	17.64	17.57	17.51	17.46	17.41	17.38	17.3
80.50	17.62	17.53	17.45	17.39	17.34	17.30	17.27	17.2
81.00	17.50	17.41	17.34	17.28	17.23	17.19	17.16	17.1
81.50	17.38	17.30	17.23	17.17	17.12	17.09	17.05	17.0
82.00	17.27	17.18	17.12	17.06	17.02	16.98	16.95	16.9
82.50	17.15	17.07	17.01	16.95	16.91	16.87	16.84	16.8
83.00	17.04	16.96	16.90	16.85	16.80	16.77	16.74	16.7
83.50	16.93	16.85	16.79	16.74	16.70	16.66	16.63	16.6
84.00	16.82	16.74	16.68	16.64	16.59	16.56	16.53	16.5
84.50	16.71	16.64	16.58	16.53	16.49	16.46	16.43	16.4
85.00	16.60	16.53	16.47	16.43	16.39	16.36	16.33	16.3
85.50	16.49	16.43	16.37	16.33	16.29	16.26	16.23	16.2
86.00	16.38	16.32	16.27	16.23	16.19	16.16	16.13	16.1
86.50	16.28	16.22	16.17	16.13	16.09	16.06	16.04	16.0
87.00	16.17	16.12	16.07	16.03	15.99	15.96	15.94	15.9
87.50	16.07	16.01	15.97	15.93	15.90	15.87	15.85	15.8
88.00	15.97	15.91	15.87	15.83	15.80	15.77	15.75	15.7
88.50	15.87	15.81	15.77	15.74	15.71	15.68	15.66	15.6
89.00	15.76	15.71	15.67	15.64	15.61	15.59	15.57	15.5
89.50	15.66	15.62	15.58	15.55	15.52	15.50	15.48	15.4
90.00	15.57	15.52	15.48	15.45	15.43	15.40	15.39	15.3
90.50	15.47	15.42	15.39	15.36	15.34	15.31	15.30	15.2
91.00	15.37	15.33	15.30	15.27	15.25	15.23	15.21	15.1
91.50	15.27	15.24	15.20	15.18	15.16	15.14	15.12	15.1
92.00	15.18	15.14	15.11	15.09	15.07	15.05	15.03	15.0
92.50	15.08	15.05	15.02	15.00	14.98	14.96	14.95	14.9
93.00	14.99	14.96	14.93	14.91	14.89	14.88	14.86	14.8
93.50	14.90	14.87	14.84	14.82	14.81	14.79	14.78	14.7
94.00	14.80	14.78	14.75	14.74	14.72	14.71	14.70	14.6
94.50	14.71	14.69	14.67	14.65	14.64	14.62	14.61	14.6
95.00	14.62	14.60	14.58	14.56	14.55	14.54	14.53	14.5
95.50	14.53	14.51	14.49	14.48	14.47	14.46	14.45	14.4
96.00	14.44	14.42	14.41	14.40	14.39	14.38	14.37	14.3
96.50	14.35	14.34	14.32	14.31	14.30	14.30	14.29	14.2
97.00	14.26	14.25	14.24	14.23	14.22	14.22	14.21	14.2
97.50	14.18	14.17	14.16	14.15	14.14	14.14	14.13	14.1
98.00	14.09	14.08	14.07	14.07	14.06	14.06	14.05	14.0
98.50	14.00	14.00	13.99	13.99	13.98	13.98	13.98	13.9
99.00	13.92	13.91	13.91	13.91	13.91	13.90	13.90	13.9
99.50	13.83	13.83	13.83	13.83	13.83	13.83	13.83	13.8
100.00	13.75	13.75	13.75	13.75	13.75	13.75	13.75	13.7
100.50	13.67	13.67	13.67	13.67	13.67	13.67	13.68	13.6
101.00	13.58	13.59	13.59	13.60	13.60	13.60	13.60	13.6
101.50	13.50	13.51	13.51	13.52	13.52	13.53	13.53	13.5
102.00	13.42	13.43	13.44	13.44	13.45	13.45	13.46	13.4
102.50	13.34	13.35	13.36	13.37	13.37	13.38	13.38	13.3
103.00	13.26	13.27	13.28	13.29	13.30	13.31	13.31	13.3
103.50	13.18	13.20	13.21	13.22	13.23	13.24	13.24	13.2
104.00	13.10	13.12	13.13	13.15	13.16	13.16	13.17	13.1
105.00	12.95	12.97	12.98	13.00	13.01	13.02	13.03	13.0
106.00	12.79	12.82	12.84	12.86	12.87	12.89	12.90	12.9
107.00	12.64	12.67	12.69	12.72	12.73	12.75	12.76	12.7
108.00	12.49	12.52	12.55	12.58	12.60	12.62	12.63	12.6
109.00	12.34	12.38	12.41	12.44	12.46	12.48	12.50	12.5
110.00	12.20	12.24	12.28	12.31	12.33	12.35	12.37	12.39

Bond Yield Table 13¾%

PRICE	21	22	23	24	25	29	30	CUR
				YEARS TO MATURITY				
75.00	18.49	18.46	18.44	18.42	18.41	18.37	18.36	18.33
76.00	18.24	18.22	18.20	18.18	18.17	18.13	18.12	18.09
77.00	18.01	17.98	17.96	17.95	17.93	17.89	17.89	17.86
78.00	17.77	17.75	17.73	17.71	17.70	17.67	17.66	17.63
79.00	17.55	17.52	17.51	17.49	17.48	17.44	17.44	17.41
80.00	17.32	17.30	17.29	17.27	17.26	17.22	17.22	17.19
80.50	17.21	17.19	17.18	17.16	17.15	17.12	17.11	17.08
81.00	17.11	17.09	17.07	17.06	17.04	17.01	17.01	16.98
81.50	17.00	16.98	16.96	16.95	16.94	16.91	16.90	16.87
82.00	16.90	16.88	16.86	16.85	16.83	16.80	16.80	16.77
82.50	16.79	16.77	16.76	16.74	16.73	16.70	16.70	16.67
83.00	16.69	16.67	16.65	16.64	16.63	16.60	16.59	16.57
83.50	16.59	16.57	16.55	16.54	16.53	16.50	16.49	16.47
84.00	16.49	16.47	16.45	16.44	16.43	16.40	16.40	16.37
84.50	16.39	16.37	16.36	16.34	16.33	16.30	16.30	16.27
85.00	16.29	16.27	16.26	16.25	16.24	16.21	16.20	16.18
85.50	16.19	16.17	16.16	16.15	16.14	16.11	16.11	16.08
86.00	16.09	16.08	16.07	16.05	16.04	16.02	16.01	15.99
86.50	16.00	15.98	15.97	15.96	15.95	15.93	15.92	15.90
87.00	15.90	15.89	15.88	15.87	15.86	15.83	15.83	15.80
87.50	15.81	15.80	15.78	15.77	15.77	15.74	15.74	15.71
88.00	15.72	15.70	15.69	15.68	15.68	15.65	15.65	15.63
88.50	15.63	15.61	15.60	15.59	15.59	15.56	15.56	15.54
89.00	15.54	15.52	15.51	15.50	15.50	15.48	15.47	15.45
89.50	15.45	15.43	15.42	15.42	15.41	15.39	15.38	15.36
90.00	15.36	15.35	15.34	15.33	15.32	15.30	15.30	15.28
90.50	15.27	15.26	15.25	15.24	15.24	15.22	15.21	15.19
91.00	15.18	15.17	15.16	15.16	15.15	15.13	15.13	15.11
91.50	15.10	15.09	15.08	15.07	15.07	15.05	15.05	15.03
92.00	15.01	15.00	14.99	14.99	14.98	14.97	14.96	14.95
92.50	14.93	14.92	14.91	14.90	14.90	14.88	14.88	14.86
93.00	14.84	14.84	14.83	14.82	14.82	14.80	14.80	14.78
93.50	14.76	14.75	14.75	14.74	14.74	14.72	14.72	14.71
94.00	14.68	14.67	14.67	14.66	14.66	14.64	14.64	14.63
94.50	14.60	14.59	14.58	14.58	14.58	14.56	14.56	14.55
95.00	14.52	14.51	14.51	14.50	14.50	14.49	14.49	14.47
95.50	14.44	14.43	14.43	14.42	14.42	14.41	14.41	14.40
96.00	14.36	14.35	14.35	14.35	14.34	14.33	14.33	14.32
96.50	14.28	14.27	14.27	14.27	14.27	14.26	14.26	14.25
97.00	14.20	14.20	14.19	14.19	14.19	14.18	14.18	14.18
97.50	14.12	14.12	14.12	14.12	14.11	14.11	14.11	14.10
98.00	14.05	14.05	14.04	14.04	14.04	14.04	14.04	14.03
98.50	13.97	13.97	13.97	13.97	13.97	13.96	13.96	13.96
99.00	13.90	13.90	13.90	13.90	13.89	13.89	13.89	13.89
99.50	13.82	13.82	13.82	13.82	13.82	13.82	13.82	13.82
100.00	13.75	13.75	13.75	13.75	13.75	13.75	13.75	13.75
100.50	13.68	13.68	13.68	13.68	13.68	13.68	13.68	13.68
101.00	13.60	13.61	13.61	13.61	13.61	13.61	13.61	13.61
101.50	13.53	13.53	13.54	13.54	13.54	13.54	13.54	13.55
102.00	13.46	13.46	13.47	13.47	13.47	13.47	13.48	13.48
102.50	13.39	13.39	13.40	13.40	13.40	13.41	13.41	13.41
103.00	13.32	13.33	13.33	13.33	13.33	13.34	13.34	13.35
103.50	13.25	13.26	13.26	13.26	13.27	13.27	13.28	13.29
104.00	13.18	13.19	13.19	13.20	13.20	13.21	13.21	13.22
105.00	13.05	13.05	13.06	13.06	13.07	13.08	13.08	13.10
106.00	12.91	12.92	12.93	12.93	12.94	12.95	12.95	12.97
107.00	12.78	12.79	12.80	12.81	12.81	12.83	12.83	12.85
108.00	12.65	12.66	12.67	12.68	12.69	12.70	12.71	12.73
109.00	12.53	12.54	12.55	12.56	12.56	12.58	12.59	12.61
110.00	12.40	12.41	12.42	12.43	12.44	12.46	12.47	12.50

Bond Yield Table

PRICE				YEARS TO MATURITY				
	1/4	1/2	3/4	1	1 1/2	2	3	4
85.00	83.62	51.76	38.65	32.78	26.79	23.86	20.99	19.58
85.50	80.90	50.29	37.71	32.07	26.31	23.50	20.73	19.37
86.00	78.21	48.84	36.77	31.37	25.84	23.13	20.47	19.17
86.50	75.56	47.40	35.85	30.68	25.37	22.77	20.22	18.97
87.00	72.93	45.98	34.94	29.99	24.91	22.42	19.97	18.76
87.50	70.33	44.57	34.04	29.31	24.45	22.06	19.72	18.56
88.00	67.76	43.18	33.14	28.63	23.99	21.71	19.47	18.37
88.50	65.22	41.81	32.25	27.96	23.54	21.36	19.22	18.17
89.00	62.70	40.45	31.37	27.30	23.09	21.02	18.98	17.97
89.50	60.22	39.11	30.50	26.64	22.64	20.67	18.73	17.78
90.00	57.75	37.78	29.64	25.99	22.20	20.33	18.49	17.59
90.50	55.32	36.46	28.79	25.34	21.76	19.99	18.25	17.39
91.00	52.91	35.16	27.94	24.70	21.32	19.66	18.01	17.20
91.25	51.72	34.52	27.52	24.38	21.11	19.49	17.89	17.11
91.50	50.53	33.88	27.10	24.06	20.89	19.32	17.78	17.02
91.75	49.34	33.24	26.68	23.75	20.67	19.16	17.66	16.92
92.00	48.17	32.61	26.27	23.43	20.46	18.99	17.54	16.83
92.25	47.00	31.98	25.86	23.12	20.25	18.83	17.43	16.73
92.50	45.83	31.35	25.44	22.81	20.03	18.66	17.31	16.64
92.75	44.68	30.73	25.03	22.49	19.82	18.50	17.19	16.55
93.00	43.52	30.11	24.63	22.19	19.61	18.34	17.08	16.46
93.25	42.38	29.49	24.22	21.88	19.40	18.18	16.96	16.37
93.50	41.24	28.88	23.82	21.57	19.19	18.01	16.85	16.27
93.75	40.10	28.27	23.42	21.26	18.98	17.85	16.73	16.18
94.00	38.97	27.66	23.02	20.96	18.77	17.69	16.62	16.09
94.25	37.85	27.06	22.62	20.66	18.57	17.53	16.51	16.00
94.50	36.73	26.46	22.22	20.35	18.36	17.37	16.39	15.91
94.75	35.62	25.86	21.83	20.05	18.15	17.21	16.28	15.82
95.00	34.52	25.26	21.43	19.75	17.95	17.05	16.17	15.73
95.25	33.42	24.67	21.04	19.45	17.74	16.90	16.06	15.64
95.50	32.32	24.08	20.65	19.16	17.54	16.74	15.95	15.55
95.75	31.23	23.50	20.26	18.86	17.34	16.58	15.83	15.46
96.00	30.15	22.92	19.88	18.57	17.14	16.43	15.72	15.38
96.25	29.07	22.34	19.49	18.27	16.93	16.27	15.61	15.29
96.50	28.00	21.76	19.11	17.98	16.73	16.12	15.50	15.20
96.75	26.93	21.19	18.73	17.69	16.53	15.96	15.39	15.11
97.00	25.87	20.62	18.35	17.40	16.34	15.81	15.28	15.02
97.25	24.81	20.05	17.97	17.11	16.14	15.65	15.17	14.94
97.50	23.76	19.49	17.59	16.82	15.94	15.50	15.07	14.85
97.75	22.72	18.93	17.22	16.53	15.74	15.35	14.96	14.76
98.00	21.67	18.37	16.84	16.25	15.55	15.20	14.85	14.68
98.25	20.64	17.81	16.47	15.96	15.35	15.05	14.74	14.59
98.50	19.61	17.26	16.10	15.68	15.16	14.89	14.64	14.51
98.75	18.58	16.71	15.73	15.40	14.96	14.74	14.53	14.42
99.00	17.56	16.16	15.37	15.11	14.77	14.59	14.42	14.34
99.25	16.55	15.62	15.00	14.83	14.57	14.45	14.32	14.25
99.50	15.53	15.08	14.64	14.56	14.38	14.30	14.21	14.17
99.75	14.53	14.54	14.28	14.28	14.19	14.15	14.11	14.08
100.00	13.53	14.00	13.91	14.00	14.00	14.00	14.00	14.00
100.25	12.53	13.47	13.56	13.72	13.81	13.85	13.90	13.92
100.50	11.54	12.94	13.20	13.45	13.62	13.71	13.79	13.83
101.00	9.57	11.88	12.49	12.90	13.24	13.41	13.58	13.67
101.50	7.62	10.84	11.78	12.36	12.87	13.12	13.38	13.50
102.00	5.69	9.80	11.08	11.82	12.50	12.83	13.17	13.34
102.50	3.77	8.78	10.39	11.29	12.13	12.55	12.97	13.18
103.00	1.88	7.77	9.70	10.76	11.76	12.26	12.77	13.01
103.50		6.76	9.02	10.23	11.40	11.98	12.56	12.85
104.00		5.77	8.34	9.71	11.03	11.70	12.36	12.69
104.50		4.78	7.67	9.19	10.67	11.42	12.16	12.54
105.00		3.81	7.00	8.67	10.32	11.14	11.97	12.38

Bond Yield Table 14%

PRICE	YEARS TO MATURITY							
	5	6	7	8	9	10	11	12
75.00	22.60	21.63	20.97	20.48	20.12	19.84	19.62	19.45
76.00	22.18	21.26	20.63	20.17	19.82	19.55	19.34	19.18
77.00	21.77	20.90	20.29	19.85	19.52	19.27	19.07	18.91
78.00	21.37	20.54	19.97	19.55	19.23	18.99	18.80	18.65
79.00	20.98	20.19	19.65	19.25	18.95	18.72	18.54	18.39
80.00	20.59	19.85	19.33	18.95	18.67	18.45	18.28	18.14
80.50	20.40	19.68	19.18	18.81	18.53	18.32	18.15	18.02
81.00	20.21	19.51	19.02	18.67	18.40	18.19	18.03	17.90
81.50	20.02	19.34	18.87	18.52	18.26	18.06	17.90	17.78
82.00	19.84	19.18	18.72	18.38	18.13	17.93	17.78	17.66
82.50	19.65	19.01	18.57	18.24	18.00	17.81	17.66	17.54
83.00	19.47	18.85	18.42	18.10	17.87	17.68	17.54	17.42
83.50	19.29	18.69	18.27	17.97	17.74	17.56	17.42	17.31
84.00	19.11	18.53	18.12	17.83	17.61	17.44	17.30	17.19
84.50	18.93	18.37	17.98	17.69	17.48	17.31	17.18	17.08
85.00	18.75	18.21	17.84	17.56	17.35	17.19	17.07	16.96
85.50	18.58	18.06	17.69	17.43	17.23	17.07	16.95	16.85
86.00	18.40	17.90	17.55	17.30	17.10	16.95	16.84	16.74
86.50	18.23	17.75	17.41	17.16	16.98	16.84	16.72	16.63
87.00	18.06	17.59	17.27	17.04	16.86	16.72	16.61	16.52
87.50	17.89	17.44	17.13	16.91	16.74	16.60	16.50	16.42
88.00	17.72	17.29	17.00	16.78	16.62	16.49	16.39	16.31
88.50	17.55	17.14	16.86	16.65	16.50	16.38	16.28	16.20
89.00	17.38	16.99	16.72	16.53	16.38	16.26	16.17	16.10
89.50	17.22	16.85	16.59	16.40	16.26	16.15	16.06	15.99
90.00	17.05	16.70	16.46	16.28	16.14	16.04	15.96	15.89
90.50	16.89	16.56	16.33	16.16	16.03	15.93	15.85	15.79
91.00	16.73	16.41	16.20	16.04	15.91	15.82	15.75	15.69
91.50	16.57	16.27	16.07	15.92	15.80	15.71	15.64	15.59
91.50	16.41	16.13	15.94	15.80	15.69	15.61	15.54	15.49
92.50	16.25	15.99	15.81	15.68	15.58	15.50	15.44	15.39
93.00	16.09	15.85	15.68	15.56	15.47	15.39	15.34	15.29
93.50	15.93	15.71	15.56	15.44	15.36	15.29	15.24	15.19
94.00	15.78	15.57	15.43	15.33	15.25	15.19	15.14	15.10
94.50	15.63	15.44	15.31	15.21	15.14	15.08	15.04	15.00
95.00	15.47	15.30	15.18	15.10	15.03	14.98	14.94	14.91
95.50	15.32	15.17	15.06	14.98	14.92	14.88	14.84	14.81
96.00	15.17	15.04	14.94	14.87	14.82	14.78	14.75	14.72
96.50	15.02	14.90	14.82	14.76	14.71	14.68	14.65	14.63
97.00	14.87	14.77	14.70	14.65	14.61	14.58	14.55	14.54
97.50	14.72	14.64	14.58	14.54	14.51	14.48	14.46	14.44
98.00	14.58	14.51	14.46	14.43	14.40	14.38	14.37	14.35
98.50	14.43	14.38	14.35	14.32	14.30	14.29	14.27	14.26
99.00	14.29	14.25	14.23	14.21	14.20	14.19	14.18	14.18
99.50	14.14	14.13	14.11	14.11	14.10	14.09	14.09	14.09
100.00	14.00	14.00	14.00	14.00	14.00	14.00	14.00	14.00
100.50	13.86	13.87	13.89	13.89	13.90	13.91	13.91	13.91
101.00	13.72	13.75	13.77	13.79	13.80	13.81	13.82	13.83
101.50	13.58	13.63	13.66	13.69	13.70	13.72	13.73	13.74
102.00	13.44	13.50	13.55	13.58	13.61	13.63	13.64	13.66
102.50	13.30	13.38	13.44	13.48	13.51	13.54	13.56	13.57
103.00	13.16	13.26	13.33	13.38	13.42	13.45	13.47	13.49
103.00	13.03	13.14	13.22	13.28	13.32	13.36	13.38	13.41
104.00	12.89	13.02	13.11	13.18	13.23	13.27	13.30	13.32
105.00	12.62	12.78	12.89	12.98	13.04	13.09	13.13	13.16
106.00	12.36	12.55	12.68	12.78	12.86	12.91	12.96	13.00
107.00	12.09	12.32	12.47	12.59	12.67	12.74	12.80	12.84
108.00	11.83	12.09	12.26	12.40	12.49	12.57	12.63	12.68
109.00	11.58	11.86	12.06	12.21	12.32	12.40	12.47	12.53
110.00	11.33	11.64	11.86	12.02	12.14	12.24	12.32	12.38

Bond Yield Table

PRICE	YEARS TO MATURITY							
	13	14	15	16	17	18	19	20
75.00	19.31	19.20	19.11	19.03	18.97	18.92	18.88	18.8
76.00	19.04	18.94	18.85	18.78	18.72	18.67	18.63	18.5
77.00	18.78	18.68	18.60	18.53	18.47	18.42	18.38	18.3
78.00	18.53	18.43	18.35	18.28	18.23	18.18	18.14	18.1
79.00	18.28	18.18	18.11	18.04	17.99	17.95	17.91	17.8
80.00	18.03	17.94	17.87	17.81	17.76	17.72	17.68	17.6
80.50	17.91	17.83	17.75	17.70	17.65	17.61	17.57	17.5
81.00	17.79	17.71	17.64	17.58	17.53	17.49	17.46	17.4
81.50	17.68	17.59	17.53	17.47	17.42	17.38	17.35	17.3
82.00	17.56	17.48	17.41	17.36	17.31	17.28	17.24	17.2
82.50	17.44	17.37	17.30	17.25	17.20	17.17	17.14	17.1
83.00	17.33	17.25	17.19	17.14	17.10	17.06	17.03	17.0
83.50	17.22	17.14	17.08	17.03	16.99	16.96	16.93	16.9
84.00	17.10	17.03	16.97	16.93	16.88	16.85	16.82	16.8
84.50	16.99	16.92	16.87	16.82	16.78	16.75	16.72	16.7
85.00	16.88	16.82	16.76	16.72	16.68	16.65	16.62	16.6
85.50	16.77	16.71	16.66	16.61	16.58	16.54	16.52	16.5
86.00	16.67	16.60	16.55	16.51	16.47	16.44	16.42	16.4
86.50	16.56	16.50	16.45	16.41	16.37	16.35	16.32	16.3
87.00	16.45	16.40	16.35	16.31	16.27	16.25	16.22	16.2
87.50	16.35	16.29	16.25	16.21	16.18	16.15	16.13	16.1
88.00	16.24	16.19	16.15	16.11	16.08	16.05	16.03	16.0
88.50	16.14	16.09	16.05	16.01	15.98	15.96	15.94	15.9
89.00	16.04	15.99	15.95	15.92	15.89	15.86	15.84	15.8
89.50	15.94	15.89	15.85	15.82	15.79	15.77	15.75	15.7
90.00	15.84	15.79	15.76	15.73	15.70	15.68	15.66	15.6
90.50	15.74	15.70	15.66	15.63	15.61	15.59	15.57	15.5
91.00	15.64	15.60	15.57	15.54	15.52	15.50	15.48	15.4
91.50	15.54	15.50	15.47	15.45	15.43	15.41	15.39	15.3
92.00	15.44	15.41	15.38	15.36	15.34	15.32	15.30	15.2
92.50	15.35	15.32	15.29	15.27	15.25	15.23	15.22	15.2
93.00	15.25	15.22	15.20	15.18	15.16	15.14	15.13	15.1
93.50	15.16	15.13	15.11	15.09	15.07	15.06	15.04	15.0
94.00	15.07	15.04	15.02	15.00	14.98	14.97	14.96	14.9
94.50	14.97	14.95	14.93	14.91	14.90	14.89	14.88	14.8
95.00	14.88	14.86	14.84	14.82	14.81	14.80	14.79	14.7
95.50	14.79	14.77	14.75	14.74	14.73	14.72	14.71	14.7
96.00	14.70	14.68	14.67	14.65	14.64	14.64	14.63	14.6
96.50	14.61	14.59	14.58	14.57	14.56	14.55	14.55	14.5
97.00	14.52	14.51	14.50	14.49	14.48	14.47	14.47	14.4
97.50	14.43	14.42	14.41	14.40	14.40	14.39	14.39	14.3
98.00	14.34	14.33	14.33	14.32	14.32	14.31	14.31	14.3
98.50	14.26	14.25	14.24	14.24	14.24	14.23	14.23	14.2
99.00	14.17	14.17	14.16	14.16	14.16	14.15	14.15	14.1
99.50	14.08	14.08	14.08	14.08	14.08	14.08	14.08	14.0
100.00	14.00	14.00	14.00	14.00	14.00	14.00	14.00	14.0
100.50	13.92	13.92	13.92	13.92	13.92	13.92	13.92	13.9
101.00	13.83	13.84	13.84	13.84	13.85	13.85	13.85	13.8
101.50	13.75	13.76	13.76	13.77	13.77	13.77	13.78	13.7
102.00	13.67	13.68	13.68	13.69	13.69	13.70	13.70	13.7
102.50	13.59	13.60	13.61	13.61	13.62	13.62	13.63	13.6
103.00	13.50	13.52	13.53	13.54	13.54	13.55	13.56	13.5
103.50	13.42	13.44	13.45	13.46	13.47	13.48	13.48	13.4
104.00	13.34	13.36	13.38	13.39	13.40	13.41	13.41	13.4
105.00	13.19	13.21	13.23	13.24	13.25	13.26	13.27	13.2
106.00	13.03	13.06	13.08	13.10	13.11	13.12	13.13	13.1
107.00	12.88	12.91	12.93	12.95	12.97	12.99	13.00	13.0
108.00	12.73	12.76	12.79	12.81	12.83	12.85	12.86	12.88
109.00	12.58	12.61	12.65	12.67	12.70	12.72	12.73	12.7
110.00	12.43	12.47	12.51	12.54	12.56	12.58	12.60	12.62

Bond Yield Table   14%

PRICE	YEARS TO MATURITY							
	21	22	23	24	25	29	30	CUR
75.00	18.81	18.79	18.77	18.75	18.74	18.70	18.70	18.67
76.00	18.57	18.54	18.52	18.51	18.49	18.46	18.45	18.42
77.00	18.32	18.30	18.28	18.27	18.25	18.22	18.21	18.18
78.00	18.09	18.06	18.05	18.03	18.02	17.98	17.98	17.95
79.00	17.86	17.83	17.82	17.80	17.79	17.76	17.75	17.72
80.00	17.63	17.61	17.59	17.58	17.57	17.53	17.53	17.50
80.50	17.52	17.50	17.48	17.47	17.46	17.42	17.42	17.39
81.00	17.41	17.39	17.37	17.36	17.35	17.32	17.31	17.28
81.50	17.30	17.28	17.27	17.25	17.24	17.21	17.21	17.18
82.00	17.20	17.18	17.16	17.15	17.14	17.11	17.10	17.07
82.50	17.09	17.07	17.06	17.04	17.03	17.00	17.00	16.97
83.00	16.98	16.97	16.95	16.94	16.93	16.90	16.89	16.87
83.50	16.88	16.86	16.85	16.84	16.83	16.80	16.79	16.77
84.00	16.78	16.76	16.75	16.74	16.73	16.70	16.69	16.67
84.50	16.68	16.66	16.65	16.64	16.63	16.60	16.59	16.57
85.00	16.58	16.56	16.55	16.54	16.53	16.50	16.50	16.47
85.50	16.48	16.46	16.45	16.44	16.43	16.40	16.40	16.37
86.00	16.38	16.37	16.35	16.34	16.33	16.31	16.30	16.28
86.50	16.28	16.27	16.26	16.25	16.24	16.21	16.21	16.18
87.00	16.19	16.17	16.16	16.15	16.14	16.12	16.12	16.09
87.50	16.09	16.08	16.07	16.06	16.05	16.03	16.02	16.00
88.00	16.00	15.99	15.97	15.97	15.96	15.93	15.93	15.91
88.50	15.91	15.89	15.88	15.87	15.87	15.84	15.84	15.82
89.00	15.81	15.80	15.79	15.78	15.78	15.75	15.75	15.73
89.50	15.72	15.71	15.70	15.69	15.69	15.67	15.66	15.64
90.00	15.63	15.62	15.61	15.60	15.60	15.58	15.58	15.56
90.50	15.54	15.53	15.52	15.52	15.51	15.49	15.49	15.47
91.00	15.45	15.44	15.44	15.43	15.42	15.41	15.40	15.38
91.50	15.37	15.36	15.35	15.34	15.34	15.32	15.32	15.30
92.00	15.28	15.27	15.26	15.26	15.25	15.24	15.23	15.22
92.50	15.19	15.19	15.18	15.17	15.17	15.15	15.15	15.14
93.00	15.11	15.10	15.10	15.09	15.08	15.07	15.07	15.05
93.50	15.03	15.02	15.01	15.01	15.00	14.99	14.99	14.97
94.00	14.94	14.94	14.93	14.92	14.92	14.91	14.91	14.89
94.50	14.86	14.85	14.85	14.84	14.84	14.83	14.83	14.81
95.00	14.78	14.77	14.77	14.76	14.76	14.75	14.75	14.74
95.50	14.70	14.69	14.69	14.68	14.68	14.67	14.67	14.66
96.00	14.62	14.61	14.61	14.60	14.60	14.59	14.59	14.58
96.50	14.54	14.53	14.53	14.53	14.52	14.52	14.52	14.51
97.00	14.46	14.45	14.45	14.45	14.45	14.44	14.44	14.43
97.50	14.38	14.38	14.37	14.37	14.37	14.37	14.36	14.36
98.00	14.30	14.30	14.30	14.30	14.30	14.29	14.29	14.29
98.50	14.23	14.22	14.22	14.22	14.22	14.22	14.22	14.21
99.00	14.15	14.15	14.15	14.15	14.15	14.14	14.14	14.14
99.50	14.07	14.07	14.07	14.07	14.07	14.07	14.07	14.07
100.00	14.00	14.00	14.00	14.00	14.00	14.00	14.00	14.00
100.50	13.93	13.93	13.93	13.93	13.93	13.93	13.93	13.93
101.00	13.85	13.85	13.85	13.86	13.86	13.86	13.86	13.86
101.50	13.78	13.78	13.78	13.78	13.79	13.79	13.79	13.79
102.00	13.71	13.71	13.71	13.71	13.72	13.72	13.72	13.73
102.50	13.64	13.64	13.64	13.64	13.65	13.65	13.65	13.66
103.00	13.57	13.57	13.57	13.57	13.58	13.58	13.58	13.59
103.50	13.50	13.50	13.50	13.51	13.51	13.52	13.52	13.53
104.00	13.43	13.43	13.43	13.44	13.44	13.45	13.45	13.46
105.00	13.29	13.29	13.30	13.30	13.31	13.32	13.32	13.33
106.00	13.15	13.16	13.17	13.17	13.18	13.19	13.19	13.21
107.00	13.02	13.03	13.03	13.04	13.05	13.06	13.06	13.08
108.00	12.89	12.90	12.91	12.91	12.92	12.94	12.94	12.96
109.00	12.76	12.77	12.78	12.79	12.79	12.81	12.82	12.84
110.00	12.63	12.64	12.65	12.66	12.67	12.69	12.70	12.73

14¼% Bond Yield Table

PRICE	YEARS TO MATURITY							
	¼	½	¾	1	1½	2	3	4
85.00	83.84	52.06	38.92	33.06	27.07	24.14	21.27	19.86
85.50	81.12	50.58	37.98	32.36	26.59	23.78	21.01	19.65
86.00	78.44	49.13	37.05	31.66	26.12	23.41	20.75	19.45
86.50	75.78	47.69	36.13	30.96	25.65	23.05	20.49	19.24
87.00	73.15	46.26	35.21	30.27	25.19	22.69	20.24	19.04
87.50	70.56	44.86	34.31	29.59	24.72	22.34	19.99	18.84
88.00	67.99	43.47	33.41	28.91	24.27	21.98	19.74	18.64
88.50	65.44	42.09	32.52	28.24	23.81	21.63	19.49	18.44
89.00	62.93	40.73	31.64	27.57	23.36	21.29	19.25	18.24
89.50	60.44	39.39	30.77	26.91	22.91	20.94	19.00	18.05
90.00	57.98	38.06	29.91	26.26	22.47	20.60	18.76	17.85
90.50	55.55	36.74	29.05	25.61	22.03	20.26	18.52	17.66
91.00	53.14	35.44	28.20	24.97	21.59	19.92	18.28	17.47
91.25	51.94	34.79	27.78	24.65	21.37	19.76	18.16	17.38
91.50	50.76	34.15	27.36	24.33	21.16	19.59	18.04	17.28
91.75	49.57	33.51	26.95	24.01	20.94	19.42	17.92	17.19
92.00	48.40	32.88	26.53	23.70	20.72	19.26	17.81	17.09
92.25	47.23	32.25	26.12	23.38	20.51	19.09	17.69	17.00
92.50	46.06	31.62	25.71	23.07	20.30	18.93	17.57	16.91
92.75	44.91	31.00	25.30	22.76	20.09	18.76	17.46	16.81
93.00	43.75	30.38	24.89	22.45	19.87	18.60	17.34	16.72
93.25	42.61	29.76	24.48	22.14	19.66	18.44	17.22	16.63
93.50	41.47	29.14	24.08	21.83	19.45	18.27	17.11	16.54
93.75	40.33	28.53	23.68	21.53	19.24	18.11	16.99	16.44
94.00	39.21	27.93	23.27	21.22	19.03	17.95	16.88	16.35
94.25	38.08	27.32	22.88	20.92	18.83	17.79	16.77	16.26
94.50	36.97	26.72	22.48	20.61	18.62	17.63	16.65	16.17
94.75	35.86	26.12	22.08	20.31	18.41	17.47	16.54	16.08
95.00	34.75	25.53	21.69	20.01	18.21	17.31	16.43	15.99
95.25	33.65	24.93	21.30	19.71	18.00	17.16	16.31	15.90
95.50	32.56	24.35	20.91	19.42	17.80	17.00	16.20	15.81
95.75	31.47	23.76	20.52	19.12	17.60	16.84	16.09	15.72
96.00	30.38	23.18	20.13	18.82	17.39	16.68	15.98	15.63
96.25	29.30	22.60	19.75	18.53	17.19	16.53	15.87	15.54
96.50	28.23	22.02	19.36	18.24	16.99	16.37	15.76	15.46
96.75	27.17	21.45	18.98	17.94	16.79	16.22	15.65	15.37
97.00	26.10	20.88	18.60	17.65	16.59	16.06	15.54	15.28
97.25	25.05	20.31	18.22	17.36	16.39	15.91	15.43	15.19
97.50	24.00	19.74	17.84	17.07	16.19	15.76	15.32	15.11
97.75	22.95	19.18	17.47	16.79	16.00	15.60	15.21	15.02
98.00	21.91	18.62	17.10	16.50	15.80	15.45	15.10	14.93
98.25	20.87	18.07	16.72	16.22	15.60	15.30	15.00	14.85
98.50	19.84	17.51	16.35	15.93	15.41	15.15	14.89	14.76
98.75	18.81	16.96	15.98	15.65	15.21	15.00	14.78	14.67
99.00	17.79	16.41	15.62	15.37	15.02	14.85	14.67	14.59
99.25	16.78	15.87	15.25	15.09	14.83	14.70	14.57	14.50
99.50	15.77	15.33	14.89	14.81	14.63	14.55	14.46	14.42
99.75	14.76	14.79	14.52	14.53	14.44	14.40	14.36	14.33
100.00	13.76	14.25	14.16	14.25	14.25	14.25	14.25	14.25
100.25	12.76	13.72	13.80	13.97	14.06	14.10	14.14	14.17
100.50	11.77	13.18	13.44	13.70	13.87	13.95	14.04	14.08
101.00	9.80	12.13	12.73	13.15	13.49	13.66	13.83	13.92
101.50	7.85	11.08	12.02	12.61	13.12	13.37	13.62	13.75
102.00	5.92	10.05	11.32	12.07	12.74	13.08	13.42	13.59
102.50	4.01	9.02	10.63	11.53	12.37	12.79	13.21	13.42
103.00	2.11	8.01	9.94	11.00	12.01	12.51	13.01	13.26
103.50	0.23	7.00	9.26	10.47	11.64	12.22	12.81	13.10
104.00		6.01	8.58	9.95	11.28	11.94	12.61	12.94
104.50		5.02	7.90	9.43	10.92	11.66	12.41	12.78
105.00		4.05	7.24	8.91	10.56	11.38	12.21	12.62

152

Bond Yield Table 14¼%

PRICE	YEARS TO MATURITY							
	5	6	7	8	9	10	11	12
75.00	22.90	21.94	21.27	20.79	20.43	20.15	19.94	19.77
76.00	22.48	21.57	20.93	20.47	20.13	19.86	19.65	19.49
77.00	22.07	21.20	20.60	20.16	19.83	19.57	19.38	19.22
78.00	21.67	20.84	20.27	19.85	19.54	19.29	19.11	18.96
79.00	21.27	20.49	19.94	19.55	19.25	19.02	18.84	18.70
80.00	20.88	20.14	19.62	19.25	18.97	18.75	18.58	18.44
80.50	20.69	19.97	19.47	19.10	18.83	18.62	18.45	18.32
81.00	20.50	19.80	19.31	18.96	18.69	18.48	18.32	18.20
81.50	20.31	19.63	19.16	18.81	18.55	18.35	18.20	18.07
82.00	20.12	19.46	19.01	18.67	18.42	18.23	18.07	17.95
82.50	19.94	19.30	18.85	18.53	18.29	18.10	17.95	17.83
83.00	19.75	19.13	18.70	18.39	18.15	17.97	17.83	17.71
83.50	19.57	18.97	18.55	18.25	18.02	17.85	17.71	17.60
84.00	19.39	18.81	18.41	18.11	17.89	17.72	17.59	17.48
84.50	19.21	18.65	18.26	17.98	17.76	17.60	17.47	17.36
85.00	19.03	18.49	18.12	17.84	17.63	17.48	17.35	17.25
85.50	18.85	18.33	17.97	17.71	17.51	17.35	17.23	17.14
86.00	18.68	18.18	17.83	17.57	17.38	17.23	17.12	17.02
86.50	18.50	18.02	17.69	17.44	17.26	17.12	17.00	16.91
87.00	18.33	17.87	17.55	17.31	17.13	17.00	16.89	16.80
87.50	18.16	17.72	17.41	17.18	17.01	16.88	16.78	16.69
88.00	17.99	17.56	17.27	17.05	16.89	16.76	16.66	16.59
88.50	17.82	17.41	17.13	16.93	16.77	16.65	16.55	16.48
89.00	17.65	17.27	17.00	16.80	16.65	16.54	16.44	16.37
89.50	17.49	17.12	16.86	16.67	16.53	16.42	16.34	16.27
90.00	17.32	16.97	16.73	16.55	16.41	16.31	16.23	16.16
90.50	17.16	16.83	16.59	16.43	16.30	16.20	16.12	16.06
91.00	16.99	16.68	16.46	16.30	16.18	16.09	16.02	15.96
91.50	16.83	16.54	16.33	16.18	16.07	15.98	15.91	15.85
92.00	16.67	16.39	16.20	16.06	15.95	15.87	15.81	15.75
92.50	16.51	16.25	16.07	15.94	15.84	15.76	15.70	15.65
93.00	16.35	16.11	15.95	15.82	15.73	15.66	15.60	15.56
93.50	16.20	15.97	15.82	15.70	15.62	15.55	15.50	15.46
94.00	16.04	15.84	15.69	15.59	15.51	15.45	15.40	15.36
94.50	15.89	15.70	15.57	15.47	15.40	15.34	15.30	15.26
95.00	15.73	15.56	15.44	15.36	15.29	15.24	15.20	15.17
95.50	15.58	15.43	15.32	15.24	15.18	15.14	15.10	15.07
96.00	15.43	15.29	15.20	15.13	15.08	15.04	15.00	14.98
96.50	15.28	15.16	15.08	15.02	14.97	14.93	14.91	14.88
97.00	15.13	15.03	14.96	14.90	14.87	14.83	14.81	14.79
97.50	14.98	14.89	14.84	14.79	14.76	14.74	14.72	14.70
98.00	14.83	14.76	14.72	14.68	14.66	14.64	14.62	14.61
98.50	14.68	14.63	14.60	14.57	14.55	14.54	14.53	14.52
99.00	14.54	14.51	14.48	14.46	14.45	14.44	14.43	14.43
99.50	14.39	14.38	14.37	14.36	14.35	14.35	14.34	14.34
100.00	14.25	14.25	14.25	14.25	14.25	14.25	14.25	14.25
100.50	14.11	14.12	14.14	14.14	14.15	14.16	14.16	14.16
101.00	13.97	14.00	14.02	14.04	14.05	14.06	14.07	14.08
101.50	13.82	13.87	13.91	13.93	13.95	13.97	13.98	13.99
102.00	13.68	13.75	13.80	13.83	13.85	13.87	13.89	13.90
102.50	13.55	13.63	13.68	13.73	13.76	13.78	13.80	13.82
103.00	13.41	13.50	13.57	13.62	13.66	13.69	13.71	13.73
103.50	13.27	13.38	13.46	13.52	13.56	13.60	13.63	13.65
104.00	13.13	13.26	13.35	13.42	13.47	13.51	13.54	13.57
105.00	12.86	13.02	13.14	13.22	13.28	13.33	13.37	13.40
106.00	12.60	12.79	12.92	13.02	13.10	13.15	13.20	13.24
107.00	12.33	12.55	12.71	12.83	12.91	12.98	13.03	13.08
108.00	12.07	12.32	12.50	12.63	12.73	12.81	12.87	12.92
109.00	11.82	12.10	12.30	12.44	12.55	12.64	12.71	12.76
110.00	11.56	11.87	12.09	12.25	12.38	12.47	12.55	12.61

14¼%   Bond Yield Table

PRICE	YEARS TO MATURITY							
	13	14	15	16	17	18	19	20
75.00	19.63	19.52	19.43	19.35	19.29	19.24	19.20	19.17
76.00	19.36	19.25	19.17	19.09	19.04	18.99	18.95	18.92
77.00	19.09	18.99	18.91	18.84	18.78	18.74	18.70	18.67
78.00	18.84	18.74	18.66	18.59	18.54	18.49	18.46	18.43
79.00	18.58	18.49	18.41	18.35	18.30	18.26	18.22	18.19
80.00	18.33	18.25	18.17	18.11	18.06	18.02	17.99	17.96
80.50	18.21	18.13	18.06	18.00	17.95	17.91	17.88	17.85
81.00	18.09	18.01	17.94	17.88	17.84	17.80	17.76	17.74
81.50	17.97	17.89	17.82	17.77	17.72	17.68	17.65	17.63
82.00	17.85	17.77	17.71	17.66	17.61	17.57	17.54	17.52
82.50	17.74	17.66	17.60	17.54	17.50	17.46	17.43	17.41
83.00	17.62	17.55	17.48	17.43	17.39	17.36	17.33	17.30
83.50	17.51	17.43	17.37	17.32	17.28	17.25	17.22	17.20
84.00	17.39	17.32	17.26	17.22	17.18	17.14	17.11	17.09
84.50	17.28	17.21	17.16	17.11	17.07	17.04	17.01	16.99
85.00	17.17	17.10	17.05	17.00	16.97	16.93	16.91	16.89
85.50	17.06	16.99	16.94	16.90	16.86	16.83	16.81	16.78
86.00	16.95	16.89	16.84	16.79	16.76	16.73	16.71	16.68
86.50	16.84	16.78	16.73	16.69	16.66	16.63	16.61	16.59
87.00	16.73	16.68	16.63	16.59	16.56	16.53	16.51	16.49
87.50	16.63	16.57	16.53	16.49	16.46	16.43	16.41	16.39
88.00	16.52	16.47	16.42	16.39	16.36	16.33	16.31	16.29
88.50	16.42	16.37	16.32	16.29	16.26	16.24	16.22	16.20
89.00	16.31	16.26	16.22	16.19	16.16	16.14	16.12	16.11
89.50	16.21	16.16	16.13	16.09	16.07	16.05	16.03	16.01
90.00	16.11	16.07	16.03	16.00	15.97	15.95	15.94	15.92
90.50	16.01	15.97	15.93	15.90	15.88	15.86	15.84	15.83
91.00	15.91	15.87	15.84	15.81	15.79	15.77	15.75	15.74
91.50	15.81	15.77	15.74	15.72	15.69	15.68	15.66	15.65
92.00	15.71	15.68	15.65	15.62	15.60	15.59	15.57	15.56
92.50	15.61	15.58	15.55	15.53	15.51	15.50	15.48	15.47
93.00	15.52	15.49	15.46	15.44	15.42	15.41	15.40	15.39
93.50	15.42	15.39	15.37	15.35	15.33	15.32	15.31	15.30
94.00	15.33	15.30	15.28	15.26	15.25	15.23	15.22	15.21
94.50	15.23	15.21	15.19	15.17	15.16	15.15	15.14	15.13
95.00	15.14	15.12	15.10	15.09	15.07	15.06	15.05	15.05
95.50	15.05	15.03	15.01	15.00	14.99	14.98	14.97	14.96
96.00	14.96	14.94	14.92	14.91	14.90	14.89	14.89	14.88
96.50	14.87	14.85	14.84	14.83	14.82	14.81	14.80	14.80
97.00	14.78	14.76	14.75	14.74	14.74	14.73	14.72	14.72
97.50	14.69	14.68	14.67	14.66	14.65	14.65	14.64	14.64
98.00	14.60	14.59	14.58	14.58	14.57	14.57	14.56	14.56
98.50	14.51	14.50	14.50	14.49	14.49	14.49	14.48	14.48
99.00	14.42	14.42	14.41	14.41	14.41	14.41	14.41	14.40
99.50	14.34	14.33	14.33	14.33	14.33	14.33	14.33	14.33
100.00	14.25	14.25	14.25	14.25	14.25	14.25	14.25	14.25
100.50	14.16	14.17	14.17	14.17	14.17	14.17	14.17	14.17
101.00	14.08	14.08	14.09	14.09	14.09	14.10	14.10	14.10
101.50	14.00	14.00	14.01	14.01	14.02	14.02	14.02	14.02
102.00	13.91	13.92	13.93	13.93	13.94	13.94	13.95	13.95
102.50	13.83	13.84	13.85	13.86	13.86	13.87	13.87	13.88
103.00	13.75	13.76	13.77	13.78	13.79	13.79	13.80	13.81
103.50	13.67	13.68	13.69	13.70	13.71	13.72	13.73	13.73
104.00	13.59	13.60	13.62	13.63	13.64	13.65	13.66	13.66
105.00	13.43	13.45	13.47	13.48	13.49	13.50	13.51	13.52
106.00	13.27	13.29	13.32	13.33	13.35	13.36	13.37	13.38
107.00	13.11	13.14	13.17	13.19	13.21	13.22	13.23	13.25
108.00	12.96	13.00	13.02	13.05	13.07	13.08	13.10	13.11
109.00	12.81	12.85	12.88	12.91	12.93	12.95	12.97	12.98
110.00	12.66	12.70	12.74	12.77	12.79	12.82	12.83	12.85

Bond Yield Table 14¼%

PRICE	YEARS TO MATURITY							CUR
	21	22	23	24	25	29	30	
75.00	19.14	19.12	19.10	19.08	19.07	19.03	19.03	19.00
76.00	18.89	18.87	18.85	18.83	18.82	18.78	18.78	18.75
77.00	18.64	18.62	18.60	18.59	18.57	18.54	18.53	18.51
78.00	18.40	18.38	18.36	18.35	18.33	18.30	18.30	18.27
79.00	18.17	18.15	18.13	18.11	18.10	18.07	18.06	18.04
80.00	17.94	17.92	17.90	17.89	17.88	17.84	17.84	17.81
80.50	17.82	17.81	17.79	17.78	17.76	17.73	17.73	17.70
81.00	17.71	17.69	17.68	17.67	17.65	17.62	17.62	17.59
81.50	17.60	17.59	17.57	17.56	17.55	17.52	17.51	17.48
82.00	17.49	17.48	17.46	17.45	17.44	17.41	17.40	17.38
82.50	17.39	17.37	17.35	17.34	17.33	17.30	17.30	17.27
83.00	17.28	17.26	17.25	17.24	17.23	17.20	17.19	17.17
83.50	17.18	17.16	17.14	17.13	17.12	17.10	17.09	17.07
84.00	17.07	17.06	17.04	17.03	17.02	16.99	16.99	16.96
84.50	16.97	16.95	16.94	16.93	16.92	16.89	16.89	16.86
85.00	16.87	16.85	16.84	16.83	16.82	16.79	16.79	16.76
85.50	16.77	16.75	16.74	16.73	16.72	16.69	16.69	16.67
86.00	16.67	16.65	16.64	16.63	16.62	16.60	16.59	16.57
86.50	16.57	16.55	16.54	16.53	16.52	16.50	16.50	16.47
87.00	16.47	16.46	16.45	16.44	16.43	16.40	16.40	16.38
87.50	16.37	16.36	16.35	16.34	16.33	16.31	16.31	16.29
88.00	16.28	16.27	16.26	16.25	16.24	16.22	16.21	16.19
88.50	16.18	16.17	16.16	16.15	16.15	16.13	16.12	16.10
89.00	16.09	16.08	16.07	16.06	16.05	16.03	16.03	16.01
89.50	16.00	15.99	15.98	15.97	15.96	15.94	15.94	15.92
90.00	15.91	15.90	15.89	15.88	15.87	15.85	15.85	15.83
90.50	15.82	15.81	15.80	15.79	15.78	15.77	15.76	15.75
91.00	15.73	15.72	15.71	15.70	15.70	15.68	15.68	15.66
91.50	15.64	15.63	15.62	15.61	15.61	15.59	15.59	15.57
92.00	15.55	15.54	15.53	15.53	15.52	15.51	15.50	15.49
92.50	15.46	15.45	15.45	15.44	15.44	15.42	15.42	15.41
93.00	15.38	15.37	15.36	15.36	15.35	15.34	15.34	15.32
93.50	15.29	15.28	15.28	15.27	15.27	15.26	15.25	15.24
94.00	15.21	15.20	15.19	15.19	15.19	15.17	15.17	15.16
94.50	15.12	15.12	15.11	15.11	15.10	15.09	15.09	15.08
95.00	15.04	15.03	15.03	15.03	15.02	15.01	15.01	15.00
95.50	14.96	14.95	14.95	14.94	14.94	14.93	14.93	14.92
96.00	14.88	14.87	14.87	14.86	14.86	14.85	14.85	14.84
96.50	14.80	14.79	14.79	14.78	14.78	14.78	14.77	14.77
97.00	14.72	14.71	14.71	14.71	14.70	14.70	14.70	14.69
97.50	14.64	14.63	14.63	14.63	14.63	14.62	14.62	14.62
98.00	14.56	14.55	14.55	14.55	14.55	14.55	14.55	14.54
98.50	14.48	14.48	14.48	14.47	14.47	14.47	14.47	14.47
99.00	14.40	14.40	14.40	14.40	14.40	14.40	14.40	14.39
99.50	14.33	14.33	14.32	14.32	14.32	14.32	14.32	14.32
100.00	14.25	14.25	14.25	14.25	14.25	14.25	14.25	14.25
100.50	14.17	14.18	14.18	14.18	14.18	14.18	14.18	14.18
101.00	14.10	14.10	14.10	14.10	14.10	14.11	14.11	14.11
101.50	14.03	14.03	14.03	14.03	14.03	14.04	14.04	14.04
102.00	13.95	13.96	13.96	13.96	13.96	13.97	13.97	13.97
102.50	13.88	13.88	13.89	13.89	13.89	13.90	13.90	13.90
103.00	13.81	13.81	13.82	13.82	13.82	13.83	13.83	13.83
103.50	13.74	13.74	13.75	13.75	13.75	13.76	13.76	13.77
104.00	13.67	13.67	13.68	13.68	13.68	13.69	13.69	13.70
105.00	13.53	13.53	13.54	13.54	13.55	13.56	13.56	13.57
106.00	13.39	13.40	13.40	13.41	13.41	13.43	13.43	13.44
107.00	13.25	13.26	13.27	13.28	13.28	13.30	13.30	13.32
108.00	13.12	13.13	13.14	13.15	13.15	13.17	13.17	13.19
109.00	12.99	13.00	13.01	13.02	13.03	13.05	13.05	13.07
110.00	12.86	12.87	12.88	12.89	12.90	12.92	12.93	12.95

14½%　　　Bond Yield Table

PRICE	¼	½	¾	1	1½	2	3	4
					YEARS TO MATURITY			
85.00	84.06	52.35	39.20	33.35	27.35	24.42	21.54	20.14
85.50	81.35	50.88	38.26	32.64	26.87	24.05	21.28	19.93
86.00	78.66	49.42	37.33	31.94	26.40	23.69	21.03	19.72
86.50	76.01	47.98	36.40	31.24	25.93	23.33	20.77	19.52
87.00	73.38	46.55	35.49	30.55	25.46	22.97	20.51	19.31
87.50	70.78	45.14	34.58	29.86	25.00	22.61	20.26	19.11
88.00	68.21	43.75	33.68	29.19	24.54	22.26	20.01	18.91
88.50	65.67	42.37	32.79	28.51	24.08	21.91	19.76	18.71
89.00	63.16	41.01	31.91	27.85	23.63	21.56	19.52	18.51
89.50	60.67	39.66	31.04	27.19	23.18	21.21	19.27	18.32
90.00	58.21	38.33	30.18	26.53	22.74	20.87	19.03	18.12
90.50	55.78	37.02	29.32	25.88	22.30	20.53	18.79	17.93
91.00	53.37	35.71	28.47	25.24	21.86	20.19	18.55	17.74
91.25	52.17	35.07	28.05	24.92	21.64	20.02	18.43	17.64
91.50	50.99	34.43	27.63	24.60	21.42	19.85	18.31	17.55
91.75	49.80	33.79	27.21	24.28	21.21	19.69	18.19	17.45
92.00	48.63	33.15	26.79	23.96	20.99	19.52	18.07	17.36
92.25	47.46	32.52	26.38	23.65	20.78	19.36	17.95	17.26
92.50	46.29	31.89	25.97	23.34	20.56	19.19	17.84	17.17
92.75	45.14	31.27	25.56	23.02	20.35	19.03	17.72	17.07
93.00	43.98	30.65	25.15	22.71	20.14	18.86	17.60	16.98
93.25	42.84	30.03	24.74	22.40	19.92	18.70	17.49	16.89
93.50	41.70	29.41	24.34	22.10	19.71	18.54	17.37	16.80
93.75	40.56	28.80	23.93	21.79	19.50	18.37	17.26	16.70
94.00	39.44	28.19	23.53	21.48	19.30	18.21	17.14	16.61
94.25	38.31	27.59	23.13	21.18	19.09	18.05	17.03	16.52
94.50	37.20	26.98	22.74	20.88	18.88	17.89	16.91	16.43
94.75	36.09	26.39	22.34	20.57	18.67	17.73	16.80	16.34
95.00	34.98	25.79	21.95	20.27	18.47	17.57	16.69	16.25
95.25	33.88	25.20	21.55	19.97	18.26	17.41	16.57	16.16
95.50	32.79	24.61	21.16	19.67	18.06	17.26	16.46	16.07
95.75	31.70	24.02	20.77	19.38	17.85	17.10	16.35	15.98
96.00	30.61	23.44	20.39	19.08	17.65	16.94	16.24	15.89
96.25	29.54	22.86	20.00	18.79	17.45	16.78	16.13	15.80
96.50	28.46	22.28	19.62	18.49	17.25	16.63	16.01	15.71
96.75	27.40	21.71	19.23	18.20	17.05	16.47	15.90	15.62
97.00	26.34	21.13	18.85	17.91	16.85	16.32	15.79	15.53
97.25	25.28	20.57	18.47	17.62	16.65	16.16	15.68	15.45
97.50	24.23	20.00	18.10	17.33	16.45	16.01	15.57	15.36
97.75	23.18	19.44	17.72	17.04	16.25	15.86	15.47	15.27
98.00	22.14	18.88	17.35	16.75	16.05	15.70	15.36	15.19
98.25	21.10	18.32	16.97	16.47	15.86	15.55	15.25	15.10
98.50	20.07	17.77	16.60	16.18	15.66	15.40	15.14	15.01
98.75	19.05	17.22	16.23	15.90	15.47	15.25	15.03	14.93
99.00	18.03	16.67	15.86	15.62	15.27	15.10	14.93	14.84
99.25	17.01	16.12	15.50	15.34	15.08	14.95	14.82	14.75
99.50	16.00	15.58	15.13	15.06	14.88	14.80	14.71	14.67
99.75	14.99	15.04	14.77	14.78	14.69	14.65	14.61	14.58
100.00	13.99	14.50	14.41	14.50	14.50	14.50	14.50	14.50
100.25	13.00	13.97	14.05	14.22	14.31	14.35	14.39	14.42
100.50	12.00	13.43	13.69	13.95	14.12	14.20	14.29	14.33
101.00	10.04	12.38	12.98	13.40	13.74	13.91	14.08	14.16
101.50	8.09	11.33	12.27	12.85	13.36	13.62	13.87	14.00
102.00	6.15	10.29	11.57	12.31	12.99	13.33	13.67	13.83
102.50	4.24	9.27	10.87	11.78	12.62	13.04	13.46	13.67
103.00	2.34	8.25	10.18	11.24	12.25	12.75	13.26	13.50
103.50	0.47	7.25	9.50	10.72	11.88	12.47	13.05	13.34
104.00		6.25	8.82	10.19	11.52	12.19	12.85	13.18
104.50		5.26	8.14	9.67	11.16	11.91	12.65	13.02
105.00		4.29	7.47	9.15	10.80	11.63	12.45	12.86

Bond Yield Table 14½%

PRICE	YEARS TO MATURITY							
	5	6	7	8	9	10	11	12
75.00	23.21	22.25	21.58	21.10	20.74	20.47	20.25	20.08
76.00	22.79	21.87	21.24	20.78	20.43	20.17	19.97	19.80
77.00	22.37	21.50	20.90	20.46	20.13	19.88	19.68	19.53
78.00	21.97	21.14	20.57	20.15	19.84	19.60	19.41	19.26
79.00	21.57	20.78	20.24	19.84	19.55	19.32	19.14	19.00
80.00	21.18	20.43	19.92	19.54	19.26	19.05	18.88	18.74
80.50	20.98	20.26	19.76	19.40	19.12	18.91	18.75	18.62
81.00	20.79	20.09	19.60	19.25	18.98	18.78	18.62	18.49
81.50	20.60	19.92	19.45	19.10	18.85	18.65	18.49	18.37
82.00	20.41	19.75	19.29	18.96	18.71	18.52	18.37	18.24
82.50	20.22	19.58	19.14	18.82	18.57	18.39	18.24	18.12
83.00	20.04	19.42	18.99	18.68	18.44	18.26	18.12	18.00
83.50	19.85	19.26	18.84	18.54	18.31	18.13	17.99	17.88
84.00	19.67	19.09	18.69	18.40	18.18	18.01	17.87	17.77
84.50	19.49	18.93	18.54	18.26	18.05	17.88	17.75	17.65
85.00	19.31	18.77	18.40	18.12	17.92	17.76	17.63	17.53
85.50	19.13	18.61	18.25	17.99	17.79	17.64	17.52	17.42
86.00	18.96	18.46	18.11	17.85	17.66	17.51	17.40	17.31
86.50	18.78	18.30	17.96	17.72	17.54	17.39	17.28	17.19
87.00	18.61	18.14	17.82	17.59	17.41	17.28	17.17	17.08
87.50	18.43	17.99	17.68	17.46	17.29	17.16	17.05	16.97
88.00	18.26	17.84	17.54	17.33	17.17	17.04	16.94	16.86
88.50	18.09	17.69	17.40	17.20	17.04	16.92	16.83	16.75
89.00	17.92	17.54	17.27	17.07	16.92	16.81	16.72	16.65
89.50	17.75	17.39	17.13	16.94	16.80	16.69	16.61	16.54
90.00	17.59	17.24	17.00	16.82	16.69	16.58	16.50	16.43
90.50	17.42	17.09	16.86	16.69	16.57	16.47	16.39	16.33
91.00	17.26	16.95	16.73	16.57	16.45	16.36	16.28	16.23
91.50	17.10	16.80	16.60	16.45	16.34	16.25	16.18	16.12
92.00	16.93	16.66	16.47	16.33	16.22	16.14	16.07	16.02
92.50	16.77	16.52	16.34	16.21	16.11	16.03	15.97	15.92
93.00	16.62	16.38	16.21	16.09	15.99	15.92	15.87	15.82
93.50	16.46	16.24	16.08	15.97	15.88	15.81	15.76	15.72
94.00	16.30	16.10	15.95	15.85	15.77	15.71	15.66	15.62
94.50	16.14	15.96	15.83	15.73	15.66	15.60	15.56	15.52
95.00	15.99	15.82	15.70	15.62	15.55	15.50	15.46	15.43
95.50	15.84	15.68	15.58	15.50	15.44	15.40	15.36	15.33
96.00	15.68	15.55	15.46	15.39	15.33	15.29	15.26	15.24
96.50	15.53	15.41	15.33	15.27	15.23	15.19	15.16	15.14
97.00	15.38	15.28	15.21	15.16	15.12	15.09	15.07	15.05
97.50	15.23	15.15	15.09	15.05	15.02	14.99	14.97	14.95
98.00	15.08	15.02	14.97	14.94	14.91	14.89	14.87	14.86
98.50	14.94	14.89	14.85	14.83	14.81	14.79	14.78	14.77
99.00	14.79	14.76	14.73	14.72	14.70	14.69	14.69	14.68
99.50	14.64	14.63	14.61	14.61	14.60	14.60	14.59	14.59
100.00	14.50	14.50	14.50	14.50	14.50	14.50	14.50	14.50
100.50	14.36	14.37	14.38	14.39	14.40	14.40	14.41	14.41
101.00	14.21	14.25	14.27	14.29	14.30	14.31	14.32	14.32
101.50	14.07	14.12	14.16	14.18	14.20	14.21	14.23	14.24
102.00	13.93	14.00	14.04	14.08	14.10	14.12	14.14	14.15
102.50	13.79	13.87	13.93	13.97	14.00	14.03	14.05	14.06
103.00	13.65	13.75	13.82	13.87	13.91	13.94	13.96	13.98
103.50	13.51	13.63	13.71	13.76	13.81	13.84	13.87	13.89
104.00	13.38	13.51	13.60	13.66	13.71	13.75	13.78	13.81
105.00	13.11	13.27	13.38	13.46	13.52	13.57	13.61	13.64
106.00	12.84	13.03	13.16	13.26	13.34	13.39	13.44	13.48
107.00	12.57	12.79	12.95	13.06	13.15	13.22	13.27	13.32
108.00	12.31	12.56	12.74	12.87	12.97	13.05	13.11	13.16
109.00	12.05	12.33	12.53	12.68	12.79	12.87	12.94	13.00
110.00	11.80	12.11	12.33	12.49	12.61	12.71	12.78	12.84

14½%   Bond Yield Table

PRICE

				YEARS TO MATURITY			
	13	14	15	16	17	18	19	20
75.00	19.95	19.84	19.75	19.68	19.62	19.57	19.53	19.4
76.00	19.67	19.57	19.48	19.41	19.36	19.31	19.27	19.2
77.00	19.40	19.30	19.22	19.16	19.10	19.05	19.02	18.9
78.00	19.14	19.05	18.97	18.90	18.85	18.81	18.77	18.7
79.00	18.89	18.79	18.72	18.66	18.61	18.57	18.53	18.5
80.00	18.63	18.55	18.48	18.42	18.37	18.33	18.30	18.2
80.50	18.51	18.43	18.36	18.30	18.25	18.21	18.18	18.1
81.00	18.39	18.31	18.24	18.18	18.14	18.10	18.07	18.0
81.50	18.27	18.19	18.12	18.07	18.02	17.98	17.95	17.9
82.00	18.15	18.07	18.00	17.95	17.91	17.87	17.84	17.8
82.50	18.03	17.95	17.89	17.84	17.80	17.76	17.73	17.7
83.00	17.91	17.84	17.78	17.73	17.69	17.65	17.62	17.6
83.50	17.80	17.72	17.66	17.62	17.58	17.54	17.51	17.4
84.00	17.68	17.61	17.55	17.51	17.47	17.43	17.41	17.3
84.50	17.57	17.50	17.44	17.40	17.36	17.33	17.30	17.2
85.00	17.45	17.39	17.33	17.29	17.25	17.22	17.20	17.1
85.50	17.34	17.28	17.23	17.18	17.15	17.12	17.09	17.0
86.00	17.23	17.17	17.12	17.08	17.04	17.02	16.99	16.9
86.50	17.12	17.06	17.01	16.97	16.94	16.91	16.89	16.8
87.00	17.01	16.96	16.91	16.87	16.84	16.81	16.79	16.7
87.50	16.90	16.85	16.81	16.77	16.74	16.71	16.69	16.6
88.00	16.80	16.75	16.70	16.67	16.64	16.61	16.59	16.5
88.50	16.69	16.64	16.60	16.57	16.54	16.52	16.50	16.4
89.00	16.59	16.54	16.50	16.47	16.44	16.42	16.40	16.3
89.50	16.48	16.44	16.40	16.37	16.34	16.32	16.30	16.2
90.00	16.38	16.34	16.30	16.27	16.25	16.23	16.21	16.1
90.50	16.28	16.24	16.20	16.18	16.15	16.13	16.12	16.1
91.00	16.18	16.14	16.11	16.08	16.06	16.04	16.02	16.0
91.50	16.08	16.04	16.01	15.99	15.96	15.95	15.93	15.9
92.00	15.98	15.94	15.92	15.89	15.87	15.86	15.84	15.8
92.50	15.88	15.85	15.82	15.80	15.78	15.76	15.75	15.7
93.00	15.78	15.75	15.73	15.71	15.69	15.67	15.66	15.6
93.50	15.69	15.66	15.63	15.62	15.60	15.59	15.57	15.5
94.00	15.59	15.56	15.54	15.53	15.51	15.50	15.49	15.4
94.50	15.50	15.47	15.45	15.44	15.42	15.41	15.40	15.3
95.00	15.40	15.38	15.36	15.35	15.33	15.32	15.32	15.3
95.50	15.31	15.29	15.27	15.26	15.25	15.24	15.23	15.2
96.00	15.21	15.20	15.18	15.17	15.16	15.15	15.15	15.1
96.50	15.12	15.11	15.10	15.09	15.08	15.07	15.06	15.0
97.00	15.03	15.02	15.01	15.00	14.99	14.99	14.98	14.9
97.50	14.94	14.93	14.92	14.91	14.91	14.90	14.90	14.8
98.00	14.85	14.84	14.84	14.83	14.83	14.82	14.82	14.8
98.50	14.76	14.76	14.75	14.75	14.74	14.74	14.74	14.7
99.00	14.67	14.67	14.67	14.66	14.66	14.66	14.66	14.6
99.50	14.59	14.58	14.58	14.58	14.58	14.58	14.58	14.5
100.00	14.50	14.50	14.50	14.50	14.50	14.50	14.50	14.50
100.50	14.41	14.42	14.42	14.42	14.42	14.42	14.42	14.42
101.00	14.33	14.33	14.34	14.34	14.34	14.34	14.35	14.35
101.50	14.24	14.25	14.26	14.26	14.26	14.27	14.27	14.2
102.00	14.16	14.17	14.17	14.18	14.19	14.19	14.19	14.20
102.50	14.08	14.09	14.10	14.10	14.11	14.11	14.12	14.12
103.00	13.99	14.01	14.02	14.02	14.03	14.04	14.04	14.05
103.50	13.91	13.93	13.94	13.95	13.96	13.96	13.97	13.98
104.00	13.83	13.85	13.86	13.87	13.88	13.89	13.90	13.90
105.00	13.67	13.69	13.71	13.72	13.73	13.74	13.75	13.76
106.00	13.51	13.53	13.55	13.57	13.59	13.60	13.61	13.62
107.00	13.35	13.38	13.41	13.43	13.44	13.46	13.47	13.48
108.00	13.20	13.23	13.26	13.28	13.30	13.32	13.33	13.35
109.00	13.04	13.08	13.11	13.14	13.16	13.18	13.20	13.21
110.00	12.89	12.94	12.97	13.00	13.02	13.05	13.06	13.08

Bond Yield Table 14½%

PRICE	YEARS TO MATURITY							CUR
	21	22	23	24	25	29	30	
75.00	19.47	19.44	19.43	19.41	19.40	19.36	19.36	19.33
76.00	19.21	19.19	19.17	19.15	19.14	19.11	19.10	19.08
77.00	18.96	18.94	18.92	18.91	18.89	18.86	18.86	18.83
78.00	18.72	18.70	18.68	18.66	18.65	18.62	18.62	18.59
79.00	18.48	18.46	18.44	18.43	18.42	18.38	18.38	18.35
80.00	18.24	18.23	18.21	18.20	18.18	18.15	18.15	18.13
80.50	18.13	18.11	18.10	18.08	18.07	18.04	18.04	18.01
81.00	18.02	18.00	17.98	17.97	17.96	17.93	17.93	17.90
81.50	17.91	17.89	17.87	17.86	17.85	17.82	17.82	17.79
82.00	17.79	17.78	17.76	17.75	17.74	17.71	17.71	17.68
82.50	17.69	17.67	17.65	17.64	17.63	17.60	17.60	17.58
83.00	17.58	17.56	17.55	17.53	17.52	17.50	17.49	17.47
83.50	17.47	17.45	17.44	17.43	17.42	17.39	17.39	17.37
84.00	17.37	17.35	17.34	17.32	17.31	17.29	17.28	17.26
84.50	17.26	17.25	17.23	17.22	17.21	17.19	17.18	17.16
85.00	17.16	17.14	17.13	17.12	17.11	17.09	17.08	17.06
85.50	17.06	17.04	17.03	17.02	17.01	16.98	16.98	16.96
86.00	16.95	16.94	16.93	16.92	16.91	16.89	16.88	16.86
86.50	16.85	16.84	16.83	16.82	16.81	16.79	16.78	16.76
87.00	16.76	16.74	16.73	16.72	16.71	16.69	16.69	16.67
87.50	16.66	16.64	16.63	16.62	16.62	16.59	16.59	16.57
88.00	16.56	16.55	16.54	16.53	16.52	16.50	16.50	16.48
88.50	16.46	16.45	16.44	16.43	16.43	16.41	16.40	16.38
89.00	16.37	16.36	16.35	16.34	16.33	16.31	16.31	16.29
89.50	16.28	16.26	16.25	16.25	16.24	16.22	16.22	16.20
90.00	16.18	16.17	16.16	16.16	16.15	16.13	16.13	16.11
90.50	16.09	16.08	16.07	16.06	16.06	16.04	16.04	16.02
91.00	16.00	15.99	15.98	15.97	15.97	15.95	15.95	15.93
91.50	15.91	15.90	15.89	15.89	15.88	15.86	15.86	15.85
92.00	15.82	15.81	15.80	15.80	15.79	15.78	15.78	15.76
92.50	15.73	15.72	15.72	15.71	15.71	15.69	15.69	15.68
93.00	15.64	15.64	15.63	15.62	15.62	15.61	15.60	15.59
93.50	15.56	15.55	15.54	15.54	15.53	15.52	15.52	15.51
94.00	15.47	15.46	15.46	15.45	15.45	15.44	15.44	15.43
94.50	15.39	15.38	15.37	15.37	15.37	15.36	15.35	15.34
95.00	15.30	15.30	15.29	15.29	15.28	15.27	15.27	15.26
95.50	15.22	15.21	15.21	15.21	15.20	15.19	15.19	15.18
96.00	15.14	15.13	15.13	15.12	15.12	15.11	15.11	15.10
96.50	15.05	15.05	15.05	15.04	15.04	15.03	15.03	15.03
97.00	14.97	14.97	14.97	14.96	14.96	14.96	14.95	14.95
97.50	14.89	14.89	14.89	14.88	14.88	14.88	14.88	14.87
98.00	14.81	14.81	14.81	14.81	14.80	14.80	14.80	14.80
98.50	14.73	14.73	14.73	14.73	14.73	14.72	14.72	14.72
99.00	14.65	14.65	14.65	14.65	14.65	14.65	14.65	14.65
99.50	14.58	14.58	14.58	14.58	14.58	14.57	14.57	14.57
100.00	14.50	14.50	14.50	14.50	14.50	14.50	14.50	14.50
100.50	14.42	14.42	14.42	14.43	14.43	14.43	14.43	14.43
101.00	14.35	14.35	14.35	14.35	14.35	14.35	14.35	14.36
101.50	14.27	14.28	14.28	14.28	14.28	14.28	14.28	14.29
102.00	14.20	14.20	14.20	14.20	14.21	14.21	14.21	14.22
102.50	14.13	14.13	14.13	14.13	14.13	14.14	14.14	14.15
103.00	14.05	14.06	14.06	14.06	14.06	14.07	14.07	14.08
103.50	13.98	13.98	13.98	13.99	13.99	14.00	14.00	14.01
104.00	13.91	13.91	13.91	13.92	13.92	13.93	13.93	13.94
105.00	13.77	13.77	13.78	13.78	13.79	13.80	13.80	13.81
106.00	13.63	13.63	13.64	13.65	13.65	13.66	13.66	13.68
107.00	13.49	13.50	13.51	13.51	13.52	13.53	13.53	13.55
108.00	13.36	13.36	13.37	13.38	13.39	13.40	13.41	13.43
109.00	13.22	13.23	13.24	13.25	13.26	13.28	13.28	13.30
110.00	13.09	13.10	13.11	13.12	13.13	13.15	13.16	13.18

14¾%　　　Bond Yield Table

PRICE	YEARS TO MATURITY							
	¼	½	¾	1	1½	2	3	4
85.00	84.28	52.65	39.48	33.63	27.63	24.70	21.82	20.42
85.50	81.57	51.17	38.54	32.92	27.15	24.33	21.56	20.21
86.00	78.89	49.71	37.60	32.22	26.68	23.97	21.30	20.00
86.50	76.23	48.27	36.68	31.52	26.21	23.60	21.04	19.79
87.00	73.60	46.84	35.76	30.83	25.74	23.24	20.79	19.59
87.50	71.01	45.43	34.86	30.14	25.27	22.88	20.54	19.38
88.00	68.44	44.03	33.96	29.46	24.81	22.53	20.28	19.18
88.50	65.90	42.66	33.07	28.79	24.36	22.18	20.03	18.98
89.00	63.39	41.29	32.18	28.12	23.90	21.83	19.79	18.78
89.50	60.90	39.94	31.31	27.46	23.45	21.48	19.54	18.59
90.00	58.44	38.61	30.44	26.80	23.01	21.14	19.29	18.39
90.50	56.01	37.29	29.58	26.15	22.56	20.80	19.05	18.20
91.00	53.60	35.99	28.73	25.51	22.12	20.46	18.81	18.00
91.25	52.40	35.34	28.31	25.19	21.91	20.29	18.69	17.91
91.50	51.21	34.70	27.89	24.87	21.69	20.12	18.57	17.81
91.75	50.03	34.06	27.47	24.55	21.47	19.95	18.45	17.72
92.00	48.86	33.42	27.06	24.23	21.26	19.79	18.33	17.62
92.25	47.69	32.79	26.64	23.92	21.04	19.62	18.22	17.53
92.50	46.52	32.16	26.23	23.60	20.83	19.45	18.10	17.43
92.75	45.37	31.54	25.82	23.29	20.61	19.29	17.98	17.34
93.00	44.21	30.91	25.41	22.98	20.40	19.12	17.86	17.24
93.25	43.07	30.29	25.00	22.67	20.19	18.96	17.75	17.15
93.50	41.93	29.68	24.60	22.36	19.98	18.80	17.63	17.06
93.75	40.80	29.07	24.19	22.05	19.77	18.64	17.52	16.97
94.00	39.67	28.46	23.79	21.75	19.56	18.47	17.40	16.87
94.25	38.54	27.85	23.39	21.44	19.35	18.31	17.29	16.78
94.50	37.43	27.25	22.99	21.14	19.14	18.15	17.17	16.69
94.75	36.32	26.65	22.60	20.83	18.93	17.99	17.06	16.60
95.00	35.21	26.05	22.20	20.53	18.73	17.83	16.94	16.51
95.25	34.11	25.46	21.81	20.23	18.52	17.67	16.83	16.42
95.50	33.02	24.87	21.42	19.93	18.32	17.51	16.72	16.33
95.75	31.93	24.28	21.03	19.64	18.11	17.36	16.61	16.24
96.00	30.85	23.70	20.64	19.34	17.91	17.20	16.49	16.15
96.25	29.77	23.12	20.25	19.04	17.71	17.04	16.38	16.06
96.50	28.70	22.54	19.87	18.75	17.50	16.88	16.27	15.97
96.75	27.63	21.96	19.49	18.46	17.30	16.73	16.16	15.88
97.00	26.57	21.39	19.11	18.16	17.10	16.57	16.05	15.79
97.25	25.51	20.82	18.73	17.87	16.90	16.42	15.94	15.70
97.50	24.46	20.26	18.35	17.58	16.70	16.26	15.83	15.61
97.75	23.41	19.69	17.97	17.30	16.50	16.11	15.72	15.53
98.00	22.37	19.13	17.60	17.01	16.31	15.96	15.61	15.44
98.25	21.34	18.58	17.22	16.72	16.11	15.80	15.50	15.35
98.50	20.31	18.02	16.85	16.44	15.91	15.65	15.39	15.26
98.75	19.28	17.47	16.48	16.15	15.72	15.50	15.29	15.18
99.00	18.26	16.92	16.11	15.87	15.52	15.35	15.18	15.09
99.25	17.24	16.37	15.75	15.59	15.33	15.20	15.07	15.01
99.50	16.23	15.83	15.38	15.31	15.14	15.05	14.96	14.92
99.75	15.23	15.29	15.02	15.03	14.94	14.90	14.86	14.84
100.00	14.23	14.75	14.66	14.75	14.75	14.75	14.75	14.75
100.25	13.23	14.21	14.29	14.47	14.56	14.60	14.64	14.67
100.50	12.24	13.68	13.93	14.20	14.37	14.45	14.54	14.58
101.00	10.27	12.62	13.22	13.65	13.99	14.16	14.33	14.41
101.50	8.32	11.58	12.51	13.10	13.61	13.87	14.12	14.25
102.00	6.39	10.54	11.81	12.56	13.24	13.57	13.91	14.08
102.50	4.47	9.51	11.11	12.02	12.86	13.29	13.71	13.91
103.00	2.58	8.50	10.42	11.49	12.50	13.00	13.50	13.75
103.50	0.70	7.49	9.74	10.96	12.13	12.71	13.30	13.59
104.00		6.49	9.06	10.43	11.76	12.43	13.10	13.43
104.50		5.50	8.38	9.91	11.40	12.15	12.89	13.26
105.00		4.52	7.71	9.39	11.04	11.87	12.69	13.10

Bond Yield Table 14¾%

PRICE	\multicolumn{8}{c}{YEARS TO MATURITY}							
	5	6	7	8	9	10	11	12
75.00	23.51	22.55	21.89	21.41	21.06	20.78	20.57	20.40
76.00	23.09	22.17	21.54	21.08	20.74	20.48	20.28	20.12
77.00	22.67	21.80	21.20	20.76	20.44	20.19	19.99	19.84
78.00	22.26	21.44	20.86	20.45	20.14	19.90	19.71	19.57
79.00	21.86	21.08	20.53	20.14	19.85	19.62	19.44	19.30
80.00	21.47	20.73	20.21	19.84	19.56	19.34	19.18	19.04
80.50	21.27	20.55	20.05	19.69	19.42	19.21	19.04	18.91
81.00	21.08	20.38	19.89	19.54	19.28	19.07	18.91	18.79
81.50	20.89	20.21	19.74	19.39	19.14	18.94	18.79	18.66
82.00	20.70	20.04	19.58	19.25	19.00	18.81	18.66	18.54
82.50	20.51	19.87	19.43	19.11	18.86	18.68	18.53	18.42
83.00	20.32	19.70	19.27	18.96	18.73	18.55	18.41	18.29
83.50	20.14	19.54	19.12	18.82	18.59	18.42	18.28	18.17
84.00	19.95	19.37	18.97	18.68	18.46	18.29	18.16	18.05
84.50	19.77	19.21	18.82	18.54	18.33	18.17	18.04	17.94
85.00	19.59	19.05	18.68	18.40	18.20	18.04	17.92	17.82
85.50	19.41	18.89	18.53	18.27	18.07	17.92	17.80	17.70
86.00	19.23	18.73	18.39	18.13	17.94	17.79	17.68	17.59
86.50	19.06	18.58	18.24	18.00	17.81	17.67	17.56	17.47
87.00	18.88	18.42	18.10	17.86	17.69	17.55	17.45	17.36
87.50	18.71	18.26	17.96	17.73	17.56	17.43	17.33	17.25
88.00	18.53	18.11	17.82	17.60	17.44	17.32	17.22	17.14
88.50	18.36	17.96	17.68	17.47	17.32	17.20	17.10	17.03
89.00	18.19	17.81	17.54	17.34	17.20	17.08	16.99	16.92
89.50	18.02	17.66	17.40	17.22	17.07	16.97	16.88	16.81
90.00	17.86	17.51	17.27	17.09	16.96	16.85	16.77	16.71
90.50	17.69	17.36	17.13	16.96	16.84	16.74	16.66	16.60
91.00	17.53	17.21	17.00	16.84	16.72	16.63	16.55	16.50
91.50	17.36	17.07	16.86	16.71	16.60	16.51	16.45	16.39
92.00	17.20	16.92	16.73	16.59	16.49	16.40	16.34	16.29
92.50	17.04	16.78	16.60	16.47	16.37	16.29	16.23	16.19
93.00	16.88	16.64	16.47	16.35	16.26	16.19	16.13	16.08
93.50	16.72	16.50	16.34	16.23	16.14	16.08	16.03	15.98
94.00	16.56	16.36	16.21	16.11	16.03	15.97	15.92	15.88
94.50	16.40	16.22	16.09	15.99	15.92	15.86	15.82	15.79
95.00	16.25	16.08	15.96	15.88	15.81	15.76	15.72	15.69
95.50	16.09	15.94	15.84	15.76	15.70	15.65	15.62	15.59
96.00	15.94	15.81	15.71	15.64	15.59	15.55	15.52	15.49
96.50	15.79	15.67	15.59	15.53	15.48	15.45	15.42	15.40
97.00	15.64	15.54	15.47	15.42	15.38	15.35	15.32	15.30
97.50	15.49	15.40	15.34	15.30	15.27	15.25	15.23	15.21
98.00	15.34	15.27	15.22	15.19	15.16	15.14	15.13	15.12
98.50	15.19	15.14	15.10	15.08	15.06	15.04	15.03	15.02
99.00	15.04	15.01	14.99	14.97	14.96	14.95	14.94	14.93
99.50	14.90	14.88	14.87	14.86	14.85	14.85	14.84	14.84
100.00	14.75	14.75	14.75	14.75	14.75	14.75	14.75	14.75
100.50	14.61	14.62	14.63	14.64	14.65	14.65	14.66	14.66
101.00	14.46	14.49	14.52	14.53	14.55	14.56	14.56	14.57
101.50	14.32	14.37	14.40	14.43	14.45	14.46	14.47	14.48
102.00	14.18	14.24	14.29	14.32	14.35	14.37	14.38	14.40
102.50	14.04	14.12	14.18	14.22	14.25	14.27	14.29	14.31
103.00	13.90	13.99	14.06	14.11	14.15	14.18	14.20	14.22
103.50	13.76	13.87	13.95	14.01	14.05	14.09	14.11	14.14
104.00	13.62	13.75	13.84	13.91	13.96	14.00	14.03	14.05
105.00	13.35	13.51	13.62	13.70	13.76	13.81	13.85	13.88
106.00	13.08	13.27	13.40	13.50	13.58	13.63	13.68	13.72
107.00	12.81	13.03	13.19	13.30	13.39	13.46	13.51	13.55
108.00	12.55	12.80	12.98	13.11	13.20	13.28	13.34	13.39
109.00	12.29	12.57	12.77	12.91	13.02	13.11	13.18	13.23
110.00	12.03	12.34	12.56	12.72	12.84	12.94	13.02	13.08

14¾% Bond Yield Table

PRICE	13	14	15	16	17	18	19	20
75.00	20.26	20.16	20.07	20.00	19.94	19.89	19.85	19.8
76.00	19.99	19.88	19.80	19.73	19.67	19.63	19.59	19.5
77.00	19.72	19.62	19.54	19.47	19.42	19.37	19.33	19.3
78.00	19.45	19.35	19.28	19.21	19.16	19.12	19.08	19.0
79.00	19.19	19.10	19.03	18.96	18.92	18.87	18.84	18.8
80.00	18.94	18.85	18.78	18.72	18.67	18.63	18.60	18.5
80.50	18.81	18.73	18.66	18.60	18.55	18.52	18.48	18.4
81.00	18.69	18.60	18.54	18.48	18.44	18.40	18.37	18.3
81.50	18.56	18.48	18.42	18.36	18.32	18.28	18.25	18.2
82.00	18.44	18.36	18.30	18.25	18.21	18.17	18.14	18.1
82.50	18.32	18.25	18.18	18.13	18.09	18.06	18.03	18.0
83.00	18.20	18.13	18.07	18.02	17.98	17.95	17.92	17.8
83.50	18.09	18.01	17.96	17.91	17.87	17.84	17.81	17.7
84.00	17.97	17.90	17.84	17.80	17.76	17.73	17.70	17.6
84.50	17.85	17.79	17.73	17.69	17.65	17.62	17.59	17.5
85.00	17.74	17.67	17.62	17.58	17.54	17.51	17.49	17.4
85.50	17.63	17.56	17.51	17.47	17.43	17.41	17.38	17.3
86.00	17.51	17.45	17.40	17.36	17.33	17.30	17.28	17.2
86.50	17.40	17.34	17.30	17.26	17.22	17.20	17.17	17.1
87.00	17.29	17.24	17.19	17.15	17.12	17.09	17.07	17.0
87.50	17.18	17.13	17.09	17.05	17.02	16.99	16.97	16.9
88.00	17.08	17.02	16.98	16.95	16.92	16.89	16.87	16.8
88.50	16.97	16.92	16.88	16.84	16.82	16.79	16.77	16.7
89.00	16.86	16.82	16.78	16.74	16.72	16.69	16.68	16.6
89.50	16.76	16.71	16.68	16.64	16.62	16.60	16.58	16.5
90.00	16.65	16.61	16.57	16.55	16.52	16.50	16.48	16.4
90.50	16.55	16.51	16.48	16.45	16.42	16.41	16.39	16.3
91.00	16.45	16.41	16.38	16.35	16.33	16.31	16.30	16.2
91.50	16.35	16.31	16.28	16.26	16.23	16.22	16.20	16.1
92.00	16.25	16.21	16.18	16.16	16.14	16.12	16.11	16.1
92.50	16.15	16.11	16.09	16.07	16.05	16.03	16.02	16.0
93.00	16.05	16.02	15.99	15.97	15.96	15.94	15.93	15.9
93.50	15.95	15.92	15.90	15.88	15.86	15.85	15.84	15.8
94.00	15.85	15.83	15.81	15.79	15.77	15.76	15.75	15.7
94.50	15.76	15.73	15.71	15.70	15.68	15.67	15.66	15.6
95.00	15.66	15.64	15.62	15.61	15.60	15.59	15.58	15.5
95.50	15.57	15.55	15.53	15.52	15.51	15.50	15.49	15.4
96.00	15.47	15.46	15.44	15.43	15.42	15.41	15.41	15.4
96.50	15.38	15.37	15.35	15.34	15.33	15.33	15.32	15.3
97.00	15.29	15.28	15.26	15.26	15.25	15.25	15.24	15.2
97.50	15.20	15.19	15.18	15.17	15.16	15.16	15.15	15.1
98.00	15.11	15.10	15.09	15.08	15.08	15.08	15.07	15.0
98.50	15.02	15.01	15.00	15.00	15.00	14.99	14.99	14.9
99.00	14.93	14.92	14.92	14.92	14.91	14.91	14.91	14.9
99.50	14.84	14.84	14.83	14.83	14.83	14.83	14.83	14.8
100.00	14.75	14.75	14.75	14.75	14.75	14.75	14.75	14.75
100.50	14.66	14.66	14.67	14.67	14.67	14.67	14.67	14.67
101.00	14.58	14.58	14.58	14.59	14.59	14.59	14.59	14.59
101.50	14.49	14.50	14.50	14.51	14.51	14.51	14.52	14.52
102.00	14.41	14.41	14.42	14.43	14.43	14.44	14.44	14.44
102.50	14.32	14.33	14.34	14.35	14.35	14.36	14.36	14.37
103.00	14.24	14.25	14.26	14.27	14.28	14.28	14.29	14.29
103.50	14.15	14.17	14.18	14.19	14.20	14.21	14.21	14.22
104.00	14.07	14.09	14.10	14.11	14.12	14.13	14.14	14.14
105.00	13.91	13.93	13.95	13.96	13.97	13.98	13.99	14.00
106.00	13.75	13.77	13.79	13.81	13.83	13.84	13.85	13.86
107.00	13.59	13.62	13.64	13.66	13.68	13.69	13.71	13.72
108.00	13.43	13.47	13.49	13.52	13.54	13.55	13.57	13.58
109.00	13.28	13.32	13.35	13.37	13.39	13.41	13.43	13.44
110.00	13.13	13.17	13.20	13.23	13.26	13.28	13.29	13.31

Bond Yield Table 14¾%

PRICE	21	22	23	24	25	29	30	CUR
				YEARS TO MATURITY				
75.00	19.79	19.77	19.75	19.74	19.73	19.70	19.69	19.67
76.00	19.53	19.51	19.49	19.48	19.47	19.44	19.43	19.41
77.00	19.28	19.26	19.24	19.23	19.21	19.18	19.18	19.16
78.00	19.03	19.01	18.99	18.98	18.97	18.94	18.93	18.91
79.00	18.79	18.77	18.75	18.74	18.73	18.70	18.69	18.67
80.00	18.55	18.53	18.52	18.50	18.49	18.47	18.46	18.44
80.50	18.44	18.42	18.40	18.39	18.38	18.35	18.35	18.32
81.00	18.32	18.30	18.29	18.28	18.26	18.24	18.23	18.21
81.50	18.21	18.19	18.18	18.16	18.15	18.13	18.12	18.10
82.00	18.10	18.08	18.06	18.05	18.04	18.01	18.01	17.99
82.50	17.98	17.97	17.95	17.94	17.93	17.91	17.90	17.88
83.00	17.87	17.86	17.84	17.83	17.82	17.80	17.79	17.77
83.50	17.77	17.75	17.74	17.73	17.72	17.69	17.69	17.66
84.00	17.66	17.64	17.63	17.62	17.61	17.58	17.58	17.56
84.50	17.55	17.54	17.52	17.51	17.50	17.48	17.48	17.46
85.00	17.45	17.43	17.42	17.41	17.40	17.38	17.37	17.35
85.50	17.34	17.33	17.32	17.31	17.30	17.28	17.27	17.25
86.00	17.24	17.23	17.22	17.21	17.20	17.17	17.17	17.15
86.50	17.14	17.13	17.11	17.11	17.10	17.08	17.07	17.05
87.00	17.04	17.03	17.01	17.01	17.00	16.98	16.97	16.95
87.50	16.94	16.93	16.92	16.91	16.90	16.88	16.88	16.86
88.00	16.84	16.83	16.82	16.81	16.80	16.78	16.78	16.76
88.50	16.74	16.73	16.72	16.71	16.71	16.69	16.68	16.67
89.00	16.65	16.64	16.63	16.62	16.61	16.59	16.59	16.57
89.50	16.55	16.54	16.53	16.52	16.52	16.50	16.50	16.48
90.00	16.46	16.45	16.44	16.43	16.42	16.41	16.41	16.39
90.50	16.36	16.35	16.35	16.34	16.33	16.32	16.31	16.30
91.00	16.27	16.26	16.25	16.25	16.24	16.23	16.22	16.21
91.50	16.18	16.17	16.16	16.16	16.15	16.14	16.13	16.12
92.00	16.09	16.08	16.07	16.07	16.06	16.05	16.05	16.03
92.50	16.00	15.99	15.98	15.98	15.97	15.96	15.96	15.95
93.00	15.91	15.90	15.90	15.89	15.89	15.87	15.87	15.86
93.50	15.82	15.82	15.81	15.80	15.80	15.79	15.79	15.78
94.00	15.74	15.73	15.72	15.72	15.71	15.70	15.70	15.69
94.50	15.65	15.64	15.64	15.63	15.63	15.62	15.62	15.61
95.00	15.56	15.56	15.55	15.55	15.55	15.54	15.54	15.53
95.50	15.48	15.47	15.47	15.47	15.46	15.45	15.45	15.45
96.00	15.39	15.39	15.39	15.38	15.38	15.37	15.37	15.36
96.50	15.31	15.31	15.30	15.30	15.30	15.29	15.29	15.28
97.00	15.23	15.23	15.22	15.22	15.22	15.21	15.21	15.21
97.50	15.15	15.14	15.14	15.14	15.14	15.13	15.13	15.13
98.00	15.07	15.06	15.06	15.06	15.06	15.06	15.06	15.05
98.50	14.99	14.98	14.98	14.98	14.98	14.98	14.98	14.97
99.00	14.91	14.91	14.90	14.90	14.90	14.90	14.90	14.90
99.50	14.83	14.83	14.83	14.83	14.83	14.83	14.83	14.82
100.00	14.75	14.75	14.75	14.75	14.75	14.75	14.75	14.75
100.50	14.67	14.67	14.67	14.67	14.67	14.68	14.68	14.68
101.00	14.60	14.60	14.60	14.60	14.60	14.60	14.60	14.60
101.50	14.52	14.52	14.52	14.52	14.52	14.53	14.53	14.53
102.00	14.44	14.45	14.45	14.45	14.45	14.46	14.46	14.46
102.50	14.37	14.37	14.38	14.38	14.38	14.38	14.38	14.39
103.00	14.30	14.30	14.30	14.30	14.31	14.31	14.31	14.32
103.50	14.22	14.23	14.23	14.23	14.24	14.24	14.24	14.25
104.00	14.15	14.15	14.16	14.16	14.16	14.17	14.17	14.18
105.00	14.01	14.01	14.02	14.02	14.02	14.03	14.04	14.05
106.00	13.87	13.87	13.88	13.88	13.89	13.90	13.90	13.92
107.00	13.73	13.73	13.74	13.75	13.75	13.77	13.77	13.79
108.00	13.59	13.60	13.61	13.61	13.62	13.63	13.64	13.66
109.00	13.45	13.47	13.47	13.48	13.49	13.51	13.51	13.53
110.00	13.32	13.33	13.34	13.35	13.36	13.38	13.38	13.41

15%   Bond Yield Table

PRICE	1/4	1/2	3/4	1	1½	2	3	4
85.00	84.51	52.94	39.76	33.91	27.91	24.98	22.10	20.69
85.50	81.79	51.46	38.82	33.20	27.43	24.61	21.84	20.48
86.00	79.11	50.00	37.88	32.50	26.95	24.24	21.58	20.27
86.50	76.45	48.55	36.95	31.80	26.48	23.88	21.32	20.07
87.00	73.83	47.13	36.04	31.11	26.01	23.52	21.06	19.86
87.50	71.23	45.71	35.13	30.42	25.55	23.16	20.81	19.66
88.00	68.66	44.32	34.23	29.74	25.09	22.80	20.56	19.45
88.50	66.12	42.94	33.34	29.06	24.63	22.45	20.30	19.25
89.00	63.61	41.57	32.45	28.39	24.17	22.10	20.06	19.05
89.50	61.13	40.22	31.58	27.73	23.72	21.75	19.81	18.85
90.00	58.67	38.89	30.71	27.07	23.28	21.41	19.56	18.66
90.50	56.23	37.57	29.85	26.42	22.83	21.06	19.32	18.46
91.00	53.83	36.26	29.00	25.77	22.39	20.72	19.08	18.27
91.25	52.63	35.62	28.58	25.45	22.17	20.55	18.96	18.17
91.50	51.44	34.97	28.16	25.13	21.95	20.39	18.84	18.08
91.75	50.26	34.33	27.74	24.82	21.74	20.22	18.72	17.98
92.00	49.09	33.70	27.32	24.50	21.52	20.05	18.60	17.88
92.25	47.92	33.06	26.90	24.18	21.30	19.88	18.48	17.79
92.50	46.75	32.43	26.49	23.87	21.09	19.72	18.36	17.69
92.75	45.60	31.81	26.08	23.55	20.88	19.55	18.24	17.60
93.00	44.44	31.18	25.67	23.24	20.66	19.39	18.13	17.51
93.25	43.30	30.56	25.26	22.93	20.45	19.22	18.01	17.41
93.50	42.16	29.95	24.86	22.62	20.24	19.06	17.89	17.32
93.75	41.03	29.33	24.45	22.31	20.03	18.90	17.78	17.23
94.00	39.90	28.72	24.05	22.01	19.82	18.73	17.66	17.13
94.25	38.78	28.12	23.65	21.70	19.61	18.57	17.55	17.04
94.50	37.66	27.51	23.25	21.40	19.40	18.41	17.43	16.95
94.75	36.55	26.91	22.85	21.09	19.19	18.25	17.32	16.86
95.00	35.44	26.32	22.46	20.79	18.99	18.09	17.20	16.77
95.25	34.34	25.72	22.07	20.49	18.78	17.93	17.09	16.67
95.50	33.25	25.13	21.67	20.19	18.57	17.77	16.98	16.58
95.75	32.16	24.54	21.28	19.89	18.37	17.61	16.86	16.49
96.00	31.08	23.96	20.90	19.60	18.17	17.45	16.75	16.40
96.25	30.00	23.38	20.51	19.30	17.96	17.30	16.64	16.31
96.50	28.93	22.80	20.12	19.01	17.76	17.14	16.53	16.22
96.75	27.86	22.22	19.74	18.71	17.56	16.98	16.41	16.13
97.00	26.80	21.65	19.36	18.42	17.36	16.83	16.30	16.04
97.25	25.74	21.08	18.98	18.13	17.16	16.67	16.19	15.96
97.50	24.69	20.51	18.60	17.84	16.96	16.52	16.08	15.87
97.75	23.65	19.95	18.22	17.55	16.76	16.36	15.97	15.78
98.00	22.60	19.39	17.85	17.26	16.56	16.21	15.86	15.69
98.25	21.57	18.83	17.47	16.98	16.36	16.06	15.75	15.60
98.50	20.54	18.27	17.10	16.69	16.17	15.90	15.65	15.52
98.75	19.51	17.72	16.73	16.41	15.97	15.75	15.54	15.43
99.00	18.49	17.17	16.36	16.12	15.77	15.60	15.43	15.34
99.25	17.48	16.62	15.99	15.84	15.58	15.45	15.32	15.26
99.50	16.46	16.08	15.63	15.56	15.39	15.30	15.21	15.17
99.75	15.46	15.54	15.26	15.28	15.19	15.15	15.11	15.09
100.00	14.46	15.00	14.90	15.00	15.00	15.00	15.00	15.00
100.25	13.46	14.46	14.54	14.72	14.81	14.85	14.89	14.91
100.50	12.47	13.93	14.18	14.45	14.62	14.70	14.79	14.83
101.00	10.50	12.87	13.47	13.89	14.24	14.41	14.58	14.66
101.50	8.55	11.82	12.76	13.35	13.86	14.11	14.37	14.49
102.00	6.62	10.78	12.05	12.81	13.48	13.82	14.16	14.33
102.50	4.71	9.76	11.36	12.27	13.11	13.53	13.95	14.16
103.00	2.81	8.74	10.66	11.73	12.74	13.24	13.75	14.00
103.50	0.93	7.73	9.98	11.20	12.37	12.96	13.54	13.83
104.00		6.73	9.30	10.68	12.01	12.67	13.34	13.67
104.50		5.74	8.62	10.15	11.64	12.39	13.14	13.51
105.00		4.76	7.95	9.64	11.28	12.11	12.94	13.35

Bond Yield Table 15%

PRICE	YEARS TO MATURITY							
	5	6	7	8	9	10	11	12
75.00	23.82	22.86	22.20	21.72	21.37	21.09	20.88	20.72
76.00	23.39	22.48	21.85	21.39	21.05	20.79	20.59	20.43
77.00	22.97	22.10	21.50	21.07	20.74	20.49	20.30	20.15
78.00	22.56	21.73	21.16	20.75	20.44	20.20	20.02	19.87
79.00	22.15	21.37	20.83	20.44	20.14	19.92	19.74	19.61
80.00	21.76	21.02	20.50	20.13	19.85	19.64	19.47	19.34
80.50	21.56	20.84	20.34	19.98	19.71	19.50	19.34	19.21
81.00	21.37	20.67	20.18	19.83	19.57	19.37	19.21	19.08
81.50	21.17	20.50	20.03	19.68	19.43	19.23	19.08	18.96
82.00	20.98	20.33	19.87	19.54	19.29	19.10	18.95	18.83
82.50	20.79	20.16	19.71	19.39	19.15	18.97	18.82	18.71
83.00	20.61	19.99	19.56	19.25	19.02	18.84	18.70	18.58
83.50	20.42	19.82	19.41	19.11	18.88	18.71	18.57	18.46
84.00	20.23	19.66	19.26	18.96	18.75	18.58	18.45	18.34
84.50	20.05	19.49	19.11	18.82	18.61	18.45	18.32	18.22
85.00	19.87	19.33	18.96	18.69	18.48	18.32	18.20	18.10
85.50	19.69	19.17	18.81	18.55	18.35	18.20	18.08	17.99
86.00	19.51	19.01	18.66	18.41	18.22	18.08	17.96	17.87
86.50	19.33	18.85	18.52	18.28	18.09	17.95	17.84	17.75
87.00	19.15	18.69	18.37	18.14	17.97	17.83	17.73	17.64
87.50	18.98	18.54	18.23	18.01	17.84	17.71	17.61	17.53
88.00	18.81	18.38	18.09	17.88	17.72	17.59	17.49	17.42
88.50	18.63	18.23	17.95	17.75	17.59	17.47	17.38	17.30
89.00	18.46	18.08	17.81	17.62	17.47	17.35	17.27	17.19
89.50	18.29	17.93	17.67	17.49	17.35	17.24	17.15	17.09
90.00	18.12	17.78	17.54	17.36	17.23	17.12	17.04	16.98
90.50	17.96	17.63	17.40	17.23	17.11	17.01	16.93	16.87
91.00	17.79	17.48	17.26	17.11	16.99	16.89	16.82	16.76
91.50	17.63	17.33	17.13	16.98	16.87	16.78	16.71	16.66
92.00	17.46	17.19	17.00	16.86	16.75	16.67	16.61	16.55
92.50	17.30	17.04	16.87	16.73	16.64	16.56	16.50	16.45
93.00	17.14	16.90	16.73	16.61	16.52	16.45	16.39	16.35
93.50	16.98	16.76	16.60	16.49	16.41	16.34	16.29	16.25
94.00	16.82	16.62	16.48	16.37	16.29	16.23	16.19	16.15
94.50	16.66	16.48	16.35	16.25	16.18	16.13	16.08	16.05
95.00	16.51	16.34	16.22	16.13	16.07	16.02	15.98	15.95
95.50	16.35	16.20	16.09	16.02	15.96	15.91	15.88	15.85
96.00	16.20	16.06	15.97	15.90	15.85	15.81	15.78	15.75
96.50	16.04	15.93	15.85	15.79	15.74	15.71	15.68	15.66
97.00	15.89	15.79	15.72	15.67	15.63	15.60	15.58	15.56
97.50	15.74	15.66	15.60	15.56	15.52	15.50	15.48	15.46
98.00	15.59	15.52	15.48	15.44	15.42	15.40	15.38	15.37
98.50	15.44	15.39	15.36	15.33	15.31	15.30	15.29	15.28
99.00	15.29	15.26	15.24	15.22	15.21	15.20	15.19	15.18
99.50	15.15	15.13	15.12	15.11	15.10	15.10	15.09	15.09
100.00	15.00	15.00	15.00	15.00	15.00	15.00	15.00	15.00
100.50	14.85	14.87	14.88	14.89	14.90	14.90	14.91	14.91
101.00	14.71	14.74	14.77	14.78	14.80	14.81	14.81	14.82
101.50	14.57	14.62	14.65	14.68	14.69	14.71	14.72	14.73
102.00	14.42	14.49	14.54	14.57	14.59	14.61	14.63	14.64
102.50	14.28	14.36	14.42	14.46	14.49	14.52	14.54	14.55
103.00	14.14	14.24	14.31	14.36	14.39	14.42	14.45	14.47
103.50	14.00	14.12	14.19	14.25	14.30	14.33	14.36	14.38
104.00	13.86	13.99	14.08	14.15	14.20	14.24	14.27	14.29
105.00	13.59	13.75	13.86	13.94	14.01	14.05	14.09	14.12
106.00	13.32	13.51	13.64	13.74	13.82	13.87	13.92	13.96
107.00	13.05	13.27	13.43	13.54	13.63	13.69	13.75	13.79
108.00	12.79	13.04	13.21	13.34	13.44	13.52	13.58	13.63
109.00	12.52	12.81	13.00	13.15	13.26	13.34	13.41	13.47
110.00	12.27	12.58	12.80	12.96	13.08	13.17	13.25	13.31

15%   Bond Yield Table

PRICE	13	14	15	16	17	18	19	20
				YEARS TO MATURITY				
75.00	20.58	20.48	20.39	20.32	20.26	20.22	20.18	20.15
76.00	20.30	20.20	20.12	20.05	19.99	19.95	19.91	19.88
77.00	20.03	19.93	19.85	19.78	19.73	19.69	19.65	19.62
78.00	19.76	19.66	19.59	19.53	19.47	19.43	19.40	19.37
79.00	19.49	19.40	19.33	19.27	19.22	19.18	19.15	19.12
80.00	19.24	19.15	19.08	19.02	18.98	18.94	18.91	18.88
80.50	19.11	19.03	18.96	18.90	18.86	18.82	18.79	18.76
81.00	18.98	18.90	18.84	18.78	18.74	18.70	18.67	18.65
81.50	18.86	18.78	18.72	18.66	18.62	18.58	18.55	18.53
82.00	18.74	18.66	18.60	18.55	18.50	18.47	18.44	18.42
82.50	18.62	18.54	18.48	18.43	18.39	18.35	18.33	18.30
83.00	18.49	18.42	18.36	18.31	18.27	18.24	18.21	18.19
83.50	18.38	18.30	18.25	18.20	18.16	18.13	18.10	18.08
84.00	18.26	18.19	18.13	18.09	18.05	18.02	17.99	17.97
84.50	18.14	18.07	18.02	17.98	17.94	17.91	17.88	17.86
85.00	18.02	17.96	17.91	17.87	17.83	17.80	17.78	17.75
85.50	17.91	17.85	17.80	17.76	17.72	17.69	17.67	17.65
86.00	17.80	17.74	17.69	17.65	17.61	17.59	17.56	17.54
86.50	17.68	17.63	17.58	17.54	17.51	17.48	17.46	17.44
87.00	17.57	17.52	17.47	17.43	17.40	17.38	17.36	17.34
87.50	17.46	17.41	17.37	17.33	17.30	17.27	17.25	17.24
88.00	17.35	17.30	17.26	17.23	17.20	17.17	17.15	17.14
88.50	17.24	17.20	17.16	17.12	17.09	17.07	17.05	17.04
89.00	17.14	17.09	17.05	17.02	16.99	16.97	16.95	16.94
89.50	17.03	16.99	16.95	16.92	16.89	16.87	16.86	16.84
90.00	16.93	16.88	16.85	16.82	16.80	16.78	16.76	16.74
90.50	16.82	16.78	16.75	16.72	16.70	16.68	16.66	16.65
91.00	16.72	16.68	16.65	16.62	16.60	16.58	16.57	16.55
91.50	16.62	16.58	16.55	16.52	16.50	16.49	16.47	16.46
92.00	16.51	16.48	16.45	16.43	16.41	16.39	16.38	16.37
92.50	16.41	16.38	16.35	16.33	16.32	16.30	16.29	16.28
93.00	16.31	16.28	16.26	16.24	16.22	16.21	16.20	16.19
93.50	16.21	16.19	16.16	16.14	16.13	16.12	16.11	16.10
94.00	16.12	16.09	16.07	16.05	16.04	16.03	16.02	16.01
94.50	16.02	16.00	15.98	15.96	15.95	15.94	15.93	15.92
95.00	15.92	15.90	15.88	15.87	15.86	15.85	15.84	15.83
95.50	15.83	15.81	15.79	15.78	15.77	15.76	15.75	15.74
96.00	15.73	15.71	15.70	15.69	15.68	15.67	15.66	15.66
96.50	15.64	15.62	15.61	15.60	15.59	15.58	15.58	15.57
97.00	15.54	15.53	15.52	15.51	15.51	15.50	15.49	15.49
97.50	15.45	15.44	15.43	15.43	15.42	15.41	15.41	15.41
98.00	15.36	15.35	15.34	15.34	15.33	15.33	15.33	15.32
98.50	15.27	15.26	15.26	15.25	15.25	15.25	15.24	15.24
99.00	15.18	15.17	15.17	15.17	15.17	15.16	15.16	15.16
99.50	15.09	15.09	15.09	15.08	15.08	15.08	15.08	15.08
100.00	15.00	15.00	15.00	15.00	15.00	15.00	15.00	15.00
100.50	14.91	14.91	14.92	14.92	14.92	14.92	14.92	14.92
101.00	14.82	14.83	14.83	14.83	14.84	14.84	14.84	14.84
101.50	14.74	14.74	14.75	14.75	14.76	14.76	14.76	14.76
102.00	14.65	14.66	14.67	14.67	14.68	14.68	14.68	14.69
102.50	14.57	14.58	14.59	14.59	14.60	14.60	14.61	14.61
103.00	14.48	14.49	14.50	14.51	14.52	14.53	14.53	14.54
103.50	14.40	14.41	14.42	14.43	14.44	14.45	14.46	14.46
104.00	14.31	14.33	14.34	14.36	14.37	14.37	14.38	14.39
105.00	14.15	14.17	14.19	14.20	14.21	14.22	14.23	14.24
106.00	13.99	14.01	14.03	14.05	14.06	14.08	14.09	14.09
107.00	13.83	13.85	13.88	13.90	13.92	13.93	13.94	13.95
108.00	13.67	13.70	13.73	13.75	13.77	13.79	13.80	13.81
109.00	13.51	13.55	13.58	13.61	13.63	13.65	13.66	13.68
110.00	13.36	13.40	13.43	13.46	13.49	13.51	13.52	13.54

Bond Yield Table 15%

PRICE	YEARS TO MATURITY							
	21	22	23	24	25	29	30	CUR
75.00	20.12	20.10	20.08	20.07	20.06	20.03	20.02	20.00
76.00	19.86	19.84	19.82	19.80	19.79	19.76	19.76	19.74
77.00	19.60	19.58	19.56	19.55	19.54	19.51	19.50	19.48
78.00	19.35	19.33	19.31	19.30	19.29	19.26	19.25	19.23
79.00	19.10	19.08	19.07	19.05	19.04	19.01	19.01	18.99
80.00	18.86	18.84	18.83	18.81	18.80	18.78	18.77	18.75
80.50	18.74	18.72	18.71	18.70	18.69	18.66	18.66	18.63
81.00	18.62	18.61	18.59	18.58	18.57	18.54	18.54	18.52
81.50	18.51	18.49	18.48	18.47	18.46	18.43	18.43	18.40
82.00	18.40	18.38	18.36	18.35	18.34	18.32	18.31	18.29
82.50	18.28	18.27	18.25	18.24	18.23	18.21	18.20	18.18
83.00	18.17	18.16	18.14	18.13	18.12	18.10	18.09	18.07
83.50	18.06	18.05	18.03	18.02	18.01	17.99	17.98	17.96
84.00	17.95	17.94	17.92	17.91	17.90	17.88	17.88	17.86
84.50	17.84	17.83	17.82	17.81	17.80	17.78	17.77	17.75
85.00	17.74	17.72	17.71	17.70	17.69	17.67	17.67	17.65
85.50	17.63	17.62	17.61	17.60	17.59	17.57	17.56	17.54
86.00	17.53	17.51	17.50	17.49	17.49	17.46	17.46	17.44
86.50	17.42	17.41	17.40	17.39	17.38	17.36	17.36	17.34
87.00	17.32	17.31	17.30	17.29	17.28	17.26	17.26	17.24
87.50	17.22	17.21	17.20	17.19	17.18	17.16	17.16	17.14
88.00	17.12	17.11	17.10	17.09	17.08	17.07	17.06	17.05
88.50	17.02	17.01	17.00	16.99	16.99	16.97	16.97	16.95
89.00	16.93	16.91	16.91	16.90	16.89	16.87	16.87	16.85
89.50	16.83	16.82	16.81	16.80	16.80	16.78	16.78	16.76
90.00	16.73	16.72	16.71	16.71	16.70	16.68	16.68	16.67
90.50	16.64	16.63	16.62	16.61	16.61	16.59	16.59	16.57
91.00	16.54	16.53	16.53	16.52	16.52	16.50	16.50	16.48
91.50	16.45	16.44	16.43	16.43	16.42	16.41	16.41	16.39
92.00	16.36	16.35	16.34	16.34	16.33	16.32	16.32	16.30
92.50	16.27	16.26	16.25	16.25	16.24	16.23	16.23	16.22
93.00	16.18	16.17	16.16	16.16	16.15	16.14	16.14	16.13
93.50	16.09	16.08	16.08	16.07	16.07	16.06	16.05	16.04
94.00	16.00	15.99	15.99	15.98	15.98	15.97	15.97	15.96
94.50	15.91	15.91	15.90	15.90	15.89	15.88	15.88	15.87
95.00	15.82	15.82	15.82	15.81	15.81	15.80	15.80	15.79
95.50	15.74	15.73	15.73	15.73	15.72	15.72	15.71	15.71
96.00	15.65	15.65	15.65	15.64	15.64	15.63	15.63	15.63
96.50	15.57	15.57	15.56	15.56	15.56	15.55	15.55	15.54
97.00	15.49	15.48	15.48	15.48	15.48	15.47	15.47	15.46
97.50	15.40	15.40	15.40	15.40	15.39	15.39	15.39	15.38
98.00	15.32	15.32	15.32	15.32	15.31	15.31	15.31	15.31
98.50	15.24	15.24	15.24	15.24	15.23	15.23	15.23	15.23
99.00	15.16	15.16	15.16	15.16	15.16	15.15	15.15	15.15
99.50	15.08	15.08	15.08	15.08	15.08	15.08	15.08	15.08
100.00	15.00	15.00	15.00	15.00	15.00	15.00	15.00	15.00
100.50	14.92	14.92	14.92	14.92	14.92	14.92	14.92	14.93
101.00	14.84	14.84	14.84	14.85	14.85	14.85	14.85	14.85
101.50	14.77	14.77	14.77	14.77	14.77	14.77	14.78	14.78
102.00	14.69	14.69	14.69	14.70	14.70	14.70	14.70	14.71
102.00	14.61	14.62	14.62	14.62	14.62	14.63	14.63	14.63
103.00	14.54	14.54	14.55	14.55	14.55	14.56	14.56	14.56
103.50	14.47	14.47	14.47	14.48	14.48	14.48	14.49	14.49
104.00	14.39	14.40	14.40	14.40	14.40	14.41	14.41	14.42
105.00	14.25	14.25	14.26	14.26	14.26	14.27	14.27	14.29
106.00	14.10	14.11	14.11	14.12	14.12	14.14	14.14	14.15
107.00	13.96	13.97	13.98	13.98	13.99	14.00	14.00	14.02
108.00	13.82	13.83	13.83	13.84	13.85	13.87	13.87	13.89
109.00	13.69	13.70	13.71	13.71	13.72	13.74	13.74	13.76
110.00	13.55	13.56	13.57	13.58	13.59	13.61	13.61	13.64

15¼% Bond Yield Table

PRICE	¼	½	¾	1	1½	2	3	4
				YEARS TO MATURITY				
85.00	84.73	53.24	40.04	34.20	28.19	25.26	22.38	20.97
85.50	82.02	51.75	39.09	33.49	27.71	24.89	22.12	20.76
86.00	79.33	50.29	38.16	32.78	27.23	24.52	21.85	20.55
86.50	76.68	48.84	37.23	32.08	26.76	24.15	21.59	20.34
87.00	74.05	47.41	36.31	31.38	26.29	23.79	21.34	20.14
87.50	71.46	46.00	35.40	30.70	25.82	23.43	21.08	19.93
88.00	68.89	44.60	34.50	30.01	25.36	23.07	20.83	19.73
88.50	66.35	43.22	33.61	29.34	24.90	22.72	20.58	19.52
89.00	63.84	41.85	32.72	28.67	24.44	22.37	20.33	19.32
89.50	61.35	40.50	31.85	28.00	23.99	22.02	20.08	19.12
90.00	58.89	39.17	30.98	27.34	23.54	21.67	19.83	18.93
90.50	56.46	37.85	30.12	26.69	23.10	21.33	19.59	18.73
91.00	54.05	36.54	29.26	26.04	22.66	20.99	19.34	18.53
91.25	52.86	35.89	28.84	25.72	22.44	20.82	19.22	18.44
91.50	51.67	35.25	28.42	25.40	22.22	20.65	19.10	18.34
91.75	50.49	34.60	28.00	25.08	22.00	20.48	18.98	18.24
92.00	49.32	33.97	27.58	24.76	21.79	20.31	18.86	18.15
92.25	48.15	33.33	27.17	24.45	21.57	20.15	18.74	18.05
92.50	46.98	32.70	26.75	24.13	21.35	19.98	18.63	17.96
92.75	45.83	32.08	26.34	23.82	21.14	19.82	18.51	17.86
93.00	44.67	31.45	25.93	23.51	20.93	19.65	18.39	17.77
93.25	43.53	30.83	25.52	23.20	20.71	19.49	18.27	17.67
93.50	42.39	30.21	25.12	22.89	20.50	19.32	18.15	17.58
93.75	41.26	29.60	24.71	22.58	20.29	19.16	18.04	17.49
94.00	40.13	28.99	24.31	22.27	20.08	18.99	17.92	17.39
94.25	39.01	28.38	23.91	21.96	19.87	18.83	17.81	17.30
94.50	37.89	27.78	23.51	21.66	19.66	18.67	17.69	17.21
94.75	36.78	27.18	23.11	21.36	19.45	18.51	17.58	17.12
95.00	35.67	26.58	22.72	21.05	19.24	18.35	17.46	17.02
95.25	34.57	25.98	22.32	20.75	19.04	18.19	17.35	16.93
95.50	33.48	25.39	21.93	20.45	18.83	18.03	17.23	16.84
95.75	32.39	24.80	21.54	20.15	18.63	17.87	17.12	16.75
96.00	31.31	24.22	21.15	19.86	18.42	17.71	17.01	16.66
96.25	30.23	23.64	20.76	19.56	18.22	17.55	16.89	16.57
96.50	29.16	23.06	20.38	19.26	18.02	17.40	16.78	16.48
96.75	28.09	22.48	19.99	18.97	17.81	17.24	16.67	16.39
97.00	27.03	21.91	19.61	18.68	17.61	17.08	16.56	16.30
97.25	25.97	21.34	19.23	18.38	17.41	16.93	16.45	16.21
97.50	24.92	20.77	18.85	18.09	17.21	16.77	16.34	16.12
97.75	23.88	20.20	18.47	17.80	17.01	16.62	16.23	16.03
98.00	22.84	19.64	18.10	17.52	16.81	16.46	16.12	15.95
98.25	21.80	19.08	17.72	17.23	16.62	16.31	16.01	15.86
98.50	20.77	18.53	17.35	16.94	16.42	16.16	15.90	15.77
98.75	19.74	17.97	16.98	16.66	16.22	16.00	15.79	15.68
99.00	18.72	17.42	16.61	16.37	16.03	15.85	15.68	15.60
99.25	17.71	16.88	16.24	16.09	15.83	15.70	15.57	15.51
99.50	16.70	16.33	15.88	15.81	15.64	15.55	15.46	15.42
99.75	15.69	15.79	15.51	15.53	15.44	15.40	15.36	15.34
100.00	14.69	15.25	15.15	15.25	15.25	15.25	15.25	15.25
100.25	13.69	14.71	14.79	14.97	15.06	15.10	15.14	15.16
100.50	12.70	14.18	14.43	14.69	14.87	14.95	15.04	15.08
101.00	10.73	13.12	13.71	14.14	14.48	14.66	14.83	14.91
101.50	8.78	12.07	13.00	13.60	14.11	14.36	14.61	14.74
102.00	6.85	11.03	12.30	13.05	13.73	14.07	14.41	14.57
102.50	4.94	10.00	11.60	12.51	13.36	13.78	14.20	14.41
103.00	3.04	8.98	10.90	11.98	12.98	13.49	13.99	14.24
103.50	1.16	7.97	10.22	11.45	12.62	13.20	13.79	14.08
104.00		6.97	9.53	10.92	12.25	12.92	13.58	13.91
104.50		5.98	8.86	10.40	11.89	12.63	13.38	13.75
105.00		5.00	8.19	9.88	11.53	12.35	13.18	13.59

Bond Yield Table 15¼%

| PRICE | \multicolumn{8}{c}{YEARS TO MATURITY} |
	5	6	7	8	9	10	11	12
75.00	24.12	23.17	22.51	22.03	21.68	21.41	21.20	21.03
76.00	23.69	22.78	22.15	21.70	21.36	21.10	20.90	20.74
77.00	23.27	22.40	21.80	21.37	21.05	20.80	20.61	20.46
78.00	22.86	22.03	21.46	21.05	20.74	20.51	20.33	20.18
79.00	22.45	21.67	21.13	20.74	20.44	20.22	20.05	19.91
80.00	22.05	21.31	20.80	20.43	20.15	19.94	19.77	19.64
80.50	21.85	21.13	20.64	20.28	20.01	19.80	19.64	19.51
81.00	21.66	20.96	20.48	20.13	19.86	19.66	19.51	19.38
81.50	21.46	20.79	20.32	19.98	19.72	19.53	19.37	19.25
82.00	21.27	20.61	20.16	19.83	19.58	19.39	19.24	19.13
82.50	21.08	20.44	20.00	19.68	19.44	19.26	19.11	19.00
83.00	20.89	20.27	19.85	19.54	19.30	19.13	18.99	18.87
83.50	20.70	20.11	19.69	19.39	19.17	18.99	18.86	18.75
84.00	20.52	19.94	19.54	19.25	19.03	18.86	18.73	18.63
84.50	20.33	19.77	19.39	19.11	18.90	18.74	18.61	18.51
85.00	20.15	19.61	19.24	18.97	18.76	18.61	18.49	18.39
85.50	19.97	19.45	19.09	18.83	18.63	18.48	18.36	18.27
86.00	19.79	19.29	18.94	18.69	18.50	18.36	18.24	18.15
86.50	19.61	19.13	18.80	18.55	18.37	18.23	18.12	18.04
87.00	19.43	18.97	18.65	18.42	18.24	18.11	18.00	17.92
87.50	19.25	18.81	18.51	18.28	18.12	17.99	17.89	17.81
88.00	19.08	18.66	18.36	18.15	17.99	17.87	17.77	17.69
88.50	18.91	18.50	18.22	18.02	17.87	17.75	17.65	17.58
89.00	18.73	18.35	18.08	17.89	17.74	17.63	17.54	17.47
89.50	18.56	18.20	17.94	17.76	17.62	17.51	17.43	17.36
90.00	18.39	18.05	17.80	17.63	17.50	17.39	17.31	17.25
90.50	18.23	17.90	17.67	17.50	17.38	17.28	17.20	17.14
91.00	18.06	17.75	17.53	17.37	17.26	17.16	17.09	17.03
91.50	17.89	17.60	17.40	17.25	17.14	17.05	16.98	16.93
92.00	17.73	17.45	17.26	17.12	17.02	16.94	16.87	16.82
92.50	17.56	17.31	17.13	17.00	16.90	16.82	16.77	16.72
93.00	17.40	17.16	17.00	16.88	16.78	16.71	16.66	16.61
93.50	17.24	17.02	16.87	16.75	16.67	16.60	16.55	16.51
94.00	17.08	16.88	16.74	16.63	16.56	16.49	16.45	16.41
94.50	16.92	16.74	16.61	16.51	16.44	16.39	16.34	16.31
95.00	16.77	16.60	16.48	16.39	16.33	16.28	16.24	16.21
95.50	16.61	16.46	16.35	16.28	16.22	16.17	16.14	16.11
96.00	16.45	16.32	16.23	16.16	16.11	16.07	16.04	16.01
96.50	16.30	16.18	16.10	16.04	16.00	15.96	15.93	15.91
97.00	16.15	16.05	15.98	15.93	15.89	15.86	15.83	15.82
97.50	16.00	15.91	15.85	15.81	15.78	15.75	15.74	15.72
98.00	15.84	15.78	15.73	15.70	15.67	15.65	15.64	15.62
98.50	15.69	15.64	15.61	15.58	15.57	15.55	15.54	15.53
99.00	15.55	15.51	15.49	15.47	15.46	15.45	15.44	15.44
99.50	15.40	15.38	15.37	15.36	15.35	15.35	15.35	15.34
100.00	15.25	15.25	15.25	15.25	15.25	15.25	15.25	15.25
100.50	15.10	15.12	15.13	15.14	15.15	15.15	15.16	15.16
101.00	14.96	14.99	15.01	15.03	15.04	15.05	15.06	15.07
101.50	14.81	14.86	14.90	14.92	14.94	14.96	14.97	14.98
102.00	14.67	14.74	14.78	14.82	14.84	14.86	14.88	14.89
102.50	14.53	14.61	14.67	14.71	14.74	14.76	14.78	14.80
103.00	14.39	14.48	14.55	14.60	14.64	14.67	14.69	14.71
103.50	14.25	14.36	14.44	14.50	14.54	14.57	14.60	14.62
104.00	14.11	14.24	14.33	14.39	14.44	14.48	14.51	14.54
105.00	13.83	13.99	14.10	14.18	14.25	14.30	14.33	14.36
106.00	13.56	13.75	13.88	13.98	14.05	14.11	14.16	14.19
107.00	13.29	13.51	13.67	13.78	13.86	13.93	13.99	14.03
108.00	13.02	13.27	13.45	13.58	13.68	13.75	13.81	13.86
109.00	12.76	13.04	13.24	13.38	13.49	13.58	13.65	13.70
110.00	12.50	12.81	13.03	13.19	13.31	13.41	13.48	13.54

15¼%   Bond Yield Table

PRICE	13	14	15	16	17	18	19	20
					YEARS TO MATURITY			
75.00	20.90	20.80	20.71	20.64	20.59	20.54	20.51	20.47
76.00	20.62	20.52	20.43	20.37	20.31	20.27	20.23	20.20
77.00	20.34	20.24	20.16	20.10	20.05	20.00	19.97	19.94
78.00	20.07	19.97	19.90	19.84	19.79	19.75	19.71	19.68
79.00	19.80	19.71	19.64	19.58	19.53	19.49	19.46	19.43
80.00	19.54	19.45	19.38	19.33	19.28	19.25	19.21	19.19
80.50	19.41	19.33	19.26	19.21	19.16	19.12	19.09	19.07
81.00	19.28	19.20	19.14	19.08	19.04	19.00	18.97	18.95
81.50	19.16	19.08	19.01	18.96	18.92	18.88	18.86	18.83
82.00	19.03	18.96	18.89	18.84	18.80	18.77	18.74	18.72
82.50	18.91	18.83	18.77	18.73	18.68	18.65	18.62	18.60
83.00	18.79	18.71	18.66	18.61	18.57	18.54	18.51	18.49
83.50	18.67	18.60	18.54	18.49	18.45	18.42	18.40	18.37
84.00	18.55	18.48	18.42	18.38	18.34	18.31	18.28	18.26
84.50	18.43	18.36	18.31	18.27	18.23	18.20	18.17	18.15
85.00	18.31	18.25	18.20	18.15	18.12	18.09	18.07	18.05
85.50	18.19	18.13	18.08	18.04	18.01	17.98	17.96	17.94
86.00	18.08	18.02	17.97	17.93	17.90	17.87	17.85	17.83
86.50	17.97	17.91	17.86	17.82	17.79	17.77	17.74	17.73
87.00	17.85	17.80	17.75	17.72	17.69	17.66	17.64	17.62
87.50	17.74	17.69	17.65	17.61	17.58	17.56	17.54	17.52
88.00	17.63	17.58	17.54	17.50	17.48	17.45	17.43	17.42
88.50	17.52	17.47	17.43	17.40	17.37	17.35	17.33	17.32
89.00	17.41	17.37	17.33	17.30	17.27	17.25	17.23	17.22
89.50	17.30	17.26	17.22	17.19	17.17	17.15	17.13	17.12
90.00	17.20	17.16	17.12	17.09	17.07	17.05	17.03	17.02
90.50	17.09	17.05	17.02	16.99	16.97	16.95	16.94	16.92
91.00	16.99	16.95	16.92	16.89	16.87	16.85	16.84	16.83
91.50	16.88	16.85	16.82	16.79	16.77	16.76	16.74	16.73
92.00	16.78	16.75	16.72	16.70	16.68	16.66	16.65	16.64
92.50	16.68	16.65	16.62	16.60	16.58	16.57	16.56	16.54
93.00	16.58	16.55	16.52	16.50	16.49	16.47	16.46	16.45
93.50	16.48	16.45	16.43	16.41	16.39	16.38	16.37	16.36
94.00	16.38	16.35	16.33	16.32	16.30	16.29	16.28	16.27
94.50	16.28	16.26	16.24	16.22	16.21	16.20	16.19	16.18
95.00	16.18	16.16	16.14	16.13	16.12	16.11	16.10	16.09
95.50	16.09	16.07	16.05	16.04	16.03	16.02	16.01	16.00
96.00	15.99	15.97	15.96	15.95	15.94	15.93	15.92	15.92
96.50	15.89	15.88	15.87	15.86	15.85	15.84	15.84	15.83
97.00	15.80	15.79	15.78	15.77	15.76	15.76	15.75	15.75
97.50	15.71	15.70	15.69	15.68	15.67	15.67	15.67	15.66
98.00	15.61	15.61	15.60	15.59	15.59	15.58	15.58	15.58
98.50	15.52	15.52	15.51	15.51	15.50	15.50	15.50	15.49
99.00	15.43	15.43	15.42	15.42	15.42	15.42	15.41	15.41
99.50	15.34	15.34	15.34	15.33	15.33	15.33	15.33	15.33
100.00	15.25	15.25	15.25	15.25	15.25	15.25	15.25	15.25
100.50	15.16	15.16	15.16	15.17	15.17	15.17	15.17	15.17
101.00	15.07	15.08	15.08	15.08	15.08	15.09	15.09	15.09
101.50	14.98	14.99	15.00	15.00	15.00	15.01	15.01	15.01
102.00	14.90	14.91	14.91	14.92	14.92	14.93	14.93	14.93
102.50	14.81	14.82	14.83	14.84	14.84	14.85	14.85	14.86
103.00	14.73	14.74	14.75	14.76	14.76	14.77	14.78	14.78
103.50	14.64	14.65	14.67	14.68	14.69	14.69	14.70	14.70
104.00	14.56	14.57	14.59	14.60	14.61	14.62	14.62	14.63
105.00	14.39	14.41	14.43	14.44	14.45	14.46	14.47	14.48
106.00	14.22	14.25	14.27	14.29	14.30	14.31	14.32	14.33
107.00	14.06	14.09	14.12	14.14	14.15	14.17	14.18	14.19
108.00	13.90	13.94	13.96	13.99	14.00	14.02	14.04	14.05
109.00	13.75	13.78	13.81	13.84	13.86	13.88	13.89	13.91
110.00	13.59	13.63	13.67	13.69	13.72	13.74	13.76	13.77

Bond Yield Table 15¼%

PRICE	YEARS TO MATURITY							CUR
	21	22	23	24	25	29	30	
75.00	20.45	20.43	20.41	20.40	20.39	20.36	20.35	20.33
76.00	20.18	20.16	20.14	20.13	20.12	20.09	20.09	20.07
77.00	19.92	19.90	19.88	19.87	19.86	19.83	19.83	19.81
78.00	19.66	19.64	19.63	19.61	19.60	19.58	19.57	19.55
79.00	19.41	19.39	19.38	19.37	19.36	19.33	19.32	19.30
80.00	19.17	19.15	19.14	19.12	19.11	19.09	19.08	19.06
80.50	19.05	19.03	19.02	19.00	18.99	18.97	18.96	18.94
81.00	18.93	18.91	18.90	18.89	18.88	18.85	18.85	18.83
81.50	18.81	18.80	18.78	18.77	18.76	18.74	18.73	18.71
82.00	18.70	18.68	18.67	18.66	18.65	18.62	18.62	18.60
82.50	18.58	18.57	18.55	18.54	18.53	18.51	18.50	18.48
83.00	18.47	18.45	18.44	18.43	18.42	18.40	18.39	18.37
83.50	18.36	18.34	18.33	18.32	18.31	18.29	18.28	18.26
84.00	18.25	18.23	18.22	18.21	18.20	18.18	18.17	18.15
84.50	18.14	18.12	18.11	18.10	18.09	18.07	18.07	18.05
85.00	18.03	18.01	18.00	17.99	17.98	17.96	17.96	17.94
85.50	17.92	17.91	17.90	17.89	17.88	17.86	17.85	17.84
86.00	17.82	17.80	17.79	17.78	17.77	17.75	17.75	17.73
86.50	17.71	17.70	17.69	17.68	17.67	17.65	17.65	17.63
87.00	17.61	17.59	17.58	17.58	17.57	17.55	17.55	17.53
87.50	17.50	17.49	17.48	17.47	17.47	17.45	17.45	17.43
88.00	17.40	17.39	17.38	17.37	17.37	17.35	17.35	17.33
88.50	17.30	17.29	17.28	17.27	17.27	17.25	17.25	17.23
89.00	17.20	17.19	17.18	17.18	17.17	17.15	17.15	17.13
89.50	17.11	17.09	17.09	17.08	17.07	17.06	17.05	17.04
90.00	17.01	17.00	16.99	16.98	16.98	16.96	16.96	16.94
90.50	16.91	16.90	16.89	16.89	16.88	16.87	16.86	16.85
91.00	16.82	16.81	16.80	16.79	16.79	16.77	16.77	16.76
91.50	16.72	16.71	16.71	16.70	16.70	16.68	16.68	16.67
92.00	16.63	16.62	16.61	16.61	16.60	16.59	16.59	16.58
92.50	16.54	16.53	16.52	16.52	16.51	16.50	16.50	16.49
93.00	16.44	16.44	16.43	16.43	16.42	16.41	16.41	16.40
93.50	16.35	16.35	16.34	16.34	16.33	16.32	16.32	16.31
94.00	16.26	16.26	16.25	16.25	16.24	16.23	16.23	16.22
94.50	16.17	16.17	16.16	16.16	16.16	16.15	16.15	16.14
95.00	16.09	16.08	16.08	16.07	16.07	16.06	16.06	16.05
95.50	16.00	16.00	15.99	15.99	15.99	15.98	15.98	15.97
96.00	15.91	15.91	15.91	15.90	15.90	15.89	15.89	15.89
96.50	15.83	15.82	15.82	15.82	15.82	15.81	15.81	15.80
97.00	15.74	15.74	15.74	15.73	15.73	15.73	15.73	15.72
97.50	15.66	15.66	15.65	15.65	15.65	15.65	15.65	15.64
98.00	15.58	15.57	15.57	15.57	15.57	15.57	15.56	15.56
98.50	15.49	15.49	15.49	15.49	15.49	15.49	15.48	15.48
99.00	15.41	15.41	15.41	15.41	15.41	15.41	15.41	15.40
99.50	15.33	15.33	15.33	15.33	15.33	15.33	15.33	15.33
100.00	15.25	15.25	15.25	15.25	15.25	15.25	15.25	15.25
100.50	15.17	15.17	15.17	15.17	15.17	15.17	15.17	15.17
101.00	15.09	15.09	15.09	15.09	15.09	15.10	15.10	15.10
101.50	15.01	15.02	15.02	15.02	15.02	15.02	15.02	15.02
102.00	14.94	14.94	14.94	14.94	14.94	14.95	14.95	14.95
102.50	14.86	14.86	14.86	14.87	14.87	14.87	14.87	14.88
103.00	14.78	14.79	14.79	14.79	14.79	14.80	14.80	14.81
103.50	14.71	14.71	14.71	14.72	14.72	14.73	14.73	14.73
104.00	14.63	14.64	14.64	14.64	14.65	14.65	14.66	14.66
105.00	14.49	14.49	14.50	14.50	14.50	14.51	14.51	14.52
106.00	14.34	14.35	14.35	14.36	14.36	14.37	14.37	14.39
107.00	14.20	14.20	14.21	14.22	14.22	14.23	14.24	14.25
108.00	14.06	14.07	14.07	14.08	14.08	14.10	14.10	14.12
109.00	13.92	13.93	13.94	13.94	13.95	13.97	13.97	13.99
110.00	13.78	13.79	13.80	13.81	13.82	13.84	13.84	13.86

15½%   Bond Yield Table

PRICE				YEARS TO MATURITY				
	¼	½	¾	1	1½	2	3	4
85.00	84.95	53.53	40.32	34.48	28.47	25.54	22.66	21.25
85.50	82.24	52.05	39.37	33.77	27.99	25.17	22.39	21.04
86.00	79.55	50.58	38.43	33.06	27.51	24.80	22.13	20.83
86.50	76.90	49.13	37.51	32.36	27.04	24.43	21.87	20.62
87.00	74.28	47.70	36.58	31.66	26.56	24.07	21.61	20.41
87.50	71.68	46.29	35.67	30.97	26.10	23.71	21.35	20.20
88.00	69.12	44.89	34.77	30.29	25.63	23.35	21.10	20.00
88.50	66.58	43.50	33.88	29.61	25.17	22.99	20.85	19.80
89.00	64.06	42.13	32.99	28.94	24.72	22.64	20.60	19.59
89.50	61.58	40.78	32.11	28.28	24.26	22.29	20.35	19.39
90.00	59.12	39.44	31.24	27.62	23.81	21.94	20.10	19.19
90.50	56.69	38.12	30.38	26.96	23.37	21.60	19.85	19.00
91.00	54.28	36.81	29.53	26.31	22.93	21.26	19.61	18.80
91.25	53.09	36.16	29.11	25.99	22.71	21.09	19.49	18.70
91.50	51.90	35.52	28.68	25.67	22.49	20.92	19.37	18.61
91.75	50.72	34.88	28.26	25.35	22.27	20.75	19.25	18.51
92.00	49.54	34.24	27.85	25.03	22.05	20.58	19.13	18.41
92.25	48.37	33.60	27.43	24.71	21.83	20.41	19.01	18.32
92.50	47.21	32.97	27.01	24.40	21.62	20.24	18.89	18.22
92.75	46.05	32.35	26.60	24.08	21.40	20.08	18.77	18.13
93.00	44.90	31.72	26.19	23.77	21.19	19.91	18.65	18.03
93.25	43.76	31.10	25.78	23.46	20.98	19.75	18.53	17.94
93.50	42.62	30.48	25.38	23.15	20.76	19.58	18.42	17.84
93.75	41.49	29.87	24.97	22.84	20.55	19.42	18.30	17.75
94.00	40.36	29.26	24.57	22.53	20.34	19.26	18.18	17.65
94.25	39.24	28.65	24.17	22.23	20.13	19.09	18.07	17.56
94.50	38.12	28.04	23.77	21.92	19.92	18.93	17.95	17.47
94.75	37.01	27.44	23.37	21.62	19.71	18.77	17.83	17.38
95.00	35.90	26.84	22.97	21.31	19.50	18.61	17.72	17.28
95.25	34.80	26.25	22.58	21.01	19.30	18.45	17.61	17.19
95.50	33.71	25.65	22.18	20.71	19.09	18.29	17.49	17.10
95.75	32.62	25.07	21.79	20.41	18.88	18.13	17.38	17.01
96.00	31.54	24.48	21.40	20.11	18.68	17.97	17.26	16.92
96.25	30.46	23.90	21.02	19.82	18.48	17.81	17.15	16.83
96.50	29.39	23.32	20.63	19.52	18.27	17.65	17.04	16.74
96.75	28.32	22.74	20.25	19.23	18.07	17.50	16.93	16.64
97.00	27.26	22.16	19.86	18.93	17.87	17.34	16.81	16.56
97.25	26.21	21.59	19.48	18.64	17.67	17.18	16.70	16.47
97.50	25.15	21.03	19.10	18.35	17.47	17.03	16.59	16.38
97.75	24.11	20.46	18.72	18.06	17.27	16.87	16.48	16.29
98.00	23.06	19.90	18.35	17.77	17.07	16.72	16.37	16.20
98.25	22.03	19.34	17.97	17.48	16.87	16.56	16.26	16.11
98.50	21.00	18.78	17.60	17.20	16.67	16.41	16.15	16.02
98.75	19.98	18.23	17.23	16.91	16.47	16.26	16.04	15.93
99.00	18.96	17.68	16.86	16.63	16.28	16.10	15.93	15.85
99.25	17.94	17.13	16.49	16.34	16.08	15.95	15.82	15.76
99.50	16.93	16.58	16.12	16.06	15.89	15.80	15.72	15.67
99.75	15.92	16.04	15.76	15.78	15.69	15.65	15.61	15.59
100.00	14.92	15.50	15.39	15.50	15.50	15.50	15.50	15.50
100.25	13.93	14.96	15.03	15.22	15.31	15.35	15.39	15.41
100.50	12.93	14.43	14.67	14.94	15.12	15.20	15.29	15.33
101.00	10.97	13.37	13.95	14.39	14.73	14.90	15.07	15.16
101.50	9.02	12.32	13.24	13.84	14.35	14.61	14.86	14.99
102.00	7.08	11.27	12.54	13.30	13.98	14.31	14.65	14.82
102.50	5.17	10.24	11.84	12.76	13.60	14.02	14.44	14.65
103.00	3.27	9.22	11.15	12.22	13.23	13.73	14.24	14.49
103.50	1.40	8.21	10.46	11.69	12.86	13.45	14.03	14.32
104.00		7.21	9.77	11.16	12.49	13.16	13.83	14.16
104.50		6.22	9.10	10.64	12.13	12.88	13.62	13.99
105.00		5.24	8.42	10.12	11.77	12.59	13.42	13.83

172

Bond Yield Table 15½%

PRICE	YEARS TO MATURITY							
	5	6	7	8	9	10	11	12
75.00	24.43	23.47	22.82	22.34	21.99	21.72	21.51	21.35
76.00	23.99	23.09	22.46	22.01	21.67	21.41	21.21	21.06
77.00	23.57	22.70	22.11	21.68	21.35	21.11	20.92	20.77
78.00	23.15	22.33	21.76	21.35	21.05	20.81	20.63	20.49
79.00	22.74	21.96	21.42	21.03	20.74	20.52	20.35	20.21
80.00	22.34	21.60	21.09	20.72	20.45	20.24	20.07	19.94
80.50	22.14	21.43	20.93	20.57	20.30	20.10	19.94	19.81
81.00	21.95	21.25	20.77	20.42	20.16	19.96	19.80	19.68
81.50	21.75	21.07	20.61	20.27	20.01	19.82	19.67	19.55
82.00	21.56	20.90	20.45	20.12	19.87	19.68	19.54	19.42
82.50	21.36	20.73	20.29	19.97	19.73	19.55	19.41	19.29
83.00	21.17	20.56	20.13	19.82	19.59	19.41	19.28	19.17
83.50	20.98	20.39	19.98	19.68	19.45	19.28	19.15	19.04
84.00	20.80	20.22	19.82	19.53	19.32	19.15	19.02	18.92
84.50	20.61	20.06	19.67	19.39	19.18	19.02	18.89	18.79
85.00	20.43	19.89	19.52	19.25	19.05	18.89	18.77	18.67
85.50	20.24	19.73	19.37	19.11	18.91	18.76	18.65	18.55
86.00	20.06	19.57	19.22	18.97	18.78	18.64	18.52	18.43
86.50	19.88	19.41	19.07	18.83	18.65	18.51	18.40	18.32
87.00	19.70	19.25	18.93	18.70	18.52	18.39	18.28	18.20
87.50	19.53	19.09	18.78	18.56	18.39	18.26	18.16	18.08
88.00	19.35	18.93	18.64	18.43	18.27	18.14	18.05	17.97
88.50	19.18	18.77	18.50	18.29	18.14	18.02	17.93	17.86
89.00	19.00	18.62	18.35	18.16	18.01	17.90	17.81	17.74
89.50	18.83	18.47	18.21	18.03	17.89	17.78	17.70	17.63
90.00	18.66	18.32	18.07	17.90	17.77	17.66	17.59	17.52
90.50	18.49	18.16	17.94	17.77	17.64	17.55	17.47	17.41
91.00	18.32	18.01	17.80	17.64	17.52	17.43	17.36	17.30
91.50	18.16	17.87	17.66	17.51	17.40	17.32	17.25	17.20
92.00	17.99	17.72	17.53	17.39	17.28	17.20	17.14	17.09
92.50	17.83	17.57	17.39	17.26	17.17	17.09	17.03	16.98
93.00	17.67	17.43	17.26	17.14	17.05	16.98	16.92	16.88
93.50	17.50	17.28	17.13	17.02	16.93	16.87	16.82	16.77
94.00	17.34	17.14	17.00	16.89	16.82	16.76	16.71	16.67
94.50	17.18	17.00	16.87	16.77	16.70	16.65	16.60	16.57
95.00	17.02	16.86	16.74	16.65	16.59	16.54	16.50	16.47
95.50	16.87	16.72	16.61	16.53	16.48	16.43	16.40	16.37
96.00	16.71	16.58	16.48	16.42	16.36	16.32	16.29	16.27
96.50	16.56	16.44	16.36	16.30	16.25	16.22	16.19	16.17
97.00	16.40	16.30	16.23	16.18	16.14	16.11	16.09	16.07
97.50	16.25	16.17	16.11	16.07	16.03	16.01	15.99	15.97
98.00	16.10	16.03	15.98	15.95	15.93	15.91	15.89	15.88
98.50	15.95	15.90	15.86	15.84	15.82	15.80	15.79	15.78
99.00	15.80	15.76	15.74	15.72	15.71	15.70	15.69	15.69
99.50	15.65	15.63	15.62	15.61	15.61	15.60	15.60	15.59
100.00	15.50	15.50	15.50	15.50	15.50	15.50	15.50	15.50
100.50	15.35	15.37	15.38	15.39	15.40	15.40	15.40	15.41
101.00	15.21	15.24	15.26	15.28	15.29	15.30	15.31	15.32
101.50	15.06	15.11	15.15	15.17	15.19	15.20	15.21	15.22
102.00	14.92	14.98	15.03	15.06	15.09	15.11	15.12	15.13
102.50	14.78	14.86	14.91	14.95	14.99	15.01	15.03	15.04
103.00	14.63	14.73	14.80	14.85	14.88	14.91	14.94	14.95
103.50	14.49	14.60	14.68	14.74	14.78	14.82	14.84	14.87
104.00	14.35	14.48	14.57	14.64	14.68	14.72	14.75	14.78
105.00	14.07	14.23	14.34	14.43	14.49	14.54	14.57	14.60
106.00	13.80	13.99	14.12	14.22	14.29	14.35	14.40	14.43
107.00	13.53	13.75	13.90	14.02	14.10	14.17	14.22	14.27
108.00	13.26	13.51	13.69	13.82	13.91	13.99	14.05	14.10
109.00	13.00	13.28	13.47	13.62	13.73	13.81	13.88	13.94
110.00	12.74	13.05	13.26	13.42	13.54	13.64	13.71	13.77

15½%　　　　Bond Yield Table

PRICE	YEARS TO MATURITY							
	13	14	15	16	17	18	19	20
75.00	21.22	21.12	21.03	20.97	20.91	20.87	20.83	20.80
76.00	20.93	20.83	20.75	20.69	20.63	20.59	20.56	20.53
77.00	20.65	20.55	20.48	20.41	20.36	20.32	20.29	20.26
78.00	20.37	20.28	20.21	20.15	20.10	20.06	20.03	20.00
79.00	20.10	20.02	19.95	19.89	19.84	19.80	19.77	19.74
80.00	19.84	19.76	19.69	19.63	19.59	19.55	19.52	19.50
80.50	19.71	19.63	19.56	19.51	19.46	19.43	19.40	19.37
81.00	19.58	19.50	19.44	19.38	19.34	19.31	19.28	19.25
81.50	19.45	19.38	19.31	19.26	19.22	19.19	19.16	19.13
82.00	19.33	19.25	19.19	19.14	19.10	19.07	19.04	19.02
82.50	19.20	19.13	19.07	19.02	18.98	18.95	18.92	18.90
83.00	19.08	19.01	18.95	18.90	18.86	18.83	18.81	18.78
83.50	18.96	18.89	18.83	18.79	18.75	18.72	18.69	18.67
84.00	18.83	18.77	18.71	18.67	18.63	18.60	18.58	18.56
84.50	18.71	18.65	18.60	18.55	18.52	18.49	18.47	18.45
85.00	18.60	18.53	18.48	18.44	18.41	18.38	18.35	18.34
85.50	18.48	18.42	18.37	18.33	18.30	18.27	18.25	18.23
86.00	18.36	18.30	18.26	18.22	18.19	18.16	18.14	18.12
86.50	18.25	18.19	18.14	18.11	18.08	18.05	18.03	18.01
87.00	18.13	18.08	18.03	18.00	17.97	17.94	17.92	17.91
87.50	18.02	17.97	17.93	17.89	17.86	17.84	17.82	17.80
88.00	17.91	17.86	17.82	17.78	17.76	17.73	17.71	17.70
88.50	17.80	17.75	17.71	17.68	17.65	17.63	17.61	17.60
89.00	17.69	17.64	17.60	17.57	17.55	17.53	17.51	17.49
89.50	17.58	17.53	17.50	17.47	17.44	17.42	17.41	17.39
90.00	17.47	17.43	17.39	17.37	17.34	17.32	17.31	17.29
90.50	17.36	17.32	17.29	17.26	17.24	17.22	17.21	17.20
91.00	17.26	17.22	17.19	17.16	17.14	17.13	17.11	17.10
91.50	17.15	17.12	17.09	17.06	17.04	17.03	17.01	17.00
92.00	17.05	17.02	16.99	16.97	16.95	16.93	16.92	16.91
92.50	16.95	16.91	16.89	16.87	16.85	16.84	16.82	16.81
93.00	16.84	16.81	16.79	16.77	16.75	16.74	16.73	16.72
93.50	16.74	16.71	16.69	16.67	16.66	16.65	16.64	16.63
94.00	16.64	16.62	16.60	16.58	16.57	16.55	16.54	16.54
94.50	16.54	16.52	16.50	16.48	16.47	16.46	16.45	16.44
95.00	16.44	16.42	16.41	16.39	16.38	16.37	16.36	16.35
95.50	16.35	16.33	16.31	16.30	16.29	16.28	16.27	16.27
96.00	16.25	16.23	16.22	16.21	16.20	16.19	16.18	16.18
96.50	16.15	16.14	16.13	16.12	16.11	16.10	16.09	16.09
97.00	16.06	16.04	16.03	16.03	16.02	16.01	16.01	16.00
97.50	15.96	15.95	15.94	15.94	15.93	15.93	15.92	15.92
98.00	15.87	15.86	15.85	15.85	15.84	15.84	15.84	15.83
98.50	15.77	15.77	15.76	15.76	15.76	15.75	15.75	15.75
99.00	15.68	15.68	15.67	15.67	15.67	15.67	15.67	15.66
99.50	15.59	15.59	15.59	15.59	15.59	15.58	15.58	15.58
100.00	15.50	15.50	15.50	15.50	15.50	15.50	15.50	15.50
100.50	15.41	15.41	15.41	15.42	15.42	15.42	15.42	15.42
101.00	15.32	15.32	15.33	15.33	15.33	15.34	15.34	15.34
101.50	15.23	15.24	15.24	15.25	15.25	15.25	15.26	15.26
102.00	15.14	15.15	15.16	15.16	15.17	15.17	15.17	15.18
102.50	15.06	15.07	15.08	15.08	15.09	15.09	15.10	15.10
103.00	14.97	14.98	14.99	15.00	15.01	15.01	15.02	15.02
103.50	14.88	14.90	14.91	14.92	14.93	14.94	14.94	14.95
104.00	14.80	14.81	14.83	14.84	14.85	14.86	14.86	14.87
105.00	14.63	14.65	14.67	14.68	14.69	14.70	14.71	14.72
106.00	14.46	14.49	14.51	14.53	14.54	14.55	14.56	14.57
107.00	14.30	14.33	14.35	14.37	14.39	14.40	14.41	14.42
108.00	14.14	14.17	14.20	14.22	14.24	14.26	14.27	14.28
109.00	13.98	14.02	14.05	14.07	14.09	14.11	14.13	14.14
110.00	13.82	13.86	13.90	13.92	13.95	13.97	13.99	14.00

Bond Yield Table   15½%

PRICE	YEARS TO MATURITY							
	21	22	23	24	25	29	30	CUR
75.00	20.78	20.76	20.74	20.73	20.72	20.69	20.69	20.67
76.00	20.50	20.48	20.47	20.46	20.44	20.42	20.41	20.39
77.00	20.24	20.22	20.20	20.19	20.18	20.15	20.15	20.13
78.00	19.98	19.96	19.94	19.93	19.92	19.89	19.89	19.87
79.00	19.72	19.71	19.69	19.68	19.67	19.64	19.64	19.62
80.00	19.48	19.46	19.44	19.43	19.42	19.40	19.39	19.38
80.50	19.35	19.34	19.32	19.31	19.30	19.28	19.27	19.25
81.00	19.23	19.22	19.20	19.19	19.18	19.16	19.15	19.14
81.50	19.11	19.10	19.08	19.07	19.06	19.04	19.04	19.02
82.00	19.00	18.98	18.97	18.96	18.95	18.92	18.92	18.90
82.50	18.88	18.87	18.85	18.84	18.83	18.81	18.81	18.79
83.00	18.77	18.75	18.74	18.73	18.72	18.70	18.69	18.67
83.50	18.65	18.64	18.63	18.61	18.61	18.58	18.58	18.56
84.00	18.54	18.53	18.51	18.50	18.50	18.47	18.47	18.45
84.50	18.43	18.41	18.40	18.39	18.39	18.36	18.36	18.34
85.00	18.32	18.31	18.29	18.28	18.28	18.26	18.25	18.24
85.50	18.21	18.20	18.19	18.18	18.17	18.15	18.15	18.13
86.00	18.10	18.09	18.08	18.07	18.06	18.04	18.04	18.02
86.50	18.00	17.98	17.97	17.96	17.96	17.94	17.94	17.92
87.00	17.89	17.88	17.87	17.86	17.85	17.84	17.83	17.82
87.50	17.79	17.78	17.77	17.76	17.75	17.73	17.73	17.71
88.00	17.68	17.67	17.66	17.66	17.65	17.63	17.63	17.61
88.50	17.58	17.57	17.56	17.56	17.55	17.53	17.53	17.51
89.00	17.48	17.47	17.46	17.46	17.45	17.43	17.43	17.42
89.50	17.38	17.37	17.36	17.36	17.35	17.33	17.33	17.32
90.00	17.28	17.27	17.27	17.26	17.25	17.24	17.24	17.22
90.50	17.19	17.18	17.17	17.16	17.16	17.14	17.14	17.13
91.00	17.09	17.08	17.07	17.07	17.06	17.05	17.05	17.03
91.50	16.99	16.98	16.98	16.97	16.97	16.95	16.95	16.94
92.00	16.90	16.89	16.88	16.88	16.87	16.86	16.86	16.85
92.50	16.80	16.80	16.79	16.79	16.78	16.77	16.77	16.76
93.00	16.71	16.70	16.70	16.69	16.69	16.68	16.68	16.67
93.50	16.62	16.61	16.61	16.60	16.60	16.59	16.59	16.58
94.00	16.53	16.52	16.52	16.51	16.51	16.50	16.50	16.49
94.50	16.44	16.43	16.43	16.42	16.42	16.41	16.41	16.40
95.00	16.35	16.34	16.34	16.34	16.33	16.32	16.32	16.32
95.50	16.26	16.26	16.25	16.25	16.25	16.24	16.24	16.23
96.00	16.17	16.17	16.17	16.16	16.16	16.15	16.15	16.15
96.50	16.09	16.08	16.08	16.08	16.07	16.07	16.07	16.06
97.00	16.00	16.00	15.99	15.99	15.99	15.99	15.98	15.98
97.50	15.91	15.91	15.91	15.91	15.91	15.90	15.90	15.90
98.00	15.83	15.83	15.83	15.82	15.82	15.82	15.82	15.82
98.50	15.75	15.74	15.74	15.74	15.74	15.74	15.74	15.74
99.00	15.66	15.66	15.66	15.66	15.66	15.66	15.66	15.66
99.50	15.58	15.58	15.58	15.58	15.58	15.58	15.58	15.58
100.00	15.50	15.50	15.50	15.50	15.50	15.50	15.50	15.50
100.50	15.42	15.42	15.42	15.42	15.42	15.42	15.42	15.42
101.00	15.34	15.34	15.34	15.34	15.34	15.34	15.34	15.35
101.50	15.26	15.26	15.26	15.26	15.26	15.27	15.27	15.27
102.00	15.18	15.18	15.19	15.19	15.19	15.19	15.19	15.20
102.50	15.10	15.11	15.11	15.11	15.11	15.12	15.12	15.12
103.00	15.03	15.03	15.03	15.03	15.04	15.04	15.04	15.05
103.50	14.95	14.95	14.96	14.96	14.96	14.97	14.97	14.98
104.00	14.87	14.88	14.88	14.88	14.89	14.89	14.90	14.90
105.00	14.72	14.73	14.73	14.74	14.74	14.75	14.75	14.76
106.00	14.58	14.58	14.59	14.59	14.60	14.61	14.61	14.62
107.00	14.43	14.44	14.45	14.45	14.46	14.47	14.47	14.49
108.00	14.29	14.30	14.31	14.31	14.32	14.33	14.33	14.35
109.00	14.15	14.16	14.17	14.17	14.18	14.20	14.20	14.22
110.00	14.01	14.02	14.03	14.04	14.05	14.07	14.07	14.09

Bond Yield Table

PRICE	YEARS TO MATURITY							
	¼	½	¾	1	1½	2	3	4
85.00	85.17	53.82	40.60	34.77	28.75	25.82	22.94	21.53
85.50	82.46	52.34	39.65	34.05	28.27	25.44	22.67	21.32
86.00	79.78	50.87	38.71	33.34	27.79	25.07	22.41	21.10
86.50	77.13	49.42	37.78	32.64	27.31	24.71	22.15	20.89
87.00	74.50	47.99	36.86	31.94	26.84	24.34	21.89	20.68
87.50	71.91	46.57	35.95	31.25	26.37	23.98	21.63	20.48
88.00	69.34	45.17	35.04	30.57	25.91	23.62	21.37	20.27
88.50	66.80	43.79	34.15	29.89	25.45	23.26	21.12	20.07
89.00	64.29	42.42	33.26	29.21	24.99	22.91	20.87	19.86
89.50	61.81	41.06	32.38	28.55	24.53	22.56	20.62	19.66
90.00	59.35	39.72	31.51	27.89	24.08	22.21	20.37	19.46
90.50	56.92	38.40	30.65	27.23	23.64	21.87	20.12	19.26
91.00	54.51	37.09	29.79	26.58	23.19	21.52	19.88	19.07
91.25	53.32	36.44	29.37	26.26	22.97	21.35	19.75	18.97
91.50	52.13	35.79	28.95	25.94	22.75	21.18	19.63	18.87
91.75	50.95	35.15	28.53	25.62	22.53	21.01	19.51	18.77
92.00	49.77	34.51	28.11	25.30	22.32	20.84	19.39	18.68
92.25	48.60	33.88	27.69	24.98	22.10	20.68	19.27	18.58
92.50	47.44	33.24	27.28	24.66	21.88	20.51	19.15	18.48
92.75	46.28	32.61	26.86	24.35	21.67	20.34	19.03	18.39
93.00	45.13	31.99	26.45	24.04	21.45	20.17	18.91	18.29
93.25	43.99	31.37	26.04	23.72	21.24	20.01	18.80	18.20
93.50	42.85	30.75	25.64	23.41	21.02	19.84	18.68	18.10
93.75	41.71	30.13	25.23	23.10	20.81	19.68	18.56	18.01
94.00	40.59	29.52	24.83	22.79	20.60	19.52	18.44	17.91
94.25	39.47	28.91	24.42	22.49	20.39	19.35	18.33	17.82
94.50	38.35	28.31	24.02	22.18	20.18	19.19	18.21	17.73
94.75	37.24	27.70	23.62	21.88	19.97	19.03	18.09	17.63
95.00	36.13	27.11	23.23	21.57	19.76	18.87	17.98	17.54
95.25	35.03	26.51	22.83	21.27	19.56	18.71	17.86	17.45
95.50	33.94	25.92	22.44	20.97	19.35	18.54	17.75	17.36
95.75	32.85	25.33	22.05	20.67	19.14	18.38	17.63	17.26
96.00	31.77	24.74	21.66	20.37	18.94	18.23	17.52	17.17
96.25	30.69	24.16	21.27	20.07	18.73	18.07	17.41	17.08
96.50	29.62	23.58	20.88	19.78	18.53	17.91	17.29	16.99
96.75	28.55	23.00	20.50	19.48	18.33	17.75	17.18	16.90
97.00	27.49	22.42	20.12	19.19	18.12	17.59	17.07	16.81
97.25	26.44	21.85	19.73	18.90	17.92	17.44	16.96	16.72
97.50	25.39	21.28	19.35	18.60	17.72	17.28	16.85	16.63
97.75	24.34	20.72	18.98	18.31	17.52	17.13	16.73	16.54
98.00	23.30	20.15	18.60	18.02	17.32	16.97	16.62	16.45
98.25	22.26	19.59	18.22	17.74	17.12	16.82	16.51	16.36
98.50	21.23	19.04	17.85	17.45	16.92	16.66	16.40	16.27
98.75	20.21	18.48	17.48	17.16	16.73	16.51	16.29	16.19
99.00	19.19	17.93	17.11	16.88	16.53	16.36	16.18	16.10
99.25	18.17	17.38	16.74	16.59	16.33	16.20	16.07	16.01
99.50	17.16	16.83	16.37	16.31	16.14	16.05	15.97	15.92
99.75	16.15	16.29	16.01	16.03	15.94	15.90	15.86	15.84
100.00	15.15	15.75	15.64	15.75	15.75	15.75	15.75	15.75
100.25	14.16	15.21	15.28	15.47	15.56	15.60	15.64	15.66
100.50	13.17	14.68	14.92	15.19	15.36	15.45	15.54	15.58
101.00	11.20	13.61	14.20	14.64	14.98	15.15	15.32	15.41
101.50	9.25	12.56	13.49	14.09	14.60	14.86	15.11	15.24
102.00	7.32	11.52	12.78	13.54	14.22	14.57	14.90	15.07
102.50	5.40	10.49	12.08	13.00	13.85	14.27	14.69	14.90
103.00	3.51	9.47	11.39	12.47	13.47	13.98	14.48	14.73
103.50	1.63	8.45	10.70	11.93	13.10	13.69	14.28	14.56
104.00		7.45	10.01	11.40	12.74	13.40	14.07	14.40
104.50		6.46	9.34	10.88	12.37	13.12	13.87	14.24
105.00		5.48	8.66	10.36	12.01	12.84	13.66	14.07

Bond Yield Table 15¾%

PRICE	YEARS TO MATURITY							
	5	6	7	8	9	10	11	12
75.00	24.73	23.78	23.13	22.65	22.30	22.04	21.83	21.67
76.00	24.30	23.39	22.76	22.31	21.98	21.72	21.53	21.37
77.00	23.87	23.01	22.41	21.98	21.66	21.42	21.23	21.08
78.00	23.45	22.63	22.06	21.65	21.35	21.12	20.94	20.79
79.00	23.04	22.26	21.72	21.33	21.04	20.82	20.65	20.52
80.00	22.63	21.90	21.39	21.02	20.74	20.53	20.37	20.24
80.50	22.43	21.72	21.22	20.86	20.60	20.39	20.23	20.11
81.00	22.23	21.54	21.06	20.71	20.45	20.25	20.10	19.98
81.50	22.04	21.36	20.90	20.56	20.31	20.11	19.96	19.84
82.00	21.84	21.19	20.74	20.41	20.16	19.97	19.83	19.71
82.50	21.65	21.02	20.58	20.26	20.02	19.84	19.70	19.58
83.00	21.46	20.84	20.42	20.11	19.88	19.70	19.57	19.46
83.50	21.27	20.67	20.26	19.96	19.74	19.57	19.44	19.33
84.00	21.08	20.50	20.11	19.82	19.60	19.44	19.31	19.21
84.50	20.89	20.34	19.95	19.67	19.47	19.31	19.18	19.08
85.00	20.71	20.17	19.80	19.53	19.33	19.18	19.05	18.96
85.50	20.52	20.01	19.65	19.39	19.20	19.05	18.93	18.84
86.00	20.34	19.84	19.50	19.25	19.06	18.92	18.81	18.72
86.50	20.16	19.68	19.35	19.11	18.93	18.79	18.68	18.60
87.00	19.98	19.52	19.20	18.97	18.80	18.67	18.56	18.48
87.50	19.80	19.36	19.06	18.84	18.67	18.54	18.44	18.36
88.00	19.62	19.20	18.91	18.70	18.54	18.42	18.32	18.25
88.50	19.45	19.05	18.77	18.57	18.41	18.30	18.20	18.13
89.00	19.27	18.89	18.63	18.43	18.29	18.18	18.09	18.02
89.50	19.10	18.74	18.48	18.30	18.16	18.05	17.97	17.91
90.00	18.93	18.58	18.34	18.17	18.04	17.94	17.86	17.79
90.50	18.76	18.43	18.20	18.04	17.91	17.82	17.74	17.68
91.00	18.59	18.28	18.07	17.91	17.79	17.70	17.63	17.57
91.50	18.42	18.13	17.93	17.78	17.67	17.58	17.52	17.46
92.00	18.26	17.98	17.79	17.65	17.55	17.47	17.41	17.36
92.50	18.09	17.84	17.66	17.53	17.43	17.36	17.30	17.25
93.00	17.93	17.69	17.52	17.40	17.31	17.24	17.19	17.14
93.50	17.77	17.54	17.39	17.28	17.20	17.13	17.08	17.04
94.00	17.60	17.40	17.26	17.16	17.08	17.02	16.97	16.93
94.50	17.44	17.26	17.13	17.03	16.96	16.91	16.87	16.83
95.00	17.28	17.12	17.00	16.91	16.85	16.80	16.76	16.73
95.50	17.13	16.97	16.87	16.79	16.73	16.69	16.66	16.63
96.00	16.97	16.83	16.74	16.67	16.62	16.58	16.55	16.53
96.50	16.81	16.70	16.61	16.55	16.51	16.48	16.45	16.43
97.00	16.66	16.56	16.49	16.44	16.40	16.37	16.35	16.33
97.50	16.50	16.42	16.36	16.32	16.29	16.26	16.24	16.23
98.00	16.35	16.28	16.24	16.20	16.18	16.16	16.14	16.13
98.50	16.20	16.15	16.12	16.09	16.07	16.06	16.04	16.04
99.00	16.05	16.02	15.99	15.98	15.96	15.95	15.95	15.94
99.50	15.90	15.88	15.87	15.86	15.86	15.85	15.85	15.84
100.00	15.75	15.75	15.75	15.75	15.75	15.75	15.75	15.75
100.50	15.60	15.62	15.63	15.64	15.64	15.65	15.65	15.66
101.00	15.46	15.49	15.51	15.53	15.54	15.55	15.56	15.56
101.50	15.31	15.36	15.39	15.42	15.44	15.45	15.46	15.47
102.00	15.17	15.23	15.27	15.31	15.33	15.35	15.37	15.38
102.50	15.02	15.10	15.16	15.20	15.23	15.25	15.27	15.29
103.00	14.88	14.97	15.04	15.09	15.13	15.16	15.18	15.20
103.50	14.74	14.85	14.93	14.98	15.03	15.06	15.09	15.11
104.00	14.60	14.72	14.81	14.88	14.93	14.97	15.00	15.02
105.00	14.32	14.47	14.59	14.67	14.73	14.78	14.82	14.85
106.00	14.04	14.23	14.36	14.46	14.53	14.59	14.64	14.67
107.00	13.77	13.99	14.14	14.26	14.34	14.41	14.46	14.50
108.00	13.50	13.75	13.92	14.05	14.15	14.23	14.29	14.33
109.00	13.23	13.51	13.71	13.85	13.96	14.05	14.11	14.17
110.00	12.97	13.28	13.50	13.66	13.78	13.87	13.95	14.01

15¾%   Bond Yield Table

PRICE	YEARS TO MATURITY							
	13	14	15	16	17	18	19	20
75.00	21.54	21.44	21.36	21.29	21.24	21.19	21.16	21.13
76.00	21.25	21.15	21.07	21.01	20.96	20.91	20.88	20.85
77.00	20.96	20.87	20.79	20.73	20.68	20.64	20.61	20.58
78.00	20.68	20.59	20.52	20.46	20.41	20.37	20.34	20.31
79.00	20.41	20.32	20.25	20.20	20.15	20.11	20.08	20.06
80.00	20.14	20.06	19.99	19.94	19.89	19.86	19.83	19.80
80.50	20.01	19.93	19.86	19.81	19.77	19.73	19.70	19.68
81.00	19.88	19.80	19.74	19.69	19.64	19.61	19.58	19.56
81.50	19.75	19.67	19.61	19.56	19.52	19.49	19.46	19.44
82.00	19.62	19.55	19.49	19.44	19.40	19.37	19.34	19.32
82.50	19.50	19.42	19.36	19.32	19.28	19.25	19.22	19.20
83.00	19.37	19.30	19.24	19.20	19.16	19.13	19.10	19.08
83.50	19.25	19.18	19.12	19.08	19.04	19.01	18.99	18.97
84.00	19.12	19.06	19.00	18.96	18.92	18.90	18.87	18.85
84.50	19.00	18.94	18.89	18.84	18.81	18.78	18.76	18.74
85.00	18.88	18.82	18.77	18.73	18.70	18.67	18.64	18.63
85.50	18.76	18.70	18.66	18.62	18.58	18.56	18.53	18.51
86.00	18.65	18.59	18.54	18.50	18.47	18.44	18.42	18.41
86.50	18.53	18.47	18.43	18.39	18.36	18.34	18.31	18.30
87.00	18.41	18.36	18.32	18.28	18.25	18.23	18.21	18.19
87.50	18.30	18.25	18.21	18.17	18.14	18.12	18.10	18.08
88.00	18.19	18.14	18.10	18.06	18.04	18.01	17.99	17.98
88.50	18.07	18.03	17.99	17.96	17.93	17.91	17.89	17.87
89.00	17.96	17.92	17.88	17.85	17.82	17.80	17.79	17.77
89.50	17.85	17.81	17.77	17.74	17.72	17.70	17.68	17.67
90.00	17.74	17.70	17.67	17.64	17.62	17.60	17.58	17.57
90.50	17.63	17.60	17.56	17.54	17.52	17.50	17.48	17.47
91.00	17.53	17.49	17.46	17.44	17.41	17.40	17.38	17.37
91.50	17.42	17.39	17.36	17.33	17.31	17.30	17.29	17.27
92.00	17.32	17.28	17.26	17.23	17.22	17.20	17.19	17.18
92.50	17.21	17.18	17.16	17.13	17.12	17.10	17.09	17.08
93.00	17.11	17.08	17.06	17.04	17.02	17.01	17.00	16.99
93.50	17.01	16.98	16.96	16.94	16.92	16.91	16.90	16.89
94.00	16.90	16.88	16.86	16.84	16.83	16.82	16.81	16.80
94.50	16.80	16.78	16.76	16.75	16.73	16.72	16.72	16.71
95.00	16.70	16.68	16.67	16.65	16.64	16.63	16.62	16.62
95.50	16.60	16.59	16.57	16.56	16.55	16.54	16.53	16.53
96.00	16.51	16.49	16.48	16.47	16.46	16.45	16.44	16.44
96.50	16.41	16.39	16.38	16.37	16.37	16.36	16.35	16.35
97.00	16.31	16.30	16.29	16.28	16.27	16.27	16.26	16.26
97.50	16.22	16.21	16.20	16.19	16.19	16.18	16.18	16.17
98.00	16.12	16.11	16.11	16.10	16.10	16.09	16.09	16.09
98.50	16.03	16.02	16.02	16.01	16.01	16.01	16.00	16.00
99.00	15.93	15.93	15.93	15.92	15.92	15.92	15.92	15.92
99.50	15.84	15.84	15.84	15.84	15.84	15.83	15.83	15.83
100.00	15.75	15.75	15.75	15.75	15.75	15.75	15.75	15.75
100.50	15.66	15.66	15.66	15.66	15.67	15.67	15.67	15.67
101.00	15.57	15.57	15.58	15.58	15.58	15.58	15.58	15.59
101.50	15.48	15.48	15.49	15.49	15.50	15.50	15.50	15.51
102.00	15.39	15.40	15.40	15.41	15.41	15.42	15.42	15.42
102.50	15.30	15.31	15.32	15.33	15.33	15.34	15.34	15.35
103.00	15.21	15.23	15.24	15.24	15.25	15.26	15.26	15.27
103.50	15.13	15.14	15.15	15.16	15.17	15.18	15.18	15.19
104.00	15.04	15.06	15.07	15.08	15.09	15.10	15.11	15.11
105.00	14.87	14.89	14.91	14.92	14.93	14.94	14.95	14.96
106.00	14.70	14.73	14.75	14.76	14.78	14.79	14.80	14.81
107.00	14.54	14.56	14.59	14.61	14.62	14.64	14.65	14.66
108.00	14.37	14.41	14.43	14.45	14.47	14.49	14.50	14.51
109.00	14.21	14.25	14.28	14.30	14.33	14.34	14.36	14.37
110.00	14.05	14.09	14.13	14.16	14.18	14.20	14.22	14.23

Bond Yield Table 15¾%

PRICE	YEARS TO MATURITY							CUR
	21	22	23	24	25	29	30	
75.00	21.11	21.09	21.07	21.06	21.05	21.02	21.02	21.00
76.00	20.83	20.81	20.79	20.78	20.77	20.75	20.74	20.72
77.00	20.56	20.54	20.52	20.51	20.50	20.48	20.47	20.45
78.00	20.29	20.28	20.26	20.25	20.24	20.21	20.21	20.19
79.00	20.04	20.02	20.00	19.99	19.98	19.96	19.95	19.94
80.00	19.78	19.77	19.75	19.74	19.73	19.71	19.71	19.69
80.50	19.66	19.64	19.63	19.62	19.61	19.59	19.58	19.57
81.00	19.54	19.52	19.51	19.50	19.49	19.47	19.46	19.44
81.50	19.42	19.40	19.39	19.39	19.38	19.35	19.34	19.33
82.00	19.30	19.28	19.27	19.26	19.25	19.23	19.22	19.21
82.50	19.18	19.16	19.15	19.14	19.13	19.11	19.11	19.09
83.00	19.06	19.05	19.04	19.03	19.02	19.00	18.99	18.98
83.50	18.95	18.93	18.92	18.91	18.90	18.88	18.88	18.86
84.00	18.83	18.82	18.81	18.80	18.79	18.77	18.77	18.75
84.50	18.72	18.71	18.70	18.69	18.68	18.66	18.66	18.64
85.00	18.61	18.60	18.59	18.58	18.57	18.55	18.55	18.53
85.50	18.50	18.49	18.48	18.47	18.46	18.44	18.44	18.42
86.00	18.39	18.38	18.37	18.36	18.35	18.33	18.33	18.31
86.50	18.28	18.27	18.26	18.25	18.24	18.23	18.22	18.21
87.00	18.18	18.16	18.15	18.15	18.14	18.12	18.12	18.10
87.50	18.07	18.06	18.05	18.04	18.03	18.02	18.01	18.00
88.00	17.97	17.95	17.95	17.94	17.93	17.91	17.91	17.90
88.50	17.86	17.85	17.84	17.84	17.83	17.81	17.81	17.80
89.00	17.76	17.75	17.74	17.73	17.73	17.71	17.71	17.70
89.50	17.66	17.65	17.64	17.63	17.63	17.61	17.61	17.60
90.00	17.56	17.55	17.54	17.54	17.53	17.52	17.51	17.50
90.50	17.46	17.45	17.44	17.44	17.43	17.42	17.42	17.40
91.00	17.36	17.35	17.35	17.34	17.33	17.32	17.32	17.31
91.50	17.26	17.26	17.25	17.24	17.24	17.23	17.22	17.21
92.00	17.17	17.16	17.15	17.15	17.14	17.13	17.13	17.12
92.50	17.07	17.07	17.06	17.05	17.05	17.04	17.04	17.03
93.00	16.98	16.97	16.97	16.96	16.96	16.95	16.95	16.94
93.50	16.89	16.88	16.88	16.87	16.87	16.86	16.85	16.84
94.00	16.79	16.79	16.78	16.78	16.77	16.77	16.76	16.76
94.50	16.70	16.70	16.69	16.69	16.68	16.68	16.67	16.67
95.00	16.61	16.61	16.60	16.60	16.60	16.59	16.59	16.58
95.50	16.52	16.52	16.51	16.51	16.51	16.50	16.50	16.49
96.00	16.43	16.43	16.42	16.42	16.42	16.41	16.41	16.41
96.50	16.34	16.34	16.34	16.34	16.33	16.33	16.33	16.32
97.00	16.26	16.25	16.25	16.25	16.25	16.24	16.24	16.24
97.50	16.17	16.17	16.17	16.16	16.16	16.16	16.16	16.15
98.00	16.08	16.08	16.08	16.08	16.08	16.08	16.07	16.07
98.50	16.00	16.00	16.00	16.00	16.00	15.99	15.99	15.99
99.00	15.92	15.91	15.91	15.91	15.91	15.91	15.91	15.91
99.50	15.83	15.83	15.83	15.83	15.83	15.83	15.83	15.83
100.00	15.75	15.75	15.75	15.75	15.75	15.75	15.75	15.75
100.50	15.67	15.67	15.67	15.67	15.67	15.67	15.67	15.67
101.00	15.59	15.59	15.59	15.59	15.59	15.59	15.59	15.59
101.50	15.51	15.51	15.51	15.51	15.51	15.51	15.51	15.52
102.00	15.43	15.43	15.43	15.43	15.43	15.44	15.44	15.44
102.50	15.35	15.35	15.35	15.35	15.36	15.36	15.36	15.37
103.00	15.27	15.27	15.28	15.28	15.28	15.28	15.29	15.29
103.50	15.19	15.20	15.20	15.20	15.20	15.21	15.21	15.22
104.00	15.12	15.12	15.12	15.13	15.13	15.14	15.14	15.14
105.00	14.96	14.97	14.97	14.98	14.98	14.99	14.99	15.00
106.00	14.81	14.82	14.83	14.83	14.83	14.85	14.85	14.86
107.00	14.67	14.68	14.68	14.69	14.69	14.70	14.71	14.72
108.00	14.52	14.53	14.54	14.54	14.55	14.56	14.57	14.58
109.00	14.38	14.39	14.40	14.41	14.41	14.43	14.43	14.45
110.00	14.24	14.25	14.26	14.27	14.28	14.29	14.30	14.32

16%   Bond Yield Table

PRICE	YEARS TO MATURITY							
	1/4	1/2	3/4	1	1 1/2	2	3	4
85.00	85.39	54.12	40.88	35.05	29.03	26.10	23.22	21.81
85.50	82.68	52.63	39.93	34.33	28.55	25.72	22.95	21.59
86.00	80.00	51.16	38.99	33.62	28.07	25.35	22.68	21.38
86.50	77.35	49.71	38.06	32.92	27.59	24.98	22.42	21.17
87.00	74.73	48.28	37.13	32.22	27.12	24.62	22.16	20.96
87.50	72.13	46.86	36.22	31.53	26.65	24.25	21.90	20.75
88.00	69.57	45.45	35.31	30.84	26.18	23.89	21.64	20.54
88.50	67.03	44.07	34.42	30.16	25.72	23.54	21.39	20.34
89.00	64.52	42.70	33.53	29.49	25.26	23.18	21.14	20.13
89.50	62.03	41.34	32.65	28.82	24.80	22.83	20.88	19.93
90.00	59.57	40.00	31.78	28.16	24.35	22.48	20.63	19.73
90.50	57.14	38.67	30.91	27.50	23.90	22.13	20.39	19.53
91.00	54.74	37.36	30.06	26.85	23.46	21.79	20.14	19.33
91.25	53.54	36.71	29.63	26.53	23.24	21.62	20.02	19.23
91.50	52.36	36.07	29.21	26.20	23.02	21.45	19.90	19.14
91.75	51.17	35.42	28.79	25.88	22.80	21.28	19.78	19.04
92.00	50.00	34.78	28.37	25.56	22.58	21.11	19.66	18.94
92.25	48.83	34.15	27.95	25.25	22.36	20.94	19.53	18.84
92.50	47.67	33.51	27.54	24.93	22.15	20.77	19.41	18.75
92.75	46.51	32.88	27.12	24.61	21.93	20.60	19.29	18.65
93.00	45.36	32.26	26.71	24.30	21.71	20.44	19.18	18.56
93.25	44.22	31.64	26.30	23.99	21.50	20.27	19.06	18.46
93.50	43.08	31.02	25.89	23.68	21.29	20.11	18.94	18.36
93.75	41.94	30.40	25.49	23.37	21.07	19.94	18.82	18.27
94.00	40.82	29.79	25.08	23.06	20.86	19.78	18.70	18.18
94.25	39.69	29.18	24.68	22.75	20.65	19.61	18.59	18.08
94.50	38.58	28.57	24.28	22.44	20.44	19.45	18.47	17.99
94.75	37.47	27.97	23.88	22.14	20.23	19.29	18.35	17.89
95.00	36.36	27.37	23.48	21.83	20.02	19.12	18.24	17.80
95.25	35.26	26.77	23.09	21.53	19.81	18.96	18.12	17.71
95.50	34.17	26.18	22.69	21.23	19.61	18.80	18.01	17.61
95.75	33.08	25.59	22.30	20.93	19.40	18.64	17.89	17.52
96.00	32.00	25.00	21.91	20.63	19.19	18.48	17.78	17.43
96.25	30.92	24.42	21.52	20.33	18.99	18.32	17.66	17.34
96.50	29.85	23.83	21.14	20.03	18.78	18.16	17.55	17.25
96.75	28.78	23.26	20.75	19.74	18.58	18.01	17.44	17.16
97.00	27.72	22.68	20.37	19.44	18.38	17.85	17.32	17.07
97.25	26.67	22.11	19.99	19.15	18.18	17.69	17.21	16.97
97.50	25.62	21.54	19.60	18.86	17.97	17.54	17.10	16.88
97.75	24.57	20.97	19.23	18.57	17.77	17.38	16.99	16.79
98.00	23.53	20.41	18.85	18.28	17.57	17.22	16.88	16.71
98.25	22.49	19.85	18.47	17.99	17.37	17.07	16.77	16.62
98.50	21.46	19.29	18.10	17.70	17.18	16.92	16.66	16.53
98.75	20.44	18.73	17.73	17.42	16.98	16.76	16.55	16.44
99.00	19.42	18.18	17.36	17.13	16.78	16.61	16.44	16.35
99.25	18.40	17.63	16.99	16.85	16.59	16.46	16.33	16.26
99.50	17.39	17.09	16.62	16.56	16.39	16.30	16.22	16.17
99.75	16.39	16.54	16.25	16.28	16.19	16.15	16.11	16.09
100.00	15.38	16.00	15.89	16.00	16.00	16.00	16.00	16.00
100.25	14.39	15.46	15.52	15.72	15.81	15.85	15.89	15.91
100.50	13.40	14.93	15.16	15.44	15.61	15.70	15.78	15.83
101.00	11.43	13.86	14.44	14.89	15.23	15.40	15.57	15.65
101.50	9.48	12.81	13.73	14.34	14.85	15.10	15.36	15.48
102.00	7.55	11.76	13.02	13.79	14.47	14.81	15.15	15.31
102.50	5.63	10.73	12.32	13.25	14.09	14.52	14.94	15.14
103.00	3.74	9.71	11.63	12.71	13.72	14.22	14.73	14.98
103.50	1.86	8.70	10.94	12.18	13.35	13.93	14.52	14.81
104.00		7.69	10.25	11.65	12.98	13.65	14.31	14.64
104.50		6.70	9.57	11.12	12.61	13.36	14.11	14.48
105.00		5.71	8.90	10.60	12.25	13.08	13.91	14.32

Bond Yield Table 16%

PRICE	YEARS TO MATURITY							
	5	6	7	8	9	10	11	12
75.00	25.04	24.09	23.43	22.96	22.62	22.35	22.15	21.99
76.00	24.60	23.69	23.07	22.62	22.29	22.03	21.84	21.68
77.00	24.17	23.31	22.71	22.28	21.97	21.72	21.54	21.39
78.00	23.75	22.93	22.36	21.96	21.65	21.42	21.24	21.10
79.00	23.33	22.55	22.02	21.63	21.34	21.12	20.95	20.82
80.00	22.92	22.19	21.68	21.31	21.04	20.83	20.67	20.54
80.50	22.72	22.01	21.51	21.16	20.89	20.69	20.53	20.41
81.00	22.52	21.83	21.35	21.00	20.74	20.55	20.39	20.27
81.50	22.33	21.65	21.19	20.85	20.60	20.41	20.26	20.14
82.00	22.13	21.48	21.02	20.70	20.45	20.27	20.12	20.01
82.50	21.93	21.30	20.86	20.55	20.31	20.13	19.99	19.88
83.00	21.74	21.13	20.70	20.40	20.17	19.99	19.86	19.75
83.50	21.55	20.96	20.55	20.25	20.03	19.86	19.72	19.62
84.00	21.36	20.79	20.39	20.10	19.89	19.72	19.60	19.49
84.50	21.17	20.62	20.24	19.96	19.75	19.59	19.47	19.37
85.00	20.99	20.45	20.08	19.81	19.61	19.46	19.34	19.24
85.50	20.80	20.29	19.93	19.67	19.48	19.33	19.21	19.12
86.00	20.62	20.12	19.78	19.53	19.34	19.20	19.09	19.00
86.50	20.44	19.96	19.63	19.39	19.21	19.07	18.96	18.88
87.00	20.25	19.80	19.48	19.25	19.08	18.94	18.84	18.76
87.50	20.08	19.64	19.33	19.11	18.95	18.82	18.72	18.64
88.00	19.90	19.48	19.19	18.97	18.82	18.69	18.60	18.52
88.50	19.72	19.32	19.04	18.84	18.69	18.57	18.48	18.41
89.00	19.55	19.16	18.90	18.70	18.56	18.45	18.36	18.29
89.50	19.37	19.01	18.75	18.57	18.43	18.33	18.24	18.18
90.00	19.20	18.85	18.61	18.44	18.31	18.21	18.13	18.07
90.50	19.03	18.70	18.47	18.31	18.18	18.09	18.01	17.95
91.00	18.86	18.55	18.33	18.18	18.06	17.97	17.90	17.84
91.50	18.69	18.40	18.20	18.05	17.94	17.85	17.79	17.73
92.00	18.52	18.25	18.06	17.92	17.82	17.74	17.67	17.62
92.50	18.36	18.10	17.92	17.79	17.70	17.62	17.56	17.52
93.00	18.19	17.95	17.79	17.67	17.58	17.51	17.45	17.41
93.50	18.03	17.81	17.65	17.54	17.46	17.39	17.34	17.30
94.00	17.86	17.66	17.52	17.42	17.34	17.28	17.23	17.20
94.50	17.70	17.52	17.39	17.29	17.22	17.17	17.13	17.09
95.00	17.54	17.37	17.26	17.17	17.11	17.06	17.02	16.99
95.50	17.38	17.23	17.13	17.05	16.99	16.95	16.91	16.89
96.00	17.23	17.09	17.00	16.93	16.88	16.84	16.81	16.78
96.50	17.07	16.95	16.87	16.81	16.77	16.73	16.71	16.68
97.00	16.91	16.81	16.74	16.69	16.65	16.63	16.60	16.58
97.50	16.76	16.68	16.62	16.58	16.54	16.52	16.50	16.48
98.00	16.60	16.54	16.49	16.46	16.43	16.41	16.40	16.39
98.50	16.45	16.40	16.37	16.34	16.32	16.31	16.30	16.29
99.00	16.30	16.27	16.24	16.23	16.21	16.21	16.20	16.19
99.50	16.15	16.13	16.12	16.11	16.11	16.10	16.10	16.10
100.00	16.00	16.00	16.00	16.00	16.00	16.00	16.00	16.00
100.50	15.85	15.87	15.88	15.89	15.89	15.90	15.90	15.91
101.00	15.70	15.74	15.76	15.78	15.79	15.80	15.81	15.81
101.50	15.56	15.61	15.64	15.66	15.68	15.70	15.71	15.72
102.00	15.41	15.48	15.52	15.55	15.58	15.60	15.61	15.63
102.50	15.27	15.35	15.40	15.45	15.48	15.50	15.52	15.53
103.00	15.12	15.22	15.29	15.34	15.37	15.40	15.43	15.44
103.50	14.98	15.09	15.17	15.23	15.27	15.31	15.33	15.35
104.00	14.84	14.97	15.06	15.12	15.17	15.21	15.24	15.26
105.00	14.56	14.72	14.83	14.91	14.97	15.02	15.06	15.09
106.00	14.28	14.47	14.60	14.70	14.77	14.83	14.88	14.91
107.00	14.01	14.23	14.38	14.49	14.58	14.65	14.70	14.74
108.00	13.74	13.99	14.16	14.29	14.39	14.46	14.52	14.57
109.00	13.47	13.75	13.95	14.09	14.20	14.28	14.35	14.40
110.00	13.20	13.51	13.73	13.89	14.01	14.10	14.18	14.24

16%　　　　　Bond Yield Table

PRICE	YEARS TO MATURITY							
	13	14	15	16	17	18	19	20
75.00	21.86	21.76	21.68	21.61	21.56	21.52	21.48	21.46
76.00	21.56	21.47	21.39	21.33	21.28	21.23	21.20	21.17
77.00	21.27	21.18	21.11	21.05	21.00	20.96	20.93	20.90
78.00	20.99	20.90	20.83	20.77	20.72	20.69	20.66	20.63
79.00	20.71	20.63	20.56	20.50	20.46	20.42	20.39	20.37
80.00	20.44	20.36	20.30	20.24	20.20	20.16	20.14	20.11
80.50	20.31	20.23	20.17	20.11	20.07	20.04	20.01	19.99
81.00	20.18	20.10	20.04	19.99	19.95	19.91	19.88	19.86
81.50	20.05	19.97	19.91	19.86	19.82	19.79	19.76	19.74
82.00	19.92	19.84	19.78	19.74	19.70	19.66	19.64	19.62
82.50	19.79	19.72	19.66	19.61	19.58	19.54	19.52	19.50
83.00	19.66	19.59	19.54	19.49	19.45	19.42	19.40	19.38
83.50	19.54	19.47	19.42	19.37	19.33	19.31	19.28	19.26
84.00	19.41	19.35	19.30	19.25	19.22	19.19	19.16	19.14
84.50	19.29	19.23	19.18	19.13	19.10	19.07	19.05	19.03
85.00	19.17	19.11	19.06	19.02	18.98	18.96	18.93	18.92
85.50	19.05	18.99	18.94	18.90	18.87	18.84	18.82	18.80
86.00	18.93	18.87	18.83	18.79	18.76	18.73	18.71	18.69
86.50	18.81	18.76	18.71	18.67	18.64	18.62	18.60	18.58
87.00	18.69	18.64	18.60	18.56	18.53	18.51	18.49	18.47
87.50	18.58	18.53	18.49	18.45	18.42	18.40	18.38	18.37
88.00	18.46	18.41	18.38	18.34	18.32	18.29	18.28	18.26
88.50	18.35	18.30	18.27	18.23	18.21	18.19	18.17	18.15
89.00	18.24	18.19	18.16	18.13	18.10	18.08	18.06	18.05
89.50	18.13	18.08	18.05	18.02	18.00	17.98	17.96	17.95
90.00	18.02	17.97	17.94	17.91	17.89	17.87	17.86	17.84
90.50	17.91	17.87	17.84	17.81	17.79	17.77	17.76	17.74
91.00	17.80	17.76	17.73	17.71	17.69	17.67	17.66	17.64
91.50	17.69	17.66	17.63	17.60	17.59	17.57	17.56	17.54
92.00	17.58	17.55	17.52	17.50	17.48	17.47	17.46	17.45
92.50	17.48	17.45	17.42	17.40	17.39	17.37	17.36	17.35
93.00	17.37	17.35	17.32	17.30	17.29	17.27	17.26	17.25
93.50	17.27	17.24	17.22	17.20	17.19	17.18	17.17	17.16
94.00	17.17	17.14	17.12	17.11	17.09	17.08	17.07	17.06
94.50	17.07	17.04	17.02	17.01	17.00	16.99	16.98	16.97
95.00	16.96	16.94	16.93	16.91	16.90	16.89	16.88	16.88
95.50	16.86	16.85	16.83	16.82	16.81	16.80	16.79	16.79
96.00	16.76	16.75	16.74	16.72	16.72	16.71	16.70	16.70
96.50	16.67	16.65	16.64	16.63	16.62	16.62	16.61	16.61
97.00	16.57	16.56	16.55	16.54	16.53	16.53	16.52	16.52
97.50	16.47	16.46	16.45	16.45	16.44	16.44	16.43	16.43
98.00	16.38	16.37	16.36	16.36	16.35	16.35	16.34	16.34
98.50	16.28	16.27	16.27	16.27	16.26	16.26	16.26	16.26
99.00	16.19	16.18	16.18	16.18	16.17	16.17	16.17	16.17
99.50	16.09	16.09	16.09	16.09	16.09	16.09	16.08	16.08
100.00	16.00	16.00	16.00	16.00	16.00	16.00	16.00	16.00
100.50	15.91	15.91	15.91	15.91	15.91	15.92	15.92	15.92
101.00	15.82	15.82	15.82	15.83	15.83	15.83	15.83	15.83
101.50	15.73	15.73	15.74	15.74	15.74	15.75	15.75	15.75
102.00	15.64	15.64	15.65	15.66	15.66	15.66	15.67	15.67
102.50	15.55	15.56	15.56	15.57	15.58	15.58	15.59	15.59
103.00	15.46	15.47	15.48	15.49	15.50	15.50	15.51	15.51
103.50	15.37	15.38	15.40	15.41	15.41	15.42	15.43	15.43
104.00	15.28	15.30	15.31	15.32	15.33	15.34	15.35	15.35
105.00	15.11	15.13	15.15	15.16	15.17	15.18	15.19	15.20
106.00	14.94	14.96	14.98	15.00	15.02	15.03	15.04	15.04
107.00	14.77	14.80	14.82	14.84	14.86	14.87	14.89	14.89
108.00	14.61	14.64	14.67	14.69	14.71	14.72	14.74	14.75
109.00	14.45	14.48	14.51	14.54	14.56	14.57	14.59	14.60
110.00	14.29	14.33	14.36	14.39	14.41	14.43	14.45	14.46

Bond Yield Table   16%

| PRICE | YEARS TO MATURITY | | | | | | | CUR |
	21	22	23	24	25	29	30	
75.00	21.43	21.42	21.40	21.39	21.38	21.35	21.35	21.33
76.00	21.15	21.13	21.12	21.11	21.10	21.07	21.07	21.05
77.00	20.88	20.86	20.85	20.83	20.82	20.80	20.80	20.78
78.00	20.61	20.59	20.58	20.57	20.56	20.53	20.53	20.51
79.00	20.35	20.33	20.32	20.31	20.30	20.27	20.27	20.25
80.00	20.09	20.08	20.06	20.05	20.04	20.02	20.02	20.00
80.50	19.97	19.95	19.94	19.93	19.92	19.90	19.89	19.88
81.00	19.84	19.83	19.81	19.80	19.79	19.77	19.77	19.75
81.50	19.72	19.70	19.69	19.68	19.67	19.65	19.65	19.63
82.00	19.60	19.58	19.57	19.56	19.55	19.53	19.53	19.51
82.50	19.48	19.46	19.45	19.44	19.43	19.41	19.41	19.39
83.00	19.36	19.35	19.33	19.32	19.32	19.30	19.29	19.28
83.50	19.24	19.23	19.22	19.21	19.20	19.18	19.18	19.16
84.00	19.13	19.11	19.10	19.09	19.09	19.07	19.06	19.05
84.50	19.01	19.00	18.99	18.98	18.97	18.95	18.95	18.93
85.00	18.90	18.89	18.88	18.87	18.86	18.84	18.84	18.82
85.50	18.79	18.78	18.77	18.76	18.75	18.73	18.73	18.71
86.00	18.68	18.67	18.66	18.65	18.64	18.62	18.62	18.60
86.50	18.57	18.56	18.55	18.54	18.53	18.51	18.51	18.50
87.00	18.46	18.45	18.44	18.43	18.42	18.41	18.40	18.39
87.50	18.35	18.34	18.33	18.33	18.32	18.30	18.30	18.29
88.00	18.25	18.24	18.23	18.22	18.21	18.20	18.20	18.18
88.50	18.14	18.13	18.12	18.12	18.11	18.09	18.09	18.08
89.00	18.04	18.03	18.02	18.01	18.01	17.99	17.99	17.98
89.50	17.94	17.93	17.92	17.91	17.91	17.89	17.89	17.88
90.00	17.83	17.83	17.82	17.81	17.81	17.79	17.79	17.78
90.50	17.73	17.73	17.72	17.71	17.71	17.69	17.69	17.68
91.00	17.63	17.63	17.62	17.61	17.61	17.60	17.59	17.58
91.50	17.54	17.53	17.52	17.52	17.51	17.50	17.50	17.49
92.00	17.44	17.43	17.42	17.42	17.41	17.40	17.40	17.39
92.50	17.34	17.33	17.33	17.32	17.32	17.31	17.31	17.30
93.00	17.25	17.24	17.23	17.23	17.23	17.22	17.21	17.20
93.50	17.15	17.15	17.14	17.14	17.13	17.12	17.12	17.11
94.00	17.06	17.05	17.05	17.04	17.04	17.03	17.03	17.02
94.50	16.96	16.96	16.96	16.95	16.95	16.94	16.94	16.93
95.00	16.87	16.87	16.86	16.86	16.86	16.85	16.85	16.84
95.50	16.78	16.78	16.77	16.77	16.77	16.76	16.76	16.75
96.00	16.69	16.69	16.68	16.68	16.68	16.67	16.67	16.67
96.50	16.60	16.60	16.60	16.59	16.59	16.59	16.59	16.58
97.00	16.51	16.51	16.51	16.51	16.50	16.50	16.50	16.49
97.50	16.43	16.42	16.42	16.42	16.42	16.41	16.41	16.41
98.00	16.34	16.34	16.34	16.33	16.33	16.33	16.33	16.33
98.50	16.25	16.25	16.25	16.25	16.25	16.25	16.25	16.24
99.00	16.17	16.17	16.17	16.17	16.17	16.16	16.16	16.16
99.50	16.08	16.08	16.08	16.08	16.08	16.08	16.08	16.08
100.00	16.00	16.00	16.00	16.00	16.00	16.00	16.00	16.00
100.50	15.92	15.92	15.92	15.92	15.92	15.92	15.92	15.92
101.00	15.83	15.84	15.84	15.84	15.84	15.84	15.84	15.84
101.50	15.75	15.75	15.76	15.76	15.76	15.76	15.76	15.76
102.00	15.67	15.67	15.68	15.68	15.68	15.68	15.68	15.69
102.50	15.59	15.60	15.60	15.60	15.60	15.60	15.61	15.61
103.00	15.51	15.52	15.52	15.52	15.52	15.53	15.53	15.53
103.50	15.43	15.44	15.44	15.44	15.45	15.45	15.45	15.46
104.00	15.36	15.36	15.36	15.37	15.37	15.38	15.38	15.38
105.00	15.20	15.21	15.21	15.22	15.22	15.23	15.23	15.24
106.00	15.05	15.06	15.06	15.07	15.07	15.08	15.08	15.09
107.00	14.90	14.91	14.92	14.92	14.93	14.94	14.94	14.95
108.00	14.76	14.77	14.77	14.78	14.78	14.80	14.80	14.81
109.00	14.61	14.62	14.63	14.64	14.64	14.66	14.66	14.68
110.00	14.47	14.48	14.49	14.50	14.50	14.52	14.53	14.55

16¼% Bond Yield Table

PRICE	YEARS TO MATURITY							
	1/4	1/2	3/4	1	1½	2	3	4
85.00	85.61	54.41	41.16	35.33	29.31	26.38	23.49	22.09
85.50	82.90	52.92	40.20	34.61	28.83	26.00	23.23	21.87
86.00	80.22	51.45	39.26	33.90	28.35	25.63	22.96	21.66
86.50	77.57	50.00	38.33	33.20	27.87	25.26	22.70	21.44
87.00	74.95	48.56	37.41	32.50	27.39	24.89	22.43	21.23
87.50	72.35	47.14	36.49	31.80	26.92	24.53	22.17	21.02
88.00	69.79	45.74	35.59	31.12	26.45	24.17	21.92	20.82
88.50	67.25	44.35	34.69	30.44	25.99	23.81	21.66	20.61
89.00	64.74	42.98	33.80	29.76	25.53	23.45	21.41	20.40
89.50	62.26	41.62	32.92	29.09	25.07	23.10	21.15	20.20
90.00	59.80	40.28	32.04	28.43	24.62	22.75	20.90	20.00
90.50	57.37	38.95	31.18	27.77	24.17	22.40	20.65	19.80
91.00	54.96	37.64	30.32	27.12	23.73	22.06	20.41	19.60
91.25	53.77	36.99	29.90	26.80	23.51	21.88	20.28	19.50
91.50	52.58	36.34	29.47	26.47	23.28	21.71	20.16	19.40
91.75	51.40	35.69	29.05	26.15	23.06	21.54	20.04	19.30
92.00	50.23	35.05	28.63	25.83	22.85	21.37	19.92	19.21
92.25	49.06	34.42	28.22	25.51	22.63	21.20	19.80	19.11
92.50	47.90	33.78	27.80	25.20	22.41	21.04	19.68	19.01
92.75	46.74	33.15	27.39	24.88	22.19	20.87	19.56	18.91
93.00	45.59	32.53	26.97	24.56	21.98	20.70	19.44	18.82
93.25	44.44	31.90	26.56	24.25	21.76	20.53	19.32	18.72
93.50	43.31	31.28	26.15	23.94	21.55	20.37	19.20	18.63
93.75	42.17	30.67	25.75	23.63	21.34	20.20	19.08	18.53
94.00	41.05	30.05	25.34	23.32	21.12	20.04	18.96	18.44
94.25	39.92	29.44	24.94	23.01	20.91	19.87	18.85	18.34
94.50	38.81	28.84	24.54	22.70	20.70	19.71	18.73	18.25
94.75	37.70	28.23	24.14	22.40	20.49	19.55	18.61	18.15
95.00	36.59	27.63	23.74	22.09	20.28	19.38	18.50	18.06
95.25	35.49	27.03	23.34	21.79	20.07	19.22	18.38	17.97
95.50	34.40	26.44	22.95	21.49	19.86	19.06	18.26	17.87
95.75	33.31	25.85	22.56	21.19	19.66	18.90	18.15	17.78
96.00	32.23	25.26	22.17	20.89	19.45	18.74	18.03	17.69
96.25	31.15	24.68	21.78	20.59	19.25	18.58	17.92	17.59
96.50	30.08	24.09	21.39	20.29	19.04	18.42	17.81	17.50
96.75	29.01	23.51	21.00	20.00	18.84	18.26	17.69	17.41
97.00	27.95	22.94	20.62	19.70	18.63	18.10	17.58	17.32
97.25	26.90	22.37	20.24	19.41	18.43	17.95	17.47	17.23
97.50	25.85	21.79	19.86	19.11	18.23	17.79	17.35	17.14
97.75	24.80	21.23	19.48	18.82	18.03	17.63	17.24	17.05
98.00	23.76	20.66	19.10	18.53	17.83	17.48	17.13	16.96
98.25	22.72	20.10	18.72	18.24	17.63	17.32	17.02	16.87
98.50	21.69	19.54	18.35	17.95	17.43	17.17	16.91	16.78
98.75	20.67	18.99	17.98	17.67	17.23	17.01	16.80	16.69
99.00	19.65	18.43	17.60	17.38	17.03	16.86	16.69	16.60
99.25	18.63	17.88	17.23	17.10	16.84	16.71	16.58	16.51
99.50	17.62	17.34	16.87	16.81	16.64	16.55	16.47	16.43
99.75	16.62	16.79	16.50	16.53	16.44	16.40	16.36	16.34
100.00	15.62	16.25	16.13	16.25	16.25	16.25	16.25	16.25
100.25	14.62	15.71	15.77	15.97	16.06	16.10	16.14	16.16
100.50	13.63	15.17	15.41	15.69	15.86	15.95	16.03	16.08
101.00	11.66	14.11	14.69	15.14	15.48	15.65	15.82	15.90
101.50	9.71	13.05	13.97	14.58	15.10	15.35	15.60	15.73
102.00	7.78	12.01	13.27	14.04	14.72	15.05	15.39	15.56
102.50	5.87	10.98	12.56	13.49	14.34	14.76	15.18	15.39
103.00	3.97	9.95	11.87	12.96	13.96	14.47	14.97	15.22
103.50	2.09	8.94	11.18	12.42	13.59	14.18	14.76	15.05
104.00	0.23	7.93	10.49	11.89	13.22	13.89	14.56	14.89
104.50		6.94	9.81	11.36	12.86	13.60	14.35	14.72
105.00		5.95	9.14	10.84	12.49	13.32	14.15	14.56

PRICE	YEARS TO MATURITY							
	5	6	7	8	9	10	11	12
75.00	25.34	24.40	23.74	23.28	22.93	22.67	22.46	22.30
76.00	24.90	24.00	23.38	22.93	22.60	22.35	22.15	22.00
77.00	24.47	23.61	23.02	22.59	22.27	22.03	21.85	21.70
78.00	24.04	23.23	22.66	22.26	21.96	21.73	21.55	21.41
79.00	23.63	22.85	22.32	21.93	21.64	21.43	21.26	21.12
80.00	23.22	22.48	21.98	21.61	21.34	21.13	20.97	20.84
80.50	23.01	22.30	21.81	21.45	21.19	20.99	20.83	20.71
81.00	22.81	22.12	21.64	21.30	21.04	20.84	20.69	20.57
81.50	22.61	21.94	21.48	21.14	20.89	20.70	20.55	20.44
82.00	22.42	21.76	21.31	20.99	20.74	20.56	20.42	20.30
82.50	22.22	21.59	21.15	20.84	20.60	20.42	20.28	20.17
83.00	22.03	21.41	20.99	20.68	20.46	20.28	20.15	20.04
83.50	21.83	21.24	20.83	20.54	20.31	20.15	20.01	19.91
84.00	21.64	21.07	20.67	20.39	20.17	20.01	19.88	19.78
84.50	21.45	20.90	20.52	20.24	20.03	19.88	19.75	19.66
85.00	21.27	20.73	20.36	20.10	19.90	19.74	19.62	19.53
85.50	21.08	20.57	20.21	19.95	19.76	19.61	19.50	19.41
86.00	20.89	20.40	20.06	19.81	19.62	19.48	19.37	19.28
86.50	20.71	20.24	19.91	19.67	19.49	19.35	19.24	19.16
87.00	20.53	20.07	19.76	19.53	19.35	19.22	19.12	19.04
87.50	20.35	19.91	19.61	19.39	19.22	19.10	19.00	18.92
88.00	20.17	19.75	19.46	19.25	19.09	18.97	18.88	18.80
88.50	19.99	19.59	19.31	19.11	18.96	18.85	18.76	18.68
89.00	19.82	19.43	19.17	18.98	18.83	18.72	18.64	18.57
89.50	19.64	19.28	19.03	18.84	18.71	18.60	18.52	18.45
90.00	19.47	19.12	18.88	18.71	18.58	18.48	18.40	18.34
90.50	19.30	18.97	18.74	18.58	18.45	18.36	18.28	18.22
91.00	19.12	18.82	18.60	18.45	18.33	18.24	18.17	18.11
91.50	18.95	18.66	18.46	18.32	18.20	18.12	18.05	18.00
92.00	18.79	18.51	18.32	18.19	18.08	18.00	17.94	17.89
92.50	18.62	18.36	18.19	18.06	17.96	17.89	17.83	17.78
93.00	18.45	18.22	18.05	17.93	17.84	17.77	17.72	17.67
93.50	18.29	18.07	17.92	17.80	17.72	17.66	17.61	17.57
94.00	18.12	17.92	17.78	17.68	17.60	17.54	17.50	17.46
94.50	17.96	17.78	17.65	17.56	17.48	17.43	17.39	17.35
95.00	17.80	17.63	17.52	17.43	17.37	17.32	17.28	17.25
95.50	17.64	17.49	17.39	17.31	17.25	17.21	17.17	17.15
96.00	17.48	17.35	17.26	17.19	17.14	17.10	17.07	17.04
96.50	17.32	17.21	17.13	17.07	17.02	16.99	16.96	16.94
97.00	17.17	17.07	17.00	16.95	16.91	16.88	16.86	16.84
97.50	17.01	16.93	16.87	16.83	16.80	16.77	16.75	16.74
98.00	16.86	16.79	16.75	16.71	16.69	16.67	16.65	16.64
98.50	16.70	16.65	16.62	16.60	16.58	16.56	16.55	16.54
99.00	16.55	16.52	16.50	16.48	16.47	16.46	16.45	16.44
99.50	16.40	16.38	16.37	16.36	16.36	16.35	16.35	16.35
100.00	16.25	16.25	16.25	16.25	16.25	16.25	16.25	16.25
100.50	16.10	16.12	16.13	16.14	16.14	16.15	16.15	16.15
101.00	15.95	15.98	16.01	16.02	16.04	16.05	16.05	16.06
101.50	15.80	15.85	15.89	15.91	15.93	15.95	15.96	15.97
102.00	15.66	15.72	15.77	15.80	15.83	15.84	15.86	15.87
102.50	15.51	15.59	15.65	15.69	15.72	15.75	15.76	15.78
103.00	15.37	15.46	15.53	15.58	15.62	15.65	15.67	15.69
103.50	15.22	15.34	15.42	15.47	15.52	15.55	15.58	15.60
104.00	15.08	15.21	15.30	15.36	15.41	15.45	15.48	15.51
105.00	14.80	14.96	15.07	15.15	15.21	15.26	15.30	15.33
106.00	14.52	14.71	14.84	14.94	15.01	15.07	15.11	15.15
107.00	14.25	14.47	14.62	14.73	14.82	14.88	14.93	14.98
108.00	13.97	14.22	14.40	14.53	14.62	14.70	14.76	14.81
109.00	13.70	13.98	14.18	14.32	14.43	14.52	14.58	14.64
110.00	13.44	13.75	13.97	14.12	14.24	14.34	14.41	14.47

16¼%　　Bond Yield Table

PRICE	YEARS TO MATURITY							
	13	14	15	16	17	18	19	20
75.00	22.18	22.08	22.00	21.94	21.89	21.85	21.81	21.78
76.00	21.88	21.78	21.71	21.65	21.60	21.56	21.52	21.50
77.00	21.59	21.49	21.42	21.36	21.31	21.28	21.24	21.22
78.00	21.30	21.21	21.14	21.08	21.04	21.00	20.97	20.95
79.00	21.02	20.93	20.87	20.81	20.77	20.73	20.70	20.68
80.00	20.74	20.66	20.60	20.55	20.51	20.47	20.44	20.42
80.50	20.61	20.53	20.47	20.42	20.38	20.34	20.31	20.29
81.00	20.48	20.40	20.34	20.29	20.25	20.21	20.19	20.17
81.50	20.34	20.27	20.21	20.16	20.12	20.09	20.06	20.04
82.00	20.21	20.14	20.08	20.03	20.00	19.96	19.94	19.92
82.50	20.08	20.01	19.96	19.91	19.87	19.84	19.82	19.80
83.00	19.95	19.89	19.83	19.79	19.75	19.72	19.70	19.68
83.50	19.83	19.76	19.71	19.66	19.63	19.60	19.58	19.56
84.00	19.70	19.64	19.59	19.54	19.51	19.48	19.46	19.44
84.50	19.58	19.52	19.47	19.42	19.39	19.36	19.34	19.32
85.00	19.46	19.39	19.35	19.31	19.27	19.25	19.22	19.21
85.50	19.33	19.27	19.23	19.19	19.16	19.13	19.11	19.09
86.00	19.21	19.16	19.11	19.07	19.04	19.02	19.00	18.98
86.50	19.09	19.04	18.99	18.96	18.93	18.90	18.88	18.87
87.00	18.97	18.92	18.88	18.85	18.82	18.79	18.77	18.76
87.50	18.86	18.81	18.77	18.73	18.71	18.68	18.66	18.65
88.00	18.74	18.69	18.65	18.62	18.60	18.57	18.56	18.54
88.50	18.63	18.58	18.54	18.51	18.49	18.47	18.45	18.43
89.00	18.51	18.47	18.43	18.40	18.38	18.36	18.34	18.33
89.50	18.40	18.36	18.32	18.30	18.27	18.25	18.24	18.22
90.00	18.29	18.25	18.22	18.19	18.17	18.15	18.13	18.12
90.50	18.18	18.14	18.11	18.08	18.06	18.04	18.03	18.02
91.00	18.07	18.03	18.00	17.98	17.96	17.94	17.93	17.92
91.50	17.96	17.93	17.90	17.87	17.86	17.84	17.83	17.82
92.00	17.85	17.82	17.79	17.77	17.75	17.74	17.73	17.72
92.50	17.74	17.71	17.69	17.67	17.65	17.64	17.63	17.62
93.00	17.64	17.61	17.59	17.57	17.55	17.54	17.53	17.52
93.50	17.53	17.51	17.49	17.47	17.45	17.44	17.43	17.42
94.00	17.43	17.41	17.39	17.37	17.36	17.35	17.34	17.33
94.50	17.33	17.31	17.29	17.27	17.26	17.25	17.24	17.23
95.00	17.23	17.20	17.19	17.18	17.16	17.15	17.15	17.14
95.50	17.12	17.11	17.09	17.08	17.07	17.06	17.05	17.05
96.00	17.02	17.01	16.99	16.98	16.97	16.97	16.96	16.96
96.50	16.92	16.91	16.90	16.89	16.88	16.87	16.87	16.86
97.00	16.83	16.81	16.80	16.80	16.79	16.78	16.78	16.77
97.50	16.73	16.72	16.71	16.70	16.70	16.69	16.69	16.68
98.00	16.63	16.62	16.62	16.61	16.61	16.60	16.60	16.60
98.50	16.53	16.53	16.52	16.52	16.52	16.51	16.51	16.51
99.00	16.44	16.43	16.43	16.43	16.43	16.42	16.42	16.42
99.50	16.34	16.34	16.34	16.34	16.34	16.34	16.34	16.34
100.00	16.25	16.25	16.25	16.25	16.25	16.25	16.25	16.25
100.50	16.16	16.16	16.16	16.16	16.16	16.16	16.16	16.17
101.00	16.06	16.07	16.07	16.07	16.07	16.08	16.08	16.08
101.50	15.97	15.98	15.98	15.99	15.99	15.99	15.99	16.00
102.00	15.88	15.89	15.90	15.90	15.91	15.91	15.91	15.92
102.50	15.79	15.80	15.81	15.82	15.82	15.83	15.83	15.83
103.00	15.70	15.71	15.72	15.73	15.74	15.74	15.75	15.75
103.50	15.61	15.63	15.64	15.65	15.66	15.66	15.67	15.67
104.00	15.53	15.54	15.55	15.57	15.57	15.58	15.59	15.59
105.00	15.35	15.37	15.39	15.40	15.41	15.42	15.43	15.44
106.00	15.18	15.20	15.22	15.24	15.25	15.26	15.27	15.28
107.00	15.01	15.04	15.06	15.08	15.10	15.11	15.12	15.13
108.00	14.84	14.88	14.90	14.92	14.94	14.96	14.97	14.98
109.00	14.68	14.72	14.74	14.77	14.79	14.81	14.82	14.83
110.00	14.52	14.56	14.59	14.62	14.64	14.66	14.68	14.69

Bond Yield Table 16¼%

PRICE	YEARS TO MATURITY							CUR
	21	22	23	24	25	29	30	
75.00	21.76	21.74	21.73	21.72	21.71	21.69	21.68	21.67
76.00	21.48	21.46	21.44	21.43	21.42	21.40	21.40	21.38
77.00	21.20	21.18	21.17	21.15	21.15	21.12	21.12	21.10
78.00	20.93	20.91	20.89	20.88	20.87	20.85	20.85	20.83
79.00	20.66	20.64	20.63	20.62	20.61	20.59	20.58	20.57
80.00	20.40	20.38	20.37	20.36	20.35	20.33	20.33	20.31
80.50	20.27	20.26	20.25	20.23	20.23	20.20	20.20	20.19
81.00	20.15	20.13	20.12	20.11	20.10	20.08	20.08	20.06
81.50	20.02	20.01	20.00	19.99	19.98	19.96	19.95	19.94
82.00	19.90	19.89	19.87	19.86	19.86	19.84	19.83	19.82
82.50	19.78	19.76	19.75	19.74	19.74	19.71	19.71	19.70
83.00	19.66	19.64	19.63	19.62	19.62	19.60	19.59	19.58
83.50	19.54	19.53	19.52	19.51	19.50	19.48	19.48	19.46
84.00	19.42	19.41	19.40	19.39	19.38	19.36	19.36	19.35
84.50	19.31	19.29	19.28	19.27	19.27	19.25	19.25	19.23
85.00	19.19	19.18	19.17	19.16	19.15	19.13	19.13	19.12
85.50	19.08	19.07	19.06	19.05	19.04	19.02	19.02	19.01
86.00	18.97	18.95	18.94	18.94	18.93	18.91	18.91	18.90
86.50	18.85	18.84	18.83	18.83	18.82	18.80	18.80	18.79
87.00	18.74	18.73	18.72	18.72	18.71	18.69	18.69	18.68
87.50	18.64	18.63	18.62	18.61	18.60	18.59	18.58	18.57
88.00	18.53	18.52	18.51	18.50	18.50	18.48	18.48	18.47
88.50	18.42	18.41	18.40	18.40	18.39	18.38	18.37	18.36
89.00	18.32	18.31	18.30	18.29	18.29	18.27	18.27	18.26
89.50	18.21	18.20	18.20	18.19	18.18	18.17	18.17	18.16
90.00	18.11	18.10	18.09	18.09	18.08	18.07	18.07	18.06
90.50	18.01	18.00	17.99	17.99	17.98	17.97	17.97	17.96
91.00	17.91	17.90	17.89	17.89	17.88	17.87	17.87	17.86
91.50	17.81	17.80	17.79	17.79	17.78	17.77	17.77	17.76
92.00	17.71	17.70	17.69	17.69	17.69	17.67	17.67	17.66
92.50	17.61	17.60	17.60	17.59	17.59	17.58	17.58	17.57
93.00	17.51	17.51	17.50	17.50	17.49	17.48	17.48	17.47
93.50	17.42	17.41	17.41	17.40	17.40	17.39	17.39	17.38
94.00	17.32	17.32	17.31	17.31	17.30	17.30	17.29	17.29
94.50	17.23	17.22	17.22	17.22	17.21	17.20	17.20	17.20
95.00	17.13	17.13	17.13	17.12	17.12	17.11	17.11	17.11
95.50	17.04	17.04	17.03	17.03	17.03	17.02	17.02	17.02
96.00	16.95	16.95	16.94	16.94	16.94	16.93	16.93	16.93
96.50	16.86	16.86	16.85	16.85	16.85	16.85	16.84	16.84
97.00	16.77	16.77	16.77	16.76	16.76	16.76	16.76	16.75
97.50	16.68	16.68	16.68	16.68	16.67	16.67	16.67	16.67
98.00	16.59	16.59	16.59	16.59	16.59	16.58	16.58	16.58
98.50	16.51	16.51	16.50	16.50	16.50	16.50	16.50	16.50
99.00	16.42	16.42	16.42	16.42	16.42	16.42	16.42	16.41
99.50	16.33	16.33	16.33	16.33	16.33	16.33	16.33	16.33
100.00	16.25	16.25	16.25	16.25	16.25	16.25	16.25	16.25
100.50	16.17	16.17	16.17	16.17	16.17	16.17	16.17	16.17
101.00	16.08	16.08	16.08	16.09	16.09	16.09	16.09	16.09
101.50	16.00	16.00	16.00	16.00	16.00	16.01	16.01	16.01
102.00	15.92	15.92	15.92	15.92	15.92	15.93	15.93	15.93
102.50	15.84	15.84	15.84	15.84	15.84	15.85	15.85	15.85
103.00	15.76	15.76	15.76	15.76	15.77	15.77	15.77	15.78
103.50	15.68	15.68	15.68	15.69	15.69	15.69	15.69	15.70
104.00	15.60	15.60	15.61	15.61	15.61	15.62	15.62	15.63
105.00	15.44	15.44	15.45	15.45	15.45	15.46	15.47	15.48
106.00	15.29	15.29	15.30	15.30	15.31	15.32	15.32	15.33
107.00	15.14	15.15	15.15	15.16	15.16	15.17	15.17	15.19
108.00	14.99	15.00	15.00	15.01	15.02	15.03	15.03	15.05
109.00	14.84	14.85	14.86	14.87	14.87	14.89	14.89	14.91
110.00	14.70	14.71	14.72	14.73	14.73	14.75	14.75	14.77

16½% Bond Yield Table

PRICE	¼	½	¾	1	1½	2	3	4
				YEARS TO MATURITY				
85.00	85.83	54.71	41.43	35.62	29.60	26.65	23.77	22.3
85.50	83.12	53.22	40.48	34.90	29.11	26.28	23.50	22.1
86.00	80.44	51.74	39.54	34.18	28.62	25.90	23.24	21.9
86.50	77.79	50.29	38.60	33.48	28.14	25.53	22.97	21.7
87.00	75.17	48.85	37.68	32.78	27.67	25.17	22.71	21.5
87.50	72.58	47.43	36.76	32.08	27.20	24.80	22.45	21.30
88.00	70.01	46.02	35.86	31.39	26.73	24.44	22.19	21.09
88.50	67.48	44.63	34.96	30.71	26.26	24.08	21.93	20.88
89.00	64.97	43.26	34.07	30.04	25.80	23.72	21.68	20.6
89.50	62.48	41.90	33.19	29.37	25.34	23.37	21.42	20.4
90.00	60.03	40.56	32.31	28.70	24.89	23.02	21.17	20.2
90.50	57.60	39.23	31.45	28.04	24.44	22.67	20.92	20.0
91.00	55.19	37.91	30.59	27.39	23.99	22.32	20.67	19.8
91.25	54.00	37.26	30.16	27.06	23.77	22.15	20.55	19.7
91.50	52.81	36.61	29.74	26.74	23.55	21.98	20.43	19.6
91.75	51.63	35.97	29.32	26.42	23.33	21.81	20.31	19.5
92.00	50.46	35.33	28.90	26.10	23.11	21.64	20.18	19.4
92.25	49.29	34.69	28.48	25.78	22.89	21.47	20.06	19.3
92.50	48.12	34.05	28.06	25.46	22.67	21.30	19.94	19.2
92.75	46.97	33.42	27.65	25.14	22.46	21.13	19.82	19.18
93.00	45.82	32.80	27.23	24.83	22.24	20.96	19.70	19.08
93.25	44.67	32.17	26.82	24.51	22.03	20.80	19.58	18.98
93.50	43.53	31.55	26.41	24.20	21.81	20.63	19.46	18.89
93.75	42.40	30.93	26.01	23.89	21.60	20.46	19.34	18.79
94.00	41.27	30.32	25.60	23.58	21.38	20.30	19.22	18.70
94.25	40.15	29.71	25.20	23.27	21.17	20.13	19.11	18.60
94.50	39.04	29.10	24.80	22.96	20.96	19.97	18.99	18.51
94.75	37.93	28.50	24.39	22.66	20.75	19.81	18.87	18.41
95.00	36.82	27.89	24.00	22.35	20.54	19.64	18.75	18.32
95.25	35.72	27.30	23.60	22.05	20.33	19.48	18.64	18.22
95.50	34.63	26.70	23.21	21.75	20.12	19.32	18.52	18.13
95.75	33.54	26.11	22.81	21.45	19.92	19.16	18.41	18.04
96.00	32.46	25.52	22.42	21.14	19.71	19.00	18.29	17.94
96.25	31.38	24.94	22.03	20.85	19.50	18.84	18.18	17.85
96.50	30.31	24.35	21.64	20.55	19.30	18.68	18.06	17.76
96.75	29.24	23.77	21.26	20.25	19.09	18.52	17.95	17.67
97.00	28.18	23.20	20.87	19.96	18.89	18.36	17.83	17.58
97.25	27.13	22.62	20.49	19.66	18.69	18.20	17.72	17.48
97.50	26.08	22.05	20.11	19.37	18.48	18.04	17.61	17.39
97.75	25.03	21.48	19.73	19.08	18.28	17.89	17.50	17.30
98.00	23.99	20.92	19.35	18.79	18.08	17.73	17.38	17.21
98.25	22.95	20.36	18.97	18.50	17.88	17.58	17.27	17.12
98.50	21.92	19.80	18.60	18.21	17.68	17.42	17.16	17.03
98.75	20.90	19.24	18.22	17.92	17.48	17.27	17.05	16.94
99.00	19.88	18.69	17.85	17.63	17.29	17.11	16.94	16.85
99.25	18.86	18.14	17.48	17.35	17.09	16.96	16.83	16.76
99.50	17.85	17.59	17.11	17.06	16.89	16.80	16.72	16.68
99.75	16.85	17.04	16.75	16.78	16.70	16.65	16.61	16.59
100.00	15.85	16.50	16.38	16.50	16.50	16.50	16.50	16.50
100.25	14.85	15.96	16.02	16.22	16.31	16.35	16.39	16.41
100.50	13.86	15.42	15.65	15.94	16.11	16.20	16.28	16.32
101.00	11.89	14.36	14.93	15.38	15.73	15.90	16.07	16.15
101.50	9.94	13.30	14.22	14.83	15.34	15.60	15.85	15.98
102.00	8.01	12.25	13.51	14.28	14.96	15.30	15.64	15.81
102.50	6.10	11.22	12.81	13.74	14.58	15.01	15.43	15.64
103.00	4.20	10.19	12.11	13.20	14.21	14.71	15.22	15.47
103.50	2.32	9.18	11.42	12.66	13.84	14.42	15.01	15.30
104.00	0.46	8.17	10.73	12.13	13.47	14.13	14.80	15.13
104.50		7.18	10.05	11.60	13.10	13.85	14.59	14.96
105.00		6.19	9.37	11.08	12.73	13.56	14.39	14.80

Bond Yield Table 16½%

PRICE	YEARS TO MATURITY							
	5	6	7	8	9	10	11	12
75.00	25.65	24.70	24.05	23.59	23.24	22.98	22.78	22.62
76.00	25.21	24.30	23.68	23.24	22.91	22.66	22.47	22.31
77.00	24.77	23.91	23.32	22.89	22.58	22.34	22.16	22.01
78.00	24.34	23.53	22.96	22.56	22.26	22.03	21.85	21.72
79.00	23.92	23.15	22.61	22.23	21.94	21.73	21.56	21.43
80.00	23.51	22.78	22.27	21.91	21.64	21.43	21.27	21.15
80.50	23.30	22.59	22.10	21.75	21.48	21.28	21.13	21.01
81.00	23.10	22.41	21.93	21.59	21.33	21.14	20.99	20.87
81.50	22.90	22.23	21.77	21.43	21.18	20.99	20.85	20.73
82.00	22.70	22.05	21.60	21.28	21.04	20.85	20.71	20.60
82.50	22.51	21.87	21.44	21.12	20.89	20.71	20.57	20.46
83.00	22.31	21.70	21.28	20.97	20.75	20.57	20.44	20.33
83.50	22.12	21.53	21.12	20.82	20.60	20.43	20.30	20.20
84.00	21.93	21.35	20.96	20.67	20.46	20.30	20.17	20.07
84.50	21.73	21.18	20.80	20.52	20.32	20.16	20.04	19.94
85.00	21.55	21.01	20.64	20.38	20.18	20.03	19.91	19.82
85.50	21.36	20.84	20.49	20.23	20.04	19.89	19.78	19.69
86.00	21.17	20.68	20.34	20.09	19.90	19.76	19.65	19.57
86.50	20.99	20.51	20.18	19.95	19.77	19.63	19.53	19.44
87.00	20.80	20.35	20.03	19.80	19.63	19.50	19.40	19.32
87.50	20.62	20.19	19.88	19.66	19.50	19.37	19.28	19.20
88.00	20.44	20.02	19.73	19.52	19.37	19.25	19.15	19.08
88.50	20.26	19.86	19.59	19.39	19.24	19.12	19.03	18.96
89.00	20.09	19.71	19.44	19.25	19.11	19.00	18.91	18.84
89.50	19.91	19.55	19.30	19.11	18.98	18.87	18.79	18.73
90.00	19.74	19.39	19.15	18.98	18.85	18.75	18.67	18.61
90.50	19.56	19.24	19.01	18.85	18.72	18.63	18.55	18.50
91.00	19.39	19.08	18.87	18.71	18.60	18.51	18.44	18.38
91.50	19.22	18.93	18.73	18.58	18.47	18.39	18.32	18.27
92.00	19.05	18.78	18.59	18.45	18.35	18.27	18.21	18.16
92.50	18.88	18.63	18.45	18.32	18.23	18.15	18.09	18.05
93.00	18.72	18.48	18.31	18.19	18.10	18.04	17.98	17.94
93.50	18.55	18.33	18.18	18.07	17.98	17.92	17.87	17.83
94.00	18.39	18.18	18.04	17.94	17.86	17.81	17.76	17.72
94.50	18.22	18.04	17.91	17.82	17.75	17.69	17.65	17.62
95.00	18.06	17.89	17.78	17.69	17.63	17.58	17.54	17.51
95.50	17.90	17.75	17.64	17.57	17.51	17.47	17.43	17.41
96.00	17.74	17.61	17.51	17.45	17.40	17.36	17.33	17.30
96.50	17.58	17.46	17.38	17.32	17.28	17.25	17.22	17.20
97.00	17.42	17.32	17.25	17.20	17.17	17.14	17.11	17.10
97.50	17.27	17.18	17.13	17.08	17.05	17.03	17.01	16.99
98.00	17.11	17.05	17.00	16.97	16.94	16.92	16.91	16.89
98.50	16.96	16.91	16.87	16.85	16.83	16.81	16.80	16.79
99.00	16.80	16.77	16.75	16.73	16.72	16.71	16.70	16.70
99.50	16.65	16.63	16.62	16.62	16.61	16.60	16.60	16.60
100.00	16.50	16.50	16.50	16.50	16.50	16.50	16.50	16.50
100.50	16.35	16.37	16.38	16.39	16.39	16.40	16.40	16.40
101.00	16.20	16.23	16.26	16.27	16.28	16.29	16.30	16.31
101.50	16.05	16.10	16.13	16.16	16.18	16.19	16.20	16.21
102.00	15.91	15.97	16.01	16.05	16.07	16.09	16.11	16.12
102.50	15.76	15.84	15.90	15.94	15.97	15.99	16.01	16.02
103.00	15.61	15.71	15.78	15.83	15.86	15.89	15.91	15.93
103.50	15.47	15.58	15.66	15.72	15.76	15.79	15.82	15.84
104.00	15.33	15.45	15.54	15.61	15.66	15.69	15.72	15.75
105.00	15.04	15.20	15.31	15.39	15.45	15.50	15.54	15.57
106.00	14.76	14.95	15.08	15.18	15.25	15.31	15.35	15.39
107.00	14.48	14.70	14.86	14.97	15.05	15.12	15.17	15.21
108.00	14.21	14.46	14.64	14.76	14.86	14.93	14.99	15.04
109.00	13.94	14.22	14.42	14.56	14.67	14.75	14.82	14.87
110.00	13.67	13.98	14.20	14.36	14.48	14.57	14.64	14.70

16½%   Bond Yield Table

PRICE	YEARS TO MATURITY							
	13	14	15	16	17	18	19	20
75.00	22.50	22.40	22.32	22.26	22.21	22.17	22.14	22.11
76.00	22.20	22.10	22.03	21.97	21.92	21.88	21.85	21.82
77.00	21.90	21.81	21.74	21.68	21.63	21.59	21.56	21.54
78.00	21.61	21.52	21.45	21.40	21.35	21.31	21.29	21.26
79.00	21.32	21.24	21.18	21.12	21.08	21.04	21.01	20.99
80.00	21.05	20.97	20.90	20.85	20.81	20.78	20.75	20.73
80.50	20.91	20.83	20.77	20.72	20.68	20.65	20.62	20.60
81.00	20.77	20.70	20.64	20.59	20.55	20.52	20.49	20.47
81.50	20.64	20.57	20.51	20.46	20.42	20.39	20.36	20.34
82.00	20.51	20.44	20.38	20.33	20.30	20.26	20.24	20.22
82.50	20.38	20.31	20.25	20.21	20.17	20.14	20.11	20.09
83.00	20.25	20.18	20.13	20.08	20.05	20.02	19.99	19.97
83.50	20.12	20.05	20.00	19.96	19.92	19.89	19.87	19.85
84.00	19.99	19.93	19.88	19.84	19.80	19.77	19.75	19.73
84.50	19.87	19.80	19.75	19.71	19.68	19.65	19.63	19.61
85.00	19.74	19.68	19.63	19.59	19.56	19.54	19.51	19.50
85.50	19.62	19.56	19.51	19.48	19.45	19.42	19.40	19.38
86.00	19.50	19.44	19.40	19.36	19.33	19.30	19.28	19.27
86.50	19.38	19.32	19.28	19.24	19.21	19.19	19.17	19.15
87.00	19.26	19.20	19.16	19.13	19.10	19.08	19.06	19.04
87.50	19.14	19.09	19.05	19.01	18.99	18.97	18.95	18.93
88.00	19.02	18.97	18.93	18.90	18.88	18.85	18.84	18.82
88.50	18.90	18.86	18.82	18.79	18.77	18.74	18.73	18.71
89.00	18.79	18.74	18.71	18.68	18.66	18.64	18.62	18.61
89.50	18.67	18.63	18.60	18.57	18.55	18.53	18.51	18.50
90.00	18.56	18.52	18.49	18.46	18.44	18.42	18.41	18.40
90.50	18.45	18.41	18.38	18.36	18.33	18.32	18.30	18.29
91.00	18.34	18.30	18.27	18.25	18.23	18.21	18.20	18.19
91.50	18.23	18.19	18.17	18.14	18.13	18.11	18.10	18.09
92.00	18.12	18.09	18.06	18.04	18.02	18.01	18.00	17.99
92.50	18.01	17.98	17.96	17.94	17.92	17.91	17.90	17.89
93.00	17.90	17.88	17.85	17.84	17.82	17.81	17.80	17.79
93.50	17.80	17.77	17.75	17.73	17.72	17.71	17.70	17.69
94.00	17.69	17.67	17.65	17.63	17.62	17.61	17.60	17.59
94.50	17.59	17.57	17.55	17.53	17.52	17.51	17.50	17.50
95.00	17.49	17.47	17.45	17.44	17.43	17.42	17.41	17.40
95.50	17.38	17.37	17.35	17.34	17.33	17.32	17.31	17.31
96.00	17.28	17.27	17.25	17.24	17.23	17.23	17.22	17.21
96.50	17.18	17.17	17.16	17.15	17.14	17.13	17.13	17.12
97.00	17.08	17.07	17.06	17.05	17.05	17.04	17.04	17.03
97.50	16.98	16.97	16.96	16.96	16.95	16.95	16.94	16.94
98.00	16.88	16.88	16.87	16.86	16.86	16.86	16.85	16.85
98.50	16.79	16.78	16.78	16.77	16.77	16.77	16.76	16.76
99.00	16.69	16.69	16.68	16.68	16.68	16.68	16.68	16.67
99.50	16.59	16.59	16.59	16.59	16.59	16.59	16.59	16.59
100.00	16.50	16.50	16.50	16.50	16.50	16.50	16.50	16.50
100.50	16.41	16.41	16.41	16.41	16.41	16.41	16.41	16.41
101.00	16.31	16.32	16.32	16.32	16.32	16.32	16.33	16.33
101.50	16.22	16.23	16.23	16.23	16.24	16.24	16.24	16.25
102.00	16.13	16.14	16.14	16.15	16.15	16.16	16.16	16.16
102.50	16.04	16.05	16.05	16.06	16.07	16.07	16.08	16.08
103.00	15.95	15.96	15.97	15.98	15.98	15.99	15.99	16.00
103.50	15.86	15.87	15.88	15.89	15.90	15.91	15.91	15.92
104.00	15.77	15.78	15.80	15.81	15.82	15.82	15.83	15.84
105.00	15.59	15.61	15.63	15.64	15.65	15.66	15.67	15.68
106.00	15.42	15.44	15.46	15.48	15.49	15.50	15.51	15.52
107.00	15.25	15.27	15.30	15.32	15.33	15.35	15.36	15.37
108.00	15.08	15.11	15.14	15.16	15.18	15.19	15.20	15.21
109.00	14.91	14.95	14.98	15.00	15.02	15.04	15.05	15.07
110.00	14.75	14.79	14.82	14.85	14.87	14.89	14.91	14.92

Bond Yield Table 16½%

PRICE	\multicolumn{8}{c}{YEARS TO MATURITY}

PRICE	21	22	23	24	25	29	30	CUR
75.00	22.09	22.07	22.06	22.05	22.04	22.02	22.01	22.00
76.00	21.80	21.78	21.77	21.76	21.75	21.73	21.72	21.71
77.00	21.52	21.50	21.49	21.48	21.47	21.45	21.44	21.43
78.00	21.24	21.23	21.21	21.20	21.19	21.17	21.17	21.15
79.00	20.97	20.96	20.94	20.93	20.92	20.90	20.90	20.89
80.00	20.71	20.69	20.68	20.67	20.66	20.64	20.64	20.63
80.50	20.58	20.56	20.55	20.54	20.53	20.51	20.51	20.50
81.00	20.45	20.44	20.43	20.42	20.41	20.39	20.38	20.37
81.50	20.33	20.31	20.30	20.29	20.28	20.26	20.26	20.25
82.00	20.20	20.19	20.18	20.17	20.16	20.14	20.14	20.12
82.50	20.08	20.06	20.05	20.04	20.04	20.02	20.01	20.00
83.00	19.96	19.94	19.93	19.92	19.92	19.90	19.89	19.88
83.50	19.84	19.82	19.81	19.80	19.80	19.78	19.77	19.76
84.00	19.72	19.70	19.69	19.68	19.68	19.66	19.66	19.64
84.50	19.60	19.59	19.58	19.57	19.56	19.54	19.54	19.53
85.00	19.48	19.47	19.46	19.45	19.45	19.43	19.42	19.41
85.50	19.37	19.36	19.35	19.34	19.33	19.31	19.31	19.30
86.00	19.25	19.24	19.23	19.22	19.22	19.20	19.20	19.19
86.50	19.14	19.13	19.12	19.11	19.11	19.09	19.09	19.08
87.00	19.03	19.02	19.01	19.00	19.00	18.98	18.98	18.97
87.50	18.92	18.91	18.90	18.89	18.89	18.87	18.87	18.86
88.00	18.81	18.80	18.79	18.78	18.78	18.76	18.76	18.75
88.50	18.70	18.69	18.68	18.68	18.67	18.66	18.66	18.64
89.00	18.60	18.59	18.58	18.58	18.57	18.55	18.55	18.54
89.50	18.49	18.48	18.47	18.47	18.46	18.45	18.45	18.44
90.00	18.39	18.38	18.37	18.36	18.36	18.35	18.34	18.33
90.50	18.28	18.27	18.27	18.26	18.26	18.24	18.24	18.23
91.00	18.18	18.17	18.17	18.16	18.16	18.14	18.14	18.13
91.50	18.08	18.07	18.06	18.06	18.06	18.04	18.04	18.03
92.00	17.98	17.97	17.97	17.96	17.96	17.95	17.94	17.93
92.50	17.88	17.87	17.87	17.86	17.86	17.85	17.85	17.84
93.00	17.78	17.77	17.77	17.76	17.76	17.75	17.75	17.74
93.50	17.68	17.68	17.67	17.67	17.67	17.66	17.65	17.65
94.00	17.59	17.58	17.58	17.57	17.57	17.56	17.56	17.55
94.50	17.49	17.49	17.48	17.48	17.48	17.47	17.47	17.46
95.00	17.40	17.39	17.39	17.39	17.38	17.38	17.37	17.37
95.50	17.30	17.30	17.30	17.29	17.29	17.28	17.28	17.28
96.00	17.21	17.21	17.20	17.20	17.20	17.19	17.19	17.19
96.50	17.12	17.12	17.11	17.11	17.11	17.10	17.10	17.10
97.00	17.03	17.03	17.02	17.02	17.02	17.01	17.01	17.01
97.50	16.94	16.94	16.93	16.93	16.93	16.93	16.93	16.92
98.00	16.85	16.85	16.85	16.84	16.84	16.84	16.84	16.84
98.50	16.76	16.76	16.76	16.76	16.76	16.75	16.75	16.75
99.00	16.67	16.67	16.67	16.67	16.67	16.67	16.67	16.67
99.50	16.59	16.59	16.59	16.58	16.58	16.58	16.58	16.58
100.00	16.50	16.50	16.50	16.50	16.50	16.50	16.50	16.50
100.50	16.41	16.42	16.42	16.42	16.42	16.42	16.42	16.42
101.00	16.33	16.33	16.33	16.33	16.33	16.33	16.34	16.34
101.50	16.25	16.25	16.25	16.25	16.25	16.25	16.25	16.26
102.00	16.16	16.17	16.17	16.17	16.17	16.17	16.17	16.18
102.50	16.08	16.08	16.09	16.09	16.09	16.09	16.09	16.10
103.00	16.00	16.00	16.01	16.01	16.01	16.01	16.01	16.02
103.50	15.92	15.92	15.93	15.93	15.93	15.94	15.94	15.94
104.00	15.84	15.84	15.85	15.85	15.85	15.86	15.86	15.87
105.00	15.68	15.69	15.69	15.69	15.70	15.70	15.71	15.71
106.00	15.53	15.53	15.54	15.54	15.54	15.55	15.56	15.57
107.00	15.37	15.38	15.39	15.39	15.40	15.41	15.41	15.42
108.00	15.22	15.23	15.24	15.24	15.25	15.26	15.26	15.28
109.00	15.08	15.08	15.09	15.10	15.10	15.12	15.12	15.14
110.00	14.93	14.94	14.95	14.96	14.96	14.98	14.98	15.00

16¾% Bond Yield Table

PRICE	YEARS TO MATURITY							
	¼	½	¾	1	1½	2	3	4
85.00	86.05	55.00	41.71	35.90	29.88	26.93	24.05	22.65
85.50	83.34	53.51	40.76	35.18	29.39	26.56	23.78	22.43
86.00	80.67	52.03	39.81	34.46	28.90	26.18	23.51	22.21
86.50	78.02	50.58	38.88	33.76	28.42	25.81	23.25	22.00
87.00	75.39	49.14	37.95	33.05	27.94	25.44	22.98	21.78
87.50	72.79	47.71	37.04	32.36	27.47	25.07	22.72	21.57
88.00	70.24	46.31	36.13	31.67	27.00	24.71	22.46	21.36
88.50	67.70	44.92	35.23	30.99	26.54	24.35	22.20	21.15
89.00	65.19	43.54	34.34	30.31	26.07	23.99	21.95	20.94
89.50	62.71	42.18	33.45	29.64	25.61	23.64	21.69	20.74
90.00	60.25	40.83	32.58	28.97	25.16	23.29	21.44	20.54
90.50	57.82	39.50	31.71	28.31	24.71	22.94	21.19	20.33
91.00	55.42	38.19	30.85	27.66	24.26	22.59	20.94	20.13
91.25	54.22	37.53	30.43	27.33	24.04	22.42	20.82	20.03
91.50	53.04	36.89	30.00	27.01	23.82	22.24	20.69	19.93
91.75	51.86	36.24	29.58	26.69	23.60	22.07	20.57	19.83
92.00	50.68	35.60	29.16	26.36	23.38	21.90	20.45	19.73
92.25	49.51	34.96	28.74	26.04	23.16	21.73	20.33	19.64
92.50	48.35	34.32	28.32	25.73	22.94	21.56	20.20	19.54
92.75	47.20	33.69	27.91	25.41	22.72	21.39	20.08	19.44
93.00	46.05	33.06	27.49	25.09	22.50	21.23	19.96	19.34
93.25	44.90	32.44	27.08	24.78	22.29	21.06	19.84	19.25
93.50	43.76	31.82	26.67	24.47	22.07	20.89	19.72	19.15
93.75	42.63	31.20	26.26	24.15	21.86	20.72	19.60	19.05
94.00	41.50	30.59	25.86	23.84	21.65	20.56	19.48	18.96
94.25	40.38	29.97	25.45	23.53	21.43	20.39	19.37	18.86
94.50	39.27	29.37	25.05	23.23	21.22	20.23	19.25	18.77
94.75	38.16	28.76	24.65	22.92	21.01	20.06	19.13	18.67
95.00	37.05	28.16	24.25	22.61	20.80	19.90	19.01	18.58
95.25	35.95	27.56	23.86	22.31	20.59	19.74	18.90	18.48
95.50	34.86	26.96	23.46	22.01	20.38	19.58	18.78	18.39
95.75	33.77	26.37	23.07	21.70	20.17	19.41	18.66	18.29
96.00	32.69	25.78	22.67	21.40	19.97	19.25	18.55	18.20
96.25	31.61	25.19	22.28	21.10	19.76	19.09	18.43	18.11
96.50	30.54	24.61	21.90	20.81	19.55	18.93	18.32	18.02
96.75	29.47	24.03	21.51	20.51	19.35	18.77	18.20	17.92
97.00	28.41	23.45	21.12	20.21	19.14	18.61	18.09	17.83
97.25	27.36	22.88	20.74	19.92	18.94	18.46	17.98	17.74
97.50	26.31	22.31	20.36	19.62	18.74	18.30	17.86	17.65
97.75	25.26	21.74	19.98	19.33	18.54	18.14	17.75	17.56
98.00	24.22	21.17	19.60	19.04	18.33	17.98	17.64	17.47
98.25	23.18	20.61	19.22	18.75	18.13	17.83	17.52	17.38
98.50	22.15	20.05	18.85	18.46	17.93	17.67	17.41	17.28
98.75	21.13	19.49	18.47	18.17	17.74	17.52	17.30	17.19
99.00	20.11	18.94	18.10	17.89	17.54	17.36	17.19	17.11
99.25	19.09	18.39	17.73	17.60	17.34	17.21	17.08	17.02
99.50	18.08	17.84	17.36	17.32	17.14	17.06	16.97	16.93
99.75	17.08	17.29	16.99	17.03	16.95	16.90	16.86	16.84
100.00	16.08	16.75	16.63	16.75	16.75	16.75	16.75	16.75
100.25	15.08	16.21	16.26	16.47	16.56	16.60	16.64	16.66
100.50	14.09	15.67	15.90	16.19	16.36	16.45	16.53	16.57
101.00	12.12	14.60	15.18	15.63	15.97	16.15	16.32	16.40
101.50	10.17	13.55	14.46	15.08	15.59	15.85	16.10	16.23
102.00	8.24	12.50	13.75	14.53	15.21	15.55	15.89	16.05
102.50	6.33	11.46	13.05	13.98	14.83	15.25	15.67	15.88
103.00	4.43	10.44	12.35	13.44	14.45	14.96	15.46	15.71
103.50	2.55	9.42	11.66	12.91	14.08	14.67	15.25	15.54
104.00	0.69	8.41	10.97	12.38	13.71	14.38	15.04	15.37
104.50		7.42	10.29	11.85	13.34	14.09	14.84	15.21
105.00		6.43	9.61	11.32	12.98	13.80	14.63	15.04

Bond Yield Table 16¾%

PRICE	YEARS TO MATURITY							
	5	6	7	8	9	10	11	12
75.00	25.96	25.01	24.36	23.90	23.56	23.30	23.10	22.94
76.00	25.51	24.61	23.99	23.55	23.22	22.97	22.78	22.63
77.00	25.07	24.21	23.62	23.20	22.89	22.65	22.47	22.32
78.00	24.64	23.82	23.26	22.86	22.56	22.34	22.16	22.03
79.00	24.22	23.44	22.91	22.53	22.24	22.03	21.86	21.73
80.00	23.80	23.07	22.56	22.20	21.93	21.73	21.57	21.45
80.50	23.60	22.88	22.39	22.04	21.78	21.58	21.43	21.31
81.00	23.39	22.70	22.23	21.88	21.63	21.43	21.28	21.17
81.50	23.19	22.52	22.06	21.72	21.48	21.29	21.14	21.03
82.00	22.99	22.34	21.89	21.57	21.33	21.14	21.00	20.89
82.50	22.79	22.16	21.73	21.41	21.18	21.00	20.87	20.76
83.00	22.60	21.99	21.56	21.26	21.03	20.86	20.73	20.62
83.50	22.40	21.81	21.40	21.11	20.89	20.72	20.59	20.49
84.00	22.21	21.64	21.24	20.96	20.75	20.58	20.46	20.36
84.50	22.02	21.46	21.08	20.81	20.60	20.45	20.33	20.23
85.00	21.83	21.29	20.93	20.66	20.46	20.31	20.19	20.10
85.50	21.64	21.12	20.77	20.51	20.32	20.18	20.06	19.97
86.00	21.45	20.96	20.61	20.37	20.18	20.04	19.93	19.85
86.50	21.26	20.79	20.46	20.22	20.05	19.91	19.81	19.72
87.00	21.08	20.62	20.31	20.08	19.91	19.78	19.68	19.60
87.50	20.90	20.46	20.16	19.94	19.78	19.65	19.55	19.48
88.00	20.72	20.30	20.01	19.80	19.64	19.52	19.43	19.36
88.50	20.54	20.14	19.86	19.66	19.51	19.40	19.31	19.24
89.00	20.36	19.98	19.71	19.52	19.38	19.27	19.18	19.12
89.50	20.18	19.82	19.57	19.39	19.25	19.15	19.06	19.00
90.00	20.01	19.66	19.42	19.25	19.12	19.02	18.94	18.88
90.50	19.83	19.50	19.28	19.11	18.99	18.90	18.83	18.77
91.00	19.66	19.35	19.14	18.98	18.87	18.78	18.71	18.65
91.50	19.49	19.20	18.99	18.85	18.74	18.66	18.59	18.54
92.00	19.32	19.04	18.85	18.72	18.62	18.54	18.47	18.43
92.50	19.15	18.89	18.72	18.59	18.49	18.42	18.36	18.31
93.00	18.98	18.74	18.58	18.46	18.37	18.30	18.25	18.20
93.50	18.81	18.59	18.44	18.33	18.25	18.18	18.13	18.09
94.00	18.65	18.44	18.30	18.20	18.13	18.07	18.02	17.99
94.50	18.48	18.30	18.17	18.08	18.01	17.95	17.91	17.88
95.00	18.32	18.15	18.04	17.95	17.89	17.84	17.80	17.77
95.50	18.16	18.01	17.90	17.83	17.77	17.73	17.69	17.66
96.00	18.00	17.86	17.77	17.70	17.65	17.61	17.58	17.56
96.50	17.84	17.72	17.64	17.58	17.54	17.50	17.48	17.46
97.00	17.68	17.58	17.51	17.46	17.42	17.39	17.37	17.35
97.50	17.52	17.44	17.38	17.34	17.31	17.28	17.26	17.25
98.00	17.36	17.30	17.25	17.22	17.19	17.18	17.16	17.15
98.50	17.21	17.16	17.13	17.10	17.08	17.07	17.06	17.05
99.00	17.06	17.02	17.00	16.98	16.97	16.96	16.95	16.95
99.50	16.90	16.89	16.87	16.87	16.86	16.86	16.85	16.85
100.00	16.75	16.75	16.75	16.75	16.75	16.75	16.75	16.75
100.50	16.60	16.62	16.63	16.63	16.64	16.65	16.65	16.65
101.00	16.45	16.48	16.50	16.52	16.53	16.54	16.55	16.56
101.50	16.30	16.35	16.38	16.41	16.43	16.44	16.45	16.46
102.00	16.15	16.22	16.26	16.29	16.32	16.34	16.35	16.36
102.50	16.00	16.09	16.14	16.18	16.21	16.24	16.25	16.27
103.00	15.86	15.95	16.02	16.07	16.11	16.14	16.16	16.18
103.50	15.71	15.83	15.90	15.96	16.00	16.04	16.06	16.08
104.00	15.57	15.70	15.79	15.85	15.90	15.94	15.97	15.99
105.00	15.28	15.44	15.55	15.63	15.69	15.74	15.78	15.81
106.00	15.00	15.19	15.32	15.42	15.49	15.55	15.59	15.63
107.00	14.72	14.94	15.10	15.21	15.29	15.36	15.41	15.45
108.00	14.45	14.70	14.87	15.00	15.10	15.17	15.23	15.28
109.00	14.18	14.46	14.65	14.79	14.90	14.99	15.05	15.10
110.00	13.91	14.22	14.43	14.59	14.71	14.80	14.88	14.93

16¾%   Bond Yield Table

PRICE	YEARS TO MATURITY							
	13	14	15	16	17	18	19	20
75.00	22.82	22.72	22.65	22.59	22.54	22.50	22.47	22.44
76.00	22.51	22.42	22.35	22.29	22.24	22.20	22.17	22.15
77.00	22.21	22.12	22.05	21.99	21.95	21.91	21.88	21.86
78.00	21.92	21.83	21.76	21.71	21.67	21.63	21.60	21.58
79.00	21.63	21.55	21.48	21.43	21.39	21.35	21.33	21.30
80.00	21.35	21.27	21.21	21.16	21.12	21.08	21.06	21.04
80.50	21.21	21.13	21.07	21.02	20.98	20.95	20.93	20.90
81.00	21.07	21.00	20.94	20.89	20.85	20.82	20.80	20.77
81.50	20.94	20.87	20.81	20.76	20.72	20.69	20.67	20.65
82.00	20.80	20.73	20.68	20.63	20.59	20.56	20.54	20.52
82.50	20.67	20.60	20.55	20.50	20.47	20.44	20.41	20.39
83.00	20.54	20.47	20.42	20.38	20.34	20.31	20.29	20.27
83.50	20.41	20.35	20.29	20.25	20.22	20.19	20.17	20.15
84.00	20.28	20.22	20.17	20.13	20.09	20.07	20.04	20.03
84.50	20.15	20.09	20.04	20.00	19.97	19.95	19.92	19.91
85.00	20.03	19.97	19.92	19.88	19.85	19.83	19.81	19.79
85.50	19.90	19.85	19.80	19.76	19.73	19.71	19.69	19.67
86.00	19.78	19.73	19.68	19.64	19.62	19.59	19.57	19.55
86.50	19.66	19.60	19.56	19.53	19.50	19.48	19.46	19.44
87.00	19.54	19.49	19.44	19.41	19.38	19.36	19.34	19.33
87.50	19.42	19.37	19.33	19.30	19.27	19.25	19.23	19.21
88.00	19.30	19.25	19.21	19.18	19.16	19.14	19.12	19.10
88.50	19.18	19.14	19.10	19.07	19.04	19.02	19.01	18.99
89.00	19.06	19.02	18.99	18.96	18.93	18.91	18.90	18.89
89.50	18.95	18.91	18.87	18.85	18.82	18.81	18.79	18.78
90.00	18.83	18.79	18.76	18.74	18.72	18.70	18.68	18.67
90.50	18.72	18.68	18.65	18.63	18.61	18.59	18.58	18.57
91.00	18.61	18.57	18.54	18.52	18.50	18.49	18.47	18.46
91.50	18.50	18.46	18.44	18.41	18.40	18.38	18.37	18.36
92.00	18.39	18.36	18.33	18.31	18.29	18.28	18.27	18.26
92.50	18.28	18.25	18.22	18.20	18.19	18.18	18.16	18.16
93.00	18.17	18.14	18.12	18.10	18.09	18.07	18.06	18.05
93.50	18.06	18.04	18.02	18.00	17.99	17.97	17.96	17.96
94.00	17.96	17.93	17.91	17.90	17.88	17.87	17.87	17.86
94.50	17.85	17.83	17.81	17.80	17.79	17.78	17.77	17.76
95.00	17.75	17.73	17.71	17.70	17.69	17.68	17.67	17.66
95.50	17.64	17.63	17.61	17.60	17.59	17.58	17.57	17.57
96.00	17.54	17.52	17.51	17.50	17.49	17.49	17.48	17.47
96.50	17.44	17.42	17.41	17.40	17.40	17.39	17.39	17.38
97.00	17.34	17.33	17.32	17.31	17.30	17.30	17.29	17.29
97.50	17.24	17.23	17.22	17.21	17.21	17.20	17.20	17.20
98.00	17.14	17.13	17.12	17.12	17.11	17.11	17.11	17.11
98.50	17.04	17.03	17.03	17.03	17.02	17.02	17.02	17.02
99.00	16.94	16.94	16.94	16.93	16.93	16.93	16.93	16.93
99.50	16.85	16.84	16.84	16.84	16.84	16.84	16.84	16.84
100.00	16.75	16.75	16.75	16.75	16.75	16.75	16.75	16.75
100.50	16.65	16.66	16.66	16.66	16.66	16.66	16.66	16.66
101.00	16.56	16.56	16.57	16.57	16.57	16.57	16.57	16.58
101.50	16.47	16.47	16.48	16.48	16.48	16.49	16.49	16.49
102.00	16.37	16.38	16.39	16.39	16.40	16.40	16.40	16.41
102.50	16.28	16.29	16.30	16.31	16.31	16.32	16.32	16.32
103.00	16.19	16.20	16.21	16.22	16.23	16.23	16.24	16.24
103.50	16.10	16.11	16.12	16.13	16.14	16.15	16.15	16.16
104.00	16.01	16.03	16.04	16.05	16.06	16.06	16.07	16.08
105.00	15.83	15.85	15.87	15.88	15.89	15.90	15.91	15.92
106.00	15.66	15.68	15.70	15.72	15.73	15.74	15.75	15.76
107.00	15.48	15.51	15.53	15.55	15.57	15.58	15.59	15.60
108.00	15.31	15.35	15.37	15.39	15.41	15.42	15.44	15.45
109.00	15.15	15.18	15.21	15.23	15.25	15.27	15.29	15.30
110.00	14.98	15.02	15.05	15.08	15.10	15.12	15.14	15.15

Bond Yield Table

16¾%

PRICE	21	22	23	24	25	29	30	CUR
75.00	22.42	22.40	22.39	22.38	22.37	22.35	22.35	22.33
76.00	22.13	22.11	22.10	22.09	22.08	22.06	22.05	22.04
77.00	21.84	21.82	21.81	21.80	21.79	21.77	21.77	21.75
78.00	21.56	21.54	21.53	21.52	21.51	21.49	21.49	21.47
79.00	21.28	21.27	21.26	21.25	21.24	21.22	21.22	21.20
80.00	21.02	21.00	20.99	20.98	20.97	20.95	20.95	20.94
80.50	20.89	20.87	20.86	20.85	20.84	20.82	20.82	20.81
81.00	20.76	20.74	20.73	20.72	20.71	20.70	20.69	20.68
81.50	20.63	20.62	20.60	20.59	20.59	20.57	20.57	20.55
82.00	20.50	20.49	20.48	20.47	20.46	20.44	20.44	20.43
82.50	20.38	20.36	20.35	20.34	20.34	20.32	20.32	20.30
83.00	20.25	20.24	20.23	20.22	20.21	20.20	20.19	20.18
83.50	20.13	20.12	20.11	20.10	20.09	20.08	20.07	20.06
84.00	20.01	20.00	19.99	19.98	19.97	19.96	19.95	19.94
84.50	19.89	19.88	19.87	19.86	19.85	19.84	19.84	19.82
85.00	19.77	19.76	19.75	19.74	19.74	19.72	19.72	19.71
85.50	19.66	19.65	19.64	19.63	19.62	19.61	19.60	19.59
86.00	19.54	19.53	19.52	19.51	19.51	19.49	19.49	19.48
86.50	19.43	19.42	19.41	19.40	19.39	19.38	19.38	19.36
87.00	19.31	19.30	19.30	19.29	19.28	19.27	19.26	19.25
87.50	19.20	19.19	19.18	19.18	19.17	19.16	19.15	19.14
88.00	19.09	19.08	19.07	19.07	19.06	19.05	19.05	19.03
88.50	18.98	18.97	18.97	18.96	18.95	18.94	18.94	18.93
89.00	18.87	18.87	18.86	18.85	18.85	18.83	18.83	18.82
89.50	18.77	18.76	18.75	18.75	18.74	18.73	18.73	18.72
90.00	18.66	18.65	18.65	18.64	18.64	18.62	18.62	18.61
90.50	18.56	18.55	18.54	18.54	18.53	18.52	18.52	18.51
91.00	18.45	18.44	18.44	18.43	18.43	18.42	18.42	18.41
91.50	18.35	18.34	18.34	18.33	18.33	18.32	18.31	18.31
92.00	18.25	18.24	18.24	18.23	18.23	18.22	18.22	18.21
92.50	18.15	18.14	18.14	18.13	18.13	18.12	18.12	18.11
93.00	18.05	18.04	18.04	18.03	18.03	18.02	18.02	18.01
93.50	17.95	17.94	17.94	17.93	17.93	17.92	17.92	17.91
94.00	17.85	17.85	17.84	17.84	17.84	17.83	17.83	17.82
94.50	17.75	17.75	17.75	17.74	17.74	17.73	17.73	17.72
95.00	17.66	17.65	17.65	17.65	17.65	17.64	17.64	17.63
95.50	17.56	17.56	17.56	17.55	17.55	17.55	17.54	17.54
96.00	17.47	17.47	17.46	17.46	17.46	17.45	17.45	17.45
96.50	17.38	17.37	17.37	17.37	17.37	17.36	17.36	17.36
97.00	17.29	17.28	17.28	17.28	17.28	17.27	17.27	17.27
97.50	17.19	17.19	17.19	17.19	17.19	17.18	17.18	17.18
98.00	17.10	17.10	17.10	17.10	17.10	17.09	17.09	17.09
98.50	17.01	17.01	17.01	17.01	17.01	17.01	17.01	17.01
99.00	16.93	16.92	16.92	16.92	16.92	16.92	16.92	16.92
99.50	16.84	16.84	16.84	16.84	16.84	16.83	16.83	16.83
100.00	16.75	16.75	16.75	16.75	16.75	16.75	16.75	16.75
100.50	16.66	16.66	16.66	16.66	16.66	16.67	16.67	16.67
101.00	16.58	16.58	16.58	16.58	16.58	16.58	16.58	16.58
101.50	16.49	16.49	16.50	16.50	16.50	16.50	16.50	16.50
102.00	16.41	16.41	16.41	16.41	16.42	16.42	16.42	16.42
102.50	16.33	16.33	16.33	16.33	16.33	16.33	16.34	16.34
103.00	16.24	16.25	16.25	16.25	16.25	16.25	16.26	16.26
103.50	16.16	16.17	16.17	16.17	16.17	16.17	16.18	16.18
104.00	16.08	16.08	16.09	16.09	16.09	16.10	16.10	16.11
105.00	15.92	15.93	15.93	15.93	15.94	15.94	15.94	15.95
106.00	15.76	15.77	15.77	15.78	15.78	15.79	15.79	15.80
107.00	15.61	15.62	15.62	15.63	15.63	15.64	15.64	15.65
108.00	15.46	15.46	15.47	15.48	15.48	15.49	15.50	15.51
109.00	15.31	15.32	15.32	15.33	15.33	15.35	15.35	15.37
110.00	15.16	15.17	15.18	15.18	15.19	15.21	15.21	15.23

17% Bond Yield Table

PRICE	1/4	1/2	3/4	1	1½	2	3	4
				YEARS TO MATURITY				
85.00	86.27	55.29	41.99	36.18	30.16	27.21	24.33	22.93
85.50	83.57	53.80	41.04	35.46	29.67	26.83	24.06	22.71
86.00	80.89	52.33	40.09	34.75	29.18	26.46	23.79	22.49
86.50	78.24	50.87	39.15	34.04	28.70	26.09	23.52	22.27
87.00	75.62	49.43	38.23	33.33	28.22	25.72	23.26	22.06
87.50	73.02	48.00	37.31	32.64	27.75	25.35	22.99	21.84
88.00	70.46	46.59	36.40	31.95	27.27	24.98	22.73	21.63
88.50	67.92	45.20	35.50	31.26	26.81	24.62	22.47	21.42
89.00	65.42	43.82	34.61	30.58	26.34	24.26	22.22	21.22
89.50	62.93	42.46	33.72	29.91	25.89	23.91	21.96	21.01
90.00	60.48	41.11	32.84	29.24	25.43	23.55	21.71	20.80
90.50	58.05	39.78	31.98	28.58	24.98	23.20	21.46	20.60
91.00	55.64	38.46	31.12	27.93	24.53	22.85	21.21	20.40
91.25	54.45	37.81	30.69	27.60	24.31	22.68	21.08	20.30
91.50	53.26	37.16	30.26	27.28	24.08	22.51	20.96	20.20
91.75	52.08	36.51	29.84	26.95	23.86	22.34	20.83	20.10
92.00	50.91	35.87	29.42	26.63	23.64	22.17	20.71	20.00
92.25	49.74	35.23	29.00	26.31	23.42	22.00	20.59	19.90
92.50	48.58	34.59	28.58	25.99	23.20	21.83	20.47	19.80
92.75	47.42	33.96	28.17	25.67	22.98	21.66	20.35	19.70
93.00	46.27	33.33	27.75	25.36	22.77	21.49	20.23	19.61
93.25	45.13	32.71	27.34	25.04	22.55	21.32	20.10	19.51
93.50	43.99	32.09	26.93	24.73	22.34	21.15	19.98	19.41
93.75	42.86	31.47	26.52	24.42	22.12	20.99	19.86	19.31
94.00	41.73	30.85	26.12	24.11	21.91	20.82	19.75	19.22
94.25	40.61	30.24	25.71	23.80	21.69	20.65	19.63	19.12
94.50	39.49	29.63	25.31	23.49	21.48	20.49	19.51	19.03
94.75	38.38	29.02	24.91	23.18	21.27	20.32	19.39	18.93
95.00	37.28	28.42	24.51	22.87	21.06	20.16	19.27	18.83
95.25	36.18	27.82	24.11	22.57	20.85	20.00	19.15	18.74
95.50	35.09	27.23	23.72	22.26	20.64	19.83	19.04	18.65
95.75	34.00	26.63	23.32	21.96	20.43	19.67	18.92	18.55
96.00	32.92	26.04	22.93	21.66	20.22	19.51	18.80	18.46
96.25	31.84	25.45	22.54	21.36	20.02	19.35	18.69	18.36
96.50	30.77	24.87	22.15	21.06	19.81	19.19	18.57	18.27
96.75	29.70	24.29	21.76	20.76	19.60	19.03	18.46	18.18
97.00	28.64	23.71	21.38	20.47	19.40	18.87	18.34	18.09
97.25	27.59	23.14	20.99	20.17	19.20	18.71	18.23	17.99
97.50	26.54	22.56	20.61	19.88	18.99	18.55	18.12	17.90
97.75	25.49	21.99	20.23	19.59	18.79	18.40	18.00	17.81
98.00	24.45	21.43	19.85	19.29	18.59	18.24	17.89	17.72
98.25	23.41	20.87	19.47	19.00	18.39	18.08	17.78	17.63
98.50	22.38	20.30	19.10	18.71	18.19	17.93	17.67	17.54
98.75	21.36	19.75	18.72	18.43	17.99	17.77	17.55	17.45
99.00	20.34	19.19	18.35	18.14	17.79	17.61	17.44	17.36
99.25	19.32	18.64	17.98	17.85	17.59	17.46	17.33	17.27
99.50	18.31	18.09	17.61	17.57	17.39	17.31	17.22	17.18
99.75	17.31	17.54	17.24	17.28	17.20	17.15	17.11	17.09
100.00	16.31	17.00	16.87	17.00	17.00	17.00	17.00	17.00
100.25	15.31	16.46	16.51	16.72	16.80	16.85	16.89	16.91
100.50	14.32	15.92	16.14	16.44	16.61	16.70	16.78	16.82
101.00	12.35	14.85	15.42	15.88	16.22	16.39	16.56	16.65
101.50	10.40	13.79	14.71	15.33	15.84	16.09	16.35	16.47
102.00	8.47	12.75	13.99	14.78	15.46	15.80	16.13	16.30
102.50	6.56	11.71	13.29	14.23	15.08	15.50	15.92	16.13
103.00	4.66	10.68	12.59	13.69	14.70	15.20	15.71	15.96
103.50	2.78	9.66	11.90	13.15	14.32	14.91	15.50	15.79
104.00	0.92	8.65	11.21	12.62	13.95	14.62	15.29	15.62
104.50		7.66	10.53	12.09	13.58	14.33	15.08	15.45
105.00		6.67	9.85	11.56	13.22	14.05	14.87	15.28

Bond Yield Table 17%

PRICE	YEARS TO MATURITY							
	5	6	7	8	9	10	11	12
75.00	26.26	25.32	24.67	24.21	23.87	23.61	23.42	23.26
76.00	25.81	24.91	24.30	23.86	23.53	23.28	23.09	22.95
77.00	25.37	24.51	23.93	23.51	23.19	22.96	22.78	22.64
78.00	24.94	24.12	23.56	23.16	22.87	22.64	22.47	22.33
79.00	24.51	23.74	23.21	22.83	22.55	22.33	22.17	22.04
80.00	24.09	23.36	22.86	22.50	22.23	22.03	21.87	21.75
80.50	23.89	23.18	22.69	22.34	22.08	21.88	21.73	21.61
81.00	23.68	22.99	22.52	22.18	21.92	21.73	21.58	21.46
81.50	23.48	22.81	22.35	22.02	21.77	21.58	21.44	21.33
82.00	23.28	22.63	22.18	21.86	21.62	21.44	21.30	21.19
82.50	23.08	22.45	22.01	21.70	21.47	21.29	21.16	21.05
83.00	22.88	22.27	21.85	21.55	21.32	21.15	21.02	20.92
83.50	22.68	22.09	21.69	21.39	21.18	21.01	20.88	20.78
84.00	22.49	21.92	21.53	21.24	21.03	20.87	20.75	20.65
84.50	22.30	21.75	21.37	21.09	20.89	20.73	20.61	20.52
85.00	22.11	21.57	21.21	20.94	20.75	20.60	20.48	20.39
85.50	21.92	21.40	21.05	20.79	20.60	20.46	20.35	20.26
86.00	21.73	21.23	20.89	20.65	20.47	20.33	20.22	20.13
86.50	21.54	21.07	20.74	20.50	20.33	20.19	20.09	20.01
87.00	21.36	20.90	20.59	20.36	20.19	20.06	19.96	19.88
87.50	21.17	20.74	20.43	20.22	20.05	19.93	19.83	19.76
88.00	20.99	20.57	20.28	20.07	19.92	19.80	19.71	19.63
88.50	20.81	20.41	20.13	19.93	19.79	19.67	19.58	19.51
89.00	20.63	20.25	19.99	19.79	19.65	19.54	19.46	19.39
89.50	20.45	20.09	19.84	19.66	19.52	19.42	19.34	19.27
90.00	20.27	19.93	19.69	19.52	19.39	19.29	19.22	19.16
90.50	20.10	19.77	19.55	19.38	19.26	19.17	19.10	19.04
91.00	19.92	19.62	19.40	19.25	19.13	19.05	18.98	18.92
91.50	19.75	19.46	19.26	19.12	19.01	18.92	18.86	18.81
92.00	19.58	19.31	19.12	18.98	18.88	18.80	18.74	18.69
92.50	19.41	19.16	18.98	18.85	18.76	18.68	18.63	18.58
93.00	19.24	19.00	18.84	18.72	18.63	18.56	18.51	18.47
93.50	19.07	18.85	18.70	18.59	18.51	18.45	18.40	18.36
94.00	18.91	18.71	18.57	18.46	18.39	18.33	18.28	18.25
94.50	18.74	18.56	18.43	18.34	18.27	18.21	18.17	18.14
95.00	18.58	18.41	18.30	18.21	18.15	18.10	18.06	18.03
95.50	18.42	18.27	18.16	18.09	18.03	17.99	17.95	17.92
96.00	18.25	18.12	18.03	17.96	17.91	17.87	17.84	17.82
96.50	18.09	17.98	17.90	17.84	17.79	17.76	17.73	17.71
97.00	17.93	17.83	17.77	17.72	17.68	17.65	17.63	17.61
97.50	17.78	17.69	17.64	17.59	17.56	17.54	17.52	17.51
98.00	17.62	17.55	17.51	17.47	17.45	17.43	17.41	17.40
98.50	17.46	17.41	17.38	17.35	17.34	17.32	17.31	17.30
99.00	17.31	17.27	17.25	17.23	17.22	17.21	17.21	17.20
99.50	17.15	17.14	17.13	17.12	17.11	17.11	17.10	17.10
100.00	17.00	17.00	17.00	17.00	17.00	17.00	17.00	17.00
100.50	16.85	16.86	16.88	16.88	16.89	16.89	16.90	16.90
101.00	16.70	16.73	16.75	16.77	16.78	16.79	16.80	16.80
101.50	16.55	16.60	16.63	16.65	16.67	16.69	16.70	16.71
102.00	16.40	16.46	16.51	16.54	16.56	16.58	16.60	16.61
102.50	16.25	16.33	16.39	16.43	16.46	16.48	16.50	16.51
103.00	16.10	16.20	16.27	16.32	16.35	16.38	16.40	16.42
103.50	15.96	16.07	16.15	16.20	16.25	16.28	16.31	16.33
104.00	15.81	15.94	16.03	16.09	16.14	16.18	16.21	16.23
105.00	15.53	15.68	15.79	15.87	15.94	15.98	16.02	16.05
106.00	15.24	15.43	15.56	15.66	15.73	15.79	15.83	15.87
107.00	14.96	15.18	15.33	15.45	15.53	15.60	15.65	15.69
108.00	14.69	14.94	15.11	15.24	15.33	15.41	15.46	15.51
109.00	14.41	14.69	14.89	15.03	15.14	15.22	15.29	15.34
110.00	14.14	14.45	14.67	14.82	14.94	15.04	15.11	15.17

17%   Bond Yield Table

PRICE	YEARS TO MATURITY							
	13	14	15	16	17	18	19	20
75.00	23.14	23.05	22.97	22.91	22.86	22.83	22.79	22.77
76.00	22.83	22.74	22.67	22.61	22.56	22.52	22.49	22.47
77.00	22.53	22.44	22.37	22.31	22.27	22.23	22.20	22.18
78.00	22.23	22.14	22.08	22.02	21.98	21.94	21.92	21.89
79.00	21.94	21.86	21.79	21.74	21.70	21.66	21.64	21.62
80.00	21.65	21.57	21.51	21.46	21.42	21.39	21.37	21.34
80.50	21.51	21.44	21.38	21.33	21.29	21.26	21.23	21.21
81.00	21.37	21.30	21.24	21.19	21.16	21.12	21.10	21.08
81.50	21.24	21.16	21.11	21.06	21.02	20.99	20.97	20.95
82.00	21.10	21.03	20.98	20.93	20.89	20.86	20.84	20.82
82.50	20.97	20.90	20.84	20.80	20.76	20.74	20.71	20.69
83.00	20.83	20.77	20.71	20.67	20.64	20.61	20.59	20.57
83.50	20.70	20.64	20.59	20.55	20.51	20.48	20.46	20.44
84.00	20.57	20.51	20.46	20.42	20.39	20.36	20.34	20.32
84.50	20.44	20.38	20.33	20.30	20.26	20.24	20.22	20.20
85.00	20.32	20.26	20.21	20.17	20.14	20.12	20.10	20.08
85.50	20.19	20.13	20.09	20.05	20.02	20.00	19.98	19.96
86.00	20.06	20.01	19.97	19.93	19.90	19.88	19.86	19.84
86.50	19.94	19.89	19.85	19.81	19.78	19.76	19.74	19.73
87.00	19.82	19.77	19.73	19.69	19.67	19.64	19.63	19.61
87.50	19.70	19.65	19.61	19.58	19.55	19.53	19.51	19.50
88.00	19.58	19.53	19.49	19.46	19.44	19.42	19.40	19.39
88.50	19.46	19.41	19.38	19.35	19.32	19.30	19.29	19.27
89.00	19.34	19.30	19.26	19.23	19.21	19.19	19.18	19.16
89.50	19.22	19.18	19.15	19.12	19.10	19.08	19.07	19.05
90.00	19.11	19.07	19.04	19.01	18.99	18.97	18.96	18.95
90.50	18.99	18.96	18.93	18.90	18.88	18.86	18.85	18.84
91.00	18.88	18.84	18.82	18.79	18.77	18.76	18.75	18.73
91.50	18.77	18.73	18.71	18.68	18.67	18.65	18.64	18.63
92.00	18.66	18.62	18.60	18.58	18.56	18.55	18.54	18.53
92.50	18.54	18.52	18.49	18.47	18.46	18.44	18.43	18.42
93.00	18.44	18.41	18.39	18.37	18.35	18.34	18.33	18.32
93.50	18.33	18.30	18.28	18.26	18.25	18.24	18.23	18.22
94.00	18.22	18.20	18.18	18.16	18.15	18.14	18.13	18.12
94.50	18.11	18.09	18.07	18.06	18.05	18.04	18.03	18.02
95.00	18.01	17.99	17.97	17.96	17.95	17.94	17.93	17.93
95.50	17.90	17.89	17.87	17.86	17.85	17.84	17.84	17.83
96.00	17.80	17.78	17.77	17.76	17.75	17.74	17.74	17.73
96.50	17.70	17.68	17.67	17.66	17.65	17.65	17.64	17.64
97.00	17.59	17.58	17.57	17.57	17.56	17.55	17.55	17.55
97.50	17.49	17.48	17.48	17.47	17.46	17.46	17.46	17.45
98.00	17.39	17.39	17.38	17.37	17.37	17.37	17.36	17.36
98.50	17.29	17.29	17.28	17.28	17.28	17.27	17.27	17.27
99.00	17.19	17.19	17.19	17.19	17.18	17.18	17.18	17.18
99.50	17.10	17.10	17.09	17.09	17.09	17.09	17.09	17.09
100.00	17.00	17.00	17.00	17.00	17.00	17.00	17.00	17.00
100.50	16.90	16.91	16.91	16.91	16.91	16.91	16.91	16.91
101.00	16.81	16.81	16.82	16.82	16.82	16.82	16.82	16.82
101.50	16.71	16.72	16.72	16.73	16.73	16.73	16.74	16.74
102.00	16.62	16.63	16.63	16.64	16.64	16.65	16.65	16.65
102.50	16.53	16.54	16.54	16.55	16.56	16.56	16.56	16.57
103.00	16.43	16.45	16.46	16.46	16.47	16.48	16.48	16.48
103.50	16.34	16.36	16.37	16.38	16.38	16.39	16.40	16.40
104.00	16.25	16.27	16.28	16.29	16.30	16.31	16.31	16.32
105.00	16.07	16.09	16.11	16.12	16.13	16.14	16.15	16.15
106.00	15.90	15.92	15.94	15.95	15.97	15.98	15.99	15.99
107.00	15.72	15.75	15.77	15.79	15.80	15.82	15.83	15.84
108.00	15.55	15.58	15.61	15.63	15.64	15.66	15.67	15.68
109.00	15.38	15.41	15.44	15.47	15.49	15.50	15.52	15.53
110.00	15.21	15.25	15.28	15.31	15.33	15.35	15.37	15.38

Bond Yield Table   17%

PRICE	YEARS TO MATURITY							CUR
	21	22	23	24	25	29	30	
75.00	22.75	22.73	22.72	22.71	22.70	22.68	22.68	22.67
76.00	22.45	22.43	22.42	22.41	22.40	22.38	22.38	22.37
77.00	22.16	22.14	22.13	22.12	22.11	22.09	22.09	22.08
78.00	21.87	21.86	21.85	21.84	21.83	21.81	21.81	21.79
79.00	21.60	21.58	21.57	21.56	21.55	21.53	21.53	21.52
80.00	21.33	21.31	21.30	21.29	21.28	21.27	21.26	21.25
80.50	21.19	21.18	21.17	21.16	21.15	21.13	21.13	21.12
81.00	21.06	21.05	21.04	21.03	21.02	21.00	21.00	20.99
81.50	20.93	20.92	20.91	20.90	20.89	20.87	20.87	20.86
82.00	20.80	20.79	20.78	20.77	20.76	20.75	20.74	20.73
82.50	20.68	20.66	20.65	20.65	20.64	20.62	20.62	20.61
83.00	20.55	20.54	20.53	20.52	20.51	20.50	20.49	20.48
83.50	20.43	20.42	20.41	20.40	20.39	20.37	20.37	20.36
84.00	20.31	20.29	20.28	20.28	20.27	20.25	20.25	20.24
84.50	20.18	20.17	20.16	20.16	20.15	20.13	20.13	20.12
85.00	20.07	20.05	20.04	20.04	20.03	20.01	20.01	20.00
85.50	19.95	19.94	19.93	19.92	19.91	19.90	19.89	19.88
86.00	19.83	19.82	19.81	19.80	19.80	19.78	19.78	19.77
86.50	19.71	19.70	19.69	19.69	19.68	19.67	19.66	19.65
87.00	19.60	19.59	19.58	19.57	19.57	19.55	19.55	19.54
87.50	19.49	19.48	19.47	19.46	19.46	19.44	19.44	19.43
88.00	19.37	19.36	19.36	19.35	19.34	19.33	19.33	19.32
88.50	19.26	19.25	19.25	19.24	19.23	19.22	19.22	19.21
89.00	19.15	19.14	19.14	19.13	19.13	19.11	19.11	19.10
89.50	19.04	19.04	19.03	19.02	19.02	19.01	19.00	18.99
90.00	18.94	18.93	18.92	18.92	18.91	18.90	18.90	18.89
90.50	18.83	18.82	18.82	18.81	18.81	18.80	18.79	18.78
91.00	18.73	18.72	18.71	18.71	18.70	18.69	18.69	18.68
91.50	18.62	18.61	18.61	18.60	18.60	18.59	18.59	18.58
92.00	18.52	18.51	18.51	18.50	18.50	18.49	18.49	18.48
92.50	18.42	18.41	18.40	18.40	18.40	18.39	18.39	18.38
93.00	18.32	18.31	18.30	18.30	18.30	18.29	18.29	18.28
93.50	18.22	18.21	18.21	18.20	18.20	18.19	18.19	18.18
94.00	18.12	18.11	18.11	18.10	18.10	18.09	18.09	18.09
94.50	18.02	18.01	18.01	18.01	18.00	18.00	18.00	17.99
95.00	17.92	17.92	17.91	17.91	17.91	17.90	17.90	17.89
95.50	17.82	17.82	17.82	17.82	17.81	17.81	17.81	17.80
96.00	17.73	17.73	17.72	17.72	17.72	17.71	17.71	17.71
96.50	17.64	17.63	17.63	17.63	17.63	17.62	17.62	17.62
97.00	17.54	17.54	17.54	17.54	17.53	17.53	17.53	17.53
97.50	17.45	17.45	17.45	17.44	17.44	17.44	17.44	17.44
98.00	17.36	17.36	17.35	17.35	17.35	17.35	17.35	17.35
98.50	17.27	17.27	17.26	17.26	17.26	17.26	17.26	17.26
99.00	17.18	17.18	17.18	17.18	17.17	17.17	17.17	17.17
99.50	17.09	17.09	17.09	17.09	17.09	17.09	17.09	17.09
100.00	17.00	17.00	17.00	17.00	17.00	17.00	17.00	17.00
100.50	16.91	16.91	16.91	16.91	16.91	16.91	16.91	16.92
101.00	16.83	16.83	16.83	16.83	16.83	16.83	16.83	16.83
101.50	16.74	16.74	16.74	16.74	16.74	16.75	16.75	16.75
102.00	16.65	16.66	16.66	16.66	16.66	16.66	16.66	16.67
102.50	16.57	16.57	16.57	16.58	16.58	16.58	16.58	16.59
103.00	16.49	16.49	16.49	16.49	16.50	16.50	16.50	16.50
103.50	16.40	16.41	16.41	16.41	16.41	16.42	16.42	16.43
104.00	16.32	16.33	16.33	16.33	16.33	16.34	16.34	16.35
105.00	16.16	16.16	16.17	16.17	16.17	16.18	16.18	16.19
106.00	16.00	16.01	16.01	16.01	16.02	16.03	16.03	16.04
107.00	15.84	15.85	15.86	15.86	15.86	15.88	15.88	15.89
108.00	15.69	15.70	15.70	15.71	15.56	15.57	15.58	15.60
109.00	15.54	15.55	15.55	15.55	15.42	15.44	15.44	15.45
110.00	15.39	15.40	15.41	15.41				

17¼% Bond Yield Table

PRICE	1/4	1/2	3/4	1	1½	2	3	4
				YEARS TO MATURITY				
85.00	86.49	55.59	42.27	36.47	30.44	27.49	24.61	23.21
85.50	83.79	54.09	41.31	35.74	29.95	27.11	24.34	22.98
86.00	81.11	52.62	40.37	35.03	29.46	26.74	24.07	22.77
86.50	78.46	51.16	39.43	34.32	28.97	26.36	23.80	22.55
87.00	75.84	49.71	38.50	33.61	28.50	25.99	23.53	22.33
87.50	73.25	48.29	37.58	32.91	28.02	25.62	23.27	22.12
88.00	70.68	46.88	36.67	32.22	27.55	25.26	23.01	21.91
88.50	68.15	45.48	35.77	31.54	27.08	24.89	22.75	21.70
89.00	65.64	44.10	34.87	30.86	26.62	24.53	22.49	21.49
89.50	63.16	42.74	33.99	30.18	26.16	24.18	22.23	21.28
90.00	60.70	41.39	33.11	29.51	25.70	23.82	21.98	21.07
90.50	58.27	40.06	32.24	28.85	25.25	23.47	21.72	20.87
91.00	55.87	38.74	31.38	28.19	24.80	23.12	21.47	20.66
91.25	54.68	38.08	30.95	27.87	24.57	22.95	21.35	20.56
91.50	53.49	37.43	30.53	27.54	24.35	22.77	21.22	20.46
91.75	52.31	36.78	30.10	27.22	24.13	22.60	21.10	20.36
92.00	51.14	36.14	29.68	26.90	23.91	22.43	20.98	20.26
92.25	49.97	35.50	29.26	26.58	23.69	22.26	20.85	20.16
92.50	48.81	34.86	28.84	26.26	23.47	22.09	20.73	20.06
92.75	47.65	34.23	28.43	25.94	23.25	21.92	20.61	19.97
93.00	46.50	33.60	28.01	25.62	23.03	21.75	20.49	19.87
93.25	45.36	32.98	27.60	25.31	22.81	21.58	20.37	19.77
93.50	44.22	32.35	27.19	24.99	22.60	21.41	20.25	19.67
93.75	43.08	31.73	26.78	24.68	22.38	21.25	20.13	19.57
94.00	41.96	31.12	26.37	24.37	22.17	21.08	20.01	19.48
94.25	40.84	30.50	25.97	24.06	21.95	20.91	19.89	19.38
94.50	39.72	29.89	25.57	23.75	21.74	20.75	19.77	19.29
94.75	38.61	29.29	25.16	23.44	21.53	20.58	19.65	19.19
95.00	37.51	28.68	24.76	23.13	21.32	20.42	19.53	19.09
95.25	36.41	28.08	24.37	22.83	21.11	20.26	19.41	19.00
95.50	35.32	27.49	23.97	22.52	20.90	20.09	19.30	18.90
95.75	34.23	26.89	23.58	22.22	20.69	19.93	19.18	18.81
96.00	33.15	26.30	23.18	21.92	20.48	19.77	19.06	18.71
96.25	32.07	25.71	22.79	21.62	20.27	19.61	18.95	18.62
96.50	31.00	25.13	22.40	21.32	20.07	19.45	18.83	18.53
96.75	29.93	24.55	22.01	21.02	19.86	19.28	18.71	18.43
97.00	28.87	23.97	21.63	20.72	19.66	19.12	18.60	18.34
97.25	27.82	23.39	21.24	20.43	19.45	18.97	18.48	18.25
97.50	26.76	22.82	20.86	20.13	19.25	18.81	18.37	18.16
97.75	25.72	22.25	20.48	19.84	19.04	18.65	18.26	18.06
98.00	24.68	21.68	20.10	19.55	18.84	18.49	18.14	17.97
98.25	23.64	21.12	19.72	19.26	18.64	18.33	18.03	17.88
98.50	22.61	20.56	19.34	18.97	18.44	18.18	17.92	17.79
98.75	21.59	20.00	18.97	18.68	18.24	18.02	17.81	17.70
99.00	20.57	19.44	18.60	18.39	18.04	17.87	17.69	17.61
99.25	19.55	18.89	18.23	18.10	17.84	17.71	17.58	17.52
99.50	18.54	18.34	17.85	17.82	17.64	17.56	17.47	17.43
99.75	17.54	17.79	17.49	17.53	17.45	17.40	17.36	17.34
100.00	16.54	17.25	17.12	17.25	17.25	17.25	17.25	17.25
100.25	15.54	16.71	16.75	16.97	17.05	17.10	17.14	17.16
100.50	14.55	16.17	16.39	16.69	16.86	16.94	17.03	17.07
101.00	12.58	15.10	15.67	16.13	16.47	16.64	16.81	16.90
101.50	10.63	14.04	14.95	15.57	16.09	16.34	16.60	16.72
102.00	8.70	12.99	14.24	15.02	15.70	16.04	16.38	16.55
102.50	6.79	11.95	13.53	14.48	15.32	15.74	16.17	16.37
103.00	4.89	10.92	12.83	13.93	14.94	15.45	15.95	16.20
103.50	3.01	9.90	12.14	13.39	14.57	15.16	15.74	16.03
104.00	1.15	8.89	11.45	12.86	14.20	14.87	15.53	15.86
104.50		7.89	10.76	12.33	13.83	14.58	15.32	15.69
105.00		6.90	10.09	11.80	13.46	14.29	15.12	15.53

Bond Yield Table 17¼%

PRICE	YEARS TO MATURITY							
	5	6	7	8	9	10	11	12
75.00	26.57	25.63	24.98	24.52	24.18	23.93	23.73	23.58
76.00	26.12	25.22	24.60	24.16	23.84	23.59	23.41	23.26
77.00	25.67	24.82	24.23	23.81	23.50	23.27	23.09	22.95
78.00	25.24	24.42	23.87	23.47	23.17	22.95	22.78	22.64
79.00	24.81	24.04	23.51	23.13	22.85	22.63	22.47	22.34
80.00	24.39	23.66	23.15	22.80	22.53	22.33	22.17	22.05
80.50	24.18	23.47	22.98	22.63	22.37	22.18	22.02	21.91
81.00	23.97	23.28	22.81	22.47	22.22	22.03	21.88	21.76
81.50	23.77	23.10	22.64	22.31	22.06	21.88	21.73	21.62
82.00	23.56	22.92	22.47	22.15	21.91	21.73	21.59	21.48
82.50	23.36	22.74	22.30	21.99	21.76	21.59	21.45	21.34
83.00	23.16	22.56	22.14	21.84	21.61	21.44	21.31	21.21
83.50	22.97	22.38	21.97	21.68	21.46	21.30	21.17	21.07
84.00	22.77	22.20	21.81	21.53	21.32	21.16	21.03	20.94
84.50	22.58	22.03	21.65	21.38	21.17	21.02	20.90	20.81
85.00	22.39	21.85	21.49	21.23	21.03	20.88	20.76	20.67
85.50	22.19	21.68	21.33	21.08	20.89	20.74	20.63	20.54
86.00	22.00	21.51	21.17	20.93	20.75	20.61	20.50	20.42
86.50	21.82	21.34	21.02	20.78	20.61	20.47	20.37	20.29
87.00	21.63	21.18	20.86	20.64	20.47	20.34	20.24	20.16
87.50	21.45	21.01	20.71	20.49	20.33	20.21	20.11	20.04
88.00	21.26	20.85	20.56	20.35	20.19	20.08	19.98	19.91
88.50	21.08	20.68	20.41	20.21	20.06	19.95	19.86	19.79
89.00	20.90	20.52	20.26	20.07	19.93	19.82	19.73	19.67
89.50	20.72	20.36	20.11	19.93	19.79	19.69	19.61	19.55
90.00	20.54	20.20	19.96	19.79	19.66	19.56	19.49	19.43
90.50	20.37	20.04	19.82	19.65	19.53	19.44	19.37	19.31
91.00	20.19	19.88	19.67	19.52	19.40	19.32	19.25	19.19
91.50	20.02	19.73	19.53	19.38	19.27	19.19	19.13	19.08
92.00	19.85	19.57	19.39	19.25	19.15	19.07	19.01	18.96
92.50	19.67	19.42	19.24	19.12	19.02	18.95	18.89	18.85
93.00	19.50	19.27	19.10	18.99	18.90	18.83	18.78	18.73
93.50	19.34	19.12	18.97	18.86	18.77	18.71	18.66	18.62
94.00	19.17	18.97	18.83	18.73	18.65	18.59	18.55	18.51
94.50	19.00	18.82	18.69	18.60	18.53	18.48	18.43	18.40
95.00	18.84	18.67	18.55	18.47	18.41	18.36	18.32	18.29
95.50	18.67	18.52	18.42	18.34	18.29	18.24	18.21	18.18
96.00	18.51	18.38	18.29	18.22	18.17	18.13	18.10	18.08
96.50	18.35	18.23	18.15	18.09	18.05	18.02	17.99	17.97
97.00	18.19	18.09	18.02	17.97	17.93	17.91	17.88	17.86
97.50	18.03	17.95	17.89	17.85	17.82	17.79	17.78	17.76
98.00	17.87	17.81	17.76	17.73	17.70	17.68	17.67	17.66
98.50	17.71	17.67	17.63	17.61	17.59	17.57	17.56	17.55
99.00	17.56	17.53	17.50	17.49	17.47	17.46	17.46	17.45
99.50	17.40	17.39	17.38	17.37	17.36	17.36	17.35	17.35
100.00	17.25	17.25	17.25	17.25	17.25	17.25	17.25	17.25
100.50	17.10	17.11	17.12	17.13	17.14	17.14	17.15	17.15
101.00	16.95	16.98	17.00	17.02	17.03	17.04	17.05	17.05
101.50	16.79	16.84	16.88	16.90	16.92	16.93	16.94	16.95
102.00	16.65	16.71	16.75	16.79	16.81	16.83	16.84	16.86
102.50	16.50	16.58	16.63	16.67	16.70	16.73	16.75	16.76
103.00	16.35	16.44	16.51	16.56	16.60	16.62	16.65	16.66
103.50	16.20	16.31	16.39	16.45	16.49	16.52	16.55	16.57
104.00	16.06	16.18	16.27	16.34	16.38	16.42	16.45	16.48
105.00	15.77	15.93	16.04	16.12	16.18	16.22	16.26	16.29
106.00	15.48	15.67	15.80	15.90	15.97	16.03	16.07	16.11
107.00	15.20	15.42	15.57	15.68	15.77	15.83	15.88	15.92
108.00	14.92	15.17	15.35	15.47	15.57	15.64	15.70	15.75
109.00	14.65	14.93	15.12	15.26	15.37	15.45	15.52	15.57
110.00	14.38	14.69	14.90	15.06	15.18	15.27	15.34	15.40

17¼% Bond Yield Table

PRICE	YEARS TO MATURITY							
	13	14	15	16	17	18	19	20
75.00	23.46	23.37	23.30	23.24	23.19	23.15	23.12	23.10
76.00	23.15	23.06	22.99	22.93	22.88	22.85	22.82	22.79
77.00	22.84	22.75	22.68	22.63	22.58	22.55	22.52	22.50
78.00	22.54	22.45	22.39	22.34	22.29	22.26	22.23	22.21
79.00	22.24	22.16	22.10	22.05	22.01	21.98	21.95	21.93
80.00	21.95	21.88	21.82	21.77	21.73	21.70	21.67	21.65
80.50	21.81	21.74	21.68	21.63	21.59	21.56	21.54	21.52
81.00	21.67	21.60	21.54	21.50	21.46	21.43	21.40	21.38
81.50	21.53	21.46	21.41	21.36	21.33	21.30	21.27	21.25
82.00	21.40	21.33	21.27	21.23	21.19	21.16	21.14	21.12
82.50	21.26	21.19	21.14	21.10	21.06	21.03	21.01	20.99
83.00	21.13	21.06	21.01	20.97	20.93	20.91	20.88	20.87
83.50	20.99	20.93	20.88	20.84	20.81	20.78	20.76	20.74
84.00	20.86	20.80	20.75	20.71	20.68	20.65	20.63	20.61
84.50	20.73	20.67	20.62	20.59	20.55	20.53	20.51	20.49
85.00	20.60	20.54	20.50	20.46	20.43	20.41	20.39	20.37
85.50	20.47	20.42	20.37	20.34	20.31	20.29	20.27	20.25
86.00	20.35	20.29	20.25	20.22	20.19	20.16	20.15	20.13
86.50	20.22	20.17	20.13	20.10	20.07	20.05	20.03	20.01
87.00	20.10	20.05	20.01	19.98	19.95	19.93	19.91	19.90
87.50	19.98	19.93	19.89	19.86	19.83	19.81	19.79	19.78
88.00	19.85	19.81	19.77	19.74	19.72	19.70	19.68	19.67
88.50	19.73	19.69	19.65	19.63	19.60	19.58	19.57	19.55
89.00	19.62	19.57	19.54	19.51	19.49	19.47	19.45	19.44
89.50	19.50	19.46	19.42	19.40	19.38	19.36	19.34	19.33
90.00	19.38	19.34	19.31	19.29	19.26	19.25	19.23	19.22
90.50	19.26	19.23	19.20	19.17	19.15	19.14	19.13	19.11
91.00	19.15	19.12	19.09	19.06	19.05	19.03	19.02	19.01
91.50	19.04	19.00	18.98	18.96	18.94	18.92	18.91	18.90
92.00	18.92	18.89	18.87	18.85	18.83	18.82	18.81	18.80
92.50	18.81	18.78	18.76	18.74	18.72	18.71	18.70	18.69
93.00	18.70	18.67	18.65	18.63	18.62	18.61	18.60	18.59
93.50	18.59	18.57	18.55	18.53	18.52	18.50	18.50	18.49
94.00	18.48	18.46	18.44	18.43	18.41	18.40	18.39	18.39
94.50	18.38	18.35	18.34	18.32	18.31	18.30	18.29	18.29
95.00	18.27	18.25	18.23	18.22	18.21	18.20	18.19	18.19
95.50	18.16	18.15	18.13	18.12	18.11	18.10	18.10	18.09
96.00	18.06	18.04	18.03	18.02	18.01	18.00	18.00	17.99
96.50	17.95	17.94	17.93	17.92	17.91	17.91	17.90	17.90
97.00	17.85	17.84	17.83	17.82	17.82	17.81	17.81	17.80
97.50	17.75	17.74	17.73	17.72	17.72	17.71	17.71	17.71
98.00	17.65	17.64	17.63	17.63	17.62	17.62	17.62	17.61
98.50	17.55	17.54	17.54	17.53	17.53	17.53	17.52	17.52
99.00	17.45	17.44	17.44	17.44	17.44	17.43	17.43	17.43
99.50	17.35	17.35	17.34	17.34	17.34	17.34	17.34	17.34
100.00	17.25	17.25	17.25	17.25	17.25	17.25	17.25	17.25
100.50	17.15	17.15	17.16	17.16	17.16	17.16	17.16	17.16
101.00	17.06	17.06	17.06	17.07	17.07	17.07	17.07	17.07
101.50	16.96	16.97	16.97	16.98	16.98	16.98	16.98	16.99
102.00	16.87	16.87	16.88	16.89	16.89	16.89	16.90	16.90
102.50	16.77	16.78	16.79	16.80	16.80	16.81	16.81	16.81
103.00	16.68	16.69	16.70	16.71	16.71	16.72	16.72	16.73
103.50	16.59	16.60	16.61	16.62	16.63	16.63	16.64	16.64
104.00	16.49	16.51	16.52	16.53	16.54	16.55	16.55	16.56
105.00	16.31	16.33	16.35	16.36	16.37	16.38	16.39	16.39
106.00	16.13	16.16	16.18	16.19	16.20	16.21	16.22	16.23
107.00	15.96	15.98	16.01	16.02	16.04	16.05	16.06	16.07
108.00	15.78	15.81	15.84	15.86	15.88	15.89	15.90	15.91
109.00	15.61	15.65	15.68	15.70	15.72	15.73	15.75	15.76
110.00	15.44	15.48	15.51	15.54	15.56	15.58	15.60	15.61

Bond Yield Table 17¼%

PRICE	21	22	23	24	25	29	30	CUR
				YEARS TO MATURITY				
75.00	23.08	23.06	23.05	23.04	23.03	23.01	23.01	23.00
76.00	22.78	22.76	22.75	22.74	22.73	22.71	22.71	22.70
77.00	22.48	22.47	22.45	22.44	22.44	22.42	22.41	22.40
78.00	22.19	22.18	22.17	22.16	22.15	22.13	22.13	22.12
79.00	21.91	21.90	21.88	21.88	21.87	21.85	21.85	21.84
80.00	21.64	21.62	21.61	21.60	21.59	21.58	21.57	21.56
80.50	21.50	21.49	21.48	21.47	21.46	21.44	21.44	21.43
81.00	21.37	21.35	21.34	21.34	21.33	21.31	21.31	21.30
81.50	21.24	21.22	21.21	21.20	21.20	21.18	21.18	21.17
82.00	21.11	21.09	21.08	21.07	21.07	21.05	21.05	21.04
82.50	20.98	20.97	20.95	20.95	20.94	20.92	20.92	20.91
83.00	20.85	20.84	20.83	20.82	20.81	20.80	20.79	20.78
83.50	20.72	20.71	20.70	20.70	20.69	20.67	20.67	20.66
84.00	20.60	20.59	20.58	20.57	20.57	20.55	20.55	20.54
84.50	20.48	20.47	20.46	20.45	20.44	20.43	20.43	20.41
85.00	20.36	20.35	20.34	20.33	20.32	20.31	20.30	20.29
85.50	20.24	20.23	20.22	20.21	20.20	20.19	20.19	20.18
86.00	20.12	20.11	20.10	20.09	20.09	20.07	20.07	20.06
86.50	20.00	19.99	19.98	19.97	19.97	19.95	19.95	19.94
87.00	19.88	19.87	19.87	19.86	19.85	19.84	19.84	19.83
87.50	19.77	19.76	19.75	19.75	19.74	19.73	19.72	19.71
88.00	19.66	19.65	19.64	19.63	19.63	19.61	19.61	19.60
88.50	19.54	19.53	19.53	19.52	19.52	19.50	19.50	19.49
89.00	19.43	19.42	19.42	19.41	19.41	19.39	19.39	19.38
89.50	19.32	19.31	19.31	19.30	19.30	19.28	19.28	19.27
90.00	19.21	19.21	19.20	19.19	19.19	19.18	19.18	19.17
90.50	19.11	19.10	19.09	19.09	19.08	19.07	19.07	19.06
91.00	19.00	18.99	18.99	18.98	18.98	18.97	18.96	18.96
91.50	18.89	18.89	18.88	18.88	18.87	18.86	18.86	18.85
92.00	18.79	18.78	18.78	18.77	18.77	18.76	18.76	18.75
92.50	18.69	18.68	18.67	18.67	18.67	18.66	18.66	18.65
93.00	18.58	18.58	18.57	18.57	18.57	18.56	18.56	18.55
93.50	18.48	18.48	18.47	18.47	18.46	18.46	18.46	18.45
94.00	18.38	18.38	18.37	18.37	18.37	18.36	18.36	18.35
94.50	18.28	18.28	18.27	18.27	18.27	18.26	18.26	18.25
95.00	18.18	18.18	18.18	18.17	18.17	18.16	18.16	18.16
95.50	18.09	18.08	18.08	18.08	18.07	18.07	18.07	18.06
96.00	17.99	17.99	17.98	17.98	17.98	17.97	17.97	17.97
96.50	17.89	17.89	17.89	17.89	17.88	17.88	17.88	17.88
97.00	17.80	17.80	17.79	17.79	17.79	17.79	17.79	17.78
97.50	17.71	17.70	17.70	17.70	17.70	17.70	17.70	17.69
98.00	17.61	17.61	17.61	17.61	17.61	17.60	17.60	17.60
98.50	17.52	17.52	17.52	17.52	17.52	17.51	17.51	17.51
99.00	17.43	17.43	17.43	17.43	17.43	17.43	17.43	17.42
99.50	17.34	17.34	17.34	17.34	17.34	17.34	17.34	17.34
100.00	17.25	17.25	17.25	17.25	17.25	17.25	17.25	17.25
100.50	17.16	17.16	17.16	17.16	17.16	17.16	17.16	17.16
101.00	17.07	17.07	17.07	17.08	17.08	17.08	17.08	17.08
101.50	16.99	16.99	16.99	16.99	16.99	16.99	16.99	17.00
102.00	16.90	16.90	16.90	16.90	16.91	16.91	16.91	16.91
102.50	16.81	16.82	16.82	16.82	16.82	16.83	16.83	16.83
103.00	16.73	16.73	16.74	16.74	16.74	16.74	16.74	16.75
103.50	16.65	16.65	16.65	16.65	16.66	16.66	16.66	16.67
104.00	16.56	16.57	16.57	16.57	16.57	16.58	16.58	16.59
105.00	16.40	16.40	16.41	16.41	16.41	16.42	16.42	16.43
106.00	16.24	16.24	16.25	16.25	16.25	16.26	16.27	16.27
107.00	16.08	16.09	16.09	16.10	16.10	16.11	16.11	16.12
108.00	15.92	15.93	15.94	15.94	15.95	15.96	15.96	15.97
109.00	15.77	15.78	15.78	15.79	15.80	15.81	15.81	15.83
110.00	15.62	15.63	15.64	15.64	15.65	15.66	15.67	15.68

17½%   Bond Yield Table

PRICE	¼	½	¾	1	1½	2	3	4
					YEARS TO MATURITY			
85.00	86.71	55.88	42.55	36.75	30.72	27.77	24.89	23.48
85.50	84.01	54.39	41.59	36.03	30.23	27.39	24.62	23.26
86.00	81.33	52.91	40.64	35.31	29.74	27.01	24.34	23.04
86.50	78.68	51.45	39.70	34.60	29.25	26.64	24.07	22.82
87.00	76.06	50.00	38.77	33.89	28.77	26.27	23.81	22.61
87.50	73.47	48.57	37.85	33.19	28.29	25.90	23.54	22.39
88.00	70.91	47.16	36.94	32.50	27.82	25.53	23.28	22.18
88.50	68.37	45.76	36.04	31.81	27.35	25.17	23.02	21.97
89.00	65.86	44.38	35.14	31.13	26.89	24.80	22.76	21.76
89.50	63.38	43.02	34.26	30.45	26.43	24.45	22.50	21.55
90.00	60.93	41.67	33.38	29.79	25.97	24.09	22.24	21.34
90.50	58.50	40.33	32.51	29.12	25.51	23.74	21.99	21.14
91.00	56.09	39.01	31.65	28.46	25.06	23.39	21.74	20.93
91.25	54.90	38.36	31.22	28.14	24.84	23.21	21.61	20.83
91.50	53.72	37.70	30.79	27.81	24.62	23.04	21.49	20.73
91.75	52.54	37.06	30.37	27.49	24.39	22.87	21.36	20.63
92.00	51.36	36.41	29.94	27.16	24.17	22.70	21.24	20.53
92.25	50.19	35.77	29.52	26.84	23.95	22.52	21.12	20.43
92.50	49.03	35.14	29.11	26.52	23.73	22.35	20.99	20.33
92.75	47.88	34.50	28.69	26.20	23.51	22.18	20.87	20.23
93.00	46.73	33.87	28.27	25.89	23.29	22.01	20.75	20.13
93.25	45.58	33.24	27.86	25.57	23.08	21.84	20.63	20.03
93.50	44.44	32.62	27.45	25.26	22.86	21.68	20.51	19.93
93.75	43.31	32.00	27.04	24.94	22.64	21.51	20.39	19.84
94.00	42.19	31.38	26.63	24.63	22.43	21.34	20.27	19.74
94.25	41.06	30.77	26.23	24.32	22.21	21.17	20.15	19.64
94.50	39.95	30.16	25.82	24.01	22.00	21.01	20.03	19.54
94.75	38.84	29.55	25.42	23.70	21.79	20.84	19.91	19.45
95.00	37.74	28.95	25.02	23.39	21.58	20.68	19.79	19.35
95.25	36.64	28.35	24.62	23.09	21.37	20.51	19.67	19.26
95.50	35.54	27.75	24.22	22.78	21.16	20.35	19.55	19.16
95.75	34.46	27.15	23.83	22.48	20.95	20.19	19.44	19.07
96.00	33.37	26.56	23.44	22.18	20.74	20.02	19.32	18.97
96.25	32.30	25.97	23.04	21.88	20.53	19.86	19.20	18.88
96.50	31.23	25.39	22.65	21.58	20.32	19.70	19.09	18.78
96.75	30.16	24.81	22.27	21.28	20.12	19.54	18.97	18.69
97.00	29.10	24.23	21.88	20.98	19.91	19.38	18.85	18.60
97.25	28.04	23.65	21.49	20.68	19.71	19.22	18.74	18.50
97.50	26.99	23.08	21.11	20.39	19.50	19.06	18.63	18.41
97.75	25.95	22.51	20.73	20.09	19.30	18.90	18.51	18.32
98.00	24.91	21.94	20.35	19.80	19.10	18.74	18.40	18.23
98.25	23.87	21.37	19.97	19.51	18.89	18.59	18.28	18.13
98.50	22.84	20.81	19.59	19.22	18.69	18.43	18.17	18.04
98.75	21.82	20.25	19.22	18.93	18.49	18.27	18.06	17.95
99.00	20.80	19.70	18.84	18.64	18.29	18.12	17.95	17.86
99.25	19.78	19.14	18.47	18.35	18.09	17.96	17.83	17.77
99.50	18.77	18.59	18.10	18.07	17.89	17.81	17.72	17.68
99.75	17.77	18.05	17.73	17.78	17.70	17.65	17.61	17.59
100.00	16.77	17.50	17.37	17.50	17.50	17.50	17.50	17.50
100.25	15.77	16.96	17.00	17.22	17.30	17.35	17.39	17.41
100.50	14.78	16.42	16.63	16.94	17.11	17.19	17.28	17.32
101.00	12.81	15.35	15.91	16.38	16.72	16.89	17.06	17.14
101.50	10.86	14.29	15.19	15.82	16.33	16.59	16.84	16.97
102.00	8.93	13.24	14.48	15.27	15.95	16.29	16.63	16.79
102.50	7.02	12.20	13.77	14.72	15.57	15.99	16.41	16.62
103.00	5.12	11.17	13.07	14.18	15.19	15.69	16.20	16.45
103.50	3.24	10.14	12.38	13.64	14.81	15.40	15.99	16.28
104.00	1.38	9.13	11.69	13.10	14.44	15.11	15.78	16.11
104.50		8.13	11.00	12.57	14.07	14.82	15.57	15.94
105.00		7.14	10.32	12.04	13.70	14.53	15.36	15.77

Bond Yield Table   17½%

PRICE	YEARS TO MATURITY							
	5	6	7	8	9	10	11	12
75.00	26.88	25.94	25.30	24.84	24.50	24.25	24.05	23.90
76.00	26.42	25.52	24.91	24.47	24.15	23.91	23.72	23.58
77.00	25.97	25.12	24.54	24.12	23.81	23.58	23.40	23.26
78.00	25.53	24.72	24.17	23.77	23.48	23.25	23.08	22.95
79.00	25.10	24.33	23.81	23.43	23.15	22.94	22.77	22.65
80.00	24.68	23.95	23.45	23.09	22.83	22.63	22.47	22.35
80.50	24.47	23.76	23.28	22.93	22.67	22.47	22.32	22.21
81.00	24.26	23.57	23.10	22.76	22.51	22.32	22.18	22.06
81.50	24.06	23.39	22.93	22.60	22.36	22.17	22.03	21.92
82.00	23.85	23.21	22.76	22.44	22.20	22.02	21.89	21.78
82.50	23.65	23.02	22.59	22.28	22.05	21.88	21.74	21.64
83.00	23.45	22.84	22.42	22.12	21.90	21.73	21.60	21.50
83.50	23.25	22.66	22.26	21.97	21.75	21.59	21.46	21.36
84.00	23.05	22.49	22.09	21.81	21.60	21.45	21.32	21.23
84.50	22.86	22.31	21.93	21.66	21.46	21.30	21.19	21.09
85.00	22.67	22.14	21.77	21.51	21.31	21.16	21.05	20.96
85.50	22.47	21.96	21.61	21.36	21.17	21.03	20.92	20.83
86.00	22.28	21.79	21.45	21.21	21.03	20.89	20.78	20.70
86.50	22.09	21.62	21.30	21.06	20.89	20.75	20.65	20.57
87.00	21.91	21.45	21.14	20.91	20.75	20.62	20.52	20.44
87.50	21.72	21.29	20.99	20.77	20.61	20.49	20.39	20.32
88.00	21.54	21.12	20.83	20.62	20.47	20.35	20.26	20.19
88.50	21.35	20.95	20.68	20.48	20.33	20.22	20.13	20.07
89.00	21.17	20.79	20.53	20.34	20.20	20.09	20.01	19.94
89.50	20.99	20.63	20.38	20.20	20.07	19.96	19.88	19.82
90.00	20.81	20.47	20.23	20.06	19.93	19.84	19.76	19.70
90.50	20.63	20.31	20.09	19.92	19.80	19.71	19.64	19.58
91.00	20.46	20.15	19.94	19.79	19.67	19.58	19.52	19.46
91.50	20.28	19.99	19.79	19.65	19.54	19.46	19.40	19.35
92.00	20.11	19.84	19.65	19.52	19.41	19.34	19.28	19.23
92.50	19.94	19.68	19.51	19.38	19.29	19.21	19.16	19.11
93.00	19.77	19.53	19.37	19.25	19.16	19.09	19.04	19.00
93.50	19.60	19.38	19.23	19.12	19.04	18.97	18.93	18.89
94.00	19.43	19.23	19.09	18.99	18.91	18.85	18.81	18.77
94.50	19.26	19.08	18.95	18.86	18.79	18.74	18.70	18.66
95.00	19.10	18.93	18.81	18.73	18.67	18.62	18.58	18.55
95.50	18.93	18.78	18.68	18.60	18.55	18.50	18.47	18.44
96.00	18.77	18.64	18.54	18.48	18.43	18.39	18.36	18.34
96.50	18.61	18.49	18.41	18.35	18.31	18.27	18.25	18.23
97.00	18.44	18.35	18.28	18.23	18.19	18.16	18.14	18.12
97.50	18.28	18.20	18.14	18.10	18.07	18.05	18.03	18.02
98.00	18.12	18.06	18.01	17.98	17.96	17.94	17.92	17.91
98.50	17.97	17.92	17.88	17.86	17.84	17.83	17.82	17.81
99.00	17.81	17.78	17.76	17.74	17.73	17.72	17.71	17.70
99.50	17.65	17.64	17.63	17.62	17.61	17.61	17.60	17.60
100.00	17.50	17.50	17.50	17.50	17.50	17.50	17.50	17.50
100.50	17.35	17.36	17.37	17.38	17.39	17.39	17.40	17.40
101.00	17.19	17.23	17.25	17.26	17.28	17.29	17.29	17.30
101.50	17.04	17.09	17.12	17.15	17.17	17.18	17.19	17.20
102.00	16.89	16.96	17.00	17.03	17.06	17.08	17.09	17.10
102.50	16.74	16.82	16.88	16.92	16.95	16.97	16.99	17.01
103.00	16.59	16.69	16.76	16.80	16.84	16.87	16.89	16.91
103.50	16.45	16.56	16.64	16.69	16.73	16.77	16.79	16.81
104.00	16.30	16.43	16.52	16.58	16.63	16.66	16.69	16.72
105.00	16.01	16.17	16.28	16.36	16.42	16.46	16.50	16.53
106.00	15.72	15.91	16.04	16.14	16.21	16.27	16.31	16.34
107.00	15.44	15.66	15.81	15.92	16.01	16.07	16.12	16.16
108.00	15.16	15.41	15.58	15.71	15.80	15.88	15.94	15.98
109.00	14.88	15.16	15.36	15.50	15.61	15.69	15.75	15.80
110.00	14.61	14.92	15.13	15.29	15.41	15.50	15.57	15.63

17½%   Bond Yield Table

PRICE	\multicolumn{8}{c}{YEARS TO MATURITY}
	13	14	15	16	17	18	19	20
75.00	23.78	23.69	23.62	23.56	23.52	23.48	23.45	23.43
76.00	23.46	23.38	23.31	23.25	23.21	23.17	23.14	23.12
77.00	23.15	23.07	23.00	22.95	22.90	22.87	22.84	22.82
78.00	22.85	22.77	22.70	22.65	22.61	22.57	22.55	22.53
79.00	22.55	22.47	22.41	22.36	22.32	22.29	22.26	22.24
80.00	22.26	22.18	22.12	22.08	22.04	22.01	21.98	21.96
80.50	22.11	22.04	21.98	21.94	21.90	21.87	21.84	21.82
81.00	21.97	21.90	21.84	21.80	21.76	21.73	21.71	21.69
81.50	21.83	21.76	21.71	21.66	21.63	21.60	21.57	21.56
82.00	21.69	21.63	21.57	21.53	21.49	21.46	21.44	21.42
82.50	21.56	21.49	21.44	21.39	21.36	21.33	21.31	21.29
83.00	21.42	21.36	21.30	21.26	21.23	21.20	21.18	21.16
83.50	21.28	21.22	21.17	21.13	21.10	21.07	21.05	21.04
84.00	21.15	21.09	21.04	21.00	20.97	20.95	20.93	20.91
84.50	21.02	20.96	20.91	20.88	20.85	20.82	20.80	20.78
85.00	20.89	20.83	20.79	20.75	20.72	20.70	20.68	20.66
85.50	20.76	20.71	20.66	20.63	20.60	20.57	20.55	20.54
86.00	20.63	20.58	20.54	20.50	20.47	20.45	20.43	20.42
86.50	20.51	20.45	20.41	20.38	20.35	20.33	20.31	20.30
87.00	20.38	20.33	20.29	20.26	20.23	20.21	20.20	20.18
87.50	20.26	20.21	20.17	20.14	20.11	20.09	20.08	20.06
88.00	20.13	20.09	20.05	20.02	20.00	19.98	19.96	19.95
88.50	20.01	19.97	19.93	19.90	19.88	19.86	19.85	19.83
89.00	19.89	19.85	19.82	19.79	19.77	19.75	19.73	19.72
89.50	19.77	19.73	19.70	19.67	19.65	19.63	19.62	19.61
90.00	19.65	19.62	19.58	19.56	19.54	19.52	19.51	19.50
90.50	19.54	19.50	19.47	19.45	19.43	19.41	19.40	19.39
91.00	19.42	19.39	19.36	19.34	19.32	19.30	19.29	19.28
91.50	19.31	19.27	19.25	19.23	19.21	19.19	19.18	19.17
92.00	19.19	19.16	19.14	19.12	19.10	19.09	19.08	19.07
92.50	19.08	19.05	19.03	19.01	18.99	18.98	18.97	18.96
93.00	18.97	18.94	18.92	18.90	18.89	18.87	18.86	18.86
93.50	18.86	18.83	18.81	18.79	18.78	18.77	18.76	18.75
94.00	18.75	18.72	18.70	18.69	18.68	18.67	18.66	18.65
94.50	18.64	18.62	18.60	18.59	18.57	18.56	18.56	18.55
95.00	18.53	18.51	18.49	18.48	18.47	18.46	18.46	18.45
95.50	18.42	18.41	18.39	18.38	18.37	18.36	18.36	18.35
96.00	18.32	18.30	18.29	18.28	18.27	18.26	18.26	18.25
96.50	18.21	18.20	18.19	18.18	18.17	18.16	18.16	18.16
97.00	18.11	18.10	18.09	18.08	18.07	18.07	18.06	18.06
97.50	18.00	17.99	17.99	17.98	17.97	17.97	17.97	17.96
98.00	17.90	17.89	17.89	17.88	17.88	17.87	17.87	17.87
98.50	17.80	17.79	17.79	17.79	17.78	17.78	17.78	17.78
99.00	17.70	17.70	17.69	17.69	17.69	17.69	17.68	17.68
99.50	17.60	17.60	17.60	17.59	17.59	17.59	17.59	17.59
100.00	17.50	17.50	17.50	17.50	17.50	17.50	17.50	17.50
100.50	17.40	17.40	17.41	17.41	17.41	17.41	17.41	17.41
101.00	17.30	17.31	17.31	17.31	17.32	17.32	17.32	17.32
101.50	17.21	17.21	17.22	17.22	17.23	17.23	17.23	17.23
102.00	17.11	17.12	17.13	17.13	17.13	17.14	17.14	17.14
102.50	17.02	17.03	17.03	17.04	17.05	17.05	17.05	17.06
103.00	16.92	16.93	16.94	16.95	16.96	16.96	16.97	16.97
103.50	16.83	16.84	16.85	16.86	16.87	16.88	16.88	16.88
104.00	16.74	16.75	16.76	16.77	16.78	16.79	16.80	16.80
105.00	16.55	16.57	16.59	16.60	16.61	16.62	16.63	16.63
106.00	16.37	16.39	16.41	16.43	16.44	16.45	16.46	16.47
107.00	16.19	16.22	16.24	16.26	16.28	16.29	16.30	16.31
108.00	16.02	16.04	16.07	16.09	16.11	16.13	16.14	16.15
109.00	15.85	15.88	15.91	15.93	15.95	15.97	15.98	15.99
110.00	15.68	15.71	15.74	15.77	15.79	15.81	15.82	15.84

Bond Yield Table 17½%

PRICE	YEARS TO MATURITY							
	21	22	23	24	25	29	30	CUR
75.00	23.41	23.39	23.38	23.37	23.36	23.35	23.34	23.33
76.00	23.10	23.09	23.07	23.07	23.06	23.04	23.04	23.03
77.00	22.80	22.79	22.78	22.78	22.77	22.74	22.74	22.73
78.00	22.51	22.49	22.48	22.47	22.47	22.45	22.45	22.44
79.00	22.22	22.21	22.20	22.19	22.18	22.17	22.16	22.15
80.00	21.95	21.93	21.92	21.91	21.91	21.89	21.89	21.88
80.50	21.81	21.80	21.78	21.78	21.77	21.75	21.75	21.74
81.00	21.67	21.66	21.65	21.64	21.63	21.62	21.62	21.60
81.50	21.54	21.53	21.52	21.51	21.50	21.49	21.48	21.47
82.00	21.41	21.40	21.39	21.38	21.37	21.35	21.35	21.34
82.50	21.28	21.27	21.26	21.25	21.24	21.23	21.22	21.21
83.00	21.15	21.14	21.13	21.12	21.11	21.10	21.09	21.08
83.50	21.02	21.01	21.00	20.99	20.99	20.97	20.97	20.96
84.00	20.90	20.88	20.88	20.87	20.86	20.85	20.84	20.83
84.50	20.77	20.76	20.75	20.74	20.74	20.72	20.72	20.71
85.00	20.65	20.64	20.63	20.62	20.62	20.60	20.60	20.59
85.50	20.53	20.52	20.51	20.50	20.49	20.48	20.48	20.47
86.00	20.41	20.40	20.39	20.38	20.37	20.36	20.36	20.35
86.50	20.29	20.28	20.27	20.26	20.26	20.24	20.24	20.23
87.00	20.17	20.16	20.15	20.15	20.14	20.13	20.12	20.11
87.50	20.05	20.04	20.04	20.03	20.02	20.01	20.01	20.00
88.00	19.94	19.93	19.92	19.92	19.91	19.90	19.90	19.89
88.50	19.82	19.81	19.81	19.80	19.80	19.78	19.78	19.77
89.00	19.71	19.70	19.70	19.69	19.69	19.67	19.67	19.66
89.50	19.60	19.59	19.58	19.58	19.57	19.56	19.56	19.55
90.00	19.49	19.48	19.47	19.47	19.47	19.45	19.45	19.44
90.50	19.38	19.37	19.37	19.36	19.36	19.35	19.35	19.34
91.00	19.27	19.26	19.26	19.25	19.25	19.24	19.24	19.23
91.50	19.16	19.16	19.15	19.15	19.14	19.13	19.13	19.13
92.00	19.06	19.05	19.05	19.04	19.04	19.03	19.03	19.02
92.50	18.95	18.95	18.94	18.94	18.94	18.93	18.93	18.92
93.00	18.85	18.84	18.84	18.84	18.83	18.82	18.82	18.82
93.50	18.75	18.74	18.74	18.73	18.73	18.72	18.72	18.72
94.00	18.65	18.64	18.64	18.63	18.63	18.62	18.62	18.62
94.50	18.55	18.54	18.54	18.53	18.53	18.52	18.52	18.52
95.00	18.45	18.44	18.44	18.44	18.43	18.43	18.43	18.42
95.50	18.35	18.34	18.34	18.34	18.34	18.33	18.33	18.32
96.00	18.25	18.25	18.24	18.24	18.24	18.23	18.23	18.23
96.50	18.15	18.15	18.15	18.15	18.14	18.14	18.14	18.13
97.00	18.06	18.05	18.05	18.05	18.05	18.04	18.04	18.04
97.50	17.96	17.96	17.96	17.96	17.96	17.95	17.95	17.95
98.00	17.87	17.87	17.86	17.86	17.86	17.86	17.86	17.86
98.50	17.77	17.77	17.77	17.77	17.77	17.77	17.77	17.77
99.00	17.68	17.68	17.68	17.68	17.68	17.68	17.68	17.68
99.50	17.59	17.59	17.59	17.59	17.59	17.59	17.59	17.59
100.00	17.50	17.50	17.50	17.50	17.50	17.50	17.50	17.41
100.50	17.41	17.41	17.41	17.41	17.41	17.33	17.33	17.33
101.00	17.32	17.32	17.32	17.32	17.32	17.24	17.24	17.24
101.50	17.23	17.23	17.24	17.24	17.24	17.15	17.15	17.16
102.00	17.15	17.15	17.15	17.15	17.15	17.15	17.15	17.16
102.50	17.06	17.06	17.06	17.06	17.07	17.07	17.07	17.07
103.00	16.97	16.98	16.98	16.98	16.98	16.99	16.99	16.99
103.50	16.89	16.89	16.89	16.90	16.90	16.90	16.90	16.91
104.00	16.80	16.81	16.81	16.81	16.82	16.82	16.82	16.83
105.00	16.64	16.64	16.65	16.65	16.65	16.66	16.66	16.67
106.00	16.47	16.48	16.48	16.49	16.49	16.50	16.50	16.51
107.00	16.31	16.32	16.33	16.33	16.33	16.34	16.35	16.36
108.00	16.16	16.16	16.17	16.17	16.18	16.19	16.19	16.20
109.00	16.00	16.01	16.02	16.02	16.03	16.04	16.04	16.06
110.00	15.85	15.86	15.86	15.87	15.88	15.89	15.89	15.91

17¾%   Bond Yield Table

PRICE	1/4	1/2	3/4	1	1½	2	3	4
				YEARS TO MATURITY				
85.00	86.93	56.18	42.82	37.03	31.00	28.05	25.17	23.76
85.50	84.23	54.68	41.87	36.31	30.50	27.67	24.89	23.54
86.00	81.55	53.20	40.92	35.59	30.01	27.29	24.62	23.32
86.50	78.90	51.73	39.98	34.88	29.53	26.91	24.35	23.10
87.00	76.28	50.29	39.05	34.17	29.05	26.54	24.08	22.88
87.50	73.69	48.86	38.13	33.47	28.57	26.17	23.81	22.67
88.00	71.13	47.44	37.21	32.77	28.10	25.80	23.55	22.45
88.50	68.59	46.05	36.31	32.09	27.63	25.44	23.29	22.24
89.00	66.09	44.66	35.41	31.40	27.16	25.08	23.03	22.03
89.50	63.61	43.30	34.52	30.73	26.70	24.72	22.77	21.82
90.00	61.15	41.94	33.64	30.06	26.24	24.36	22.51	21.61
90.50	58.72	40.61	32.77	29.39	25.78	24.01	22.26	21.40
91.00	56.32	39.29	31.91	28.73	25.33	23.65	22.01	21.20
91.25	55.13	38.63	31.48	28.41	25.11	23.48	21.88	21.10
91.50	53.94	37.98	31.05	28.08	24.88	23.31	21.75	20.99
91.75	52.76	37.33	30.63	27.75	24.66	23.13	21.63	20.89
92.00	51.59	36.68	30.21	27.43	24.44	22.96	21.51	20.79
92.25	50.42	36.04	29.79	27.11	24.22	22.79	21.38	20.69
92.50	49.26	35.41	29.37	26.79	23.99	22.62	21.26	20.59
92.75	48.10	34.77	28.95	26.47	23.78	22.45	21.13	20.49
93.00	46.95	34.14	28.53	26.15	23.56	22.28	21.01	20.39
93.25	45.81	33.51	28.12	25.83	23.34	22.11	20.89	20.29
93.50	44.67	32.89	27.71	25.52	23.12	21.94	20.77	20.20
93.75	43.54	32.27	27.30	25.20	22.91	21.77	20.65	20.10
94.00	42.41	31.65	26.89	24.89	22.69	21.60	20.53	20.00
94.25	41.29	31.03	26.48	24.58	22.48	21.43	20.41	19.90
94.50	40.18	30.42	26.08	24.27	22.26	21.27	20.29	19.80
94.75	39.07	29.82	25.68	23.96	22.05	21.10	20.17	19.71
95.00	37.96	29.21	25.28	23.65	21.84	20.94	20.05	19.61
95.25	36.87	28.61	24.88	23.35	21.62	20.77	19.93	19.52
95.50	35.77	28.01	24.48	23.04	21.41	20.61	19.81	19.42
95.75	34.68	27.42	24.08	22.74	21.20	20.44	19.69	19.32
96.00	33.60	26.82	23.69	22.43	21.00	20.28	19.58	19.23
96.25	32.53	26.23	23.30	22.13	20.79	20.12	19.46	19.13
96.50	31.46	25.65	22.91	21.83	20.58	19.96	19.34	19.04
96.75	30.39	25.06	22.52	21.53	20.37	19.80	19.23	18.95
97.00	29.33	24.48	22.13	21.24	20.17	19.64	19.11	18.85
97.25	28.27	23.91	21.75	20.94	19.96	19.48	18.99	18.76
97.50	27.22	23.33	21.36	20.64	19.76	19.32	18.88	18.66
97.75	26.18	22.76	20.98	20.35	19.55	19.16	18.76	18.57
98.00	25.14	22.19	20.60	20.06	19.35	19.00	18.65	18.48
98.25	24.10	21.63	20.22	19.76	19.15	18.84	18.54	18.39
98.50	23.07	21.07	19.84	19.47	18.95	18.68	18.42	18.29
98.75	22.05	20.51	19.47	19.18	18.74	18.53	18.31	18.20
99.00	21.03	19.95	19.09	18.89	18.54	18.37	18.20	18.11
99.25	20.01	19.40	18.72	18.61	18.34	18.21	18.08	18.02
99.50	19.00	18.84	18.35	18.32	18.15	18.06	17.97	17.93
99.75	18.00	18.30	17.98	18.03	17.95	17.90	17.86	17.84
100.00	17.00	17.75	17.61	17.75	17.75	17.75	17.75	17.75
100.25	16.00	17.21	17.24	17.47	17.55	17.60	17.64	17.66
100.50	15.01	16.67	16.88	17.18	17.36	17.44	17.53	17.57
101.00	13.04	15.59	16.15	16.62	16.97	17.14	17.31	17.39
101.50	11.09	14.53	15.44	16.07	16.58	16.84	17.09	17.22
102.00	9.16	13.48	14.72	15.51	16.20	16.54	16.87	17.04
102.50	7.25	12.44	14.01	14.97	15.81	16.24	16.66	16.87
103.00	5.35	11.41	13.31	14.42	15.43	15.94	16.44	16.69
103.50	3.47	10.39	12.62	13.88	15.06	15.64	16.23	16.52
104.00	1.61	9.38	11.93	13.35	14.68	15.35	16.02	16.35
104.50		8.37	11.24	12.81	14.31	15.06	15.81	16.18
105.00		7.38	10.56	12.28	13.94	14.77	15.60	16.01

Bond Yield Table 17¾%

PRICE	YEARS TO MATURITY							
	5	6	7	8	9	10	11	12
75.00	27.18	26.25	25.61	25.15	24.81	24.56	24.37	24.22
76.00	26.72	25.83	25.22	24.78	24.46	24.22	24.04	23.89
77.00	26.27	25.42	24.84	24.42	24.12	23.89	23.71	23.57
78.00	25.83	25.02	24.47	24.07	23.78	23.56	23.39	23.26
79.00	25.40	24.63	24.10	23.73	23.45	23.24	23.08	22.95
80.00	24.97	24.24	23.75	23.39	23.12	22.93	22.77	22.65
80.50	24.76	24.05	23.57	23.22	22.97	22.77	22.62	22.51
81.00	24.55	23.87	23.39	23.06	22.81	22.62	22.47	22.36
81.50	24.34	23.68	23.22	22.89	22.65	22.47	22.33	22.22
82.00	24.14	23.49	23.05	22.73	22.50	22.32	22.18	22.07
82.50	23.94	23.31	22.88	22.57	22.34	22.17	22.04	21.93
83.00	23.73	23.13	22.71	22.41	22.19	22.02	21.89	21.79
83.50	23.54	22.95	22.54	22.25	22.04	21.88	21.75	21.65
84.00	23.34	22.77	22.38	22.10	21.89	21.73	21.61	21.52
84.50	23.14	22.59	22.22	21.94	21.74	21.59	21.47	21.38
85.00	22.95	22.42	22.05	21.79	21.60	21.45	21.34	21.25
85.50	22.75	22.24	21.89	21.64	21.45	21.31	21.20	21.11
86.00	22.56	22.07	21.73	21.49	21.31	21.17	21.07	20.98
86.50	22.37	21.90	21.57	21.34	21.17	21.03	20.93	20.85
87.00	22.18	21.73	21.42	21.19	21.03	20.90	20.80	20.72
87.50	21.99	21.56	21.26	21.05	20.89	20.76	20.67	20.60
88.00	21.81	21.39	21.11	20.90	20.75	20.63	20.54	20.47
88.50	21.62	21.23	20.95	20.76	20.61	20.50	20.41	20.34
89.00	21.44	21.06	20.80	20.61	20.47	20.37	20.28	20.22
89.50	21.26	20.90	20.65	20.47	20.34	20.24	20.16	20.10
90.00	21.08	20.74	20.50	20.33	20.20	20.11	20.03	19.97
90.50	20.90	20.58	20.35	20.19	20.07	19.98	19.91	19.85
91.00	20.73	20.42	20.21	20.05	19.94	19.85	19.79	19.73
91.50	20.55	20.26	20.06	19.92	19.81	19.73	19.66	19.61
92.00	20.37	20.10	19.92	19.78	19.68	19.60	19.54	19.50
92.50	20.20	19.95	19.77	19.65	19.55	19.48	19.42	19.38
93.00	20.03	19.79	19.63	19.51	19.43	19.36	19.31	19.27
93.50	19.86	19.64	19.49	19.38	19.30	19.24	19.19	19.15
94.00	19.69	19.49	19.35	19.25	19.17	19.12	19.07	19.04
94.50	19.52	19.34	19.21	19.12	19.05	19.00	18.96	18.93
95.00	19.35	19.19	19.07	18.99	18.93	18.88	18.84	18.81
95.50	19.19	19.04	18.94	18.86	18.81	18.76	18.73	18.70
96.00	19.02	18.89	18.80	18.73	18.68	18.65	18.62	18.59
96.50	18.86	18.75	18.67	18.61	18.56	18.53	18.51	18.49
97.00	18.70	18.60	18.53	18.48	18.45	18.42	18.39	18.38
97.50	18.54	18.46	18.40	18.36	18.33	18.30	18.29	18.27
98.00	18.38	18.31	18.27	18.23	18.21	18.19	18.18	18.16
98.50	18.22	18.17	18.14	18.11	18.09	18.08	18.07	18.06
99.00	18.06	18.03	18.01	17.99	17.98	17.97	17.96	17.96
99.50	17.91	17.89	17.88	17.87	17.86	17.86	17.86	17.85
100.00	17.75	17.75	17.75	17.75	17.75	17.75	17.75	17.75
100.50	17.60	17.61	17.62	17.63	17.64	17.64	17.65	17.65
101.00	17.44	17.47	17.50	17.51	17.53	17.53	17.54	17.55
101.50	17.29	17.34	17.37	17.37	17.40	17.41	17.43	17.44	17.45
102.00	17.14	17.20	17.25	17.28	17.30	17.32	17.34	17.35
102.50	16.99	17.07	17.12	17.16	17.19	17.22	17.24	17.25
103.00	16.84	16.93	17.00	17.05	17.09	17.11	17.14	17.15
103.50	16.69	16.80	16.88	16.94	16.98	17.01	17.04	17.06
104.00	16.54	16.67	16.76	16.82	16.87	16.91	16.94	16.96
105.00	16.25	16.41	16.52	16.60	16.66	16.70	16.74	16.77
106.00	15.96	16.15	16.28	16.38	16.45	16.50	16.55	16.58
107.00	15.68	15.90	16.05	16.16	16.24	16.31	16.36	16.40
108.00	15.40	15.65	15.82	15.95	16.04	16.11	16.17	16.22
109.00	15.12	15.40	15.59	15.73	15.84	15.92	15.99	16.04
110.00	14.85	15.15	15.37	15.52	15.64	15.73	15.80	15.86

17¾%   Bond Yield Table

PRICE	YEARS TO MATURITY							
	13	14	15	16	17	18	19	20
75.00	24.11	24.02	23.94	23.89	23.84	23.81	23.78	23.76
76.00	23.78	23.70	23.63	23.57	23.53	23.49	23.47	23.44
77.00	23.47	23.38	23.32	23.26	23.22	23.19	23.16	23.14
78.00	23.16	23.08	23.01	22.96	22.92	22.89	22.86	22.84
79.00	22.86	22.78	22.72	22.67	22.63	22.60	22.57	22.55
80.00	22.56	22.49	22.43	22.38	22.34	22.31	22.29	22.27
80.50	22.42	22.34	22.29	22.24	22.20	22.17	22.15	22.13
81.00	22.27	22.20	22.15	22.10	22.07	22.04	22.01	21.99
81.50	22.13	22.06	22.01	21.96	21.93	21.90	21.88	21.86
82.00	21.99	21.92	21.87	21.83	21.79	21.77	21.74	21.72
82.50	21.85	21.79	21.73	21.69	21.66	21.63	21.61	21.59
83.00	21.71	21.65	21.60	21.56	21.53	21.50	21.48	21.46
83.50	21.58	21.52	21.47	21.43	21.40	21.37	21.35	21.33
84.00	21.44	21.38	21.33	21.30	21.27	21.24	21.22	21.20
84.50	21.31	21.25	21.20	21.17	21.14	21.11	21.09	21.08
85.00	21.18	21.12	21.08	21.04	21.01	20.99	20.97	20.95
85.50	21.05	20.99	20.95	20.91	20.89	20.86	20.84	20.83
86.00	20.92	20.86	20.82	20.79	20.76	20.74	20.72	20.71
86.50	20.79	20.74	20.70	20.67	20.64	20.62	20.60	20.59
87.00	20.66	20.61	20.57	20.54	20.52	20.50	20.48	20.47
87.50	20.54	20.49	20.45	20.42	20.40	20.38	20.36	20.35
88.00	20.41	20.37	20.33	20.30	20.28	20.26	20.24	20.23
88.50	20.29	20.25	20.21	20.18	20.16	20.14	20.13	20.11
89.00	20.17	20.13	20.09	20.07	20.04	20.03	20.01	20.00
89.50	20.05	20.01	19.98	19.95	19.93	19.91	19.90	19.89
90.00	19.93	19.89	19.86	19.83	19.81	19.80	19.78	19.77
90.50	19.81	19.77	19.74	19.72	19.70	19.69	19.67	19.66
91.00	19.69	19.66	19.63	19.61	19.59	19.58	19.56	19.55
91.50	19.57	19.54	19.52	19.50	19.48	19.47	19.45	19.44
92.00	19.46	19.43	19.41	19.39	19.37	19.36	19.35	19.34
92.50	19.35	19.32	19.29	19.28	19.26	19.25	19.24	19.23
93.00	19.23	19.21	19.18	19.17	19.15	19.14	19.13	19.12
93.50	19.12	19.10	19.08	19.06	19.05	19.04	19.03	19.02
94.00	19.01	18.99	18.97	18.95	18.94	18.93	18.92	18.92
94.50	18.90	18.88	18.86	18.85	18.84	18.83	18.82	18.81
95.00	18.79	18.77	18.76	18.74	18.73	18.73	18.72	18.71
95.50	18.68	18.67	18.65	18.64	18.63	18.62	18.62	18.61
96.00	18.57	18.56	18.55	18.54	18.53	18.52	18.52	18.51
96.50	18.47	18.46	18.44	18.44	18.43	18.42	18.42	18.41
97.00	18.36	18.35	18.34	18.34	18.33	18.32	18.32	18.32
97.50	18.26	18.25	18.24	18.24	18.23	18.23	18.22	18.22
98.00	18.16	18.15	18.14	18.14	18.13	18.13	18.13	18.12
98.50	18.05	18.05	18.04	18.04	18.04	18.03	18.03	18.03
99.00	17.95	17.95	17.94	17.94	17.94	17.94	17.94	17.94
99.50	17.85	17.85	17.85	17.85	17.84	17.84	17.84	17.84
100.00	17.75	17.75	17.75	17.75	17.75	17.75	17.75	17.75
100.50	17.65	17.65	17.65	17.66	17.66	17.66	17.66	17.66
101.00	17.55	17.56	17.56	17.56	17.56	17.57	17.57	17.57
101.50	17.45	17.46	17.46	17.47	17.47	17.47	17.48	17.48
102.00	17.36	17.37	17.37	17.38	17.38	17.38	17.39	17.39
102.50	17.26	17.27	17.28	17.29	17.29	17.29	17.30	17.30
103.00	17.17	17.18	17.19	17.19	17.20	17.21	17.21	17.21
103.50	17.07	17.09	17.10	17.10	17.11	17.12	17.12	17.13
104.00	16.98	16.99	17.01	17.02	17.02	17.03	17.04	17.04
105.00	16.79	16.81	16.83	16.84	16.85	16.86	16.87	16.87
106.00	16.61	16.63	16.65	16.67	16.68	16.69	16.70	16.71
107.00	16.43	16.46	16.48	16.50	16.51	16.52	16.53	16.54
108.00	16.25	16.28	16.31	16.33	16.35	16.36	16.37	16.38
109.00	16.08	16.11	16.14	16.16	16.18	16.20	16.21	16.22
110.00	15.91	15.94	15.98	16.00	16.02	16.04	16.05	16.07

Bond Yield Table 17¾%

PRICE	YEARS TO MATURITY							
	21	22	23	24	25	29	30	CUR
75.00	23.74	23.72	23.71	23.70	23.70	23.68	23.68	23.67
76.00	23.43	23.41	23.40	23.39	23.38	23.37	23.37	23.36
77.00	23.12	23.11	23.10	23.09	23.08	23.06	23.06	23.05
78.00	22.83	22.81	22.80	22.79	22.79	22.77	22.77	22.76
79.00	22.54	22.52	22.51	22.50	22.50	22.48	22.48	22.47
80.00	22.25	22.24	22.23	22.22	22.22	22.20	22.20	22.19
80.50	22.12	22.10	22.09	22.08	22.08	22.06	22.06	22.05
81.00	21.98	21.97	21.96	21.95	21.94	21.93	21.92	21.91
81.50	21.84	21.83	21.82	21.81	21.81	21.79	21.79	21.78
82.00	21.71	21.70	21.69	21.68	21.67	21.66	21.66	21.65
82.50	21.58	21.57	21.56	21.55	21.54	21.53	21.53	21.52
83.00	21.45	21.44	21.43	21.42	21.41	21.40	21.40	21.39
83.50	21.32	21.31	21.30	21.29	21.28	21.27	21.27	21.26
84.00	21.19	21.18	21.17	21.16	21.16	21.14	21.14	21.13
84.50	21.06	21.05	21.05	21.04	21.03	21.02	21.02	21.01
85.00	20.94	20.93	20.92	20.91	20.91	20.89	20.89	20.88
85.50	20.82	20.81	20.80	20.79	20.79	20.77	20.77	20.76
86.00	20.69	20.68	20.68	20.67	20.66	20.65	20.65	20.64
86.50	20.57	20.56	20.56	20.55	20.54	20.53	20.53	20.52
87.00	20.45	20.45	20.44	20.43	20.43	20.41	20.41	20.40
87.50	20.34	20.33	20.32	20.31	20.31	20.30	20.29	20.29
88.00	20.22	20.21	20.20	20.20	20.19	20.18	20.18	20.17
88.50	20.10	20.10	20.09	20.08	20.08	20.07	20.06	20.06
89.00	19.99	19.98	19.98	19.97	19.97	19.95	19.95	19.94
89.50	19.88	19.87	19.86	19.86	19.85	19.84	19.84	19.83
90.00	19.76	19.76	19.75	19.75	19.74	19.73	19.73	19.72
90.50	19.65	19.65	19.64	19.64	19.63	19.62	19.62	19.61
91.00	19.54	19.54	19.53	19.53	19.52	19.51	19.51	19.51
91.50	19.44	19.43	19.42	19.42	19.42	19.41	19.41	19.40
92.00	19.33	19.32	19.32	19.31	19.31	19.30	19.30	19.29
92.50	19.22	19.22	19.21	19.21	19.21	19.20	19.20	19.19
93.00	19.12	19.11	19.11	19.10	19.10	19.09	19.09	19.09
93.50	19.01	19.01	19.00	19.00	19.00	18.99	18.99	18.98
94.00	18.91	18.91	18.90	18.90	18.90	18.89	18.89	18.88
94.50	18.81	18.80	18.80	18.80	18.80	18.79	18.79	18.78
95.00	18.71	18.70	18.70	18.70	18.70	18.69	18.69	18.68
95.50	18.61	18.60	18.60	18.60	18.60	18.59	18.59	18.59
96.00	18.51	18.51	18.50	18.50	18.50	18.49	18.49	18.49
96.50	18.41	18.41	18.41	18.40	18.40	18.40	18.40	18.39
97.00	18.31	18.31	18.31	18.31	18.31	18.30	18.30	18.30
97.50	18.22	18.22	18.21	18.21	18.21	18.21	18.21	18.21
98.00	18.12	18.12	18.12	18.12	18.12	18.11	18.11	18.11
98.50	18.03	18.03	18.03	18.03	18.02	18.02	18.02	18.02
99.00	17.93	17.93	17.93	17.93	17.93	17.93	17.93	17.93
99.50	17.84	17.84	17.84	17.84	17.84	17.84	17.84	17.84
100.00	17.75	17.75	17.75	17.75	17.75	17.75	17.75	17.75
100.50	17.66	17.66	17.66	17.66	17.66	17.66	17.66	17.66
101.00	17.57	17.57	17.57	17.57	17.57	17.57	17.57	17.57
101.50	17.48	17.48	17.48	17.48	17.48	17.49	17.49	17.49
102.00	17.39	17.39	17.39	17.40	17.40	17.40	17.40	17.40
102.50	17.30	17.31	17.31	17.31	17.31	17.31	17.31	17.32
103.00	17.22	17.22	17.22	17.22	17.22	17.23	17.23	17.23
103.50	17.13	17.13	17.13	17.14	17.14	17.14	17.15	17.15
104.00	17.05	17.05	17.05	17.05	17.05	17.06	17.06	17.07
105.00	16.88	16.88	16.88	16.89	16.89	16.90	16.90	16.90
106.00	16.71	16.72	16.72	16.72	16.73	16.74	16.74	16.75
107.00	16.55	16.56	16.56	16.56	16.57	16.58	16.58	16.59
108.00	16.39	16.40	16.40	16.41	16.41	16.42	16.42	16.44
109.00	16.23	16.24	16.25	16.25	16.26	16.27	16.27	16.28
110.00	16.08	16.09	16.09	16.10	16.11	16.12	16.12	16.14

18% Bond Yield Table

PRICE	1/4	1/2	3/4	1	1 1/2	2	3	4
					YEARS TO MATURITY			
85.00	87.15	56.47	43.10	37.32	31.28	28.33	25.45	24.04
85.50	84.44	54.97	42.14	36.59	30.78	27.95	25.17	23.82
86.00	81.77	53.49	41.19	35.87	30.29	27.57	24.90	23.60
86.50	79.12	52.02	40.25	35.16	29.81	27.19	24.63	23.38
87.00	76.50	50.57	39.32	34.45	29.32	26.82	24.36	23.16
87.50	73.91	49.14	38.40	33.75	28.84	26.44	24.09	22.94
88.00	71.35	47.73	37.48	33.05	28.37	26.07	23.82	22.72
88.50	68.82	46.33	36.58	32.36	27.90	25.71	23.56	22.51
89.00	66.31	44.94	35.68	31.68	27.43	25.35	23.30	22.30
89.50	63.83	43.58	34.79	31.00	26.97	24.99	23.04	22.09
90.00	61.38	42.22	33.91	30.33	26.51	24.63	22.78	21.88
90.50	58.95	40.88	33.04	29.66	26.05	24.27	22.53	21.67
91.00	56.54	39.56	32.17	29.00	25.60	23.92	22.27	21.46
91.25	55.35	38.90	31.74	28.67	25.37	23.75	22.15	21.36
91.50	54.17	38.25	31.32	28.35	25.15	23.57	22.02	21.26
91.75	52.99	37.60	30.89	28.02	24.92	23.40	21.89	21.16
92.00	51.81	36.96	30.47	27.70	24.70	23.22	21.77	21.06
92.25	50.65	36.31	30.05	27.38	24.48	23.05	21.65	20.96
92.50	49.48	35.68	29.63	27.05	24.26	22.88	21.52	20.86
92.75	48.33	35.04	29.21	26.73	24.04	22.71	21.40	20.76
93.00	47.18	34.41	28.79	26.42	23.82	22.54	21.27	20.66
93.25	46.04	33.78	28.38	26.10	23.60	22.37	21.15	20.56
93.50	44.90	33.16	27.97	25.78	23.38	22.20	21.03	20.46
93.75	43.77	32.53	27.56	25.47	23.17	22.03	20.91	20.36
94.00	42.64	31.91	27.15	25.15	22.95	21.86	20.79	20.26
94.25	41.52	31.30	26.74	24.84	22.74	21.69	20.67	20.16
94.50	40.40	30.69	26.34	24.53	22.52	21.53	20.55	20.06
94.75	39.29	30.08	25.93	24.22	22.31	21.36	20.43	19.97
95.00	38.19	29.47	25.53	23.91	22.10	21.20	20.31	19.87
95.25	37.09	28.87	25.13	23.61	21.88	21.03	20.19	19.77
95.50	36.00	28.27	24.73	23.30	21.67	20.87	20.07	19.68
95.75	34.91	27.68	24.34	23.00	21.46	20.70	19.95	19.58
96.00	33.83	27.08	23.94	22.69	21.25	20.54	19.83	19.49
96.25	32.75	26.49	23.55	22.39	21.04	20.38	19.71	19.39
96.50	31.68	25.91	23.16	22.09	20.84	20.21	19.60	19.30
96.75	30.62	25.32	22.77	21.79	20.63	20.05	19.48	19.20
97.00	29.56	24.74	22.38	21.49	20.42	19.89	19.36	19.11
97.25	28.50	24.16	22.00	21.19	20.22	19.73	19.25	19.01
97.50	27.45	23.59	21.61	20.90	20.01	19.57	19.13	18.92
97.75	26.41	23.02	21.23	20.60	19.81	19.41	19.02	18.83
98.00	25.37	22.45	20.85	20.31	19.60	19.25	18.90	18.73
98.25	24.33	21.88	20.47	20.02	19.40	19.09	18.79	18.64
98.50	23.30	21.32	20.09	19.73	19.20	18.94	18.68	18.55
98.75	22.28	20.76	19.72	19.44	19.00	18.78	18.56	18.46
99.00	21.26	20.20	19.34	19.15	18.80	18.62	18.45	18.36
99.25	20.24	19.65	18.97	18.86	18.60	18.47	18.34	18.27
99.50	19.23	19.10	18.60	18.57	18.40	18.31	18.22	18.18
99.75	18.23	18.55	18.23	18.28	18.20	18.15	18.11	18.09
100.00	17.22	18.00	17.86	18.00	18.00	18.00	18.00	18.00
100.25	16.23	17.46	17.49	17.72	17.80	17.85	17.89	17.91
100.50	15.24	16.92	17.12	17.43	17.61	17.69	17.78	17.82
101.00	13.27	15.84	16.40	16.87	17.22	17.39	17.56	17.64
101.50	11.32	14.78	15.68	16.31	16.83	17.08	17.34	17.46
102.00	9.39	13.73	14.96	15.76	16.44	16.78	17.12	17.29
102.50	7.48	12.68	14.26	15.21	16.06	16.48	16.90	17.11
103.00	5.58	11.65	13.55	14.67	15.68	16.18	16.69	16.94
103.50	3.70	10.63	12.86	14.13	15.30	15.89	16.47	16.76
104.00	1.84	9.62	12.16	13.59	14.93	15.60	16.26	16.59
104.50		8.61	11.48	13.05	14.55	15.30	16.05	16.42
105.00		7.62	10.80	12.53	14.18	15.01	15.84	16.25

PRICE	YEARS TO MATURITY							
	5	6	7	8	9	10	11	12
75.00	27.49	26.56	25.92	25.46	25.13	24.88	24.69	24.54
76.00	27.03	26.14	25.53	25.09	24.77	24.53	24.35	24.21
77.00	26.57	25.73	25.14	24.73	24.43	24.20	24.02	23.89
78.00	26.13	25.32	24.77	24.37	24.08	23.87	23.70	23.57
79.00	25.69	24.93	24.40	24.03	23.75	23.54	23.38	23.26
80.00	25.26	24.54	24.04	23.69	23.42	23.23	23.07	22.96
80.50	25.05	24.35	23.86	23.52	23.26	23.07	22.92	22.81
81.00	24.84	24.16	23.69	23.35	23.10	22.92	22.77	22.66
81.50	24.63	23.97	23.51	23.19	22.94	22.76	22.62	22.51
82.00	24.43	23.78	23.34	23.02	22.79	22.61	22.48	22.37
82.50	24.22	23.60	23.17	22.86	22.63	22.46	22.33	22.23
83.00	24.02	23.41	23.00	22.70	22.48	22.31	22.19	22.09
83.50	23.82	23.23	22.83	22.54	22.33	22.17	22.04	21.95
84.00	23.62	23.05	22.66	22.38	22.18	22.02	21.90	21.81
84.50	23.42	22.87	22.50	22.23	22.03	21.88	21.76	21.67
85.00	23.23	22.70	22.33	22.07	21.88	21.73	21.62	21.53
85.50	23.03	22.52	22.17	21.92	21.73	21.59	21.48	21.40
86.00	22.84	22.35	22.01	21.77	21.59	21.45	21.35	21.27
86.50	22.65	22.18	21.85	21.62	21.45	21.31	21.21	21.13
87.00	22.46	22.01	21.69	21.47	21.30	21.18	21.08	21.00
87.50	22.27	21.84	21.54	21.32	21.16	21.04	20.95	20.87
88.00	22.08	21.67	21.38	21.18	21.02	20.91	20.82	20.75
88.50	21.90	21.50	21.23	21.03	20.88	20.77	20.69	20.62
89.00	21.71	21.34	21.07	20.89	20.75	20.64	20.56	20.49
89.50	21.53	21.17	20.92	20.74	20.61	20.51	20.43	20.37
90.00	21.35	21.01	20.77	20.60	20.48	20.38	20.31	20.25
90.50	21.17	20.85	20.62	20.46	20.34	20.25	20.18	20.12
91.00	20.99	20.69	20.48	20.32	20.21	20.12	20.06	20.00
91.50	20.82	20.53	20.33	20.18	20.08	20.00	19.93	19.88
92.00	20.64	20.37	20.18	20.05	19.95	19.87	19.81	19.77
92.50	20.47	20.21	20.04	19.91	19.82	19.75	19.69	19.65
93.00	20.29	20.06	19.90	19.78	19.69	19.62	19.57	19.53
93.50	20.12	19.90	19.75	19.64	19.56	19.50	19.45	19.42
94.00	19.95	19.75	19.61	19.51	19.44	19.38	19.34	19.30
94.50	19.78	19.60	19.47	19.38	19.31	19.26	19.22	19.19
95.00	19.61	19.45	19.33	19.25	19.19	19.14	19.10	19.07
95.50	19.45	19.30	19.20	19.12	19.06	19.02	18.99	18.96
96.00	19.28	19.15	19.06	18.99	18.94	18.90	18.88	18.85
96.50	19.12	19.00	18.92	18.86	18.82	18.79	18.76	18.74
97.00	18.95	18.86	18.79	18.74	18.70	18.67	18.65	18.63
97.50	18.79	18.71	18.65	18.61	18.58	18.56	18.54	18.53
98.00	18.63	18.57	18.52	18.49	18.46	18.45	18.43	18.42
98.50	18.47	18.42	18.39	18.36	18.35	18.33	18.32	18.31
99.00	18.31	18.28	18.26	18.24	18.23	18.22	18.21	18.21
99.50	18.16	18.14	18.13	18.12	18.11	18.11	18.11	18.10
100.00	18.00	18.00	18.00	18.00	18.00	18.00	18.00	18.00
100.50	17.84	17.86	17.87	17.88	17.89	17.89	17.89	17.90
101.00	17.69	17.72	17.74	17.76	17.77	17.78	17.79	17.80
101.50	17.54	17.59	17.62	17.64	17.66	17.68	17.69	17.69
102.00	17.39	17.45	17.49	17.53	17.55	17.57	17.58	17.59
102.50	17.23	17.31	17.37	17.41	17.44	17.46	17.48	17.50
103.00	17.08	17.18	17.25	17.29	17.33	17.36	17.38	17.40
103.50	16.93	17.05	17.12	17.18	17.22	17.25	17.28	17.30
104.00	16.79	16.91	17.00	17.07	17.11	17.15	17.18	17.20
105.00	16.49	16.65	16.76	16.84	16.90	16.95	16.98	17.01
106.00	16.20	16.39	16.52	16.62	16.69	16.74	16.79	16.82
107.00	15.92	16.14	16.29	16.40	16.48	16.55	16.60	16.63
108.00	15.64	15.88	16.06	16.18	16.28	16.35	16.41	16.45
109.00	15.36	15.63	15.83	15.97	16.07	16.16	16.22	16.27
110.00	15.08	15.39	15.60	15.76	15.88	15.97	16.04	16.09

18% Bond Yield Table

PRICE	YEARS TO MATURITY							
	13	14	15	16	17	18	19	20
75.00	24.43	24.34	24.27	24.21	24.17	24.14	24.11	24.09
76.00	24.10	24.01	23.95	23.89	23.85	23.82	23.79	23.77
77.00	23.78	23.70	23.63	23.58	23.54	23.51	23.48	23.46
78.00	23.47	23.39	23.33	23.28	23.24	23.21	23.18	23.16
79.00	23.16	23.09	23.03	22.98	22.94	22.91	22.89	22.87
80.00	22.86	22.79	22.73	22.69	22.65	22.62	22.60	22.58
80.50	22.72	22.65	22.59	22.55	22.51	22.48	22.46	22.44
81.00	22.57	22.50	22.45	22.40	22.37	22.34	22.32	22.30
81.50	22.43	22.36	22.31	22.26	22.23	22.20	22.18	22.16
82.00	22.29	22.22	22.17	22.13	22.09	22.07	22.04	22.03
82.50	22.15	22.08	22.03	21.99	21.96	21.93	21.91	21.89
83.00	22.01	21.94	21.89	21.85	21.82	21.80	21.78	21.76
83.50	21.87	21.81	21.76	21.72	21.69	21.67	21.64	21.63
84.00	21.73	21.67	21.63	21.59	21.56	21.53	21.51	21.50
84.50	21.60	21.54	21.50	21.46	21.43	21.41	21.39	21.37
85.00	21.46	21.41	21.36	21.33	21.30	21.28	21.26	21.24
85.50	21.33	21.28	21.24	21.20	21.17	21.15	21.13	21.12
86.00	21.20	21.15	21.11	21.08	21.05	21.03	21.01	20.99
86.50	21.07	21.02	20.98	20.95	20.92	20.90	20.89	20.87
87.00	20.94	20.90	20.86	20.83	20.80	20.78	20.76	20.75
87.50	20.82	20.77	20.73	20.70	20.68	20.66	20.64	20.63
88.00	20.69	20.65	20.61	20.58	20.56	20.54	20.52	20.51
88.50	20.57	20.52	20.49	20.46	20.44	20.42	20.41	20.39
89.00	20.44	20.40	20.37	20.34	20.32	20.30	20.29	20.28
89.50	20.32	20.28	20.25	20.23	20.21	20.19	20.17	20.16
90.00	20.20	20.16	20.13	20.11	20.09	20.07	20.06	20.05
90.50	20.08	20.05	20.02	19.99	19.98	19.96	19.95	19.94
91.00	19.96	19.93	19.90	19.88	19.86	19.85	19.84	19.83
91.50	19.84	19.81	19.79	19.77	19.75	19.74	19.72	19.72
92.00	19.73	19.70	19.67	19.65	19.64	19.63	19.62	19.61
92.50	19.61	19.58	19.56	19.54	19.53	19.52	19.51	19.50
93.00	19.50	19.47	19.45	19.43	19.42	19.41	19.40	19.39
93.50	19.39	19.36	19.34	19.33	19.31	19.30	19.29	19.29
94.00	19.27	19.25	19.23	19.22	19.21	19.20	19.19	19.18
94.50	19.16	19.14	19.12	19.11	19.10	19.09	19.08	19.08
95.00	19.05	19.03	19.02	19.01	19.00	18.99	18.98	18.97
95.50	18.94	18.93	18.91	18.90	18.89	18.88	18.88	18.87
96.00	18.83	18.82	18.81	18.80	18.79	18.78	18.78	18.77
96.50	18.73	18.71	18.70	18.69	18.69	18.68	18.68	18.67
97.00	18.62	18.61	18.60	18.59	18.59	18.58	18.58	18.57
97.50	18.51	18.51	18.50	18.49	18.49	18.48	18.48	18.48
98.00	18.41	18.40	18.40	18.39	18.39	18.38	18.38	18.38
98.50	18.31	18.30	18.30	18.29	18.29	18.29	18.28	18.28
99.00	18.20	18.20	18.20	18.19	18.19	18.19	18.19	18.19
99.50	18.10	18.10	18.10	18.10	18.10	18.09	18.09	18.09
100.00	18.00	18.00	18.00	18.00	18.00	18.00	18.00	18.00
100.50	17.90	17.90	17.90	17.90	17.91	17.91	17.91	17.91
101.00	17.80	17.80	17.81	17.81	17.81	17.81	17.81	17.82
101.50	17.70	17.71	17.71	17.72	17.72	17.72	17.72	17.72
102.00	17.60	17.61	17.62	17.62	17.63	17.63	17.63	17.63
102.50	17.51	17.52	17.52	17.53	17.53	17.54	17.54	17.55
103.00	17.41	17.42	17.43	17.44	17.44	17.45	17.45	17.46
103.50	17.31	17.33	17.34	17.35	17.35	17.36	17.37	17.37
104.00	17.22	17.24	17.25	17.26	17.27	17.27	17.28	17.28
105.00	17.03	17.05	17.07	17.08	17.09	17.10	17.11	17.11
106.00	16.85	16.87	16.89	16.90	16.92	16.93	16.94	16.94
107.00	16.67	16.69	16.71	16.73	16.75	16.76	16.77	16.78
108.00	16.49	16.52	16.54	16.56	16.58	16.59	16.60	16.61
109.00	16.31	16.35	16.37	16.40	16.41	16.43	16.44	16.45
110.00	16.14	16.18	16.21	16.23	16.25	16.27	16.28	16.30

Bond Yield Table 18%

PRICE	YEARS TO MATURITY							CUR
	21	22	23	24	25	29	30	
75.00	24.07	24.05	24.04	24.03	24.03	24.01	24.01	24.00
76.00	23.75	23.74	23.73	23.72	23.71	23.70	23.69	23.68
77.00	23.44	23.43	23.42	23.41	23.40	23.39	23.39	23.38
78.00	23.14	23.13	23.12	23.11	23.10	23.09	23.09	23.08
79.00	22.85	22.84	22.83	22.82	22.81	22.80	22.79	22.78
80.00	22.56	22.55	22.54	22.53	22.53	22.51	22.51	22.50
80.50	22.42	22.41	22.40	22.39	22.39	22.37	22.37	22.36
81.00	22.28	22.27	22.26	22.26	22.25	22.23	22.23	22.22
81.50	22.15	22.14	22.13	22.12	22.11	22.10	22.10	22.09
82.00	22.01	22.00	21.99	21.98	21.98	21.96	21.96	21.95
82.50	21.88	21.87	21.86	21.85	21.84	21.83	21.83	21.82
83.00	21.75	21.73	21.73	21.72	21.71	21.70	21.70	21.69
83.50	21.62	21.60	21.60	21.59	21.58	21.57	21.57	21.56
84.00	21.49	21.48	21.47	21.46	21.45	21.44	21.44	21.43
84.50	21.36	21.35	21.34	21.33	21.33	21.31	21.31	21.30
85.00	21.23	21.22	21.21	21.21	21.20	21.19	21.19	21.18
85.50	21.11	21.10	21.09	21.08	21.08	21.06	21.06	21.05
86.00	20.98	20.97	20.97	20.96	20.95	20.94	20.94	20.93
86.50	20.86	20.85	20.84	20.84	20.83	20.82	20.82	20.81
87.00	20.74	20.73	20.72	20.72	20.71	20.70	20.70	20.69
87.50	20.62	20.61	20.60	20.60	20.59	20.58	20.58	20.57
88.00	20.50	20.49	20.49	20.48	20.48	20.46	20.46	20.45
88.50	20.38	20.38	20.37	20.36	20.36	20.35	20.35	20.34
89.00	20.27	20.26	20.25	20.25	20.25	20.23	20.23	20.22
89.50	20.15	20.15	20.14	20.14	20.13	20.12	20.12	20.11
90.00	20.04	20.03	20.03	20.02	20.02	20.01	20.01	20.00
90.50	19.93	19.92	19.92	19.91	19.91	19.90	19.90	19.89
91.00	19.82	19.81	19.81	19.80	19.80	19.79	19.79	19.78
91.50	19.71	19.70	19.70	19.69	19.69	19.68	19.68	19.67
92.00	19.60	19.59	19.59	19.58	19.58	19.57	19.57	19.57
92.50	19.49	19.49	19.48	19.48	19.47	19.47	19.47	19.46
93.00	19.39	19.38	19.38	19.37	19.37	19.36	19.36	19.35
93.50	19.28	19.28	19.27	19.27	19.26	19.26	19.26	19.25
94.00	19.18	19.17	19.17	19.16	19.16	19.16	19.15	19.15
94.50	19.07	19.07	19.06	19.06	19.06	19.05	19.05	19.05
95.00	18.97	18.97	18.96	18.96	18.96	18.95	18.95	18.95
95.50	18.87	18.87	18.86	18.86	18.86	18.85	18.85	18.85
96.00	18.77	18.77	18.76	18.76	18.76	18.75	18.75	18.75
96.50	18.67	18.67	18.66	18.66	18.66	18.66	18.66	18.65
97.00	18.57	18.57	18.57	18.56	18.56	18.56	18.56	18.56
97.50	18.47	18.47	18.47	18.47	18.47	18.46	18.46	18.46
98.00	18.38	18.38	18.37	18.37	18.37	18.37	18.37	18.37
98.50	18.28	18.28	18.28	18.28	18.28	18.28	18.28	18.27
99.00	18.19	18.19	18.19	18.18	18.18	18.18	18.18	18.18
99.50	18.09	18.09	18.09	18.09	18.09	18.09	18.09	18.09
100.00	18.00	18.00	18.00	18.00	18.00	18.00	18.00	18.00
100.50	17.91	17.91	17.91	17.91	17.91	17.91	17.91	17.91
101.00	17.82	17.82	17.82	17.82	17.82	17.82	17.82	17.82
101.50	17.73	17.73	17.73	17.73	17.73	17.73	17.73	17.73
102.00	17.64	17.64	17.64	17.64	17.64	17.64	17.64	17.65
102.50	17.55	17.55	17.55	17.55	17.55	17.56	17.56	17.56
103.00	17.46	17.46	17.46	17.47	17.47	17.47	17.47	17.48
103.50	17.37	17.38	17.38	17.38	17.38	17.39	17.39	17.39
104.00	17.29	17.29	17.29	17.30	17.30	17.30	17.30	17.31
104.50	17.12	17.12	17.12	17.13	17.13	17.14	17.14	17.14
106.00	16.95	16.95	16.96	16.96	16.96	16.97	16.97	16.98
107.00	16.78	16.79	16.79	16.80	16.80	16.81	16.81	16.82
108.00	16.62	16.63	16.63	16.64	16.64	16.65	16.66	16.67
109.00	16.46	16.47	16.48	16.48	16.49	16.50	16.50	16.51
110.00	16.31	16.32	16.32	16.33	16.33	16.35	16.35	16.36

18¼%   Bond Yield Table

PRICE	YEARS TO MATURITY							
	¼	½	¾	1	1½	2	3	4
85.00	87.37	56.76	43.38	37.60	31.56	28.61	25.73	24.32
85.50	84.66	55.26	42.42	36.87	31.06	28.23	25.45	24.10
86.00	81.99	53.78	41.47	36.15	30.57	27.84	25.17	23.87
86.50	79.34	52.31	40.53	35.44	30.08	27.47	24.90	23.65
87.00	76.72	50.86	39.59	34.73	29.60	27.09	24.63	23.43
87.50	74.13	49.43	38.67	34.02	29.12	26.72	24.36	23.21
88.00	71.57	48.01	37.75	33.33	28.64	26.35	24.10	23.00
88.50	69.04	46.61	36.85	32.64	28.17	25.98	23.83	22.78
89.00	66.53	45.22	35.95	31.95	27.70	25.62	23.57	22.57
89.50	64.05	43.85	35.06	31.27	27.24	25.26	23.31	22.36
90.00	61.60	42.50	34.18	30.60	26.78	24.90	23.05	22.15
90.50	59.17	41.16	33.30	29.93	26.32	24.54	22.79	21.94
91.00	56.77	39.84	32.44	29.27	25.86	24.19	22.54	21.73
91.25	55.58	39.18	32.01	28.94	25.64	24.01	22.41	21.63
91.50	54.39	38.52	31.58	28.61	25.41	23.84	22.28	21.53
91.75	53.21	37.87	31.15	28.29	25.19	23.66	22.16	21.42
92.00	52.04	37.23	30.73	27.96	24.97	23.49	22.03	21.32
92.25	50.87	36.59	30.31	27.64	24.74	23.32	21.91	21.22
92.50	49.71	35.95	29.89	27.32	24.52	23.14	21.78	21.12
92.75	48.55	35.31	29.47	27.00	24.30	22.97	21.66	21.02
93.00	47.41	34.68	29.05	26.68	24.08	22.80	21.54	20.92
93.25	46.26	34.05	28.64	26.36	23.86	22.63	21.41	20.82
93.50	45.12	33.42	28.23	26.05	23.65	22.46	21.29	20.72
93.75	43.99	32.80	27.81	25.73	23.43	22.29	21.17	20.62
94.00	42.87	32.18	27.41	25.42	23.21	22.12	21.05	20.52
94.25	41.75	31.56	27.00	25.10	23.00	21.95	20.93	20.42
94.50	40.63	30.95	26.59	24.79	22.78	21.79	20.81	20.32
94.75	39.52	30.34	26.19	24.48	22.57	21.62	20.69	20.23
95.00	38.42	29.74	25.79	24.17	22.35	21.45	20.57	20.13
95.25	37.32	29.13	25.39	23.87	22.14	21.29	20.45	20.03
95.50	36.23	28.53	24.99	23.56	21.93	21.12	20.33	19.94
95.75	35.14	27.94	24.59	23.25	21.72	20.96	20.21	19.84
96.00	34.06	27.34	24.20	22.95	21.51	20.80	20.09	19.74
96.25	32.98	26.75	23.80	22.65	21.30	20.63	19.97	19.65
96.50	31.91	26.17	23.41	22.35	21.09	20.47	19.85	19.55
96.75	30.85	25.58	23.02	22.05	20.88	20.31	19.74	19.46
97.00	29.78	25.00	22.63	21.75	20.68	20.15	19.62	19.36
97.25	28.73	24.42	22.25	21.45	20.47	19.98	19.50	19.27
97.50	27.68	23.85	21.86	21.15	20.27	19.82	19.39	19.17
97.75	26.63	23.27	21.48	20.86	20.06	19.66	19.27	19.08
98.00	25.59	22.70	21.10	20.56	19.86	19.51	19.16	18.99
98.25	24.56	22.14	20.72	20.27	19.65	19.35	19.04	18.89
98.50	23.53	21.57	20.34	19.98	19.45	19.19	18.93	18.80
98.75	22.50	21.01	19.96	19.69	19.25	19.03	18.81	18.71
99.00	21.48	20.45	19.59	19.40	19.05	18.87	18.70	18.62
99.25	20.47	19.90	19.21	19.11	18.85	18.72	18.59	18.52
99.50	19.46	19.35	18.84	18.82	18.65	18.56	18.47	18.43
99.75	18.45	18.80	18.47	18.54	18.45	18.41	18.36	18.34
100.00	17.45	18.25	18.10	18.25	18.25	18.25	18.25	18.25
100.25	16.46	17.71	17.74	17.97	18.05	18.10	18.14	18.16
100.50	15.47	17.16	17.37	17.68	17.86	17.94	18.03	18.07
101.00	13.50	16.09	16.64	17.12	17.46	17.64	17.81	17.89
101.50	11.55	15.02	15.92	16.56	17.07	17.33	17.59	17.71
102.00	9.62	13.97	15.21	16.01	16.69	17.03	17.37	17.53
102.50	7.71	12.93	14.50	15.46	16.30	16.73	17.15	17.36
103.00	5.81	11.89	13.79	14.91	15.92	16.43	16.93	17.18
103.50	3.93	10.87	13.09	14.37	15.54	16.13	16.72	17.01
104.00	2.07	9.86	12.40	13.83	15.17	15.84	16.51	16.84
104.50	0.23	8.85	11.72	13.30	14.80	15.55	16.29	16.66
105.00		7.86	11.03	12.77	14.42	15.26	16.08	16.49

Bond Yield Table   18¼%

PRICE	YEARS TO MATURITY							
	5	6	7	8	9	10	11	12
75.00	27.80	26.86	26.23	25.78	25.44	25.20	25.01	24.86
76.00	27.33	26.44	25.83	25.40	25.09	24.85	24.67	24.53
77.00	26.88	26.03	25.45	25.04	24.73	24.51	24.33	24.20
78.00	26.43	25.62	25.07	24.68	24.39	24.17	24.01	23.88
79.00	25.99	25.22	24.70	24.33	24.05	23.85	23.69	23.57
80.00	25.56	24.83	24.34	23.98	23.72	23.53	23.38	23.26
80.50	25.34	24.64	24.16	23.81	23.56	23.37	23.22	23.11
81.00	25.13	24.45	23.98	23.65	23.40	23.21	23.07	22.96
81.50	24.92	24.26	23.80	23.48	23.24	23.06	22.92	22.81
82.00	24.71	24.07	23.63	23.31	23.08	22.91	22.77	22.67
82.50	24.51	23.89	23.46	23.15	22.92	22.75	22.62	22.52
83.00	24.31	23.70	23.29	22.99	22.77	22.60	22.48	22.38
83.50	24.10	23.52	23.12	22.83	22.62	22.46	22.33	22.24
84.00	23.90	23.34	22.95	22.67	22.46	22.31	22.19	22.10
84.50	23.70	23.16	22.78	22.51	22.31	22.16	22.05	21.96
85.00	23.51	22.98	22.62	22.36	22.17	22.02	21.91	21.82
85.50	23.31	22.80	22.45	22.20	22.02	21.88	21.77	21.68
86.00	23.12	22.63	22.29	22.05	21.87	21.74	21.63	21.55
86.50	22.92	22.45	22.13	21.90	21.73	21.60	21.50	21.42
87.00	22.73	22.28	21.97	21.75	21.58	21.46	21.36	21.28
87.50	22.54	22.11	21.81	21.60	21.44	21.32	21.23	21.15
88.00	22.36	21.94	21.66	21.45	21.30	21.18	21.09	21.02
88.50	22.17	21.77	21.50	21.30	21.16	21.05	20.96	20.90
89.00	21.98	21.61	21.35	21.16	21.02	20.92	20.83	20.77
89.50	21.80	21.44	21.19	21.02	20.88	20.78	20.71	20.64
90.00	21.62	21.28	21.04	20.87	20.75	20.65	20.58	20.52
90.50	21.44	21.12	20.89	20.73	20.61	20.52	20.45	20.40
91.00	21.26	20.95	20.74	20.59	20.48	20.39	20.33	20.27
91.50	21.08	20.79	20.60	20.45	20.35	20.26	20.20	20.15
92.00	20.90	20.63	20.45	20.31	20.21	20.14	20.08	20.03
92.50	20.73	20.48	20.30	20.18	20.08	20.01	19.96	19.91
93.00	20.56	20.32	20.16	20.04	19.95	19.89	19.84	19.80
93.50	20.38	20.17	20.02	19.91	19.83	19.76	19.72	19.68
94.00	20.21	20.01	19.87	19.77	19.70	19.64	19.60	19.56
94.50	20.04	19.86	19.73	19.64	19.57	19.52	19.48	19.45
95.00	19.87	19.71	19.59	19.51	19.45	19.40	19.36	19.34
95.50	19.71	19.56	19.45	19.38	19.32	19.28	19.25	19.22
96.00	19.54	19.41	19.32	19.25	19.20	19.16	19.13	19.11
96.50	19.37	19.26	19.18	19.12	19.08	19.05	19.02	19.00
97.00	19.21	19.11	19.04	18.99	18.96	18.93	18.91	18.89
97.50	19.05	18.97	18.91	18.87	18.84	18.81	18.80	18.78
98.00	18.89	18.82	18.77	18.74	18.72	18.70	18.68	18.67
98.50	18.72	18.68	18.64	18.62	18.60	18.59	18.57	18.57
99.00	18.57	18.53	18.51	18.49	18.48	18.47	18.47	18.46
99.50	18.41	18.39	18.38	18.37	18.37	18.36	18.36	18.35
100.00	18.25	18.25	18.25	18.25	18.25	18.25	18.25	18.25
100.50	18.09	18.11	18.12	18.13	18.14	18.14	18.14	18.15
101.00	17.94	17.97	17.99	18.01	18.02	18.03	18.04	18.04
101.50	17.78	17.83	17.87	17.89	17.91	17.92	17.93	17.94
102.00	17.63	17.70	17.74	17.77	17.80	17.81	17.83	17.84
102.50	17.48	17.56	17.61	17.65	17.68	17.71	17.73	17.74
103.00	17.33	17.42	17.49	17.54	17.57	17.60	17.62	17.64
103.50	17.18	17.29	17.37	17.42	17.46	17.50	17.52	17.54
104.00	17.03	17.16	17.24	17.31	17.36	17.39	17.42	17.44
105.00	16.73	16.89	17.00	17.08	17.14	17.19	17.22	17.25
106.00	16.44	16.63	16.76	16.86	16.93	16.98	17.03	17.06
107.00	16.16	16.37	16.53	16.64	16.72	16.78	16.83	16.87
108.00	15.87	16.12	16.29	16.42	16.51	16.58	16.64	16.69
109.00	15.59	15.87	16.06	16.20	16.31	16.39	16.45	16.50
110.00	15.32	15.62	15.84	15.99	16.11	16.20	16.27	16.32

18¼%   Bond Yield Table

PRICE	YEARS TO MATURITY							
	13	14	15	16	17	18	19	20
75.00	24.75	24.66	24.59	24.54	24.50	24.46	24.44	24.42
76.00	24.42	24.33	24.27	24.22	24.17	24.14	24.12	24.09
77.00	24.10	24.01	23.95	23.90	23.86	23.83	23.80	23.78
78.00	23.78	23.70	23.64	23.59	23.55	23.52	23.50	23.48
79.00	23.47	23.40	23.34	23.29	23.25	23.22	23.20	23.18
80.00	23.17	23.10	23.04	22.99	22.96	22.93	22.91	22.89
80.50	23.02	22.95	22.89	22.85	22.81	22.79	22.76	22.75
81.00	22.87	22.80	22.75	22.71	22.67	22.65	22.62	22.61
81.50	22.73	22.66	22.61	22.57	22.53	22.50	22.48	22.47
82.00	22.58	22.52	22.47	22.43	22.39	22.37	22.35	22.33
82.50	22.44	22.38	22.33	22.29	22.26	22.23	22.21	22.19
83.00	22.30	22.24	22.19	22.15	22.12	22.09	22.07	22.06
83.50	22.16	22.10	22.05	22.02	21.99	21.96	21.94	21.92
84.00	22.02	21.97	21.92	21.88	21.85	21.83	21.81	21.79
84.50	21.89	21.83	21.79	21.75	21.72	21.70	21.68	21.66
85.00	21.75	21.70	21.65	21.62	21.59	21.57	21.55	21.54
85.50	21.62	21.57	21.52	21.49	21.46	21.44	21.42	21.41
86.00	21.49	21.44	21.39	21.36	21.34	21.31	21.30	21.28
86.50	21.36	21.31	21.27	21.23	21.21	21.19	21.17	21.16
87.00	21.23	21.18	21.14	21.11	21.08	21.06	21.05	21.04
87.50	21.10	21.05	21.01	20.99	20.96	20.94	20.93	20.91
88.00	20.97	20.93	20.89	20.86	20.84	20.82	20.81	20.79
88.50	20.84	20.80	20.77	20.74	20.72	20.70	20.69	20.68
89.00	20.72	20.68	20.65	20.62	20.60	20.58	20.57	20.56
89.50	20.60	20.56	20.53	20.50	20.48	20.47	20.45	20.44
90.00	20.47	20.44	20.41	20.38	20.36	20.35	20.34	20.33
90.50	20.35	20.32	20.29	20.27	20.25	20.23	20.22	20.21
91.00	20.23	20.20	20.17	20.15	20.13	20.12	20.11	20.10
91.50	20.11	20.08	20.06	20.04	20.02	20.01	20.00	19.99
92.00	20.00	19.97	19.94	19.92	19.91	19.90	19.89	19.88
92.50	19.88	19.85	19.83	19.81	19.80	19.79	19.78	19.77
93.00	19.76	19.74	19.72	19.70	19.69	19.68	19.67	19.66
93.50	19.65	19.63	19.61	19.59	19.58	19.57	19.56	19.55
94.00	19.54	19.51	19.50	19.48	19.47	19.46	19.45	19.45
94.50	19.42	19.40	19.39	19.37	19.36	19.35	19.35	19.34
95.00	19.31	19.29	19.28	19.27	19.26	19.25	19.24	19.24
95.50	19.20	19.19	19.17	19.16	19.15	19.14	19.14	19.13
96.00	19.09	19.08	19.07	19.06	19.05	19.04	19.04	19.03
96.50	18.98	18.97	18.96	18.95	18.95	18.94	18.93	18.93
97.00	18.88	18.87	18.86	18.85	18.84	18.84	18.83	18.83
97.50	18.77	18.76	18.75	18.75	18.74	18.74	18.73	18.73
98.00	18.66	18.66	18.65	18.65	18.64	18.64	18.64	18.63
98.50	18.56	18.55	18.55	18.55	18.54	18.54	18.54	18.54
99.00	18.46	18.45	18.45	18.45	18.44	18.44	18.44	18.44
99.50	18.35	18.35	18.35	18.35	18.35	18.35	18.35	18.34
100.00	18.25	18.25	18.25	18.25	18.25	18.25	18.25	18.25
100.50	18.15	18.15	18.15	18.15	18.15	18.16	18.16	18.16
101.00	18.05	18.05	18.05	18.06	18.06	18.06	18.06	18.06
101.50	17.95	17.95	17.96	17.96	17.97	17.97	17.97	17.97
102.00	17.85	17.86	17.86	17.87	17.87	17.88	17.88	17.88
102.50	17.75	17.76	17.77	17.77	17.78	17.78	17.79	17.79
103.00	17.65	17.67	17.67	17.68	17.69	17.69	17.70	17.70
103.50	17.56	17.57	17.58	17.59	17.60	17.60	17.61	17.61
104.00	17.46	17.48	17.49	17.50	17.51	17.51	17.52	17.52
105.00	17.27	17.29	17.31	17.32	17.33	17.34	17.34	17.35
106.00	17.09	17.11	17.13	17.14	17.15	17.16	17.17	17.18
107.00	16.90	16.93	16.95	16.97	16.98	16.99	17.00	17.01
108.00	16.72	16.75	16.78	16.80	16.81	16.83	16.84	16.85
109.00	16.55	16.58	16.61	16.63	16.65	16.66	16.67	16.68
110.00	16.37	16.41	16.44	16.46	16.48	16.50	16.51	16.53

Bond Yield Table 18¼%

	21	22	23	24	25	29	30	CUR
				YEARS TO MATURITY				
75.00	24.40	24.39	24.37	24.37	24.36	24.34	24.34	24.33
76.00	24.08	24.06	24.05	24.05	24.04	24.02	24.02	24.01
77.00	23.77	23.75	23.74	23.74	23.73	23.71	23.71	23.70
78.00	23.46	23.45	23.44	23.43	23.42	23.41	23.41	23.40
79.00	23.16	23.15	23.14	23.13	23.13	23.11	23.11	23.10
80.00	22.87	22.86	22.85	22.84	22.84	22.82	22.82	22.81
80.50	22.73	22.72	22.71	22.70	22.70	22.68	22.68	22.67
81.00	22.59	22.58	22.57	22.57	22.56	22.54	22.54	22.53
81.50	22.45	22.44	22.43	22.42	22.42	22.40	22.40	22.39
82.00	22.31	22.30	22.29	22.29	22.28	22.27	22.26	22.26
82.50	22.18	22.17	22.16	22.15	22.15	22.13	22.13	22.12
83.00	22.04	22.03	22.03	22.02	22.01	22.00	22.00	21.99
83.50	21.91	21.90	21.89	21.89	21.88	21.87	21.86	21.86
84.00	21.78	21.77	21.76	21.76	21.75	21.74	21.73	21.73
84.50	21.65	21.64	21.63	21.63	21.62	21.61	21.61	21.60
85.00	21.52	21.51	21.51	21.50	21.49	21.48	21.48	21.47
85.50	21.40	21.39	21.38	21.37	21.37	21.36	21.35	21.35
86.00	21.27	21.26	21.25	21.25	21.24	21.23	21.23	21.22
86.50	21.15	21.14	21.13	21.13	21.12	21.11	21.11	21.10
87.00	21.02	21.02	21.01	21.00	21.00	20.99	20.98	20.98
87.50	20.90	20.90	20.89	20.88	20.88	20.87	20.86	20.86
88.00	20.78	20.78	20.77	20.76	20.76	20.75	20.75	20.74
88.50	20.67	20.66	20.65	20.65	20.64	20.63	20.63	20.62
89.00	20.55	20.54	20.53	20.53	20.52	20.51	20.51	20.51
89.50	20.43	20.42	20.42	20.41	20.41	20.40	20.40	20.39
90.00	20.32	20.31	20.30	20.30	20.30	20.29	20.28	20.28
90.50	20.20	20.20	20.19	20.19	20.18	20.17	20.17	20.17
91.00	20.09	20.08	20.08	20.08	20.07	20.06	20.06	20.05
91.50	19.98	19.97	19.97	19.96	19.96	19.95	19.95	19.95
92.00	19.87	19.86	19.86	19.86	19.85	19.84	19.84	19.84
92.50	19.76	19.76	19.75	19.75	19.74	19.74	19.74	19.73
93.00	19.65	19.65	19.64	19.64	19.64	19.63	19.63	19.62
93.50	19.55	19.54	19.54	19.53	19.53	19.52	19.52	19.52
94.00	19.44	19.44	19.43	19.43	19.43	19.42	19.42	19.41
94.50	19.34	19.33	19.33	19.33	19.32	19.32	19.32	19.31
95.00	19.23	19.23	19.23	19.22	19.22	19.22	19.21	19.21
95.50	19.13	19.13	19.12	19.12	19.12	19.11	19.11	19.11
96.00	19.03	19.03	19.02	19.02	19.02	19.01	19.01	19.01
96.50	18.93	18.93	18.92	18.92	18.92	18.92	18.91	18.91
97.00	18.83	18.83	18.82	18.82	18.82	18.82	18.82	18.81
97.50	18.73	18.73	18.73	18.72	18.72	18.72	18.72	18.72
98.00	18.63	18.63	18.63	18.63	18.63	18.62	18.62	18.62
98.50	18.53	18.53	18.53	18.53	18.53	18.53	18.53	18.53
99.00	18.44	18.44	18.44	18.44	18.44	18.44	18.44	18.43
99.50	18.34	18.34	18.34	18.34	18.34	18.34	18.34	18.34
100.00	18.25	18.25	18.25	18.25	18.25	18.25	18.25	18.25
100.50	18.16	18.16	18.16	18.16	18.16	18.16	18.16	18.16
101.00	18.06	18.07	18.07	18.07	18.07	18.07	18.07	18.07
101.50	17.97	17.97	17.98	17.98	17.98	17.98	17.98	17.98
102.00	17.88	17.88	17.89	17.89	17.89	17.89	17.89	17.89
102.50	17.79	17.79	17.80	17.80	17.80	17.80	17.80	17.80
103.00	17.70	17.71	17.71	17.71	17.71	17.71	17.72	17.72
103.50	17.62	17.62	17.62	17.62	17.62	17.63	17.63	17.63
104.00	17.53	17.53	17.53	17.54	17.54	17.54	17.54	17.55
105.00	17.36	17.36	17.36	17.37	17.37	17.37	17.38	17.38
106.00	17.19	17.19	17.19	17.20	17.20	17.21	17.21	17.22
107.00	17.02	17.02	17.03	17.03	17.04	17.05	17.05	17.06
108.00	16.85	16.86	16.87	16.87	16.88	16.89	16.89	16.90
109.00	16.69	16.70	16.71	16.71	16.72	16.73	16.73	16.74
110.00	16.54	16.54	16.55	16.56	16.56	16.58	16.58	16.59

Bond Yield Table

PRICE	YEARS TO MATURITY							
	¼	½	¾	1	1½	2	3	4
85.00	87.59	57.06	43.66	37.88	31.84	28.89	26.01	24.60
85.50	84.88	55.56	42.70	37.16	31.34	28.50	25.73	24.38
86.00	82.21	54.07	41.74	36.43	30.85	28.12	25.45	24.15
86.50	79.56	52.60	40.80	35.71	30.36	27.74	25.18	23.93
87.00	76.94	51.15	39.87	35.00	29.88	27.37	24.91	23.71
87.50	74.36	49.71	38.94	34.30	29.39	26.99	24.64	23.49
88.00	71.79	48.30	38.02	33.60	28.92	26.62	24.37	23.27
88.50	69.26	46.89	37.12	32.91	28.44	26.25	24.10	23.05
89.00	66.76	45.51	36.22	32.22	27.97	25.89	23.84	22.84
89.50	64.28	44.13	35.33	31.54	27.51	25.53	23.58	22.63
90.00	61.82	42.78	34.44	30.87	27.05	25.17	23.32	22.42
90.50	59.40	41.44	33.57	30.20	26.59	24.81	23.06	22.21
91.00	56.99	40.11	32.70	29.54	26.13	24.45	22.80	22.00
91.25	55.80	39.45	32.27	29.21	25.91	24.28	22.68	21.89
91.50	54.62	38.80	31.84	28.88	25.68	24.10	22.55	21.79
91.75	53.44	38.15	31.42	28.56	25.46	23.93	22.42	21.69
92.00	52.26	37.50	30.99	28.23	25.23	23.75	22.30	21.59
92.25	51.10	36.86	30.57	27.91	25.01	23.58	22.17	21.48
92.50	49.94	36.22	30.15	27.59	24.79	23.41	22.05	21.38
92.75	48.78	35.58	29.73	27.26	24.57	23.24	21.92	21.28
93.00	47.63	34.95	29.31	26.94	24.35	23.06	21.80	21.18
93.25	46.49	34.32	28.90	26.63	24.13	22.89	21.68	21.08
93.50	45.35	33.69	28.48	26.31	23.91	22.72	21.55	20.98
93.75	44.22	33.07	28.07	25.99	23.69	22.55	21.43	20.88
94.00	43.09	32.45	27.66	25.68	23.47	22.38	21.31	20.78
94.25	41.97	31.83	27.26	25.37	23.26	22.22	21.19	20.68
94.50	40.86	31.22	26.85	25.05	23.04	22.05	21.07	20.58
94.75	39.75	30.61	26.45	24.74	22.83	21.88	20.94	20.49
95.00	38.64	30.00	26.04	24.43	22.61	21.71	20.82	20.39
95.25	37.55	29.40	25.64	24.13	22.40	21.55	20.70	20.29
95.50	36.45	28.80	25.24	23.82	22.19	21.38	20.58	20.19
95.75	35.37	28.20	24.85	23.51	21.98	21.22	20.46	20.10
96.00	34.29	27.60	24.45	23.21	21.77	21.05	20.35	20.00
96.25	33.21	27.01	24.06	22.91	21.56	20.89	20.23	19.90
96.50	32.14	26.42	23.67	22.60	21.35	20.73	20.11	19.81
96.75	31.07	25.84	23.27	22.30	21.14	20.56	19.99	19.71
97.00	30.01	25.26	22.89	22.00	20.93	20.40	19.88	19.62
97.25	28.96	24.68	22.50	21.71	20.73	20.24	19.76	19.52
97.50	27.91	24.10	22.11	21.41	20.52	20.08	19.64	19.43
97.75	26.86	23.53	21.73	21.11	20.31	19.92	19.53	19.33
98.00	25.82	22.96	21.35	20.82	20.11	19.76	19.41	19.24
98.25	24.79	22.39	20.97	20.52	19.91	19.60	19.30	19.15
98.50	23.76	21.83	20.59	20.23	19.70	19.44	19.18	19.05
98.75	22.73	21.27	20.21	19.94	19.50	19.28	19.07	18.96
99.00	21.71	20.71	19.84	19.65	19.30	19.12	18.95	18.87
99.25	20.70	20.15	19.46	19.36	19.10	18.97	18.84	18.77
99.50	19.69	19.60	19.09	19.07	18.90	18.81	18.73	18.68
99.75	18.68	19.05	18.72	18.79	18.70	18.66	18.61	18.59
100.00	17.68	18.50	18.35	18.50	18.50	18.50	18.50	18.50
100.25	16.69	17.96	17.98	18.22	18.30	18.35	18.39	18.41
100.50	15.70	17.41	17.61	17.93	18.10	18.19	18.28	18.32
101.00	13.73	16.34	16.89	17.37	17.71	17.88	18.05	18.14
101.50	11.78	15.27	16.16	16.81	17.32	17.58	17.83	17.96
102.00	9.85	14.22	15.45	16.25	16.93	17.28	17.61	17.78
102.50	7.93	13.17	14.74	15.70	16.55	16.97	17.40	17.60
103.00	6.04	12.14	14.03	15.15	16.17	16.67	17.18	17.43
103.50	4.16	11.11	13.33	14.61	15.79	16.38	16.96	17.25
104.00	2.30	10.10	12.64	14.07	15.41	16.08	16.75	17.08
104.50	0.46	9.09	11.95	13.54	15.04	15.79	16.54	16.91
105.00		8.10	11.27	13.01	14.67	15.50	16.33	16.74

Bond Yield Table

18½%

PRICE	YEARS TO MATURITY							
	5	6	7	8	9	10	11	12
75.00	28.11	27.17	26.54	26.09	25.76	25.51	25.33	25.18
76.00	27.64	26.75	26.14	25.71	25.40	25.16	24.98	24.84
77.00	27.18	26.33	25.75	25.34	25.04	24.82	24.65	24.51
78.00	26.73	25.92	25.37	24.98	24.69	24.48	24.32	24.19
79.00	26.28	25.52	25.00	24.63	24.35	24.15	23.99	23.87
80.00	25.85	25.13	24.63	24.28	24.02	23.83	23.68	23.56
80.50	25.63	24.93	24.45	24.11	23.86	23.67	23.52	23.41
81.00	25.42	24.74	24.27	23.94	23.69	23.51	23.37	23.26
81.50	25.21	24.55	24.10	23.77	23.53	23.35	23.22	23.11
82.00	25.00	24.36	23.92	23.61	23.37	23.20	23.07	22.96
82.50	24.80	24.17	23.75	23.44	23.22	23.05	22.92	22.82
83.00	24.59	23.99	23.57	23.28	23.06	22.90	22.77	22.67
83.50	24.39	23.80	23.40	23.12	22.90	22.75	22.62	22.53
84.00	24.18	23.62	23.23	22.96	22.75	22.60	22.48	22.39
84.50	23.98	23.44	23.07	22.80	22.60	22.45	22.34	22.25
85.00	23.79	23.26	22.90	22.64	22.45	22.30	22.19	22.11
85.50	23.59	23.08	22.73	22.48	22.30	22.16	22.05	21.97
86.00	23.39	22.91	22.57	22.33	22.15	22.02	21.91	21.83
86.50	23.20	22.73	22.41	22.18	22.01	21.88	21.78	21.70
87.00	23.01	22.56	22.25	22.03	21.86	21.74	21.64	21.57
87.50	22.82	22.39	22.09	21.88	21.72	21.60	21.51	21.43
88.00	22.63	22.22	21.93	21.73	21.58	21.46	21.37	21.30
88.50	22.44	22.05	21.77	21.58	21.43	21.32	21.24	21.17
89.00	22.26	21.88	21.62	21.43	21.29	21.19	21.11	21.05
89.50	22.07	21.71	21.47	21.29	21.16	21.06	20.98	20.92
90.00	21.89	21.55	21.31	21.14	21.02	20.92	20.85	20.79
90.50	21.71	21.38	21.16	21.00	20.88	20.79	20.72	20.67
91.00	21.53	21.22	21.01	20.86	20.75	20.66	20.60	20.54
91.50	21.35	21.06	20.86	20.72	20.61	20.53	20.47	20.42
92.00	21.17	20.90	20.71	20.58	20.48	20.41	20.35	20.30
92.50	20.99	20.74	20.57	20.44	20.35	20.28	20.22	20.18
93.00	20.82	20.58	20.42	20.31	20.22	20.15	20.10	20.06
93.50	20.65	20.43	20.28	20.17	20.09	20.03	19.98	19.94
94.00	20.47	20.27	20.13	20.04	19.96	19.90	19.86	19.83
94.50	20.30	20.12	19.99	19.90	19.83	19.78	19.74	19.71
95.00	20.13	19.97	19.85	19.77	19.71	19.66	19.62	19.60
95.50	19.96	19.81	19.71	19.64	19.58	19.54	19.51	19.48
96.00	19.80	19.66	19.57	19.51	19.46	19.42	19.39	19.37
96.50	19.63	19.52	19.44	19.38	19.34	19.30	19.28	19.26
97.00	19.47	19.37	19.30	19.25	19.21	19.19	19.16	19.15
97.50	19.30	19.22	19.16	19.12	19.09	19.07	19.05	19.04
98.00	19.14	19.07	19.03	19.00	18.97	18.95	18.94	18.93
98.50	18.98	18.93	18.90	18.87	18.85	18.84	18.83	18.82
99.00	18.82	18.78	18.76	18.75	18.73	18.72	18.72	18.71
99.50	18.66	18.64	18.63	18.62	18.62	18.61	18.61	18.61
100.00	18.50	18.50	18.50	18.50	18.50	18.50	18.50	18.50
100.50	18.34	18.36	18.37	18.38	18.38	18.39	18.39	18.40
101.00	18.19	18.22	18.24	18.26	18.27	18.28	18.29	18.29
101.50	18.03	18.08	18.11	18.14	18.16	18.17	18.18	18.19
102.00	17.88	17.94	17.99	18.02	18.04	18.06	18.08	18.09
102.50	17.73	17.81	17.86	17.90	17.93	17.95	17.97	17.99
103.00	17.57	17.67	17.74	17.78	17.82	17.85	17.87	17.88
103.50	17.42	17.53	17.61	17.67	17.71	17.74	17.77	17.78
104.00	17.27	17.40	17.49	17.55	17.60	17.63	17.66	17.69
105.00	16.98	17.13	17.24	17.32	17.38	17.43	17.46	17.49
106.00	16.68	16.87	17.00	17.10	17.17	17.22	17.26	17.30
107.00	16.39	16.61	16.76	16.87	16.96	17.02	17.07	17.11
108.00	16.11	16.36	16.53	16.65	16.75	16.82	16.88	16.92
109.00	15.83	16.10	16.30	16.44	16.54	16.62	16.69	16.74
110.00	15.55	15.86	16.07	16.22	16.34	16.43	16.50	16.56

18½%　　　Bond Yield Table

PRICE	YEARS TO MATURITY							
	13	14	15	16	17	18	19	20
75.00	25.07	24.99	24.92	24.87	24.82	24.79	24.77	24.75
76.00	24.74	24.65	24.59	24.54	24.50	24.47	24.44	24.42
77.00	24.41	24.33	24.27	24.22	24.18	24.15	24.12	24.10
78.00	24.09	24.01	23.95	23.90	23.87	23.84	23.81	23.79
79.00	23.78	23.70	23.65	23.60	23.56	23.53	23.51	23.49
80.00	23.47	23.40	23.35	23.30	23.27	23.24	23.22	23.20
80.50	23.32	23.25	23.20	23.16	23.12	23.09	23.07	23.05
81.00	23.17	23.11	23.05	23.01	22.98	22.95	22.93	22.91
81.50	23.03	22.96	22.91	22.87	22.83	22.81	22.79	22.77
82.00	22.88	22.82	22.77	22.73	22.69	22.67	22.65	22.63
82.50	22.74	22.67	22.62	22.59	22.55	22.53	22.51	22.49
83.00	22.59	22.53	22.49	22.45	22.42	22.39	22.37	22.36
83.50	22.45	22.39	22.35	22.31	22.28	22.26	22.24	22.22
84.00	22.31	22.26	22.21	22.18	22.15	22.12	22.10	22.09
84.50	22.18	22.12	22.08	22.04	22.01	21.99	21.97	21.96
85.00	22.04	21.99	21.94	21.91	21.88	21.86	21.84	21.83
85.50	21.90	21.85	21.81	21.78	21.75	21.73	21.71	21.70
86.00	21.77	21.72	21.68	21.65	21.62	21.60	21.58	21.57
86.50	21.64	21.59	21.55	21.52	21.49	21.47	21.46	21.45
87.00	21.51	21.46	21.42	21.39	21.37	21.35	21.33	21.32
87.50	21.38	21.33	21.30	21.27	21.24	21.23	21.21	21.20
88.00	21.25	21.21	21.17	21.14	21.12	21.10	21.09	21.08
88.50	21.12	21.08	21.05	21.02	21.00	20.98	20.97	20.96
89.00	21.00	20.96	20.92	20.90	20.88	20.86	20.85	20.84
89.50	20.87	20.83	20.80	20.78	20.76	20.74	20.73	20.72
90.00	20.75	20.71	20.68	20.66	20.64	20.62	20.61	20.60
90.50	20.62	20.59	20.56	20.54	20.52	20.51	20.50	20.49
91.00	20.50	20.47	20.44	20.42	20.41	20.39	20.38	20.37
91.50	20.38	20.35	20.33	20.31	20.29	20.28	20.27	20.26
92.00	20.26	20.24	20.21	20.19	20.18	20.17	20.16	20.15
92.50	20.15	20.12	20.10	20.08	20.07	20.05	20.04	20.04
93.00	20.03	20.00	19.98	19.97	19.95	19.94	19.93	19.93
93.50	19.91	19.89	19.87	19.86	19.84	19.83	19.83	19.82
94.00	19.80	19.78	19.76	19.75	19.73	19.72	19.72	19.71
94.50	19.69	19.67	19.65	19.64	19.63	19.62	19.61	19.60
95.00	19.57	19.56	19.54	19.53	19.52	19.51	19.50	19.50
95.50	19.46	19.45	19.43	19.42	19.41	19.41	19.40	19.39
96.00	19.35	19.34	19.32	19.32	19.31	19.30	19.30	19.29
96.50	19.24	19.23	19.22	19.21	19.20	19.20	19.19	19.19
97.00	19.13	19.12	19.11	19.11	19.10	19.10	19.09	19.09
97.50	19.03	19.02	19.01	19.00	19.00	18.99	18.99	18.99
98.00	18.92	18.91	18.91	18.90	18.90	18.89	18.89	18.89
98.50	18.81	18.81	18.80	18.80	18.80	18.79	18.79	18.79
99.00	18.71	18.70	18.70	18.70	18.70	18.69	18.69	18.69
99.50	18.60	18.60	18.60	18.60	18.60	18.60	18.60	18.60
100.00	18.50	18.50	18.50	18.50	18.50	18.50	18.50	18.50
100.50	18.40	18.40	18.40	18.40	18.40	18.40	18.40	18.41
101.00	18.30	18.30	18.30	18.31	18.31	18.31	18.31	18.31
101.50	18.20	18.20	18.21	18.21	18.21	18.21	18.22	18.22
102.00	18.10	18.10	18.11	18.11	18.12	18.12	18.12	18.13
102.50	18.00	18.01	18.01	18.02	18.02	18.03	18.03	18.03
103.00	17.90	17.91	17.92	17.93	17.93	17.94	17.94	17.94
103.50	17.80	17.81	17.82	17.83	17.84	17.85	17.85	17.85
104.00	17.70	17.72	17.73	17.74	17.75	17.75	17.76	17.76
105.00	17.51	17.53	17.55	17.56	17.57	17.58	17.58	17.59
106.00	17.32	17.35	17.36	17.38	17.39	17.40	17.41	17.42
107.00	17.14	17.17	17.19	17.20	17.22	17.23	17.24	17.25
108.00	16.96	16.99	17.01	17.03	17.05	17.06	17.07	17.08
109.00	16.78	16.81	16.84	16.86	16.88	16.89	16.91	16.92
110.00	16.60	16.64	16.67	16.69	16.71	16.73	16.74	16.75

Bond Yield Table 18½%

PRICE	YEARS TO MATURITY							CUR
	21	22	23	24	25	29	30	
75.00	24.73	24.72	24.71	24.70	24.69	24.68	24.67	24.67
76.00	24.40	24.39	24.38	24.37	24.37	24.35	24.35	24.34
77.00	24.09	24.07	24.06	24.06	24.06	24.04	24.03	24.03
78.00	23.78	23.77	23.76	23.75	23.74	23.73	23.73	23.72
79.00	23.48	23.47	23.46	23.45	23.44	23.43	23.43	23.42
80.00	23.18	23.17	23.16	23.16	23.15	23.14	23.13	23.13
80.50	23.04	23.03	23.02	23.01	23.01	22.99	22.99	22.98
81.00	22.90	22.89	22.88	22.87	22.86	22.85	22.85	22.84
81.50	22.76	22.74	22.74	22.73	22.72	22.71	22.71	22.70
82.00	22.62	22.61	22.60	22.59	22.58	22.57	22.57	22.56
82.50	22.48	22.47	22.46	22.45	22.45	22.43	22.43	22.42
83.00	22.34	22.33	22.32	22.32	22.31	22.30	22.30	22.29
83.50	22.21	22.20	22.19	22.18	22.18	22.17	22.16	22.16
84.00	22.08	22.07	22.06	22.05	22.05	22.03	22.03	22.02
84.50	21.94	21.94	21.93	21.92	21.92	21.90	21.90	21.89
85.00	21.82	21.81	21.80	21.79	21.79	21.77	21.77	21.76
85.50	21.69	21.68	21.67	21.66	21.66	21.65	21.65	21.64
86.00	21.56	21.55	21.54	21.54	21.53	21.52	21.52	21.51
86.50	21.43	21.43	21.42	21.41	21.41	21.40	21.39	21.39
87.00	21.31	21.30	21.29	21.29	21.28	21.27	21.27	21.26
87.50	21.19	21.18	21.17	21.17	21.16	21.15	21.15	21.14
88.00	21.07	21.06	21.05	21.05	21.04	21.03	21.03	21.02
88.50	20.95	20.94	20.93	20.93	20.92	20.91	20.91	20.90
89.00	20.83	20.82	20.81	20.81	20.80	20.79	20.79	20.79
89.50	20.71	20.70	20.70	20.69	20.69	20.68	20.68	20.67
90.00	20.59	20.59	20.58	20.58	20.57	20.56	20.56	20.56
90.50	20.48	20.47	20.47	20.46	20.46	20.45	20.45	20.44
91.00	20.36	20.36	20.35	20.35	20.35	20.34	20.34	20.33
91.50	20.25	20.25	20.24	20.24	20.23	20.23	20.22	20.22
92.00	20.14	20.13	20.13	20.13	20.12	20.12	20.11	20.11
92.50	20.03	20.02	20.02	20.02	20.01	20.01	20.01	20.00
93.00	19.92	19.92	19.91	19.91	19.91	19.90	19.90	19.89
93.50	19.81	19.81	19.80	19.80	19.80	19.79	19.79	19.79
94.00	19.71	19.70	19.70	19.69	19.69	19.69	19.69	19.68
94.50	19.60	19.60	19.59	19.59	19.59	19.58	19.58	19.58
95.00	19.49	19.49	19.49	19.49	19.48	19.48	19.48	19.47
95.50	19.39	19.39	19.38	19.38	19.38	19.38	19.38	19.37
96.00	19.29	19.29	19.28	19.28	19.28	19.27	19.27	19.27
96.50	19.19	19.18	19.18	19.18	19.18	19.17	19.17	19.17
97.00	19.09	19.08	19.08	19.08	19.08	19.08	19.07	19.07
97.50	18.99	18.98	18.98	18.98	18.98	18.98	18.98	18.97
98.00	18.89	18.88	18.88	18.88	18.88	18.88	18.88	18.88
98.50	18.79	18.79	18.79	18.79	18.78	18.78	18.78	18.78
99.00	18.69	18.69	18.69	18.69	18.69	18.69	18.69	18.69
99.50	18.60	18.59	18.59	18.59	18.59	18.59	18.59	18.59
100.00	18.50	18.50	18.50	18.50	18.50	18.50	18.50	18.50
100.50	18.41	18.41	18.41	18.41	18.41	18.41	18.41	18.41
101.00	18.31	18.31	18.31	18.31	18.31	18.32	18.32	18.32
101.50	18.22	18.22	18.22	18.22	18.22	18.22	18.23	18.23
102.00	18.13	18.13	18.13	18.13	18.13	18.13	18.14	18.14
102.50	18.04	18.04	18.04	18.04	18.04	18.05	18.05	18.05
103.00	17.95	17.95	17.95	17.95	17.95	17.96	17.96	17.96
103.50	17.86	17.86	17.86	17.86	17.87	17.87	17.87	17.87
104.00	17.77	17.77	17.77	17.78	17.78	17.78	17.78	17.79
105.00	17.59	17.60	17.60	17.60	17.61	17.61	17.61	17.62
106.00	17.42	17.43	17.43	17.43	17.44	17.45	17.45	17.45
107.00	17.25	17.26	17.26	17.27	17.27	17.28	17.28	17.29
108.00	17.09	17.09	17.10	17.10	17.11	17.12	17.12	17.13
109.00	16.92	16.93	16.94	16.94	16.95	16.96	16.96	16.97
110.00	16.76	16.77	16.78	16.79	16.79	16.80	16.81	16.82

18¾% Bond Yield Table

PRICE	¼	½	¾	1	1½	2	3	4
				YEARS TO MATURITY				
85.00	87.80	57.35	43.94	38.17	32.12	29.17	26.28	24.88
85.50	85.10	55.85	42.97	37.44	31.62	28.78	26.00	24.65
86.00	82.43	54.36	42.02	36.71	31.13	28.40	25.73	24.43
86.50	79.78	52.89	41.08	35.99	30.64	28.02	25.45	24.20
87.00	77.16	51.44	40.14	35.28	30.15	27.64	25.18	23.98
87.50	74.58	50.00	39.21	34.58	29.67	27.27	24.91	23.76
88.00	72.02	48.58	38.30	33.88	29.19	26.89	24.64	23.54
88.50	69.48	47.18	37.39	33.19	28.72	26.52	24.37	23.33
89.00	66.98	45.79	36.49	32.50	28.25	26.16	24.11	23.11
89.50	64.50	44.41	35.59	31.82	27.78	25.80	23.85	22.90
90.00	62.05	43.06	34.71	31.14	27.32	25.43	23.59	22.68
90.50	59.62	41.71	33.83	30.47	26.86	25.08	23.33	22.47
91.00	57.22	40.38	32.97	29.81	26.40	24.72	23.07	22.26
91.25	56.03	39.73	32.53	29.48	26.17	24.54	22.94	22.16
91.50	54.84	39.07	32.11	29.15	25.95	24.37	22.82	22.06
91.75	53.66	38.42	31.68	28.82	25.72	24.19	22.69	21.95
92.00	52.49	37.77	31.25	28.50	25.50	24.02	22.56	21.85
92.25	51.32	37.13	30.83	28.17	25.27	23.84	22.44	21.75
92.50	50.16	36.49	30.41	27.85	25.05	23.67	22.31	21.65
92.75	49.01	35.85	29.99	27.53	24.83	23.50	22.19	21.54
93.00	47.86	35.22	29.57	27.21	24.61	23.33	22.06	21.44
93.25	46.71	34.58	29.16	26.89	24.39	23.16	21.94	21.34
93.50	45.58	33.96	28.74	26.57	24.17	22.98	21.81	21.24
93.75	44.44	33.33	28.33	26.26	23.95	22.81	21.69	21.14
94.00	43.32	32.71	27.92	25.94	23.73	22.64	21.57	21.04
94.25	42.20	32.10	27.51	25.63	23.52	22.48	21.45	20.94
94.50	41.08	31.48	27.11	25.31	23.30	22.31	21.32	20.84
94.75	39.97	30.87	26.70	25.00	23.09	22.14	21.20	20.74
95.00	38.87	30.26	26.30	24.69	22.87	21.97	21.08	20.65
95.25	37.77	29.66	25.90	24.39	22.66	21.81	20.96	20.55
95.50	36.68	29.06	25.50	24.08	22.45	21.64	20.84	20.45
95.75	35.59	28.46	25.10	23.77	22.24	21.47	20.72	20.35
96.00	34.51	27.86	24.70	23.47	22.02	21.31	20.60	20.26
96.25	33.44	27.27	24.31	23.16	21.81	21.15	20.48	20.16
96.50	32.37	26.68	23.92	22.86	21.60	20.98	20.37	20.06
96.75	31.30	26.10	23.53	22.56	21.40	20.82	20.25	19.97
97.00	30.24	25.52	23.14	22.26	21.19	20.66	20.13	19.87
97.25	29.18	24.94	22.75	21.96	20.98	20.49	20.01	19.78
97.50	28.13	24.36	22.36	21.66	20.77	20.33	19.90	19.68
97.75	27.09	23.79	21.98	21.37	20.57	20.17	19.78	19.59
98.00	26.05	23.21	21.60	21.07	20.36	20.01	19.66	19.49
98.25	25.02	22.65	21.22	20.78	20.16	19.85	19.55	19.40
98.50	23.99	22.08	20.84	20.48	19.96	19.69	19.43	19.31
98.75	22.96	21.52	20.46	20.19	19.75	19.53	19.32	19.21
99.00	21.94	20.96	20.08	19.90	19.55	19.38	19.20	19.12
99.25	20.93	20.40	19.71	19.61	19.35	19.22	19.09	19.03
99.50	19.92	19.85	19.34	19.32	19.15	19.06	18.98	18.93
99.75	18.91	19.30	18.96	19.04	18.95	18.91	18.86	18.84
100.00	17.91	18.75	18.59	18.75	18.75	18.75	18.75	18.75
100.25	16.91	18.20	18.23	18.46	18.55	18.59	18.64	18.66
100.50	15.92	17.66	17.86	18.18	18.35	18.44	18.53	18.57
101.00	13.96	16.58	17.13	17.62	17.96	18.13	18.30	18.39
101.50	12.01	15.52	16.41	17.06	17.57	17.83	18.08	18.21
102.00	10.08	14.46	15.69	16.50	17.18	17.52	17.86	18.03
102.50	8.16	13.41	14.98	15.95	16.80	17.22	17.64	17.85
103.00	6.27	12.38	14.27	15.40	16.41	16.92	17.42	17.67
103.50	4.39	11.35	13.57	14.86	16.03	16.62	17.21	17.50
104.00	2.53	10.34	12.88	14.32	15.66	16.33	16.99	17.32
104.50	0.69	9.33	12.19	13.78	15.28	16.03	16.78	17.15
105.00		8.33	11.51	13.25	14.91	15.74	16.57	16.98

Bond Yield Table 18¾%

PRICE	YEARS TO MATURITY							
	5	6	7	8	9	10	11	12
75.00	28.41	27.48	26.85	26.40	26.08	25.83	25.65	25.51
76.00	27.94	27.06	26.45	26.02	25.71	25.48	25.30	25.16
77.00	27.48	26.63	26.06	25.65	25.35	25.13	24.96	24.83
78.00	27.03	26.22	25.68	25.29	25.00	24.79	24.62	24.50
79.00	26.58	25.82	25.30	24.93	24.66	24.45	24.30	24.18
80.00	26.14	25.42	24.93	24.58	24.32	24.13	23.98	23.86
80.50	25.93	25.23	24.75	24.41	24.15	23.97	23.82	23.71
81.00	25.71	25.03	24.57	24.23	23.99	23.81	23.67	23.56
81.50	25.50	24.84	24.39	24.07	23.83	23.65	23.51	23.41
82.00	25.29	24.65	24.21	23.90	23.67	23.49	23.36	23.26
82.50	25.08	24.46	24.04	23.73	23.51	23.34	23.21	23.11
83.00	24.88	24.27	23.86	23.57	23.35	23.19	23.06	22.96
83.50	24.67	24.09	23.69	23.40	23.19	23.04	22.91	22.82
84.00	24.47	23.90	23.52	23.24	23.04	22.89	22.77	22.68
84.50	24.27	23.72	23.35	23.08	22.89	22.74	22.62	22.53
85.00	24.07	23.54	23.18	22.92	22.73	22.59	22.48	22.39
85.50	23.87	23.36	23.02	22.77	22.58	22.44	22.34	22.26
86.00	23.67	23.19	22.85	22.61	22.43	22.30	22.20	22.12
86.50	23.48	23.01	22.69	22.46	22.29	22.16	22.06	21.98
87.00	23.28	22.83	22.53	22.30	22.14	22.02	21.92	21.85
87.50	23.09	22.66	22.37	22.15	22.00	21.88	21.79	21.71
88.00	22.90	22.49	22.21	22.00	21.85	21.74	21.65	21.58
88.50	22.71	22.32	22.05	21.85	21.71	21.60	21.52	21.45
89.00	22.53	22.15	21.89	21.71	21.57	21.46	21.38	21.32
89.50	22.34	21.98	21.74	21.56	21.43	21.33	21.25	21.19
90.00	22.16	21.82	21.58	21.41	21.29	21.20	21.12	21.07
90.50	21.97	21.65	21.43	21.27	21.15	21.06	20.99	20.94
91.00	21.79	21.49	21.28	21.13	21.02	20.93	20.87	20.82
91.50	21.61	21.33	21.13	20.99	20.88	20.80	20.74	20.69
92.00	21.43	21.17	20.98	20.85	20.75	20.67	20.61	20.57
92.50	21.26	21.01	20.83	20.71	20.62	20.54	20.49	20.45
93.00	21.08	20.85	20.69	20.57	20.48	20.42	20.37	20.33
93.50	20.91	20.69	20.54	20.43	20.35	20.29	20.25	20.21
94.00	20.73	20.53	20.40	20.30	20.22	20.17	20.12	20.09
94.50	20.56	20.38	20.25	20.16	20.10	20.04	20.00	19.97
95.00	20.39	20.23	20.11	20.03	19.97	19.92	19.89	19.86
95.50	20.22	20.07	19.97	19.90	19.84	19.80	19.77	19.74
96.00	20.05	19.92	19.83	19.77	19.72	19.68	19.65	19.63
96.50	19.89	19.77	19.69	19.64	19.59	19.56	19.53	19.51
97.00	19.72	19.62	19.55	19.51	19.47	19.44	19.42	19.40
97.50	19.56	19.47	19.42	19.38	19.35	19.32	19.31	19.29
98.00	19.39	19.33	19.28	19.25	19.23	19.21	19.19	19.18
98.50	19.23	19.18	19.15	19.12	19.11	19.09	19.08	19.07
99.00	19.07	19.04	19.01	19.00	18.99	18.98	18.97	18.96
99.50	18.91	18.89	18.88	18.87	18.87	18.86	18.86	18.86
100.00	18.75	18.75	18.75	18.75	18.75	18.75	18.75	18.75
100.50	18.59	18.61	18.62	18.63	18.63	18.64	18.64	18.64
101.00	18.44	18.47	18.49	18.51	18.52	18.53	18.53	18.54
101.50	18.28	18.33	18.36	18.38	18.40	18.42	18.43	18.44
102.00	18.13	18.19	18.23	18.26	18.29	18.31	18.32	18.33
102.50	17.97	18.05	18.11	18.15	18.18	18.20	18.22	18.23
103.00	17.82	17.91	17.98	18.03	18.06	18.09	18.11	18.13
103.50	17.67	17.78	17.85	17.91	17.95	17.98	18.01	18.03
104.00	17.52	17.64	17.73	17.79	17.84	17.88	17.91	17.93
105.00	17.22	17.38	17.48	17.56	17.62	17.67	17.70	17.73
106.00	16.92	17.11	17.24	17.34	17.41	17.46	17.50	17.54
107.00	16.63	16.85	17.00	17.11	17.19	17.26	17.31	17.34
108.00	16.35	16.59	16.77	16.89	16.98	17.06	17.11	17.16
109.00	16.06	16.34	16.53	16.67	16.78	16.86	16.92	16.97
110.00	15.78	16.09	16.30	16.46	16.57	16.66	16.73	16.79

18¾%   Bond Yield Table

PRICE	YEARS TO MATURITY							
	13	14	15	16	17	18	19	20
75.00	25.40	25.31	25.24	25.19	25.15	25.12	25.09	25.07
76.00	25.06	24.97	24.91	24.86	24.82	24.79	24.76	24.75
77.00	24.73	24.65	24.58	24.54	24.50	24.47	24.44	24.42
78.00	24.40	24.33	24.27	24.22	24.18	24.15	24.13	24.11
79.00	24.09	24.01	23.96	23.91	23.87	23.85	23.82	23.81
80.00	23.78	23.71	23.65	23.61	23.57	23.55	23.52	23.51
80.50	23.62	23.56	23.50	23.46	23.43	23.40	23.38	23.36
81.00	23.47	23.41	23.36	23.31	23.28	23.25	23.23	23.22
81.50	23.33	23.26	23.21	23.17	23.14	23.11	23.09	23.07
82.00	23.18	23.11	23.06	23.03	22.99	22.97	22.95	22.93
82.50	23.03	22.97	22.92	22.88	22.85	22.83	22.81	22.79
83.00	22.89	22.83	22.78	22.74	22.71	22.69	22.67	22.65
83.50	22.75	22.69	22.64	22.61	22.58	22.55	22.53	22.52
84.00	22.60	22.55	22.50	22.47	22.44	22.42	22.40	22.38
84.50	22.47	22.41	22.37	22.33	22.30	22.28	22.26	22.25
85.00	22.33	22.27	22.23	22.20	22.17	22.15	22.13	22.12
85.50	22.19	22.14	22.10	22.07	22.04	22.02	22.00	21.99
86.00	22.06	22.01	21.97	21.93	21.91	21.89	21.87	21.86
86.50	21.92	21.87	21.84	21.81	21.78	21.76	21.74	21.73
87.00	21.79	21.74	21.71	21.68	21.65	21.63	21.62	21.61
87.50	21.66	21.61	21.58	21.55	21.53	21.51	21.49	21.48
88.00	21.53	21.49	21.45	21.42	21.40	21.38	21.37	21.36
88.50	21.40	21.36	21.33	21.30	21.28	21.26	21.25	21.24
89.00	21.27	21.23	21.20	21.18	21.16	21.14	21.13	21.12
89.50	21.15	21.11	21.08	21.05	21.03	21.02	21.01	21.00
90.00	21.02	20.99	20.96	20.93	20.92	20.90	20.89	20.88
90.50	20.90	20.86	20.84	20.81	20.80	20.78	20.77	20.76
91.00	20.77	20.74	20.72	20.70	20.68	20.67	20.65	20.65
91.50	20.65	20.62	20.60	20.58	20.56	20.55	20.54	20.53
92.00	20.53	20.50	20.48	20.46	20.45	20.44	20.43	20.42
92.50	20.41	20.39	20.37	20.35	20.33	20.32	20.31	20.31
93.00	20.30	20.27	20.25	20.23	20.22	20.21	20.20	20.19
93.50	20.18	20.16	20.14	20.12	20.11	20.10	20.09	20.08
94.00	20.06	20.04	20.02	20.01	20.00	19.99	19.98	19.98
94.50	19.95	19.93	19.91	19.90	19.89	19.88	19.87	19.87
95.00	19.83	19.82	19.80	19.79	19.78	19.77	19.77	19.76
95.50	19.72	19.71	19.69	19.68	19.67	19.67	19.66	19.66
96.00	19.61	19.60	19.58	19.57	19.57	19.56	19.56	19.55
96.50	19.50	19.49	19.48	19.47	19.46	19.46	19.45	19.45
97.00	19.39	19.38	19.37	19.36	19.36	19.35	19.35	19.35
97.50	19.28	19.27	19.26	19.26	19.25	19.25	19.25	19.24
98.00	19.17	19.17	19.16	19.15	19.15	19.15	19.15	19.14
98.50	19.07	19.06	19.06	19.05	19.05	19.05	19.04	19.04
99.00	18.96	18.96	18.95	18.95	18.95	18.95	18.95	18.94
99.50	18.85	18.85	18.85	18.85	18.85	18.85	18.85	18.85
100.00	18.75	18.75	18.75	18.75	18.75	18.75	18.75	18.75
100.50	18.65	18.65	18.65	18.65	18.65	18.65	18.65	18.65
101.00	18.54	18.55	18.55	18.55	18.55	18.56	18.56	18.56
101.50	18.44	18.45	18.45	18.46	18.46	18.46	18.46	18.46
102.00	18.34	18.35	18.35	18.36	18.36	18.37	18.37	18.37
102.50	18.24	18.25	18.26	18.26	18.27	18.27	18.28	18.28
103.00	18.14	18.15	18.16	18.17	18.17	18.18	18.18	18.19
103.50	18.04	18.06	18.07	18.08	18.08	18.09	18.09	18.10
104.00	17.95	17.96	17.97	17.98	17.99	18.00	18.00	18.01
105.00	17.75	17.77	17.79	17.80	17.81	17.82	17.82	17.83
106.00	17.56	17.58	17.60	17.62	17.63	17.64	17.65	17.65
107.00	17.38	17.40	17.42	17.44	17.45	17.46	17.47	17.48
108.00	17.19	17.22	17.24	17.26	17.28	17.29	17.30	17.31
109.00	17.01	17.04	17.07	17.09	17.11	17.12	17.14	17.15
110.00	16.83	16.87	16.90	16.92	16.94	16.96	16.97	16.98

Bond Yield Table   18¾%

PRICE	YEARS TO MATURITY							
	21	22	23	24	25	29	30	CUR
75.00	25.06	25.05	25.04	25.03	25.02	25.01	25.01	25.00
76.00	24.73	24.72	24.71	24.70	24.69	24.68	24.68	24.67
77.00	24.41	24.40	24.39	24.38	24.38	24.37	24.36	24.35
78.00	24.10	24.08	24.08	24.07	24.06	24.05	24.05	24.04
79.00	23.79	23.78	23.77	23.76	23.76	23.74	23.74	23.73
80.00	23.49	23.48	23.47	23.47	23.46	23.45	23.45	23.44
80.50	23.35	23.34	23.33	23.32	23.31	23.30	23.30	23.29
81.00	23.20	23.19	23.18	23.18	23.17	23.16	23.16	23.15
81.50	23.06	23.05	23.04	23.03	23.03	23.02	23.01	23.01
82.00	22.92	22.91	22.90	22.89	22.89	22.88	22.87	22.87
82.50	22.78	22.77	22.76	22.75	22.75	22.74	22.73	22.73
83.00	22.64	22.63	22.62	22.62	22.61	22.60	22.60	22.59
83.50	22.51	22.50	22.49	22.48	22.48	22.46	22.46	22.46
84.00	22.37	22.36	22.35	22.35	22.34	22.33	22.33	22.32
84.50	22.24	22.23	22.22	22.22	22.21	22.20	22.20	22.19
85.00	22.11	22.10	22.09	22.08	22.08	22.07	22.07	22.06
85.50	21.98	21.97	21.96	21.96	21.95	21.94	21.94	21.93
86.00	21.85	21.84	21.83	21.83	21.82	21.81	21.81	21.80
86.50	21.72	21.71	21.71	21.70	21.70	21.68	21.68	21.68
87.00	21.60	21.59	21.58	21.58	21.57	21.56	21.56	21.55
87.50	21.47	21.46	21.46	21.45	21.45	21.44	21.44	21.43
88.00	21.35	21.34	21.33	21.33	21.33	21.32	21.31	21.31
88.50	21.23	21.22	21.21	21.21	21.20	21.19	21.19	21.19
89.00	21.11	21.10	21.09	21.09	21.08	21.08	21.07	21.07
89.50	20.99	20.98	20.98	20.97	20.97	20.96	20.96	20.95
90.00	20.87	20.86	20.86	20.85	20.85	20.84	20.84	20.83
90.50	20.75	20.75	20.74	20.74	20.73	20.73	20.72	20.72
91.00	20.64	20.63	20.63	20.62	20.62	20.61	20.61	20.60
91.50	20.52	20.52	20.51	20.51	20.51	20.50	20.50	20.49
92.00	20.41	20.41	20.40	20.40	20.39	20.39	20.39	20.38
92.50	20.30	20.29	20.29	20.29	20.28	20.28	20.28	20.27
93.00	20.19	20.18	20.18	20.18	20.17	20.17	20.17	20.16
93.50	20.08	20.07	20.07	20.07	20.07	20.06	20.06	20.05
94.00	19.97	19.97	19.96	19.96	19.96	19.95	19.95	19.95
94.50	19.86	19.86	19.86	19.85	19.85	19.85	19.85	19.84
95.00	19.76	19.75	19.75	19.75	19.75	19.74	19.74	19.74
95.50	19.65	19.65	19.65	19.64	19.64	19.64	19.64	19.63
96.00	19.55	19.54	19.54	19.54	19.54	19.53	19.53	19.53
96.50	19.44	19.44	19.44	19.44	19.44	19.43	19.43	19.43
97.00	19.34	19.34	19.34	19.34	19.34	19.33	19.33	19.33
97.50	19.24	19.24	19.24	19.24	19.24	19.23	19.23	19.23
98.00	19.14	19.14	19.14	19.14	19.14	19.13	19.13	19.13
98.50	19.04	19.04	19.04	19.04	19.04	19.04	19.04	19.04
99.00	18.94	18.94	18.94	18.94	18.94	18.94	18.94	18.94
99.50	18.85	18.85	18.85	18.85	18.85	18.84	18.84	18.84
00.00	18.75	18.75	18.75	18.75	18.75	18.75	18.75	18.75
00.50	18.65	18.65	18.65	18.66	18.66	18.66	18.66	18.66
01.00	18.56	18.56	18.56	18.56	18.56	18.56	18.56	18.56
01.50	18.47	18.47	18.47	18.47	18.47	18.47	18.47	18.47
02.00	18.37	18.37	18.38	18.38	18.38	18.38	18.38	18.38
02.50	18.28	18.28	18.28	18.29	18.29	18.29	18.29	18.29
03.00	18.19	18.19	18.19	18.20	18.20	18.20	18.20	18.20
03.50	18.10	18.10	18.10	18.11	18.11	18.11	18.11	18.12
04.00	18.01	18.01	18.02	18.02	18.02	18.02	18.02	18.03
05.00	17.83	17.84	17.84	17.84	17.85	17.85	17.85	17.86
06.00	17.66	17.66	17.67	17.67	17.67	17.68	17.68	17.69
07.00	17.49	17.49	17.50	17.50	17.51	17.51	17.52	17.52
08.00	17.32	17.33	17.33	17.34	17.34	17.35	17.35	17.36
09.00	17.16	17.16	17.17	17.17	17.18	17.19	17.19	17.20
10.00	16.99	17.00	17.01	17.01	17.02	17.03	17.03	17.05

19% Bond Yield Table

PRICE	¼	½	¾	1	1½	2	3	4
				YEARS TO MATURITY				
85.00	88.02	57.65	44.21	38.45	32.40	29.45	26.56	25.1
85.50	85.32	56.14	43.25	37.72	31.90	29.06	26.28	24.9
86.00	82.64	54.65	42.29	36.99	31.41	28.68	26.00	24.7
86.50	80.00	53.18	41.35	36.27	30.92	28.29	25.73	24.4
87.00	77.38	51.72	40.41	35.56	30.43	27.92	25.45	24.2
87.50	74.80	50.29	39.48	34.85	29.94	27.54	25.18	24.0
88.00	72.24	48.86	38.57	34.15	29.46	27.17	24.91	23.8
88.50	69.71	47.46	37.66	33.46	28.99	26.80	24.65	23.6
89.00	67.20	46.07	36.75	32.77	28.52	26.43	24.38	23.3
89.50	64.72	44.69	35.86	32.09	28.05	26.06	24.12	23.1
90.00	62.27	43.33	34.98	31.41	27.58	25.70	23.85	22.9
90.50	59.84	41.99	34.10	30.74	27.12	25.34	23.59	22.7
91.00	57.44	40.66	33.23	30.08	26.67	24.99	23.34	22.5
91.25	56.25	40.00	32.80	29.75	26.44	24.81	23.21	22.4
91.50	55.06	39.34	32.37	29.42	26.21	24.63	23.08	22.3
91.75	53.89	38.69	31.94	29.09	25.99	24.46	22.95	22.2
92.00	52.71	38.04	31.52	28.76	25.76	24.28	22.83	22.1
92.25	51.55	37.40	31.09	28.44	25.54	24.11	22.70	22.0
92.50	50.39	36.76	30.67	28.12	25.32	23.94	22.58	21.9
92.75	49.23	36.12	30.25	27.79	25.09	23.76	22.45	21.8
93.00	48.08	35.48	29.83	27.47	24.87	23.59	22.32	21.7
93.25	46.94	34.85	29.42	27.15	24.65	23.42	22.20	21.6
93.50	45.80	34.22	29.00	26.84	24.43	23.25	22.08	21.5
93.75	44.67	33.60	28.59	26.52	24.21	23.08	21.95	21.4
94.00	43.54	32.98	28.18	26.20	24.00	22.91	21.83	21.3
94.25	42.42	32.36	27.77	25.89	23.78	22.74	21.71	21.2
94.50	41.31	31.75	27.36	25.58	23.56	22.57	21.58	21.1
94.75	40.20	31.13	26.96	25.26	23.35	22.40	21.46	21.0
95.00	39.10	30.53	26.55	24.95	23.13	22.23	21.34	20.9
95.25	38.00	29.92	26.15	24.64	22.92	22.06	21.22	20.8
95.50	36.91	29.32	25.75	24.34	22.71	21.90	21.10	20.7
95.75	35.82	28.72	25.35	24.03	22.49	21.73	20.98	20.6
96.00	34.74	28.13	24.96	23.73	22.28	21.57	20.86	20.5
96.25	33.66	27.53	24.56	23.42	22.07	21.40	20.74	20.4
96.50	32.59	26.94	24.17	23.12	21.86	21.24	20.62	20.3
96.75	31.53	26.36	23.78	22.82	21.65	21.07	20.50	20.2
97.00	30.47	25.77	23.39	22.52	21.44	20.91	20.39	20.1
97.25	29.41	25.19	23.00	22.22	21.24	20.75	20.27	20.0
97.50	28.36	24.62	22.61	21.92	21.03	20.59	20.15	19.9
97.75	27.32	24.04	22.23	21.62	20.82	20.43	20.03	19.8
98.00	26.28	23.47	21.85	21.33	20.62	20.27	19.92	19.7
98.25	25.24	22.90	21.47	21.03	20.41	20.11	19.80	19.6
98.50	24.21	22.34	21.09	20.74	20.21	19.95	19.69	19.5
98.75	23.19	21.77	20.71	20.44	20.01	19.79	19.57	19.4
99.00	22.17	21.21	20.33	20.15	19.80	19.63	19.46	19.3
99.25	21.15	20.65	19.96	19.86	19.60	19.47	19.34	19.2
99.50	20.14	20.10	19.58	19.57	19.40	19.31	19.23	19.1
99.75	19.14	19.55	19.21	19.29	19.20	19.16	19.11	19.0
100.00	18.14	19.00	18.84	19.00	19.00	19.00	19.00	19.0
100.25	17.14	18.45	18.47	18.71	18.80	18.84	18.89	18.9
100.50	16.15	17.91	18.10	18.43	18.60	18.69	18.77	18.8
101.00	14.18	16.83	17.37	17.86	18.21	18.38	18.55	18.6
101.50	12.24	15.76	16.65	17.30	17.82	18.07	18.33	18.4
102.00	10.30	14.71	15.93	16.75	17.43	17.77	18.11	18.2
102.50	8.39	13.66	15.22	16.19	17.04	17.47	17.89	18.1
103.00	6.50	12.62	14.51	15.64	16.66	17.16	17.67	17.9
103.50	4.62	11.59	13.81	15.10	16.28	16.87	17.45	17.7
104.00	2.76	10.58	13.12	14.56	15.90	16.57	17.24	17.5
104.50	0.92	9.57	12.43	14.02	15.52	16.27	17.02	17.3
105.00		8.57	11.74	13.49	15.15	15.98	16.81	17.2

Bond Yield Table 19%

PRICE	YEARS TO MATURITY							
	5	6	7	8	9	10	11	12
75.00	28.72	27.79	27.16	26.72	26.39	26.15	25.97	25.83
76.00	28.25	27.36	26.76	26.33	26.02	25.79	25.61	25.48
77.00	27.78	26.94	26.36	25.96	25.66	25.44	25.27	25.14
78.00	27.32	26.52	25.98	25.59	25.31	25.09	24.93	24.81
79.00	26.88	26.12	25.60	25.23	24.96	24.76	24.60	24.48
80.00	26.44	25.72	25.23	24.88	24.62	24.43	24.28	24.17
80.50	26.22	25.52	25.04	24.70	24.45	24.26	24.12	24.01
81.00	26.00	25.32	24.86	24.53	24.29	24.10	23.97	23.86
81.50	25.79	25.13	24.68	24.36	24.12	23.94	23.81	23.71
82.00	25.58	24.94	24.50	24.19	23.96	23.79	23.66	23.55
82.50	25.37	24.75	24.32	24.02	23.80	23.63	23.50	23.41
83.00	25.16	24.56	24.15	23.86	23.64	23.48	23.35	23.26
83.50	24.96	24.37	23.98	23.69	23.48	23.32	23.20	23.11
84.00	24.75	24.19	23.80	23.53	23.33	23.17	23.06	22.97
84.50	24.55	24.01	23.63	23.37	23.17	23.02	22.91	22.82
85.00	24.35	23.82	23.46	23.21	23.02	22.88	22.77	22.68
85.50	24.15	23.64	23.30	23.05	22.87	22.73	22.62	22.54
86.00	23.95	23.46	23.13	22.89	22.72	22.58	22.48	22.40
86.50	23.75	23.29	22.97	22.74	22.57	22.44	22.34	22.27
87.00	23.56	23.11	22.80	22.58	22.42	22.30	22.20	22.13
87.50	23.37	22.94	22.64	22.43	22.27	22.16	22.06	21.99
88.00	23.18	22.76	22.48	22.28	22.13	22.02	21.93	21.86
88.50	22.99	22.59	22.32	22.13	21.99	21.88	21.79	21.73
89.00	22.80	22.42	22.16	21.98	21.84	21.74	21.66	21.60
89.50	22.61	22.25	22.01	21.83	21.70	21.60	21.53	21.47
90.00	22.43	22.09	21.85	21.69	21.56	21.47	21.40	21.34
90.50	22.24	21.92	21.70	21.54	21.42	21.33	21.27	21.21
91.00	22.06	21.76	21.55	21.40	21.29	21.20	21.14	21.09
91.50	21.88	21.59	21.40	21.25	21.15	21.07	21.01	20.96
92.00	21.70	21.43	21.25	21.11	21.01	20.94	20.88	20.84
92.50	21.52	21.27	21.10	20.97	20.88	20.81	20.76	20.71
93.00	21.34	21.11	20.95	20.83	20.75	20.68	20.63	20.59
93.50	21.17	20.95	20.80	20.70	20.62	20.56	20.51	20.47
94.00	20.99	20.80	20.66	20.56	20.49	20.43	20.39	20.35
94.50	20.82	20.64	20.51	20.42	20.36	20.31	20.27	20.24
95.00	20.65	20.49	20.37	20.29	20.23	20.18	20.15	20.12
95.50	20.48	20.33	20.23	20.16	20.10	20.06	20.03	20.00
96.00	20.31	20.18	20.09	20.02	19.97	19.94	19.91	19.89
96.50	20.14	20.03	19.95	19.89	19.85	19.82	19.79	19.77
97.00	19.98	19.88	19.81	19.76	19.73	19.70	19.68	19.66
97.50	19.81	19.73	19.67	19.63	19.60	19.58	19.56	19.55
98.00	19.65	19.58	19.54	19.50	19.48	19.46	19.45	19.44
98.50	19.48	19.43	19.40	19.38	19.36	19.34	19.33	19.33
99.00	19.32	19.29	19.27	19.25	19.24	19.23	19.22	19.22
99.50	19.16	19.14	19.13	19.12	19.12	19.11	19.11	19.11
100.00	19.00	19.00	19.00	19.00	19.00	19.00	19.00	19.00
100.50	18.84	18.86	18.87	18.88	18.88	18.89	18.89	18.89
101.00	18.68	18.72	18.74	18.75	18.77	18.77	18.78	18.79
101.50	18.53	18.57	18.61	18.63	18.65	18.66	18.67	18.68
102.00	18.37	18.44	18.48	18.51	18.53	18.55	18.57	18.58
102.50	18.22	18.30	18.35	18.39	18.42	18.44	18.46	18.48
103.00	18.06	18.16	18.22	18.27	18.31	18.33	18.36	18.37
103.50	17.91	18.02	18.10	18.15	18.20	18.23	18.25	18.27
104.00	17.76	17.89	17.97	18.04	18.08	18.12	18.15	18.17
105.00	17.46	17.62	17.73	17.80	17.86	17.91	17.94	17.97
106.00	17.16	17.35	17.48	17.58	17.65	17.70	17.74	17.77
107.00	16.87	17.09	17.24	17.35	17.43	17.49	17.54	17.58
108.00	16.58	16.83	17.00	17.13	17.22	17.29	17.35	17.39
109.00	16.30	16.58	16.77	16.91	17.01	17.09	17.15	17.20
110.00	16.02	16.32	16.54	16.69	16.81	16.89	16.96	17.02

Bond Yield Table

PRICE	YEARS TO MATURITY							
	13	14	15	16	17	18	19	20
75.00	25.72	25.64	25.57	25.52	25.48	25.45	25.42	25.40
76.00	25.38	25.30	25.23	25.18	25.14	25.11	25.09	25.07
77.00	25.04	24.96	24.90	24.85	24.82	24.79	24.76	24.75
78.00	24.71	24.64	24.58	24.53	24.50	24.47	24.45	24.43
79.00	24.39	24.32	24.27	24.22	24.19	24.16	24.14	24.12
80.00	24.08	24.01	23.96	23.92	23.88	23.86	23.83	23.82
80.50	23.93	23.86	23.81	23.77	23.73	23.71	23.69	23.67
81.00	23.77	23.71	23.66	23.62	23.58	23.56	23.54	23.52
81.50	23.62	23.56	23.51	23.47	23.44	23.41	23.39	23.38
82.00	23.48	23.41	23.36	23.33	23.29	23.27	23.25	23.23
82.50	23.33	23.27	23.22	23.18	23.15	23.13	23.11	23.09
83.00	23.18	23.12	23.08	23.04	23.01	22.99	22.97	22.95
83.50	23.04	22.98	22.94	22.90	22.87	22.85	22.83	22.82
84.00	22.90	22.84	22.80	22.76	22.73	22.71	22.69	22.68
84.50	22.75	22.70	22.66	22.62	22.60	22.58	22.56	22.54
85.00	22.62	22.56	22.52	22.49	22.46	22.44	22.42	22.41
85.50	22.48	22.43	22.39	22.35	22.33	22.31	22.29	22.28
86.00	22.34	22.29	22.25	22.22	22.20	22.18	22.16	22.15
86.50	22.21	22.16	22.12	22.09	22.07	22.05	22.03	22.02
87.00	22.07	22.03	21.99	21.96	21.94	21.92	21.90	21.89
87.50	21.94	21.89	21.86	21.83	21.81	21.79	21.78	21.77
88.00	21.81	21.77	21.73	21.70	21.68	21.67	21.65	21.64
88.50	21.68	21.64	21.60	21.58	21.56	21.54	21.53	21.52
89.00	21.55	21.51	21.48	21.45	21.43	21.42	21.41	21.39
89.50	21.42	21.38	21.35	21.33	21.31	21.30	21.28	21.27
90.00	21.29	21.26	21.23	21.21	21.19	21.18	21.16	21.15
90.50	21.17	21.14	21.11	21.09	21.07	21.06	21.04	21.04
91.00	21.05	21.01	20.99	20.97	20.95	20.94	20.93	20.92
91.50	20.92	20.89	20.87	20.85	20.83	20.82	20.81	20.80
92.00	20.80	20.77	20.75	20.73	20.72	20.71	20.70	20.69
92.50	20.68	20.65	20.63	20.62	20.60	20.59	20.58	20.57
93.00	20.56	20.54	20.52	20.50	20.49	20.48	20.47	20.46
93.50	20.44	20.42	20.40	20.39	20.38	20.37	20.36	20.35
94.00	20.33	20.31	20.29	20.27	20.26	20.25	20.25	20.24
94.50	20.21	20.19	20.18	20.16	20.15	20.14	20.14	20.13
95.00	20.10	20.08	20.06	20.05	20.04	20.04	20.03	20.02
95.50	19.98	19.97	19.95	19.94	19.93	19.93	19.92	19.92
96.00	19.87	19.85	19.84	19.83	19.83	19.82	19.82	19.81
96.50	19.76	19.74	19.73	19.73	19.72	19.71	19.71	19.71
97.00	19.65	19.64	19.63	19.62	19.61	19.61	19.61	19.60
97.50	19.54	19.53	19.52	19.51	19.51	19.51	19.50	19.50
98.00	19.43	19.42	19.41	19.41	19.41	19.40	19.40	19.40
98.50	19.32	19.31	19.31	19.31	19.30	19.30	19.30	19.30
99.00	19.21	19.21	19.21	19.20	19.20	19.20	19.20	19.20
99.50	19.11	19.10	19.10	19.10	19.10	19.10	19.10	19.10
100.00	19.00	19.00	19.00	19.00	19.00	19.00	19.00	19.00
100.50	18.90	18.90	18.90	18.90	18.90	18.90	18.90	18.90
101.00	18.79	18.80	18.80	18.80	18.80	18.80	18.80	18.81
101.50	18.69	18.69	18.70	18.70	18.71	18.71	18.71	18.71
102.00	18.59	18.59	18.60	18.60	18.61	18.61	18.61	18.62
102.50	18.49	18.50	18.50	18.51	18.51	18.52	18.52	18.52
103.00	18.39	18.40	18.41	18.41	18.42	18.42	18.43	18.43
103.50	18.29	18.30	18.31	18.32	18.32	18.33	18.33	18.34
104.00	18.19	18.20	18.21	18.22	18.23	18.24	18.24	18.25
105.00	17.99	18.01	18.03	18.04	18.05	18.06	18.06	18.07
106.00	17.80	17.82	17.84	17.85	17.87	17.88	17.88	17.89
107.00	17.61	17.64	17.66	17.67	17.69	17.70	17.71	17.72
108.00	17.43	17.46	17.48	17.50	17.51	17.53	17.54	17.55
109.00	17.24	17.28	17.30	17.32	17.34	17.36	17.37	17.38
110.00	17.06	17.10	17.13	17.15	17.17	17.19	17.20	17.21

Bond Yield Table 19%

PRICE	YEARS TO MATURITY							
	21	22	23	24	25	29	30	CUR
75.00	25.39	25.38	25.37	25.36	25.36	25.34	25.34	25.33
76.00	25.06	25.04	25.03	25.03	25.02	25.01	25.01	25.00
77.00	24.73	24.72	24.71	24.70	24.70	24.68	24.68	24.68
78.00	24.41	24.40	24.39	24.39	24.38	24.37	24.37	24.36
79.00	24.10	24.09	24.09	24.08	24.07	24.06	24.06	24.05
80.00	23.80	23.79	23.78	23.78	23.77	23.76	23.76	23.75
80.50	23.66	23.64	23.64	23.63	23.62	23.61	23.61	23.60
81.00	23.51	23.50	23.49	23.48	23.48	23.47	23.46	23.46
81.50	23.36	23.35	23.35	23.34	23.33	23.32	23.32	23.31
82.00	23.22	23.21	23.20	23.20	23.19	23.18	23.18	23.17
82.50	23.08	23.07	23.06	23.06	23.05	23.04	23.04	23.03
83.00	22.94	22.93	22.92	22.92	22.91	22.90	22.90	22.89
83.50	22.80	22.79	22.79	22.78	22.78	22.76	22.76	22.75
84.00	22.67	22.66	22.65	22.64	22.64	22.63	22.63	22.62
84.50	22.53	22.52	22.52	22.51	22.51	22.49	22.49	22.49
85.00	22.40	22.39	22.38	22.38	22.37	22.36	22.36	22.35
85.50	22.27	22.26	22.25	22.25	22.24	22.23	22.23	22.22
86.00	22.14	22.13	22.12	22.12	22.11	22.10	22.10	22.09
86.50	22.01	22.00	21.99	21.99	21.98	21.97	21.97	21.97
87.00	21.88	21.87	21.87	21.86	21.86	21.85	21.85	21.84
87.50	21.76	21.75	21.74	21.74	21.73	21.72	21.72	21.71
88.00	21.63	21.62	21.62	21.61	21.61	21.60	21.60	21.59
88.50	21.51	21.50	21.49	21.49	21.49	21.48	21.48	21.47
89.00	21.39	21.38	21.37	21.37	21.36	21.36	21.35	21.35
89.50	21.27	21.26	21.25	21.25	21.25	21.24	21.23	21.23
90.00	21.15	21.14	21.13	21.13	21.13	21.12	21.12	21.11
90.50	21.03	21.02	21.02	21.01	21.01	21.00	21.00	20.99
91.00	20.91	20.91	20.90	20.90	20.89	20.89	20.88	20.88
91.50	20.80	20.79	20.79	20.78	20.78	20.77	20.77	20.77
92.00	20.68	20.68	20.67	20.67	20.67	20.66	20.66	20.65
92.50	20.57	20.56	20.56	20.56	20.55	20.55	20.55	20.54
93.00	20.46	20.45	20.45	20.44	20.44	20.44	20.43	20.43
93.50	20.35	20.34	20.34	20.33	20.33	20.33	20.33	20.32
94.00	20.24	20.23	20.23	20.23	20.22	20.22	20.22	20.21
94.50	20.13	20.12	20.12	20.12	20.12	20.11	20.11	20.11
95.00	20.02	20.02	20.01	20.01	20.01	20.00	20.00	20.00
95.50	19.91	19.91	19.91	19.91	19.90	19.90	19.90	19.90
96.00	19.81	19.80	19.80	19.80	19.80	19.80	19.79	19.79
96.50	19.70	19.70	19.70	19.70	19.70	19.69	19.69	19.69
97.00	19.60	19.60	19.60	19.59	19.59	19.59	19.59	19.59
97.50	19.50	19.50	19.49	19.49	19.49	19.49	19.49	19.49
98.00	19.40	19.40	19.39	19.39	19.39	19.39	19.39	19.39
98.50	19.30	19.29	19.29	19.29	19.29	19.29	19.29	19.29
99.00	19.20	19.20	19.19	19.19	19.19	19.19	19.19	19.19
99.50	19.10	19.10	19.10	19.10	19.10	19.10	19.10	19.10
100.00	19.00	19.00	19.00	19.00	19.00	19.00	19.00	19.00
100.50	18.90	18.90	18.90	18.90	18.90	18.90	18.91	18.91
101.00	18.81	18.81	18.81	18.81	18.81	18.81	18.81	18.81
101.50	18.71	18.71	18.71	18.72	18.72	18.72	18.72	18.72
102.00	18.62	18.62	18.62	18.62	18.62	18.63	18.63	18.63
102.50	18.53	18.53	18.53	18.53	18.53	18.53	18.53	18.54
103.00	18.43	18.44	18.44	18.44	18.44	18.44	18.44	18.45
103.50	18.34	18.34	18.35	18.35	18.35	18.35	18.35	18.36
104.00	18.25	18.25	18.26	18.26	18.26	•18.26	18.27	18.27
105.00	18.07	18.08	18.08	18.08	18.08	18.09	18.09	18.10
106.00	17.90	17.90	17.90	17.91	17.91	17.92	17.92	17.92
107.00	17.72	17.73	17.73	17.74	17.74	17.75	17.75	17.76
108.00	17.55	17.56	17.56	17.57	17.57	17.58	17.58	17.59
109.00	17.39	17.39	17.40	17.40	17.41	17.42	17.42	17.43
110.00	17.22	17.23	17.24	17.24	17.25	17.26	17.26	17.27

19¼% Bond Yield Table

PRICE	¼	½	¾	1	1½	2	3	4
					YEARS TO MATURITY			
85.00	88.24	57.94	44.49	38.74	32.68	29.73	26.84	25.44
85.50	85.54	56.43	43.53	38.00	32.18	29.34	26.56	25.21
86.00	82.86	54.94	42.57	37.28	31.69	28.95	26.28	24.98
86.50	80.22	53.47	41.62	36.55	31.19	28.57	26.00	24.76
87.00	77.60	52.01	40.69	35.84	30.70	28.19	25.73	24.53
87.50	75.02	50.57	39.76	35.13	30.22	27.81	25.46	24.31
88.00	72.46	49.15	38.84	34.43	29.74	27.44	25.19	24.09
88.50	69.93	47.74	37.93	33.74	29.26	27.07	24.92	23.87
89.00	67.42	46.35	37.02	33.05	28.79	26.70	24.65	23.65
89.50	64.94	44.97	36.13	32.36	28.32	26.33	24.39	23.44
90.00	62.49	43.61	35.24	31.68	27.85	25.97	24.12	23.22
90.50	60.07	42.27	34.36	31.01	27.39	25.61	23.86	23.01
91.00	57.66	40.93	33.49	30.35	26.93	25.25	23.60	22.80
91.25	56.47	40.27	33.06	30.02	26.71	25.08	23.47	22.69
91.50	55.29	39.62	32.63	29.69	26.48	24.90	23.35	22.59
91.75	54.11	38.96	32.20	29.36	26.25	24.72	23.22	22.48
92.00	52.94	38.32	31.78	29.03	26.03	24.55	23.09	22.38
92.25	51.77	37.67	31.35	28.71	25.80	24.37	22.96	22.28
92.50	50.61	37.03	30.93	28.38	25.58	24.20	22.84	22.17
92.75	49.46	36.39	30.51	28.06	25.36	24.03	22.71	22.07
93.00	48.31	35.75	30.09	27.74	25.14	23.85	22.59	21.97
93.25	47.16	35.12	29.67	27.42	24.91	23.68	22.46	21.87
93.50	46.03	34.49	29.26	27.10	24.69	23.51	22.34	21.77
93.75	44.90	33.87	28.85	26.78	24.48	23.34	22.21	21.66
94.00	43.77	33.24	28.44	26.47	24.26	23.17	22.09	21.56
94.25	42.65	32.63	28.03	26.15	24.04	23.00	21.97	21.46
94.50	41.54	32.01	27.62	25.84	23.82	22.83	21.84	21.36
94.75	40.43	31.40	27.21	25.53	23.61	22.66	21.72	21.26
95.00	39.32	30.79	26.81	25.21	23.39	22.49	21.60	21.16
95.25	38.23	30.18	26.41	24.90	23.18	22.32	21.48	21.07
95.50	37.13	29.58	26.01	24.60	22.96	22.16	21.36	20.97
95.75	36.05	28.98	25.61	24.29	22.75	21.99	21.24	20.87
96.00	34.97	28.39	25.21	23.98	22.54	21.82	21.12	20.77
96.25	33.89	27.79	24.82	23.68	22.33	21.66	21.00	20.67
96.50	32.82	27.20	24.42	23.37	22.12	21.49	20.88	20.58
96.75	31.75	26.61	24.03	23.07	21.91	21.33	20.76	20.48
97.00	30.69	26.03	23.64	22.77	21.70	21.17	20.64	20.38
97.25	29.64	25.45	23.25	22.47	21.49	21.00	20.52	20.29
97.50	28.59	24.87	22.87	22.17	21.28	20.84	20.40	20.19
97.75	27.54	24.30	22.48	21.88	21.08	20.68	20.29	20.09
98.00	26.50	23.72	22.10	21.58	20.87	20.52	20.17	20.00
98.25	25.47	23.16	21.71	21.28	20.67	20.36	20.05	19.90
98.50	24.44	22.59	21.33	20.99	20.46	20.20	19.94	19.81
98.75	23.42	22.03	20.96	20.70	20.26	20.04	19.82	19.72
99.00	22.40	21.46	20.58	20.41	20.05	19.88	19.71	19.62
99.25	21.38	20.91	20.20	20.11	19.85	19.72	19.59	19.53
99.50	20.37	20.85	19.83	19.83	19.65	19.56	19.48	19.44
99.75	19.37	19.80	19.46	19.54	19.45	19.41	19.36	19.34
100.00	18.37	19.25	19.09	19.25	19.25	19.25	19.25	19.25
100.25	17.37	18.70	18.72	18.96	19.05	19.09	19.14	19.16
100.50	16.38	18.16	18.35	18.68	18.85	18.94	19.02	19.07
101.00	14.41	17.08	17.62	18.11	18.46	18.63	18.80	18.88
101.50	12.46	16.01	16.89	17.55	18.06	18.32	18.58	18.70
102.00	10.53	14.95	16.17	16.99	17.67	18.02	18.35	18.52
102.50	8.62	13.90	15.46	16.44	17.29	17.71	18.13	18.34
103.00	6.72	12.86	14.75	15.89	16.90	17.41	17.91	18.16
103.50	4.85	11.84	14.05	15.34	16.52	17.11	17.70	17.99
104.00	2.99	10.82	13.36	14.80	16.14	16.81	17.48	17.81
104.50	1.14	9.81	12.67	14.26	15.77	16.52	17.27	17.63
105.00		8.81	11.98	13.73	15.39	16.22	17.05	17.46

Bond Yield Table 19¼%

PRICE	YEARS TO MATURITY							
	5	6	7	8	9	10	11	12
75.00	29.03	28.10	27.48	27.03	26.71	26.47	26.29	26.15
76.00	28.55	27.67	27.07	26.64	26.33	26.10	25.93	25.80
77.00	28.08	27.24	26.67	26.27	25.97	25.75	25.58	25.45
78.00	27.62	26.82	26.28	25.89	25.61	25.40	25.24	25.12
79.00	27.17	26.41	25.90	25.53	25.26	25.06	24.91	24.79
80.00	26.73	26.01	25.52	25.17	24.92	24.73	24.58	24.47
80.50	26.51	25.81	25.34	25.00	24.75	24.56	24.42	24.31
81.00	26.29	25.62	25.15	24.82	24.58	24.40	24.26	24.16
81.50	26.08	25.42	24.97	24.65	24.42	24.24	24.11	24.00
82.00	25.87	25.23	24.79	24.48	24.25	24.08	23.95	23.85
82.50	25.66	25.04	24.61	24.31	24.09	23.92	23.80	23.70
83.00	25.45	24.85	24.44	24.14	23.93	23.77	23.65	23.55
83.50	25.24	24.66	24.26	23.98	23.77	23.61	23.50	23.40
84.00	25.03	24.47	24.09	23.81	23.61	23.46	23.35	23.26
84.50	24.83	24.29	23.92	23.65	23.46	23.31	23.20	23.11
85.00	24.63	24.10	23.75	23.49	23.30	23.16	23.05	22.97
85.50	24.43	23.92	23.58	23.33	23.15	23.01	22.91	22.83
86.00	24.23	23.74	23.41	23.17	23.00	22.87	22.77	22.69
86.50	24.03	23.56	23.25	23.02	22.85	22.72	22.62	22.55
87.00	23.84	23.39	23.08	22.86	22.70	22.58	22.48	22.41
87.50	23.64	23.21	22.92	22.71	22.55	22.43	22.34	22.27
88.00	23.45	23.04	22.76	22.55	22.41	22.29	22.21	22.14
88.50	23.26	22.87	22.60	22.40	22.26	22.15	22.07	22.01
89.00	23.07	22.69	22.44	22.25	22.12	22.01	21.93	21.87
89.50	22.88	22.53	22.28	22.10	21.97	21.88	21.80	21.74
90.00	22.70	22.36	22.12	21.96	21.83	21.74	21.67	21.61
90.50	22.51	22.19	21.97	21.81	21.69	21.61	21.54	21.48
91.00	22.33	22.02	21.82	21.67	21.56	21.47	21.41	21.36
91.50	22.15	21.86	21.66	21.52	21.42	21.34	21.28	21.23
92.00	21.96	21.70	21.51	21.38	21.28	21.21	21.15	21.11
92.50	21.79	21.53	21.36	21.24	21.15	21.08	21.02	20.98
93.00	21.61	21.37	21.21	21.10	21.01	20.95	20.90	20.86
93.50	21.43	21.22	21.07	20.96	20.88	20.82	20.77	20.74
94.00	21.26	21.06	20.92	20.82	20.75	20.69	20.65	20.62
94.50	21.08	20.90	20.77	20.68	20.62	20.57	20.53	20.50
95.00	20.91	20.74	20.63	20.55	20.49	20.44	20.41	20.38
95.50	20.74	20.59	20.49	20.41	20.36	20.32	20.29	20.26
96.00	20.57	20.44	20.35	20.28	20.23	20.20	20.17	20.15
96.50	20.40	20.28	20.21	20.15	20.11	20.07	20.05	20.03
97.00	20.23	20.13	20.07	20.02	19.98	19.95	19.93	19.92
97.50	20.06	19.98	19.93	19.89	19.86	19.83	19.82	19.80
98.00	19.90	19.83	19.79	19.76	19.73	19.72	19.70	19.69
98.50	19.74	19.69	19.65	19.63	19.61	19.60	19.59	19.58
99.00	19.57	19.54	19.52	19.50	19.49	19.48	19.47	19.47
99.50	19.41	19.39	19.38	19.38	19.37	19.36	19.36	19.36
100.00	19.25	19.25	19.25	19.25	19.25	19.25	19.25	19.25
100.50	19.09	19.11	19.12	19.13	19.13	19.14	19.14	19.14
101.00	18.93	18.96	18.99	19.00	19.01	19.02	19.03	19.04
101.50	18.77	18.82	18.86	18.88	18.90	18.91	18.92	18.93
102.00	18.62	18.68	18.73	18.76	18.78	18.80	18.81	18.82
102.50	18.46	18.54	18.60	18.64	18.67	18.69	18.71	18.72
103.00	18.31	18.40	18.47	18.52	18.55	18.58	18.60	18.62
103.50	18.16	18.27	18.34	18.40	18.44	18.47	18.49	18.51
104.00	18.00	18.13	18.22	18.28	18.33	18.36	18.39	18.41
105.00	17.70	17.86	17.97	18.05	18.10	18.15	18.18	18.21
106.00	17.40	17.59	17.72	17.81	17.88	17.94	17.98	18.01
107.00	17.11	17.33	17.48	17.59	17.67	17.73	17.78	17.82
108.00	16.82	17.07	17.24	17.36	17.46	17.53	17.58	17.63
109.00	16.54	16.81	17.00	17.14	17.25	17.33	17.39	17.44
110.00	16.25	16.56	16.77	16.92	17.04	17.13	17.20	17.25

19¼% Bond Yield Table

PRICE	\multicolumn{8}{c}{YEARS TO MATURITY}
	13	14	15	16	17	18	19	20
75.00	26.04	25.96	25.90	25.85	25.81	25.78	25.75	25.73
76.00	25.70	25.62	25.55	25.51	25.47	25.44	25.42	25.40
77.00	25.36	25.28	25.22	25.17	25.14	25.11	25.09	25.07
78.00	25.02	24.95	24.89	24.85	24.81	24.79	24.76	24.75
79.00	24.70	24.63	24.58	24.53	24.50	24.47	24.45	24.43
80.00	24.38	24.32	24.26	24.22	24.19	24.16	24.14	24.13
80.50	24.23	24.16	24.11	24.07	24.04	24.01	23.99	23.98
81.00	24.08	24.01	23.96	23.92	23.89	23.86	23.84	23.83
81.50	23.92	23.86	23.81	23.77	23.74	23.72	23.70	23.68
82.00	23.77	23.71	23.66	23.63	23.60	23.57	23.55	23.54
82.50	23.62	23.56	23.52	23.48	23.45	23.43	23.41	23.39
83.00	23.48	23.42	23.37	23.34	23.31	23.29	23.27	23.25
83.50	23.33	23.27	23.23	23.19	23.17	23.14	23.13	23.11
84.00	23.19	23.13	23.09	23.05	23.03	23.01	22.99	22.97
84.50	23.04	22.99	22.95	22.92	22.89	22.87	22.85	22.84
85.00	22.90	22.85	22.81	22.78	22.75	22.73	22.72	22.70
85.50	22.76	22.71	22.67	22.64	22.62	22.60	22.58	22.57
86.00	22.63	22.58	22.54	22.51	22.48	22.46	22.45	22.44
86.50	22.49	22.44	22.41	22.38	22.35	22.33	22.32	22.31
87.00	22.35	22.31	22.27	22.24	22.22	22.20	22.19	22.18
87.50	22.22	22.18	22.14	22.11	22.09	22.07	22.06	22.05
88.00	22.09	22.04	22.01	21.99	21.96	21.95	21.93	21.92
88.50	21.96	21.92	21.88	21.86	21.84	21.82	21.81	21.80
89.00	21.83	21.79	21.76	21.73	21.71	21.70	21.68	21.67
89.50	21.70	21.66	21.63	21.61	21.59	21.57	21.56	21.55
90.00	21.57	21.53	21.51	21.48	21.47	21.45	21.44	21.43
90.50	21.44	21.41	21.38	21.36	21.34	21.33	21.32	21.31
91.00	21.32	21.29	21.26	21.24	21.22	21.21	21.20	21.19
91.50	21.19	21.16	21.14	21.12	21.11	21.09	21.08	21.07
92.00	21.07	21.04	21.02	21.00	20.99	20.98	20.97	20.96
92.50	20.95	20.92	20.90	20.88	20.87	20.86	20.85	20.84
93.00	20.83	20.80	20.78	20.77	20.76	20.74	20.74	20.73
93.50	20.71	20.69	20.67	20.65	20.64	20.63	20.62	20.62
94.00	20.59	20.57	20.55	20.54	20.53	20.52	20.51	20.51
94.50	20.47	20.45	20.44	20.43	20.42	20.41	20.40	20.40
95.00	20.36	20.34	20.33	20.31	20.30	20.30	20.29	20.29
95.50	20.24	20.23	20.21	20.20	20.19	20.19	20.18	20.18
96.00	20.13	20.11	20.10	20.09	20.09	20.08	20.07	20.07
96.50	20.01	20.00	19.99	19.98	19.98	19.97	19.97	19.96
97.00	19.90	19.89	19.88	19.88	19.87	19.87	19.86	19.86
97.50	19.79	19.78	19.78	19.77	19.77	19.76	19.76	19.76
98.00	19.68	19.67	19.67	19.66	19.66	19.66	19.65	19.65
98.50	19.57	19.57	19.56	19.56	19.56	19.55	19.55	19.55
99.00	19.46	19.46	19.46	19.46	19.45	19.45	19.45	19.45
99.50	19.36	19.35	19.35	19.35	19.35	19.35	19.35	19.35
100.00	19.25	19.25	19.25	19.25	19.25	19.25	19.25	19.25
100.50	19.14	19.15	19.15	19.15	19.15	19.15	19.15	19.15
101.00	19.04	19.04	19.05	19.05	19.05	19.05	19.05	19.05
101.50	18.94	18.94	18.95	18.95	18.95	18.95	18.96	18.96
102.00	18.83	18.84	18.85	18.85	18.85	18.86	18.86	18.86
102.50	18.73	18.74	18.75	18.75	18.76	18.76	18.76	18.77
103.00	18.63	18.64	18.65	18.66	18.66	18.67	18.67	18.67
103.50	18.53	18.54	18.55	18.56	18.57	18.57	18.58	18.58
104.00	18.43	18.44	18.46	18.46	18.47	18.48	18.48	18.49
105.00	18.23	18.25	18.27	18.28	18.29	18.29	18.30	18.31
106.00	18.04	18.06	18.08	18.09	18.10	18.11	18.12	18.13
107.00	17.85	17.87	17.89	17.91	17.92	17.93	17.94	17.95
108.00	17.66	17.69	17.71	17.73	17.75	17.76	17.77	17.78
109.00	17.48	17.51	17.53	17.56	17.57	17.59	17.60	17.61
110.00	17.29	17.33	17.36	17.38	17.40	17.42	17.43	17.44

Bond Yield Table 19¼%

PRICE	YEARS TO MATURITY							
	21	22	23	24	25	29	30	CUR
75.00	25.72	25.71	25.70	25.69	25.69	25.67	25.67	25.67
76.00	25.38	25.37	25.36	25.36	25.35	25.34	25.34	25.33
77.00	25.05	25.04	25.03	25.03	25.02	25.01	25.01	25.00
78.00	24.73	24.72	24.71	24.71	24.70	24.69	24.69	24.68
79.00	24.42	24.41	24.40	24.39	24.39	24.38	24.37	24.37
80.00	24.11	24.10	24.09	24.09	24.08	24.07	24.07	24.06
80.50	23.96	23.95	23.95	23.94	23.93	23.92	23.92	23.91
81.00	23.82	23.81	23.80	23.79	23.79	23.77	23.77	23.77
81.50	23.67	23.66	23.65	23.64	23.64	23.63	23.63	23.62
82.00	23.52	23.51	23.51	23.50	23.50	23.48	23.48	23.48
82.50	23.38	23.37	23.36	23.36	23.35	23.34	23.34	23.33
83.00	23.24	23.23	23.22	23.22	23.21	23.20	23.20	23.19
83.50	23.10	23.09	23.08	23.08	23.07	23.06	23.06	23.05
84.00	22.96	22.95	22.95	22.94	22.94	22.92	22.92	22.92
84.50	22.83	22.82	22.81	22.80	22.80	22.79	22.79	22.78
85.00	22.69	22.68	22.68	22.67	22.67	22.65	22.65	22.65
85.50	22.56	22.55	22.54	22.54	22.53	22.52	22.52	22.51
86.00	22.43	22.42	22.41	22.41	22.40	22.39	22.39	22.38
86.50	22.30	22.29	22.28	22.28	22.27	22.26	22.26	22.25
87.00	22.17	22.16	22.15	22.15	22.14	22.13	22.13	22.13
87.50	22.04	22.03	22.03	22.02	22.02	22.01	22.01	22.00
88.00	21.91	21.91	21.90	21.90	21.89	21.88	21.88	21.88
88.50	21.79	21.78	21.78	21.77	21.77	21.76	21.76	21.75
89.00	21.67	21.66	21.65	21.65	21.65	21.64	21.63	21.63
89.50	21.54	21.54	21.53	21.53	21.52	21.52	21.51	21.51
90.00	21.42	21.42	21.41	21.41	21.40	21.40	21.39	21.39
90.50	21.30	21.30	21.29	21.29	21.29	21.28	21.28	21.27
91.00	21.18	21.18	21.17	21.17	21.17	21.16	21.16	21.15
91.50	21.07	21.06	21.06	21.05	21.05	21.04	21.04	21.04
92.00	20.95	20.95	20.94	20.94	20.94	20.93	20.93	20.92
92.50	20.84	20.83	20.83	20.83	20.82	20.82	20.82	20.81
93.00	20.72	20.72	20.72	20.71	20.71	20.70	20.70	20.70
93.50	20.61	20.61	20.60	20.60	20.60	20.59	20.59	20.59
94.00	20.50	20.50	20.49	20.49	20.49	20.48	20.48	20.48
94.50	20.39	20.39	20.39	20.38	20.38	20.37	20.37	20.37
95.00	20.28	20.28	20.28	20.27	20.27	20.27	20.27	20.26
95.50	20.17	20.17	20.17	20.17	20.16	20.16	20.16	20.16
96.00	20.07	20.06	20.06	20.06	20.06	20.06	20.05	20.05
96.50	19.96	19.96	19.96	19.96	19.95	19.95	19.95	19.95
97.00	19.86	19.86	19.86	19.85	19.85	19.85	19.85	19.85
97.50	19.75	19.75	19.75	19.75	19.75	19.75	19.75	19.74
98.00	19.65	19.65	19.65	19.65	19.65	19.64	19.64	19.64
98.50	19.55	19.55	19.55	19.55	19.55	19.54	19.54	19.54
99.00	19.45	19.45	19.45	19.45	19.45	19.45	19.45	19.44
99.50	19.35	19.35	19.35	19.35	19.35	19.35	19.35	19.35
100.00	19.25	19.25	19.25	19.25	19.25	19.25	19.25	19.25
100.50	19.15	19.15	19.15	19.15	19.15	19.15	19.15	19.15
101.00	19.06	19.06	19.06	19.06	19.06	19.06	19.06	19.06
101.50	18.96	18.96	18.96	18.96	18.96	18.96	18.96	18.97
102.00	18.86	18.87	18.87	18.87	18.87	18.87	18.87	18.87
102.50	18.77	18.77	18.77	18.77	18.78	18.78	18.78	18.78
103.00	18.68	18.68	18.68	18.68	18.68	18.69	18.69	18.69
103.50	18.58	18.59	18.59	18.59	18.59	18.60	18.60	18.60
104.00	18.49	18.49	18.50	18.50	18.50	18.51	18.51	18.51
105.00	18.31	18.31	18.32	18.32	18.32	18.33	18.33	18.33
106.00	18.13	18.14	18.14	18.14	18.15	18.15	18.15	18.16
107.00	17.96	17.96	17.97	17.97	17.97	17.98	17.98	17.99
108.00	17.79	17.79	17.80	17.80	17.81	17.81	17.82	17.82
109.00	17.62	17.62	17.63	17.63	17.64	17.65	17.65	17.66
110.00	17.45	17.46	17.47	17.47	17.48	17.49	17.49	17.50

19½% Bond Yield Table

PRICE	YEARS TO MATURITY							
	¼	½	¾	1	1½	2	3	4
85.00	88.46	58.24	44.77	39.02	32.96	30.01	27.12	25.72
85.50	85.75	56.73	43.80	38.28	32.46	29.62	26.84	25.49
86.00	83.08	55.23	42.85	37.56	31.96	29.23	26.56	25.26
86.50	80.44	53.76	41.90	36.83	31.47	28.85	26.28	25.03
87.00	77.82	52.30	40.96	36.12	30.98	28.47	26.00	24.81
87.50	75.24	50.86	40.03	35.41	30.49	28.09	25.73	24.58
88.00	72.68	49.43	39.11	34.71	30.01	27.71	25.46	24.36
88.50	70.15	48.02	38.19	34.01	29.53	27.34	25.19	24.14
89.00	67.64	46.63	37.29	33.32	29.06	26.97	24.92	23.92
89.50	65.17	45.25	36.39	32.63	28.59	26.60	24.66	23.71
90.00	62.71	43.89	35.51	31.96	28.12	26.24	24.39	23.49
90.50	60.29	42.54	34.63	31.28	27.66	25.88	24.13	23.28
91.00	57.89	41.21	33.76	30.62	27.20	25.52	23.87	23.06
91.25	56.70	40.55	33.32	30.28	26.97	25.34	23.74	22.96
91.50	55.17	39.89	32.89	29.95	26.75	25.17	23.61	22.85
91.75	54.33	39.24	32.47	29.63	26.52	24.99	23.48	22.75
92.00	53.16	38.59	32.04	29.30	26.29	24.81	23.36	22.64
92.25	51.99	37.94	31.61	28.97	26.07	24.64	23.23	22.54
92.50	50.83	37.30	31.19	28.65	25.84	24.46	23.10	22.44
92.75	49.68	36.66	30.77	28.32	25.62	24.29	22.98	22.33
93.00	48.53	36.02	30.35	28.00	25.40	24.11	22.85	22.23
93.25	47.39	35.39	29.93	27.68	25.18	23.94	22.72	22.13
93.50	46.25	34.76	29.52	27.36	24.96	23.77	22.60	22.03
93.75	45.12	34.13	29.11	27.04	24.74	23.60	22.47	21.93
94.00	43.99	33.51	28.69	26.73	24.52	23.43	22.35	21.82
94.25	42.88	32.89	28.28	26.41	24.30	23.26	22.23	21.72
94.50	41.76	32.28	27.88	26.10	24.08	23.09	22.10	21.62
94.75	40.65	31.66	27.47	25.79	23.87	22.92	21.98	21.52
95.00	39.55	31.05	27.06	25.47	23.65	22.75	21.86	21.42
95.25	38.45	30.45	26.66	25.16	23.44	22.58	21.74	21.32
95.50	37.36	29.84	26.26	24.86	23.22	22.41	21.62	21.22
95.75	36.27	29.24	25.86	24.55	23.01	22.25	21.49	21.13
96.00	35.19	28.65	25.46	24.24	22.80	22.08	21.37	21.03
96.25	34.12	28.05	25.07	23.94	22.58	21.92	21.25	20.93
96.50	33.05	27.46	24.67	23.63	22.37	21.75	21.13	20.83
96.75	31.98	26.87	24.28	23.33	22.16	21.59	21.01	20.73
97.00	30.92	26.29	23.89	23.03	21.95	21.42	20.90	20.64
97.25	29.87	25.71	23.50	22.73	21.75	21.26	20.78	20.54
97.50	28.82	25.13	23.12	22.43	21.54	21.10	20.66	20.44
97.75	27.77	24.55	22.73	22.13	21.33	20.93	20.54	20.35
98.00	26.73	23.98	22.35	21.83	21.12	20.77	20.42	20.25
98.25	25.70	23.41	21.96	21.54	20.92	20.61	20.31	20.16
98.50	24.67	22.84	21.58	21.24	20.71	20.45	20.19	20.06
98.75	23.64	22.28	21.20	20.95	20.51	20.29	20.07	19.97
99.00	22.62	21.72	20.83	20.66	20.31	20.13	19.96	19.87
99.25	21.61	21.16	20.45	20.37	20.10	19.97	19.84	19.78
99.50	20.60	20.60	20.08	20.08	19.90	19.81	19.73	19.69
99.75	19.59	20.05	19.70	19.79	19.70	19.66	19.61	19.59
100.00	18.59	19.50	19.33	19.50	19.50	19.50	19.50	19.50
100.25	17.60	18.95	18.96	19.21	19.30	19.34	19.39	19.41
100.50	16.61	18.41	18.59	18.93	19.10	19.19	19.27	19.31
101.00	14.64	17.33	17.86	18.36	18.70	18.88	19.05	19.13
101.50	12.69	16.26	17.14	17.80	18.31	18.57	18.82	18.95
102.00	10.76	15.20	16.42	17.24	17.92	18.26	18.60	18.77
102.50	8.85	14.15	15.70	16.68	17.53	17.96	18.38	18.59
103.00	6.95	13.11	14.99	16.13	17.15	17.65	18.16	18.41
103.50	5.07	12.08	14.29	15.59	16.76	17.35	17.94	18.23
104.00	3.21	11.06	13.60	15.04	16.38	17.06	17.72	18.05
104.50	1.37	10.05	12.90	14.50	16.01	16.76	17.51	17.88
105.00		9.05	12.22	13.97	15.63	16.47	17.29	17.70

Bond Yield Table 19½%

PRICE	YEARS TO MATURITY							
	5	6	7	8	9	10	11	12
75.00	29.34	28.41	27.79	27.35	27.02	26.79	26.61	26.47
76.00	28.86	27.98	27.38	26.96	26.65	26.42	26.25	26.12
77.00	28.39	27.55	26.98	26.57	26.28	26.06	25.89	25.77
78.00	27.92	27.12	26.58	26.20	25.92	25.71	25.55	25.43
79.00	27.47	26.71	26.20	25.83	25.56	25.37	25.21	25.10
80.00	27.02	26.31	25.82	25.47	25.22	25.03	24.89	24.77
80.50	26.80	26.11	25.63	25.29	25.05	24.86	24.72	24.62
81.00	26.59	25.91	25.45	25.12	24.88	24.70	24.56	24.46
81.50	26.37	25.71	25.26	24.95	24.71	24.54	24.40	24.30
82.00	26.15	25.52	25.08	24.77	24.55	24.38	24.25	24.15
82.50	25.94	25.32	24.90	24.60	24.38	24.22	24.09	24.00
83.00	25.73	25.13	24.73	24.43	24.22	24.06	23.94	23.84
83.50	25.52	24.94	24.55	24.27	24.06	23.90	23.79	23.70
84.00	25.32	24.76	24.37	24.10	23.90	23.75	23.64	23.55
84.50	25.11	24.57	24.20	23.94	23.74	23.60	23.49	23.40
85.00	24.91	24.39	24.03	23.77	23.59	23.45	23.34	23.26
85.50	24.71	24.20	23.86	23.61	23.43	23.30	23.19	23.11
86.00	24.51	24.02	23.69	23.45	23.28	23.15	23.05	22.97
86.50	24.31	23.84	23.52	23.30	23.13	23.00	22.91	22.83
87.00	24.11	23.66	23.36	23.14	22.98	22.86	22.76	22.69
87.50	23.92	23.49	23.19	22.98	22.83	22.71	22.62	22.55
88.00	23.72	23.31	23.03	22.83	22.68	22.57	22.48	22.42
88.50	23.53	23.14	22.87	22.68	22.54	22.43	22.35	22.28
89.00	23.34	22.97	22.71	22.53	22.39	22.29	22.21	22.15
89.50	23.15	22.80	22.55	22.38	22.25	22.15	22.08	22.02
90.00	22.97	22.63	22.39	22.23	22.11	22.01	21.94	21.89
90.50	22.78	22.46	22.24	22.08	21.96	21.88	21.81	21.76
91.00	22.59	22.29	22.08	21.93	21.82	21.74	21.68	21.63
91.50	22.41	22.13	21.93	21.79	21.69	21.61	21.55	21.50
92.00	22.23	21.96	21.78	21.65	21.55	21.47	21.42	21.37
92.50	22.05	21.80	21.63	21.50	21.41	21.34	21.29	21.25
93.00	21.87	21.64	21.48	21.36	21.28	21.21	21.16	21.12
93.50	21.69	21.48	21.33	21.22	21.14	21.08	21.04	21.00
94.00	21.52	21.32	21.18	21.08	21.01	20.96	20.91	20.88
94.50	21.34	21.16	21.04	20.95	20.88	20.83	20.79	20.76
95.00	21.17	21.00	20.89	20.81	20.75	20.70	20.67	20.64
95.50	21.00	20.85	20.75	20.67	20.62	20.58	20.55	20.52
96.00	20.83	20.69	20.60	20.54	20.49	20.45	20.43	20.40
96.50	20.66	20.54	20.46	20.41	20.36	20.33	20.31	20.29
97.00	20.49	20.39	20.32	20.27	20.24	20.21	20.19	20.17
97.50	20.32	20.24	20.18	20.14	20.11	20.09	20.07	20.06
98.00	20.15	20.09	20.04	20.01	19.99	19.97	19.96	19.94
98.50	19.99	19.94	19.91	19.88	19.86	19.85	19.84	19.83
99.00	19.82	19.79	19.77	19.75	19.74	19.73	19.73	19.72
99.50	19.66	19.65	19.63	19.63	19.62	19.62	19.61	19.61
100.00	19.50	19.50	19.50	19.50	19.50	19.50	19.50	19.50
100.50	19.34	19.36	19.37	19.37	19.38	19.38	19.39	19.39
101.00	19.18	19.21	19.23	19.25	19.26	19.27	19.28	19.28
101.50	19.02	19.07	19.10	19.13	19.14	19.16	19.17	19.18
102.00	18.86	18.93	18.97	19.00	19.03	19.05	19.06	19.07
102.50	18.71	18.79	18.84	18.88	18.91	18.93	18.95	18.97
103.00	18.55	18.65	18.71	18.76	18.80	18.82	18.84	18.86
103.50	18.40	18.51	18.59	18.64	18.68	18.71	18.74	18.76
104.00	18.25	18.37	18.46	18.52	18.57	18.60	18.63	18.65
105.00	17.94	18.10	18.21	18.29	18.34	18.39	18.42	18.45
106.00	17.64	17.83	17.96	18.05	18.12	18.18	18.22	18.25
107.00	17.35	17.57	17.72	17.82	17.91	17.97	18.02	18.05
108.00	17.06	17.30	17.48	17.60	17.69	17.76	17.82	17.86
109.00	16.77	17.05	17.24	17.38	17.48	17.56	17.62	17.67
110.00	16.49	16.79	17.00	17.16	17.27	17.36	17.43	17.48

19½%

Bond Yield Table

PRICE	YEARS TO MATURITY							
	13	14	15	16	17	18	19	20
75.00	26.37	26.29	26.22	26.17	26.14	26.11	26.08	26.07
76.00	26.01	25.94	25.88	25.83	25.79	25.76	25.74	25.72
77.00	25.67	25.60	25.54	25.49	25.46	25.43	25.41	25.39
78.00	25.34	25.26	25.21	25.16	25.13	25.10	25.08	25.06
79.00	25.01	24.94	24.89	24.84	24.81	24.78	24.76	24.75
80.00	24.69	24.62	24.57	24.53	24.50	24.47	24.45	24.44
80.50	24.53	24.47	24.42	24.38	24.34	24.32	24.30	24.28
81.00	24.38	24.31	24.26	24.22	24.19	24.17	24.15	24.13
81.50	24.22	24.16	24.11	24.07	24.04	24.02	24.00	23.99
82.00	24.07	24.01	23.96	23.93	23.90	23.87	23.85	23.84
82.50	23.92	23.86	23.82	23.78	23.75	23.73	23.71	23.69
83.00	23.77	23.71	23.67	23.63	23.61	23.58	23.57	23.55
83.50	23.62	23.57	23.52	23.49	23.46	23.44	23.42	23.41
84.00	23.48	23.42	23.38	23.35	23.32	23.30	23.28	23.27
84.50	23.33	23.28	23.24	23.21	23.18	23.16	23.14	23.13
85.00	23.19	23.14	23.10	23.07	23.04	23.02	23.01	22.99
85.50	23.05	23.00	22.96	22.93	22.91	22.89	22.87	22.86
86.00	22.91	22.86	22.83	22.80	22.77	22.75	22.74	22.73
86.50	22.77	22.73	22.69	22.66	22.64	22.62	22.60	22.59
87.00	22.64	22.59	22.56	22.53	22.51	22.49	22.47	22.46
87.50	22.50	22.46	22.42	22.40	22.37	22.36	22.34	22.33
88.00	22.37	22.32	22.29	22.27	22.25	22.23	22.22	22.20
88.50	22.23	22.19	22.16	22.14	22.12	22.10	22.09	22.08
89.00	22.10	22.06	22.03	22.01	21.99	21.98	21.96	21.95
89.50	21.97	21.94	21.91	21.88	21.87	21.85	21.84	21.83
90.00	21.84	21.81	21.78	21.76	21.74	21.73	21.72	21.71
90.50	21.71	21.68	21.66	21.64	21.62	21.60	21.59	21.59
91.00	21.59	21.56	21.53	21.51	21.50	21.48	21.47	21.47
91.50	21.46	21.43	21.41	21.39	21.38	21.36	21.35	21.35
92.00	21.34	21.31	21.29	21.27	21.26	21.25	21.24	21.23
92.50	21.22	21.19	21.17	21.15	21.14	21.13	21.12	21.11
93.00	21.09	21.07	21.05	21.04	21.02	21.01	21.00	21.00
93.50	20.97	20.95	20.93	20.92	20.91	20.90	20.89	20.88
94.00	20.85	20.83	20.82	20.80	20.79	20.78	20.78	20.77
94.50	20.74	20.72	20.70	20.69	20.68	20.67	20.66	20.66
95.00	20.62	20.60	20.59	20.58	20.57	20.56	20.55	20.55
95.50	20.50	20.49	20.47	20.46	20.46	20.45	20.44	20.44
96.00	20.39	20.37	20.36	20.35	20.35	20.34	20.33	20.33
96.50	20.27	20.26	20.25	20.24	20.24	20.23	20.23	20.22
97.00	20.16	20.15	20.14	20.13	20.13	20.12	20.12	20.12
97.50	20.05	20.04	20.03	20.03	20.02	20.02	20.01	20.01
98.00	19.94	19.93	19.92	19.92	19.91	19.91	19.91	19.91
98.50	19.83	19.82	19.82	19.81	19.81	19.81	19.81	19.80
99.00	19.72	19.71	19.71	19.71	19.71	19.70	19.70	19.70
99.50	19.61	19.61	19.60	19.60	19.60	19.60	19.60	19.60
100.00	19.50	19.50	19.50	19.50	19.50	19.50	19.50	19.50
100.50	19.39	19.40	19.40	19.40	19.40	19.40	19.40	19.40
101.00	19.29	19.29	19.29	19.30	19.30	19.30	19.30	19.30
101.50	19.18	19.19	19.19	19.20	19.20	19.20	19.20	19.20
102.00	19.08	19.09	19.09	19.10	19.10	19.10	19.11	19.11
102.50	18.98	18.98	18.99	19.00	19.00	19.01	19.01	19.01
103.00	18.87	18.88	18.89	18.90	18.91	18.91	18.91	18.92
103.50	18.77	18.78	18.79	18.80	18.81	18.81	18.82	18.82
104.00	18.67	18.69	18.70	18.71	18.71	18.72	18.73	18.73
105.00	18.47	18.49	18.50	18.52	18.53	18.53	18.54	18.55
106.00	18.28	18.30	18.32	18.33	18.34	18.35	18.36	18.36
107.00	18.09	18.11	18.13	18.15	18.16	18.17	18.18	18.19
108.00	17.90	17.92	17.95	17.96	17.98	17.99	18.00	18.01
109.00	17.71	17.74	17.77	17.79	17.80	17.82	17.83	17.84
110.00	17.53	17.56	17.59	17.61	17.63	17.65	17.66	17.67

Bond Yield Table   19½%

PRICE	21	22	23	24	25	29	30	CUR
75.00	26.05	26.04	26.03	26.02	26.02	26.01	26.01	26.00
76.00	25.71	25.70	25.69	25.68	25.68	25.67	25.66	25.66
77.00	25.38	25.36	25.36	25.35	25.34	25.33	25.33	25.32
78.00	25.05	25.04	25.03	25.02	25.02	25.01	25.01	25.00
79.00	24.73	24.72	24.71	24.71	24.70	24.69	24.69	24.68
80.00	24.42	24.41	24.41	24.40	24.39	24.38	24.38	24.38
80.50	24.27	24.26	24.25	24.25	24.24	24.23	24.23	24.22
81.00	24.12	24.12	24.11	24.10	24.09	24.08	24.08	24.07
81.50	23.97	23.96	23.96	23.95	23.95	23.93	23.93	23.93
82.00	23.83	23.82	23.81	23.80	23.80	23.79	23.79	23.78
82.50	23.68	23.67	23.67	23.66	23.66	23.64	23.64	23.64
83.00	23.54	23.53	23.52	23.52	23.51	23.50	23.50	23.49
83.50	23.40	23.39	23.38	23.38	23.37	23.36	23.36	23.35
84.00	23.26	23.25	23.24	23.24	23.23	23.22	23.22	23.21
84.50	23.12	23.11	23.10	23.10	23.09	23.08	23.08	23.08
85.00	22.98	22.98	22.97	22.96	22.96	22.95	22.95	22.94
85.50	22.85	22.84	22.83	22.83	22.82	22.81	22.81	22.81
86.00	22.72	22.71	22.70	22.70	22.69	22.68	22.68	22.67
86.50	22.58	22.58	22.57	22.56	22.56	22.55	22.55	22.54
87.00	22.45	22.45	22.44	22.43	22.43	22.42	22.42	22.41
87.50	22.32	22.32	22.31	22.31	22.30	22.29	22.29	22.29
88.00	22.20	22.19	22.18	22.18	22.17	22.17	22.16	22.16
88.50	22.07	22.06	22.06	22.05	22.05	22.04	22.04	22.03
89.00	21.94	21.94	21.93	21.93	21.93	21.92	21.92	21.91
89.50	21.82	21.81	21.81	21.81	21.80	21.79	21.79	21.79
90.00	21.70	21.69	21.69	21.68	21.68	21.67	21.67	21.67
90.50	21.58	21.57	21.57	21.56	21.56	21.55	21.55	21.55
91.00	21.46	21.45	21.45	21.44	21.44	21.43	21.43	21.43
91.50	21.34	21.33	21.33	21.33	21.32	21.32	21.32	21.31
92.00	21.22	21.22	21.21	21.21	21.21	21.20	21.20	21.20
92.50	21.11	21.10	21.10	21.10	21.09	21.09	21.09	21.08
93.00	20.99	20.99	20.98	20.98	20.98	20.97	20.97	20.97
93.50	20.88	20.87	20.87	20.87	20.87	20.86	20.86	20.86
94.00	20.77	20.76	20.76	20.76	20.76	20.75	20.75	20.74
94.50	20.65	20.65	20.65	20.65	20.64	20.64	20.64	20.63
95.00	20.54	20.54	20.54	20.54	20.53	20.53	20.53	20.53
95.50	20.44	20.43	20.43	20.43	20.43	20.42	20.42	20.42
96.00	20.33	20.32	20.32	20.32	20.32	20.32	20.32	20.31
96.50	20.22	20.22	20.22	20.22	20.21	20.21	20.21	20.21
97.00	20.11	20.11	20.11	20.11	20.11	20.11	20.11	20.10
97.50	20.01	20.01	20.01	20.01	20.00	20.00	20.00	20.00
98.00	19.91	19.90	19.90	19.90	19.90	19.90	19.90	19.90
98.50	19.80	19.80	19.80	19.80	19.80	19.80	19.80	19.80
99.00	19.70	19.70	19.70	19.70	19.70	19.70	19.70	19.70
99.50	19.60	19.60	19.60	19.60	19.60	19.60	19.60	19.60
100.00	19.50	19.50	19.50	19.50	19.50	19.50	19.50	19.50
100.50	19.40	19.40	19.40	19.40	19.40	19.40	19.40	19.40
101.00	19.30	19.30	19.30	19.30	19.31	19.31	19.31	19.31
101.50	19.21	19.21	19.21	19.21	19.21	19.21	19.21	19.21
102.00	19.11	19.11	19.11	19.11	19.11	19.12	19.12	19.12
102.50	19.01	19.02	19.02	19.02	19.02	19.02	19.02	19.02
103.00	18.92	18.92	18.92	18.92	18.93	18.93	18.93	18.93
103.50	18.83	18.83	18.83	18.83	18.83	18.84	18.84	18.84
104.00	18.73	18.74	18.74	18.74	18.74	18.75	18.75	18.75
105.00	18.55	18.55	18.56	18.56	18.56	18.57	18.57	18.57
106.00	18.37	18.37	18.38	18.38	18.38	18.39	18.39	18.40
107.00	18.19	18.20	18.20	18.21	18.21	18.22	18.22	18.22
108.00	18.02	18.02	18.03	18.03	18.04	18.05	18.05	18.06
109.00	17.85	17.85	17.86	17.87	17.87	17.88	17.88	17.89
110.00	17.68	17.69	17.69	17.70	17.70	17.72	17.72	17.73

19¾%   Bond Yield Table

PRICE				YEARS TO MATURITY				
	¼	½	¾	1	1½	2	3	4
85.00	88.67	58.53	45.05	39.30	33.24	30.29	27.40	26.00
85.50	85.97	57.02	44.08	38.57	32.74	29.90	27.12	25.77
86.00	83.30	55.52	43.12	37.84	32.24	29.51	26.84	25.54
86.50	80.66	54.05	42.17	37.11	31.75	29.12	26.56	25.31
87.00	78.04	52.59	41.23	36.40	31.26	28.74	26.28	25.08
87.50	75.46	51.14	40.30	35.69	30.77	28.36	26.00	24.86
88.00	72.90	49.72	39.38	34.98	30.29	27.99	25.73	24.63
88.50	70.37	48.31	38.46	34.28	29.81	27.61	25.46	24.41
89.00	67.86	46.91	37.56	33.59	29.33	27.24	25.19	24.19
89.50	65.39	45.53	36.66	32.91	28.86	26.87	24.92	23.98
90.00	62.94	44.17	35.77	32.23	28.39	26.51	24.66	23.76
90.50	60.51	42.82	34.89	31.55	27.93	26.15	24.40	23.54
91.00	58.11	41.48	34.02	30.88	27.47	25.79	24.14	23.33
91.25	56.92	40.82	33.59	30.55	27.24	25.61	24.01	23.23
91.50	55.74	40.16	33.16	30.22	27.01	25.43	23.88	23.12
91.75	54.56	39.51	32.73	29.89	26.78	25.25	23.75	23.01
92.00	53.38	38.86	32.30	29.56	26.56	25.08	23.62	22.91
92.25	52.22	38.21	31.87	29.24	26.33	24.90	23.49	22.81
92.50	51.06	37.57	31.45	28.91	26.11	24.73	23.37	22.70
92.75	49.90	36.93	31.03	28.59	25.89	24.55	23.24	22.60
93.00	48.76	36.29	30.61	28.27	25.66	24.38	23.11	22.49
93.25	47.61	35.66	30.19	27.95	25.44	24.20	22.99	22.39
93.50	46.48	35.03	29.78	27.63	25.22	24.03	22.86	22.29
93.75	45.35	34.40	29.36	27.31	25.00	23.86	22.74	22.19
94.00	44.22	33.78	28.95	26.99	24.78	23.69	22.61	22.09
94.25	43.10	33.16	28.54	26.67	24.56	23.52	22.49	21.98
94.50	41.99	32.54	28.13	26.36	24.34	23.35	22.36	21.88
94.75	40.88	31.93	27.73	26.05	24.13	23.18	22.24	21.78
95.00	39.77	31.32	27.32	25.73	23.91	23.01	22.12	21.68
95.25	38.68	30.71	26.92	25.42	23.69	22.84	22.00	21.58
95.50	37.59	30.10	26.52	25.11	23.48	22.67	21.87	21.48
95.75	36.50	29.50	26.12	24.81	23.27	22.50	21.75	21.38
96.00	35.42	28.91	25.72	24.50	23.05	22.34	21.63	21.28
96.25	34.34	28.31	25.32	24.19	22.84	22.17	21.51	21.19
96.50	33.27	27.72	24.93	23.89	22.63	22.01	21.39	21.09
96.75	32.21	27.13	24.53	23.59	22.42	21.84	21.27	20.99
97.00	31.15	26.55	24.14	23.28	22.21	21.68	21.15	20.89
97.25	30.09	25.96	23.75	22.98	22.00	21.51	21.03	20.80
97.50	29.04	25.38	23.37	22.68	21.79	21.35	20.91	20.70
97.75	28.00	24.81	22.98	22.38	21.58	21.19	20.80	20.60
98.00	26.96	24.23	22.60	22.09	21.38	21.03	20.68	20.51
98.25	25.92	23.66	22.21	21.79	21.17	20.86	20.56	20.41
98.50	24.89	23.10	21.83	21.50	20.97	20.70	20.44	20.32
98.75	23.87	22.53	21.45	21.20	20.76	20.54	20.33	20.22
99.00	22.85	21.97	21.07	20.91	20.56	20.38	20.21	20.13
99.25	21.84	21.41	20.70	20.62	20.36	20.22	20.09	20.03
99.50	20.83	20.85	20.32	20.33	20.15	20.07	19.98	19.94
99.75	19.82	20.30	19.95	20.04	19.95	19.91	19.86	19.84
100.00	18.82	19.75	19.58	19.75	19.75	19.75	19.75	19.75
100.25	17.83	19.20	19.21	19.46	19.55	19.59	19.64	19.66
100.50	16.83	18.66	18.84	19.18	19.35	19.44	19.52	19.56
101.00	14.87	17.57	18.11	18.61	18.95	19.13	19.30	19.38
101.50	12.92	16.50	17.38	18.04	18.56	18.82	19.07	19.20
102.00	10.99	15.44	16.66	17.48	18.17	18.51	18.85	19.01
102.50	9.08	14.39	15.94	16.93	17.78	18.20	18.62	18.83
103.00	7.18	13.35	15.23	16.38	17.39	17.90	18.40	18.65
103.50	5.30	12.32	14.53	15.83	17.01	17.60	18.19	18.47
104.00	3.44	11.30	13.83	15.29	16.63	17.30	17.97	18.30
104.50	1.60	10.29	13.14	14.75	16.25	17.00	17.75	18.12
105.00		9.29	12.45	14.21	15.87	16.71	17.54	17.95

Bond Yield Table 19¾%

PRICE	YEARS TO MATURITY							
	5	6	7	8	9	10	11	12
75.00	29.65	28.72	28.10	27.66	27.34	27.11	26.93	26.79
76.00	29.16	28.28	27.69	27.27	26.96	26.73	26.56	26.43
77.00	28.69	27.85	27.28	26.88	26.59	26.37	26.21	26.08
78.00	28.22	27.43	26.89	26.50	26.22	26.02	25.86	25.74
79.00	27.77	27.01	26.50	26.13	25.87	25.67	25.52	25.41
80.00	27.32	26.60	26.11	25.77	25.52	25.33	25.19	25.08
80.50	27.10	26.40	25.93	25.59	25.35	25.16	25.02	24.92
81.00	26.88	26.20	25.74	25.41	25.18	25.00	24.86	24.76
81.50	26.66	26.00	25.56	25.24	25.01	24.83	24.70	24.60
82.00	26.44	25.81	25.37	25.07	24.84	24.67	24.54	24.45
82.50	26.23	25.61	25.19	24.89	24.67	24.51	24.39	24.29
83.00	26.02	25.42	25.01	24.72	24.51	24.35	24.23	24.14
83.50	25.81	25.23	24.84	24.55	24.35	24.20	24.08	23.99
84.00	25.60	25.04	24.66	24.39	24.19	24.04	23.93	23.84
84.50	25.39	24.85	24.49	24.22	24.03	23.89	23.78	23.69
85.00	25.19	24.67	24.31	24.06	23.87	23.73	23.63	23.54
85.50	24.99	24.48	24.14	23.90	23.72	23.58	23.48	23.40
86.00	24.79	24.30	23.97	23.74	23.56	23.43	23.33	23.26
86.50	24.59	24.12	23.80	23.58	23.41	23.28	23.19	23.11
87.00	24.39	23.94	23.64	23.42	23.26	23.14	23.04	22.97
87.50	24.19	23.76	23.47	23.26	23.11	22.99	22.90	22.83
88.00	24.00	23.59	23.31	23.11	22.96	22.85	22.76	22.70
88.50	23.80	23.41	23.14	22.95	22.81	22.71	22.62	22.56
89.00	23.61	23.24	22.98	22.80	22.67	22.56	22.49	22.43
89.50	23.42	23.07	22.82	22.65	22.52	22.42	22.35	22.29
90.00	23.23	22.90	22.67	22.50	22.38	22.28	22.21	22.16
90.50	23.05	22.73	22.51	22.35	22.23	22.15	22.08	22.03
91.00	22.86	22.56	22.35	22.20	22.09	22.01	21.95	21.90
91.50	22.68	22.39	22.20	22.06	21.95	21.88	21.82	21.77
92.00	22.50	22.23	22.04	21.91	21.82	21.74	21.69	21.64
92.50	22.31	22.06	21.89	21.77	21.68	21.61	21.56	21.52
93.00	22.13	21.90	21.74	21.63	21.54	21.48	21.43	21.39
93.50	21.96	21.74	21.59	21.49	21.41	21.35	21.30	21.27
94.00	21.78	21.58	21.44	21.35	21.27	21.22	21.18	21.14
94.50	21.60	21.42	21.30	21.21	21.14	21.09	21.05	21.02
95.00	21.43	21.26	21.15	21.07	21.01	20.96	20.93	20.90
95.50	21.25	21.11	21.01	20.93	20.88	20.84	20.81	20.78
96.00	21.08	20.95	20.86	20.80	20.75	20.71	20.68	20.66
96.50	20.91	20.80	20.72	20.66	20.62	20.59	20.56	20.55
97.00	20.74	20.64	20.58	20.53	20.49	20.47	20.45	20.43
97.50	20.57	20.49	20.44	20.40	20.37	20.34	20.33	20.31
98.00	20.41	20.34	20.30	20.27	20.24	20.22	20.21	20.20
98.50	20.24	20.19	20.16	20.13	20.12	20.10	20.09	20.08
99.00	20.08	20.04	20.02	20.01	19.99	19.98	19.98	19.97
99.50	19.91	19.90	19.89	19.88	19.87	19.87	19.86	19.86
100.00	19.75	19.75	19.75	19.75	19.75	19.75	19.75	19.75
100.50	19.59	19.60	19.62	19.62	19.63	19.63	19.64	19.64
101.00	19.43	19.46	19.48	19.50	19.51	19.52	19.53	19.53
101.50	19.27	19.32	19.35	19.37	19.39	19.40	19.42	19.42
102.00	19.11	19.17	19.22	19.25	19.27	19.29	19.31	19.32
102.50	18.95	19.03	19.09	19.13	19.16	19.18	19.20	19.21
103.00	18.80	18.89	18.96	19.01	19.04	19.07	19.09	19.10
103.50	18.64	18.75	18.83	18.88	18.93	18.96	18.98	19.00
104.00	18.49	18.62	18.70	18.76	18.81	18.85	18.87	18.90
105.00	18.19	18.34	18.45	18.53	18.59	18.63	18.66	18.69
106.00	17.88	18.07	18.20	18.29	18.36	18.42	18.46	18.49
107.00	17.59	17.80	17.95	18.06	18.14	18.21	18.25	18.29
108.00	17.30	17.54	17.71	17.83	17.93	18.00	18.05	18.10
109.00	17.01	17.28	17.47	17.61	17.71	17.79	17.85	17.90
110.00	16.72	17.03	17.24	17.39	17.50	17.59	17.66	17.71

19¾%   Bond Yield Table

PRICE	YEARS TO MATURITY							
	13	14	15	16	17	18	19	20
75.00	26.69	26.61	26.55	26.50	26.46	26.44	26.41	26.40
76.00	26.33	26.26	26.20	26.15	26.12	26.09	26.07	26.05
77.00	25.99	25.91	25.86	25.81	25.78	25.75	25.73	25.71
78.00	25.65	25.58	25.52	25.48	25.44	25.42	25.40	25.38
79.00	25.32	25.25	25.20	25.15	25.12	25.10	25.08	25.06
80.00	24.99	24.93	24.88	24.84	24.81	24.78	24.76	24.75
80.50	24.84	24.77	24.72	24.68	24.65	24.63	24.61	24.59
81.00	24.68	24.62	24.57	24.53	24.50	24.47	24.46	24.44
81.50	24.52	24.46	24.41	24.38	24.35	24.32	24.30	24.29
82.00	24.37	24.31	24.26	24.23	24.20	24.17	24.16	24.14
82.50	24.22	24.16	24.11	24.08	24.05	24.03	24.01	23.99
83.00	24.07	24.01	23.97	23.93	23.90	23.88	23.86	23.85
83.50	23.92	23.86	23.82	23.79	23.76	23.74	23.72	23.71
84.00	23.77	23.72	23.67	23.64	23.62	23.59	23.58	23.56
84.50	23.62	23.57	23.53	23.50	23.47	23.45	23.44	23.42
85.00	23.48	23.43	23.39	23.36	23.33	23.31	23.30	23.29
85.50	23.34	23.29	23.25	23.22	23.20	23.18	23.16	23.15
86.00	23.20	23.15	23.11	23.08	23.06	23.04	23.03	23.01
86.50	23.06	23.01	22.98	22.95	22.92	22.91	22.89	22.88
87.00	22.92	22.87	22.84	22.81	22.79	22.77	22.76	22.75
87.50	22.78	22.74	22.71	22.68	22.66	22.64	22.63	22.62
88.00	22.65	22.60	22.57	22.55	22.53	22.51	22.50	22.49
88.50	22.51	22.47	22.44	22.42	22.40	22.38	22.37	22.36
89.00	22.38	22.34	22.31	22.29	22.27	22.25	22.24	22.23
89.50	22.25	22.21	22.18	22.16	22.14	22.13	22.12	22.11
90.00	22.12	22.08	22.06	22.03	22.02	22.00	21.99	21.98
90.50	21.99	21.96	21.93	21.91	21.89	21.88	21.87	21.86
91.00	21.86	21.83	21.80	21.79	21.77	21.76	21.75	21.74
91.50	21.73	21.70	21.68	21.66	21.65	21.64	21.63	21.62
92.00	21.61	21.58	21.56	21.54	21.53	21.52	21.51	21.50
92.50	21.48	21.46	21.44	21.42	21.41	21.40	21.39	21.38
93.00	21.36	21.34	21.32	21.30	21.29	21.28	21.27	21.27
93.50	21.24	21.22	21.20	21.18	21.17	21.16	21.16	21.15
94.00	21.12	21.10	21.08	21.07	21.06	21.05	21.04	21.04
94.50	21.00	20.98	20.96	20.95	20.94	20.93	20.93	20.92
95.00	20.88	20.86	20.85	20.84	20.83	20.82	20.82	20.81
95.50	20.76	20.75	20.73	20.72	20.72	20.71	20.70	20.70
96.00	20.65	20.63	20.62	20.61	20.60	20.60	20.59	20.59
96.50	20.53	20.52	20.51	20.50	20.49	20.49	20.49	20.48
97.00	20.42	20.41	20.40	20.39	20.38	20.38	20.38	20.37
97.50	20.30	20.29	20.29	20.28	20.28	20.27	20.27	20.27
98.00	20.19	20.18	20.18	20.17	20.17	20.17	20.16	20.16
98.50	20.08	20.07	20.07	20.07	20.06	20.06	20.06	20.06
99.00	19.97	19.96	19.96	19.96	19.96	19.96	19.96	19.95
99.50	19.86	19.86	19.86	19.85	19.85	19.85	19.85	19.85
100.00	19.75	19.75	19.75	19.75	19.75	19.75	19.75	19.75
100.50	19.64	19.64	19.65	19.65	19.65	19.65	19.65	19.65
101.00	19.54	19.54	19.54	19.54	19.55	19.55	19.55	19.55
101.50	19.43	19.44	19.44	19.44	19.45	19.45	19.45	19.45
102.00	19.32	19.33	19.34	19.34	19.35	19.35	19.35	19.35
102.50	19.22	19.23	19.24	19.24	19.25	19.25	19.25	19.26
103.00	19.12	19.13	19.14	19.14	19.15	19.15	19.16	19.16
103.50	19.02	19.03	19.04	19.05	19.05	19.06	19.06	19.06
104.00	18.91	18.93	18.94	18.95	18.96	18.96	18.97	18.97
105.00	18.71	18.73	18.74	18.76	18.77	18.77	18.78	18.78
106.00	18.52	18.54	18.55	18.57	18.58	18.59	18.59	18.60
107.00	18.32	18.35	18.37	18.38	18.39	18.41	18.41	18.42
108.00	18.13	18.16	18.18	18.20	18.21	18.23	18.24	18.24
109.00	17.94	17.97	18.00	18.02	18.04	18.05	18.06	18.07
110.00	17.76	17.79	17.82	17.84	17.86	17.88	17.89	17.90

Bond Yield Table 19¾%

PRICE	YEARS TO MATURITY							
	21	22	23	24	25	29	30	CUR
75.00	26.38	26.37	26.36	26.36	26.35	26.34	26.34	26.33
76.00	26.04	26.02	26.02	26.01	26.01	25.99	25.99	25.99
77.00	25.70	25.69	25.68	25.67	25.67	25.66	25.65	25.65
78.00	25.37	25.36	25.35	25.34	25.34	25.33	25.33	25.32
79.00	25.05	25.04	25.03	25.02	25.02	25.01	25.01	25.00
80.00	24.73	24.72	24.72	24.71	24.71	24.69	24.69	24.69
80.50	24.58	24.57	24.56	24.56	24.55	24.54	24.54	24.53
81.00	24.43	24.42	24.41	24.41	24.40	24.39	24.39	24.38
81.50	24.28	24.27	24.26	24.26	24.25	24.24	24.24	24.23
82.00	24.13	24.12	24.11	24.11	24.10	24.09	24.09	24.09
82.50	23.98	23.97	23.97	23.96	23.96	23.95	23.95	23.94
83.00	23.84	23.83	23.82	23.82	23.81	23.80	23.80	23.80
83.50	23.70	23.69	23.68	23.67	23.67	23.66	23.66	23.65
84.00	23.55	23.55	23.54	23.53	23.53	23.52	23.52	23.51
84.50	23.41	23.41	23.40	23.39	23.39	23.38	23.38	23.37
85.00	23.28	23.27	23.26	23.26	23.25	23.24	23.24	23.24
85.50	23.14	23.13	23.13	23.12	23.12	23.11	23.10	23.10
86.00	23.00	23.00	22.99	22.99	22.98	22.97	22.97	22.97
86.50	22.87	22.86	22.86	22.85	22.85	22.84	22.84	22.83
87.00	22.74	22.73	22.73	22.72	22.72	22.71	22.71	22.70
87.50	22.61	22.60	22.60	22.59	22.59	22.58	22.58	22.57
88.00	22.48	22.47	22.47	22.46	22.46	22.45	22.45	22.44
88.50	22.35	22.34	22.34	22.33	22.33	22.32	22.32	22.32
89.00	22.22	22.22	22.21	22.21	22.21	22.20	22.20	22.19
89.50	22.10	22.09	22.09	22.08	22.08	22.07	22.07	22.07
90.00	21.98	21.97	21.96	21.96	21.96	21.95	21.95	21.94
90.50	21.85	21.85	21.84	21.84	21.84	21.83	21.83	21.82
91.00	21.73	21.73	21.72	21.72	21.72	21.71	21.71	21.70
91.50	21.61	21.61	21.60	21.60	21.60	21.59	21.59	21.58
92.00	21.49	21.49	21.48	21.48	21.48	21.47	21.47	21.47
92.50	21.38	21.37	21.37	21.36	21.36	21.36	21.36	21.35
93.00	21.26	21.26	21.25	21.25	21.25	21.24	21.24	21.24
93.50	21.14	21.14	21.14	21.13	21.13	21.13	21.13	21.12
94.00	21.03	21.03	21.02	21.02	21.02	21.01	21.01	21.01
94.50	20.92	20.91	20.91	20.91	20.91	20.90	20.90	20.90
95.00	20.81	20.80	20.80	20.80	20.80	20.79	20.79	20.79
95.50	20.70	20.69	20.69	20.69	20.69	20.68	20.68	20.68
96.00	20.59	20.58	20.58	20.58	20.58	20.58	20.58	20.57
96.50	20.48	20.48	20.47	20.47	20.47	20.47	20.47	20.47
97.00	20.37	20.37	20.37	20.37	20.37	20.36	20.36	20.36
97.50	20.27	20.26	20.26	20.26	20.26	20.26	20.26	20.26
98.00	20.16	20.16	20.16	20.16	20.16	20.15	20.15	20.15
98.50	20.06	20.06	20.05	20.05	20.05	20.05	20.05	20.05
99.00	19.95	19.95	19.95	19.95	19.95	19.95	19.95	19.95
99.50	19.85	19.85	19.85	19.85	19.85	19.85	19.85	19.85
100.00	19.75	19.75	19.75	19.75	19.75	19.75	19.75	19.75
100.50	19.65	19.65	19.65	19.65	19.65	19.65	19.65	19.65
101.00	19.55	19.55	19.55	19.55	19.55	19.55	19.55	19.55
101.50	19.45	19.45	19.45	19.45	19.45	19.46	19.46	19.46
102.00	19.35	19.36	19.36	19.36	19.36	19.36	19.36	19.36
102.50	19.26	19.26	19.26	19.26	19.26	19.27	19.27	19.27
103.00	19.16	19.16	19.17	19.17	19.17	19.17	19.17	19.17
103.50	19.07	19.07	19.07	19.07	19.08	19.08	19.08	19.08
104.00	18.97	18.98	18.98	18.98	18.98	18.99	18.99	18.99
105.00	18.79	18.79	18.79	18.80	18.80	18.80	18.81	18.81
106.00	18.61	18.61	18.61	18.62	18.62	18.63	18.63	18.63
107.00	18.43	18.43	18.43	18.44	18.44	18.45	18.45	18.46
108.00	18.25	18.26	18.26	18.27	18.27	18.28	18.28	18.29
109.00	18.08	18.09	18.09	18.10	18.10	18.11	18.11	18.12
110.00	17.91	17.92	17.92	17.93	17.93	17.94	17.95	17.95

PRICE	YEARS TO MATURITY							
	1/4	1/2	3/4	1	1 1/2	2	3	4
85.00	88.89	58.82	45.32	39.59	33.52	30.57	27.68	26.28
85.50	86.19	57.31	44.35	38.85	33.02	30.18	27.40	26.05
86.00	83.52	55.81	43.39	38.12	32.52	29.79	27.11	25.82
86.50	80.87	54.34	42.44	37.39	32.02	29.40	26.83	25.59
87.00	78.26	52.87	41.50	36.68	31.53	29.02	26.55	25.36
87.50	75.68	51.43	40.57	35.96	31.04	28.64	26.28	25.13
88.00	73.12	50.00	39.65	35.26	30.56	28.26	26.00	24.91
88.50	70.59	48.59	38.73	34.56	30.08	27.88	25.73	24.69
89.00	68.09	47.19	37.83	33.87	29.60	27.51	25.46	24.46
89.50	65.61	45.81	36.93	33.18	29.13	27.14	25.19	24.25
90.00	63.16	44.44	36.04	32.50	28.66	26.78	24.93	24.03
90.50	60.73	43.09	35.16	31.82	28.20	26.42	24.66	23.81
91.00	58.33	41.76	34.28	31.15	27.74	26.05	24.40	23.60
91.25	57.14	41.10	33.85	30.82	27.51	25.88	24.27	23.49
91.50	55.96	40.44	33.42	30.49	27.28	25.70	24.14	23.39
91.75	54.78	39.78	32.99	30.16	27.05	25.52	24.01	23.28
92.00	53.61	39.13	32.56	29.83	26.82	25.34	23.89	23.17
92.25	52.44	38.48	32.14	29.50	26.60	25.17	23.76	23.07
92.50	51.28	37.84	31.71	29.18	26.37	24.99	23.63	22.97
92.75	50.13	37.20	31.29	28.85	26.15	24.81	23.50	22.86
93.00	48.98	36.56	30.87	28.53	25.93	24.64	23.38	22.76
93.25	47.84	35.92	30.45	28.21	25.70	24.47	23.25	22.65
93.50	46.70	35.29	30.04	27.89	25.48	24.29	23.12	22.55
93.75	45.57	34.67	29.62	27.57	25.26	24.12	23.00	22.45
94.00	44.44	34.04	29.21	27.25	25.04	23.95	22.87	22.35
94.25	43.32	33.42	28.80	26.94	24.82	23.78	22.75	22.24
94.50	42.21	32.80	28.39	26.62	24.60	23.61	22.62	22.14
94.75	41.10	32.19	27.98	26.31	24.39	23.44	22.50	22.04
95.00	40.00	31.58	27.58	25.99	24.17	23.27	22.38	21.94
95.25	38.90	30.97	27.17	25.68	23.95	23.10	22.25	21.84
95.50	37.81	30.37	26.77	25.37	23.74	22.93	22.13	21.74
95.75	36.72	29.77	26.37	25.06	23.52	22.76	22.01	21.64
96.00	35.64	29.17	25.97	24.76	23.31	22.60	21.89	21.54
96.25	34.57	28.57	25.57	24.45	23.10	22.43	21.77	21.44
96.50	33.50	27.98	25.18	24.15	22.89	22.26	21.65	21.34
96.75	32.43	27.39	24.79	23.84	22.68	22.10	21.53	21.25
97.00	31.37	26.80	24.39	23.54	22.47	21.93	21.41	21.15
97.25	30.32	26.22	24.00	23.24	22.26	21.77	21.29	21.05
97.50	29.27	25.64	23.62	22.94	22.05	21.60	21.17	20.95
97.75	28.22	25.06	23.23	22.64	21.84	21.44	21.05	20.86
98.00	27.18	24.49	22.84	22.34	21.63	21.28	20.93	20.76
98.25	26.15	23.92	22.46	22.04	21.43	21.12	20.81	20.66
98.50	25.12	23.35	22.08	21.75	21.22	20.96	20.70	20.57
98.75	24.10	22.78	21.70	21.45	21.01	20.80	20.58	20.47
99.00	23.08	22.22	21.32	21.16	20.81	20.64	20.46	20.38
99.25	22.06	21.66	20.94	20.87	20.61	20.48	20.35	20.28
99.50	21.05	21.11	20.57	20.58	20.40	20.32	20.23	20.19
99.75	20.05	20.55	20.20	20.29	20.20	20.16	20.11	20.09
100.00	19.05	20.00	19.82	20.00	20.00	20.00	20.00	20.00
100.25	18.05	19.45	19.45	19.71	19.80	19.84	19.89	19.91
100.50	17.06	18.91	19.08	19.43	19.60	19.69	19.77	19.81
101.00	15.09	17.82	18.35	18.86	19.20	19.37	19.54	19.63
101.50	13.15	16.75	17.62	18.29	18.81	19.06	19.32	19.44
102.00	11.21	15.69	16.90	17.73	18.41	18.76	19.09	19.26
102.50	9.30	14.63	16.18	17.17	18.02	18.45	18.87	19.08
103.00	7.41	13.59	15.47	16.62	17.64	18.15	18.65	18.90
103.50	5.53	12.56	14.77	16.07	17.25	17.84	18.43	18.72
104.00	3.67	11.54	14.07	15.53	16.87	17.54	18.21	18.54
104.50	1.83	10.53	13.38	14.99	16.49	17.24	17.99	18.36
105.00		9.52	12.69	14.45	16.12	16.95	17.78	18.19

Bond Yield Table — 20%

PRICE	YEARS TO MATURITY							
	5	6	7	8	9	10	11	12
75.00	29.95	29.03	28.41	27.98	27.66	27.42	27.25	27.12
76.00	29.47	28.59	28.00	27.58	27.27	27.05	26.88	26.75
77.00	28.99	28.15	27.59	27.19	26.90	26.68	26.52	26.40
78.00	28.52	27.73	27.19	26.81	26.53	26.32	26.17	26.05
79.00	28.06	27.31	26.80	26.43	26.17	25.97	25.83	25.71
80.00	27.61	26.90	26.41	26.07	25.82	25.63	25.49	25.38
80.50	27.39	26.69	26.22	25.89	25.64	25.46	25.32	25.22
81.00	27.17	26.49	26.03	25.71	25.47	25.30	25.16	25.06
81.50	26.95	26.29	25.85	25.53	25.30	25.13	25.00	24.90
82.00	26.73	26.10	25.66	25.36	25.13	24.97	24.84	24.74
82.50	26.52	25.90	25.48	25.18	24.97	24.80	24.68	24.59
83.00	26.30	25.71	25.30	25.01	24.80	24.64	24.52	24.43
83.50	26.09	25.52	25.12	24.84	24.64	24.49	24.37	24.28
84.00	25.88	25.33	24.95	24.67	24.48	24.33	24.22	24.13
84.50	25.68	25.14	24.77	24.51	24.32	24.17	24.06	23.98
85.00	25.47	24.95	24.60	24.34	24.16	24.02	23.91	23.83
85.50	25.27	24.76	24.42	24.18	24.00	23.87	23.76	23.69
86.00	25.06	24.58	24.25	24.02	23.84	23.72	23.62	23.54
86.50	24.86	24.40	24.08	23.86	23.69	23.57	23.47	23.40
87.00	24.66	24.22	23.91	23.70	23.54	23.42	23.33	23.26
87.50	24.47	24.04	23.75	23.54	23.39	23.27	23.18	23.12
88.00	24.27	23.86	23.58	23.38	23.24	23.13	23.04	22.98
88.50	24.08	23.69	23.42	23.23	23.09	22.98	22.90	22.84
89.00	23.88	23.51	23.26	23.07	22.94	22.84	22.76	22.70
89.50	23.69	23.34	23.10	22.92	22.79	22.70	22.62	22.57
90.00	23.50	23.17	22.94	22.77	22.65	22.56	22.49	22.43
90.50	23.32	23.00	22.78	22.62	22.51	22.42	22.35	22.30
91.00	23.13	22.83	22.62	22.47	22.36	22.28	22.22	22.17
91.50	22.94	22.66	22.46	22.33	22.22	22.14	22.09	22.04
92.00	22.76	22.49	22.31	22.18	22.08	22.01	21.95	21.91
92.50	22.58	22.33	22.16	22.03	21.94	21.88	21.82	21.78
93.00	22.40	22.16	22.01	21.89	21.81	21.74	21.69	21.66
93.50	22.22	22.00	21.85	21.75	21.67	21.61	21.57	21.53
94.00	22.04	21.84	21.71	21.61	21.54	21.48	21.44	21.41
94.50	21.86	21.68	21.56	21.47	21.40	21.35	21.31	21.28
95.00	21.69	21.52	21.41	21.33	21.27	21.22	21.19	21.16
95.50	21.51	21.37	21.26	21.19	21.14	21.10	21.07	21.04
96.00	21.34	21.21	21.12	21.05	21.01	20.97	20.94	20.92
96.50	21.17	21.05	20.98	20.92	20.88	20.85	20.82	20.80
97.00	21.00	20.90	20.83	20.78	20.75	20.72	20.70	20.69
97.50	20.83	20.75	20.69	20.65	20.62	20.60	20.58	20.57
98.00	20.66	20.60	20.55	20.52	20.50	20.48	20.46	20.45
98.50	20.49	20.45	20.41	20.39	20.37	20.36	20.35	20.34
99.00	20.33	20.30	20.27	20.26	20.25	20.24	20.23	20.22
99.50	20.16	20.15	20.14	20.13	20.12	20.12	20.11	20.11
100.00	20.00	20.00	20.00	20.00	20.00	20.00	20.00	20.00
100.50	19.84	19.85	19.86	19.87	19.88	19.88	19.89	19.89
101.00	19.68	19.71	19.73	19.75	19.76	19.77	19.77	19.78
101.50	19.52	19.56	19.60	19.62	19.64	19.65	19.66	19.67
102.00	19.36	19.42	19.46	19.50	19.52	19.54	19.55	19.56
102.50	19.20	19.28	19.33	19.37	19.40	19.42	19.44	19.45
103.00	19.04	19.14	19.20	19.25	19.29	19.31	19.33	19.35
103.50	18.89	19.00	19.07	19.13	19.17	19.20	19.22	19.24
104.00	18.73	18.86	18.95	19.01	19.05	19.09	19.12	19.14
105.00	18.43	18.58	18.69	18.77	18.83	18.87	18.90	18.93
106.00	18.13	18.31	18.44	18.53	18.60	18.65	18.70	18.73
107.00	17.83	18.04	18.19	18.30	18.38	18.44	18.49	18.53
108.00	17.53	17.78	17.95	18.07	18.16	18.23	18.29	18.33
109.00	17.24	17.52	17.71	17.84	17.95	18.03	18.09	18.14
110.00	16.95	17.26	17.47	17.62	17.74	17.82	17.89	17.94

20% Bond Yield Table

	YEARS TO MATURITY							
	13	14	15	16	17	18	19	20
75.00	27.01	26.94	26.88	26.83	26.79	26.76	26.74	26.73
76.00	26.65	26.58	26.52	26.48	26.44	26.41	26.39	26.37
77.00	26.30	26.23	26.17	26.13	26.10	26.07	26.05	26.03
78.00	25.96	25.89	25.84	25.79	25.76	25.74	25.71	25.70
79.00	25.63	25.56	25.51	25.47	25.43	25.41	25.39	25.37
80.00	25.30	25.23	25.18	25.15	25.11	25.09	25.07	25.06
80.50	25.14	25.08	25.03	24.99	24.96	24.93	24.92	24.90
81.00	24.98	24.92	24.87	24.83	24.80	24.78	24.76	24.75
81.50	24.82	24.76	24.72	24.68	24.65	24.63	24.61	24.59
82.00	24.67	24.61	24.56	24.53	24.50	24.48	24.46	24.44
82.50	24.51	24.46	24.41	24.38	24.35	24.33	24.31	24.30
83.00	24.36	24.31	24.26	24.23	24.20	24.18	24.16	24.15
83.50	24.21	24.16	24.11	24.08	24.05	24.03	24.02	24.00
84.00	24.06	24.01	23.97	23.94	23.91	23.89	23.87	23.86
84.50	23.91	23.86	23.82	23.79	23.77	23.75	23.73	23.72
85.00	23.77	23.72	23.68	23.65	23.63	23.61	23.59	23.58
85.50	23.62	23.58	23.54	23.51	23.49	23.47	23.45	23.44
86.00	23.48	23.44	23.40	23.37	23.35	23.33	23.31	23.30
86.50	23.34	23.30	23.26	23.23	23.21	23.19	23.18	23.17
87.00	23.20	23.16	23.12	23.10	23.07	23.06	23.04	23.03
87.50	23.06	23.02	22.99	22.96	22.94	22.92	22.91	22.90
88.00	22.93	22.89	22.85	22.83	22.81	22.79	22.78	22.77
88.50	22.79	22.75	22.72	22.70	22.68	22.66	22.65	22.64
89.00	22.66	22.62	22.59	22.57	22.55	22.53	22.52	22.51
89.50	22.52	22.49	22.46	22.44	22.42	22.41	22.39	22.38
90.00	22.39	22.36	22.33	22.31	22.29	22.28	22.27	22.26
90.50	22.26	22.23	22.20	22.18	22.17	22.15	22.14	22.13
91.00	22.13	22.10	22.08	22.06	22.04	22.03	22.02	22.01
91.50	22.00	21.97	21.95	21.93	21.92	21.91	21.90	21.89
92.00	21.88	21.85	21.83	21.81	21.80	21.79	21.78	21.77
92.50	21.75	21.73	21.71	21.69	21.68	21.67	21.66	21.65
93.00	21.63	21.60	21.58	21.57	21.56	21.55	21.54	21.53
93.50	21.50	21.48	21.46	21.45	21.44	21.43	21.42	21.42
94.00	21.38	21.36	21.34	21.33	21.32	21.31	21.31	21.30
94.50	21.26	21.24	21.23	21.22	21.21	21.20	21.19	21.19
95.00	21.14	21.12	21.11	21.10	21.09	21.08	21.08	21.07
95.50	21.02	21.01	20.99	20.98	20.98	20.97	20.97	20.96
96.00	20.90	20.89	20.88	20.87	20.86	20.86	20.85	20.85
96.50	20.79	20.78	20.77	20.76	20.75	20.75	20.74	20.74
97.00	20.67	20.66	20.65	20.65	20.64	20.64	20.63	20.63
97.50	20.56	20.55	20.54	20.54	20.53	20.53	20.53	20.52
98.00	20.44	20.44	20.43	20.43	20.42	20.42	20.42	20.42
98.50	20.33	20.33	20.32	20.32	20.32	20.31	20.31	20.31
99.00	20.22	20.22	20.21	20.21	20.21	20.21	20.21	20.21
99.50	20.11	20.11	20.11	20.11	20.10	20.10	20.10	20.10
100.00	20.00	20.00	20.00	20.00	20.00	20.00	20.00	20.00
100.50	19.89	19.89	19.89	19.90	19.90	19.90	19.90	19.90
101.00	19.78	19.79	19.79	19.79	19.79	19.80	19.80	19.80
101.50	19.68	19.68	19.69	19.69	19.69	19.69	19.70	19.70
102.00	19.57	19.58	19.58	19.59	19.59	19.59	19.60	19.60
102.50	19.47	19.47	19.48	19.49	19.49	19.49	19.50	19.50
103.00	19.36	19.37	19.38	19.39	19.39	19.40	19.40	19.40
103.50	19.26	19.27	19.28	19.29	19.29	19.30	19.30	19.31
104.00	19.16	19.17	19.18	19.19	19.20	19.20	19.21	19.21
105.00	18.95	18.97	18.98	19.00	19.00	19.01	19.02	19.02
106.00	18.75	18.77	18.79	18.80	18.82	18.82	18.83	18.84
107.00	18.56	18.58	18.60	18.62	18.63	18.64	18.65	18.66
108.00	18.36	18.39	18.41	18.43	18.45	18.46	18.47	18.48
109.00	18.17	18.20	18.23	18.25	18.27	18.28	18.29	18.30
110.00	17.99	18.02	18.05	18.07	18.09	18.11	18.12	18.13

Bond Yield Table   20%

PRICE	21	22	23	24	25	29	30	CUR
				YEARS TO MATURITY				
75.00	26.71	26.70	26.69	26.69	26.68	26.67	26.67	26.67
76.00	26.36	26.35	26.34	26.34	26.33	26.32	26.32	26.32
77.00	26.02	26.01	26.00	26.00	25.99	25.98	25.98	25.97
78.00	25.69	25.68	25.67	25.66	25.66	25.65	25.65	25.64
79.00	25.36	25.35	25.34	25.34	25.33	25.32	25.32	25.32
80.00	25.04	25.04	25.03	25.02	25.02	25.01	25.01	25.00
80.50	24.89	24.88	24.87	24.87	24.86	24.85	24.85	24.84
81.00	24.74	24.73	24.72	24.71	24.71	24.70	24.70	24.69
81.50	24.58	24.57	24.57	24.56	24.56	24.55	24.55	24.54
82.00	24.43	24.42	24.42	24.41	24.41	24.40	24.40	24.39
82.50	24.28	24.28	24.27	24.26	24.26	24.25	24.25	24.24
83.00	24.14	24.13	24.12	24.12	24.11	24.10	24.10	24.10
83.50	23.99	23.98	23.98	23.97	23.97	23.96	23.96	23.95
84.00	23.85	23.84	23.84	23.83	23.83	23.82	23.81	23.81
84.50	23.71	23.70	23.69	23.69	23.68	23.68	23.67	23.67
85.00	23.57	23.56	23.55	23.55	23.55	23.54	23.53	23.53
85.50	23.43	23.42	23.42	23.41	23.41	23.40	23.40	23.39
86.00	23.29	23.29	23.28	23.28	23.27	23.26	23.26	23.26
86.50	23.16	23.15	23.14	23.14	23.14	23.13	23.13	23.12
87.00	23.02	23.02	23.01	23.01	23.00	22.99	22.99	22.99
87.50	22.89	22.89	22.88	22.88	22.87	22.86	22.86	22.86
88.00	22.76	22.75	22.75	22.75	22.74	22.73	22.73	22.73
88.50	22.63	22.63	22.62	22.62	22.61	22.60	22.60	22.60
89.00	22.50	22.50	22.49	22.49	22.49	22.48	22.48	22.47
89.50	22.38	22.37	22.37	22.36	22.36	22.35	22.35	22.35
90.00	22.25	22.25	22.24	22.24	22.23	22.23	22.23	22.22
90.50	22.13	22.12	22.12	22.11	22.11	22.10	22.10	22.10
91.00	22.01	22.00	22.00	21.99	21.99	21.98	21.98	21.98
91.50	21.88	21.88	21.88	21.87	21.87	21.86	21.86	21.86
92.00	21.76	21.76	21.76	21.75	21.75	21.74	21.74	21.74
92.50	21.65	21.64	21.64	21.63	21.63	21.63	21.63	21.62
93.00	21.53	21.52	21.52	21.52	21.52	21.51	21.51	21.51
93.50	21.41	21.41	21.40	21.40	21.40	21.39	21.39	21.39
94.00	21.30	21.29	21.29	21.29	21.29	21.28	21.28	21.28
94.50	21.18	21.18	21.18	21.17	21.17	21.17	21.17	21.16
95.00	21.07	21.07	21.06	21.06	21.06	21.06	21.06	21.05
95.50	20.96	20.95	20.95	20.95	20.95	20.95	20.94	20.94
96.00	20.85	20.84	20.84	20.84	20.84	20.84	20.84	20.83
96.50	20.74	20.74	20.73	20.73	20.73	20.73	20.73	20.73
97.00	20.63	20.63	20.63	20.62	20.62	20.62	20.62	20.62
97.50	20.52	20.52	20.52	20.52	20.52	20.51	20.51	20.51
98.00	20.42	20.41	20.41	20.41	20.41	20.41	20.41	20.41
98.50	20.31	20.31	20.31	20.31	20.31	20.31	20.31	20.30
99.00	20.21	20.21	20.21	20.20	20.20	20.20	20.20	20.20
99.50	20.10	20.10	20.10	20.10	20.10	20.10	20.10	20.10
100.00	20.00	20.00	20.00	20.00	20.00	20.00	20.00	20.00
100.50	19.90	19.90	19.90	19.90	19.90	19.90	19.90	19.90
101.00	19.80	19.80	19.80	19.80	19.80	19.80	19.80	19.80
101.50	19.70	19.70	19.70	19.70	19.70	19.70	19.70	19.70
102.00	19.60	19.60	19.60	19.60	19.60	19.61	19.61	19.61
102.50	19.50	19.50	19.51	19.51	19.51	19.51	19.51	19.51
103.00	19.41	19.41	19.41	19.41	19.41	19.41	19.42	19.42
103.50	19.31	19.31	19.31	19.32	19.32	19.32	19.32	19.32
104.00	19.21	19.22	19.22	19.22	19.22	19.23	19.23	19.23
105.00	19.03	19.03	19.03	19.04	19.04	19.04	19.04	19.05
106.00	18.84	18.85	18.85	18.85	18.86	18.86	18.86	18.87
107.00	18.66	18.67	18.67	18.67	18.68	18.68	18.69	18.69
108.00	18.48	18.49	18.49	18.50	18.50	18.51	18.51	18.52
109.00	18.31	18.32	18.32	18.33	18.33	18.34	18.34	18.35
110.00	18.14	18.14	18.15	18.16	18.16	18.17	18.17	18.18

Investment Growth

In planning for the future it may be desirable to know how much an investment will grow to at an expected interest rate over a specific period of time. The investment growth table uses monthly compounding and shows the growth of a $10,000.00 investment over various fixed periods at interest rates ranging from 6% to 20% by ¼% increments. This table will help the estate planner in estimating the growth of money for use some time in the future. Here are some illustrative situations to help you understand and use the table:

Situation 1

Mr. Wright wants to know how much money he will have after 20 years if he invests $20,000.00 at 9% interest compounded monthly for the 20 years. He can find the answer by (1) looking down the left side of the table to the 9% line and (2) scanning across the page to the 20-year column. The number there is 60,092. Therefore, if Mr. Wright invests $20,000.00 for 20 years and earns 9% interest he will have $120,184.00 ($60,092.00 for each $10,000.00).

Situation 2

Mrs. Dodd invests $40,000.00 in an account that is expected to earn 12% for the next 15 years. How much money will she have in 15 years? The answer is found by (1) searching down the left side of the table to the 12% line and (2) looking across to the 15-year column. The figure there is 59,958. Mrs. Dodd will have $239,832.00 after 15 years if her investment earns 12% interest compounded monthly (note that $59,958.00 is for each $10,000.00).

Investment Growth
Based on an initial investment of $10,000

INTEREST RATE	5 YEARS	10 YEARS	15 YEARS	20 YEARS	25 YEARS	30 YEARS	35 YEARS
6.00	13489	18194	24541	33102	44650	60226	81236
6.25	13657	18652	25474	34790	47514	64892	88624
6.50	13828	19122	26442	36564	50562	69918	96684
6.75	14001	19603	27447	38429	53804	75332	105474
7.00	14176	20097	28489	40387	57254	81165	115062
7.25	14354	20602	29572	42446	60924	87448	125518
7.50	14533	21121	30695	44608	64829	94215	136923
7.75	14715	21652	31860	46880	68983	101505	149361
8.00	14898	22196	33069	49268	73402	109357	162925
8.25	15085	22754	34324	51777	78103	117815	177719
8.50	15273	23326	35627	54412	83104	126925	193853
8.75	15464	23913	36978	57182	88424	136737	211447
9.00	15657	24514	38380	60092	94084	147306	230634
9.25	15852	25129	39836	63149	100105	158689	251557
9.50	16050	25761	41346	66361	106509	170949	274374
9.75	16250	26407	42913	69735	113322	184153	299255
10.00	16453	27070	44539	73281	120569	198374	326387
10.25	16658	27750	46227	77006	128278	213690	355971
10.50	16866	28446	47978	80919	136479	230185	388231
10.75	17076	29160	49795	85031	145201	247950	423406
11.00	17289	29891	51680	89350	154479	267081	461761
11.25	17505	30641	53636	93888	164348	287684	503580
11.50	17723	31409	55666	98656	174844	309872	549177
11.75	17943	32197	57772	103664	186009	333766	598892
12.00	18167	33004	59958	108926	197885	359496	653096
12.25	18393	33831	62226	114453	210515	387205	712193
12.50	18622	34678	64579	120260	223950	417043	776623
12.75	18854	35547	67020	126360	238238	449173	846868
13.00	19089	36437	69554	132768	253435	483771	923449
13.25	19326	37350	72182	139500	269598	521026	1006938
13.50	19566	38285	74909	146571	286788	561142	1097955
13.75	19810	39243	77739	153999	305070	604337	1197178
14.00	20056	40225	80675	161803	324513	650847	1305344
14.25	20305	41231	83721	170004	345191	700925	1423258
14.50	20558	42262	86882	178610	367182	754846	1551796
14.75	20813	43319	90161	187654	390570	812902	1691913
15.00	21072	44402	93563	197155	415441	875410	1844648
15.25	21334	45512	97093	207134	441891	942710	2011135
15.50	21598	46649	100756	217617	470019	1015169	2192609
15.75	21867	47815	104555	228627	499931	1093180	2390416
16.00	22138	49009	108497	240192	531739	1177168	2606022
16.25	22413	50233	112587	252340	565565	1267589	2841025
16.50	22691	51488	116830	265099	601534	1364936	3097164
16.75	22972	52773	121233	278501	639783	1469736	3376337
17.00	23257	54090	125800	292577	680455	1582558	3680608
17.25	23546	55440	130538	307361	723704	1704015	4012228
17.50	23838	56823	135454	322889	769692	1834766	4373650
17.75	24133	58241	140553	339199	818592	1975519	4767544
18.00	24432	59693	145844	356328	870588	2127038	5196821
18.25	24735	61182	151332	374319	925875	2290143	5664650
18.50	25041	62707	157026	393214	984660	2465718	6174485
18.75	25351	64270	162933	413059	1047164	2654714	6730088
19.00	25665	65871	169061	433901	1113622	2858153	7335556
19.25	25983	67512	175418	455790	1184283	3077135	7995353
19.50	26305	69194	182012	478778	1259411	3312845	8714342
19.75	26630	70917	188853	502921	1339289	3566556	9497819
20.00	26960	72683	195950	528275	1424214	3839640	10351554

Glossary

annual interest rate A percentage that, when multiplied by the principal, gives the amount of money that the principal earns over the period of a year.

assets Anything owned that has exchange value.

bear market A period when most stock prices are going down.

bond An interest-bearing investment that provides for the payment of a specified amount of money at a future date. Several types of bonds are available. One common type pays interest semiannually and pays the face value upon maturity.

bond yield The interest rate earned by a bond investor.

bull market A period when most stock prices are going up.

capital The assets of a person or a company. Capital may be cash or other valuables.

common stock A document that shows equity in a corporation. Usually one common stock gives the bearer one vote in the company.

compounding The process of reinvesting interest to earn more interest.

coupon The amount of interest paid each year on a bond.

Dow Jones Average An index issued by the Dow Jones Publishing Company that indicates changes in the stock market for certain stock categories.

interest The amount of money that the principal earns during a specified period of time.

money market fund A mutual fund that has its assets in short-term investments.

municipal bond A bond that is exempt from federal income tax, and possibly from state and local taxes, that may earn interest below other types of investments.

mutual funds A fund that is organized to invest in the securities of a number of different companies.

par value The face value of a bond as indicated on the certificate.

premium Additional amount paid for a security above par value.

principal The initial amount of money invested or borrowed.

stock A certificate indicating ownership of a share or shares of a corporation's equity.

T-bill A government security that is issued for one year or less, requires a minimum deposit, and will generally pay an interest rate higher than a pass book account.

treasury securities *See* T-bill.

NOTES